by PETER-ANDRÉ ALT　　[德] 彼得－安德列·阿尔特 著　　张荣昌 译　　DER EWIGE SOHN

卡夫卡传

FRANZ KAFKA

后浪出版公司

中国·广州

SPM 南方传媒　花城出版社

图书在版编目（CIP）数据

卡夫卡传 /（德）彼得-安德列·阿尔特著；张荣
昌译. -- 广州：花城出版社，2022.12
　　ISBN 978-7-5360-9782-7

　　Ⅰ. ①卡… Ⅱ. ①彼… ②张… Ⅲ. ①卡夫卡（
Kafka，Franz 1883-1924）-传记 Ⅳ. ①K835.215.6

中国版本图书馆CIP数据核字（2022）第177316号

FRANZ KAFKA by Peter-André Alt
©Verlag C.H.Beck oHG, München 2018
本书中文简体字版版权归属于银杏树下（北京）图书有限责任公司。

著作权合同登记号：图字19-2022-142号

出 版 人：张　懿
编辑统筹：朱　岳　梅天明
责任编辑：刘玮婷
特约编辑：王介平
技术编辑：薛伟民　林佳莹
装帧制造：墨白空间·曾艺豪

书　　名	卡夫卡传	
	KAFUKA　ZHUAN	
出　　版	花城出版社	
	（广州市环市东路水荫路11号）	
发　　行	后浪出版咨询（北京）有限责任公司	
经　　销	全国新华书店	
印　　刷	北京天宇万达印刷有限公司	
	（北京市海淀区苏家坨镇草厂村南）	
开　　本	880毫米×1194毫米　32开	
印　　张	25.25	
字　　数	678千字	
版　　次	2022年12月第1版　2022年12月第1次印刷	
定　　价	99.00元	

弗兰茨·卡夫卡，1910 年秋

这是一次美妙和极为有效的演出，这趟我们称之为梦幻之骑的骑行。若干年以来我们就一直在演出它，发明它的人早已故世，死于肺结核，但是他的这些遗产留下来了，而我们还一直没有理由将它从节目单上取消，尤其是因为没有哪个竞争对手模仿得了它，它是——尽管这乍一看不可理解——不可模仿的。

（弗兰茨·卡夫卡，1922 年 2 月）

目　录

前　言

　　弗兰茨·卡夫卡的现实是一个广阔的想象力的空间。"我头脑中的一个广阔无垠的天地"，1913 年 6 月他在日记中记下了这句话。卡夫卡的现实生活少有例外地发生在波希米亚省城布拉格一带地区，而虚幻帝国的经验却是无限的和无边无际的。赋予他的文学创作以灵感的，只有一小部分来自这一外部现实的各个地区。他的幻想世界奇怪地似乎没有受到风云变幻的近代历史的触动。20 世纪初决定欧洲命运的各个重大事件对卡夫卡的生活看来没起什么作用——他的书信和日记均未对它们给予较大的重视。俄国 1905 年革命在短篇小说《判决》中出现，就好像这场革命是一个文学上的事件。1912 年和 1913 年的巴尔干战争，写信人好像是透过一层白日梦的迷雾看到的。1914 年 8 月的战时动员日记作者是在一则简短的附言中顺便记下，简直令人感到惊讶。1918 年 10 月 28 日导致捷克共和国诞生的奥匈帝国的崩溃他几乎只字未提。他作为其公民继续生活在其中的这个新国家的存在不值得他做进一步的评论，唯独对在战后时期的欧洲做旅行时觉得遭受到的官僚主义阻碍他时有抱怨之声。当他 1923 年迁往柏林时，他像一个为了更好地懂得他的求知欲对象而不得不避开它们的研究人员那样，从一旁观察通货大膨胀的冬季的社会变革："（……）所以我对这个世界的了解比在布拉格时少得多。"

后辈人觉得卡夫卡是个没有历史感的幻想者和没有现实感的神秘人物。然而，这个孤独的布拉格禁欲者，这个用梦幻作品表现其个人恐惧和强迫观念的人的形象却不可以使我们分心，让我们看不到这个形象也还有另外一面。它让观察者看到一个以复杂的方式卷进时代之中的人，此人在他的时代的社会现实面前没有闭上眼睛。作为在公共事业中任职的法学家，他了解波希米亚国家官僚主义中办公室日常事务的全部细节。对工业时代的工厂，对现代技术灾难中的那些可怕的地方，他，不同于20世纪的大多数作家，在任工伤事故防护鉴定人做视察的过程中有着十分深切的了解。他做个人旅行经过中欧各国，进入瑞士，到了法国和意大利。对这些欧洲大都会他怀着被城市生活的神经脉搏吸引住了的窥阴癖者的好奇心进行侦查。这个时代的全部重要的知识思潮他已经留意到，不过却没有让自己随波逐流。凭着保持距离的观察者的锐利目光，他感觉到犹太复国主义和心理分析，妇女运动和和平主义等时代现象。他把他的知识隐藏在幼稚的门外汉的假面具后面：这个门外汉在赞赏专业演员们在精神生活的舞台上扮演其角色时的那种优越稳健。

谁看穿这种自导自演是伪装，谁就看见了一个十分清醒地生活着的同时代人，一个从未对自己的文化环境漠不关心的同时代人。在西奥多·赫茨尔的犹太复国主义和马丁·布贝尔的宗教哲学的教导下，卡夫卡用日益增长的敏感性反映了自己的生活在布拉格的德意志犹太人的特殊身份。犹太人的民族同化时代的波希米亚的社会和文化氛围，决定性地影响了19世纪末他的童年时代和青少年时代。这里，在——犹太人的宗教文化的——一种蒙上阴影的传统的背景下，并且以技术及文化的现代精神为依据，存在着他的审美创造性的先决条件。即使他的作品往往只是间接地加工处理了时代的痕迹，它们也不脱离这个时代的政治、社会和知识的标志。即便是沉浸于个人矛盾冲突中的作家，卡夫卡也是一位具有当代史烙印身份的艺术家：这位艺术家在一个多灾多难的世纪的社会条件下从事文学创作。

这本书以这一观察为出发点：卡夫卡的外在的和内心的生活虽然逐一激励了他的作品，但是反过来文学也确定了他一生的脉络。卡夫卡并不罕见地在自己的文学作品中预先说出了自己的生活状况，换句话说，他在生活中模仿了文学。这一结论就适用于譬如短篇小说《判决》中的订婚主题，它预先推定了与菲莉丝·鲍尔的关系，但是同样也适用于《乡村医生》中少年的致命伤口，这伤口似乎是肺结核突然发作的前奏。这是卡夫卡生活的一种基本模式：这种生活在文学的适用范围内进行并从本质上对他做出了解释，这一点在他日记和书信所发表的许多看法中有着反复的强烈的反映。所以这本书的中心任务是，描写这种生活通过文学创作中想象的世界及其内部秩序的形态感受到的种种特征。只有认识到了文学对经验的去芜存菁，也只有这一认识才展示出这个秘密的——不是神话式的，而是有意制造出来的——法则，这个强有力地支配了卡夫卡的一生的法则。在卡夫卡的一生中不存在简单的解决办法，而只存在悖谬辩证的纠葛，传统的神话和苦行主义的、生存恐惧的作家的形象也好，有计划地解除悖谬和纠葛的魔力也罢，都应对不了这些悖谬和纠葛。

人们可以鉴于这样的悖论称卡夫卡为"永远的儿子"，这个儿子怀着强制的兴致培养他对父亲的恐惧，因为这种恐惧对他来说构成他生存的条件。这一状况表明了一个生活原则，它既阐释了卡夫卡的艺术家身份也阐释了他的——被他自己这样感受到的——现实中的失败。卡夫卡从来也没有——虽然他意识到自己在文学上的地位——摆脱踌躇着不肯长大成人的晚辈的角色。他的爱情故事一波三折，因为进入丈夫或父亲的角色会破坏了他儿子的身份。而他的儿子身份却构成了他写作的前提，这种写作活动按他的信念只有在绝对的孤独中才能进行。而且在含义的海洋中做无止境的航行的他的作品的逻辑性也在儿子的角色中变得清晰起来。卡夫卡的文学作品受一种圆形美学的约束，这种美学反映出永远的儿子的自我结构形式：如他所说的"犹豫着不肯出生"，固执于过渡、阶段、断编残简、近似相像。这个不长大的儿子在跟他的个人经历一样无法完结的作品中反映了他心理上的自我组织。所以，"永远的儿子"的自我设计是给卡夫卡的写作涂上底色的艺术家心理学的秘密。它像跨过门槛那样，跨过外在生活的偶然事件，通向那个人们可以称之为生活的魔力的区域，通向规定作家卡夫卡戏剧性自导自演的神秘纠葛的奥秘。

卡夫卡不是一颗带着其作品自一个没有历史的天空向我们降下来的流星。他其实很自觉地置身于一种综合的流传过程中，而他无疑是善于使用讽刺、讽刺改写和讽刺模仿的手段并往往在消极辩证的支持下，间离这种流传过程。展示这种流传过程的两个主导观念是"神话"和"现代"。神话：这对于卡夫卡来说主要是其宗教传说、故事和行为指南原本都是口头流传下来的犹太教的世界。通过与胡戈·贝格曼、马克斯·布罗德、费利克斯·韦尔奇、吉茨夏克·勒维、马丁·布贝尔和吉里·朗格这样的熟人和朋友的交谈，卡夫卡了解到了犹太人的宗教的故事天地。这些故事的范例给《乡村医生》卷、长篇小说《诉讼》和晚期作品打上了烙印，这是确凿无疑的。在卡夫卡加工改编的神话传奇素材中，同时还掺和进了古希腊罗马的艺术作品。战斗的、家庭冲突的以及他所做的旅行的神话与这有关联。本书将追述卡夫卡的文学作品所依循的神话系列。在这些神话系列中聚集着来自各个不同文化史时段的材料，当然是在改变其原来的形态的文学实验的范围内。卡夫卡续写着西方的伟大神话小说，他对它们做出新的解释并以令人激动的方式使人切记它们提出的没有解决的矛盾。

现代：这一方面是对准口头流传过程的文字体制，还有德语文学，卡夫卡不系统但认真地注意到了的、从歌德（他所阅读的当代最久远的作家）到他的同时代人的这一时期的德语文学；另一方面就是各种传媒，他几乎比同时代的任何一位作家都更仔细地观察这些传媒。电影院、口述录音机和打字机常常在他的个人材料中被论及，但是对现代传媒技术的热烈讨论也在他的文学作品中以隐蔽的形式被采

纳和继续进行。作为作家，卡夫卡受到无声电影的激励，无声电影的
快速的运动过程直接转化为《失踪者》中的一些情景。短篇小说《在
流放地》显示出一种对文字技术的研究，一如致菲莉丝·鲍尔的信以
类似的方式，当然在另一个层面上，所揭示的那样。现代性这一概念
在卡夫卡那里得到双重证明：文学和用技术手段制作的形象在这里属
于一个整体。瓦尔特·本雅明注意到了口头流传的宗教特性和 20 世纪
的世界对他的创作的双重影响："卡夫卡的作品是一个椭圆体，它的
远远分离的焦点一方面由神话的体验（主要是对传统的体验），另一
方面由现代大城市人的体验所规定。"

　　自 20 世纪 60 年代中期以来，文学理论就批评了这一观点：作
家是自己作品的万能主宰。卡夫卡的情况表明，现代主义必须像告别
阿多诺[1] 的《美学理论》（1970）曾最后一次坚决维护的断然的原作概
念那样告别作家虚构。卡夫卡的注意力不是放在作品上，而是放在
写作上，放在创作的逻辑性上。虽然他了解一部自己的作品发表所
带来的那种乐趣，然而他还是被创作过程本身所触发的那种极度兴奋
所压倒。这一特征反映在他的散文的下意识的未完成的结构中。卡夫
卡的写作活动即便在其作品已交付出版之时也没终止和完结。他的作
品的无穷尽性基于这样一种情况：它们在结尾之处不让人得出有约束
力的结论，所以始终无法对之做出简单的释义。在诉讼式的文字媒介
中，而不是在一部作品的具体人物形象中，卡夫卡提高了自己的艺术
家的认知能力。而文字则又实施一种连续不断的接近，接近他想体现
的现象，一如雅克·德里达所表述的那样，它永远不会终结，因为它
总是面临着它所描述的东西。与这相称的是，卡夫卡将成功写作想象
为没有任何阻力可以阻挡得了的不断流动的大河。在一个没有清晨的
夜晚，没有任何干扰，超然生活节奏之外，他希望"流入"他的作品

---

[1]　特奥多尔·阿多诺（Theodor Adorno，1903—1969）：德国哲学家、社会学家和音乐
理论家。——译者注（全书脚注皆为译者注）

中。这符合他的写作理想：沉入文字的海洋并在这个过程中强烈地体验着自我。这样一种文学创作模式并非一定会把对出版完善的、尽可能完美的"作品"的兴趣排除在外，然而这在卡夫卡的符合艺术标准的作家身份构想中并不处于中心地位。

作为传记的基本力量，文学把卡夫卡的经验世界变为一个幻想和现实再也不能分开的空间。所以生活和写作在这本书里，有一种建设性的关系，它与那种想象中的机制的关系相同。两者既不是相辅相成，也不是彼此一直视而不见。更确切地说，生活甚至像文学上的虚构那样起作用，因为生活服从其文学虚构的舞台演出艺术和导演艺术。卡夫卡的一生表明：生活吸收了文学的动机和印象，它的突变、反抗、阻塞和摒弃，它的狂喜、幸福瞬间和越界，它的激情和它的活力，它的震惊和冲动、喜剧和小品，这样生活就能够听命于文学。对于卡夫卡来说生活首先是原料，被语言媒介塑造的原料。所以把握住人生的社会和私人背景就意味着了解了用特有的含义装载在卡夫卡作品中的基本材料。

历史和社会，环境和文化，政治和科学，家族角色和家庭在这本书里作为可从历史角度做解释的、动态上可变的领域出现，这些领域里都存在一些有待重新阐明的含义。它们构成近来每一项历史研究都试图实施的理解行动的对象。只有再现产生一部文学作品的文化环境的原貌，才能领会作品的手势语的中心特征。这些特征可以在作品进入一个与其时代的社会常规交流的过程之处被发现。这一关系将被误解，如果人们把它看作社会对文化体制"影响"的过程的话。确切地说，这是一种相互依存的关系，符号、象征和图像在其中循环，必然会致使被信以为真的社会和历史的客观性的消散。历史现实本身是由文学和艺术直接参与的、不断改造含义形成的过程创造。但是这个事实只有通过诠释工作才可被阐明，而这种诠释则能够从其生气勃勃的相互作用上把握住社会制度和文化的特殊联系。

在这方面要指出的是，卡夫卡的现实生活从不以未经人工塑型的形态，而总是已经在语言上，往往在文学上塑造好了以后向我们迎面走来。如果我们隔着历史的距离审视它，我们一般就研读文本：书信、日记、原始资料。生活中的素材对于卡夫卡来说只有经文字的媒介才获得意义：目光和手势，观察和反映，梦幻和阅读体验，强烈的情感如痛苦、厌恶、憎恨、热爱和恐惧，在他那儿常常通过日记传达出来，它们移入写作的规章之中并在那里获得它们自己的清晰形象。生活和文学在一场无止境的对话中连在一起。如果说本书试图再现这一场对话的话，那么这并不意味着"作家"卡夫卡和他的"作品"在传统的传记文体中起着相互解释的作用。倒不如说是对想象力的共同依赖把文学创作和生平，文字和经验结合在一起了：它们的结盟在卡夫卡那儿只能用想象的无限威力去理解，这种想象力就像划分一个梦境那样划分经验的活动范围。

如果今天，在他死后80多年[1]，人们读弗兰茨·卡夫卡，那么很容易就会忘记，眼前也有一套他的遗作的校勘本，这可不是一件理所当然、不言而喻的事情。在20世纪30年代还引起早期作用史[2]见证人热烈讨论的东西，这时看来好像自身构成了一个正在沉陷的传说层面：事实就是，马克斯·布罗德1924年无视卡夫卡的遗嘱并违背他的意愿（但意识到他内心的同意）——在此后的15年间发表了所有遗作，其中包括三部长篇小说、随笔和日记。这件事情的内在逻辑符合卡夫卡做事的那种逻辑。在1921年秋表达了不经阅读销毁他手头的每一行文字的愿望之后，随之而来的是长达几十年之久的（始终还没有结束的）出版进程，在这过程中他手头的每一行文字都发表了，并附加上了详细的评注，其私人的和历史的相互关系也被加以阐述。然而这是卡夫卡心理素质的特有的法则之一：他十分精确地控制了辩证的倒转过程。当他委托马克斯·布罗德消灭自己的作品时，他分明知道，这

1　原书出版于2008年。

2　作用史（Wirkungsgeschichte）：指文艺发生作用的历史过程。

位几乎比任何人都更欣赏他的作品的朋友是不会满足他的愿望的。所以销毁手稿的请求披露了对生前身后名的隐蔽思念，这种思念在这里并未明确，而是以一种否定的辩证法的形式表述出来了。卡夫卡希望别人读自己的作品，却对此不予以承认。所以他的遗嘱是要求拯救遗稿的一种伪装：一篇说明文字，其决疑法[1]来源于他的几部长篇小说。

在本书跟踪卡夫卡不停地寻找真实的写作的作家生涯之前，我们应该听一听"最后的请求"的话语。这是一种抹去了实质和现象、肯定和否定、真实和虚假的界线的语言。一种语言，它——像犹太教法典的讲道——同时含有许多意思，因为每逢人们想抓住这种滑动的语言信号时，它们便总是逃避。在造就这种语言的佯谬的逻辑性的后面，隐藏着卡夫卡的文学世界的秘密："亲爱的马克斯，我的最后的请求：不要阅读就彻底烧毁我的遗稿（在书箱、衣橱、写字台里，在家里和办公室里，或者已经被发送到了别的什么地方并且被你发现了的）中的日记、手稿、书信，以及别人和自己的绘画等等，同样也烧毁你或别人有的一切文字和绘画，你可以以我的名义请求别人将其烧毁。不愿意把书信交给你的，至少应该自己保证将其烧毁。你的弗兰茨·卡夫卡。"

1　决疑法（Kzsuistik）：中世纪烦琐哲学、神学中用教条解释个别事例的一种方法。

第一章

在关系网中

赫尔曼·卡夫卡，一个屠夫的儿子

"一代一代人的链条不是你的性格之链，而各种关系却是存在的"，1918 年冬弗兰茨·卡夫卡在曲劳写道。他忧伤地添上一句："一代一代人像你的生命的各个瞬间那样死去。"卡夫卡有意识地将自己看作有家庭观念的人，书信和日记里一再强调对祖宗们的故事和祖先们的传奇的兴趣。"亲戚关系对我来说是重要的"，这是 1920 年 6 月写下的话。年纪轻轻卡夫卡就已经在决定性地影响他的家庭传统的范围内阐明自己的性格和角色，这种家庭传统的神话和传奇神秘地吸引着他。在做这种阐明时，对出身和历史的思考与他对自己的犹太人身份的根源的研究相似。在两种情况下他都感知到了自己的子孙身份：这个子孙已经不再能够出于自愿继承这些弥散的、只是零零碎碎传承下来的传统。这个自我幻象包括永远也不能独立自主地走出家庭和宗教权威的禁区的这种感觉。这样一种模式的逻辑服从这个反差原则：为了让儿子能够恰如其分地担任生存能力弱的局外人的角色，父亲必须身强力壮。他小时候"对什么事都没有把握"，并且总是需要"新的证明书"证明自己的"存在"，这一点 36 岁的卡夫卡还在回首往事时强调指出。作为一个"事实上被剥夺了继承权的儿子"，他没有希望主动闯入这传统的关系网络并摆脱子孙的角色。父亲是儿子做自我评价的显眼的象征：这个儿子感觉到自己在社会和文化生活的所有中心的另一边。谁隐藏在弗兰茨·卡夫卡的作家生活中这第一次和最重要的臆造的后面呢？

1852年9月14日，赫尔曼·卡夫卡出生于施特拉科尼茨附近南波希米亚的沃塞克村（奥赛克）。当初那儿居住着20户犹太人家庭（总共将近100人），人们拥有一座小犹太教堂并过着平和的堂区生活。雅各布·卡夫卡，他的父亲，1849年在35岁上结了婚。他虽然已经和他的配偶——比他年轻两岁的弗兰齐丝卡同居了几年，可是起先他却不能正式确定他们的关系，因为国家有一个犹太人不可与异族通婚的禁令，只有各家的长子可以例外（1813年出生的兄长萨穆埃尔享有这一"特权"，他1836年结的婚）。随着年轻的皇帝弗兰茨·约瑟夫推行新的、有利于犹太人解放的立法，这一自1726年便存在的规定才于1849年3月被废除，这时这对夫妇已经有了两个孩子：菲利普和安娜，赫尔曼的哥哥和姐姐。

在不多几年内，这个家庭就增加到八个成员：1850年海因里希作为家庭的第三个（同时也是第一个婚生的）孩子出世，在赫尔曼之后，1855年、1857年尤丽叶（她长着"一张所有父系亲戚的那种大脸"）以及路德维希相继诞生。一家人住在只有三个小房间和一所紧挨着的杂用建筑物的犹太人街35号宅子里。雅各布·卡夫卡当屠户，给沃塞克村和周围地区供货维持全家的生计。这位犹太屠户的工作受到尹格宗教仪式规章的约束。按照一项以摩西第三经17章10节为依据的宗教法令，只有洁净和流尽血的肉才是可以吃的。犹太人习惯不用麻醉的屠宰法便是由这一原则推导而出：用快刀一刀将未经麻醉的牲畜的颈动脉、气管和食管割断，以便牲畜能够流尽血。残留在组织中的余血经过腌渍而被吸收。适宜食用的是分叉蹄、偶蹄目和反刍动物（那就是牛），而猪和肉食禽的肉则一直是禁止食用的。（摩西第三经20章25节）作为独立经营的屠户，雅各布·卡夫卡既是犹太人的也是基督徒的肉类供货人：犹太顾客得到洁净的肉，而基督徒则从他那儿购进猪肉。

　　屠户雅各布·卡夫卡在村里是一位受人尊敬的人。在一张1880年摄制的照片上，他身材高大、脸部线条分明，摆出一副有时代特征的保护人姿势站在他的坐着的妻子的身旁，他的一身衣服证明他过着小康的生活并且具有中产阶层的趣味爱好。弗兰茨·卡夫卡曾多次在自己的作品中顺便提及祖父。在《豺狗和阿拉伯人》(1917)中，豺狗们所信奉的纯净信条就这样令人想起犹太人的屠宰牲口；而在短篇小说《饥饿艺术家》(1922)中，表演饥饿者的看守人员"通常都是屠夫"。后来他从坚定的素食主义者的观点出发，怀着一种混杂着厌恶、讽刺和钦佩的情感看待祖父的工作。"我不必吃他所屠宰的这么多的肉"，1920年他这样声言。这位老雅各布在世时，他的孙儿卡夫卡还曾见到过他，却没有获得长远的印象。当他1889年12月逝世时，6岁的孙儿和全家一起去沃塞克参加葬礼。

　　依照乡村的习俗，雅各布·卡夫卡的孩子们都得早早地帮父亲干活，尤其得推着手推车给邻近主顾们送肉。那是一个非常匮乏的青少年时代，没有任何发展个人爱好的余地。物质上的负担是日常生活的一个主要特征：家庭不是生活在贫困之中，却有赖于全体成员的共同工作。1911年12月底卡夫卡在日记中记下，父亲对童年时代的回忆多么痛苦地折磨着这个过着舒适的中产阶层生活的儿子："没有人否

雅各布和弗兰齐丝卡·卡夫卡，卡夫卡的祖父母

认，他持续好几年由于冬衣不够导致大腿上的伤口一直没愈合，他常常挨饿，他 10 岁就得在大冬天一大早推着一辆小车走村串巷——但，他不愿意理解的是，与另一个正确的、我没有遭受过这一切苦难的事实相比，这些正确的事实丝毫也不能让我得出这个结论：我比他幸福……"

赫尔曼·卡夫卡在犹太人街上的小学上了六年学，他在那里学会了读书、写字、计算和几篇希伯来语的断编残简。可靠的有教养的中产阶层人士的基本知识直到他长大成人后也没拥有。学校里正式的课堂用语是德语，而口语却是捷克语：赫尔曼·卡夫卡一生都是一个有着一种对波希米亚来说典型的语言上的双重身份的人，不过这种双重身份却受到提高社会地位的抱负和与这联系在一起的对捷克成分的抑制的掩盖。在一个男孩 13 岁生日后的安息日，通过在犹太教会堂里第一次朗读图拉经来庆祝巴尔米茨瓦节，按传统习俗，这标志着宗教上的法定年龄已经达到，从而也就标志着赫尔曼·卡夫卡的童年时代已经结束。他被送进邻近的皮塞克村，在一位亲戚家当学徒，学做纺织生意。1872 年他被征召服三年兵役，他在一支捷克军队中服完这次兵役。他在回忆往事时认为服兵役的这段时期是人生的有益时期，

它使他获得市民角色的身份，将他纳入一种牢固的秩序体系并使他具有——透过制服显现出来的——社会声望，这满足了他追求虚荣的需要。服完使他晋升中士（领导一个有 35 人的排）的现役后，他在布拉格及其周围地区当了七年——直至 1882 年 8 月底——日杂用品代理经销商：一如当时行话所说的"兜售小贩"，挨家挨户兜售自己的商品。"一个兜售小贩，"约瑟夫·罗特写

赫尔曼·卡夫卡，卡夫卡的父亲，19 世纪 80 年代初

道，"背着一只装着肥皂、裤背带、橡胶制品、裤纽、铅笔的筐子。他带着这家小铺子造访各家咖啡馆和客栈。"1882 年 6 月，赫尔曼·卡夫卡经一位媒婆介绍认识了他后来的妻子尤丽叶·卡夫卡，从此——因当局的严格规章而变得困难重重的——兜售小贩生涯便宣告结束。1882 年 9 月 3 日的结婚开启了他以中产者的成功为标记的人生阶段：在新娘嫁妆的支持下，他在旧市区北环（929-1 号房）开了一家小商店，经营布料和时髦服饰用品，并在既是丈夫又是企业主的双重意义上成家立业了。个人的和商务上的觉醒在这个地方何等紧密地相连，这一点可以从下述情况上看出：赫尔曼·卡夫卡将他的店铺安置在他们举行婚礼的那家饭店所在的房屋建筑群里。

属于卡夫卡家族的"根基"的，儿子 1919 年这样写道，是一种显著的"生活、经商和占领的意愿"，此外还有"强壮、健康、好胃口、大嗓门、有口才、自鸣得意"。人们必须像观察卡夫卡的父亲形象每一个别的细节那样小心观察这种类型学，因为这种小心主要用来以体弱、多病、胆怯、寡言的孩子的自画像来对抗它。就这点来说，这一类型学能解决一个文学上的目标，一个遵循想象原则的目标：充满活力的、经营上卓有成效的父亲的形象被勾画出来，是为了使这个"自我"，这个名叫"弗兰茨·卡夫卡"的自我能够通过这种划定界线的机制获得一种自己的身份特征。对父亲这个角色的威望、这种表现为精力过于旺盛的威望的感知很早就给卡夫卡式的艺术风格添上了一些要素：这种艺术风格让人看到家庭力量对比现场是象征性的秩序结构。所有的奋斗，他的文学作品以后将要讲述的所有的奋斗，最终都返回来指向这一秩序。

所以儿子的秉性只是稍微传达了父亲有缺陷的性格特性——据说父亲的兄弟们都比他本人更"欢乐愉快、无拘无束、逍遥自在、缺少严厉"。赫尔曼·卡夫卡一方面有顽强的"经商意愿"，另一方面也显得很敏感和易受伤害。传下来的他的照片显示出一个似乎总是衣着时髦、注重外表的相貌堂堂、显然沾沾自喜的男子形象。这位举止坚定的商人和一家之主具有一种不太明显的自信心，这种自信心终生都没允许他信心十足地克服精神上受到过的伤害。明确证明了的"口才"也还是带有可疑的特性，如果人们考虑到赫尔曼·卡夫卡掌握的德语并非完美无缺并且他主要是在家庭圈子内部施展其演说家的才干的话。因此衡量儿子秉性的标准涉及那个个人隐私区域，那个后来将会把他的文学作品当作社会排挤斗争的现场加以展示的区域：这位暴君只是在个人的家庭圈子里，在原型的权力舞台上占据统治地位。

　　神经过敏、情绪紧张的身强力壮者的自相矛盾。赫尔曼·卡夫卡身上的气质表现为矛盾的基本资质，它们也反映在兄弟们和侄儿们的个人经历中。在这里成功和失败、抱负和畏惧、扩张努力和退却倾向紧挨在一起。尤其是赫尔曼的长兄菲利普，这个跟年轻10岁的海因里希一样在南波希米亚当商人的孩子显示出一种突出的占有欲。6个儿子中的长子，1879年出生的奥托·卡夫卡1897年移居南美，后来迁居纽约并在那里创办了一家卓有成效的外贸公司，其可观的营业额使他可以过上奢侈的生活。年轻14岁的大弟弗兰茨1909年在16岁上在其后随之而来并在他的公司中晋升为高级职员（卡尔·罗斯曼，卡夫卡的美国长篇小说中的主人公，将具有他的特性）。就在菲利普和海因里希·卡夫卡事业有成的时候，排行最小的孩子路德维希似乎不大有活动能力。19世纪80年代中他在布拉格开了一家时髦服饰用品商店，然而不久这家商店便不得不宣告破产。歇业后，有两个女儿的他在一家布拉格保险公司当会计。这里，在让人感到很愉快的中产阶层的自鸣得意中显现出了一丝失败的痕迹。

疯癫的勒维家族

　　弗兰茨·卡夫卡的母亲尤丽叶1856年3月23日在布拉格以东60公里的小镇波代布拉迪出生。她的父亲，1824年出生的雅各布·勒维是织布工人，在他家乡的乡镇上颇有声望。1853年他娶了时年23岁

的埃斯特尔·波里亚斯，她的父亲
亚当·波里亚斯在波代布拉迪当犹
太教法典学者、犹太教经师和切割
包皮者。埃斯特尔的母亲萨拉·波
里亚斯是毗连的科林镇的商人萨穆
埃尔·莱维特的女儿。雅各布·勒
维从亚当·波里亚斯那里接管了作
为嫁妆的经营不善的布店，因为埃
斯特尔一直是独生女（年长 6 岁的兄
长纳旦英年早逝）。尤丽叶·卡夫卡

雅各布·勒维，卡夫卡的外祖父

在一份 1931 年，即她逝世前三年撰写的生平事迹报道中，把这位因
犹太教法典研究而荒疏了自己的商人职责的虔诚的外祖父描述为传奇
人物："他在上衣外披上细斜条布，而小学生们则跟在他后面跑并取
笑他。这在学校里受到训斥，老师严词嘱咐学生们不可烦扰这个虔诚
的人，否则他们会受到严厉惩罚。夏天也罢，冬季也好，他都天天到
易北河里去洗澡。冬天如果河面结冰了，他就拿一把钉耙，用它凿开
冰，潜入水中。"当这位神奇的外祖父在 68 岁上去世时，刚刚报名入
小学的尤丽叶要做一个宗教上的赎罪仪式，半个世纪后她还能够给她
的儿子讲述事情的经过。"她记得，"弗兰茨·卡夫卡 1911 年 12 月在
日记中写道，"她如何不由自主地一边抓住尸体的脚趾一边请求原谅
她可能对外祖父犯下的过失。"

　　埃斯特尔·波里亚斯与雅各布·勒维共同生活后，1852 年——
还在结婚前——生下了阿尔弗雷德，四年后又生下尤丽叶以及里夏德
（1857）和约瑟夫（1858）两兄弟。1859 年，埃斯特尔·勒维 29 岁时
死于一场伤寒。母亲的突然死亡一定给尤丽叶和她的兄弟们留下了严
重的精神上的创伤。外祖母萨拉·波里亚斯 1860 年因忧伤于独生女儿
的夭折而自杀——她在易北河里溺水身亡。卡夫卡 1911 年 12 月底在
日记中记下："我的外祖母的母亲从此就忧郁不欢，拒不吃饭，不和

任何人说话，有一回，在她的女儿死后一年，她外出散步就再也没回来，她的尸体被人从易北河里打捞上来。"还在服丧期，丧偶的勒维就娶了故世的埃斯特尔的远房亲戚，波斯特贝格的 33 岁的尤里叶·黑勒。她给他生了两个儿子，1861 年生了鲁道夫，1867 年，在她已经 40 岁时，生了西格弗里德。

在尤丽叶的兄弟们当中长兄阿尔弗雷德在事业上最有成就。1873 年他在维也纳当会计，开始了自己在事业上的发展过程，并于 1876 年去布拉格，他在那里升迁至莫里斯·布瑙—瓦里拉私人银行的襄理。他因受到行长宠信而获得的这一责任重大的职位给他带来 15000 法郎的可观的年收入。1890 年，估计也是顾及自己晋升社会地位的意愿，他获得了法国国籍。由于菲利普·布瑙—瓦里拉的提携，他在 19 世纪 90 年代中期接任马德里一家西班牙铁路公司经理的职务。虽然这一职务给他带来的影响力比这个华而不实的头衔预期的小，可是它却满足了他的有关社会地位的虚荣心。阿尔弗雷德常常探访他的波希米亚亲戚，并且与他的外甥弗兰茨保持着松散的联系。1912 年深秋，在一次两个星期的布拉格逗留期间，他住在卡夫卡家里，致使卡夫卡能够深入研究他。他觉得他的拘泥虚礼、矫揉造作的举止有些好笑："他经穿堂悠荡进厕所。"但是同时他也记录下，这位表面上显得落落寡合的有成就的人生性敏感（"性情日益温柔"）。他的书信散发出这位胸襟宽大的善于处世者沉着冷静的气息——此人怀着略有情趣的好奇心关注着他的外甥的文学作品。当阿尔弗雷德·勒维 1923 年 2 月去世时，他留下一笔 60 万克朗的财产。可是这笔财产，据卡夫卡无可奈何记下的，却落入"巴黎和马德里的公证人和律师"手中。

与阿尔弗雷德相仿，排行最小的孩子约瑟夫也事业有成，他自 1891 年起，在比利时刚果参与建造铁路的组织工作。最后他在那里任协调法国殖民事务的贸易处主任。1903 年秋他移居到中国，试着在那里当经营欧洲货币业务的俄罗斯—中国银行的代理人；在经历了一场巴黎浪漫小插曲并娶了一个法国女人为妻之后，1908 年他去了加拿大。只在两年后，他便返回法国，在凡尔赛置了一所宅子，还在圣·马洛买了一幢消夏别墅，从此以后过着富裕的悠闲生活。他的刚果历险经历明显地反映在卡夫卡 1914 年 8 月初发表的散文作品《回忆卡尔达铁路》中，这件作品以极端气候条件下修铁路为主题，可是故事发生的地点却变了：在这里刚果的场地被俄罗斯无边无际的高寒荒漠取代。

　　其余几个兄弟的人生历程就不怎么带有异国情调。里夏德·勒维在布拉格水果市场旁边经营一家不起眼的服装店，他靠它勉强养活着他的妻子和四个孩子——其中就有弗兰茨·卡夫卡后来最喜爱的表妹玛尔塔。尤丽叶的同父异母兄弟鲁道夫和西格弗里德被认为是怪人，一直都是单身汉。鲁道夫当会计，已经是成年人，还住在父母家里，并在 1910 年母亲去世后接济贫穷的父亲：一种爱恨交加的充满紧张的关系把他与父亲联系在一起。舅舅的这种不合群的生活方式，后来被卡夫卡认为是他自己的社会隔离倾向的影子。1911 年 12 月他在日记中说明，他的父亲观察他深居简出的生活方式时，认为他是鲁道夫·勒维的继任人和"正在成长中的新家庭的傻瓜"；11 年后他自己觉得与舅舅相似得"惊人"。在鲁道夫身上他也认出了自己的爱好：在与父亲的想象中的斗争中消耗自己的精力。舅舅 1921 年去世后，卡夫卡意识到了这种精神上的亲和力并在日记中写下了："我对他了解得太少，我不敢打听这方面的事。"

　　西格弗里德·勒维，作为儿子中唯一一个受过高等教育的人，他学医并且后来在梅里施的特里施当乡村医生。尤其是在高中毕业后的那几年里，卡夫卡与他特别亲近，夏天到特里施去看望他，甚至和他一起度假。他认为这位舅舅是一个不顾习俗坚定地走自己的路的怪僻的人。在一封 1917 年 9 月致马克斯·布罗德的信中他谈到西格弗里德·勒维，说他拥有一种"无比细微的、单身汉式的、来自缩小了的咽喉的幽默"："他就这样生活在乡下，坚韧不拔，心满意足，正如一种被人认为是生活旋律的略带醉意的疯癫能够使人心满意足那样。"

尤丽叶·卡夫卡，卡夫卡的母亲，19
世纪 80 年代初

西格弗里德·勒维，这位有坚定生活原则的孤独的讽刺家，是被罪恶的纳粹所杀害的卡夫卡的众多亲戚和朋友中的一位：1942 年，在被流放至泰莱钦之前不久，他自杀身亡。

尤丽叶·勒维，跟她后来的丈夫不一样，她在高雅的中产阶层的环境中长大。她家在波代布拉迪的家宅是一所两层的房屋，但还是相当宽敞，完全满足了一位中产阶层商人的需要。雅各布·勒维似乎像他的岳父那样是一个虔诚的人，按一定仪式进行的宗教活动对他来说意味着一种坚定的生活意义。跟赫尔曼·卡夫卡相反，尤丽叶因其父亲而拥有一种牢不可破地在家庭传统中确定下来的信仰本体。给六个孩子上课的是家庭教师，因为在 1871 年以前波代布拉迪没有德语学校。大概在 1876 年，在三个岁数较大的儿子离开家庭之后，雅各布·勒维变卖了他的商店并带着当时 21 岁的尤丽叶和她的两个兄弟迁往布拉格。他在那里过上了退休生活，虽然他才 53 岁。从此以后，阅读犹太教法典便成为这个虔诚的人的井然有序的日常生活。直到 1910 年他才去世，终年 86 岁。对于尤丽叶·勒维来说，迁居布拉格起先并没在生活中引起深刻的变化。依照 19 世纪末在犹太人氛围中还强烈倡导的对角色理解的传统，她在等待适当的缔结婚姻的时刻中度过自己的时光。又等了六年，她才离开父亲的家宅，建立了自己的家庭。

尤丽叶·勒维在其父亲影响下了解到的情感世界不无紧张关系：基本的宗教态度在总是非常强烈的爱慕中折射出忧郁和遁世。这里与卡夫卡的情况颇为相似地显现出一种内心紧张和自我封闭的因素。勒维家族的虔诚就这样和情绪矛盾的特性结合在一起。蒙昧主义亲和性，宗教狂热，顽固不化和与世隔绝的独身生活在忧郁的土地上繁荣生长。这个勒维家族的"刺"，1919 年卡夫卡这样写道，不如父亲的表面的活力那样直接，"促使我更神秘、更畏缩地走向别的方向"。勒维家族遗产所彰显出的不光彩的方面是生命活力的偶尔"停顿"，活动力量的凝固和在冷漠麻痹中的自我封闭。在坐在沙发上"懒洋洋度过"整个下午的这种爱好中，卡夫卡亲身感受到了这种资质。

妇女时髦服饰用品

"你以自己的力量单枪匹马奋斗到这么高的位置，因此你对自己的见解抱有无限的信任。"儿子 1919 年所描绘的这种特性既反映了父亲的发展抱负，也反映了他的头脑狭隘。赫尔曼·卡夫卡是一个暴发户，孜孜追求自己生意上的成功。然而他竭力试图获得的经济上的安全系数却只是缓缓地出现。他之所以能够在 1882 年 9 月开设他的缝纫所需零星用品店，仅仅是因为尤丽叶·勒维结婚时带来了一笔可观的嫁妆。起初赫尔曼·卡夫卡与一个股东合伙经营他的商店，以便把经济上的风险控制在一定的范围内；后来除了按犹太人的家庭观念可以在其丈夫的职业生涯中扮演平等角色的妻子以外，也有好几个店员在商店里当帮手。人们起初不能期盼大的收益，主要是由于所售商品价格低的缘故——毛利一直很微薄。赫尔曼·卡夫卡经营的商品有手套、雨伞、缝纫小用品、布料和棉花——中产阶层市民的日常生活用品。妇女时髦服饰用品生意这一领域在德国和奥地利被公认是犹太人的领地。

在开店的头几年里，赫尔曼·卡夫卡多次与当局发生冲突。1887年 9 月，他不得不应对因违反基督教星期日禁止商店营业并在节日售货所带来的指责；1888 年夏，市企业劳动保护监督局指控他销赃，但在严格审查案情并检查了（根据约瑟芬的政令用德文记的）账本之后宣告他无罪；1890 年 12 月底，他再次因星期日售货而受到告发；他多次被怀疑使假币流通，但每次都能经证人作证减轻自己的罪责。赫尔曼·卡夫卡是否确实在独立开业的头几年里有不法行为，现在已经无法证实。可以料想到的是，对犹太人竞争对手的反犹偏见导致这些告密站不住脚。但是怀疑和指责没有长时间地有损于他：1895 年他被任命为奥匈帝国贸易法庭鉴定人，并从而作为受到普遍尊敬的商人融入城市的市民生活中。在这些年里，他的企业的庄重的信笺上已经装饰着一只橡树细枝缠绕着的、画成单色的穴鸟（Dohle）——对姓氏词源学的一种提示，这个姓氏源于捷克文词语"kavka"（Dohle）。这位从事写作的儿子以后将游戏这一含义并在他的好几部文学作品中——《往事一页》（1916—1917）、《猎人格拉胡斯》（1917）——利用它。

在开业的年份里，赫尔曼·卡夫卡将他的店铺安置在旧城环路北端金锤饭店的房屋群里，自 1887 年起一直在 3 号采特纳尔小街，1906 年与 1912 年间在 12 号采特纳尔小街屋子的二楼；一家人在离此不远的 2 号屋里一直住到 1907 年 6 月底，随后就住在有众多豪华新建住宅的尼克拉斯街（道路拐角处高屋"船家"，36 号）。1912 年 10 月，这家从此开始做批发生意的商店搬迁到旧城环路边上金斯基宫殿底层右侧。这是经济上升的一个象征，因为他们如今居住在现代的、经济生活活跃的市中心了。一年后，1913 年 11 月，一家人搬迁至旧城环路北角边上豪华的奥佩尔特屋居住。赫尔曼·卡夫卡在 1882 年至 1918 年间经营商行的四处住所相互间隔不到 100 米：可测度性和延续性构成这位店主经济上成功的主要前提。

1900 年后，赫尔曼·卡夫卡已经赢得了一批固定的顾客，店员的人数开始增长。在 1910 年商店已经拥有好几个雇员（售货员）和女徒工以及一个经理（"店员"）。赫尔曼·卡夫卡是一个乖张的、情绪和策略变化无常的老板——不是儿子后来把他描绘成的那种专横的暴君，而是一个令人摸不透的、内心充满矛盾的权威人士。弗朗齐歇克·克萨韦尔·巴舍克，此人 1892 年进这家商行当学徒，他回忆起一种父亲般宽厚和关怀的态度，然而这种态度往往会被突如其来的感情冲动和盛怒所取代。这种家长式的态度中既有友情也有专制，既有乐于助人也有恶意刁难。放错了地方的商品往往会被赫尔曼·卡夫卡扔到地上，伙计就得在其他店员的眼皮底下将它们捡起来。怀疑和责备是常有的事，这位多疑的老板，在经历了非常匮乏的年代后含辛茹苦取得了自己物质上的富裕，他认为他的员工们都是"花钱雇来的敌人"，都一味地试图欺骗他。"欺骗"这个概念将在卡夫卡的文学价值体系中扮演十分重要的角色。不过它在那里从不代表客观的事实情况，而是表明想象空间中的一种主观色彩。

1919 年卡夫卡还记得，他小时候对员工们态度谦卑，以抵消父亲的不友好："即便我这个无足轻重的人在下面舔他们的脚，也不足以弥补你这个主人在上面对他们的大砍大劈。"在后来的岁月里，这位有外交才能的儿子有时不得不在父母的委托下做些调解工作。在受伤害的员工们 1911 年 10 月全体向他们的烈性火暴的老板提出辞呈后，他耐心地和他们进行个别谈话，要他们改变决定。即使在家庭成员面前，这位喜怒无常的业主也会大发脾气。当伊尔玛·卡夫卡，他的小弟路德维希的二女儿，在她父亲去世后于 1911 年进入旧城环路边上的商行时，她受到赫尔曼·卡夫卡的百般刁难。她表现出"健忘、漫不经心、苦笑"，她试图以此，一如卡夫卡回顾往事时证实的那样，以自暴自弃的方式进行自卫：这就是儿子也试图赖以履行他自己的角色的那种策略。1918 年伊尔玛·卡夫卡离开了这家商行，因为她再也忍受不了与她伯父的这种紧张关系（表面上的因由是她与捷克人古斯塔夫·韦塞屈的订婚）。在她 1919 年 5 月英年早逝后，赫尔曼·卡夫卡用一句没有怜悯心的、毫无掩饰的套语回忆她："这个虔诚的人给我留下了许多使人恼火的事情。"

至晚自世纪之交起卡夫卡的双亲便身处有名望的中产阶层之列。他们在经济上有保障，家里雇了两个用人（在布拉格只有不足 12% 的家庭能做到这一点），并住在一幢相当宽敞的寓所里。尽管他们有着可靠的社会地位，但第一次世界大战前的紧张的时代气氛他们还是感受到了。父亲与他的雇员们进行的无休止的争吵，其根源也许不仅是他的——毫无疑问被儿子夸大描写了的——性情暴躁，同时也是捷克雇员们的反犹偏见。弗兰茨·莫尔纳尔的剧本《利利奥姆》（1909）精辟地揭示了奥匈双重君主国中蜕化了的小市民对犹太人的敌对情绪，她针对布达佩斯的状况所做出的判断毫无疑问也适用于波希米亚。

赫尔曼和尤丽叶·卡夫卡在创业年代常常迁居。商店扩大，员工的人数增长，生活不安定，但是这种不安定听从商品交易和商务往来的有条不紊的节奏。卡夫卡后来解释说，在一旁观看他父亲工作，这总是令他感到愉快。打开箱子，与顾客交谈，与供货商磋商，在这个孩子的眼里都是掌握生活的象征。在这种观察中已经掺和进了对别的人安度日常生活而不被它的重压击倒的那种轻松闲适的向往。成年的卡夫卡的重压之一就是他心情沉重地确信：生活不会给予他不言而喻的事，而只会给予他由于一种他无法体验到的正常状况而产生的种种令人诧异的刺激。

政治上的作用与反作用

1883 年 7 月 3 日，波希米亚的布拉格：弗兰茨·卡夫卡诞生的时间和地点显示出这是一个以不同的影响力复杂交织在一起为特征的社会舞台。这里存在着的各种社会矛盾对于从 19 世纪后期的欧洲大国秩序生出的种种束缚仍然具有代表性。作为奥地利君主国的一部分，波希米亚王国代表一个人造的政治实体，其内部的紧张关系由各种民族利益之间的冲突而产生。德国人和捷克人处于难以克服的对立状态之中，这种对立分别在不同的危机情势中以新的面貌出现。在不断增强的捷克民族运动的气氛中，波希米亚的德意志人日益受到压制。他们用意识形态上的反构思进行自卫，其中的德意志文化民族观念起初一直是最强有力和最有影响力的。在 1848 年梅特涅体制崩溃之后，波希米亚的德意志人以一种资产阶级自由主义的代表身份出现：这种自由主义原则上不质疑对奥地利的从属性。而捷克人则对（起初适度的）政治独立的纲领表示同情，这就与圣保罗教堂的政策及其关于德国内部统一的幻想有了很大的距离。在 1848 年后的革命氛围中，德国和捷克的政治家们提出了各种维护秩序的建议，人们试图凭借这些建议把波希米亚划分为社会形态多样化的多民族国家。然而，致力于确保单个群体获得一种相对自治的设想从未实际试验过。

1846 年，波希米亚 38.6% 的人是德意志人，将近 60% 的人是捷克人。在毗邻的梅伦省，捷克人占 70%，德意志人占 27.6%，剩下的居民是斯拉夫少数民族（其中有斯洛伐克人和匈牙利人）。自 1860 年起，在各种不同的修改宪法行动的影响下，这个支离破碎的地区的政治独立性大大增长。在奥地利与意大利和法国的战争失败后，波希米亚出现了推进改革的第一个冲击力。随着 1860 年 3 月 5 日证书的颁发，弗兰茨·约瑟夫一世皇帝给予波希米亚帝国参议会较大的自治权并允许增加参议员人数。国家的联邦性质和它的首都布拉格的地位从而得到加强。1861 年，捷克人就已经凭借其较高的人口比例在波希米亚邦议会中占多数，但未能在政治影响力上捞到好处。在各党派中德意志民族自由党占优势，它在具体问题上往往和约瑟夫的新专制主义的带温和改革意愿的秩序政策亦步亦趋。然而在和谐的利益均衡的表面下还在酝酿着种种冲突。自 1860 年以来邦议会各议员之间一再出现强烈的紧张情绪。1868 年，捷克代表为抗议波希米亚的亲德文化政策而退出邦议会。1871 年，他们起草了一个"基本条款"，提出了一系列要求，维护其在议会中代表自己利益的平等权利。

然而在波希米亚，从政治上适应社会多数关系的进程却进展缓慢。自 19 世纪 80 年代初起，德意志人才失去了他们在王国公共生活中的强大影响力。自 1878 年起，青年捷克人的国家党进入邦议会，从而也就越来越吸引大众传播的注意力。1880 年，捷克人实现了在波希米亚法庭上使用两种语言的规定，与此同时，路牌和官方通告改用捷克文。"就像建造巴比伦塔时的语言混乱问题没有通过颁布规定得到解决，"1907 年卡尔·克劳斯用嘲讽的笔触写道，"捷克文的路牌并不是地地道道的摩西 [1] 的石板。"1897 年，卡西米尔·巴代尼总理，自 1895 年起保守的天主教徒、波希米亚人爱德华·格拉夫·冯·泰费的继任者，颁布一项公告，规定在所有的波希米亚官方机构中使用两种语言。在经由大规模抗议和暴力骚乱爆发出来的德意志居民的巨大压力下，两年后，在巴代尼内阁倒台后这一规定又被撤销。不过，新上台的政府按各行政区居民的多数选择官方语言的做法也未能平息这场争夺文化和社会优势的争端。1900 年以后，捷克人和德意志人之间发生了多起公开冲突。在暴力行为中达到高潮的是示威游行、街头冲突、抢劫、中小学和大学里的斗殴，它们为在一个如斯蒂芬·茨威格所说的"风平浪静的时代"中的各种大多遭政策否认了的紧张关系提供了证据。它们构成了令人不愉快的、不安定的共同生活的标志——一场潜在的内战的征兆，那些控制着只是表面上和谐的波希米亚社会的力量的写照。

新专制主义时代在 1849 年至 1860 年之间促进了王国的工业化崛起。这个进程发生在主要招募捷克工作人员的采矿、木材加工和钢铁生产的领域，而化学和电气工业却只扮演一个从属的角色。创业阶段的高度繁荣加深了德意志中产阶级与捷克无产阶级之间的社会矛盾。随着工厂和贸易中心的兴起，农村人口开始向城市流动，这种流动具有一种不可阻挡的迁居潮流的性质。它导致人口大量集中在波希米亚工业无产阶级安家落户的城市。"'蒸汽'就像一种大自然的威力，"西奥多·赫茨尔 1896 年这样写道，"把人'聚集在工厂里'并将他们驱赶到狭窄的空间。"

农村人口在整个帝国中占 50% 以上，这个份额在波希米亚急剧下降，到世纪之交后只占劳动人口的 1/3。波希米亚王国的工业产值

1　摩西：圣经故事中古代以色列人的领袖，率以色列人出埃及时，上帝召见他，授他两块刻着"十诫"的石板。

远远超出奥地利的一半以上。在采矿和冶金工业的影响下，波希米亚内部发生了大规模的迁移运动。农村人口从东方迁往北方广阔的工业地区，它们像一条越来越宽的腰带拴在布拉格、比尔森这样的大城市上。此外还有在异乡创业失败自新大陆返回的汹涌人流。1868 年卡尔·马克思就已经能够注意到，美国已经"不再是移居国外工人的乐土"。在卡夫卡也曾读过的一篇《布拉格日报》1911 年 11 月 5 日重印的访谈中，发明家托马斯·阿尔瓦·爱迪生声称，波希米亚工业化的高速发展可以从下列事实中得到解释：大量移居美国的捷克人在逗留国外的岁月后返回自己的家乡并在那里传播他们的工作经验。

德意志人在波希米亚和梅伦人口中所占的比重自世纪末起急剧下降。卡夫卡出生的城市的发展状况在这方面具有典型性：1880 年布拉格的居民中还有 38591 人讲德语，到了 1910 年这个数字下降至 32332 人。由于在这同一时段里居民总数从 26 万人增加至 44.2 万人，所以这就意味着比例从 14% 减少到了 7.3%。犹太人在居民中所占的比重状况与此相似：在波希米亚，在移居美国的影响下犹太居民在 1880 年至 1900 年间从 95000 人下降至 92700 人。只有布拉格在这方面是一个明显的例外：在世纪之交后犹太居民的比率在这里略有增长，1900 年前后布拉格有 26342 个信犹太教的人，1910 年有 28000 人（其中各有一半是捷克人），这分别相当于 10% 和 6% 的份额（在维也纳这个份额在世纪之交前不久达 8.7%，在柏林达 4%）。一个重要的因素就是自商贩经商条件尤其恶化了的乡村地区迁来的犹太人。"资本，"1917 年阿哈龙·大卫·戈尔东评论第一次世界大战前席卷欧洲的迁移浪潮说，"从乡村，从自然界流向更能赚钱的城市，而劳动力则流向资本（不只是不得已）。"除了经济利益以外，沙皇帝国肆虐的排斥犹太人运动，导致了世纪之交的大规模迁移运动。由尼古拉二世批准的大屠杀不断威胁犹太人的生存，大量的流亡者从加利齐和俄罗斯涌入西方。在 1880 年至 1910 年间，300 万东犹太人的巨大人流流向波希米亚、梅伦、奥地利和德国。他们之中的大约 40 万人只是在他们的中欧接纳国做短暂停留并随后决定起程赴美国。

在德国人的人口比率下降的同时，捷克人的人口比率却在增长。德国优势的消退也反映在波希米亚犹太民族的文化爱好和典范中。在1890年做的一次人口普查中，73.8%的布拉格犹太人标明德语是其主要语言，而10年后却只剩43.7%了。这一过程表明犹太人正在日益向捷克居民靠拢，这种靠拢也在机构的层面上进行着。在19世纪最后的30多年里，犹太人主要都是一些德意志人的协会的成员，而现在，在阿洛伊斯·楚克尔的集合运动的带领下，他们竭力趋向捷克人小团体。另一方面，即使在1900年后，大多数布拉格犹太人也还是宁愿给他们的孩子选择德语学校。在这方面，改变分配的过程进行得极其缓慢，因为不管社会影响力如何变动，德语仍然被公认为有文化有教养的人的语言。在波希米亚，德意志人的文化统治地位作为一种名声不好的优势地位的最后堡垒，一直保持到20世纪。谁谋求社会地位的升高，谁就必须尽力与德意志人的俱乐部和协会建立联系。这一信条也为卡夫卡的父亲所奉行，每逢要表明自己的社会地位时，父亲便总是试图显示自己是德意志人的朋友。

在这种背景下，民族的和教派的身份并非总是可以分清界线。布拉格像一台地震仪那样显示出多民族国家的紧张和对立，它成为变化无常的文化方向的示范性舞台。1918年，在从有乡村风味的曲劳返回后，卡夫卡对他的出生城市发表看法："宗教像人一样在消失。"在卡夫卡的童年时代，德意志民族营垒尚具有决定性意义，然而其威力却正在消减。自1898年起，人们便逐渐变为只给街道、广场和区域安上捷克文的交通指示牌。新的民族运动受到工人和小资产阶级的支持，它自1891年起便由团结一致的青年捷克党作为其在议会中的代言人。针对德意志人的有时市侩式的教育要求，捷克人指出他们自己有独立自主的文化本体，它在一种以欧洲现代派为基准的文学中，在一种丰富的音乐传统中（有杰出的作曲家如斯美塔那和德沃夏克），以及在一座得到公认的民族剧院（有一部世界闻名的歌剧）中反映了出

来。然而在政治冲突尖锐化的过程中，这样的自我担保和自我维持的
合法表现形式带上了一种意识形态的色彩。所以在一些民族运动人士
中出现的对经济地位牢固的犹太市民的忌恨往往具有反犹太主义的性
质。在这些捷克人小团体中，虽然由托马斯·马萨吕克在 1900 年创建
的人民党和自世纪之交起增强起来的社会民主党拒绝反犹太主义，但
是像瓦茨拉夫·布雷斯诺夫斯基这样的青年捷克党政治家们却公开以
犹太教的敌人的面目出现。"jste Žid"——"您是犹太人吗？"这个问
题，1920 年 5 月卡夫卡这样给米莱娜·波拉克写道，在捷克语中带有
一种特有的侵略性的音调："您没看到，在 'jste' 中拳头如何捏紧并
积聚了膂力？以及然后在 'Žid' 中那快乐的、不会出错的、飞快向前
的一击？"

　　在日益增长的捷克人反犹太主义的压力下，大量犹太人加快躲进
一种对德意志民族小团体的好感中。这一走向使他们不仅在心灵上觉
得有了一个文化故乡，而且也有了 1867 年的各宗教地位平等法实际
上不曾带来的那种社会一体化。然而不容忽视的是，在具有德意志民
族观念的人当中，特别是在大学生的沙文主义氛围中，也出现了反犹
太主义的思潮。然而，努力谋求民族同化的中产阶层犹太人对这种思
潮故意不予理睬。这种排斥心态在这一时期多么流行，这一点在阿图
尔·施尼茨勒的这一即便并不符合维也纳实际情况的看法中也显示出
来了：反犹太主义在 19 世纪 90 年代 "既没有作为政治的也没有作为
社会的因素" 扮演过一个 "重要的角色"。在布拉格，主要是德国大
学的佩戴色标的大学生和有严密组织的体操协会在煽动强烈的反犹太
主义气氛。他们采取一种在 19 世纪初为人所熟知的告密策略：他们责
备犹太人，说犹太人保持一种体现资产阶级身份的、近来显得颓废的
礼仪，这是一种与民族文化的责任格格不入的礼仪。在一篇混杂着反
犹太主义情调的关于典型市侩的讽刺性论战文章中，克莱门斯·布伦
塔诺在 1811 年就做了恶意表述，说犹太人是有着 "气恼地变成奸诈恐
惧" 的心情的人。弗里德里希·尼采在一篇来自 19 世纪 80 年代中的

未完成的遗稿作品中宣称，反犹太主义经由俾斯麦时代的"沼泽地"而真正繁衍滋长，而这话就是指那种自由主义的形态：它认为一种好斗的"空头政治"的散布仇恨的长篇空论也是可以过得去的。

由体操教师安东·基斯利希出版的《德意志人民信使报》成为反犹太主义的中央机关报。"反犹太主义"这个概念由狂热的记者威廉·马尔引进，此人 1879 年 9 月 28 日在柏林建立了反犹太主义者联盟。《人民信使报》虽然起先仅刊登一些煽动性的恫吓言论并与街头政治保持距离，但并非就没有危害。倾向自由主义的德国大资产阶级只是由于经济上的原因谋求与犹太商人缓和关系，它没有能力持续地压制这样的民族沙文主义倾向。这种倾向是与整个君主国自 19 世纪 80 年代末起流行起来的对犹太人的敌对情绪相符的，而后来的维也纳市长卡尔·吕格尔则以令人厌恶的形态将其进一步发展成为一种偏见和怀恨的政策。在读了欧根·迪林的小册子《作为种族的、风俗的和文化问题的犹太人问题》后，西奥多·赫茨尔在 1882 年 2 月 9 日的日记中就公开受到欢迎的反犹太主义记下了如下的话："在已经有些潮湿并且再也不怎么烧得着的中世纪木柴堆上，必须浇上现代的煤油，好让它熊熊燃烧起来，好让焖熟了的犹太人的噼噼啪啪响的油脂，将香喷喷的气味送进在发臭的中世纪已经干过这种勾当的多明我会修道士们新教的甚至'无神论者的'（见迪林先生）接班人们那直钩钩的鼻子里。"1886 年由维也纳犹太教经师约瑟夫·布洛赫建立的奥地利—以色列人联盟及其机关刊物《奥地利周刊》的活动虽然形成一种公众看得见的抵抗受到官方容忍的反犹太主义的象征，然而这个将将有 250 个成员的组织始终只是一股没有决定性影响力的次要力量。像"巴尔-科赫巴"协会这样的独立机构随着布拉格的犹太人知识分子开始研究犹太复国主义并考证他们自己同化的先决条件才渐渐变得重要起来。

布拉格的德意志人认为自己是对城市文化生活具有深刻影响力的、居于领导地位的有文化的阶层。1862 年创立的举行报告会、朗诵会和讨论会的沟边俱乐部成为上层人士最重要的聚会地点。所以 1890

年以后它就成为捷克人针对头脑狭隘的德意志波希米亚人谋求霸权发起的示威游行的目的地。在1894年至1914年间任俱乐部主任的奥托·福尔希海默的主持下,这个俱乐部尽力向在与捷克人的冲突中试图将其拉向德国人一边的那些布拉格犹太市民开放。1907年48%的成员是犹太人——这对于德意志人和犹太人上层在世纪之交时期的暂时的接近(没有经济保障的犹太人宁可选择捷克优先权)具有典型意义。

以两座剧院和一座大音乐厅为支撑点的布拉格舞台演出剧目显示出优良的质量,但在剧目选择上却一直是保守的。位于旧城铁街的德国剧院,这座1781年至1783年间建成的剧院,它上演大众化的(常常带有波希米亚民族主义色彩)民间戏剧和喜剧。市公园边上的新德国剧院是自1887年起才有的,在1910年前一直由安格洛·诺伊曼领导。这座有将近2000个座位的剧院有着超越地区范围的声誉,它主要是通过瓦格纳爱好者诺伊曼导演的歌剧而获得这种声誉。除了古典作家的作品外,上演剧目表上有时也有现代自然主义者的作品,不过在这里却并没有达到柏林或德累斯顿的水准。诺伊曼死后,《布海米阿》前主编海因里希·泰韦莱斯接管这座剧院,但未能保持住这座剧院的水平。自1864年起存在的捷克民族剧院,这座年轻时的卡夫卡喜欢造访的剧院,它以自己特有的演出剧目与德国舞台对抗。它和1882年成立的、在传统的中央大楼上课的大学以及8年后成立的科学和艺术学院一起显示出在教育和文化领域里捷克自我意识的觉醒。

犹太人在波希米亚也与在奥地利和德国一样主要都是独立经营的商人。他们在布拉格和奥地利大城市有着相似的情况:大多数犹太人属于高级中间阶层,他们在下层中所占的比重一直微不足道。公职人员地位对于犹太人来说完全是不可企及的。1900年前后,在奥地利跟在德国一样,只有不足20%的公职人员是犹太人。卡夫卡受聘于一家公共事业机构是一个罕见的例外,一个后来常常被他用辛辣的讽刺加以评论的例外。鉴于压在他们身上的强大的适应压力,大多数波希米亚犹太人实施一种至少表面上向其周围的基督教人士的靠拢方略。对于他们来说这是一种理所当然的存活策略，它可以防止他们在德意志人与捷克人的政治斗争中遭到灭顶之灾。瓦尔特·拉特瑙的犹太人"劣等公民"的恶毒言语，说是"他们渴望摆脱犹太人居住区的闷热，呼吸德意志人的森林和高山空气"，说得十分露骨。在这一点上波希米亚的状况跟德意志帝国的状况几乎没有什么区别。布拉格犹太人虽然不像人们喜欢声称的那样栖身在一个"双料的犹太人居住区"，但是夹在捷克人和德意志人之间的日常生活中，他们只有一块没有安全保障的领地：在这块领地上他们受到一股股危险的势力的主宰。

自 19 世纪末起，捷克舆论的影响和重要性不断增长。聚集在具有独特魅力的代言人帕拉屈和里格尔周围的自由主义老派捷克人富有影响力的地位输给了掌控着大部分工人运动的较激进的青年捷克党。自 1891 年起，青年捷克党在维也纳拥有议会席位：他们被公认是人气日益旺盛的、须认真对待的团体。反犹太主义的复仇心理是他们的理所当然的论证范例，只有在选举前才出于策略上的考虑有所收敛，因为人们也想赢得犹太居民的选票。而在日常生活中却流行着"各得其所"这句格言，这并不是要求宽容，而是标明一种激烈的排挤竞赛：用号召抵制的口号威胁和损害犹太人的生意，用侵犯店主的行为煽动一种恐怖氛围。青年捷克党政治家很少表现出对日益增长的侵犯犹太居民的行径采取进攻姿态的意愿；街头械斗作为公开展示民族要求的手段而受到赞同。

严厉的法规即便在 1849 年后也堵住了犹太人获得大多数高等专科学院职业的通道，并禁止犹太人获得地产，他们就只有自由经商这一条路可走。所以波希米亚的批发和零售贸易主要都由犹太人店主在经营。这就使得居民迁居频度大大增长，这种增长对 19 世纪末的状况始终有决定性的影响。1880 年后开始的普遍的国内移居尤其波及乡下那些几乎无法谋到职业而渴望进城的犹太人。然而在大城市里他们却遇到了双重障碍：捷克人视他们为将自己当廉价本地劳动力剥削的资本主义制度的代表，德意志人将他们当作争夺市场和主顾的竞争对手。迁入的犹太人常常试图将德意志的和捷克的文化因素联系在一起：这一点又被人当作犹太人机会主义偏见的明证。然而犹太人其实是别无选择，他们只能将各种不同的可能性选择搁置一边；明白无误的亲捷克或亲德意志的态度对于处于民族冲突中的他们来说远比巧妙地避开困难要危险得多。

1897 年，奥匈帝国陷入严重的内政危机，它也危及波希米亚。这场危机的登场表明，波希米亚犹太人的社会生活多么强烈地受到民族冲突的余音的影响。危机的起点是巴代尼内阁的谋求利益均衡的政策，该内阁和青年捷克党一起试图执行一条新的路线以解决各团体的长期争执。内阁的亲捷纲领促使奥地利和多瑙河流域诸国的各德意志民族团体进行猛烈反抗。在已无法避免的总理被免职之后，1897 年 12 月初，好几个波希米亚城市发生了暴力骚乱，并伴随着反犹太主义的侵扰事件。在布拉格、萨茨和埃格尔冲突升级为伴随有焚烧街垒和掠夺犹太人商店的巷战。在龙骑兵和骑警的干预下事件才平息下来，然而内政危机没能因此而被克服。为了抗议将捷克语提升为官方语言的新政府自由主义的语言法规，德意志议员 1898 年离开了波希米亚邦议会。西奥多·赫茨尔，在卡尔·吕格尔的维也纳、但也作为德雷福斯诉讼事件（1894—1895）的观察员曾遭遇到粗暴的反犹太主义形径，他处在巴代尼危机的骚动不宁的印象中，指出波希米亚犹太人消极被动，认为这些犹太人在尽力谋求最大限度的适应："这些布拉格的小小犹太人，这些正经的中等阶层商人，这些安分守己的公民中之最安分守己者，他们究竟干了什么啦？他们凭什么该受到洗劫、纵火和虐待？"人们也能把犹太人的谨慎小心视作他们特别容易受到危害的根源，这一点在一封来自梅伦的匿名信中得到证实，此信 1899 年带着辛辣的讽刺声言："所以你可以安心地继续睡你的觉，一直睡到窗玻璃被砸碎的叮当声、孩子们的哭喊声、被抢劫者们的痛苦呼号声、无辜受控告者们的哭泣声（……）把你从睡梦中惊醒。"

在波希米亚的反犹情绪的影响下，1900 年以后大批犹太人离开这片国土，他们之中的一些人移居美国，另一些人返回匈牙利。在 1900 年至 1912 年间犹太人在波希米亚的比重降低了 8%，从 92000 人降至 85000 人。留下来的犹太人的日子明显地不好过了。民族沙文主义的联合会一再发出抵制号召，这些团体的目标是将犹太商人排挤出市场；特别是在像泰普利茨或埃格尔这样的较小的城市里组成了德国人的"观察委员会"，它们将那些向犹太商贩购物的人作为"背叛人民者"加以告发。给这种恶劣的攻势推波助澜的是关于带宗教动机的血腥宗教仪式的恐怖报道：据称犹太人常常拿德意志人开刀执行这种宗教仪式。在这样的宣传谎言中，西奥多·赫茨尔 1896 年尖锐地指出，这掺和着"粗鲁的玩笑，卑鄙的同行忌妒，先天固有的偏见，宗教上的不宽容"。甚至对于奥地利皇储人们也都知道，他赞同反犹立场并为维也纳议会中反犹太主义议员提供的信息服务支付报酬。这种在乡村地区渐渐滋长的社会压抑气氛连布拉格也没放过，虽然大城市的宽广有利于促进自由主义的社会状况。跟受到国家庇护的大屠杀已提上日程的沙皇俄国不一样，憎恨犹太人在波希米亚表现得更隐蔽，表现为日常的暗中侦察和告密等更为阴险的形式。弗兰茨·卡夫卡也领教过这些奸诈的压制伎俩，虽然他一直没有遭受过直接的反犹敌意的伤害。强大有力和软弱无能不是可以用产生它们的秩序情况的清晰度来衡量的：这是他的作品将向其读者传递的一个主要的认识。

布拉格市容

"旧房子，耸起的山墙，"里尔克[1]在他的 1895 年刊印在《家神祭》诗集中的《狭隘院落》一诗中这样写道，"高塔铃声响叮当 / 一座座院落窄小 / 只有一丝天光显现。"这就是里尔克回忆起犹太人居住区传说

---

[1] 里尔克（Rainer Maria Rilke，1875—1926）：奥地利诗人。

和巴洛克式宫殿昔日的辉煌在诗中所描写的莫尔道河左岸旧城小巷重重叠叠的建筑。这就是观察者能看到的像一个保存下来的时间的瞬间那样的 1900 年前后典型的城市面貌。但是在世纪之交这种风土人情就已经被认为有历史意义——里尔克的感伤的城市之旅也从后出生者的距离中吸取其影响力。20 岁的赫尔曼·翁加尔 1913 年在从慕尼黑来到这里攻读法律之后把布拉格看作具有浪漫色彩的大都会，基督教的和犹太教的神话在其中交相辉映。约翰·戈特弗里德·绍伊默 1802 年就已经发现布拉格有一种宗教神化的氛围，说是将"慰藉"施于散步者的守护圣徒内波穆克的纪念碑很能说明这种宗教神化的特点。

被美化为神话的狭隘市区 1900 年前后把新中心的雄心勃勃的现代建筑艺术风格衬托得很鲜明。世纪之交的布拉格的风土就夹在浪漫主义和现实主义这不可调和的两极之间。电车轨道像蜘蛛网那样穿过街道；邮局和电报局，公司和银行，国家行政机构和学校在华美的楼群中显得格外坚固结实；文策尔广场和老城区周围两边自 19 世纪 90 年代初起就装上了高高的煤气路灯；电影院、剧院、卡巴莱剧场、酒吧和饭店在夜晚一片灯火辉煌。古典主义的房屋门面促使人产生传统纯正的想法：石膏花饰和窗户展现出在维也纳和布达佩斯也为人所熟知的帝皇时代的华丽。但是同时，一个历史沉积的侧景舞台也呈现在眼前，在这个舞台上有哥特式尖塔、文艺复兴时期窗户、雕填法壁画、巴洛克城市宫殿和洛可可市民房屋。在从前的——1854 年就已经作为犹太人居住区保存下来的——犹太人区狭窄的、几乎没有街灯灯光的小巷里时间似乎停住了。在这里一条条道路杂乱无章地分岔出来；幽暗且几乎是岩洞式的门洞、密匝匝耸起的山墙和狭窄的房屋透着一种阴沉的、一点儿也没受到现代痕迹影响的气息，一种被现代观察者的感伤目光视作浪漫色彩城市现实标志的气息。

"穿堂房屋"及其透着神秘气息的过道诱使闲荡街头的人深入探秘。它们，埃贡·埃尔温·基施这样写道："一幢挨一幢，一幢搭接另一幢，人们大可不必走街串巷便可横越整个布拉格市区，可以说是走乡间小道。”通道这个概念，一如瓦尔特·本雅明将其转用到现代巴黎考古学那样，在这里获得了它的典型的双重意义：它表示不同地方之间的过道和“地区的含糊暧昧”，但是同时也是散步者信步逛大街这种运动形式的名称。布拉格的通道地形学上颇为集中地显现在旧城的低矮、呈拱形的旱桥群落间，它们如保尔·莱平所说，“穿过一所房屋的肚子”。所以它们构成固定不变的景观，人们可以从其灌木丛中悄然消失在大街的那一边。在这些“穿堂房屋”中布拉格把自己设想和勾画为阴郁的暗示和迷宫式秘密的集散地。像大脑螺纹似的，这些穿堂房屋解释清楚了那个被保尔·瓦莱里1937年在其短评《巴黎的介入》中认为是法国大都会特殊标记的秩序观念：他解释说，这座现代城市符合人类意识的结构。按照瓦莱里的看法在城市的核心聚集着各个不同层面的往日经历，类似于意识能够储存以往的经验。布拉格市的大脑在老犹太人居住区和它的一个个迷宫中，那里一条条狭窄的道路和小巷的走向让人猜想到一种难以解开的历史情结的深奥莫测之境。弗兰茨·卡夫卡完全是在这个意义上在他的作品中——人们不妨想到《观察》和长篇小说《诉讼》——标明市容为心灵的景观。倾心于散步的卡夫卡像一个试图在往日的痕迹中辨认自己的心灵历程的读者那样掌握布拉格的世情。他在自己的日记中收集这些零散的印象，这些晚上信步闲逛旧城时给他留下的印象，像一大幅只有在想象中还可以复制出来的油画的拼嵌彩石。卡夫卡夜晚坐在写字台前所做的想象王国之旅受到这样的布拉格小巷漫游的激励，这些小巷的弯弯曲曲的道路凸显并塑造着城市大脑的螺纹。

　　在世纪之交，布拉格吸引闲逛者去历险，去观察，去消失，去忘却。旧城的小巷诱使人进入一个个迷宫，这是市民惯于怀着一种喜悦和恐惧交加的感觉走进去的迷宫。在几乎没有什么灯光照明的、其弯弯曲曲的走向使外地人迅速迷失方向的昏暗街道中人们可以找到带来祸害的赌窟、肮脏的酒店和妓院。狭窄的通道使人可以一瞥阴暗的后院并让人看到一种几乎带中世纪色彩的手工业活动（在涉及巴黎时本雅明曾谈到幽暗过道的"仙女洞")。路灯往往安装得与二楼的窗户一般高并且只投射出微弱的光，而在门厅中则亮着油灯。保尔·莱平将这座约瑟夫[1]城市描写为"歪斜、阴暗的角落，什么风也吹不走它的腐烂物质和湿漉漉砖石墙的气味，夏天从打开的房门里散发出一股有毒的气息"。1885 年 3 月底，布拉格市政府公共卫生委员会决定拆除老犹太人区，那里的下水道系统不再符合现代人的卫生观念并产生出那种"可怕的恶臭"，马克斯·布罗德在他的长篇小说《蒂尚·布拉的通神之路》（1915）中称这种臭味是这座巴洛克城市的标志。然而老犹太人居住区那总共 128 幢房屋的卫生维护工程——在多次抗议后——1895 年才启动并耗费了整整 10 年的时间。世纪之交，在新的布拉格中心展示其现代风格之时，时间在这座约瑟夫城市里似乎停住了。小说家们如维克托·哈德维格尔、古斯塔夫·迈林克、保尔·莱平、莱奥·佩鲁茨和弗兰茨·韦弗尔都曾通过文学创作再现了 1900 年后的这个居住区，这个已经可以当博物馆的居住区。旧城面貌加速改造的特有的人造性质在具有浪漫色彩的外貌后面掩盖住了一座似乎早已变成童话剧院的老城的舞台布景性质。自 1896 年起便居无定所游历欧洲的里尔克也曾在他的早期散文作品《一生》（1898）、《两则布拉格故事》（1899）中将他出生的城市蒙上一层昏暗的光，它那病态的不自然的特性有时陷于矫揉造作的境地。

西格蒙德·弗洛伊德 1930 年在他的《文化中的不惬意》一文中下意识拿同一座城市做比较：这座城市建筑发展史上各时期的各自未经破坏过的状态都可以同时被观察到。1900 年前后的布拉格符合弗洛伊德的这一"想象"，因为它使其文化史的最不同的阶段聚集在一起了。这座城市在巴洛克建筑艺术的氛围中、在古典主义的宫殿中以及在现代青春艺术风格的代表性建筑中同样都勾画出了自己的轮廓。世纪之交的布拉格是一座用多元的风格把旧的亲近和新的匿名联结起来

---

1 约瑟夫：奥地利皇帝，当时布拉格属奥匈帝国。

的大城市。这里的好几个世界以典型时代意义的方式，比在柏林、伦敦、巴黎和维也纳更密集地互相融合渗入，却没形成一个持久的统一体。传统的标志与开启新时代的象征并存：这座城市作为不联系在一起的形象和景色的区域出现，它们的不对称性反映了这个多民族国家在其崩溃的前夜内部的分裂状态。

除了闲逛和购物的大街、格拉本广场和文策尔广场以外，还有众多的绿化带也决定性地影响着市容，譬如——卡夫卡特别钟爱的——肖泰克公园、里格尔公园和城市公园。而在市郊则新建工厂密集，它们的单层厂房作为工业化的大型石碑灰蒙蒙地停立在昔日没有建筑物的地面上。大批出租房屋群，阴暗的门洞，一条条街道和一座座高架桥给人提供了一幅城市边缘群体生活的单色图画。卡夫卡曾怀着一种既惊讶又被吸引的复杂心情亲历过这些地区。1911 年 11 月，在造访过他表兄卡尔·赫尔曼的石棉厂所在的齐茨科夫工人区后他写道，他"总是怀着一种混合着恐惧、孤独、同情、好奇、高傲、旅行乐趣、男子气概的复杂心情走进这些市郊"。

大量传奇故事和神话作为看得见的痕迹贯穿城市的历史。它们建立并巩固该城市文化上的深层结构，从而赋予这座城市以一种亲切的认同感。记入布拉格地方志的一则最著名的城市传奇故事便是关于大学问家拉比·勒夫（1520—1609）的故事，此人用一团黏土烧成一个黏土人像，授予他"Schem"这令人振奋的神的名字，并把希伯来标记"Emeth"（真）粘牢在他的额头上。这个黏土人像给这位犹太教经师勤奋服务了一个星期，然而由于星期六必须休息，所以这个人像每次都被他在安息日变为一块没有生命的石头。有一天经师忘记了这个变形仪式，随后人像就在犹太人做晚祷时大发脾气。此时人们已经诵读完安息日诗篇（"赞美上帝"），犹太会教堂陷入一片混乱，后来拉比·勒夫才得以制住这人像，取走"Schem"这个名字并把他变成石头。为了感谢从危险中得到解救，全体教徒再次齐声诵读诗篇 92，从此在布拉格犹太会教堂里便总是两次诵读诗篇 92，卡夫卡在世时也还是这样。但是据传人像的遗骸埋葬在犹太教会堂的屋顶小阁内，小阁入口至今一直封闭着。布拉格的这则传说构成古斯塔夫·迈林克的长篇小说《能变活人的泥人》(1916) 的基本素材，这部小说毫不令人生疑地把印度人的和犹太人的神话糅合在一起，以便能够给它的超现实的故事罩上一圈白日梦和恐怖幻想的微光。后来保尔·韦格讷 1920 年的著名的泥人电影把传奇性的布拉格犹太人居住区改编成一则经过巧妙艺术处理的电影故事，试图用现代媒体的手段来表现这则传奇故事。

1900 年前后，这则泥人神话还阴森森地存留在布拉格的形象中。不但犹太教会堂里的诗篇吟唱，而且时光似乎停住了的狭窄旧城的石子路小巷也令人想起泥人故事和使人感到心醉神迷的老辈人的虔诚。弗兰茨·卡夫卡在一种看来好像贮藏起来了的往事的象征世界中长大，但还是在内心对它们感到极其陌生。作为"实际上被剥夺了继承权的儿子"他只能够注视，再也不能够无拘束地感知和利用这些神话和宗教的传统了。所以他在自己的文学作品中像虚构一个想象中的现实，一个似乎源自激昂的想象力，但同时神秘地回归传说的梦境的现实那样重新虚构了这些神话和宗教的传统。沉积在城市风土人情中的神话就以这样的方式找到了通往语言的象征世界和理念的秩序的道路。

第二章

幼年时代和学生时代（1883—1901）

长子的孤独

居民点有其自身的象征性质，其秘密一贯是不显眼的和严密的，只向知内情者显示。弗兰茨·卡夫卡1883年7月3日作为赫尔曼和尤丽叶·卡夫卡的第一个孩子出生于其中的房子——"尖塔"坐落在恩格巷和卡尔普芬巷（现在是卡普洛瓦巷）之间的拐角处。所以它位于过去的和现代的布拉格的交会处：在约瑟夫城市的边缘，同时也是在旧城环城路、新城中心的对面。1880年初，这里显示出作为各对立面统一体的城市的各个不同的历史阶段：已经贫困化了的从前的犹太人居住区及其旧货商店、小酒店和妓院在那里与大环城路四周受到现代商业活动支配的区域交会，而那里正是卡夫卡诞生的房屋所在之地。这所拐角房屋1897年因自1885年起进行的维护犹太人区卫生规划而被拆除，只保存下了装饰精美的大门。今天只能用经照片获得的表象来取代直观。卡夫卡的诞生房屋的位置是凭想象虚构的，它的风貌被一种使人忘却过去的现代遮住了。

按照犹太人的宗教法，1883年7月10日，出生后的第八天，举行了男孩的切割包皮礼。这一严格规定的仪式，这一让孩子加入上帝与亚伯拉罕及犹太民族同盟的仪式，由受过这方面训练的穆汉来进行。在不让人采取卫生预防措施的这一流血程序的过程中，祖父——作为替代的教父——把这个新生婴儿抱在怀里。卡夫卡以其1911年12月8日出世的外甥费利克斯为例用好奇的眼光描写了这个宗教仪式："先将男孩捆绑得不能动弹，只露出阴茎，然后放上一块有窟窿眼儿的金属薄片以确定切面，然后就用一把几乎是普普通通的吃鱼用的餐刀式的小刀进行切割。现在人们看见了鲜血和生肉，穆汉用他的颤抖的长着长指甲的手指头在那里面简短地一摸，并将不知从哪儿摸到的包皮像翻一个手套的手指那样从伤口上翻过来。立刻一切就绪，孩子几乎没哭一声。现在只是还要做一个简单的祷告，在祷告过程中喝葡萄酒，并用他那还没完全洗净血迹的指头蘸一点酒送到孩子的唇边。"

　　由莫里茨·魏斯尔大夫做的卡夫卡包皮切割仪式在卡尔普芬巷的寓所里进行。雅各布和弗兰齐丝卡·卡夫卡，这两个年近70的老人，估计没参加这一典礼，因为他们经不起旅途劳顿了。担当教父，在举行这一宗教仪式中履行祖父职务的是安格卢斯·卡夫卡，赫尔曼的一个堂兄，雅各布·卡夫卡的隔山兄弟萨穆埃尔的长子。之所以选中了他，估计是有经济上的原因。安格卢斯·卡夫卡是一个富有的贩卖葡萄酒的商人和利口酒出口商，自1872年起住在东布拉格，当时正经营着肉市场边上他那家生意极好的商店。后来在他的儿子恩斯特·卡夫卡的支持下，他也扩展了业务，越过城市界限进入位于摩尔道河上游的特洛亚市郊，在那里经营一家葡萄酒酿造工厂，年轻的弗兰茨·卡夫卡有时会造访这家酒厂。安格卢斯的能干和经营有方在整个犹太人区有口皆碑。

　　分娩后不久，尤丽叶·卡夫卡就开始接任她在商号里的职务了。新生的男孩交托给一个保姆，他将在家政服务人员的照料下长大。在商号开业的头几年里，卡夫卡一家雇了一个厨娘和一个也负责照料小孩的女佣，但起先由于经济上的原因没雇用家庭女教师。这是可以理解的：男孩对天天和他在一起的用人比对通常都不在跟前的父母要亲近得多。父母的售货时间在6个工作日的早晨8点直至晚上8点，小男孩见到父母的唯一时机大概是大家一起在私人寓所里吃午饭的时候，然而吃午饭只有半个小时的时间，因为父母不愿意把商店交给员工看管。1912年12月，卡夫卡对菲莉丝·鲍尔解释说，他在自己的幼年时代"与奶妈、老保姆、刻毒的厨娘、忧伤的女教师〔！〕在一起厮混"，因为他的父母"经常在做生意"。

尤丽叶·卡夫卡按照犹太人的传统理念履行自己的职务。这包括一种完全独立自主的商务活动，但也包括家庭圈内的支配地位。她主持家务，在午休期间亲自去购物，安排用人的活儿并视自己为调停人，试图消除家庭内部的紧张关系，也试图调和与员工的冲突。"如果人们已适应劳累，"1916年8月她写道，"人们也就难以习惯于安静和懒散。"卡夫卡明显地注意到了她平日因履行职责而放弃了个人要求并失去了个性："母亲整天干活，既有欢乐的时候，也有伤心的时候，没有一丁点儿闲暇（……）。"在与带基督教特色的世情的对比中，他才明白这种角色理解的特征，然而他没能清楚地论述存在于不同特色间的紧张关系："犹太人母亲不是'母亲'，母亲这个名称让人觉得犹太人母亲有些可笑（不是使自身显得有些可笑，因为我们在德意志），我们给一个犹太人妇女起德意志母亲这个名字，却忘记了这个越发深深地沉陷于情感中的矛盾，'母亲'对于犹太人来说特别带有德意志色彩，这个词下意识地除了基督教的光彩以外也含有基督教的冷漠，所以被命名为母亲的犹太人妇女不仅让人觉得可笑，而且也让人觉得陌生。"尤丽叶·卡夫卡作为犹太人母亲，对于儿子来说，无疑在过了好些年以后才获得了那种来自其家庭内部威望的、起安慰作用的代表性。这孩子可能受过她的商业职责和总是只在吃午饭时打一个照面的折磨。频频更换的、通常来自周围乡村的女用人，她们熟练地干她们的活儿，却难以取代尤丽叶·卡夫卡。而且儿子在遇到冲突时不把母亲当作独立自主的力量，而是把她当作父亲的同盟者，一如1919年在致赫尔曼·卡夫卡的信中所说的那样："虽然她总能给我们提供保护，但她也颇受你的掣肘。她太爱你了，她对你太忠贞、太顺从了，在孩子的这场斗争中她不可能成为一种经久独立的精神力量。"

在最初几年里家庭常常搬迁，每次搬迁都在商店所在地不大的半径距离范围内。1885 年 5 月中，卡夫卡一家迁往大城市的文策尔广场，12 月迁入位于离老犹太人居住区不远的精神巷 V/187。两年后迁至尼克拉斯街 6 号，1889 年 6 月迁至旧城环城路 2 号，中世纪的"米诺塔屋"就坐落在那里，一家人在这里才找到了一个较大的寓所。1896 年 9 月，卡夫卡一家搬迁到采特纳尔街 3 号，从此就紧挨着父亲的商号了。他们在那里居住了 11 年，直至 1907 年 6 月底才迁至尼克拉斯街 36 号，儿子在这个寓所里才有了一个可以眺望摩尔道河的房间。频频更换寓所，尽管仅限于一个不大的半径距离，也仍然迫使孩子去适应不断变化的场所和环境。这种情况，加之父母又经常不在身边，可能增强了孩子的不安全感。

卡夫卡不管在后来的岁月里何时谈论自己的童年时代，都会突出两个中心思想：恐惧和孤独。"我是一个胆小的孩子"，1919 年 11 月他这样说。这个正在成长中的人的生活由法院秘密决定，1921 年他作如是说。这位 36 岁的人让父亲——这位"身体填满门框的陪审法官"——回忆他那暴虐狂的、凸显出成年人体格上的优势的惩罚行动。"有一天夜里我呜呜咽咽，吵着要喝水，当然并非真的因为口渴，多半是为了怄气，部分是为了解闷。您声色俱厉，几番呵斥未能奏效，之后，您就将我从被窝里拽出来，挟到阳台上，关了房门让我一个人穿着背心在那儿站了很久。"由这样的措施而产生出来的恐惧，这种伴随着一种"死人眼睛般的严肃"的基本情绪，一如这位成年人后来声称的，与始终存在的孤独感联结在一起。1912 年 12 月他告诉菲莉丝·鲍尔，说是他儿时"很长时间一直独自生活"，并必然得学着在日常生活中没有父母自己对付过去。从而，如他后来暗示的，便产生出一种对家庭的漠不关心的态度，而在这种态度的后面则潜伏着"恐惧、忧愁和伤心"。马克斯·布罗德采纳了这种性格刻画：他强调指出，说是人们必须考虑到卡夫卡的童年时代"是说不出来的孤独的"。

恐惧和孤独是一幅在未来的年代里几乎有了呆滞特征的自画像的局部图形。然而不容忽视的是，这些特征源自主观臆想，它们听从身份形成的需要，但是并非必然符合客观事实。"与我们有些相干的世事是虚假的，就是说不是事实情况，而是对少量的观察的一种填补和完善"，弗里德里希·尼采1886年写道。谁研究卡夫卡的童年时代，谁就不会遇到这里所说的"少量的观察"。相反，他走进了想象的王国，因为他经由成年人后来给自己的经验材料添加进去的那种"填补"和"完善"的途径获得自己的认识。这个孩子出现在日记中，通信的自我画像中，也出现在患病的儿子1919年在谢莱森写的致父亲的信中。孩子的感受和表面印象只通过几乎总是采用虚构手段的书面证明的折射而存在。人们只在成年男子的故事、幻想、记忆中的印象和白日梦中遇见这孩子。他的亲身经历的痕迹被事后撰写的文字符号遮住了。所以作者就杜撰了他早年的个人经历，他夸张、提炼、筛选。卡夫卡的童年就已经是，这也将是他的全部成年人的生计：由书写而获得的人生。贯穿这一童年的主旋律是由作家高度艺术性勾画的一种虚拟的自叙体构思。他为自己的童年找到的印象始终被织入他撑开的文学网之中，不管他何时通过作品媒介表达思想。

对这孩子来说有外表吗？白日梦何处终结？复杂的现实体系哪儿开始？"我觉得一切全都是构思"，这位30岁的人在日记中写道。"生命的威力"可以忍受，只要它被理解为一个人造的杜撰世界的组成部分。而这反过来又要求一种精确的感知技术，一种只有全神贯注才能予以实际应用的技术。缓和"生命的威力"的观察者的视角同时势必产生孤立，因为这种看事物的观点要求保持距离和克制。卡夫卡儿时体验到的孤独是身居团体中的观察者的孤独。这种孤独不是产生自一种客观的缺乏，而是产生自这样的愿望：领会这些外部印象，但不使自己受其支配。在这个意义上来说，孩子的恐惧是与孩子的与世隔绝联系在一起的，因为这种恐惧必然会产生一种孤立，而这一孤立则又引起了对外界保持距离的态度。在生命的"大棋局"中他是，1920年卡夫卡极其充满激情地解释说："小卒子的小卒子，是一粒没有的棋子。"

对于这位正在成长中的儿子来说这就发生了一种基本情况，一种主要取决于内心的由恐惧感支撑的——孤独的基本情况。这个孩子学着采取只是以旁观者的姿态接近现实的遥远的观察者立场。距离和闭锁构成这一态度的空间的前提："鉴于全部我的过去的教师可能会不理解这一点的这一危险情况，我倒是乐意并巴不得成为那个小废墟居民受到太阳的烘烤，这太阳光在废墟间从四面八方照射在我那温和的藤蔓上（……）"。已经长大成人的卡夫卡后来试图把自己平日的经验地区变成他可以无拘无束实践观察艺术的区域。家庭的寓所，大城市的街道网，商号和咖啡馆，电影院和剧院，电车和火车对他来说成了被认为是陌生的生活的活动场所。他喜欢科学地观察这种生活，因为它在冥冥之中吸引着他，而他却不想让自己受它的掌控。"团体中的孤独"就是这一立场的神怪用语。1913年2月，他展望自己的度假计划，写信给菲莉丝·鲍尔说他正在寻找一个地方，"一个即便独自一人并不和任何人说话也不感到孤独的地方"。1922年他用一个简洁的例子向马克斯·布罗德说明对默默参与生气勃勃的生活的渴望："此外很典型的是，我在空落落的寓所里感到很舒服，不过并不是在完全空落落的寓所，而是在充斥着对人们的记忆并为今后的生活作好了准备的寓所里，在有布置好的夫妻卧室、儿童房间、厨房的寓所里，在一早便有邮件投入、报纸放进的这些寓所。"

不能排除的是，这种观察一个陌生的、核心充满神秘的日常世界的乐趣与一种早年的体验有关。在空落落的父母的家宅里，孩子在漫长的上午可能渐渐认识到，一人独处是一种甜美的乐趣，每逢人们想到这种乐趣很快会消逝，这种乐趣就会增长。后来，妹妹们的声音闯入平静的生活中了，男孩的内心的态度也很少有变化。他依然是一个陌生的共同居住者，栖身在"喧闹声大本营"里，因为他只有在必须捍卫自己的孤独免遭包围他的团体的侵犯时才能享受这种孤独。孩子的这种在心理上保持距离，后来构成不可以用"恐惧""孤立"或"悲伤"这类概念的客观价值衡量的传记式自我画像的一个基本要素。这种自画像尝试做一次身份造型，一种只有在描写它的瞬间——作为文学上的自导自演——才会成功的身份造型。在文字的那一边只存在着暂时性："我的一生，"1922 年 1 月卡夫卡如是说，"是出生前的踌躇。"

三个妹妹

　　流传下来的早期的照片似乎与卡夫卡的胆小孩子自我画像是一致的。它们往往向观看者展现出一个看上去胆怯畏惧的男孩，他的黑眼睛睁得大大的，仿佛它们试图吸引住那在拍摄的瞬间闪出的镁光似的。卡尔·罗斯曼，长篇小说《失踪者》（1912—1913）的主人公，回忆起他小时候曾"不得不按照摄影师的要求看着摆在他面前的那台机器"。在成年后的照片上还有这种因闪光的亮度而显得像是中邪了的眼神（"这种梦幻般的目光我只在闪光灯下才有"）。一张估计是最早的幼儿照片上，这个 1 岁幼儿光着脚坐在沙发椅上；卡夫卡 1912 年 11 月评论这张照片说："当时我大概还是完全自由自在的，我似乎很惬意。"在后来的照片上，他这样认为，他却越来越受到管教，被当作他父母的"猴子"了。

1 岁，1884 年

约 5 岁，1888 年

追随时尚拍摄的照片展示出孩子的变化无常的姿势，这些姿势都带有无聊的角色照的做作。一张大概是 1888 年拍的照片展示出这个露出倔强但同时也胆怯的目光的 5 岁男孩在摄影师工作室里手拿棍棒和帽子的带异国风味的情景。人工安置的布景——精美裱糊纸上海平面前的棕榈树——对于 19 世纪后期的照相馆来说是很有典型意义的，它们，像瓦尔特·本雅明所说的那样："模棱两可地介乎刑讯室和金銮殿之间。"在所有流传下来的儿童时期的照片上父母都没在。儿子和父母在一起的照片我们一张也没有，这是偶然吗？

　　弗兰茨·卡夫卡在缺失亲人的令人心情沉重的阴影下长大，这种缺失亲人的痛苦使这个年轻的家庭心情十分沉重。1885 年 9 月 11 日出生的兄弟格奥尔格 1886 年 12 月没活过麻疹，1887 年 9 月 27 日出生的海因里希 1888 年 4 月死于中耳炎。在两个病例中所做的诊治即便按当时一般的水准似乎也是不充分的。卡夫卡后来谈及这件事，说是他的两个兄弟的死是由"医生的过错"造成的。所以他就不得不，1919 年他这样回忆说，"完全独自一人经受住第一次打击"。这一打击不仅来自霸道而冷酷无情的父亲。母亲对两个儿子的死感到的那种深切的痛苦他无疑怀着一种混杂着恐惧、内疚和嫉妒的情感感受到了，所以很早就有了一种内心矛盾，其突出的标志就是光是由于自己的存在自己就有过错的这种猜想。既然故世的兄弟因不得不死去而被爱，那么活着的那个人就必然得不到爱。收回爱意是对被信以为真的较强壮者的健康的惩罚。卡夫卡作为成年人将怀着神经官能症的兴趣培植的对生命力和体力的高度紧张的关系无疑来源于这一体验。

从此以后死亡便是一种消失的行动，一如这男孩在他的兄弟的情况下所经历的那样。以后他的文学作品将把死亡描写为变得看不见、消失和退进虚无。就这样，《变形记》中格雷戈尔·萨姆萨的死是一种"消失"，韦瑟，"杀兄者"施马尔的牺牲品，"流失"在"黑暗的街道泥土"里，而约瑟菲妮，卡夫卡的最后一篇短篇小说中的这只唱歌的耗子，则也逐渐"消失"在她的民族的历史中。但是在兄弟的死使他获得的死亡体验之后，已长大成人的卡夫卡的人生规划图也随之而来：这个成年人将避免确定社会目标和做出社会决断，为了可以不必走出他的儿子身份这个背阴处。他从不长久离开父宅，不结婚，不建立家庭，不积攒财产，不谋求普通意义上的自己的生计。卡夫卡的社会身份听从不断否定的法则——否定责任、职业和角色存在——仿佛他在试图遵循那种消失逻辑，那种只有死亡才显示出的消失逻辑。他在很长时期里一直是儿子——"永远的童年"，1921年10月还有这样的话——因为他舍此无法忍受这种自他的兄弟死后一直陪伴着他的负疚感。

1889年9月22日，妹妹加布里勒（艾丽）出生；在她之后，几乎正好一年以后，1890年9月25日，瓦莱丽（瓦丽）接踵而至；1892年10月29日奥蒂莉厄（奥特拉）作为年纪最小的孩子出生。女孩子们在家庭内部毫不费力获得的牢固地位，这位兄长羡慕不已地看在眼里。就在他本人把自己视为孤独的斗士的时候，妹妹们却过着正常的生活。这位年近30的人1912年12月苦恼地评论迟生的妹妹们的幸运时说："这几个晚出生者很快为自己积聚起了形形色色部分——品味过的、部分才谋求到的她们的其余兄弟姐妹们的经历，认识，经验，想象力，占有欲，一种如此亲近的、涉及面如此广的、有亲戚关系的人生的好处、启发、激励是非同寻常的。"

女孩子们无保留地钦佩这位兄长并自愿对他言听计从。他怀着泰然自若、理所当然的心理回应她们向他表示的好意。这位17岁的兄长1900年7月从特里施——他在那儿的西格弗里德·勒维家做客数日，没带妹妹们——给将将 11 岁的艾丽写道:"小艾拉你现在什么模样呀? 我已经完全忘记你啦,好像我从未抚摸过你似的。"不过卡夫卡在上中学的这几年里还是认为兄长的角色也是一种负担,因为这与他跟等级制度、权势和不平衡的种种形态保持距离的内心态度是有矛盾的。一张 1893 年拍的照片上,10 岁的男孩与艾丽和瓦丽一起在摄影师的工作室里。他以保护人的姿势搭在大妹妹右肩上的手似乎悬浮在空中,它像是剪辑上去的:身体明显地展露出诓骗的迹象,拒绝摆出规定好的姿势。在对父母的无声抵抗中,妹妹们无法支持这位兄长。艾丽和瓦丽虽然敏感,但活动能力弱。一种明显的迟钝,包含着准备适应的意愿,显然是姑娘们的一个性格特征。与这相称的是遵循中产阶层的角色惯例的人生规划,她们有义务在以后的岁月里结婚生子。1919 年底,卡夫卡在信中谈到艾丽,说她是一个"慢性子的、疲倦的、胆小的、快快不乐的、自知有罪的、极其恭顺的、尖刻的、懒惰的、嘴馋的、吝啬的孩子",说是在他看来她因其听命于人的意愿而像是可以照见他自己的一面镜子。他觉得妹妹的恐惧反射出了自己的

和妹妹瓦丽(左)及艾丽(中)在一起,1893 年

心境,他和艾丽的合影通过表明恐惧和不稳定的身体语言增强了这样的对比。然而跟他自己相反,36 岁的卡夫卡如是说,艾丽长大成人后养成了一种稳定的个性,这使她在担当妻子和母亲的角色时显得"兴高采烈、无忧无虑、勇敢大胆、慷慨大方、不谋私利、信心十足"。而在回首往事时他又认为瓦丽受到母亲的调和性格的影响,这种性格使她可以躲避与父亲直接对抗。说她身上"卡夫卡式的材料极少",所以她,超然于家庭的角色期望,作为

尤丽叶·勒维的转世者一直享受到较大的自由发展的余地。

就在艾丽和瓦丽寻求家庭安定的时候，奥特拉却很早就在反抗父亲所代表的秩序了。卡夫卡将这种秩序描写为父母的气质的混合物，说"勒维家族的执拗、敏感、正义感、不宁"与"卡夫卡家庭的力量意识"在其中结合在一起了，结果就是与父亲的一场持续不断的"战斗"，跟兄长相反，奥特拉公开进行这场战斗。她是兄弟姐妹中唯——位敢于反驳赫尔曼·卡夫卡并批评他专横独断的人。他，这个"在他的靠背椅里颐指气使的人"，对这位最小的女儿的拒绝服从报之以宣布大量惩罚、大发雷霆和破口大骂。这符合不是试图从"思考"中，而是试图从自己的"个人好恶"中推导出权力来的暴君的惯常的行为准则。然而奥特拉有着坚韧不拔的抵抗力，她没让父亲的威胁姿态给吓住，而是坚定不移地走她自己的路。卡夫卡赞赏她的这种生气勃勃的体力，这是他自己所没有的。他觉得她"高大和强壮"，与"巨人世家"的父亲家族的遗传素质相称。奥特拉一生都对他具有特殊意义，在与她的关系中从未出现过危机和紧张。在他的妹妹当中，1912 年 11 月 1 日他如是说，"在无损于对别的妹妹的爱的情况下"，她是他的"最爱"，不久以后他便称她为"我最好的布拉格朋友"。

在这三姐妹世纪之交的照片上，相似的装扮扑入眼帘，消除了个人的差异。发型和服装促使人产生这样一种想法：这是一种统一性，它不容许有性格上的差异。1910 年的"玉照"，也充当征婚栏的广告材料的，显示出一种值得注意的手势语言和表情的一致性，只有奥特拉的肖像在逐项逐条地偏离这种一致。这些照片清楚地显示出一种使姑娘对她们未来的妻子和母亲的角色

妹妹们（从左至右：瓦丽，艾丽，奥特拉）1888 年前后

做好准备的教育纲领。这位兄长在她们的青春期也曾在这一层面上强烈地感知到这一点。他的成长中的妹妹们展现出来的引人注目的魅力没有逃过他的目光。所以在中学学习阶段结束后，便有一种明显的性爱成分掺和进他向她们表示的好感中。他怀着复杂的感情觉察到，随着她们的独立性的日益增长，她们越来越摆脱他的监护："她们迈着沉重的脚步在隔壁房间里走来走去，可是当我们也闯入那里时，她们贪婪而固执地待在窗龛里读报纸，看也不看我们一眼。"1912 年 9 月，有感于瓦丽的订婚，他称"兄妹之间"的爱为父母之间的爱的"重复"。

卡夫卡给他的妹妹们朗读并为她们——直到上大学以前——写剧本，这些剧本在父母过生日时演出，不过他没参加演出。从流传下来的剧目看，这往往都是些喜剧或哑剧习作（《骗子》《照片说话》）。有时他把简单的文学作品搬上舞台，譬如汉斯·萨克斯的狂欢节中民间讽刺滑稽戏剧和笑剧，这都是他在九年制高级中学六年级时读过的。他很早就对妹妹们怀有教育方面的意图，试图影响她们的阅读习惯和日常生活习惯。她们必须在他的指导下，光着身子在儿童游戏室里做呼吸练习和体操。在稍晚些的岁月里，他不懈地供给她们读物，向她们推荐专业词典、剧本，有时也——作为电影迷——向她们推荐好看的电影。已是成年人了，他还在洗澡间——他们亲密交谈的场所——用高超的表演技艺向她们演示一些电影场景，在这种时候他总是尽情享受自己平时受到压抑的"模仿欲"。这里泄露出一种他从不对外人显示的无拘无束的举止："我在我的妹妹们面前——从前尤其如此——常常是一个完全不一样的人，跟在别人面前完全不一样。"

艾丽和瓦丽作为成年妇女遵循中产阶层的生活模式，卡夫卡的女友菲莉丝·鲍尔，自己就受到传统的角色规范的支配，她在 1915 年 1 月用明白无误的尖酸刻毒口吻称她们"浅薄"。艾丽 1910 年 11 月 27 日嫁给工厂主卡尔·赫尔曼，1911 年儿子费利克斯、1912 年大女儿格尔蒂、1920 年小女儿汉娜出生。这门亲事并非特别美满。1912 年 5

艾丽、瓦丽和奥特拉·卡夫卡在 1910 年秋

月卡夫卡写道："妹妹因自己又怀孕而哭泣（……）。"瓦丽在 1913 年
1 月 12 日与约瑟夫·波拉克结婚，同年女儿玛丽安妮便出生，1914 年
洛特出生（她 1931 年死于一次突发的感染）。卡夫卡不无悲伤地经历
了他的妹妹们的出嫁，体会到这是不容改变的别离行动。它意味着告
别一种带有一些感官、肉体成分的带乱伦色彩的关系。所以这位兄长
带着辛辣的讽刺记下：艾丽在结婚和生育后"在外貌上"近似母亲，
并且"穿一件独特的紧身胸衣膨胀着身体"，看上去就像一位德高望
重的妇女。只有晚婚的奥特拉还可唤起他对手足之情的思念。在结婚
这件事上她也表现出兄长曾证明她有的那种进行"战斗"的意志。将
近 28 岁的她在 1920 年 7 月 15 日与捷克天主教徒约瑟夫·大卫缔结
的这门婚姻对家庭意味着一种挑衅，因为它违背犹太人的婚姻法典。
1921 年和 1923 年她的女儿薇拉和海伦娜出生时，赫尔曼·卡夫卡才
暂时放弃了对具有捷克民族意识的女婿的保留态度。

　　最后条条道路都通往恐怖。卡夫卡的妹妹们跟他的许多朋友一样
都在集中营里遭到杀害。1941 年 10 月 21 日盖世太保将自 1939 年起
守寡的艾丽强行运往洛兹送进犹太人居住区，10 天后瓦丽和她的丈夫
不得不接踵而至。1942 年春，纳粹当局分给艾丽一所窄小的住房，妹
妹和妹夫以及最小的女儿汉娜也搬来居住。1942 年 5 月洛兹发生多起
枪杀犹太人事件，11000 名犹太人死于非命。自这一年年初起德国人

就杀害了 7 万名犹太人居住区居民。卡夫卡的妹妹们估计在 1942 年 9 月死于毒气室，汉娜·赫尔曼的踪迹 1941 年年底就已经消失。奥特拉起先由于与约瑟夫·大卫的婚姻而受到保护，免遭迫害。然而 1942 年 8 月大卫与她离婚，从而冷酷无情地丢下她不管。还在当月奥特拉就被放逐到泰莱钦。1943 年 10 月她自愿当护理员护送一列车犹太儿童到奥斯维辛，估计她清楚地意识到这意味着死亡。77297 个犹太人在波希米亚和梅伦被德国人杀害，死难者的名字今天铭刻在布拉格平卡斯犹太教会堂的墙壁上。在卡夫卡的妹妹们的家庭圈子里，除了汉娜·赫尔曼以外，只有女儿们——格尔蒂·赫尔曼、玛丽安妮·波拉克、薇拉和海莱娜·大卫在大屠杀中幸免于难——费利克斯·赫尔曼 1940 年在逃往法国的途中死于一次发烧感染。他们留下的那些显得宁静而和谐的出自世纪之交摄影室的照片，由于最终惨遭迫害的人生道路而看上去像一个已沉没的世界的无声的象征，这个已沉没的世界的居民当初没能料想到，怎样的灾难将会降临到他们头上。

家庭女教师和女用人

中产阶层住宅的土地规划以父母的卧室作为其含有象征意义的中心。那是一个特权的地方：这里有性生活的优先权，家庭的其余成员是没有这种优先权的。赫尔曼·布罗赫在他的长篇小说《梦游者》中用冷嘲热讽的口吻描写这种奇特的状况："就这样，晚上到处都给东家的床铺上床单，这些床单在内衣床单室里伪善地折叠得平平整整，雇工和孩子们知道，这是干什么用的。用人和雇工都贞洁和不交配地睡在房屋交配中心周围的各个角落（……）。"30 岁的卡夫卡 1913 年 7 月底还在日记中记下，他的"父母"的"做好过夜准备的床铺上的长睡衣"在他心中引起身体上的不舒服的感觉。三年后他告诉菲莉丝·鲍尔，说是"家中父母用双人床"简直到了会"令他作呕的地步"。中产阶层家宅的卧室是一个恰恰因其舒适宁静而得到加强的统治中心：对此这孩子已经隐约有所预感。卡夫卡的小说中的床绝非偶然地是一个暧昧的场所：本能的力量在这里似乎与丧失控制力的软弱无能结合了。

艾丽出生后，卡夫卡家除了厨娘和女佣，还雇了22岁的安娜·丘哈洛娃当保姆，她和家里人一起住在米诺塔屋里。来自布拉格周边乡村地区的通常很年轻的女佣频频更换，而厨娘弗兰蒂斯卡·内德韦多瓦却一直料理家务，直到卡夫卡上中学的时候。孩子们的日常生活起居——从身体保养到朗读故事——起先由20岁的捷克女人玛丽·采马诺瓦负责。在28岁的卡夫卡的一则日记中对她记下了这样的话："我从前的保姆，脸色黄黑，有棱角的鼻子，面颊上长着一颗我当时觉得很好看的疣，今天是近期内第二次到我们家来看我。第一次我不在家，这一次我要睡觉不想受打扰，我就假装不在家。为什么她把我教育得这么坏，我是很听话的，现在她自己就在穿堂对厨娘和保姆说，我性情温和，是个听话的乖孩子。"

1888年，男孩快要入学的时候，雇了28岁的比利时家庭女教师路易丝·贝吕，不过她不住在主人家。起先她的职务是监管儿子的家庭作业并和他做改进文体的写字练习。后来她也照管和教育成长中的姑娘们，她带她们到城市公园去散步，教她们用文雅的口气谈话，并开设绘画课和钢琴课（卡夫卡自己在上九年制高级中学期间曾上过短时期的小提琴课，然而他不久便中断了这一学习）。这一计划反映出父母努力以富裕市民阶层的教育标准和行为准则为指导。1900年，卡夫卡已是高级中学毕业考试在即，家里聘用了德意志人埃尔维拉·施泰尔克当姑娘们的女教师，1902年她又离开布拉格去亚琛接任一个新职位。她的继任者，捷克人安娜·波察洛娃只在这一家待了12个月——一种典型的人员流动，因为事实上年轻妇女往往只把自己的工作看作谈婚论嫁途中的一个中途逗留地。在以后的几年里家里雇用——显然根据已经在上大学的儿子的建议——法国女教师，以便增长姑娘们的语言知识。捷克人玛丽·维尔纳，在以前的传记中被错当成卡夫卡的女教师，1910 年在 26 岁上才加入到这个家庭中来。由于妹妹们在这期间已达到成人年龄，她便担任"女管家"的角色，主管从购物到衣服保养直到晚间谈话的各色各样家务。玛丽·维尔纳被人们恭敬地称作"小姐"，直至 1931 年赫尔曼·卡夫卡去世，一直住在父母家里并最终护理年老体衰的尤丽叶·卡夫卡，在比莱街陪她度过她生命中的最后三年。

　　虽然和父母讲德语，然而捷克语对于这男孩来说却依然是日常交往的一个固定的组成部分。卡夫卡家的女佣（贝吕和埃尔维拉·施泰尔克例外），还有商号里的员工全都是捷克人，几乎全都不懂德语。频频更换的女佣和厨娘在与孩子交往时始终讲捷克语。这门语言对于卡夫卡来说始终是一门带感情色彩的特用语，它使他远离学校或父母规则体系的约束和准则。虽然他从未完美无缺地写过捷克文，然而他一生都相当流利地讲捷克语并声称自己颇有捷克语的节奏感。捷克语对他来说不是会折磨人和解救人、会招致狂喜和破灭的书面语言，而是口头交谈的媒介手段：一种无拘无束的特用语，几乎不受到达到预定目的的压力，像德语施加在学生、后来施加在法学家和作家身上的那种压力。所以卡夫卡在几乎只使用德语的大学求学期间注重让妹妹增长其捷克语知识，建议女教师安娜·波察洛娃给她们朗读鲍日娜·聂姆佐娃的《外祖母》（1855），这部描写 19 世纪波希米亚乡村生活的带忧伤情调的小说。1920 年 5 月，他告诉米莱娜·波拉克："德语是我的母语并因此而让我感到自然，但捷克语让我感到亲切得多（……）。"

　　夹在成长中的妹妹们、常常更换的女佣和女教师之间，这位长子的处境颇为艰难。作为完全投身于商务的父亲以外唯一的一位男性家庭成员，这个男孩势必拥有一种特殊身份。这有助于他采取不拘礼的态度，一种用对越来越乱哄哄的家庭生活在内心保持距离而建立起来的态度。这个树大招风的角色同时使他承受负担，因为它禁止他沉入家庭温暖之中，这正是他羡慕的妹妹们拥有的那种家庭温暖。特殊的困难产生自一天中他不得不与父亲见面的时段。在星期天以外的日子里，这主要就是中午和晚上大家在一起吃饭的时候了。这时候儿子意识到，他所在的这个妇女世界代表了幻想的王国，这个王国闭合在一个只是表面上空荡荡的权力中心的四周。这个真空地带每天在父亲坐在餐桌旁用简明扼要的命令、追根究底的提问和言简意赅的评语证明谁在扮演家庭主宰角色时重新被填满。卡夫卡1919年冬季的那封著名的信用示范性的细腻笔触刻画了用餐时的那种氛围："我童年时主要在吃饭时同你在一起，所以你给我上的课一大半是关于吃饭时的行为的课。"儿子在这里认为赫尔曼·卡夫卡是日常生活中的专制暴君，这个暴君宣布明确无误的行为准则、一成不变的处世之道和乏味空洞的常用套语。严格规定的分发饭食的程式，让孩子们遵守的不许说话的规定，用来巩固自己的地位的辱骂厨娘（"畜生"）以及遵守先前规定的行为准则时的故意前后不一致构成父亲行使权力的基本要素，儿子怀着一种既恐惧又厌恶的复杂感情记录下了这些基本特点。不管赫尔曼·卡夫卡客观上是否符合勾画出来的这个形象，这个男孩像经历一个不可逆转的生疏和威吓的基本模式那样经历的这个模式是与一种权威的原型吻合的。

　　儿子觉得父亲是一个闯入者，天天都在向自己展示自己如何生性柔弱的闯入者，而母亲则一直是他的带情感色彩的要求和期望的受领者。在这方面，长子的一个重要策略便是间歇式重复出现的卧病不起。在身体虚弱的情况下，儿子仿效他的兄弟们的生活状况。这种状况包含永远失去亲人的威胁，而母亲则只需在感情上给予她的儿子多多关照便能避免这一威胁。已经长大成人的卡夫卡回忆起她在他患病期间对他的关怀。他那种有时闪现出的渴望，那种没有真正的症状也想躺到床上去的渴望源自对"母亲会如何安慰人"的这一记忆。长子的疾病以独特语言表达出一种对爱的热望。平日生活在用人们中间，一旦卧病在床就有了难得的与非常忙碌的母亲亲密交往的机会，但是这也是温和的恐吓手段，使用这种手段就会让人想起早夭的兄弟们的命运。尤丽叶·卡夫卡似乎凭直觉隐约意识到了这些间或出现的疾病的心理背景：她在她 1931 年左右撰写的一篇生平事略中扼要提及，说儿子是"一个敏感但健康的孩子"。

年轻的卡夫卡像艾丽和瓦丽那样表现出了迟钝，这种迟钝不仅源自他的禀性，而且也符合他的自我设计草图的需要。使这种设计草图受到激励的，是与公开展现出来的（不过并非不动摇的）父亲的活力的对立。在少吃、罕笑和寡言的、性格内向不善于交往、采取保留态度的儿子的角色中，卡夫卡尽情发泄对父亲的反抗。这一自我模式受到把这儿子围在核心的妇女世界的支持。他的生活就这样受到双重遮护：受到内生的冲动的遮护，这种冲动迫使自我建立防御危险的现实的"保护建筑"，此外还受到女性支持者们的干预的遮护，她们试图使他不受不愉快体验的侵害。1922 年 9 月卡夫卡声言，他受的教育"完全是在孤独的、极冷或极热的男孩床上进行的"。这暗示缺少力量平衡、缺乏与外界接触和无法松懈的紧张，也表现在身体自我感觉方面——一种我们还会谈到的状况。

在迫使这个少年进入一个温室世界的腐败教育学之外，还有上了岁数的人的考虑，他们不让孩子体验陌生事物，以便能够行使其权威的支配权力。1916 年 10 月 8 日卡夫卡写道，"作为大人们的阴谋的教育"，目的在于把"到处自由嬉闹者"关在家庭狭小的屋子里。父母之爱的表现形式末了只是追求统治地位、占有思维和自私自利的变形：这一直是他的坚定信念。"父母的自私自利——这种原始的父母情感——无比强烈"，1921 年秋在谈到乔纳森·斯威夫特的《格列佛游记》（1726）中的一则教育按语时卡夫卡如是说。对于卡夫卡来说，这种自私表现在"专横"或"奴役"中，他——和斯威夫特一起——从中推导出这样的要求：让挑选出来的教育家掌管儿童的教导并坚决取消作为教育机构的家庭。

孩子感受到的来自父亲方面的压力无法直接承受，而只能用不同的自我设计草图加以处理。成长中的人的作用就是重新评价父亲的显得不会枯竭的精力，并将其改造为情绪矛盾的组织安排。卡夫卡在较后期的岁月里把进餐、性生活、职业和生活计划看做试验田：他必须在这些试验田里挫败父亲的期望并使它们蒙受宗教仪式的牺牲。不管现实的生气勃勃的力量会在哪儿行动起来，它们在他那儿仍然是出奇地紧张和模棱两可。这样的内心分裂就是卡夫卡对父亲在安乐椅里向他呈现那种自鸣得意的权力的回答。虽然在家庭保护区女性帮手们的包围下，这位正在成长中的人却只敢把这场反权威的斗争当作虚幻战争来进行。在长篇小说《诉讼》中，神父指责约瑟夫·K，说是他过分寄希望于女人们的支持。在这个意义上，想逃脱父亲的作为儿子的卡夫卡仍然是一个对自己的防卫力量没有强烈信任的被指控者。

德语男童学校

1889 年 9 月 16 日，艾丽出生前一个星期，卡夫卡报名入学。合适的学校的选择和对社会的态度结合在一起并反映出家庭的社会地位。19 世纪 80 年代末，一个有高升意愿的犹太商人毫无疑问会把自己的孩子送进一所德语学校就读。然而卡夫卡家的人无法进入被公认为精英学校的、只接受上流社会子弟——如出身银行家家庭的马克斯·布罗德——的天主教教会学校。像弗兰茨·卡夫卡这样的中产阶层的孩子只可以上位于肉市场后端旁边的布拉格德意志人民小学。从前屠户在这个地方从乡村供货人那儿买进商品，自 19 世纪 80 年代初起，这个地方就充当布拉格肉贩子们的集中经营地。学生们在一幢新式的、布置朴实的四层楼房里上课，这所学校只缺一个大一点的可供学生课间活动的院落。对面是捷克小学，它与德意志男童学校相反，只有少数犹太人儿童——一个年级不到 10%；校门旁放着一尊著名的布拉格教育家约翰·阿莫斯·科梅尼乌的巨大半身塑像，它显示出民族的文化意识。由于双方相互记恨，捷克儿童和德意志儿童之间常常发生打架斗殴。这种争斗教师们很少阻止，这与自由主义对待波希米亚王国里的种族冲突的那种漠不关心态度相符。

卡夫卡的 15 分钟的上学路从米诺塔屋越过热闹的旧城环行路穿越狭窄的泰恩巷到拐向东方的肉市场巷，人民小学校舍就在这条巷子的巷尾。在第一年里，孩子由在一封 1920 年 6 月的信里被描写为"坚定、精力充沛，有优越感"的厨娘弗兰蒂斯卡·内德韦多瓦送往学校。她要孩子听话和快走，她威吓他，说是否则她就要告诉老师，他"在家里"多么"淘气"。孩子心头浮现着厨娘真的会告发他的恐惧走完这段上学路。最后孩子怀着一种对自己的臆想的恶劣行为会被发现的强烈恐惧走进学校，这种恐惧和对即将开始上的课的毫无兴趣混合在一起："（……）我拽住她的衣服把她往回拉，可是她一边口口声声说她还要把这件事告诉老师，一边拉着我继续往前走（……）。"每天走完这段上学路跟受厨娘敲诈都被认为是礼俗。卡夫卡将终身害怕礼俗，因为重复的威胁，没有任何解释义务的强大习惯势力起因于它们。礼俗代表权力；谁实施礼俗，谁就摆脱了说明理由的义务，而这种义务是会废除一切权力的。卡夫卡的故事将讲述不断试图为自己和自己的行动辩护的人所面对的一个神秘权威机构。不须要评论的、知足无求的礼俗和力求不断解释自己的生存的、被要求辩护的个人在这些故事中构成一个权力的基本模式。小学生卡夫卡就已经在礼俗中研究权力的体系和这种体系赖以保住自己、战胜阻力的简单情况。除父亲外，进行威吓的厨娘成为一种统治实验的出头露面的代表——她光是宣布要实施这一行动就使这孩子惊恐不已。

不仅家庭，而且学校也是"生活的代表"。这个代表所引起的恐惧受到暗示的影响。使孩子感受到压力的不是处罚本身，而是受到处罚的威胁：力量始终受到想象因素的牵制。成为紧张的、忐忑不安的期望的象征的是学校的铃声，它们宣告上课开始，表明自由终止。瓦尔特·本雅明在论及自动化时代的压力时描写了同样的儿童体验，他说，学校的钟总是指着"迟到"。在一篇 1922 年 12 月撰写的文章中——本雅明记下这段回忆时没读过它，卡夫卡阐明 6 岁男孩第一次在上学路上和厨娘一起见识到的匆忙赶路的情况："那是在早晨很早的时候，街道干干净净、空空荡荡，我向火车站走去。当我用塔楼大钟对我的表时，我看到，时间已经比我想象的晚多了（……）。"时间就是那种威胁逻辑的暗号，孩子认识到这暗号就是潜在权力的秘密。

男童学校的师资由捷克的和德意志的教师组成。布拉格全部的纷繁情况在给卡夫卡教课的教师的更换中得到反映：校长弗兰茨·菲格尔特，"在达不到的区域"为学生们行使职权，是一个有着自由思想的德意志人，汉斯·马克尔特，教一年级的教师，是一个奥地利民族主义者，他的继任者卡雷尔·内图卡是一个捷克人，马蒂亚斯·贝克，三年级和四年级的班主任，是一个犹太人。卡夫卡把各自的学校权威的代表看作"享有世界声誉的可尊敬的人"，这样的人，人们是应该服从的。按照当时流行的教学实践，毫无疑问存在着严格的行为规则，触犯这些规则会受到严厉惩罚。另一方面，教师们讲究一种按当时标准是自由主义的教育风格。卡夫卡的同学胡戈·黑希特谈到马蒂亚斯·贝克，说他试图"赢得"学生们的"信任"，他询问他们在家里的兴趣和爱好，并与学生的父母们进行"联系"，从而没有摆出一副国家公职人员生硬的权威面孔就履行了自己的职责。

富于启发意义的是，人们在卡夫卡那里从没找到这样的回忆。在回忆往事时，他不断强调指出学校的情况在他内心引起的恐惧印象。他的回忆自然都巧妙措辞，巧妙到足以显现他与这个权威机构的紧张关系。教师的权力通过一种表面的威胁布景产生，学生用其"失明般的严肃认真态度"观察这个布景，却并不对它提出质疑。感觉较灵敏者，像贝克那样试图缓和严厉印象的人，虽然破坏了这种形象，但是学生恰恰因此对这样的人抱怀疑态度。由于学校原则上是一种恐惧的象征，减少恐惧的尝试只能被认为是确保统治权的特别阴险的策略。一种类似的紧张状态也表现在感知自我和感知别人的领域。致父亲的信把对失败的恐惧描写为在整个上学时期一直陪伴着他的基本情感：

"我将永远学不完人民小学一年级，但是（……）。"胡戈·黑希特回忆，卡夫卡是一个"模范生，常常是优秀生"，由于他"生性谦虚、安静"而受到老师们的喜爱。这样的成就被卡夫卡本人视为他并非故意对他的老师们犯下的一种欺骗行为的标志。不管学校如何——通过老师的关注或学生的好成绩——证明自己是没有恐惧的场所，减轻罪责的标志一概被重新解释为一种阴险的惩罚手法的象征。

　　长大成人后，卡夫卡对公共机构性的教育形式采取批判的态度。在人生的各个时期他都将——在人智学、自然疗法和犹太复国主义的范围内——由于自然养成的距离而审察供选择的教学计划并将其对儿童的社会化的后果从头到尾考虑一遍。1916 年 10 月，他读弗里德里希·威廉·弗尔斯特的这时已印到第十版的书《青年学》（1904），读书阐明一种建立在基督教价值伦理学基础上的改良教育学。他和自1916 年秋起根据他的倡议在柏林"犹太人的人民之家"当女教师的菲莉丝·鲍尔讨论适合青年人阅读的读物。1921 年秋，他寄给他的妹妹艾丽好几封长信，他在这些信中考虑到斯威夫特的《格列佛游记》而提出了教育他的 10 岁外甥费利克斯以及后者的妹妹格尔蒂的建议。自己童年时代的印象在这个对自由学校、人智学和正在成长中人的教育的清楚判断中反映了出来。"带着孩子离开家"，这就是据格尔蒂·赫尔曼回忆，她的舅父的箴言。1917 年卡夫卡在一篇教育学问题备忘录中用清楚、忧伤的笔触写道："每一个人都有自己的特点并凭借自己的特色而有资格做事，但是他必须喜欢自己的特色。就我的体会而言，人们不仅在学校而且也在家里力图抹杀特色。"

在犹太教会堂

　　卡夫卡一家人的宗教活动局限于犹太人节庆历的三个突出的节日：Rosch ha-Schana（新年）、Pessach（逾越节，纪念出埃及）和

Jom Kippur（赎罪节）。不同于敬祝节、普珥节[1]或帐篷节（秋天的结茅节[2]），大多数被同化了的"三日犹太人"都严肃认真地，不过也并非总是十分虔诚地举行这些庆祝活动。为了纪念这些节日，男性家庭成员去在一年的其余日子都不去的犹太教会堂。约瑟夫·罗特后来嘲笑说，节庆日的犹太男人都是"受过良好教育且脸刮得光滑的、穿男式小礼服和头戴礼帽的男士们，他们用犹太人的社论报纸包祈祷书"。马克斯·布罗德回忆，只有逾越节的晚餐，这顿在前一天举行的吃烤羔羊喝四杯分配好的葡萄酒的晚餐有助于保持犹太人的传统。在用晚餐的过程中，银行经理布罗德诵读规定好的祈祷文，然而坐在餐桌旁的孩子们听不懂，因为孩子们的希伯来语知识不够用。

在卡夫卡家，人们在逾越节使用专用的、平时经年放在仓库的餐具并吃不发酵的面包（Mazza），据安娜·波察洛娃回忆，儿子不怎么欣赏这种面包（他爱吃 Mazze loks——甜布丁，厨娘端上餐桌的饭后甜食）。用膳礼仪之遵循局限于逾越节，局限于人们也是为了塞德尔之夜而庆祝的这个节日。然而在这种场合也缺乏较深刻的宗教严肃性。父母和孩子们，像布罗德报道的那样，把塞德尔餐看作愉快的聚会，看作"越来越成为一场伴随着阵阵痉挛性狂笑的滑稽戏"的聚会。顶替发酵食物（Chamez）的 Mazza 只在逾越节才上餐桌。在一年的其余日子里，人们吃饭未按犹太教规，在安息日烧菜，让牛奶和荤菜不分隔开，吃去鳞的鱼。赎罪日的禁食规定也往往被这一家人破坏。卡夫卡的日记从来没有谈及人们在赎罪日庆典前的晚上可以吃的最后那一顿饭；保姆回忆，儿子在节日"没做什么特别的事"并继续像平常那样过他的日常生活。

童年时代去犹太教会堂做礼拜，如卡夫卡后来所写的，他完成得无精打采、索然无味，并没有参加一个神圣仪式的那种意识。在做礼

1　普珥节：一种犹太人节，纪念波斯王后犹太人以斯帖拯救犹太人的传奇故事。犹太教确定每年 12 月的 14 日为普珥节，又称普林节。详见《圣经旧约》《以斯帖记》。

2　结茅节：犹太人的收获节，在用树叶搭成的小屋里生活。

拜的几个小时里，他"自始至终都在打呵欠和打瞌睡"，处在半睡半醒阶段那样的昏迷状态中。这个正在成长中的人迅速认识到，父亲把这种宗教仪式看作一种虚化了的文化传统的具有约束力的因素。而他却并不觉得自己从属于这种文化传统。"祈祷"对他来说一直是一种人们漠然处之的"形式上的事"。这些祈祷的法律性在他看来似乎变得浅薄了，并且仅限于起到僵化的象征作用，这种象征在同化过程中脱离日常生活，并且如今已经僵化为一个被遗忘的世界的标志。仅仅是人家可能也会要他当众诵读图拉经的这种恐惧心理，卡夫卡这样回忆道，才使他在昏昏沉沉的状态中保持警觉。1921 年 6 月他写信给马克斯·布罗德，谈到这种影响了大量他那一代犹太知识分子和作家的异化状况："大多数开始用德语写作的人想抛弃犹太教（……），他们想这样做，但是他们的后腿还贴在父辈的犹太教上，他们的前腿找不到新的立足之地。"

巴尔米茨瓦庆典，1896 年 6 月 13 日在以其富丽堂皇的天花板装饰出名的——不多几年后拆除的——吉卜赛人犹太教会堂里举行，在印制的卡片上被父亲正式宣告为"坚信礼"。在第 13 个生日上人们便把巴尔米茨瓦（"义务之子"）作为旗鼓相当的成员接纳进信教者的团体。为证明自己在宗教上已成熟，他在做礼拜时诵读一段图拉经、马夫蒂夫以及先知书中适宜每周诵读段落的经文哈夫塔拉。24 年后卡夫卡回忆，他不得不"在犹太教堂里领读一段辛辛苦苦背会的祈祷文"并且在家做一个简短的讲话，这收到了"许多礼物"作酬报。连熟悉的恐惧感在这件事情上似乎都没出现，因为整个考核行动可以预见并且没有危险：一种必须做的练习，对考生始终没有内在的约束力。

　在上中学期间，每周有两节犹太人宗教课。宗教课不仅由犹太教经师，而且也由在一座犹太人神学院受过专门培训的老师讲授。19 世纪末在德国和奥地利常常缺乏师资，致使 10% 的犹太学生上新教或天主教的课。在布拉格这样的情况简直是不可想象的，可是大多数家长不怎么在乎他们的孩子的牢固的信仰教育。19 世纪末只有少数布拉格的犹太人家庭按正统的教规过日子。卡夫卡似乎把在头几年里由莫里茨·波珀尔和萨洛蒙·克讷普夫马赫讲授的宗教课当作无关紧要的事了。在九年制高级中学的最后阶段看上去显得很怪诞的纳旦·格林讲授这些课程时，他的兴趣才增长起来。通过格林，学生们获得了关于犹太人传说的初步知识，这些知识后来对卡夫卡的文学创作具有十分重要的意义。不过，担任1857年成立的教区图书馆专职馆长的格林，却由于身上散发的那种脱离现实生活的气息而未能激起他的弟子们对狭义信仰问题的热情。

卡夫卡以前的几代学生受到一门艰难深奥的"连某些有学问的东方学家也难以啃得动的"希伯来语课的折磨，而1900年前后这门巴勒斯坦的语言只由宗教教师做很不系统和很随意的传授。图拉经文学生们一一背诵，可是他们却并未领悟它们的含义；译文局限于一般性的释义，缺乏语法上和语义学上的精确性。当时，由于大多数去犹太教会堂做礼拜的人欠缺希伯来语知识，所以教堂常常摆放着译成德语的祈祷书供人阅读。教堂仍是一个神圣的地方，然而这个地方却透着世俗化的微光。瓦尔特·本雅明注意到了，人们永远不能重新获得已忘记了的所有东西，这是一件好事："重新获得的震惊就会如此具有破坏性，致使我们此刻竟然会理解不了我们的渴望。"

对于大多数年轻犹太人来说，宗教传统研究，如弗兰蒂塞克·朗格所回忆的那样，以巴尔米茨瓦结束。只有少数人此后还读图拉经文，他们之中几乎不会有一个人再走进犹太教会堂。约瑟夫·罗特在论述种种宗教仪式的消退时写道："祖父们还在绝望地同耶和华一起进行斗争，在小礼拜堂哭墙上磕破自己的脑袋，呼喊着要惩罚自己的罪孽并乞求宽恕。孙儿们开始有西方意识了。他们需要管风琴，以便使自己情绪高涨起来，他们的神是一种抽象的自然力，他们的祈祷是一种套语。"如果说作为成年人的卡夫卡偶或偏离一种世俗化环境的习惯去做礼拜，那么这主要是出于好奇。这时候他是想看信教者们做宗教实践活动，而自己则是并不怀着充分信念的观察者。提供了与这一角色相反的形象的，是早期小说《一场战斗的描写》中的祈祷者，此人想在自己做虔诚祷告时被人盯上，因为也只有这样才会专心致志。采特纳尔街 3 号寓所的位置可以满足观者的需要，人们可以从寓所的后房间透过一扇窗户看到毗邻的泰恩教堂的内部。卡夫卡想必没有亲自走进被他按德语中的词的用法称之为"神庙"的犹太教会堂，去观看信徒们做祈祷。

他不熟悉宗教礼俗：1911 年 10 月 1 日的日记所提供的对去旧貌换新颜的犹太教堂做柯尔尼德拉，这赎罪日前夕的前奏祈祷所作的印象描述证明了这一点。卡夫卡觉得祈祷者们的说话方式和他们的手势语言是一个有异国情调的、人们陌生和无把握地活动于其中的世界的象征："三个虔诚的、显然是东方人的犹太人。穿着短裤。向祈祷书弯着身子，祈祷长袍披在头顶上，尽可能地缩小身子。（……）人们并非真正或者主要在诵读经文语句，但是紧随着这语句后面的是从那如头发丝那么细的继续编织成的语句中拖出的阿拉伯腔调。""妓院老板一家"同样也出席这虔诚的宗教仪式：这则日记不无自负地提到了这一点。感恩礼拜在过去曾如何深深地打动（"吸引"）过他，这一点被他用他摇动笔杆描写祈祷者们时所用的同样的客观冷静的笔触记录了下来。宗教在这里作为异国情调的经验领域出现，这是卡夫卡必须以考察旅行者的身份进行研究的，因为这个领域已经消失于他的视野之外。

格斯霍姆·绍莱姆在他的回忆录中强调指出，世纪转折时期的年轻人遭遇到了"一个犹太教不断遭受精神分解的过程"。"希冀自暴自弃"在这里和渴望"尊严和忠实于自己"辩证地交叠。一种从传统中释放出来的犹太人身份的这种脆弱的结构形式也为卡夫卡的自我感知奠定了基础。1918 年 2 月，他将针对决定了他的童年时代和青少年时代的宗教义务的缺少作出解释，说是他受到一种"土壤、空气、戒律不足"的折磨。别人可以动用遗传所得的东西，他却必须新开发供他移居的土地。但是通过这一"弱点"他获得了一种身份，这身份允许他接受代表他的时代的"消极的东西"。这种迫使不断重新开始，使传统注定丧失的强制力将这个同化了的犹太人变成他的时代的象征人物。据雅各布·弗罗默尔的《犹太教法典述评》（1909）称，宗教的异化迅猛加剧，连犹太教经师在神圣的节日也不得不和不信教的人一起坐在一张桌子旁，因为正统的教徒在教区里是少数。

　　一篇1922年夏写就的未完成的散文用一个贴切的比喻描述了被同化了的人的信仰缺乏。"在我们的犹太教会堂里"，卡夫卡这样写道，"有一头大约黄鼬般大小的动物。它常常都是很好看的，它允许人类走近至大约2米的距离。它浅青绿色。它的毛皮还没有人触摸过，所以对此没什么好说的，人们几乎想断言，连毛皮的真实颜色也没人知道，这可以看得见的颜色也许仅仅来自陷入毛皮中的尘土和灰浆，皮色也像教堂内部的粗灰泥，只不过颜色淡了一点儿。"这篇未完成散文对这头动物所作的阐述，可以套用西犹太人与虔敬的关系。如果说教区男人们对这位奇怪的犹太教会堂居民"早已漠然处之"了的话，那么这跟儿童们也不再对它的出现感到惊讶的提示一样，令人想起同化作用。只有妇女们"惧怕这头动物"：这也预示了她们在正统的犹太人祈祷中的地位，这种祈祷她们只可以作为旁观者在一个用"栅栏"跟教堂内部隔开的区域观看。由于妇女们不怎么熟悉这些虔诚的宗教仪式，所以她们也就对信仰采取一种真实可信的态度；如果说这头动物让她们受惊吓，那么这就显示出一种能感受宗教刺激的特性，而过着世俗化生活的、没有内心参与做完礼拜的男人们则已经丢失了这种特性。然而这种世俗化状态同时也形成不确定的形势，因为它不能肯定，这种虔敬只是一种残余物，抑或是犹太教的一种新的本体的显露。关于这头动物人们说道："它是对早已逝去时代的纪念还是未来时代的预兆？这头老动物也许比曾聚集在犹太教会堂里的三代人还更了解情况？"

　　卡夫卡1919年做出的他"其实是一个被剥夺了继承权的儿子"的论断暗示了这种宗教认同感的严重缺失。和这幅自画像联系在一起的是两个结果，它们规定了他的整个人生轨迹：寻找丢失的遗产和坚持儿子的角色。他的写作产生自站在摇晃的、没有宗教锚泊的土地上的这种预感。犹太人的本体看似不合乎情理地起源于基本的流动体验。卡夫卡的犹太人特性受到由于与传统的距离而断了根这一意识的约束。这种失去的宗教传统最偌谬地再现在他的作品中，因为它们讲述已消失的东西的存在：那看似无限遥远的东西就在眼前。但是在绍莱姆的一种脱离辩证法的想象人物形象中也反映出儿子的角色——这个儿子终生都在寻找他的失去的遗产。1918 年在卡夫卡用寥寥几行诗——它们的口气与保尔·策赖的语言有异曲同工之妙——描述了经久不变地失去这种遗产在一个永远的儿子心中产生的那种绝望情绪："渴念把我们驱向何方 / 这获得？ 这失去？ / 我们无意义地吮吸灰烬 / 并窒息我们的父亲 / 渴念把我们驱向何方。"

一个中学生的噩梦

　　波希米亚的德语九年制高级中学是按奥地利的样板组织的，并且有义务完成一种保守的教育大纲的目标。这包括严格遵纪守法、角色等级制度和传授一种带民族色彩的、把君主政体美化为帝国的伟大世界观。教师们显示出自己是皇帝的忠诚的公职人员，并且在重大的节日、在颁发成绩单时着银绸带上挂着一把小剑的制服。不过在 19 世纪最后一个 10 年中，读完这所中学的那一代学生却已经感觉到这样的象征是一种虚化了的、没有内容的传统的标志。卡夫卡青年时代的朋友胡戈·贝格曼回忆说，要阐明"一个超民族的奥地利"的想法的旧的典型作风在 1890 年左右已经"降格为小歌剧"。然而德意志文化在世纪之交的布拉格所持有的优先权要求却恰恰可以从中学的数量上看出来。五所九年制高级中学和两所九年制理科中学由德意志行政部门管理，此外还有德语大学和一所综合性科技学校。这些学校也受到犹太人家庭的偏爱：1882 年 81% 的犹太人学生上德语中学，1912 年仍还有 69%。

　　赫尔曼·卡夫卡为他的儿子选择了堪称特别严格的"布拉格旧城德语讲课国立九年制高级中学"。这所学校主要接受独立开业的中产阶层和公职人员的子弟，其中犹太人大学生占相当大的比重（往往占到一个班级的三分之二）。1893 年 9 月 19 日卡夫卡 10 岁时进入这所学校就读。他可以跳班不读五年级，因为他的中学入学考试宗教、德语和数学各科成绩优异。对于布拉格中学生来说，求学时期就这样按奥地利模式缩短为 12 年。卡夫卡是这个新开班级的最年轻的学生之一，马蒂亚斯·贝克还在是年夏就建议卡夫卡父母不要苛求他过早转学："您让他读完五年级吧，他太弱，这样疲于奔命以后会造成严重后果。"作为竭力想为自己的儿子铺平受大学教育道路的有雄心的平步青云者，赫尔曼·卡夫卡凭着一家之长的专横对这样的建议置之不理。

　　这所国立中学被安置在旧城环城路东北方向金碧辉煌的金斯屈宫的后院侧翼，1912 年赫尔曼·卡夫卡租了它的位于大门右侧的底层房间当自己的店铺。这离米诺塔屋，离 1896 年迁入的采特纳尔街 3 号家宅都只有不多几分钟的步行路程。但这到底还是对一种富裕市民的生活方式的模仿：在头几年里，家庭女教师每天中午接送这位学生回家。占了上面两层楼的教室，一如马克斯·布罗德凭着他所上的法语课的印象所感觉到的那样，具有"极其气派的"特性。这种凸现在周围环境中的华丽的象征的意义并非没有对少年卡夫卡产生影响。他在中学毕业 20 年后还记得的那种类妄想狂的恐惧，毫无疑问也来源于这座雄伟的石建筑在一个正在成长中的人心中产生的那种自卑感。后来他将用讽刺的口吻谈到"幸福的童年时光"，"那时门还关着，法庭在门后商议（……）"。按照卡夫卡自己的估计，决定性地影响他的学校生活的，是一种怕被揭露的恐惧感。这种恐惧的基础是这一信念：他只是通过欺骗诱导一种其实并不存在的知识才通过了迄今的各种考试并升了级。"我常常在想象中看到可怕的教授会（……），看到教授们在我通过了一年级后在二年级，在我通过了二年级后又在三年级并

约 13 岁，1895 年前后

这样依次地开会，研究这个独一无二的、闻所未闻的事件，研究我这个最无能并且无论如何也是最无知的人怎么会一直混到这个班级上来的，人们当然会——由于这时大家的注意力都被引到我的身上了，立刻将我逐出这个班级，这会令所有摆脱了这一梦魇的有正义感的人欢呼雀跃。"

36 岁的人以可怕的强烈程度记得的这种恐惧幻觉包含了他的作品将会描写的经典的审判情景的因素：被驱散，但却没持久抑制下去的负罪感，不愉快的控告和对一种仅仅是主观上感受到的、以自我指控的姿态既被承认又被否认的犯罪行为的公开惩罚。米歇尔·福柯在《规训与惩罚》（1976）中把考试说成是"权力行使能见度中的经济学；机构的权力在考试中把目光瞄准主体，以便在规范和认可的前提下控制这个主体。国家考试构成一种观察的形式，在它的强制义务下个人觉得自己不得不受一种严格规定的等级制度的支配。考试使个人受到监察并用文件将其成绩记录在案。但是同时它也使学校的要求获得实事求是的表象；权力，经由考问知识显示出来的，不是显得专横，而是显得是在符合规定的，有客观根据和经受过考验的标准中确定下来的。在1909 年 7 月撰写的未完成的随笔《在我的同学中》里，卡夫卡用模棱两可语义双关的比喻说明自己的考试恐惧，那些比喻主要指向他对受到一个外部的有关当局的监督所感到的恐惧。"

1919 年，他说他觉得自己像"尚在职并生怕被揭露的银行惯骗"那样的学生。当场被逮住的骗子的怪诞形象阐明了一种以不断的负罪感为特征的自我感知。1917 年写就的教育问题备忘录描写了这种负罪感的形成过程和影响。据这份备忘录称，每一个要充分发挥他固有的

"特性"的决定都导致他意识到这种欺骗行为，因为这种决定是用压制自我中的不清不白成分换来的。"这不是错觉，而仅仅是这一认识的一种特殊形式而已：至少在活着的人当中没有人能摆脱他的自我。"卡夫卡知道，通过考试灵巧地渡过难关的骗子的形象受到他的种种主观恐惧的严格束缚。学校的权力对他来说显示在个人软弱无能的感觉中，这种感觉迫使他把考试成果仅仅当作错觉和欺骗的结果记载下来，他直至九年制高级中学的第四个学年一直都是"优秀生"，并且也在以后的各年级名列一般水平以上：这一事实只能增强这种带强制观念性质的信念。

1922年1月，显然在谈到米莱娜·波拉克的一个意见时，卡夫卡记下了这样的话："米莱娜说得对，畏惧是坏事，但是并非因此勇气就是好事，而是无所畏惧才是好事（……）。"他言简意赅地添上一句："（……）在我的班上有两个有勇气的犹太人，这两个人不是还在上中学期间便是在中学毕业后不久就用枪自杀了（……）。"中学毕业后不多几年，卡夫卡读到了埃米尔·施特劳斯的长篇小说《朋友海因》，小说描写了一个学生自杀的悲剧。施特劳斯用白描手法描写了有艺术天赋的海因里希·林特纳的故事，他由于学校的机械约束和他父亲的冷淡与不理解而失败了。卡夫卡在这里读到了一种对如他曾亲身经历过的那种教学氛围的描写，掺和着戏剧性冲突的成分，在这个时期的学校小说中这一题材是必不可少的，它是世纪之交的重大题材之一。托马斯·曼的《布登勃洛克一家》（1901）、里尔克的《体操课》（1902）、海因里希·曼的《垃圾教授》（1905）、赫尔曼·黑塞的《车轮下》（1906）和罗伯特·穆齐尔的《学生特尔莱斯的困惑》（1906）用不同的色彩和音域刻画了这一主题。

这所旧城的九年制高级中学由于其学生中犹太人的比例较大而成为一个免遭公开的反犹太主义思潮袭扰的保护区。像马克斯·布罗德在同一时期在施特凡九年制高级中学所遭受到的那种暴虐狂式的对犹太人的仇恨，卡夫卡不曾经历过。然而他一定也曾感觉到了控制着社会性共同生活的种种紧张关系。商务抵制、街头骚乱、袭击犹太人设施和杀人祭神、歇斯底里在 1897 年的巴代尼危机后便是布拉格日常生活中司空见惯的现象。人们不必拥有什么特殊的敏感性，便会注意到在多民族国家中犹太人社会地位的不稳定和风险。有鉴于可能会在大街上发生的仇恨景象，中学便具有了一座封闭温室的特性：在这座温室里生长着一种悉心呵护但不久便失效的社会安定。

九年制高级中学，1878 年弗里德里希·尼采这样写道，在理想的情况下传授的不是材料而是形式：学生在这里学会"较高度文明的抽象语言"，这门语言在传授内容的技巧中，不是在这种内容的自身中显现出来。这样的观念自然通常都受到不现实的理想思维的约束。实际 19 世纪 20 世纪之交的中学教学由强制性死记硬背主宰，在这种强制中反映出了尼采自己 1873 年在《不合时宜的考察》的开头一段中称之为"市侩教育"的东西：一种在机构上受到保证从而"经久不变、有根有据的野蛮"。这种"标志的统一"力求将世纪末的小市民教育制度给予毕业生，它将由一份详细制定的不给个性化教育决定留有活动余地的教学大纲产生。在这九年制高级中学的头 12 个月里，卡夫卡有每周 8 节拉丁语，4 节德语，3 节数学和地理，2 节捷克语（"波希米亚语"），自然史和体操以及选修的绘画课。第二学年加上历史，第三学年加上希腊语，紧接着又加上物理。在选修课程中，卡夫卡后来选了速记（暂时用捷克语课时交换，他在父亲的一个学徒那儿继续学捷克语）和法语，中学毕业后他多次试图进修法语。广泛的教学内容通常都由教师照本宣科，只在中间插入一些检查性提问。对定期的成绩考核有严格的规定，譬如教学大纲规定第二学年极严格的拉丁语课要写 65 份记成绩的课堂作业——单词或翻译练习。勤奋学习是一种带功能性倾向的教育学的中心要素之一，这种教育法注重可考核的知识，不促进判断力的培养。

单调地组织起来的中学课时只有在该课程由独具风格的人物主讲时才对开发智力具有激励作用。卡夫卡的班主任直至毕业一直是埃米尔·克施温特，一个天主教徒，1597 年由约瑟夫·卡拉桑察在罗马创建的皮亚里斯腾教派的神父，除了拉丁语和希腊语以外他也教高年级的哲学。克施温特的教学活动远远超出应尽的职责范围。他住在位于从格拉本广场岔出的男人巷的修会修道院里，他的包括卡夫卡在内的优秀生们有时在星期天到这所修道院里拜访他，向他展示他们在一周内上拉丁语课的成果。30 岁的卡夫卡在战时第一个冬季寻找一个安静住所的过程中，回忆起他的班主任的无比安静的寓所，有时作为受到表扬的证明他获准进入这个寓所："我的班主任在修道院里的这两个房间。"经不起噪声的卡夫卡在他布拉格的职业生涯的岁月里徒劳梦想这样宁静安逸的乐园。对这位住在修道院的老师的回忆就这样成为可提供寂静和隐遁的理想工作间的一个缩影。在这之前两年，他就已经在一封致菲莉丝·鲍尔的信中描写了为获得写作所需的完全的宁静而避开一切社交活动的地下室居住者的怪诞行径，并勾画了一幅自己渴慕的情景，而喧闹的大城市破灭了他的这一理想。

尤其是克施温特在倒数第二学年开始的跨学科的哲学课给学生们留下了难以磨灭的印象。特别引人注目的是（被认为是认识论基础学科的）逻辑学、心理学和感知论的问题。克施温特密切关注现实的学术讨论并赞同威廉·冯特学派。冯特在 1874 年以他的《生理心理学基本特征》对先前哲学占优势的实验研究行为方式心理学做出了广泛的新规定。心理经历在一种显然浸透了自然科学精神的方法论的基础上，类似于身体上的过程那样被观察和描述。认为心理过程——被理解为"许多要素的有秩序的统一"——符合人的身体系统中的因果关系的这一观念被冯特用来与舒伯特、巴德尔或卡鲁斯的晚期浪漫派心理学的构想划清界限。将身体上和精神上的感受理解为相互限定的作用体系的心理物理学一元论的思维模式，后来由直至 1895 年一直在布拉格任教的认识论理论家恩斯特·马赫在他的扛鼎之作《感觉分析论》（1886）中进一步发展了。

而且克施温特使用 1900 年由弗兰茨·卢卡斯修订并出了新版的古

斯塔夫·阿道尔夫·林特纳的《经验心理学教科书》进行最后一学年的课堂教学。按照直至林特纳 1887 年去世前一直在布拉格卡尔斯大学教授心理学的开宗明义所做的限定，心理学是一种"心灵的自然史"，必须用实验科学的方法——在归纳法的基础上——对之加以研究。这部作品以其外部的经验世界为准绳（"身体不断对心灵产生影响"）吸取了古斯塔夫·特奥多尔·费希纳尔的心理物理学的见解，卡夫卡在上大学期间深入研究过此人的美学理论。尤其是费希纳尔的只有人的身体环境的关系体系才允许对人的心灵感知过程做一种有数学约束力的理解的这一观点，构成了林特纳的简编教科书的一个关键性前提，克施温特的课程也以此前提为指导。卡夫卡，他以后将强调指出，他没有能力做抽象概念性思考，他曾经，一如 1910 年至 1912 年间的日记所证实的那样，深入研究过人的感知结构及其与物质性现实的关系。这个时段的大量笔记都围绕着判断问题、大脑中的感官刺激处理和感官刺激转换为系统样式的意义顺序打转。因此，这雄心勃勃的心理学课程提出了吸引卡夫卡的问题，即使所提供的心理物理学解决办法以其数学的精确性要求可能曾使他感到无聊。胡戈·黑希特在回忆与卡夫卡一起度过的中学时期时指出，班上 24 个学生中的 6 个"在生活中超出平均水平的"人的成功主要归功于班主任克施温特的激励。好几个卡夫卡的同学——其中有很自我的埃米尔·乌蒂茨和胡戈·贝格曼，在中学毕业后进入大学哲学专业学习绝非偶然。

　　第二个有特色的教师是阿道尔夫·戈特瓦尔特，学生们自第一学年起便交替着听他的自然史和物理课程。戈特瓦尔特在大学学医后初期由于经济上的原因不得不进入中学当教员，他研究查尔斯·达尔文的学说并开了一门时新的动植物学课程，在这门课程中，一种自然是羞羞答答的性教育的基本知识也有其一席之地。胡戈·黑希特，后来当上了皮肤科和性病医生，回忆说，戈特瓦尔特虽然只是"使用比喻"谈生殖问题，然而却强调他的时新的观念：他劝学生不带"罪孽"感地去"享受这种乐趣"。在教学法方面他也似乎用非传统的方法进行授课。他使课堂教学摆脱了考试的压力，以讨论和口头交流为主，而教员的讲授则退居次要地位。作为进化论者，戈特瓦尔特的出发点是：人类正处在"向一个更高的文明阶段"上升的时期，这和呼吁学生认真负责地承担起托付给他们的用才智塑造未来的责任联结在一起。卡夫卡可能不是对这样的进步思想意识，而是对动植物学课程的直观形象的插图、标本和模型感兴趣，它们满足了他从近处观察实物的需要。

阅读物的广博可以用今天对古代文化研究学的要求来加以衡量。在自第三学年起教授的希腊语课程中，柏拉图的《辩解学》，索福克勒斯的《安提戈涅》和荷马史诗片段列在较高年级的教学大纲上；在拉丁语课上，人们在中期阶段理所当然地阅读奥维德的《变形记》，后来又读萨洛斯特的《朱古塔的战争》、西塞罗的演讲和维吉尔的《农事诗》和《牧歌》中的章节，在最后一个学年读塔西陀的历史学专著中的较长的段落和霍拉茨的颂歌。如果人们考虑到大部分历史课程也是讲述古代史，那么卡夫卡仍然对古希腊罗马及其文化感到陌生，这可能就使人惊异了。恰恰是他的那些研究希腊神话的作品暴露出一种深刻的距离，而这种距离又被用作文学解构的要素。卡夫卡后来著文论述奥德修斯的塞壬历险、普罗米修斯的命运或海神波塞冬时，便总是出现图书室想象，这些想象隔着看似无尽的现代观察的距离领会神话。流传下来的神话题材受到文学试图用决疑法手段摆脱的忘却的控制。似乎通过古代文化研究学的中学课程，卡夫卡不是意识到了神话的近，而是意识到了神话的远；对他来说神话成为一种现代派的只能描写，却永远不能克服的距离的象征。

自第三学年起留给古代语言每周 11 节课，而德语课却每周只有 3 节。在中间阶段，除了规模很大的语法课以外应完成的读物定额提供了一个从古高地德语至晚期浪漫派的文学史教程。1899 年秋，卡夫卡的最后一个中学学年开始时，卡尔·维汉，这个被享有盛名的布拉格日耳曼学学者奥古斯特·绍尔授予博士学位的人，接任这一专业的主讲老师。在高中七年级，除了新开设的讲演练习外，教学计划上还有歌德（1805年以前）和席勒的剧本；在高级中学的最后一个学年，除了歌德的晚期作品以外，必读作品还有克莱斯特的《弗里德里希·冯·洪堡亲王》以及格里尔帕策的《奥托卡国王的幸福和结局》，也有一部奥地利文学史纲要。散文作品人们往往只讲述片段。列入教学大纲的有歌德的《求学年代》中的哈姆莱特插曲《意大利游记》片段，克莱斯特的《米夏埃尔·戈哈斯》和康拉德·费迪南德·迈尔的中篇小说。如果说卡夫卡在较晚一些的年月接触到从福楼拜到狄更斯和托尔斯泰的19世纪欧洲长篇小说，那么这与中学提供的激励也无关。现代语言在教学大纲上几乎不在考虑之列：法语是选修课（后来在为巴黎之行做准备时他上了私人补习法语会话课），英语作为选修课也没列入计划。19世纪的法国长篇小说——尤其是福楼拜的《情感教育》——是他最喜欢阅读的作品，对盎格鲁－撒克逊文学，撇开狄更斯不算，卡夫卡却是一窍不通。不过与捷克文化却接近了：1896年前后他开始经常看捷克民族剧院的演出，在直至毕业前每周两小时的语言课上，他在第一学年就已经读了鲍日娜·聂姆佐娃的《外祖母》，这反过来又可以让人推断出，卡夫卡在这里，配之以接触雇员所做的家庭练习，获得了良好的捷克语知识。

　　后古典主义历史剧的高大雄伟和文科高级中学传授给他的浪漫派抒情作品都并不令卡夫卡感到特别满意。歌德，德语课的中心人物，最终也是一个陌生的大人物，虽然卡夫卡在后来的岁月里将常常读他的作品。显示出显著的距离的是1911年的一则笔记，它记下，歌德的叙述艺术对19世纪的文学投下了一个巨大的阴影："即使在这段时间里，散文常常背离这个阴影，可是它到底还是，一如恰恰现在那样怀着加强了的渴望回归这个阴影，甚至将古老的存在于歌德作品中、此外就与他无关联的短语占为己有，以便欣赏其无限依赖性的完美美景。"对后期歌德作品的大量评语虽然记录下了对作品的赞赏，但也总是强调指出作品的瘫痪了后来的一代代作家的那种压得人喘不过气来的力量。与古典文学的相遇是一个引起矛盾感情的过程，它同样释放出了吸引力和推斥力。

　　卡夫卡似乎在13岁时第一次撰写了自己的文学作品，然而对其中的详情我们却一无所知，因为他后来销毁了这些作品。他在这个时候怀着坚定的信念向同学胡戈·贝格曼及其兄长阿图尔表示，他打算当作家。这样的计划不是滋蔓在学校文学经典读物的土地上，而是受到家庭读物的激励。文科高级中学学生卡夫卡遇到了克莱斯特和黑贝尔的散文（在临终前那个最后的柏林冬天，他还在给他的同居女友多拉·迪阿曼特朗读《莱茵区家庭之友小宝盒》），格里尔帕策的令他终生为之着迷的《穷乐师》，阿达尔贝特·施蒂弗特的短篇小说以及——在毕业的那一年——托马斯·曼和霍夫曼斯塔尔的作品。在后来补充上福楼拜和陀思妥耶夫斯基的个人爱好图上重要的座次也就排定了。在学校必读书目的另一边，他在个人私下的读物中驰骋想象进行决定性的冒险旅行，这旅行为想象开辟了新的领域，而旅行者却不必对想象的自由驰骋做出解释。读书乐趣是卡夫卡在后来的岁月里也从不后悔的唯一享受。然而在这个正在成长中的人的人世生活中，这种读书的乐趣却遇到了某些阻力：父母亲惯于在晚上熄灭他们的儿子房间里的煤气灯，因为他们怕他会通宵达旦读他的书。

　　卡夫卡在人文学科方面直至毕业一直是个优秀生，而数学却让他大伤脑筋。它一直是引起极大的不及格恐惧的学科。抽象的逻辑思维条理使他的做形象化推理的智力无法理解并几乎给他造成身体上的不舒服。虽然人们在课堂上只讲授高等数学的基本概念，他却，如胡戈·黑希特记得的那样，不得不频频求助于他的同学，才得以完成老师布置的作业，这也包括抄袭全班最优秀的学生胡戈·贝格曼。马克斯·布罗德说卡夫卡"有时告诉他，说他的数学仅仅是'借助于考试时哭鼻子'才及格的"。不过这样的回忆的后面却藏着自我贬低的策略，这正是在1919年冬那封致父亲的信中发挥到了极致的策略。"自我"对自己的微不足道提出证明，从而做好了准备对付失望、苛求和难堪。很能反映出这样一幅自画像的特征的，是卡夫卡 1913 年 6 月中旬在一封给菲莉丝·鲍尔的信中写下的这样的话："（……）对大多数事情我确实比小学生还无知，而我所知道的事情，我也只是一知半解，所以第二个问题我就已经应对不了了。"

在性成熟期猛烈爆发出来的一种沉重的自我憎恨与这一态度伴随出现。这种自我憎恨表现为怕与人接触和深居简出、弯腰曲背和沉默寡言。"所以，" 1909 年的一篇自传体未完成稿这样写道，"结识陌生人让我感到厌烦。"过了若干年以后，卡夫卡还带着辛辣的讽刺回忆体现在抗拒穿新衣服的行为、受拘束的体质特征和执拗中的种种荒诞形式。说在这个时期他更喜爱穿不合时宜的衣服，以表示对自己身体的蔑视："因此我也在我的姿势上对差劲衣服让步，我弯腰弓背、歪斜着肩膀、耷拉着胳臂和手四处行走（……）。"他在性成熟期对自己的身体"缺乏自信"，这一点他是在 1919 年强调指出的；因为"我往高里长，却不知道要用这做什么，负担太沉重，背弯了；我几乎不敢走动，更不敢做体操，我依然体弱（……）"。作为对怕照出这个正在成长中人"不可避免的丑陋"的"镜子"的补充的，是爱好做自我心理观察——一种恰恰涉及若受到观察就会失去其不言而喻的特性的自动的、生理上的过程。这个处于性成熟期的人认识到，他的身体的功能变得容易受到干扰，一旦人们开始思考这些功能的话。已经是 30 岁的人了，他还在针对自己的身高说："我的身体虚弱，个头又太高，它没有制造一种大有裨益的热量、保持体内火力的脂肪，没有可以不损害整个身体，供给精神超出一日生活必需的养料的脂肪。"

自己的身体状况对于这个还在成长中的人来说构成一个不断陌生化的对象。在他有时星期天和父亲一起光顾的摩尔道河边的市民游泳学校里，通过鲜明的对照他意识到了自己体格的羸弱，这种对照同时也凸显出了软弱无力和威力的统一："仅仅你的体魄那时就已经压倒了我。比如我常常想起我们常在一个更衣室里脱衣服的光景。我又瘦、又弱、又细，你又壮、又高、又粗。在更衣室里我就已经自惭形秽，不仅是在你面前，而是在全世界面前，因为你在我眼里是衡量一切的标准。"在上中学的年代里，是体操课迫使卡夫卡面对软弱无能和羸弱这样的印象。体操课使他这个"蹩脚体操运动员"煞费脑筋，让他感到难堪，并令他内心充满对做不好动作的恐惧。里尔克在1902年的一篇短小的随笔中，把这样的体操课上的训练当作一个受严格管制的社会的恐怖景象加以展示。在里尔克所描写的弥漫着苯酚味的体育馆里潜伏着一种机械的身体操练的麻木不仁，其一成不变的过程受到暴虐狂的教师的操纵。公开场合的身体自我展示加剧了体操的痛苦，而卡夫卡则在性成熟期怀着类似上体操课的感觉经历了舞蹈课。1912年12月他就这门课的毫无成效写道："我不会跳舞也许有各种原因。也许我本该多做些单独练习的，每逢我和姑娘跳舞，我就总是既过分羞怯又过分精神涣散。"这样的"精神涣散"后来在卡夫卡的作品中就是一种抑制深沉恐惧的征兆，短篇小说《判决》中的格奥尔格·本德曼和长篇小说《诉讼》中的约瑟夫·K都受到这一征兆的控制。谁不会集结自己的意志力谁就显露出恐惧，他需要动用自己的全部体能，才可忘记这吓坏了他的恐惧。

对公开展示身体的恐惧受到不能跟上同龄人身心发展的步伐这一印象的支持。对性这个神秘兮兮的正在成长中的人最喜爱谈论的话题，中学生卡夫卡没表示出什么兴趣。在十分活跃的胡戈·黑希特的带领下，同学们才使他获得了在他们看来迫切需要的启蒙知识。1922年，卡夫卡以陌生和自我疏远的态度回忆："作为男孩（我会很久很久一直是个男孩的，倘若我不是被猛烈推进性爱之中的话），我对性的事情就犹如今天对相对论那样懵懂和漠然。"在《判决》中父亲用尖刻的嘲笑口吻断定格奥尔格·本德曼发育迟缓："你延误了多久才发育成熟的呀！"在同学们的开导下，卡夫卡才如他用嘲弄口吻记下的，注意到他先前没察觉到的异性身上的"零星物件"。然而对性的模糊想象却立刻触到了禁忌，触到了这一认识："恰恰那些巷子里我觉得最美丽、穿着得最漂亮的女人是坏女人。"

通向世界的门户

卡夫卡一家的社会联系局限于与父亲的广泛的家庭圈子的交往。在这个圈子以外的友情成为例外，它们受到一直延长到晚上的商务上的工作时间的阻碍。所以儿子在"一家子"的内部区域里长大，这一家子人的命运，一如他的日记所表明的，他作为成年人也在积极关心着。追求孤独的愿望，这个终生陪伴着他的愿望，在一种富于热情的、常常不安定的家庭生活的圈子中成长发展。卡夫卡虽然自认为是这个生气勃勃的圈子里的配角，但是他通常都乐意参与这个圈子里的活动（只有父母晚上玩纸牌他唯恐躲避不及，因为玩牌时他们会发生激烈争执）。这位从事写作的禁欲者，试图利用夜晚的寂静进行文学创作，他在一个紧密联结的社会关系网中长大。所以在后来的岁月里，孤独依然是一种并非受到缺乏接触机会，而是受到把自己"极大地和所有人隔离起来"的愿望制约的生活方式。

从前的中学同学们的报道一致强调，说卡夫卡在中学时代虽然举止拘谨，但并非过着与世隔绝的生活。深厚的友谊决定他在中学度过的这8年。他的知己朋友中最有才智者是胡戈·贝格曼，后来他前程似锦，当上耶路撒冷希伯来大学哲学教授。这种亲密关系在小学时期就已经通过互相熟悉的双方母亲促成了。贝格曼，将将比卡夫卡年轻6个月，在高级中学的中期一跃成为宗教问题讨论课上最重要的伙伴。他曾经和他，1911年卡夫卡这样回忆说，以一种"不是内心感受到的，便是模仿的犹太教法典的方式"对证明上帝存在的证据和创世故事问题进行激烈争论。贝格曼这时已经同情犹太复国主义，而这犹太复国主义已在1896年通过西奥多·赫茨尔的《犹太人国家》找到了一份完全进行务实论证的纲领性文件。赫茨尔的对欧洲反犹太主义的不可征服性的清醒认识以及从中得出的对在巴勒斯坦新建一个犹太人移民国家的思考使这个出身于一个同化了的家庭的中学生入了迷。后来他以哲学系大学生的身份加人犹太人大学生协会，他竭力试图让这个协会忠诚于犹太复国主义事业。1910 年夏末，他做了第一次巴勒斯坦之旅，这时他已经是马丁·布贝尔的激昂慷慨的弟子；1920 年 5 月，他最终偕同他的妻子和他的儿子们前往耶路撒冷，他在那里建立了希伯来民族和大学图书馆，他领导这座图书馆直至 1935 年。

卡夫卡通过这个超凡脱俗的贝格曼了解到犹太复国主义的世界，它一定令他这个"被剥夺了继承权的儿子"神往。马克斯·布罗德记得，他也是通过贝格曼——在此人的寓所里西奥多·赫茨尔的照片引起他的注目——第一次面对犹太复国主义运动的各种目标。卡夫卡似乎觉得自己，也许是由于年龄上有差别吧，比朋友强，虽然这位朋友作为班级优等生具有显赫的地位。1913 年 12 月他这样回忆道："他作为男孩会消失，在一切方面，但也许不是在一切方面，这只是我的无知，是这无知相信这一点。"朋友们在一起度过下午的时光，常常在同一张写字台上做家庭作业，互相交流阅读心得。虔诚的贝格曼模仿图拉学者的精神风貌，而卡夫卡则做出怀疑论者的样子，持对立的态度。他们游戏似的试验一种宗教讨论文化的技巧，他们开始通过其雄辩术的形式来开拓这种宗教讨论。这样的游戏的一个规则就是，他们模仿犹太教法典第一部分压缩在故事中的评论的生动语言并以如此方式复习宗教课原则上教给他们的"犹太教法典式"论证法。朋友们怀着一种掺和着亵渎神灵和无邪的乐趣，巧妙对付深奥艰涩的神学问题。按照尼采的名言，恰恰就是无条件的和绝对的东西，是在"过去和未来的篱笆间游刃有余"的质朴精神的吸引力之所在。1897 年，卡夫卡在贝格曼的纪念照相簿上记下了带印象主义色彩的、探索有鉴于不能更改之物之悲哀的诗句（这是流传下来的他的最早的一件作品）："来去匆匆／有别离却常常——没有重逢。"

与贝格曼的友谊在卡夫卡年满 16 岁后越过了顶点。与此同时他正在接近奥斯卡·波拉克，此人虽然是班上年龄最小者之一，却在智力上明显超过大多数同学。贝格曼主要对宗教问题感兴趣，而无神论者波拉克则是在中学最后两年中吸引卡夫卡的注意力的艺术问题的对话者。他不仅向他承认自己爱好文学，而且也把自己的起先还是做了严格挑选的文学习作拿给他看。这是一种巨大信任的表示，卡夫卡做出这样的表示恐怕事先不是没有经过慎重考虑的。托马斯·曼用讽刺的口吻评论他的主人公托尼奥·克勒格尔，说公布自己的文学抱负使他大受"损害"，而且是"既在面对同学时也在面对教师时"。

波拉克，虽出身犹太人，却赞同德意志民族的信念，他是第一阶段友谊中的起主导作用的人物。马克斯·布罗德说他生性"粗暴生硬，落落寡合"，在后来的岁月里他才得以抛却这些秉性。这位中学生蓄着一部胡子，他试图以此摆出一副男人的坚毅的样子。他爱好体育运动，滑雪和划船——都是些显示出受同时代青年运动的影响的爱好。他的也受到同班同学贝格曼夸赞的充沛精力以及他那广泛的兴趣可能曾使卡夫卡着迷。作为琉特演奏者、乡土艺术运动鼓吹者、尼采弟子和以赞同的态度阅读尤利乌斯·朗贝恩的民族主义的《伦勃朗研究》的文艺复兴爱好者，他显得精力旺盛并满怀着巨大的热情。卡夫卡写给波拉克的信带有一种游戏似的伪装起来的、有时隐藏在一种爽快口吻后面的钦佩的痕迹。对这位朋友的评价他十分看重，他在中学毕业后竟将自己的全部文学习作——"几千行字"——十分信任地寄给他审阅。这样的事情，一如挚友马克斯·布罗德不无嫉妒地记下来的，是一种独一无二的行为，它再也不会重演。波拉克作为顾问拥有的这些特权，自 1905 年起他们联系渐少后卡夫卡就再也没有给予别人。"（……）我拿出，"1903 年 9 月 6 日他向他这样说明寄发的一捆旧手稿，"我的一片心，用一张白纸将它干干净净包好并将它给你。"

跟卡夫卡不一样，波拉克后来有勇气在选择自己的专业时完全按自己的审美兴趣行事。他选了哲学、考古学和艺术史，1907 年写了一篇论述巴洛克雕塑的博士论文，三年后换至维也纳大学当助教，1913 年他在那里取得在大学执教的资格并且在这之后当上罗马的奥地利历史研究所秘书。1915 年 6 月 11 日他死在意大利的伊松措河前线，他是作为一个步兵团的志愿者被调遣到那里去的。1915 年 11 月卡夫卡最后一次访问已故朋友的母亲和妹妹，他钦佩她们的镇定态度并同时在日记中自我批评式地记下："此外，有什么人可以让我不对其折腰的吗？"

跟贝格曼和波拉克相反，出身于富裕的布拉格上层的同学爱华德·费利克斯·普里布拉姆——他的父亲从 1895 年起至 1917 年去世一直担任布拉格工伤保险公司主席——对才智方面的问题不怎么感兴趣。卡夫卡和普里布拉姆的友谊形成于 1899 年并延续至职业生涯的头几年。它显然提供一种补偿，平衡与波拉克的划分成等级的关系，因为卡夫卡在这里可以施加较大的影响。普里布拉姆很早就退出了犹太人的宗教团体并改变信仰接受了洗礼——一个在旧城高级中学学生中"极为罕见的"事件。比起在中学最后两年里与贝格曼的友谊来，卡夫卡更喜欢与一个被同化了的人交往：这清楚地显示在这段时间里无神论的倾向多么强烈地挤掉了他身上的犹太复国主义的激情。普里布拉姆做出和蔼可亲的怪癖人的举止，此人，尽管有一个小小的发音缺陷，却让人觉得有魅力和讨人喜欢。埃米尔·乌蒂茨这样描写他的行为举止，说他简直酷似卡夫卡："总是彬彬有礼，和蔼可亲，面带微笑，不引人注目。"他特别喜爱他在父母的大花园里培植的鲜花。卡夫卡年轻时不怎么懂得自然的魅力，他回忆道："我们常常站在花坛前，他看着花，我无聊地越过花坛望过去。"后来有人给普里布拉姆出具书面证明，说他有"合理的概括能力"——它在一种突出的数学才能中表现出来——然而对"艺术"却一窍不通。不过他倒是好吃美味，好穿精致衣服。而卡夫卡在中学时期"穿得很整齐"，但"从不衣着入时"。普里布拉姆却在进入大学后才注重服饰和打领带，一如 1904 年后那段时期的照片所显示的那样。

中学最后两年扩大的朋友圈子中有卡米尔·吉比安、奥托·施托伊尔和保尔·基施（而与被公认为装腔作势的乌蒂茨的关系则依然冷淡）。医生的儿子吉比安，他与普里布拉姆的关系也比较密切，他有时陪同卡夫卡骑自行车去特洛亚。据安娜·波察洛娃报告，他是采特纳尔街的一个常客，放学后人们常在那儿相聚。吉比安像普里布拉姆那样显得富有活动能力，合影照表明他与卡夫卡非常相像，他轻盈、柔弱地坐在下面那一排，挺直着身体，眼睛惊恐地睁大着：怕学校的化身。以后吉比安将学法学，却从未谋到职位：1907年夏，在他24岁生日之前不多几个月，在两次法学国家考试不及格之后，他由于害怕最后一次尝试失败而开枪自杀。而1902年，中学毕业后一年，卡夫卡的一个同学就由于还不起赌债而用手枪结束了自己的生命。

关于普里布拉姆和吉比安周围圈里的奥托·施托伊尔，我们知之甚少。学生名册显示，他不是读了四年而是五年小学，而且不得不重读了一年——大概是倒数第二年——文科高中。他比卡夫卡大两岁半，性格内向并沉浸于自己的幻想世界，由于年龄差别大，这两个人的关系不怎么热乎，一直是泛泛之交。施托伊尔似乎在中学毕业后到国外去了一些时候，可是后来——可能由于做生意失败——又返回布拉格。在1913年2月的日记中，卡夫卡回顾短篇小说《判决》时注

九年制高级中学六年级全班合影（1898）卡夫卡：最上面一排，左第二个；他的右边是保尔·基施；下面一排左边第二个：奥斯卡·波拉克；中间右边是班主任埃米尔·克施温特，同排左外侧：鲁道尔夫·伊洛维；右外侧：爱德华·费利克斯·普里布拉姆，同排左第三人：胡戈·贝格曼；下排右：卡米尔·吉比安

明，他以施托伊尔为模特儿塑造了他的主人公格奥尔格·本德曼在异国他乡孤寂度日的朋友。这时候的联系还只是泛泛的，关于这位从前的同学的现实生活状况，卡夫卡不知道丝毫详情。他迷惑地看到，现实和文学有一种奇特的紧张关系。因为单身汉施托伊尔实际上开始抛弃小说预先给他定下了的怪癖者角色："当我在这件事之后的三个月偶然和他相遇时，他告诉我，他已经在三个月前订婚了。"这样的违反假想优先权的行为，卡夫卡可能并不赞成。他自己的生活使他获得这样的印象：文学拥有的知识能够赶在现实轨道的前头。一个角色，能够脱离活动于其中的文学史的规则，它危害作家的幻象世界和规定这个幻象世界的等级制度。

　　唯一的一个和卡夫卡一样对文学有兴趣的同学是保尔·基施。和他的友谊，一如大学最初的学年内的信件所显示的，似乎包含一种带有阳刚之气的强烈自我表现的一些形态。在这些信里他用自己在别处没有用过的语气说话：他给基施的信中的措辞听起来粗俗且带攻击性，炫耀且刺耳。卡夫卡的某些信件勾画出一些形象，它们像是从《痴儿西木传》的模子里刻出来的，它们反映了与社会讽刺和漫画式粗俗的亲和性，它们受到基施的高度重视。他尤其把卡夫卡和现代派作家对比，他像波拉克那样欣赏自然主义的运动，读易卜生、施特林贝格，不久也读霍夫曼斯塔尔和梅特林克。他后来最喜爱的作家当中也有海涅，1906 年 2 月 17 日，他在朗诵报告厅里作为大学生做了一个纪念海涅逝世 50 周年的报告。在上中学期间，人们讨论了独特的具有想象力的尝试，在这种场合卡夫卡扮演批评者和建议者的角色。这种共同的文学爱好在中学毕业后使他们一时心血来潮产生去慕尼黑大学学日耳曼学的想法。然而只有基施下决心实施这一计划。1902—1903 年冬季，他从慕尼黑寄给那位留在布拉格的人"健康的"信，他在这些信中报道了他的闹哄哄的夜生活。卡夫卡 1902 年 8 月底在利波赫避暑期间写给基施的一张明信片，反映了这种自中学和大学早期建立起来的松弛的信任关系："除了眯缝着眼睛躺在深色的原野和鲜花盛开的草地之间，人们在上午还能够做什么更好的事呢？没了。除了给小保尔寄一张明信片，我还如何能更好地度过下午的时光？这就是给你的明信片。"

当基施在上大学期间积极参加大学生击剑联谊会的活动并日益追随有民族意识的思想时，两个朋友分道扬镳了。基施之所以没有退出犹太教，仅仅是因为他试图不伤害他的信教的母亲。1912 年获博士学位结束了日耳曼学的学业之后，他当上了记者。1913 年，保尔·基施追随他的兄长埃贡·埃尔温——这位很快就著名的"疯狂记者"——改行当上了《波希米亚报》编辑。1918 年战争结束后，他在维也纳加入《新自由新闻界》，但在 1938 年希特勒并吞奥地利时返回布拉格。1943 年基施被德国占领军士兵强制遣送并在奥斯维辛遭杀害。

达尔文、尼采和社会主义

在卡夫卡的早期受教育的奇遇中，首先显示出了时代精神的痕迹，这并不怎么令人感到意外。通过阿道尔夫·戈特瓦尔特，这位九年制高级中学学生接触到了达尔文的进化论，19 世纪末这一理论在科学界和文化界激起了同样热烈的讨论。达尔文的学说不仅作为使创造史非神学化的革命性的思维开端，而且也将其应用于政治思想体系的创立而获得其高度的爆炸性。达尔文本人虽然坚决拒绝将他的起源学说当作实现社会目标的工具，然而恰恰是一种帝国主义的和反犹太主义的政策护卫者们在使用他的生物学的论证范例。达尔文的理论构成有条理的范畴，正如米歇尔·福柯所指出的，它解释了"殖民地化的各种关系，战争的必要性，刑事犯罪，精神错乱和精神病现象"的成因。然而这样的占为己有不仅发生在与民族主义思想有关的领域，赞赏达尔文的卡尔·马克思就是这样把进化论理解为一种历史认识的模式，说它将成为唯物主义描写技术史及其社会伴随现象、适应过程和摈弃的榜样。

人们可以料想得到，布拉格的九年制高级中学学生感兴趣的不是达尔文学说的自然科学方面的含义，而是它的世界观方面的结论。他们接触到的无神论倾向在卡夫卡的朋友圈里尤其使奥斯卡·波拉克感到满意。然而在课堂上还不可以公开辩论同进化论联系在一起的对创造神学的批评。戈特瓦尔特在这方面，如胡戈·黑希特所报道的，也通常就做些暗示。在倒数第二学年，班主任禁止波拉克挑选达尔文主义作德语课规定的演讲练习的题目。所以学生圈内的讨论具有那种赋予违禁题目以独特魅力的神秘性质。然而达尔文理论的光芒在大多数情况下都迅速消散。马克斯·布罗德作为阿尔弗雷德·韦伯的国民经济系的学生继续研读达尔文主义、拉马克的《哲学动物学》和门德尔的学说，卡夫卡则跟马克斯·布罗德不一样，他在中学毕业后完全避开了自然科学各学科。

在倒数第二学年，卡夫卡在戈特瓦尔特的课程的激励下读恩斯特·海克尔的刚出版的书《世界之谜》（1899）。海克尔，在前言中自称是"19世纪的孩子"，用自己的这部通俗哲学著作，为传播其世界观倾向以一种反先验论立场为目标的达尔文体系做出了贡献。作为受过自然科学思维训练的一元论者，他从一个以物质概念为依据的中心的因果原则推导出对人的环境的观察。精神和作为有生命的和无生命的世界的基本模式的物质绝对服从这个原则。自然史可以被理解为处于演变过程中的不同形态和状况中的这一种物质的变异。这一观念导致对达尔文的物种选择法则的一种支持：这一法则把自然界定为受因果关系，但不受目的论控制的活动范围。按照海克尔的观点，人的精神生活以及各种感官行为均服从一种可以从物理的过程中观察得到的、最近证明了自然法则的优先的因果关系。对他来说，达尔文的物种选择论是理解对作为有机界特色的表现形态多样性的"一元论解释的关键"。只要创造由在各种生命形态中显而易见的进化演变原则，而不是由一种目的论的秩序所致，那么上帝在这个体系中就只能被泛神论地理解为有效起因。海克尔虽然刻意强调指出，他的学说并不意味着对唯物主义的一种证实，然而他的物质观念和与此相关的一元论却支持具有时代典型性的抛弃黑格尔学派特色的精神唯心主义，这种抛弃在否定一种有先验的结构要素的基督教世界观中达到了顶点。

阅读海克尔，一如贝格曼措辞过分尖锐地阐述的，开始了卡夫卡的"无神论的或泛神论的时期"。在与信教朋友的辩论中，卡夫卡试图借助用形式和状态实体化物理原则取代上帝概念的一元论来驳斥一个造物主对造物的优先权。然而后来他回想起，"我心中并非觉得这种辩驳很有根据，我得先像组合一种需要耐心的游戏那样把辩词组合好"。一种这样的观察对高级中学最后两个学年的知识激励具有典型意义：它们提供通过试验进行检验的认同感，但没提供启发清楚的解释选择权的有约束力的世界观。思想上的认识仍然是一种"需要耐心的游戏"，它要求把各种不同的想解释世界的理论拼合成一个稳固的整体。

比一元论插曲更富有成效的，是对尼采的深入研究，此项研究在朋友波拉克激励下估计起始于1898年年底。特别是《查拉图斯特拉如是说》——该书第一分册在他的出生年出版——似乎将卡夫卡迷住了。塞尔玛·科恩，有乡村特色的罗斯托克邮政总局局长的女儿，她记得，1900年8月，暑假期间，他晚上就着烛光在一片林中空地旁边的一棵老橡树下朗读尼采的热情奔放的作品。卡夫卡在塞尔玛·科恩的纪念册中的热情题词通过生动的形象用生花的妙笔透露出《查拉图斯特拉如是说》的影响："但是有一种活的纪念，它像用深情的手那样轻轻抚摸一切值得纪念的东西。如果从这灰烬中升起火焰，熊熊而炽热，猛烈而强劲，而你则往里面凝视，像被神奇的魔力吸引住了，那么……但是这是纯洁的纪念，人们不能用笨拙的手和粗糙的手工器具写这种纪念文章，人们只能把这写在这些洁白、简朴的纸上。"17岁的卡夫卡的这几句话，它们恳求超越语言回忆的可能途径，它们也是为这位已故哲学家所做的一篇墓志铭：它们产生于1900年9月4日，尼采逝世于魏玛后的10天。

　　青年卡夫卡热情阅读尼采：这没有什么好奇怪的。哲学家的这部作品凝聚了中欧世纪末各种知识倾向的神奇吸引力。世纪末的年青一代在尼采的思想中认出了自己的激情、恐惧、不满足和矛盾。他们对一个没有生气的市侩世界、对知识市民阶层的平庸、对教会和国家的自鸣得意、对学院式的目光短浅和等级偏见的憎恨在这里得到了细致入微的认可。尼采的道德批判和他坚定不移地投向中等纪念碑的"生理目光"使时代的知识分子圈子着迷。他的用高度艺术性的笔墨文才表述的生活激情成为针对沉重如铅地笼罩了19世纪末历史思维的历史主义的咒语。尼采的自我渗透自己的知识寻觅的能力获得了一种纠正实证主义僵化的调整措施的性质，而人文科学的工作——尤其是语文学的实践——则正是已受到这种僵化的侵袭。他的多角度透视反思风格，这种宣布讽刺的态度为精神自主的人的义务的反思风格，瓦解着以教条主义方式对待每种世界观来源的生硬态度。他的揭露心理学给沾沾自喜地卖弄形式上的同一性、表象策划和礼仪机制的欺骗伪装标上了衰败症状的记号，它们决定市民阶级时代的垂死的市侩社会。尼采的权力思想以一种混合而有洞察力的观察艺术的技巧为依据，它掌握种种秘密的统治结构，它们均隐藏在人的社会和文化自我表现的各种不同形式中。

　　如果说青年卡夫卡被尼采，被这位解构大师吸引住的话，那么他这样就是重现了一种教育经历：它对从托马斯·曼经戈特弗里德·本[1]直至罗伯特·穆齐尔和赫尔曼·布罗赫的和他同时代的全体作家具有同样的影响力。在九年制高级中学的几年里，《查拉图斯特拉如是说》特别吸引他：这是从他的文学爱好中产生的几乎合乎逻辑的结果。娓娓动听的富有诗意的语言文字产生一股魔力，它长久对他产生着影响。他，后来他谈到自己，说是他能够"用整个身体"吸收并通过句子的节奏经历文学，他想必一定亲身感受过《查拉图斯特拉如是说》

1　戈特弗里德·本（Gottfried Benn，1886—1956）：德国诗人。

的在心灵上有着强烈影响的文体。但是主要是尼采的观察风格，是它在他的精神世界留下了痕迹。卡夫卡将在自己的作品中用侦探的敏锐眼光仔细观察现代精神的各种社会力量：性行为的意志宣示、法的制度、管理体系、宗教和道德的法则在他的故事中作为一种秘密的统治实践的作用领域出现，而这种实践则通过礼俗、象征和等级制度使自己发挥良好作用。尼采在理论上摈弃，在实践上却应用地作为"距离激情"的讽刺手法，这也是卡夫卡从他的老师父那儿继承来的。在这种手法的帮助下他成功地扮演了冷静的观察者的角色，表面冷漠地注视着呈现在他眼前的灾难。

寻找开启通往现实之路的门，这导致九年制高级中学学生卡夫卡也深入研究社会问题。最初的政治观念在1897年内经由年纪大得多的同学鲁道尔夫·伊洛维达传给他。在1898年的全班合影上，他坐在边上，穿一条显然要令人想起拿破仑的裤子。伊洛维代表着世纪末强烈转向捷克社会主义者的那一代年轻犹太人知识分子。这样一种选择是不难理解的，因为这些人是唯一的一个不玩弄在波希米亚王国自19世纪80年代以来便已显示出来的反犹太主义的潜在情绪的政治团体。有鉴于1897年年底的巴代尼危机，社会民主党人坚决主张保护犹太居民使其免遭掠夺和私刑。在自由主义向民族主义观念靠近的情况下，政治上的左派采取犹太人利益代言人的立场——在德国比在奥地利君主国的各世袭领地更早显现出这种新倾向的端倪。

由于严格禁止年轻的中学生参加政治集会，卡夫卡对社会主义的了解局限于因阅读报纸而消息灵通的伊洛维所主持的讨论会上。现实状况为激烈辩论提供足够的材料：自19世纪80年代末起在奥地利实施的对在王国内俾斯麦治下决定的社会法的适应，取消对社会民主党人的禁令，对巴代尼危机的政治上的摈弃，反犹太主义和自由主义之间的紧密联系。然而卡夫卡的同情社会主义思想，就像接近犹太复国主义，它不是意识形态上的目的本身，而主要是与父亲对抗的表示。如果说犹太复国主义针对已被同化了的没有宗教身份的犹太人的话，那么社会主义便是针对独立经营的企业主，以社会暴发户的冷酷无情代表其经济原则的企业主。所以卡夫卡的社会态度也具体表现在对父亲的商号上，他在那里令父亲极为懊恼地试图以提高至"谦恭"的"得体的态度"对员工们表示敬意并对普遍的等级制度提出质疑。儿子站在受压迫的处于劣势的人的一边，他与他们有一种天然的、从害怕权势的基本感觉中产生的休戚与共的情感。与这种态度相称的是，1899 年 10 月他欢迎保罗斯·克吕格尔领导的布尔人 [1] 的宣战并赞赏他们的抗击英国殖民统治的斗争。没有桥梁从尼采的激进个人主义通往中学最后几个学年的社会主义信念。这位受崇拜的哲学家把社会主义看作一场"悄悄酝酿着恐怖统治"的运动：这一点卡夫卡可能是知道的。然而精神的理念在 17 岁人的头脑中像一幅镶嵌画的分散开来的碎块，它们得先拼合成一个整体。

　　早熟的伊洛维 1898 年自愿离开九年制文科中学，开始了一种记者生涯，并为《捷克工人日报》撰稿。当他们在视野中消失之后，卡夫卡仍在纽扣眼中插一枝红丁香作为他的校外政治世界观的标记（这位大学生后来将嘲笑这一在布拉格店员中流行的习俗）。而在原则上对政治党派采取审慎态度时，卡夫卡在 1914 年前几年中劳动保护领域职业经验的影响下仍然深受他的社会信念的影响。在战争期间他买了莉吕·布劳恩的两卷本《一个女社会主义者的回忆录》；在明策·艾斯讷尔面前他称这位备受他称赞的有勇气脱离其贵族家庭的女作家是一位"好斗的天使"。后来卡夫卡也遵循一种"具有浪漫色彩的反资本主义"，它没有坚定的政治方向，但包含着对经济自由主义及其获利意识的一种尖锐批判。这种批判与对赫尔策的犹太复国主义，以及对在集体的所有制关系基础上的迁居巴勒斯坦的想法的兴趣联系在一起。1917—1918 年冬出现的"工人无产阶级"这个模式表达了犹太复国主义和社会主义思想动因的一种结合。卡夫卡本人终身一直是一个

1　布尔人：南非的荷兰人后裔。

没有值得一提的财产的人。他只拥有一批数量不多的藏书，住在陈设简朴的房间里，既不购地也不买房。他的简单朴素的市民生活反映了这样一种意识：一个被剥夺了继承权的儿子，不可以过上物质富裕的生活，因为他精神上的身份也是建立在权宜之计的基础上的。

处于犹太复国主义、德意志民族主义和社会主义之间的 17 岁的卡夫卡的政治信念并非特别坚定，这一点人们可从一件典型的小事上看出。1899—1900 年冬他加入旧城联谊会学生组织，这是一个佩戴色带的社团，它接纳高级中学最后两个年级的学生，以便争取到未来的大学生加入它的"大学生社团酒会"。促使卡夫卡加入的可能也有对颠覆活动有兴趣这个因素，这样的学生团体自 19 世纪中起在奥匈帝国正式被禁止。不过他很快就发现，在这里受到维护的、在青年礼俗中表现出来的民族思想让他感到陌生和反感。在 1900 年 7 月中一个为庆祝毕业在"烙铁"饭店举行的啤酒节上，贝格曼和他对在场的会员进行挑衅，他们在大家站着唱《守卫莱茵河》时引人注目地坐着。当他们此后因举止失礼而被开除时，他们顿时感到如释重负，因为他们知道，目光短浅的德意志民族主义不能在世纪末给他们规定未来的路线。"我们轻易就经受住了，"胡戈·贝格曼写道，"因为新的思想、新的观念充斥着我们的生活。"

第三章

大学学习和终身友情（1901—1906）

化学和日耳曼学

最早的分在两个平行班中、和卡夫卡一起开始踏上九年制文科中学之路的 84 个同学中，只有 24 个完成毕业考试。1901 年夏，卡夫卡刚满 18 岁，作为同年生最年轻者中的一个通过了令人生畏的高中毕业考试。在 5 月的第一个星期里，举行各门主要学科——古代语言、德语和数学——的笔试。约瑟夫·维汉出的毕业考试作文题目带有典型时代特征的沙文主义倾向："奥地利所处的国际形势和土地情况会给奥地利带来哪些好处？"仅仅在此后一个月，1901 年 6 月 12 日，弗兰茨·约瑟夫一世皇帝便访问布拉格。被认为是民族的国家意识堡垒的旧城德语九年制中学的学生必须因此在弗兰岑沿岸街道列队行进，并在中午的酷热中显示军人姿态，接受弗兰茨·约瑟夫的骑马检阅。这次皇帝来访简直就是在中学作文中论述过的那个课题的余波：那个课题强烈唤起波希米亚对奥地利的从属关系。在毕业前的最后几个星期里学校明显地作为个人的种族和宗教身份被国家的思想意识遮盖住的文化政策场所显现在卡夫卡的眼前。

1901 年 7 月 8 日和 11 日之间进行口试，卡夫卡像等待一个将决定自己命运的开庭审案日那样等待着这几场口试。口试集中在拉丁语和希腊语的翻译上，与之相联系的还有检查课文理解和语法知识的专业问题。卡夫卡后来回忆，说他"部分仅仅通过弄虚作假"才过了这些考试的关，这话恐怕不可以从字面意义上去解读，它来自那种对修辞学常用词汇的无情的声讨，它惯于从一种绝对法则的立场出发进行判断。通过考试的学生的过错——换用小说《在流放地》中的一种说法——经常都是"无疑的"，因为他伪装了一种只要他低估自己的无知就永远不能占有的知识。这就是一种苏格拉底的在一种深刻的怀疑论影响下的知识理解，是这种对知识的理解让卡夫卡用了"欺诈"这个惯用的词儿。

卡夫卡可能怀着有障碍的人的不快进行了自由演讲练习，这是在最后一学年要在全班同学面前公开完成的学业。作为任务，他选择了维汉出的题目"我们应该如何理解歌德的《塔索》的结尾部分?"，这位高级中学学生要在这里深入研究艺术家的本性和角色的社会责任是否可以平安谐和地协调一致的问题。这个问题将在以后的岁月里涉及卡夫卡的一个终身难题，这个难题无法解决，因为比起自由作家的生存形式他更喜爱一种公职的保护，而这种保护同时也意味着对他的幻想世界的持续威胁。《托夸多·塔索》[1]没有作出热情洋溢的宣示，支持文学自主，而是不抱幻想地阐明艺术和社会的紧张关系：这一点无疑也引起了这位九年制中学学生的注意。歌德对安东尼奥所代表的政治的务实思想的批评，跟作者尽管很有好感却仍对他的主人公的自我中心意识表现出来的那种可以感觉得到的冷淡一样，可能都不曾被他忽略。

毕业证书证明卡夫卡的6门学科——其中包括地理、历史、希腊语和哲学——成绩为"值得赞扬"（良），另外6门学科——其中包括数学、德语、博物学和法语——成绩为"令人满意"（及格）。这显示出一个略微有些超常的学生的形象，这个学生似乎在哪门学科上都

---

1 《托夸多·塔索》：歌德作诗剧（1790）。

没有值得一提的长处或短处。由于按照奥地利模式，毕业证书也只证明通过毕业考试，并不超过生平事略之外进一步描述这位毕业生的特征，所以这份文件具有一份那种掌管一个人却不说明此人重要特征的案卷的性质。在一篇中学毕业后 8 年的 1909 年 7 月产生的简短的随笔中，有一段论述成年人的老一套评语，也可用在评述证书的空洞语言上："他们的目光从我们身上滑下去，像一只举起的胳臂落下。"

　　高中毕业后，父母让他第一次出门远行，酬谢他的辛劳，这趟旅行使他走出波希米亚王国的国界。特里施的舅舅西格弗里德·勒维被选中当这个 18 岁的人的陪伴者，给外甥当旅行向导。7 月 28 日，卡夫卡先独自乘坐火车经莱比锡和汉堡到达库克斯港，随后就从那儿——在 18 小时的旅行之后——乘渡船到赫耳果兰岛。数年后他还回忆起这一段单调、漫长的火车路程的印象，一路上他凝视着自己的怀表并失去了对周围的人的感觉："忘记我已经忘了，一下子变成了一个在急行列车里单独旅行

九年制高级中学毕业班学生，1901 年 7 月

的孩子，四周的因急驶而晃动的车厢像变戏法那样在四周微微立起。"一个星期之后西格弗里德·勒维到赫耳果兰岛上来和他会合，这时这位舅父已准备好了下一个阶段的行程。他们在 8 月 8 日一起继续旅行来到诺德奈伊，在那里他们住在离海滨男浴场只有不多几分钟路程远的弗丽茜阿住宿公寓直至 8 月 28 日（舅父骄傲地把他的外甥作为"大学生"登记在来客登记簿上）。后来卡夫卡很少把大海选作度假目的地；1913 年初秋他去威尼斯，1914 年去丹麦，1923 年去德国的波罗的海海边——全部没有较长期的规划，受到严重的生命危机的重压。比起亚德里亚海和托斯卡纳海滨来，他在他的几次意大利之行中更喜欢北方的湖泊。矜持的海岸景色以它的那种能够吸引人但并不使人心

情愉悦的异域风情的魅力对他产生影响。他在 1901 年 8 月 24 日寄往
布拉格给他的妹妹艾丽的明信片描绘微波荡漾的大海和远处一艘小渔
船，上空一层乌云密布，标志着暴风雨即将来临。

9 月中，北海度假返回后将三个星期，家庭蒙上了一层阴影：奥
斯卡·卡夫卡，才 17 岁的堂弟，赫尔曼的哥哥菲利普的儿子，在投考
梅里施魏斯基尔兴的骑兵预备军官学校落榜之后，在科林用手枪自杀
身亡。这样的学生自杀像可怕的幽灵贯穿世纪之交的时代。它们构成
帝国独裁社会对正在成长中的一代人施加的强制的一种典型标志。在
当时的文学作品中，这个题材一再作为同样的标志和社会罪责的主题
出现——比如在韦德金德、施特劳斯、黑塞和弗里德里希·胡赫的作
品中。

根据一份证明他"身体虚弱"的医生证明，卡夫卡免服兵役，所
以不必完成规定奥匈王室世袭领地的高中毕业生要完成的 12 个月的兵
役（"志愿兵"）。1901 年 10 月，他和奥斯卡·波拉克、胡戈·贝格曼
一起在大学注册学化学；毕业考试前不久他还在九年制中学的表格中
把"哲学"登记为大学学习志愿学科，然而最迟在 1901 年 7 月中便改
变了主意。由于除了少数例外，犹太人一般不可能担任国家公职，所
以只有自由职业可供高校毕业生考虑。构成一种特殊情况的是那些为
在私人工业企业中从事人才培养工作的专业。由于这个原因卡夫卡决
定学化学，指望着将来可以在经济部门找到一份工作。此外就是戈特
瓦尔特的激励人的，与时新的标准看齐的博物学课程，是它决定了这
一对于这个时代来说不寻常的学科选择。而化学学院院长吉多·戈尔
德施米特是一个改信基督教的犹太人，这一点对于卡夫卡和有犹太复
国主义倾向的贝格曼来说，很可能是一个令人不愉快的伴随现象，这
使他们想起犹太人在高等学校谋职所受到的种种约束。

1348 年建立的卡尔斯大学在 1882 年分成了一所德语大学和一所
捷克语大学，其教学活动分别在各自的教学大楼里进行。布拉格犹太
人在涉及教育问题时大多数人都不受其母语约束选择德语大学。1890

年，这里（总计 1500 名学生中）有 506 名犹太人大学生注册入学，而在捷克语大学中却只有 44 名；1904—1905 年德语大学大学生中将近25%、捷克语大学中将近 30% 的大学生是犹太人出身（他们在市内两所捷克语大学中所占的比例差分别只有一个百分点）。1912 年以前，这种状况一直只有微弱的变化，虽然德意志人的文化优势在这同时开始减弱。莱奥·赫尔曼，有犹太复国主义倾向的巴尔－科赫巴协会主席，在 1909 年用严厉的措辞给马丁·布贝尔写道："只有犹太人还认为必须捍卫德意志文化。但是由于他们在生活中并不接触民族的德意志文化，所以他们的性格自然绝大部分是符合犹太人特性的。"

德语大学善于争取到著名的专家学者。直至 1895 年以前物理学家恩斯特·马赫一直在布拉格从教，他通过其一元论的主要作品《感觉的分析》（1886）分别对那个时代的哲学的和心理学的感知论产生重大影响。第一次世界大战前，爱因斯坦将会作为费迪南德·利皮希的继任者当——不过只是为期两年的——理论物理学客座教授。国际法学家海因里希·劳赫贝格、法史专家海因里希·辛格尔和 1897—1898年任校长的管理法学家约瑟夫·乌尔布利希代表了 1900 年前后法学系的高度学术水平。在日耳曼语言和文学专业占统治地位的是很有影响力的奥古斯特·绍尔，此人试图，如他庄严声明的那样，"保持警惕并孜孜不倦地"捍卫城市的德意志文化生活，使其免遭一种想象中的亲捷克倾向的威胁。绍尔，在后来的岁月里也当上了大学校长，他把日耳曼语言和文学当作民俗学看待，这——集中在"受大众欢迎的类型和作家上"——含有一种民族主义倾向，一如他的学生约瑟夫·纳德勒在他的引起灾难的《德意志部族和地区的文学史》（1912—1913）中从思想意识上加以增强的那样。

享有超地区威望的哲学系的教授们都是一流的。处于中心地位的是弗兰茨·冯·布伦塔诺的弟子们，他的心理感知论在世纪之交的布拉格得以创造性地继续发展：安东·马尔蒂（可是马克斯·布罗德却指责他智识"浅薄"），克里斯蒂安·冯·艾伦费尔斯（自 1897 年起）

以及在 1914 年马尔蒂死后，奥斯卡·克劳斯。自 1904 年起，阿尔弗雷德·韦伯，马克斯·韦伯的弟弟，讲授国民经济这门较新的课程。后来他成为授予卡夫卡博士学位的教授，然而这却是一项纯粹制度上的任务——向校长正式推荐博士生，这并不以个人相识为先决条件。犹太人正教授在布拉格跟在奥地利一样人数极少。大量犹太人编外讲师和副教授若想在大学教书生涯中获得成功就必须改信基督教。只有改信基督教才能为在大学里的升迁发展提供可靠的保证，谁不屈服于这种强制适应，谁就得——像维也纳的弗洛伊德——对一个空头教授头衔感到知足。

　　卡尔斯大学像俱乐部那样表现出具有德意志民族性的样子。大学生们在公开场合佩戴黑红金黄三色肩带，上面缝有年代数学"1848"。据马克斯·布罗德回忆，只有传统的便帽在世纪之交后被认为是不合时宜的。德语大学大学生的聚会地点是不合时宜的。德语大学学生宿舍会议室在玛丽街，那儿也有一间大的餐厅和一间举行音乐会的礼堂。朗诵演讲厅有一座拥有现代藏书的一流图书馆，可是据布罗德说，卡夫卡从未光顾过它。他喜欢在"卡尔韦"书店买书，不喜欢去公共图书馆。大学生们坐在二楼读书，俯视热闹的费迪南德街，吃房屋管家早晨准备好了的黄油面包。带温和民族色彩的、容易接受现代美学的学校里的各种活动尤其在大学学习头几年里强烈地影响了卡夫卡。

　　化学学习提出了具体要求，而这位刚入学的新生却表现得几乎无法满足这种要求。自然科学的日常学习活动主要在实验室里，这是卡夫卡和他的朋友们不曾料想到的，尤其是因为中学里的课程讲授得比较抽象，缺乏实用性。两个星期后卡夫卡就转入法律系，因为他认识到，他完全不适合于实验室里的实验上的任务（贝格曼和波拉克也避开了化学）。20 多年后，1922 年 1 月，他将强调，说他的整个一生都受到未达目的就败下阵来的厄运的主宰。他"频频地在冲击活动半径前做助跑，但不得不一再地立刻中止这助跑"。在这里第一次显露出来的这种"中止"的传奇法则也决定了卡夫卡的表现为未完成作品的文学创作活动。

法科学生组成卡尔斯大学内的最大的系。恰好对于犹太人来说这个专业颇具吸引力，因为它展示出一种当律师和公证人这种自由职业的前景，半数以上的犹太大学生在世纪之交攻读法学。选择法学专业意味着，卡夫卡进入一个无名人物的潮流中，他在这个潮流中暂时未被人认出。这位胆怯的大学生，他对中学里的个人考试责任恐惧感还很熟悉，他可能把这种状况当成可喜的事了。在不涉及个人的听课活动中他可以作为个人而消失并梦幻般地沉浸在自己的思绪中。卡夫卡不潜心研究第一学期的主课罗马法学史，而是在大阶梯教室里驰骋想象。他神情恍惚、迷迷糊糊地听着演讲者的单调声音，没有深入到艰涩的内容中去（一种疏忽，将使他不得不在期中考试前付出巨大辛劳）。在平淡无奇的境况的压抑下，1902 年春他就逃离法学的桎梏并听日耳曼语言文学、哲学和艺术史的课程。在还犹豫不定，不知未来的方向该如何确定的时候，他出席了一个介绍德国中世纪文学的报告会（费迪南德·德特尔主持），听了奥古斯特·绍尔的狂飙突进讲座，文体练习，一次论述超凡脱俗的晚期启蒙运动者海因里希·威廉·冯·格斯登贝格的课堂讨论和一堂讲述荷兰绘画的课。

然而在日耳曼语言文学中主要由绍尔所代表的德意志沙文主义路线可能曾使卡夫卡反感。作为月刊《德语作品》的编者和一种德意志文化民俗学的宣传员，绍尔认为自己的任务是传授一种民族的文化意识。1907 年 11 月 18 日他在他的布拉格校长演说中宣告，具民族学特色的德语语文学的最重要的目标是领会一种可按"部族""地区"和"外省"加以区分的"民族感情"。"所以，"绍尔不敏捷地表述说，"亲爱的同学们，我向你们发出呼吁：仔细认真、满怀热情地在你们的家乡地区向四面八方呵护德意志的民族性并关心它的充分维护、关心它的巩固。"卡夫卡在他对"旧城教师日"的消极体会的影响下不怎么看重这样的纲领性宣言，这是可以理解的。1902 年夏末他在绍尔的兴高采烈、激昂慷慨的民族感情的影响下向奥斯卡·波拉克解释说，日耳曼语言文学应该"在地狱中"煎着。

1902 年 8 月卡夫卡在易北河畔的利波赫休养，月底他去特里施舅父西格弗里德·勒维那儿小住几天。1902—1903 年冬季学期开始时他重新开始中断了的法学学习。调往慕尼黑的计划暂时被搁置了起来。"离不开布拉格，"1902 年 12 月底他这样给波拉克写道，"我们得点着它的两侧，点着 Vyšehrad 和 Hradschin[1]，这样我们才有可能脱身。"尽管绍尔的讲座给他带来了幻灭的印象，日耳曼语言文学却依然被纳入他未来考虑之列。一年后，1903 年 11 月底，卡夫卡去慕尼黑，试验性地去了解一下这个城市的情况。他在植物园旁索菲街的洛伦茨住宿公寓住了两个星期，勘察了博物馆和咖啡馆，在市立图书馆大量阅读期刊，闲散地度过一个个钟点，暂且不想返回，虽然法学课程在布拉格已经开始。熟悉当地情况的保尔·基施，已经在慕尼黑上了一年大学，想为他提供通信地址并介绍他与人相识，但基施没履行自己的诺言，致使卡夫卡一直与外界没有任何接触。至于自 1902 年夏季学期起便在这里听哲学讲座的从前的同学埃米尔·乌蒂茨，他又回避，因为他难以忍受此人的夸夸其谈的作风。1903 年 12 月 5 日，当他返程途中在纽伦堡停留时，他怀着明显的恼怒给这个不可信赖的基施写道："你这个讨厌的家伙，你是唯一的一个让我一想起来就怒火中烧的人。这是第五张明信片了。我请求提供通信地址，我请求了又请求，难道要我跪着去布拉格吗？你等着吧！"

一目了然的慕尼黑在深秋的情调中对卡夫卡很有吸引力。在他逗留的头几天里，1903 年 11 月 26 日他这样记述道，他"直接触摸了"城市的"最表面"。可是凭这些粗浅的印象似乎还是足以觉察到在这里笼罩着这种特殊氛围："在消化时人们才能对这个神奇的慕尼黑说些什么。"估计卡夫卡在 1903 年的秋季学期里再次考虑了返回日耳曼

---

1 Vyšehrad 和 Hradschin 均为布拉格城区名。

语言文学，然而勇气没有大到可以为转换专业做出决定的地步。希望儿子有一个市民阶级前程的父亲的外部的反对和对绍尔的沙文主义的民族语文学的回忆在这方面同样都起了作用。1903 年 12 月初，卡夫卡返回布拉格，无奈地决定再次试着去学自己不喜欢的法学。

锯末当精神养料

关于他的大学生活的单调乏味，卡夫卡 1919 年这样写道："我学法学。这就是说，在考试前的几个月里我神经大受损伤，精神上简直是以锯末为食物，而且这锯末是经千百张嘴预先咀嚼过了喂给我的。"但是大学生恰恰觉得教学内容的这种单调特性有吸引力，因为它不强迫他投入全副精力。任何一种参加别人的"游戏"的要求，1921 年秋他这样写道，他都坚决拒绝了。说只有不触及他的自我的东西才被他允许作为精神现实。在这个意义上他开始学法学时便意识到了，攻读这个难读的专业不会过分占用他获取知识的精力。这方面占主导地位的又是"距离激情"，一种无拘束态度，它使人可以不露声色地观察事件并在内心保持着距离。卡夫卡的专业选择凸显出一个中学生的精神风貌，这个中学生——像不相干的犹太教堂参观者——只是一个从不认真使自己暴露给外界的旁观者。

在上大学期间，卡夫卡也住在采特纳尔街 3 号父母的寓所里。他拥有长子特权，人们保护长子，从而也就表彰了（同时也排除了）他。他比其他家庭成员晚被叫醒，晚上通常单独吃饭，可以避免父亲看重的打牌并利用这时间接待朋友。跟必须在拥挤的环境中相处的妹妹们不一样，他有一个自己的房间，房间里的那张大写字台是他在上中学期间常常和胡戈·贝格曼一起使用的。在赏识阿诺尔德·伯克林的模拟古典风格的艺术的波拉克影响下，他在 1903 年春经基施介绍给陈设简陋的房间买了一尊跳舞女祭司象牙塑像。人们可能会联想到霍夫曼斯塔尔的舞蹈文学作品，比如《时代的胜利》（1900—1901），它们，在伯克林塑像的激励下，利用神话作基础，对女性做一种酒神式神化。女祭司塑像继续摆放在采特纳尔街一向陈设很少的写字台上，像一间给人以禁欲主义印象的修道院小室中的一种陌生的情欲象征。

卡夫卡是一个只有在压力下——在有考试的情况下——才学习的大学生。头几个学期的法史讲座，如他后来承认的，他听得恍恍惚惚。为在大阶梯教室里消磨这难以打发的时间，他开始在自己的听课笔记本上画漫画、速写和肖像。1913年2月他还在对菲莉丝·鲍尔回忆自己昔日当画家的经历，对这个画家的才干朋友们也是有所感觉的。在结束大学学业后他似乎在一位女画家处上过课，但很快便认识到，那些练习课帮不了他很多忙，反倒阻碍他的自发性。只有在他不受强制画画时，一如他必须说明的，他才会获得令人满意的结果。而学习一种技艺却面临关闭流出本能的绘画兴趣的种种渠道的危险。给我们流传下来的黑墨水速写画的粗略轮廓，笔法具有一种充分的表现力（其中的某些画装饰费舍尔出版社较早的卡夫卡文集的封面）。这些画显示一些人，在他们身上，痛苦和羞愧、恐惧和孤独、无能和绝望通过体态和手势强烈地显现出来：受虐待者们和受压迫者们，他们受到内在的或外部的压力的重压。

在最初的三个法学学期中（直至1903年夏）卡夫卡主要听必修课程法学史。这门课包括广阔历史背景下的罗马法和奥地利法。此外还有私法、教会法和国际法的个别问题以及费时的法典导论、罗马《民法法令大全》。课程质量恰恰在头几个学期摇摆不定，因为卡尔斯大学的学术上享有盛誉的法学系除了海因里希·辛格尔外没有别的杰出的法学史专家。海因里希·玛丽亚·舒斯特尔讲授德国法学史时充满激情，但缺乏系统的条理。讲授罗马法导论的埃米尔·普费尔歇喜欢研究政治问题（他是州议会进步党议员），几乎不怎么热心于自己的课程，他把这课程当作副业，讲起课来没有热情。比较富有教育学灵感的教师有还不满40岁的伊福·普法夫，他是奥地利法学史专家，和已经提到过的教会史家辛格尔，一个改信基督教的犹太人，被认为是学究式的文献研究者。然而在大多数情况下课程都讲授得令人困倦和乏味，往往是照过时的讲稿宣读，这种讲稿的笔记，有时在教授们的容忍下，在大学生中流传着。

1903 年 7 月，夏季学期结束之后，卡夫卡通过法学史国家考试，从而结束了基础阶段的学习。在这以"丰硕的成就"通过的考试之前先要完成一份数星期之久的家庭笔头作业，它之所以有必要，是因为他用不上自己的笔记，只得在三个梦幻般的学期之后根据同学的课堂笔记做准备。随着 1903—1904 年冬季学期的开始，大学学业因其提供的题目而对卡夫卡来说在刻苦学习之外有了一种更令人兴奋的文化知识方面的特色，这一专业的三个经典分科——民法、刑法和国家法——仍然主宰着教学计划。此外还有国民经济讲座，这在当时也属于法学专业的课程，因为附属于法学系的国民经济学还没成为独立的学科。这一阶段的杰出教学人员有犯罪学家汉斯·格鲁斯，1902 年，在 55 岁上，人们才将他从采诺维茨的外省大学调往布拉格（1905 年他就调往格拉茨任教授）。他用他的《预审法官手册》奠定了自己的学术声望，该书 1893 年第一次发表，不久就译成许多种世界通用语言（1915 年格鲁斯去世时，有了 55 种译文）。它不仅拥有一部将现代预审方法系统化的时代犯罪学标准读本的地位，而且也类似 18 世纪的《案例集》（1734—1743）那样为各种不同的刑事侦查故事提供了素材。

除了刑法，卡夫卡从 1903—1904 年冬季学期起也听政治、民法、商法、国民经济学和法医的课程。第二个学习阶段中有影响的教师有讲课充满激情，喜欢用强劲的语声抑扬顿挫地诵读定理的民法专家霍拉茨·克拉斯诺波尔斯基和专业上享有盛誉的，其注重现实问题研究的讲课风格超出中等学生能力的国民经济学家罗伯特·楚克康德尔。10 年后卡夫卡回忆起，楚克康德尔特别令他尊敬，"因为他跟别人不一样，别人讲课拖沓烦琐，他只是给人以一种简洁明了的印象，他一定是遏制了自己的那些无论如何要令人折服的主要意图"。楚克康德尔将在 1917 年注意到卡夫卡的短篇小说，并且如费利克斯·韦尔奇所说的那样，怀着很敬佩的心情读它们，但几乎一点儿也不记得这是他从前的学生："如果他是我们的博士，那我一定认识他的。"

由于很深的经济学的和商法的问题只是在讲课中进行探讨——讨论课和练习课还不是法学学习最常用的活动形式——对高等数学一直感到陌生的卡夫卡在听课方面有严重困难。在这方面他达到了自己的理解力的极限，这理解力需要形象的支持，才会受到足够的激励。他比较聚精会神地听 1904 年夏季由汉斯·格鲁斯开设的 4 小时的法哲学课。紧接着便是 1904—1905 年冬自愿听弗兰茨·冯·布伦塔诺的弟子埃米尔·阿尔雷特的一个新哲学史讲座。这位在知识上心神不定的法学学生这时候显然对哲学问题越来越有兴趣，这种兴趣也受到他个人环境的激励。

"卢浮宫"圈子里的哲学

自 1901 年秋起卡夫卡便时常参加已经提及的"德语大学生朗诵、演讲大会堂"举办的报告会、讨论会和朗诵晚会。估计他是通过他的舅父西格弗里德·勒维知道这个机构的，在他上大学期间舅父曾是"大会堂"的成员。全部跟他关系密切的中学同学——除了卡米尔·吉比安以外——都在第一学年的过程中加入"大会堂"。这里形成了一种严格的等级制度，它重现了中学的不对称权力差别：年轻成员组成"燕雀群"，而年龄较大些的学长们则联合组成"委员会"。赫尔曼·卡夫卡的堂兄弟莫里茨的儿子布鲁诺·卡夫卡也是这个委员会的成员，此人在布拉格开办了一家卓有成效的律师事务所。马克斯·布罗德把他描写为面貌与弗兰茨·卡夫卡极相似的人，此人身上"一切都用较粗糙的材料塑造成"。布鲁诺·卡夫卡，比弗兰茨年长两岁，1904 年以优秀成绩获得博士学位，给民法学家霍拉茨·克拉斯诺波尔斯基教授当助教，后来在学术上前程似锦，最后当上布拉格大学校长，在捷克共和国的最初几年里他是"德意志民主自由党"的党首。布鲁诺·卡夫卡在他上大学期间支持朗诵和演讲大会党的各项工作，但相当傲慢地不接近他的这位较年轻的亲戚。

"大会堂"把自己看作丰富多彩的德意志文化主题论坛，却不支持民族主义的倾向。在1902年至1906年的这几年里人们举办了布拉格作家——莱平、迈林克、泰韦莱斯、萨鲁斯、维纳尔——朗诵会，但也举办帝国知名作家客座朗诵会（卡夫卡在这里听了德特勒夫·冯·利利恩克龙），这里所提供的大量哲学和语文学报告堪与一个文科系课程媲美。报告人评论赫德尔、歌德、海涅、格里尔帕策、叔本华、尼采，评论当代的和艺术史的问题。奥地利的铁路交通和波希米亚的经济状况跟米开朗琪罗、拉斐尔或美学和世界观的关系一样，都是报告会的题目。

哲学的观念不按一种使历史具有某一种结构的精神目的论的规律产生，而是在人们仔细考虑供选择的现实性说法的种种可能性时产生；它们不是计划好的一览表上的产品，而是对超越占统治地位的现实所产生的选择自由做一种游戏似的检验的结果。青年卡夫卡就是在这个意义上逐渐展示出对作为伪装技巧的哲学反射形式的兴趣的。即使他一直不熟悉严格的抽象顺序组合系统学，哲学思维的勾画力还是令他着迷。不仅"大会堂"丰富多彩的报告，而且布拉格中心的一个讨论和读书圈也促进他接近哲学。经由奥斯卡·波拉克和胡戈·贝格曼的介绍，1902年，比他后来的朋友马克斯·布罗德和费利克斯·韦尔奇早一年，卡夫卡加入了每隔14天在费迪南德街"卢浮宫"大房间咖啡馆聚会一次的哲学社团。雅致的"卢浮宫"，在1907年的一则广告中称自己具有"某种巴黎风味"，是布拉格最优越的学术讨论场所之一。直到1906年年初，卡夫卡时常参加"卢浮宫"圈子的活动，好几个他从前的中学同学——除贝格曼和波拉克外，还有卡米尔·吉比安和奥托·施托伊尔——都是这个圈里的人。

"卢浮宫"小圈子里的中心议题是讨论弗兰茨·冯·布伦塔诺的

哲学，他的学说在这个时期在布拉格大学被视为现代知识的重要指南。布伦塔诺研究过天主教神学，1864 年被授予神父圣职并在 1866 年取得大学授课资格，然后先是当上维尔茨堡大学哲学副教授，然而他在那里对梵蒂冈的权威越来越产生怀疑。为抗议教会不犯错误的教条，他在 1873 年的耶稣受难节放弃教会要职，辞去大学教授，改赴维也纳大学任正教授。1880 年他结婚后不得不放弃这一职务，然而直至 1895 年，他一直以编外讲师的身份给不断增加的听讲人讲课。1880 年支持解除他的职务的关键法律鉴定由已提及的霍拉茨·克拉斯诺波尔斯基作出，卡夫卡在 1903 年至 1905 年间听了此人的讲课。自 1896 年起布伦塔诺身体日益衰弱，他居住在佛罗伦萨，他的弟子们和仰慕者们常去那儿看望他，他们把他尊奉为一个知识分子崇拜的偶像。他的作品的中心内容是人的内心感知论，它是一种有许多分支的意识论的基础。在方法论上，布伦塔诺借助逻辑推论的处理方法谋求人文科学和自然科学的一种中介，这正是 1866 年维尔茨堡大学教课资格审查程序中争论的 25 个命题中的一个已经要求过的。作为"我们的现象的分析描写"，由布伦塔诺所阐述的描写心理学不是研究视觉、听觉和感受的生理学条件，而是研究感知行为在心理器官系统中所完成的处理过程。所以对判断形成和意识结构的产生所作的思考便成为中心，这些思考又被理解为描绘创造性转化实际经验的过程。对于布伦塔诺来说，组成心理认识的客体的，只是源自接受和统觉[1]过程的心灵内部经验组织的行为，而不是引发这些行为的以经验为依据的客体。现实在布伦塔诺的学说中只代表一种关系的范围，它通过将个人有意调整到被人感知到的客体上而产生。现象的"本质"只有在人们把领会它的主体的态度理解为它的基本要素时才是可解释和可描写的。布伦塔诺用这种有意的、导致现实构造过程的感知理论决定性地影响了他的维也纳弟子埃德蒙德·胡塞尔的现象学，这一理论从个人对环境的态度

---

1 统觉：心理学术语，指人在获得新感觉时对旧感觉的依赖。

中推导出它的用演绎显现的现实图像。胡戈·贝格曼选择"内心感知表现现象问题研究"这个题目做他的 1907 年完成、1908 年由尼迈耶尔出版社出版的博士论文：这表明，描写心理学即便在世纪转折后在布拉格仍在继续产生着多么强烈的影响。

在卡尔斯大学，出生于 1847 年的安东·马尔蒂和比他年轻 12 岁的克里斯蒂安·冯·艾伦费尔斯被认为是布伦塔诺哲学的最重要的代表。马尔蒂，自 1880 年起便担任哲学正教授职位并在 1896 年被选为校长，他把布伦塔诺的学说发展成一种构成主义的意义理论，它包括一种可以说是规定现实的、客观解释现实的判断尺度。在他的 1896 年 11 月 16 日做的布拉格校长就职演说（《什么是哲学？》）中，马尔蒂试图紧随他的导师布伦塔诺之后使心理学作为能够通过其对感知过程和判断形成问题的关键在人文科学和自然科学之间架起一座桥梁的学科而闻名于世。马尔蒂尝试在自己的语言哲学论文中使用一种以现代自然研究处理方法为基准的数学方法论，它服务于声音制作、语音连接和句法的描写。

而克里斯蒂安·冯·艾伦费尔斯则把布伦塔诺的描写心理学变为一种独立的精神生产理论，这种理论的出发点是：内心把握现实虽然选择性地进行，但是通过心理系统中塑造品质的形成获得一种客观的尺度。1859 年出生的艾伦费尔斯自 1896 年起在布拉格担任哲学副教授并在 1899 年被聘任为正教授。与马尔蒂相反，对艺术问题极感兴趣的艾伦费尔斯热情好客，他的家宅是知识分子和艺术家们的主要的聚会地点。他的学术思想，他的把一种有自然科学牢固基础的心理物理学与遗传学的可疑理论相结合的学术思想的矛盾性也反映在他的广泛的私人交往中。艾伦费尔斯的熟人圈子里有里夏德·瓦格纳和西格蒙德·弗洛伊德，反犹太主义者休斯顿·斯图尔特·张伯伦和犹太复国主义者马克斯·布罗德，德意志民族主义者弗里德里希·冯·维泽尔和捷克社会民主党人托马斯·马萨吕克。

在法学学习的框架内卡夫卡也要听两门哲学课。1901—1902 年冬季学期他听艾伦费尔斯的实用哲学课并按这种方式和布伦塔诺主义者有了交往，这并非一定受到一种充满活力的自身兴趣的引导。在1902年夏季学期他听艾伦费尔斯的"音乐剧基本问题"讲座（声音知觉被认为是艺术创造精神积极性的范例），参加马尔蒂的"描写心理学基本问题"讲座并听在他寓所举行的私人讲座。即便这里显现出一种超出完成正常学习定额以外的积极性，马尔蒂的著作，尤其是他的系统意义学语言哲学文章，这些1908年在《一般语法和语言哲学基础研究》中发表的文章，可能对于卡夫卡来说一直太过于抽象。这门选修课的期末考试他在1902年夏没通过——考试碰巧在一个迷惑彷徨和烦躁寻找的时期，这显然消耗了他的力量。卡夫卡与哲学专业的关系是紧张的，受到对感知、判断形成和语言结构诸问题的强烈兴趣的影响，然而同时也具有一种根深蒂固的对一种演绎法的抽象秩序体系不信任的特征。所以这就是可以解释的了：他参加"卢浮宫"圈子的哲学辩论社团，虽然它们的给人以烦琐哲学印象的概念游戏使他反感。

　　表面上给人以性格内向印象的马尔蒂让他的助手奥斯卡·克劳斯、阿尔弗雷德·凯斯蒂尔和约瑟夫·艾森迈尔代表自己出席"卢浮宫"的讨论晚会。布伦塔诺弟子们的支配地位表现在一种对教条主义的广泛喜爱上，它在1905年最终也导致卡夫卡退出这个社团。各种各样的学校教育给他带来他对要求受到重视的种种权威形态感受到的那种同样的不愉快。所以他在大学学习阶段所选读的哲学著作给人以具有偶然性的印象，仿佛这种选择受到意识到的要求的支配：保持无系统和无秩序（在后来的岁月里这种选择服从对传记体作品兴趣的影响，比如克尔凯郭尔）。1903年11月他读了迈斯特尔·埃克哈尔特的作品，此后不久读了物理学家和心理学家古斯塔夫·特奥多尔·费希纳尔的文章。在九年制中学的最后一个学年的哲学课上，使用一本以费希纳尔的方法论为基准的哲学教材的埃米尔·克施温特当初就已经使他注意上了这个人。看来卡夫卡把他解释为给他传授有关在身体和精神联合的影响下经验增强的知识的神秘主义者了。1903年11月8

日他特意写信给奥斯卡·波拉克谈到这种阅读："有些书看上去就像一把开启自己宫殿中陌生厅堂的钥匙。"即使无法明确确认这里所说的文章是哪篇，人们也可以猜想得到，卡夫卡1903年秋读了1901年出版的德国科幻作家库尔特·拉斯维茨的新版图书中费希纳尔的《岑特—阿维斯塔》(1851)。这篇文章，这一莱比锡正教授的哲学力作，试图从一种推想的心理物理学的观点证明对全体大自然的激励：这种激励的法律依据是一种以增强和相互影响规律为基础的现象学。每一种本质——费希纳尔这样确信——都包括在精神经验媒质中的一种更高的本质中，它像自己的身体那样对待这种更高的本质。所以全部创造就作为上帝的身体出现，这个身体的各个肢体在一种精神层次秩序的内部被激活。大自然的泛心论特性，个人能够在回忆、梦游的行动中以及在梦境中领会。只有超越了理性，人才会领悟一切本质的神秘联系，按照费希纳尔的看法，这种联系通过其基本的精神上的交往而被建立和保持。幻想和梦境构成可以直接理解我们的环境的这种心理基本结构的主要活动场所。1901年在莱比锡初次出版的、估计卡夫卡曾读过的拉斯维茨的新版图书大大激活了新闻出版界对费希纳尔的超感觉自然学说的兴趣。他的作品被视为对一元论特色的生活哲学的贡献并从而被人和海克尔的自然学说相提并论——无疑是一种大大的缩减，它不大公正地对待费希纳尔这位晚期浪漫主义物理学家的独特的思想。

而对于纯理论的、集中在系统哲学各领域的课题，大学生卡夫卡却显得没有什么兴趣。这位作家的日记和记事簿摘记将只是用松散的叙事形式接受抽象的认识形象，致使它们在那里在一定程度上，用莫里斯·布朗绍的一句话来说，像是永远在"过流浪生活"。1913年2月底，卡夫卡在一封致菲莉丝·鲍尔的信中谈到阅读哲学著作的印象时对自己缺乏抽象思维能力写道："(……) 只要没摆放着什么可以让人把手放上去的东西，我的注意力就很容易消失 (……)。"1917年秋他在曲劳声言："全部科学都是关于绝对的方法论。"因此谁想获得一

种绝对的东西，谁就只能依靠作为形式上的方法的科学认识，这种形
式上的方法是辅助手段，但不是达到目的地的途径。青年卡夫卡已经
带着乘船遇难者的怀疑眼光活动，在哲学知识的大海中，这位遇难者
对载他航行的救生船的承受能力仅抱有一丁点儿信任。

知己：布罗德、韦尔奇、鲍姆

1902 年 10 月 23 日，刚刚才开始学习法律的 18 岁的马克斯·布
罗德在朗诵和演讲厅做一个论叔本华的报告，他捍卫叔本华的意志哲
学，反对用尼采的生命学说对它做颠覆性的重新评价。卡夫卡，在听
众中间坐着，对这位充满激情的九年制中学学生的热情洋溢地捍卫的
论点一直抱怀疑态度，因为他认为它们是对受敬慕的《查拉图斯特拉
如是说》的主要思维模式的一种攻击。在一起回家的路上他与比自
己年轻一岁的布罗德交谈了起来，他们谈个不停。他们漫步走过旧
城一条条街道，不觉得时光在流逝。布罗德在他的长篇小说《阿诺尔
德·贝尔》（1912）中顾影自怜地描写了这一值得回忆的情景。卡夫
卡捍卫尼采的人生哲学，反对报告人提出的"欺骗"指责并试图使他
明白，尼采哲学的按透视原理的观察不可以按传统的思想史的范畴来
评价。在文学领域里他们的爱好也不同：布罗德对古斯塔夫·迈林克
的短篇小说——它们的鬼怪现象后来被恩斯特·布洛赫称作"年市上
的廉价童话作品"——的特殊喜爱，对 19 世纪的大作家情有独钟的卡
夫卡难以苟同。而布罗德则难以理解卡夫卡对通过与波拉克的友谊而
接触到的乡土艺术运动有好感。不过在哲学和美学问题上的意见不一
致并不妨碍在 1902 年的这个秋季晚上为一种友谊打下了初步的基础，
这一友谊一直持续到卡夫卡逝世，虽然这一友谊联结的是两个气质截
然不同的人。

布罗德出身于生活优裕的家庭，并且跟卡夫卡不一样，他很早便
受到良好的教育。父亲努力工作，当上了布拉格波希米亚联合银行副

经理并自世纪之交起便拥有一笔不菲的财产。母亲，作为有高度神经官能症的暴虐专横的人，用她那"横扫一切火山爆发般的热情"主宰家庭生活，是一个美丽的、有艺术天赋的妇人，她喜欢广交朋友。这位儿子和分别年轻4岁和8岁的弟弟奥托和妹妹索菲一起在大户人家的优裕环境中长大，也受到丰富的文化生活的熏陶：音乐、文学和绘画构成一个三角形，人们在布罗德家中毫无拘束地活动在这个三角形之中。一种严重的身体上的残疾给思想活跃、物质生活有保障的青年时代增添了烦恼：自4岁起马克斯·布罗德便患有一种脊椎变形（脊柱后凸症），若不是在早期被诊断出来，它可迫使病人终身坐在轮椅里。人们用一件钢制胸衣和一个头撑治疗这脊椎缺陷，这男孩不得不把这头撑一直戴到上九年制中学的时期。这位中学生以坚强的毅力与身体残疾的精神负担做斗争，他的巨大的意志力弥补了身残的不足。他早早便显示出音乐天赋，上过钢琴课，后来也上过作曲课。他先是上了皮亚里斯腾教派的天主教国民小学，那里的一位犹太教经师给他单独讲授宗教课；此后上了施特凡九年制中学，弗兰茨·韦弗尔和维利·哈斯是该校此后几届的毕业生。

还是中学生时，布罗德就已经带着自己创作的几首诗出现在公众面前。和他的后来早亡的朋友马克斯·博伊姆勒一起——1968年逝世前不久他还在竭力赞扬这位朋友的精神审美标准——他阅读当代欧洲大作家的作品：施尼茨勒，曼氏两兄弟，易卜生和哈姆松。然而在原则性倾向上，布罗德的文学审美标准与卡夫卡的有明显的不同。尤其是对风格问题，他们在紧接着报告后的那次讨论举行的头几次会晤时就已经激烈和原则性地争论过。30年后布罗德还记得，卡夫卡对古斯塔夫·迈林克不久前发表在《热切的士兵》文集中的、受到他本人赏识的短篇小说《紫色死亡》抱否定的态度，认为它矫揉造作，而对1904年2月发表在他订阅的霍夫曼斯塔尔的《谈诗》中的一种说法却倍加赞扬："一间门厅里的湿石头气味。"卡夫卡以一种——有时自己又给人以矫揉造作印象的——对"自然"的喜爱与布罗德的对颓废

派、唯美主义和非道德主义的钟爱相对抗，对卡夫卡的这种爱好下文
还会谈及。

共同的专业要求他们去听为不同学期的听课者开设的课程。所
以在卡夫卡的最后两个学年里他们常在听国民经济和行政法讲座时见
面，然而在这段时期他们并不是就已经建立了一种比较深厚的友情。
这种状况在 1906 年 6 月卡夫卡的国家考试后才改变了：1907 年与
他在大学头几年保持密切联系的中学同学卡米尔·吉比安自杀身亡；
1908 年 4 月布罗德的知心朋友马克斯·博伊姆尔去世。这几起死亡事
件对两个人来说都意味着中学时期亲密关系的一种强制性更迭，这种
友情已经无法挽回地丧失了。从此以后他们之间的交流便不怎么拘泥
于形式，因为这种交流不限于知识方面的问题。为了温习中学里学的
希腊语，他们一起读柏拉图的《普罗泰哥拉》原文，后来也读法语长
篇小说。卡夫卡自 1906 年起通常经由（在布拉格 5 公里路段网范围内
建立的）管道风动传送装置寄给布罗德的短信显示出一种个人独特的
笔触，它含有习俗化的自我讽刺和一种游戏似的展现出来的乐观主义
的成分。

在共同上大学的几个学年里他们不仅在"大会堂"里，而且也
在"卢浮宫"社团里见面。然而，1905 年布罗德被开除出这个有名
望的小集体，因为布伦塔诺主义者们指责他对他们的这位大师的学说
缺乏忠诚。进行了一次像法院审案似的审理，卡夫卡的前中学同学埃
米尔·乌蒂茨主持这一审理。人们指责布罗德，说他在他发表在柏林
期刊《当代》上的中篇小说《孪生子》中抨击了布伦塔诺的哲学。被
指责的人拒不接受，说涉及的那一段话是一种散文作品文学元素，却
压不住社团的一片指责声。他自己猜想，谋求一种哲学生涯的有野心
的乌蒂茨有意阴谋陷害他，因为他试图排除一个争夺年轻团员圈中领
导地位的麻烦的竞争对手。平时通常沉默不语的卡夫卡在这场令人不
愉快的辩论会上为布罗德辩护并在朋友被开除后回避这个圈里的人以
示与朋友的团结一致。艾伦费尔斯的讲课和讨论课他在后来在职的几

年中还去听，比如在 1913 年秋季，但与他的可疑的赞成有计划地生育"混合人种"的遗传说日益保持距离。1912 年 1 月底，在一个犹太市政厅礼堂的报告会上，坐在听众当中的艾伦费尔斯插话作一个说明，并公开表白自己令人吃惊的生物政治幻景的时候，发生了骚乱和冲突。

尽管日益接近，卡夫卡还是很快便认识到把他和他的这位新朋友分开的脾气秉性上的差异。好同人交谈的布罗德是一个注重效果的善交际的人，有颓废文人的传统角色观念并且是个放荡不羁的性开放者。一些照片显示他在那些岁月中戴单片眼镜和纨绔子弟式领带，摆出一副追求时髦的愤世嫉俗者的姿态——一种姿态，它也可能是企图抵消他的身体上的残疾吧。布罗德的外向性的态度，他的失去控制的写作欲望，他的往往不加批判地从事文学创作的作风在卡夫卡心中引起不快。关于他那些欣赏他的朋友们的社交聚会，1904 年 8 月 28 日卡夫卡抱着毫不掩饰的怀疑态度写道："只要它是不独立的，它便作为感觉敏锐的发出更广泛回声的山地围住你。这使听者感到震惊。他的眼睛想好好琢磨琢磨他面前的一个物件，可是他的后背却在挨打。"后来卡夫卡身上也多次出现怀疑一种把两个秉性极不相同的人联合在一起的友谊的实质性内容的时期。1911 年 10 月 26 日他说，他太强烈地受到布罗德的"影响"，致使他自己根本就不怎么会喜欢朋友的文学写作了，因为他不得不本能地反抗它们，以便给自己的写作留有回旋余地。一个月后他无奈地、言简意赅地说："我和马克斯一定是根本不一样的。"1912 年 1 月他在误解愈来愈多后考虑设置一部日记论述他与朋友的关系。1914 年 4 月底在一个严重抑郁阶段中他写道："马克斯看不清楚我，而在他看清楚我的时候，他会犯错。"

在卡夫卡大学学习的最后两个学年里，布罗德在写他的长篇小说《诺内皮格宫》，该书 1908 年出版，有给马克斯·博伊姆尔的献词（1906 年已经出版了散文集《杀死死者！》，1907 年文集《大胆尝试》出版）。作品的主人公瓦尔德尔·诺内皮格模仿了约里斯-卡尔·于斯

马克斯·布罗德，1914 年

曼斯的《逆流》中性欲反常的艾桑特伯爵原型，这部作品使他在当时的先锋派圈内人士中获得高度赞赏。在库尔特·希勒和弗兰茨·普费姆费尔特周围的青年柏林作家们赞赏布罗德的"冷淡主义"学说（"噢，我不自由！所发生的一切无论如何都会发生。我的全部所作所为都是勉强做出的"），认为这是一种有意语义双关的社会批判的证明：这种社会批判认为旧有的父辈秩序的衰落不可逆转，却没能指明新的道路。布罗德在后来的岁月里已经和来源于一篇独特的叔本华读物的小说的不自然的非道德主义保持了距离。1912 年 11 月他向菲莉丝·鲍尔表示，说是他跟这本书"很疏远了"。在 1910 年以前的时期《诺内皮格宫》却曾决定性地促进了他的文学生涯并让他成为年青一代作家的有名望的代表。还在 1914 年 10 月，奥斯卡·鲍姆便在《柏林行动》上发表了一篇评论布罗德早期著作的短文，他根据这部首次发表的长篇小说给该文加上了"冷淡的人"的标题。

　　在法学学习结业前青年布罗德就已经是布拉格文学界的一位地位稳固的名人。他通常在时间紧迫和紧张不安的情况下写就的即兴文章和报刊文章数量很大。有名望的维也纳胡浮堡宫演员费迪南德·格雷戈里 1906 年 12 月在朗诵和演讲厅里朗诵他的诗：这一情况表明，在他上大学期间他的名声就已经有多大。卡夫卡对这种样子的文学名人持没有妒忌心的怀疑态度，但也无可奈何，因为他的价值体系没有给公众的承认留有适当的位置。在成功的时刻他觉得这位朋友像一个局外人：他欣赏这个局外人用来规划自己的前程的决心，但并不了解这个人。"（……）我难得失去这种观察别人的异样目光"，1914 年 4 月他如是说。

在大学学业结束时，卡夫卡的朋友圈里增加了奥斯卡·鲍姆和费利克斯·韦尔奇，他们不久就承担胡戈·贝格曼和奥斯卡·波拉克的角色（而前中学同学普里布拉姆则仍然保持有处世经验的向导的合法身份，他陪同卡夫卡进布拉格的咖啡馆）。马克斯·博伊姆尔在1902年，在中学毕业考试前不久介绍布罗德和奥斯卡·鲍姆认识。1883年出生于比尔森（捷克）的鲍姆小时候就被迫面对波希米亚民族冲突并带来严重后果。一生下来便只有一只眼睛视力正常的他，1893年在和捷克学生打了一架后完全失明了。他不得不随即离开九年制中学并上了维也纳犹太人盲人学校"高瞭望台"。他在这里受到扎实的教育，重点在音乐上。鲍姆成为一位优秀的钢琴家，学习作曲并在1902年迁居后作为有声望的私人教师教授钢琴课。1907年12月他与玛加蕾特·施纳贝尔结婚；1909年12月4日儿子莱奥波德出生，在后来的岁月里卡夫卡曾写给他感人肺腑的信（1946年6月，他在耶路撒冷死于对一个犹太人抵抗小组的一次炸弹袭击中）。一种坚强的心理上和身体上的素质使鲍姆尽管命途多舛仍能够以惊人的创造力从事艺术工作。1908年经布罗德介绍，他的第一本书就已经由柏林的阿克塞尔·容克出版社出版，一本三个中篇小说的文集，构成这几篇小说的素材的，是维也纳盲人学校的经历（他给玛加蕾特·施纳贝尔口授文稿，后来他雇了一名女秘书）。1909年又出版了自传体长篇小说《黑暗人生》，1911年出版剧本《竞争》。直至20世纪20年代初，鲍姆在期刊上发表了另外五部长篇小说，一个短篇小说，一个剧本，多部中篇小说（比如在维利·哈斯的《赫德报》和布罗德的《阿尔卡迪亚》上）：一份给人深刻印象的工作定额，类似布罗德的情况，是用很大的毅力克服了日常生活中的劳累和艰辛而获得的。

1904年秋，布罗德介绍鲍姆和卡夫卡相识。他们在鲍姆的寓所见面，并与布罗德在那里朗读了他的中篇小说《远足深红色》。在做初次介绍时，卡夫卡向盲人奥斯卡·鲍姆深深地鞠了一躬，他的一头浓密的头发竟然碰着了鲍姆的额头。25 年后鲍姆还记得这一礼貌的姿态在他心中引起的感激之情："在这里有一个人是所有我遇到过的人中第一个没有通过适应或体谅，没有通过最细小地改变自己的态度便确认我的缺陷是某种只涉及我自己一人的东西的。"卡夫卡不久就敬重鲍姆身上的淡泊寡欲和宁静致远的品性——这些性格特征恰似与布罗德的外向型性格形成鲜明对照。卡夫卡这时候也已经在写作：这一点这两位新朋友并不知晓。他对自己的文学写作——在这之前他只向中学同学贝格曼和波拉克透露过此事——保持着狮身女怪斯芬克斯式的沉默。

这个小圈子因 1884 年出生的费利克斯·韦尔奇而得到了补充，此人和布罗德一起上过皮亚里斯腾教派的国民小学。韦尔奇 10 岁时转学至旧城九年制文科中学，他在那里的较高年级里的基于共同的、总是两个年级一起上的宗教课上也认识了卡夫卡，不过两人并没建立更紧密的关系。1902 年中学毕业后韦尔奇开始学法律，他只把这看作糊口的专业，因为他真正喜欢的是哲学。这个时期他们经常在朗诵和演讲厅听报告时见面，并与布罗德建立了更紧密的联系。1903 年韦尔奇把卡夫卡引见到药剂师马克斯·凡塔的家里，并介绍他和药剂师的在知识方面很有抱负的妻子贝尔塔认识。这个当时年近 40 岁的女人，作为波希米亚第一批完成了卡尔斯大学学业的妇女中的一个，如今举办一种文艺沙龙，讨论哲学、心理学和通灵学方面的题目。他们一起学习康德、黑格尔、叔本华、布伦塔诺的现象学，爱因斯坦的相对论和弗洛伊德的著作。卡夫卡的关于心理分析方面的知识在世界大战前的几年里主要是在凡塔家获得的。虽然他与韦尔奇不同，不是常客，始终只是一个偶尔露面（通常

费利克斯·韦尔奇，1910 年前后

沉默不语）的来客，他却是核心圈里的人，在有名望的人物做报告时经常受到邀请。贝尔塔·凡塔对于这些较年轻的布拉格知识分子具有怎样的意义，这一点可以从布罗德在她 1918 年 12 月 20 日去世后写给卡夫卡的信中看得出来："她是一个相当纯粹的人，她对自己的小错误都要进行一场激烈的战争。"同属于这个沙龙朋友圈的还有胡戈·贝格曼和奥斯卡·波拉克，前者娶了凡塔家的女儿埃尔泽，后者则据说曾和卡夫卡一起朗读过一出诠释布伦塔诺学说的寓意剧，该剧挪揄了瓦格纳的《名歌手》。

韦尔奇 1907 年完成法学学业并获博士学位，在当了一年法院实习生后，于 1909 年在民族和大学图书馆谋得一个职位，同时还学哲学，并在 1911 年获得第二个博士学位。在这几年里他和马克斯·布罗德共同撰写论文《观点和概念》，它一直受到布伦塔诺——马尔蒂学派的感知心理学的强烈影响。凭着在新康德主义中详细阐述了的对一种把主体放在中心的、只有通过超越经验的形式范畴方可描写的认识，这篇雄心勃勃的文章遵循这一要求：证明先决概念的观点是人类判断形成之享有特权的媒介物。这篇表明对最新心理学和现象学研究有深切感受的研究论文主要出自韦尔奇的手笔，虽然后记强调这是共同的研究成果。和主要做联想式思维的布罗德不一样，他拥有一种分析性的理解力、突出的逻辑理解和丰富的哲学知识。卡夫卡在 1906 年后的一段时期里与韦尔奇建立起一种更亲密的关系，1912 年 5 月他才——作为年长者按惯例——以书信的方式向韦尔奇提议用"你"相称。韦尔奇后来说，他特别赏识卡夫卡身上那种"友善和认真的秉性"，它同时还包括自己的要求和需要的一种谦逊的退让。

直至战争的头几年里，卡夫卡和鲍姆、布罗德、韦尔奇都在星期六晚上聚在一起朗读、闲谈、讨论。卡夫卡通常都迟到：这符合通常在鲍姆或布罗德家举行的这些约会的常规。1911 年 12 月他用他"感觉不到等候的痛苦"来解释自己的特别容易不准时。说是因为他在等候时感觉到一个他的"现时存在的目标"，所以他在这种情况下耐心

奥斯卡·鲍姆，1912 年前后

得"像一头牛"。不准时证实是一种享受瞬间短暂形式的方式——这个瞬间对"自我"没有任何要求，只要求"自我"身体上存在："我几乎部分由于疏忽，部分由于不知道等候的痛苦而耽误了约会的时间，但部分也是为了达到再次疑惑不定探访那些与我有约会的人的新的更复杂的目的，就是说也是为了实现长时间疑惑不定等候的可能性。"

在与同龄人的交往中卡夫卡持一种审慎的态度，只有在例外情况下他才有所突破。在上大学期间，他只冒险和前中学同学如贝格曼和普里布拉姆以及——在国家考试时期——和布罗德建立亲密关系。这几年里的私人信件显露出一种对讽刺、尖刻和嬉笑的爱好，这种爱好他当然只对知己好友展现。否则距离、掺和着拘泥形式的礼貌，就是他的主要风貌了，它表示对可触动事物的羞怯和恐惧。他的外表形象使人对他有好感。他身材高大、细长，脸上一对有时显得阴暗的黑眼睛炯炯有神，面部皮肤——按照维利·哈斯所说——"几乎呈橄榄色"，而且面目清秀：一个容貌俊美的人，一个——虽然他的批判性的自我感觉有时否认这样的效果——对两种性别的人都有吸引力的人。然而谁想和他结成友谊，谁就会迅速遇到抵抗和指明界线。在彬彬有礼的外表后面，青年卡夫卡保持着冷淡和有时拒绝的态度，以便保护他的"自我"的各个内心领域。他只迟疑不决地，在观望中和在有所保留的情况下才会信赖人，他绝不会一时冲动做出什么表白。在这个朋友定期聚会的时期之后的好几年，1918年在曲劳，他记述了他在团体中的孤立地位："四对舞的规则是清楚的，所有跳舞者都知道这规则，它适用于各个时代。但是也许永远不会发生、却一再发生的某一个生活中的偶然事件把你单独带进行列之间。也许因此行列自身都乱了，但是这件事你不知道，你只知道你的不幸。"

在后来的岁月里，也总是要过了相当长的时间他才会和男人建立起一种无拘无束的关系。吉茨夏克·勒维、恩斯特·魏斯和罗伯特·克洛普施托克是卡夫卡通常拘泥形式地结识的熟人系列中的例外。围绕着"自我"的内心深处画出的这条线只有少数几个人能够突破。卡夫卡的结成友谊的能力受到有力的限制，因为这种能力由绝对要求支撑着。"在我自己的心中，"1913 年 8 月他写道，"没有哪种人的关系会没有明显的谎言。狭隘的圈子是纯洁的。"谁这样想，谁就虽然需要一面通向世界的窗户，但是从不长时间地把自己暴露在外界。孤独依然是生存所必不可少的，因为只有这种孤独才可以使人过上那种"纯净"的生活：随着年龄的增长这种生活对于卡夫卡来说变得越来越重要。

性欲巡礼

19 世纪末，市民阶级家庭中儿辈们的性接纳仪式由与女性家庭服务人员的接触来处置：这一点人们可以从当代许多文学和自传体作品中获悉。马克斯·布罗德在他的短篇小说《一个捷克女佣》（1909）中用感伤的笔触描绘了这种基本模式并从而把那种谎言变成语言风格姿态——对来自我们这个阶层的妇女的性奴役便是用那种谎言来美化的。在布罗德一年前发表的散文《无资产者的城市》中，他让主人公沾沾自喜地说与他有暧昧关系的捷克女售货员，说她不仅有一个性感的身体，而且也有"一颗勇敢的心灵"，这使她变得"忠诚和好斗"。保尔·莱平的新浪漫主义城市长篇小说《泽韦林走进黑暗》（1914）还提供了一种典型的时代男人幻想：他让他的主人公在捷克零售商店里的女营业员茨登卡的怀抱里体味性爱的欢乐——高雅的讲德语的市民阶层的少女们不给予他的那种欢乐。这满腔热血，小说用几乎无法超越的沙文主义口吻写道："在他们这个民族的男人身上在仇恨和暴动中爆发，而捷克女人的热血则为一种放任不羁的感性生活操心，它是她们的肉体魅力的秘密。"

卡夫卡几乎是通过与家里女性用人受到强制地共同生活而获得自己初步的性爱印象。安娜·波察洛娃，在 1902 年和 1903 年间作为女孩子们的教师住在卡夫卡家，她报告，说他通过厨房洗涤盆上方的镜子不住地用眼睛盯视她。卡夫卡后来很清楚地回忆起家庭女教师路易丝·贝吕对他施加的吸引力。她在他身上，1911 年 10 月 3 日他这样回忆道，挑逗起"种种涌动"，它们"没有释放"出来：没有释放效果的性欲幻想。当他 1913 年 5 月初再次见到 53 岁的贝吕时，他心头泛起一阵一直增强至厌恶的不舒服感觉，因为在此期间"她的向老妇人的过渡"已经完成。他在日记中细致入微且自怨自艾地描写她现在已臃肿的体态，想当初这肉体还曾引诱过正在成长中的他做出热烈的性爱幻想。这样的印象多么强烈地留在他的意识中，这在 1912 年 8 月 9 日的一则日记中透露了出来，他简短地写道："昨天见到一个女佣，她在楼梯上对小男孩说：'抓住我的裙子。'"

除了性爱的白日梦和小心翼翼的目光接触外，青年卡夫卡起先就只有柏拉图式的休假期内的友情了。1900 年夏末他与一家人在罗斯托克度假几个星期，与将将 17 岁的塞尔玛·科恩建立起一种畏畏缩缩的恋爱关系，一如已讲述过的那样，他在如画的美丽景色中给她朗读尼采的《查拉图斯特拉如是说》。塞尔玛·科恩 55 年后用诗一般的话语，满怀深情地（我漂亮，他很聪明）回忆起展现在眼前的美丽景色："人们看得这么远，整个河谷，摩尔道河的银色带子，对岸克莱陶和布鲁屈闪亮（……）"和塞尔玛·科恩的关系，具有梦幻和浪漫幻想的色彩，停留在市民阶层准则的范围内。卡夫卡试图说服这位有艺术鉴赏力的女友违背她父亲的意愿去卡尔斯大学学习，并从而摆脱她觉得自己在她的具有传统思想的家庭里不得不屈从的那些期望。然而最终常规战胜了卡夫卡的建议，这个建议要求人家与父亲的权势进行——他自己一直避免的——斗争：塞尔玛·科恩没注册入学，1906

年6月她在布拉格与奥地利人马克斯·鲁比切克结婚，放弃了自己的职业生涯并因此而走上了女性角色法则的道路。

对于在一个像帝国社会这样的具有等级制度结构的社会中的未婚年轻男子来说，性方面的需要的满足局限于与厨娘、女佣和女售货员的交往。自愿、逼迫（以解雇要挟）和卖淫的界限不易分清。在一份1905年撰写的致布拉格大学生的意见书中，前校长安东·马尔蒂曾告诫大学生不要把有不正当两性关系的妇女贬抑为满足性欲的对象。马尔蒂的"性道德号召书"不仅是节欲呼吁，而且也有助于保护女性。说"妇女在人类社会中唯一公正的地位"是"在一门双方必须以同样的方式保持忠诚的婚姻中的妻子的地位"。马尔蒂知道，实际情况则不同，就男人而言，它包括了为满足性需要而过量使用社会依赖关系在内。

卡夫卡第一次偷情也是和一个不是出身于资产阶级阶层的女人。1903年7月，这个刚满20岁的人和采特纳尔街父宅对面一家店铺的一个女售货员度过了他的第一个风流良宵。1920年8月初，他在一封致米莱娜·波拉克的信中十分详尽地回忆起事件的全过程，他的报告简直变成了一件讲述性爱快乐和惊恐的文学作品："（……）对面是一家卖成衣的服装店，门口站着一个女售货员，我，20岁刚出头，在楼上房间里不住地来回踱步，死记硬背着于我无用的第一次国家考试的东西。时值夏季，天气很热，这个时令，完全难以忍受，我待在窗口，背诵着讨厌的罗马法学史，我一直待在窗口，最终我们通过打手势互相沟通。她要我晚上8点去接她，可是当我晚上下去时，已经另有一个人在那儿，这并没有使情况发生多大变化，我对整个世界都感到害怕，所以也怕这个男子，倘若他没在，我也会怕他的。不过这姑娘虽然挽住他的胳膊，却示意我随后跟上。我们就这样来到射手岛上，在那儿喝啤酒，我在邻桌，然后我们就慢慢地向姑娘的住所走去，我尾随在后，她住在肉市场旁边的什么地方，那个男人在那儿告别，姑娘跑进屋里，我等了一会儿，等到她又出来，然后我们走进一家小旅店。这一切，还在进旅店前，就已经令人神往、激动人心和令人厌恶，在旅店里情况没有什么不一样的。"

　　他在经由卡尔桥回家的途中在始终还暖烘烘的早晨空气中感觉到了那种"幸福"，它，如他记得的那样，来源于"对永远哀号的身体"的宁静感觉。然而除了这样的轻松感以外还有那种"厌恶之情"，这是第一个性爱之夜让卡夫卡在一种反映了他的特点的快乐和厌恶的融合中体验到的。有性经验的姑娘在旅店里说了一句轻佻话并做了一个亲昵姿态刺激他（"毫无恶意，一桩微不足道的丑恶行为"），这一事实激起他的迷惘、窘迫和厌恶。在一切和第一次一样顺当地又会晤了一次之后，他便去了奥西希附近的萨雷塞尔度暑假，又从那儿去德累斯顿附近的一所自然疗法疗养院度了几天假。当他 4 个星期后返回夏末炎热的布拉格时，他不理睬这姑娘，为自己的不坦率感到羞愧，受负疚感的折磨，而这位感到意外的少妇则"用她那双茫然的眼睛"注视他。恐惧和渴望——如致米莱娜·波拉克信中所说的捷克语"strach"和"touha"——决定了这种经验的、在以后的岁月里他也将一再反映的基本模式。

　　这一性接纳仪式成为一篇短篇小说的题材，它显示了一个清楚的要点：恐惧和渴望——在一个第三者"这种令人厌恶的行为"中的双重体验——表明了这个初夜经历的特征。污秽和乐趣将在卡夫卡以后的文学作品中成为性爱的重要特征，它们引起矛盾感情的结构显示出人的欲念的深不可测。在这个意义上，致米莱娜的这封信也是一篇富有诗意的文章，它迫使在第一次性交中已经突破了自我污秽栅栏的身体语言供认自己是污秽符号。卡夫卡的把每一种体验变成文字的记忆案卷把乐趣同厌恶同等对待。"污秽"是供认语言的基准面，如同福柯所显示的，它自 18 世纪以来一直在调节与性的社会关系。但是在污秽的代号中卡夫卡作品中的欲念同变成一种与父亲的活力完全相对称的东西。在男人尽情享受自己的性爱方面他把自己同父亲同等对待，在恐惧和污秽的强迫观念中，他通过这种矛盾的心理基本模式打破统一的角色同一性。两种立场互相取长补短成为一种矛盾的自我构思，它也在以后的几年里决定了卡夫卡与女人的关系。一方面表现出一种显然抑制不住的性方面的愿望，它和受女性追求的有吸引力的男人的角色结合；另一方面有性爱上卓有成效的人的自我惩罚倾向，这个人只能在否定自己的性欲中来展现自己的身份，因为只有这样否定才将他与父亲区别开来。

卡夫卡 1903 年在易北河畔的萨雷塞尔度过的暑假弥漫着一种暂时摆脱了恐惧的气氛，他已经甩掉了两个包袱：对考试的恐惧和那种对性的模糊区域的恐惧。他似乎至少有一会儿无拘无束地沉浸在失去紧张情绪的陌生感觉中了。安娜·波察洛娃后来回忆说，他竭力和一个年轻的度假女人调情并通过打网球、游泳和骑自行车锻炼自己的身体。1904 年 1 月中旬，他在一封致奥斯卡·波拉克的信中阐述了一件想象出来的风流韵事，它似乎和上一年夏天的经历有关："我盯着一个姑娘的眼睛，那是一则很长的荡气回肠的爱情故事。""第二天，"1904 年 8 月底在一封致去了沃尔夫冈湖的马克斯·布罗德的信中他写道，"一个姑娘穿上一件白连衣裙并爱上了我。她对此感到很不幸，我安慰不了她，这本来就是一件难办的事嘛。"这样的在白日梦和经验报告之间摇摆不定的情景表明这位大学生有时能够拥有一幅极其充满活力的自画像，因为他在这里不把自己视为追求者，而是把自己当作女性渴望的对象。被人看见的不是孤僻的、竭力维护拘谨、生存恐惧和对自我的憎恨的遁世者，而是意识到自己的有吸引力的、对妇女有影响力的属性的心情松弛的年轻男子。但是很典型的似乎是，在恋爱中的姑娘变得"不幸"了，因为她的受到崇拜的英雄不回应她的爱慕。估计这就是那在性爱江河上漂浮的冰块。

考虑到学习任务的繁重，1904 年卡夫卡放弃了一个较长的假期，只在乡下短暂地避了几天暑。但是 1905 年 7 月底，他去北梅伦地区老祖山边上的楚克曼特尔，在一家按现代标准开设的疗养院休了 4 个星期假，他在那里做了一次电热浴水疗治疗精神紧张状况（估计是一项主要治疗考试恐惧症的措施），随后他就和妹妹们一起去施特拉科尼茨的安娜·阿德勒那儿，这是一位赫尔曼家族的姑妈。在楚克曼特尔他与一位上了年纪的妇女开始不正当的关系，这个女人使他变得"轻浮"和"相当生气勃勃"。1916 年 7 月卡夫卡在回忆他一般几乎从不谈及的这段疗养院风流韵事时写道："在那儿她是一位妇人，我是一个男孩。"这一没有摆脱一种男人幻想传统观念的特征描述是否客观公允，这一点再也没有什么人能考查了。卡夫卡本人倾向于不完全坦率地描述自己在与女人交往时的积极态度并掩盖自己的主动精神。他在这方面的自我意识似乎比人们根据现有的文字材料可以估计到的要大。

考试的烦恼

　　1905 年夏，在只上了 7 个学期的课之后，卡夫卡的学业已经正式完成。在最后一个学年里他主要听商法和国民经济学讲座，听统计、竞争法和国民经济政策课，而正统的专业则只有克拉斯诺波尔斯基讲授的民法了。1905 年秋国家考试时期开始，它一直延伸至 1906 年 6 月。在自 1872 年起适用、1893 年再次修订过的博士学位口试制中规定，奥地利王室世袭领地的法学家要进行三门口试，但不做考试笔试和学术性家庭作业。考试范围分为一个民法的、一个（自 1893 年起完全适应奥地利情况的）国家法的和一个法学史的领域，附带相应的附属科目。考试委员会由至少三名考官和系主任组成，考生的考试结果由委员会多数表决决定（双方票数相等时系主任的一票起决定性作用）。与 1872 年以前实施的旧规章不一样，只有大学教授可以参加国家考试，法官、检察官或公证人均不可参加。

　　在准备考试的过程中，卡夫卡不由得认识到，他经由听课所做的准备是很有缺陷的。三年后，1909 年 4 月，他还回忆起持续的学习压力在心头引起的那种绝望情绪。说是他"满怀悲伤和忧愁"磕磕绊绊"不间断地进行未完成的自杀"，并在此后渴望能伸开胳臂飞出这窄小的房间。在一则他在将其销毁前于 1912 年春再次引用的这个时期的日记中他这样写道："现在，晚上我在从早晨 6 点开始的学习之后察觉到，我的左手出于同情已经抓住了一小会儿右手的指头。"从 1905 年 10 月起，他便试图通过每天不知疲倦地从早学习到晚掌握——首先在民法领域——必不可少的专门知识并弥补不专心学习的大学生所耽误的功课。为了不致分心，他每次聚会都不参加，冷落自己的朋友并且晚上也不外出，因为——一反他平时的习惯——黎明时他就已经坐在写字台前了。1905 年 11 月 7 日他通过了第一部分考试，二级博士学位口试（民法、商法和票据法），4 个考官中的 3 个投赞成票，估计是公认严格的克拉斯诺波尔斯基——他的民法课要求学生死记硬背——投了反对票。

参加由于其参差的教材知识领域而被归入特别艰难一类的、在第一场考试之后进行的三级博士学位口试，在正常情况下原本可以有一段将近五个月的准备时间。然而卡夫卡却以在深谷上空走钢丝的演员的勇气选择了一个提前的考试日期，也就致使他没什么机会可以去填补自己的巨大的知识缺陷。"在我的知识少得还简直微不足道的时候，我却选了一个极早的考试日期。"当系主任、商法学家奥托·弗兰克尔由于组织方面的原因再次将考试日期提前几天时，卡夫卡便盘算着开一张医生证明撤回考试申请。只是对自己的冷漠情绪的恐惧才迫使他冒险跳进这冷水中。由于他知道，他，据他后来所说，"简直是什么事都只有在遇到挫折时才会去干"，他就刻意强使自己在艰难条件下学习。舒适的学习条件——他这样担心——会让旧有的爱好懒散的倾向获胜并比无情走动着的时钟的苛刻要求更粗暴地危及考试结果。

在第二阶段考试之前的最后几个星期里，由研习抽象教材中产生的方法学方面的困难不断增长。尤其是由楚克康德尔讲授的财政学和国民经济学卡夫卡很难领悟，因为它们要求一种数学技能，卡夫卡没

有这种技能。像统计学和决算学这类课程，也包括 1900 年后学术性
不断增强的国民经济学的全部领域，卡夫卡全都不熟悉。在此他看到
自己漂浮到使他毛骨悚然地回忆起他父亲的世界的商业领域。这个世
界的经济现实在大学学习时期就似乎早已像一个神秘的权力游戏的危
险信号消失于他的视野之外，这是他在 1919 年明确承认了的："我到
底还是惧怕商行，还在我进入九年制中学并因此而进一步远离商行之
前，这反正早就不再是我的事情了。他使用在行将结束的 1905—1906
年冬季学期听楚克康德尔和韦伯的国民经济学课程的马克斯·布罗德
的笔记从事这种不系统的、纯粹为通过考试而做的准备工作。1906 年
3 月 13 日他勉强通过考试，5 票中 3 票赞成，这考试在系主任主持下
由楚克康德尔、阿尔弗雷德·韦伯、国家法学家劳赫贝格和主管行政
法的乌尔布利希举行。几天后他以如释重负者的自我解嘲口吻承认：
答辩进行得"轻松愉快，尽管并不显得知识丰富"，没有朋友的"笔
记"他是及格不了的。学习更为勤奋的朋友普里布拉姆，他对国民经
济学方面的课题表现出特殊的兴趣，考试得了个"优秀"。

　　此后还有三个月，届时就能实行最后的冲刺。卡夫卡已把自己
关在自己的房间里并刻苦死记硬背——"纯属多余的东西"——作为
不自愿的隐士，受到自身对从前的懒散的惩处的隐士。一级博士学位
口试概括德意志法和罗马法的历史课程、教会法规和天主教教会法
规。卡夫卡在这里至少可以在不得已时动用他在二级博士学位口试前
已掌握的一般性知识，所以准备工作就比前几个月里更有系统和更充
分。系主任再次对他施加压力，给他规定了一个很早的考试日期，然
而卡夫卡却没有提出抗议（"由于我羞于比他更谨慎，所以我没有提
出任何异议"）。1906 年 6 月 13 日他全票通过这最后一场博士学位口
试，参加这场考试的除了弗兰克尔外还有——他在开头几个学期里认
识的——法学史家普法夫、辛格尔和不久前才被调来布拉格的、主管
中世纪法学史及矿山法的副教授阿道尔夫·曲夏。

　　考试程序的结束同时意味着获得法学博士学位，在奥地利为获得

博士学位不必递交书面作业。自 1810 年实行的撰写一篇博士论文并随后进行论文答辩的规定被 1872 年的博士学位口试制度废除了，因为这一规定在 19 世纪下半叶已沉沦为空洞的形式。在奥地利，1978 年它才在对法学学习做一次彻底的修订补充的框架内被重新采用，虽然在帝制时期就已经有批评者发表不同看法，他们指摘这种不严格的博士学位授予权，并认为进行三场博士学位口试证明不了考生的学术才能。1906 年 6 月 18 日卡夫卡在一个在办公大楼举行的大学庆祝活动上从阿尔弗雷德·韦伯的手中接过他的考试成绩单。7 月初，这位刚通过考试的人登了一则简短的广告，在这则广告中他把自己新的学术头衔公布于众："弗兰茨·卡夫卡很荣幸地宣布今年 6 月 18 日星期一他在布拉格帝国德语卡尔·费迪南德大学被授予法学博士学位。"

1906 年 7 月底，卡夫卡再次去楚克曼特尔的疗养院。选择这个北摩拉维阿旅行目的地绝不是偶然的事，而显然是经过仔细斟酌的：在这里他又见到了那位中年妇女，他和这个女人继续了去年的桃色事件。现在两个人似乎更为深切同时也更无忧无虑地尽情享受了彼此的爱慕。摆脱了考试重负的感觉可能起到了放松情绪的作用，虽然人们从这几个月的稀少音讯中只觉察到微弱的内心解脱的信号。"这真美，美，"1906 年 7 月 28 日，到达北摩拉维阿后没几天，他这样给布罗德写道，说他不久一定会给他做更详细的报道，"因为这里有这么多的东西值得一看，而且一切全都乱七八糟。"在楚克曼特尔的恋爱关系不仅有一种性的成分，而且还包含种种强烈的激情。1913 年 5 月他还在对菲莉丝·鲍尔把这疗养院里的相会说成是新手的经历："我也许只刻骨铭心地爱过一个女人，这已经是七八年前的事了。"除了这句简洁扼要的话以外，他自然没对楚克曼特尔桃色事件泄露更多的情况。卡夫卡的现实生活在短暂克服恐惧的基本情绪的时刻恰恰严密封闭得像他的文学写作那样。

第四章

早期散文（1900—1911）

中学生的写作尝试

　　发生在 1896 年前后的卡夫卡文学创作的开始阶段在很大程度上情况不明。手稿在大多数情况下都被他自己烧毁了，草稿和提纲不再存在。除了——为庆祝父母亲生日——供在家庭圈子里演出用的小剧本以外，自青春期以来似乎曾有过最初的散文作品。胡戈·贝格曼记得卡夫卡大约在 1896 年曾告诉他，他想当作家。在这个时期他起草了一部长篇小说，小说的中心是两个敌对的兄弟的故事。他想讲述的，据卡夫卡在 1911 年 1 月所回忆起的，是一个兄弟的卓有成效的诡计，他"去了美国，而另一个兄弟却被囚禁在一座欧洲监狱里"。选中的这个题材具有——这一点 14 岁的少年并不知道——一种从莎士比亚的家庭剧到席勒、克莱斯特和格里尔帕策直到陀思妥耶夫斯基的《卡拉玛佐夫兄弟》那样丰富的传统色彩。写作多么紧密地和一种以效果为宗旨的自我表演联系在一起，这表现在这一点上：这位中学生不是偷偷地，而是在家里当着科林的亲戚们的面写他的作品，以便获得普遍的重视。然而求得赞赏的愿望落了空：有一天一位叔父——估计是菲利普·卡夫卡——拿走他手中的文稿，将它粗略浏览一下并用讥讽的口吻把它称作"一般货色"。在日记中记载下来的这一情况是一个具有重要意义的原始情景，它表示这位永远的儿子的心灵创伤：因追求赞赏的强烈欲望而开始的写作受到嘲讽，对本性的胆怯探求受到一种强烈的受辱体验的威胁。对卡夫卡的新书报之以一句不友好的"把它放到床头柜上！"，父亲后来的这一习惯做法用一种几乎已经是程序化了的表示拒绝的反应再现了这一情景。

1903年秋，卡夫卡寄给中学同学奥斯卡·波拉克"好几千行"以前的旧作，主要是短篇小说。对他来说，它们在此时此刻已经是一个已被越过的阶段的标志，他有保留地把这个时期的作品评定为"儿童涂鸦"。按卡夫卡的简短解释这可能都是些带印象主义色彩的速写，它们试图以爱德华·冯·凯泽林和雅各布·瓦塞尔曼为榜样把精神分析和情绪感应联结起来。估计这些——如今已丢失的——手稿源于九年制中学的最后两年。在他寄给波拉克的作品中也有草稿和一份他为一部长篇小说收集的"不寻常"人名表。这样的计划他以后几乎再也没有编制过，因为它们妨碍他展开突发奇想。卡夫卡认为这些学生习作的最大限制是：它们是没用"勤奋"和"毅力"写就的，所以仍然是断编残简，不是有机的整体。艺术——他这样下结论说——需要手艺，幻想的孩子渴望"教育"。

对早期习作的语言的评价也是批判性的："可是你得想到，我是在一个写浮夸言辞便是在'搞创作'的时期开始的，没有比这更糟糕的开端时期了。我十分沉迷于浮夸大话。"在这种爱好的后面是对一种表现形式的渴望，这种表现形式像一件厚的织物同自己的"生活联系在一起"。写作应该——1911年1月卡夫卡这样回忆道——同他的自尊心有一种简直是身体上的关系。这位中学生试图通过近来产生的一种"连续数日"纠缠他的"冷漠"的过激形象兑现这样一种理想。内心对已写就的作品的看法依然缺乏自信，因为所盼望的自己的"生活"同语言表达之间的联系难以充分实施。这种联系后来只是在卡夫卡已经把这种"生活"理解为作者的构思幻想并将其纳入文字规章的时候才得以实现。

　　对语言限度的敏感性也是在犹太人的、德意志人的和捷克人的文化潮流夹缝中的布拉格作家所处的特殊境况使然。1921 年 6 月中旬，卡夫卡在一封致布罗德的信中并非完全不是故作姿态地回顾世纪之交波希米亚犹太作家的处境时道："他们生活在三种不可能性之间（我只是偶然把它们称为语言上的不可能性，但是它们也完全可以被称作别的什么）：不可能不写作，不可能用德语写作，不可能以别的方式写作（……）。"在世纪之交初次亮相的作家们并不罕见地逃避对德意志传统的没有保障的关系，逃避这种势必依然在一种混合语言环境中动摇不定的关系，躲进那种做作而过于慷慨激昂、谋求华丽辞藻的文风之中，躲进那种后来被卡尔·克劳斯以弗兰茨·韦弗尔为例谴责为工艺美术标记的文风之中。"我的心是一只金酒杯 / 盛着暗淡的祭酒"，1903 年保尔·莱平用典型的辞藻华丽雕琢的文风这样写道。青年布罗德 1907 年在短篇小说《卡里纳岛》的引言部分写道："在深深的宁静和孤寂中庄严的玉兰树展开它们那似紫色大瓷盘般的花朵；在鲜红和雪白花海的芳香交响乐中，在各色灌木和花草丛中蜂鸟的闪光亮起；丝光闪亮的色彩缤纷的蝴蝶张开它们的闪光翅膀，别的蝴蝶在紫色和翠绿色的色彩中显得光彩夺目（……）。"与这种夸张文体相对的，是日常生活中作为口语的布拉格"方言"，埃贡·埃尔温·基施 1920 年还谈到它，说它在阶层边界的那一边"到处"存在。它的许多要素来源于捷克语，人们毫不费劲地把这种捷克语的语法应用在德语上。卡夫卡的散文有时也带有这种布拉格方言色彩。像"明摆着的"或"用晚饭"这样的说法构成充满紧张关系的捷克语-德语共同体的反映，这种语言共同体显然曾影响过他的风格。在这方面应该考虑到的是，卡夫卡说捷克语说得很好并且儿时在女用人们的影响下事实上是在双语环境中成长的。所以内心对德语陌生感的反省在后来的岁月里贯穿他的旅行日记，这些日记记录下了自己的语言本体不确定的印象。1911 年 8 月底他在苏黎世记下："用铅浇铸的德语。"

　　即使人们必须把布拉格"语言区"这句套语称作过甚其词，因为它掩盖了用德语写作的作家们与柏林和维也纳的文学中心有紧密联系，人们也将不可以完全摈弃它。对于许多布拉格德语作家都适用的是，他们对自己的文化传统有一种引起矛盾感情的关系。所以对这些特有的修辞手段的分析——反正是世纪之交文学的一个重要课题——在布拉格成为一种纲领性文化自我谅解的形式。就这样，青年弗兰茨·韦弗尔在他的 1911 年为他的声望奠定基础的第一本诗集《世界之友》中把对语言的怀疑作为中心题材："你们可怜的言语 / 干净且光滑 / 语言和时尚厌倦你们 / 说得太多几近耗尽 / 你们已经走味却似可怜无比。"仅仅是在这之前一年，马克斯·布罗德在日记中用诗行写下了说话的软弱无能："我却在翻寻 / 不通用的钱币。"

因此卡夫卡的致波拉克的信所强调的那种好说"大话"的反面便是对语言的种种可能性缺乏自信。然而，在青年卡夫卡那儿，这种在世纪之交的文学活动中属于修辞惯例的语言却被怀疑具有一种完全游戏似的特点，而且带有一种明显的佯装性质。"华丽辞藻和假象迷雾以及花纹突点"，1902 年 2 月 4 日他在信中向波拉克表示，说人们在说话时应该避免"华丽、模糊和肉赘辞藻"，因为它们引起误解，但是人们能够"最先"听到的"傻里傻气的话"似乎也有相似的问题。不管是有高度艺术性的修辞及其"华丽辞藻"，还是一般的平庸习语，都不提供那种事和人同样得到应有重视的自由交流。1900 年 9 月 4 日他临别赠言给他的女友塞尔玛·科恩，在题词册上写下忧伤的语句，它们对一种通过言语达到交流个人体验的可能性提出质疑。语言的重大缺陷之一似乎就是，它不能使人获得"一种活的纪念"："因为话语是拙劣的登山者和拙劣的矿工。它们不取山顶的宝藏，不取大山深处的宝藏！"这里的背景是尼采的《查拉图斯特拉如是说》使用隐喻的技巧，尼采在该书中称："在山区从山顶到山顶的路程最近，但是为此你得有长长的腿。言语应该是山顶；而言语的接听者则应该是身躯高大的人。"只有面向志趣相投的人的知内情者的话语才能够取到那些平庸乏味的话没有取得的山顶宝藏。跟感性经验的能量和热量相比——论断这样说——言语总是显得干巴巴和不充分。然而这一让自身显得富有诗意情调的抱怨的修辞程度却是显而易见的。不管是文学谈论的生活，还是表现生活的语言，都没有真实可靠性，因为两者同样是人造的体系。对语言脱离现实的批评故意视而不见：对言语达不到的生活的幻想一直就已经是一种人工的产品。

　　所以在世纪之交传播开来的语言批判意见的后面只是对一种交流和表现传媒的缺陷的表面上的失望——这种传媒在 1900 年前后，在广播和电影的前期，一直还没有竞争。比断言一个根本缺陷更重要的是这种尝试：在对语言限度的反省中审查并实际检验语言的各种表现力。就在语言危机的修辞学的阴影中，文学写作的个人形式确定了下来：尼采的为知内情者的惯用语，霍夫曼斯塔尔的讲述事物的神秘主义（近来在这种神秘主义的后面有一种对我们的一系列观念的怀疑），格奥尔格[1]的一种富有诗意的秘密文体构想，里尔克的介于暗示和缄默间的隐蔽自然语言诗艺。卡夫卡的纪念册题词也在语言批评检查结果的表面下展现出一种丰富多彩的表现变体游戏，从这种游戏上可以看出，对言语缺陷的认识不是导致沉默，而是导致一种写作行为的实施。生动而充满激情的措辞就已经颇有特色，它表达表面上看来真实的情感的不能言表："但是有一种活生生的纪念，它像用爱抚的手轻轻抚摩一切值得回忆的东西。"随后是一段总结性的结束语，它清醒地察觉到可表达事物的限度，与此同时却同样服从于文学的功能："但是这忠贞的纪念，人们是不能用笨拙的手和粗糙的器具来写的，这种东西人们只能写在这些洁白、简朴的纸上。"两段话以一种可比较的论断为准则，却以不同的方式表达了这一论断。表现形式之争最终掩盖了这个批评性的论断，这一论断最后证实只是文学写作的创造性起点并从而证实是伪装行为。这位中学生就已经在这里触及一种文体冲突，它还将控制大学求学年代的散文。矫揉造作的风格和精

1　斯蒂芬·格奥尔格（Stefan George，1868—1933）：德国诗人。

确性、戏耍和禁欲构成种种选择可能性，青年卡夫卡的语言就在它们之间摇摆。这语言在找到自己的特殊标记之前，还在无独创性的模仿的旧房子投下的阴影中经历过好几个摸索阶段。

《艺术守护者》中的吸引力

在中学的倒数第二年，卡夫卡经波拉克介绍结识了一份期刊，它将决定性地影响他的审美情趣。这就是里夏德·阿芬纳里乌斯1887年创办的半月刊《艺术守护者》。它的总部在维也纳，但同波希米亚联系紧密，因为音乐主编里夏德·巴特卡在布拉格照管他的业务。卡夫卡从1900年至1904年订阅的这份杂志题材十分广泛。绘画、文学、戏剧和音乐论文、杂文、评论、短评、富有诗意的工笔画，但是也有刻印插图和乐谱范例，决定了它色彩纷呈的面貌。一种德意志民族意识的倾向弥漫其间，不时表露出有偏见的姿态，它似乎没让卡夫卡感到反感，甚至吸引了有时有沙文主义倾向的朋友波拉克。文学撰稿人中主要是自然主义流派代表人物——如里夏德·德默尔、古斯塔夫·法尔克、德特勒夫·冯·利利恩克龙、约翰内斯·施拉夫和卡尔·施皮特勒。除了歌德以外，编辑部特别向爱德华·默里克，·其次向威廉·拉贝表示敬仰。较有分量的杂文均由像威廉·伯尔舍、鲁道夫·欧肯和阿道夫·巴尔泰尔斯这样的作家撰写，他们分属不同的意识形态营垒，就时代精神的一些话题展开讨论：候鸟协会[1]运动和养生，花园城市构想，自然疗法和乡土艺术意识，素食主义和社会公德立法，现代戏剧和环境论[2]，达尔文主义和尼采在这里均属讨论范围。人们试图在一种具有民族意识的改革精神的广泛庇护下遵循一条温和路线，一条既把反犹太主义的攻击又把对反市民倾向的支持关在门外

1　候鸟协会：1901年由卡尔·费舍尔创立的德国青年徒步旅行奖励会。

2　环境论：1718世纪的一种理论，认为环境和教育是促进人类和社会发展的主要因素。

的温和路线。所以《艺术守护者》就成为一份"有教养的半现代派信徒"的重要刊物，它把理性批判和有民族意识的沙文主义以完全具有时代典型性的方式联系在一起。

刊物的艺术趣味定格在受到古斯塔维·库尔贝影响的卡尔·海德尔和路德维希·冯·霍夫曼的风景画上。现实主义的流派受到促进，法国的印象派遭到拒绝；比起安东·冯·维尔纳（此人也当过威廉二世的艺术顾问）的花里胡哨的历史画或汉斯·马克尔特的沉闷的沙龙画来，人们更喜欢不多愁善感的、认真表现环境的描写。在阿诺尔德·伯克林事件上，编辑部看重接近现实的肖像画甚于充满象征意味的古希腊罗马艺术。人们认为丢勒是不可超越的，向他表示像在文学领域给予默里克那样的崇高敬意。卡夫卡也喜欢常常在这份期刊里附入的展现一代自然主义画家著名展品的印刷品。在马克斯·布罗德的长篇小说《犹太女人》中，任性的伊雷妮的客厅用"《艺术守护者》画册图画复制品"装饰。卡夫卡对绘画的兴趣在很大程度上受到编辑部审美观的影响。他的房间里自上大学以来一直挂着汉斯·托马的《耕田的人》的复制品，汉斯·托马作为库尔贝的弟子是受《艺术守护者》特别提携的画家之一。托马斯·欧弗雷把这些充满矛盾的倾向捆绑在一起，这份期刊也为它们担保：情绪化的成分对德国经济繁荣年代感情上做作的伤感作品，看似稚嫩的和谐宁静的风景画面对一种大讲排场绘画的群众造型；反学究式的民间风味崇拜，如它也反映在乡土艺术运动中的那样，在这同一时期在朗贝恩的有问题的畅销书《作为教育者的伦勃朗》及他对亚历山大格式历史至上主义的时代精神的尖锐批判中极其有效地表现了出来。

在受到这份期刊支持的较年轻的一代作家中，除了已经提到的自然主义代表人物以外，还有赫尔曼·黑塞——他的《彼得·卡门青》已在1904年夏末出了一个分册，爱德华·冯·凯泽林和阿图尔·施尼茨勒。在戏剧领域，人们既赏识易卜生、霍普特曼、肖和维尔德，也器重海因里希·劳贝这类平民文学流派作家。一方面，阿道夫·巴尔泰尔斯和阿图尔·默勒·冯·登·布洛克宣告"现代派的终结";另一方面，一个专栏紧盯着图书市场和戏剧界的最新动态。所以一条《艺术守护者》的统一的文学路线根本就谈不上，然而依据大多数文章可以看出，一些基本模型的外形已经被青年卡夫卡逐一放入他的早期散文草稿之中。可算作这些早期散文的有一种有时过分强调德意志特点的、包括古风在内的语言惯用法，一种极端纯真的童话风格，另外还有对显微镜般精确的风景和室内描绘的喜爱。特别是《艺术守护者》的显得通俗易懂的短文反映了这样的兼收并蓄的倾向。

卡夫卡以一种完全独特的方式应用这些已有的文体：他带着讽刺的意向使用它们。在一封1902年12月20日的致奥斯卡·波拉克的信中，他所讲述的关于"害羞的高个子和他心中的不诚实人"的故事在一些关键要点上使人想起《艺术守护者》这一典范。卡夫卡采用了它的城乡对立描写，这是乡土艺术及花园城市运动，但也是尼采哲学常有的主题之一；采用了略带讽刺和病态的道德主义：受酒精刺激的"不诚实人"的生活享受就是用这种道德主义被证明是有教养的颓废派的基本特点；采用了特别简陋的家具陈设之描写作为一种在美术主编保尔·舒尔策－瑙姆贝格的建筑学论文中悉心阐述的质朴理想的风格特征；此外还采用了极其单纯的童话色调，其底色显然是不自然的（一本估计产生于大学求学早期、今天已遗失的名叫《儿童和城市》的散文集）。"高个子"映照出青年卡夫卡在书信中很喜欢描绘的自画像，这既适用于他的躯体，也适用于他显示出自己是受拘束的孤僻人时的那种"害羞"。他在自己心中怀有一个"不诚实者"：这就已经指明了今后的作品将要形成的斗争和基本结构。这个被马克斯·布罗德视为从前的中学同学埃米尔·乌蒂茨的一幅画像的"不诚实者"不表示道德上的卑劣行为，而是表示虚空的生活乐趣。如果说他让"穿漆皮鞋的高雅男士们"从自己嘴中说出的话，那么这就指示出了他所体现的社交礼仪的领域。对于这篇随笔的幻想性基本特征，具有典型意义的是脱离正常状态，脱离在"不诚实者"和出自他口的是"男士们"作为独立人物进入事件的那个时刻发生的那种正常状态。这一过程符合一种按字面理解的使用隐喻的技巧，一如卡夫卡也将在后来的作品中实际应用的那样。印象苏醒为自己的生活，并脱离那个安排给它们的对比层面。

这个"不诚实者"，他对于"高个子"来说一直是一个"陌生人"，这个"不诚实者"和他的陪同者们一起，除社会领域以外，也刻画了生活享受和性行为的特点。先生们，如同所说的那样，讲起话来"带刺"，而"不诚实者"则扎人，他用"花哨"的色彩谈论"城市，他的感觉"，谈论"腰间别着"一根散步用手杖的"高个子"。在奇怪的来访者走了之后，"高个子"作为孤独的梦想家深感悲痛地留了下来，他没有能力作出判断，是一个"上帝"还是一个"魔鬼"派这个"不诚实者"到他这儿来了。卡夫卡在这里反映了他自己的矛盾心情：他既渴望集体，又喜欢一篇具有童话般神奇魔力的故事中的孤独。这种孤独的特殊魅力在于它——显然受到里查德·贝尔-霍夫曼的长篇小说《格奥尔格之死》的熏陶——用手势和身体语言把内心的情绪和主观的感觉向外翻转。"高个子"的羞耻心在同他的肉体的关系中以及在显示自己内心世界的手势中泄露出来。《艺术守护者》的形式方面和题材方面的影响最后因一种独特的色调，因一种把忧郁和自嘲引向轻微结合的色调而有了局限性。

这种《艺术守护者》的影响，人们尤其会在卡夫卡使用符合杂志风格的类型学简化方法时感觉得到。它们堪称模范地决定性地影响了一首他附在一封 1903 年 11 月 8 日致波拉克的信中的诗："在古老小城镇里 / 浅色的圣诞小屋林立 / 它们那彩色的窗玻璃 / 向着白雪覆盖的小广场。"这样的缩小化名词[1]，用缩小尺寸反射现实图像，它们属于仿古的《艺术守护者》风格的宝库，卡夫卡在这里模仿了这种风格。1904年一篇典型的莱奥波德·韦伯的文章谈到"玻璃和银质小东西""小

---

[1] 小城镇、小屋、小广场在德里语中都是"城镇""房屋""广场"的缩小化名词。

星星"和"小小硫黄气味"。然而不应忽视的却是，卡夫卡不仅仿造
了，而且怀着讽刺和保留吸纳了这样的形式。自我批判的中学生的这
种姿态相当清晰地显现在讲述"羞愧的高个子"的书信中，指明了未
来写作的方向。

除了《艺术守护者》以外，卡夫卡也读十分活跃的维也纳文学
家弗兰茨·布莱的刊物，此人作为出版者、编辑和随笔作者同布拉格
文学界有松散的联系。1905年12月底他和布罗德一起订阅由布莱新
创办的月刊《紫晶石》，它被证明是"异样文学和艺术的刊物"。这
份杂志——布罗德自己向它提供诗作——刊登特别色情的文字，它
们用粗俗的图画——霍弗尔、库宾和托马斯·特奥多尔·海涅的图
画——作插图装饰。估计卡夫卡也是在布莱的有问题的刊物的影响下
决定去旧书店购买法国萨德继承者奥克塔夫·米拉博的一本短篇小说
集，这本小说集1903年第一次出版了德文译本（《不道德行为和别的
故事》）；不久以后他还买了这同一位作家的长篇小说《一位宫女的揭
秘》（1901）。1907年卡夫卡订阅布莱的《蛋白石》，它取代了1906年
11月被查禁的《紫晶石》。这份装饰精美的期刊就主题而言集中在性
爱题材上，但是同时为先锋派的代表作品提供了发表的园地。布莱的
格调高雅且爱好色情的时代精神作家自画像可能与已给《蛋白石》供
稿（这些稿件就题材而言属于1907年容克出版社出版的小说集《恋人
之路》一类）的马克斯·布罗德的角色理解特别相符合。1908年卡夫
卡与布莱建立联系，他在此人新创办的《许培里昂》——一份先前各
期刊的严肃后继刊物——上发表了他的第一批散文作品。然而对他的
文学审美观的养成更具重要意义的却是《新德意志评论》，费舍尔出
版社的机关刊物，自1902年起他便对该刊物予以高度重视。通过《评
论》他遇到众多青年现代派作家，他们的作品从此以后就吸引着他。
直至战争爆发前不久，他一直定期参阅这份期刊并且在此后也没有完
全与它失去联系。尤其是托马斯·曼的文章，他在稍晚些的岁月里仍
予以重视并对之怀有浓厚的兴趣。

自我观察和阅读

　　一个作家的生活中只有被文字传媒记录下来的那些个瞬间才长久不会被人忘却。日记和书信，记录和笔记，工作室报告，计划和"草稿簿"证明这种传媒有能力将短暂的瞬间保存在不会失去的记忆记号中。一位作家在历史上的具体的存在保存在他留下的作品中。这些作品没有记述的东西归于忘川[1]，归于这条不停地流过历史的忘川。所以对生平事迹的回忆只有在文字将其记录下来时才能形成。如果是作家，那么这样的贮存技术便往往包含虚构游戏。以为是真实可信的东西——私人信件，日记中的心迹剖白——总是难以抗拒杜撰的吸引力，难以抗拒这种将艺术家的生活变成文学构思的吸引力。卡夫卡恰恰就很有意识地从文学的角度解释和表现了自己。他一再做出表示，承认写作对他的社会的和私人的身份有一种独一无二的影响。"我没有文学方面的兴趣，"1913 年 8 月 14 日他斩钉截铁地向菲莉丝·鲍尔表示，"而是由文学组成，我不是别的什么并且不可能是别的什么。""我的全部身心都放在文学上"，两个星期后在一封写给菲莉丝的父亲卡尔·鲍尔的信中他如是说。

　　在青年卡夫卡那里，日常的感知和统觉均属于写作练习的范畴。它包括一种对自我的精确洞察，但也包含对外部现实世界的感觉。在卡夫卡把这种感受的结果记录下来的时候，他就已经是在用文学的手法表现它们了。观察一开始就通过诗歌的传媒进行：这一点由一则 1920 年 2 月 15 日的日记显露了出来，在这则日记中他谈到自己的中学时期说，他一直怀抱这样的愿望："获得一种生活观（并且——这自然是必然联系着的——能够经由书面形式使别人信服它），它令生活保持其自然的艰难沉浮，但同时让人同样清晰地认识到生活是一种虚无、一场梦、一种飘荡。"观察和写作的过程汇聚在这里，因为被

1　忘川：希腊神话中的阴间河名，亡魂饮其水，就会忘记过去一切。

观察到的东西只有在被转为活字后才能发展成为真正的个人印象。但是卡夫卡同时希望，语言对生活的虚构——它把生活变为一种轻松梦幻——不会使生活失去节奏和力量。他在这里勾勒的观察文化悖谬产生自这种双重要求：作为旁观者站在现实的边缘，但仍不失去与其秘密的、看不见的能量流动的联系。"生活"在这个背景下显示出自己是一种"认识者的实验"，一如尼采所理解的：是一种全面且有机的、在逻各斯[1]的另一边只能有条件地被领会的经验的模式，是一种只有在文字中才可以阐明的经验的模式。

"只有在，"叔本华如是说，"阅读增长为'写作'的时候，阅读才能够教我们'使用'，教我们如何才能使用我们自己的天性（……）。"对于青年卡夫卡来说，阅读不只是对可怕的、同时又令人渴望的世界打开一扇窗户。阅读有时在他心中引起的那种飘飘然的感觉在这些文学想象力的杂志中渐渐平息下来。在读者的激动起来的头脑中展开了一种自己的驰骋想象的活动余地，它的仓库里聚集着文学创作的建筑石材。阅读迫使卡夫卡面对写作手法，他接受它们的训练，用观察技巧——他自己正在试验的这种观察技巧，用主体构思——促使他注意一种综合性的自我考古学的变种的这种主体构思。由于阅读对他而言同时也意味着思考文学创作过程，所以卡夫卡终身都不是一个无节制的读者。研读一本书迫使他中断、回忆，小心试验一些对现实的解释和自我解剖。卡夫卡在文学的海洋上做的旅行要求对它们的目的地做一番缜密的观察，但不要有控制马克斯·布罗德的那种才智知觉的烦躁和仓促。细心挑选———种读物营养学——是这种阅读文化的外部条件。卡夫卡随着岁月的推移建立起来的私人藏书不是亚历山大格式的迷宫，而是代表了一套一目了然的、已掌握的作品的丛书。

在大学学习期间，卡夫卡的读物几乎只集中在同时代人的作品

1　逻各斯：古希腊哲学术语，即理念。

上。1906年后他才也关心18世纪和19世纪早期的作家，他的中学课程只是蜻蜓点水式地触及这些作家。这些作家中有马蒂亚斯·克劳迪乌斯、阿德尔贝特·冯·沙米索和作为私人文学天空中一颗最明亮的星星的克莱斯特。在古典主义时期的代表中，这位大学生只对歌德感兴趣，然而在阅读歌德作品时并非没有距离感和陌生感。卡夫卡的阅读量总是服从这一要求：打开被日常的生活进程阻断了的渠道。一本书必须"像一场自杀"，以便能够当作斧子去砸开"我们心中冰冻的海洋"，1904年1月底他在阐述这一计划时如是说。这里所说的给在日常生活中冻僵了的"自我"的除冰针对一种遵循固定规则和信念的生活模式。在他自1904年初起入睡前小量阅读的马克·奥雷尔的《自我观察》中，"用言语填塞"，却没让怀疑和不信任进入的不可动摇的信仰明确性扰乱了卡夫卡。针对这样的虚假道德自信，他树起这样的信念：只有失去信心才会使我们内心的冰块融化。文学只有在去除感知和判断的习惯，从而取消日常生活的下意识动作的时候才能起作用。

　　对于青年卡夫卡来说，霍夫曼斯塔尔毫无疑问名列现代德语作家的首位。他的语言的描写性的、同时有严格节奏感的风格特别强烈地吸引着他。1904年他赠给马克斯·布罗德一册霍夫曼斯塔尔的《小世界剧院》（1897），他认为书中反映了他自己的有保留的观察者的立场。不知道"梦幻和生活在何处分离"的作家是"交织进"现实网中了，虽然他仍然是消极的旁观者。这里所说的一种静观态度的模棱两可特性，它为了不被牵涉而寻找缓冲，它符

和阿尔费雷德·勒维在一起，1905年前后

合卡夫卡的自画像。在霍夫曼斯塔尔的早期剧本的脱离生活的主人公中——他们丰富多彩，有失败的唯美主义者安德雷阿和克劳迪奥、悲观主义者福图尼奥以及《皇帝和女巫》（1897）中的动摇不定的君主——他看到了自己的观察者角色的柔弱影子。对霍夫曼斯塔尔的敬仰在大学学习时期之后仍然存在并延续至世界大战，虽然此人自身的精神影响力没给他留下多大印象。当他 1912 年 2 月中在一次应维利·哈斯和奥托·皮克领导的赫德尔协会的邀请举行的朗诵会上亲眼见到他时，他对他的嗓音的不美的音色感到迷惑，这音色损害了被朗诵的作品的效果。

这位大学生通过费舍尔出版社的《评论》了解了托马斯·曼的现实题材的散文作品。当着马克斯·布罗德的面，他拿中篇小说《托尼奥·克勒格尔》——估计他在 1903 年 2 月此小说出版后不久便读了它——与布罗德的反映艺术家脱离生活实际的中篇小说《出游深红地》比较，这篇小说 1904 年秋完成，但 1909 年才在柏林容克出版社出版。他认为"钟爱对立面"是曼的作品的主题，这倒并非一定是他的独特见解。他把《评论》1904 年 1 月刊登的短文《一件幸事》特别作为杰作推荐给这位朋友，他尤其喜爱小说的结构："安静！我们要了解心灵。"还在 1917 年 10 月他就坚定地表示："曼是我渴望读到其作品的那些人中的一个。"

罗伯特·瓦尔泽[1]也可算作受赞赏作家的小圈子里的人。这个瑞士人用他在柏林卡西勒尔出版社出版的长篇小说《唐纳兄妹》（1907）、《助手》（1908）和《雅各布·冯·贡滕》（1909）为自己赢得了一批高雅的读者。卡夫卡喜欢瓦尔泽的回荡的语调、具有高度艺术性的日常事情陌生化、讽刺玩弄荒谬细节以及做无拘束观察的小说家的所谓的天真——卡夫卡喜欢这些技巧，它们一如下文还要揭示的，恰恰就决定了他后来的几部长篇小说具有相似的风格。1909 年 5 月，在小

---

1 罗伯特·瓦尔泽（Robert Walser，1878—1956）：瑞士德语小说家、诗人。

说刚出版后不久，他就怀着十分迫切的心情阅读了《雅各布·冯·贡滕》，一年后他将此书作为生日礼物送给马克斯·布罗德。在 1909 年秋拟的一封致他前公务上司恩斯特·艾斯讷的信的草稿中，卡夫卡声言，他没读过瓦尔泽的前两部小说，这一说法不免令人生疑。至少他对《唐纳兄妹》做了如此中肯的评论，以至人们不得不猜想他仔细读过这部小说。卡夫卡在这里对西蒙·唐纳所做的评论，写得就像一幅瓦尔泽的所有主人公的肖像：他总是"感到无比幸福"，可是他"最终却一事无成，只博得读者一乐"。据布罗德说，卡夫卡特别喜欢朗读瓦尔泽的小说。他拿它们的富有音乐性的节奏来训练自己的用词风格：早期接受的一种刻板做法就是，批评家们拿卡夫卡的散文与瓦尔泽的散文做比较。这个瑞士人似乎很快就注意到了这个比自己年轻 5 岁的人。在上文提到的 1909 年的信件草稿中，卡夫卡表示瓦尔泽认识他。估计瓦尔泽曾读过 1908 年 3 月初刊登在弗兰茨·布莱的《许培里昂》上的散文习作，它们是卡夫卡的处女作。

可能又是通过《周报》，卡夫卡也偶然发现了里尔克的《马尔特·劳里茨·布里格记事》，这部作品 1909 年摘要发表在该刊物上（1910 年出版）。令人惊异的是，他对这个 1896 年离开波希米亚的原籍布拉格人的这部作品从未详谈过。然而恰恰是马尔特很可能会以其观察目标的确定和扩展为一种瞬间礼拜的距离感吸引住了他。"我学习观看"，里尔克便是让他的主人公在这一格言指引下在一趟由童年回忆引领的生命旅程的框架内漫游光怪陆离的巴黎。《马尔特》，还有霍夫曼斯塔尔和托马斯·曼的早期散文，它们在其诱逼性表现连带感觉经验的倾向上都显得又受到延斯·彼得·雅各布森[1]的带印象派色彩的、洋溢着萧索秋意的人生忧伤和病态的长篇小说《尼尔斯·吕娜》（1880）的影响，这部小说卡夫卡最晚曾在 1907 年读过。

对抒情诗作品这位大学生却没表现出细腻的感受能力。对《艺

1　雅各布森（Jens Peter Jacobsen，1847—1885）：丹麦诗人。

术守护者》的无保留的默里克热他不以为然；波德莱尔[1]的或马拉美[2]的作品一直是他未探查清楚的领域；他有一本斯蒂芬·茨威格主编的1902年版的韦伦[3]诗集，可是这个韦伦似乎并不怎么吸引他；对（他熟悉的）尼采的和霍夫曼斯塔尔的诗他没发表过什么具体的意见；里尔克的早期抒情诗他显然不予理睬。只有斯蒂芬·格奥尔格的作品是例外，他极其欣赏这位诗人的作品。1905年他送给布罗德一册第三版《心灵之年》，这是1897年初版的诗人的第五本诗集。此后不久，布罗德将为其中的一首诗谱曲：你的母亲哺乳你，用献给受邀者的格言。1904年夏开始写作的未完成小说《一场战斗的描写》以一首五行小诗作为开篇的题诗，这是格奥尔格诗集中一首最美的诗的变体：

> 人们穿着衣服
> 在砾石路上晃悠
> 在广阔天空下散步，
> 天空从遥远的山冈
> 向遥远山冈伸展。

格奥尔格的原诗节奏更紧凑，从而更单调铿锵：

> 我们身穿刺绣上行行走
> 顺着山毛榉道逼近大门
> 看到栅栏外田野里
> 扁桃树第二次盛开。

布罗德26岁生日收到卡夫卡所赠的格奥尔格的《田园诗和赞美

1　波德莱尔（Charles Baudelaire，1821—1867）：法国诗人。
2　马拉美（Stéphane Mallarmé，1842—1898）：法国诗人。
3　韦伦（Paul Verlaine，1844—1896）：法国印象派诗人。

诗》（1895），它们是早期作品中最具影响力的诗作。最晚决定了《联盟之星》（1914）的有关服务和舍弃的粗野修辞，卡夫卡在后来自己所特有的对权威性自我确立的欣赏中不是拒绝，而是容忍了。1921年9月他告诉罗伯特·克洛普施托克，说格奥尔格是个"不坏，但严厉的先生"。

　　他在格奥尔格的诗作中遇到的对警句和生活准则语言的偏爱为他开辟了接触亚洲文学的通道。一本由汉斯·海尔曼编选、皮佩尔出版社1905年出版的中国古世纪至现代抒情诗集，好多年里一直是一本他最喜欢读的书。诗歌用散文翻译，突出了原文的言简意赅、格律严格的特点。卡夫卡不限于阅读译文，而且还了解这些诗的文化背景、产生这些诗作的各个历史时期以及各朝代的审美爱好。1912年11月他曾以其中国诗歌方面的知识令菲莉丝·鲍尔大感意外，他坦率承认，这些知识他是从海尔曼的诗集中得来的。他将这本诗集送给马克斯·布罗德并指明了几首他特别欣赏的诗（它们大多叙述孤独、婚姻、爱情和独身生活之中的紧张关系）。1910年以后，卡夫卡依然很少研究诗歌。在这些年里，只有他通过布罗德读到的青年弗兰茨·韦弗尔的作品能够经受住他的严格评判。后来他自己——够稀罕地——写下的那几行残缺不全的诗句显示出一种警句式语言的倾向（比如1917—1918年曲劳冬季的抒情诗习作）。1909年9月他写在一页日历纸上的这首未完成的诗是例外："小心灵跳着舞步／脑袋浸入暖风／从耀眼草地抬起脚／微风吹动着嫩草。"

　　在外语作家中，福楼拜可算作这位年轻大学生最喜爱的人之一。他一再拿起《情感教育》（1869）来读，1903—1904年冬他第一次满怀激情地读了这本书。他遗留下来的藏书中的这部路易斯·康纳德出版社出版的法文版长篇小说，估计是在该书出版后不久于1910年10月在巴黎购得的。比起海因里希·曼在1907年至1909年间在慕尼黑米勒出版社推出的德文全集版本来，他更喜欢读原文。1912年11月15日他告诉菲莉丝·鲍尔，说他熟悉这部长篇小说甚于熟悉他周围的某些人，说他自己始终"都觉得是这位作家的精神上的孩子"。他梦想"不间断地"用法语朗读整个这部作品，朗读得四壁"发出回声"。1907 年卡夫卡就已经和布罗德一起读福楼拜的《圣安东的诱惑》，后来也读法文原文《情感教育》，还边读边交替着朗诵并讨论某些较短的段落。由于读了福楼拜、哈姆松（1904 年夏《高加索游记》），此后还有凯勒（《塞尔维亚的人们》《绿衣亨利》）、施蒂弗特（《习作集》）和格里尔帕策（《穷乐师》）留下的印象逐渐淡薄。而陀思妥耶夫斯基和托尔斯泰的小说则在 1910 年以后的岁月才完全进入卡夫卡的视野（一个家庭女教师就已经给还在读小学的卡夫卡朗读过《克莱采奏鸣曲》）。另一方面，巴尔扎克却一直让他感到陌生，因为他觉得此人的典型化描写倾向有问题。由于类似的原因他后来不赞成施尼茨勒，此人暧昧的陈词滥调游戏他不怎么感兴趣。

克莱斯特也属于他在上大学期间一再阅读的作家之列。他觉得戏剧作品是二流的，可是这位作家的散文作品他却反复阅读。1913 年 2 月他告诉菲莉丝·鲍尔，说是他正在"第十遍"读《米夏埃尔·戈哈斯》，说这是一部会突然使他感到"敬神"和"惊叹"的作品。他的藏书中有一册克莱斯特逸闻集，这是 1911 年罗沃尔特出版社的尤利乌斯·巴勃版，它的刻印艺术后来成为《观察》排版的模型，另外还有一本克莱斯特谈话录。这位受到他的家人唾弃的普鲁士军官的个人生活状况极其强烈地吸引着他。种种个人经历对他简直在体力上产生了影响。1911 年 1 月 27 日他写信给马克斯·布罗德，谈到阅读了青年时代书信，说克莱斯特的经历颇引起他的共鸣。还在 1913 年，他公开朗诵《戈哈斯》之前，他就在家庭圈子里练习。尤其是在上大学的几年里，卡夫卡喜欢举行克莱斯特作品朗诵会，优先读给他的妹妹们听。这样的朗诵会使他有机会从身体上感受到这种经由严格的标点符号应用法划分的散文的紧张节奏，这种节奏以后将成为他自己的小说的特征。

由于文学对于卡夫卡来说意味着生活补偿，所以在选择文学作品时优先考虑的是自己对它们的认同感。黑贝尔的日记，1903 年出版的 4 卷本，虽然卷帙浩繁——将近 1800 页——他还是在 1904 年年初"一口气"读完了，而描写阴暗命运的戏剧作品他却似乎一直不知道。1904 年 8 月接着又读了拜伦[1]日记；1908 年年底他偶然发现鲁道夫·卡斯纳尔的两年前发表的《狄德罗传》；艾克曼[2]的《歌德谈话录》以及福楼拜和冯塔诺[3]的书信集他都一一贪婪地阅读。他们的个人经历往往比狭义上的文学作品对他更有吸引力；这种情况除了黑贝尔以外也适用于伊默尔曼[4]、格拉贝[5]和果戈理[6]，他后来读了这几个人的书信集和回忆录；这种情况还适用于司汤达[7]，1907 年他带着此人的日记去特里施度暑假。

　　以后卡夫卡的作品将坚定不移地遮蔽这些阅读物影响的痕迹。文学在他的作品中绝不是主旋律，因为它们的主人公不读书，但是引用、像玩耍一样指点和揭示联系的形式对它们来说也始终都是陌生的。它们让生活经历素材像作家的阅读经验那样受其独特的审美法则的支配。即使卡夫卡在一种蓄意的记忆清除的影响下隐匿了他从事写作的文学的或个人经历方面的源泉，人们也不应该不去揭示它们并查明其来龙去脉。但是谁若猜想有了它们就是找到了理解作品的诀窍，谁就会觉得自己受骗了，就像被告约瑟夫·K 那样，此人之所以没有正确理解他这场官司的意义，是因为他误以为自己掌握自身的独一无二的真实情况。

1　拜伦（Byron，1788—1824）：英国浪漫主义诗人。

2　艾克曼（Johann Peter Eckermann，1792—1854）：曾任歌德的秘书。

3　冯塔诺（Theodor Fontane，1819—1898）：德国小说家。

4　伊默尔曼（Karl Leberecht Immermann，1796—1840）：德国小说家、剧作家。

5　格拉贝（Christian Dietrich Grabbe，1801—1836）：德国剧作家。

6　果戈理（Gogol，1809—1852）：俄国小说家、剧作家。

7　司汤达（Stendhal，1783—1842）：法国小说家。

战斗的神话

小说家卡夫卡将一再利用神话的基本模式，他借助它们的帮助阐述他想象中的世界。一长串神话，贯穿他的作品，开启了战斗的主题，这种主题在古希腊罗马时期的史诗中已是屡见不鲜。阿喀琉斯、赫拉克勒斯、俄瑞斯忒斯和埃涅阿斯体现战斗的英雄，这些英雄通过他们在遇到冲突时所遵循的策略而获得其特殊的性格。中世纪的叙事文学和宗教剧把战斗看作世俗力量和精神力量对峙的模式。欧洲的巴洛克戏剧在内容丰富的讽喻性幕间插曲框架内展示善的力量和恶的力量的争执。19 世纪的大小说家——尤其是狄更斯、凯勒、陀思妥耶夫斯基和托尔斯泰——特别喜欢把他们的主人公放进与一个敌对的环境做斗争的处境中。卡夫卡在其早期作品中采用并从各个不同角度刻画了这个神话式的主题，这个主题也将为从德布林[1]经凯泽[2]至布罗南[3]的后来的表现主义指明方向。流传给我们的第一部散文作品《一场战斗的描写》通过其标题就已经阐明了卡夫卡用来表现神话的叙述策略。"描写"，这个词说明，他试图用文字的手段观察并进而整理生活。对他未来的写作起决定性作用的，依然是这旁观者的角色——这个旁观者与现实中的种种现象保持距离，以便从美学角度掌握这些现象。作家卡夫卡流传给我们的最早的作品就已经以此勾画出一种具有原型意义的基本情况。这是一种文学创作的开端，其独特性恰恰就表现为：这位年轻作者独立变换并重新组织他的时代的主题和表现形式倾向。

这份手稿的第一稿估计在 1904 年夏开始撰写，并在 1907 年内完成。这篇框形小说的氛围显示出大学最后两年的愉快生活，那时茶会和舞会是卡夫卡日常生活内容的一部分。故事发生地点是夜晚的布拉格，人们做了一次虚构的旅行，从市中心逛到市郊：费迪南德街，十

1　德布林（Alfred Döblin，1878—1957）：德国小说家。

2　凯泽（Georg Kaiser，1878—1945）：德国剧作家。

3　布罗南（Arnolt Bronnen，1895—1959）：奥地利剧作家、小说家。

字男子教堂，卡尔街，卡尔桥，劳伦齐山。再也没有哪篇卡夫卡的文学作品像这篇这样具体地把布拉格的地志写进他的幻想世界的。这篇分成若干小章节的未完成作品的结构是复杂的，然而，不同于迄今所断言的，是合乎逻辑、可以理解的。从一个第一人称叙述者的角度所呈示的框形情节，包含一个分成好几个梯级的故事中的故事，它像一道楼梯蜿蜒进入较深的过去层面，但最后又从那儿升起。在冬日里一场家庭舞会后叙述者与他的熟人的相遇构成序曲。从要去布拉格劳伦齐山的一次严寒之中的夜间散步的描写中，一系列新的似梦幻般的情节以"娱乐"为标题显现了出来。叙述者迫使熟人跪下屈服并像一个骑马者那样骑在他身上，在他受伤后又离开他并开始漫游一个由他幻想出来的自然界（在手稿中后来删去的一段文字中这被当作一种半睡半醒状态中的幻觉）；他遇见胖子，一个有奇特的自我毁灭欲的怪人，他让这个怪人把自己诱进一个新的经验世界：胖子用魔法召来风景，讲述他遇见一位祈祷者，而这位祈祷者则报告了与一个醉酒者的谈话；在本文返回到倒数第二过去等级上之后，它就描写了胖子沉没在一条湍急的河流中；第一人称叙述者与他的熟人重逢，与他争吵，使他做出一种自我损伤的行为，好言劝慰他并最后在想象中勾画出一个春暖花开、阳光灿烂日子的宁静场景（后来《变形记》以一种同样潜伏着危险的田园风光作为结尾）。

这篇小说清楚地"证明了生存是不可能的"。表面看来，自我与外部现实及体现在不同插曲中人物身上的掌握这现实的各种形态发生了剧烈的矛盾冲突。卡夫卡所描写的这场斗争发生在孤独研究自我所过的那种生活的基础上。这篇未完成小说就这样嬉戏着一个对1900年前后的知识文化有指导意义的概念。鬼火般忽闪着的对生活及其神秘，但同时又凡俗的力量的渴望，经由从不同视角进行阐述后，构成从尼采到托马斯·曼、从柏林自然主义者到以巴尔[1]、贝尔-霍夫曼[2]、施

1　赫尔曼·巴尔（Hermann Bahr，1863—1934）：奥地利作家、文学评论家。

2　贝尔-霍夫曼（Richard Beer-Hofmann，1866—1945）：奥地利作家。

尼茨勒和霍夫曼斯塔尔为中心的维也纳现代派代表人物的整整一代作家的重大主题。然而卡夫卡的小说却如此处理这个生存战斗的神话，以至于在这神话的后面出现一种新的视野，一种只有当人们仔细研究将其开启的感觉技巧时才会展现出来的视野。

卡夫卡的文本坚定不移、令人不知所措地摧毁着外部世界的熟悉的秩序。时尚饰物、家具、衣服、楼房、文物和风景在各人物的眼里失去了它们那理所当然的稳定性并展现出一种令人头晕目眩的活力。死的物件成为人想象中的玩物，在这想象的旋涡中这些物件只作为主观幻想的产物而存在。1906 年和 1909 年间出版的卡尔·爱因斯坦的幻想小说《贝布喹》（1912）是这种透视法的样板。卡夫卡在弗兰茨·布莱的期刊《蛋白石》上读到这篇小说，1907 年这家刊物刊登了这部作品的头四章。他的早期作品同爱因斯坦的非凡的散文作品一样，也偏爱突然更换叙述章节、喜欢废除经验法则以及倾向于淡化人和环境之间的界线。爱因斯坦的人物检验日常物件，他们将这些物件激发成一个艺术生命或者自己进入这些目标的形象之中。人物从广告牌中走出来，人变成立式雕像，陈设的物件显出怪诞形态。卡夫卡的小说以相似的方式显示一个失去平衡的世界：石柱在风中晃荡，风景改变其轮廓，重力法则被废除。为了使这些"物件"不致"耗尽"人的精力——爱因斯坦的作品中这样写道——它们就得被思维摧毁并在其"毁灭"后在一种神奇逻辑的媒介中被重新创造。如果说另一方面卡夫卡强调在想象力的影响下"所有事物失去其边界"，那么这是符合爱因斯坦的知识幻想力混合学说的"世界是思维的工具"。爱因斯坦和卡夫卡唤起的对现实的精神支配权力因为一个全能主体的棘手的概念而得到加强。在幻想保护区中产生种种现实世界现象的自我最后总是遇到自己的影像。在把个人和世间互相连接起来的、他杜撰出来的人物的神奇逻辑中，是汹涌着迸发出的自恋欲。它对于卡夫卡的叙述者来说即便在他的"娱乐"带有害怕孤独的烙印的地方也依然是决定性的。爱因斯坦和卡夫卡所培植的这种无生命现象的诗学不久便在未来派[1]中显出端倪。这未来派的先驱马里内蒂 1912 年写道：“物质的抒情狂热必然会取代早已疲惫的人的心理学。”

卡夫卡的作品第一眼看上去似乎显示出教育小说的基本结构。自叙者随着故事的进展结识了不同的人物，他们向他展示有分歧的、已经分别凿有失败记号的生活状况。但是事实上他们不是现实的代表人物，而是叙述者杜撰出来的人物，这个叙述者沉浸于自己的幻想游戏，以便逃脱自己的软弱无能的感觉。一如他在内部故事开始时任意改造自然并占有其创造物那样，他从自己的幻想宝库中汲取这些人物。在框架叙述和情节叙述之间的交点处是提示语“想法”，它把事态的进一步发展标明为想象的产物。所谓的现实关系的客观性证实是纯粹的自我之反映。在这一点上作品激化了从王尔德的《道林·格雷的画像》（1890）及施尼茨勒的《阿纳托尔》（1888—1991）和格奥尔格的《阿尔加巴尔》（1892）至托马斯·曼的《巴耶措》（1897）的世纪之交文学用以塑造其人物的虚浮自恋。人们不能比在卡夫卡的作品中更坚持不渝地描绘激进的自我联系及与此联系在一起的丧失现实性的后果的了。环境在这里衰退为自我的粗略反映，这自我不再领会自己的内部世界以外的任何东西。自然界也是这样，他的早期作品与较晚些时候的作品相反，详细描写了这自然界，这自然界只有与感知它的主体相结合才现实存在。

自恋在叙述人物的情况下掩饰了一种明显的自我憎恨并从而掩饰了一种病态的素质，这是一种世纪之交文学中的众多人物形象特有的素质。它生出羡慕和嫉妒（比如熟人的性爱成就）、羞愧和怕与人接触、隐晦的侵略性和反映在身势语信号中的强制性幻想倾向。叙述者把自己的双手藏在衣袋中，因为他觉得这双手“不必要”；他走路时弯下身子，致使双手碰着膝盖；他拧熟人的小腿肚，这个熟人高兴地

用脑袋去撞他的"身子"。他本人想象自己是"晃动的杆,杆上有点儿歪斜地叉着一个黄皮黑发的脑壳"。然而与这一很像"羞愧的高个子"的形象形成对照的,是一种心醉神迷的自然感知,它使身子和风景协调一致。如果说"我"最后,在胖子沉没之后显得"几乎比平常更矮小",但是同时用他那不停地增长的大腿盖住全部风景,那么这就是显示了两种身体经验的竞争。作为梦幻的创造者,自我觉得自己像潘神[1]那样无边无际,然而他不得不同时注意到自己基于一再显现的自我憎恨而受到的局限。几年以后,阿尔弗雷德·德布林在短篇小说《杀害蒲公英》中赋予他的一般主人公以类似的矛盾性格特征。

如果说熟人起先作为有生活经验的、得到姑娘们的宠爱的、有成就的人出现的话,那么,自我最后不费劲地就把自己的破坏性的怀疑传布给他。他在结尾场面中用一把刀扎在自己胳臂上的伤口具有象征的意义。最初影响了叙述者的自我侵害在这里移动到熟人身上。这样一种转换显示出熟人终究是"我"的一个影像:起先是一个以性爱成就梦想为基础的理想,后来是一个自我厌恶的产品。有鉴于此,对春天乡村田园风光的期望仍然是一种假象,而对这种田园风光的描写则是着了《乡间婚事筹备》文体的先鞭的。不是白日的温暖,而是这件未完成作品的展示部分着力描写的夜晚的寒冷,笼罩这个文体讲述的孤独个人的恐怖段落。恩斯特·荣格尔1931年对阿尔弗雷德·库宾的幻象所发表的意见,可以用在早期卡夫卡身上:"人物的生活在梦幻的时刻被看到,这具有恶魔般的积极性或者一种阴郁的、植物性的隐遁。这样一种梦幻魔力在《描写》中主要产生自叙述者的自恋和自我憎恨借以经历一种神奇折射的加倍技巧。""我"进行的这场战斗虽然表面上针对在不同的设计形态中扩展开来的生活,但是事实上却针对他的内在素质,一如它在《娱乐》的自我中心的形象中所显现出来的那样。卡夫卡用反映叙述者的故事中人物形象的构想吸取了这个

---

1 潘神(Pan):希腊神话中主宰森林畜牧的神。

自浪漫派以来为人们所熟悉的酷似者主题，在世纪之交的文学中这个主题——特别是在史蒂文森、王尔德和霍夫曼斯塔尔的作品中——作为精神自我分裂的象征而深受大家的喜爱。这一主题的一种类型便是奇特的共生现象，这是各种人物有时能够接受的。阿多诺这样做出解释，说是卡夫卡的主人公像在神话中的那样力求通过"并入对手的力量"而得到"拯救"。

　　（受到爱因斯坦激发的）胖子形象，虽然第一眼看上去显得具有独立性，但实际上也显出自己是叙述者的影像。跟叙述者一样，胖子形象与自己的身体的关系也被扰乱了。他的黄皮脑壳、对"扰乱思维"的经验的恐惧、对观察的观淫癖式的兴趣以及神秘改造周围风景的能力相当清楚地显示出与叙述者的相似性。所以叙述者和乘坐一顶轿子顺着河水向前漂移的胖子的谈话仍然是他自己想象的结果。描写这个令人诧异的场面的段落与卡夫卡十分熟悉的霍夫曼斯塔尔的《小世界剧院》中的一个段落惊人地相似。在这部作品的前奏中一个诗人观看一条河，河面上晚霞一片；卡夫卡那儿则是："这时夕阳的平淡光芒从大块云彩的边缘放射出来并使小丘和群山带上美好色彩。"霍夫曼斯塔尔的主人公看见一个泳者，他试图游到对岸："眼睛盯着波浪，向前滑动。他想向下，直达最后的海洋，如静静的明镜的海底？他要用左手抓住最后一棵树的光秃树根，无比惊讶地从那里往外看？"在结束和叙述者的谈话时，胖子无法以不同于受到霍夫曼斯塔尔的诗人观察的、"像一个狂热的淫荡好色之徒"在波涛上骑行的泳者的方式抵御河流的侵袭："这时一切能快速攫住并坠入远处。河水向下倾泻，想抑制自己下泻，也还在浪花四溅、左右晃动，但随后便结成团块化作烟雾坠落而下。胖子无法继续说话，他不得不旋转并消失在迅速轰然坠下的瀑布中。"卡夫卡的在水中漂流沉没的形象像一个有力的生存恐惧象征与霍夫曼斯塔尔的对作为纵情享受比喻的飘荡的描写相对立：这里已经在排练《判决》的丧命结局。

　　胖子所讲述的祈祷者也是着眼于使叙述者形象增加一倍。祈祷者的身子"整个儿"就像"从薄纸上，从黄色锡纸上剪下来的"，这显然像叙述者。他把推动至苦行的身体憎恨和表现癖（我祈祷的目的是被众人看见）集于一身。祈祷者的故事重复第一人称叙述者的那则故事：它的出发点是一个庆典，他在庆典上觉得自己遭到一个姑娘拒绝，于是就躲进一个白日幻想之中，这个幻景显示他是个成功的钢琴家和很会奉承女人的人，在主人把他赶走之后，他一个人独自散步时遇见一个醉酒的人，他借助于自己的想象力任命这个醉汉为法国贵族，想排除这个缄默、几乎半痴呆人的浅薄平庸特性。跟第一人称叙述者一样，祈祷者也钦佩人们理所当然地有他们的语言。在这一点上卡夫卡几乎一字不差地引用了 1904 年 8 月 28 日他致奥斯卡·波拉克信中的一个段落，他在此信中描写了一个布拉格日常事件，这个事件浅薄平庸，它向他显示，人们会以何等"坚强的意志忍受生活"。

　　这件未完成作品所描写的这场战斗不仅在经由不同的故事人物身上增加了一倍的叙述者的内心、而且也在语言的层面上激烈地进行着。认为事情和符号互为因果的语言经典规则在现代派开端之时已经受到深刻震撼。语言不再能够被认为是现实的代表，因为它日益将自身作为疑难问题提出，并且如福柯所说，就它而言作为反射对象跨进思维的领域。尼采的著名问题，"语言是否是一切现实性的适当表达方式"，这个问题精辟地抓住了这个自我观察过程。卡夫卡的小说不无冷嘲热讽地阐明这个过程：它一再自始至终扮演各种竞争的描写形式并将其作为不同文本的表达方式提供给读者。《一场战斗的描写》就这样变为一场描写之争，然而这场斗争却在有时是在辛辣讽刺的语调的伴随下进行。构成这场斗争的出发点的，是这一情况：各人物已经忘记各事物的"名称"，如今不得不试验新的名称："谢天谢地，月亮，你不再是月亮，但是我还一直称你你这个被取名月亮者为月亮，这也许是我的疏忽。为什么我称你为被忘记的颜色古怪的纸灯笼时你不再这么目空一切？为什么我称你为圣母柱时你几乎退却（……）。"卡夫卡的人物以这样的方式进行他们那滑稽可笑的名称游戏：他们激活比喻和系列图像，他们使熟识的东西陌生化并从而使其产生新的急迫性。略加变更——用了一个个性化的习语——在格奥尔格的《心灵之年》（1897）中这样表述这种创造性的成绩："怀着少有的严肃和孤独 / 他为各事物编造独特的名字——"

每一个名称所表示的现实的性质随着名称的变化也在变化。这基本上同霍夫曼斯塔尔 1902 年在《夏杜斯信》[1] 中所阐明的判断相矛盾。反过来取代了在那里所表述的对事物无声魔力的信任的，是卡夫卡作品中的这一信念：对人来说，没有语言规则就什么也不存在。言辞的符号才给各种事物注入生命并决定可为我们感知的各事物的形态。文学的特殊功绩就在于：它不同于日常交际，它可以奢侈地使用竞争性名称并从而能够证明，我们对现实的感知多少强烈地取决于对现实的描写。在这一观点的后面出现了一种语言理论，这一理论与犹太人的神秘主义有异曲同工之妙。瓦尔特·本雅明在 1916 年的一篇针对犹太教神秘教义的思维动机的论文中持有这样的信念：上帝通过正确叫出其名字才创造了种种现象。在一个像在天堂里的语言阶段人类有了这样的才能：通过言语推断上帝在做造物工作时赋予各事物的意义。按犹太教神秘教义，语言就是完善的认识，而按照本雅明的说法，这种"人类最原始的命名"被原罪废除了：这原罪将言语同实体分离并使言语成为一种随意的、没有神秘力的交际工具。格斯霍姆·绍莱姆指出只有希伯来语没有坠入借助工具的语言规则之中并保持住了一种像在天堂里的纯洁，从而补充了本雅明的假设。卡夫卡的未完成小说反映了这种直接表达的理想：这一理想展示一种文学语言，它作为超然于一种纯粹的理解意愿的启示媒介阐明事物的神秘生命。虽然人类最原始的名字是"忘记"，可是文学却能够通过其公然的、并非定格为清楚明确的名称游戏更新这些名称的最初的认识力。和祈祷者的谈

---

[1] 《夏杜斯信》：奥地利作家霍夫曼斯塔尔（1874—1929）1902 年发表的散文作品，作家虚构的年轻的夏杜斯勋爵写给著名的哲学家和自然科学家培根的信。

话所表明的"奇特的"话语在一个当然只是短暂的、无法固定下来的片刻制造了一种"人类最原始的命名"的错觉，这种命名废除了原罪并使说话的人成为事物的主人。在这一点上显示出犹太神秘主义词语魔力和这篇未完成叙事作品口头表达的神的出现之间有着一种惊人的近似，这种近似的外部原因几乎是找不出来的。卡夫卡既没有在上大学时期也没有在后来的岁月里深入研究过犹太教神秘教义，假定在这方面有较深刻的认识，这种解释恐怕会误入歧途。但在卡夫卡的文学知识与犹太教神秘主义的思维动机之间还是可以看到一种相似性，它独具一格地恰恰影响了后期的作品，如长篇小说《诉讼》。不是理论上的研究，而是口头的传说——通过朋友如胡戈·贝格曼和格奥尔格·朗格——在未来的年月里构成这种知识的源泉，这种知识的根基因此就在作为宗教经验原始媒介的口头言语中。

　　文学语言什么都可以说，因为它不必真实。它使主体看到不同的现实的面，而并不确定那种按照布伦塔诺的哲学表现概念的特殊性能的"意向性"。可是人类为文学语言的坦率所付出的代价却是所有的人物都罹患的"陆地上的晕船病"。由于在符号的自由游戏中没有什么东西能持久，这些人物几乎不能可靠地拥有现实。在往往是别的名字的操纵下，这种现实像一个其形态无法确切固定下来的柏洛托士[1]那样变化多端。这件未完成作品所表现的联合语言运动的第二个结果是理解的失败。小说中的人物都没互相使对方获得个人的感觉、判断和信念。交流的彻底告吹使这件未完成作品的对话变成伪装的独白，它造成那种说话的文学自我关联性的结果，在其影响下每一次如诺瓦利斯[2]有意语义双关地表达的"恰当的谈话"都是一种"纯粹的文字游戏"。文学语言的魔力——卡夫卡的早期作品这样显示——分解现实的统一并创造一个新的世界，这个新世界不再能够揭示单义的意义。

1　柏洛托士（Proteus）：希腊神话中变幻无常的海神。
2　诺瓦利斯（Friedrich von Hardenberg Novalis，1772—1801）：德语诗人。

1909 年 6 月，布莱的《许培里昂》刊出了《与祈祷者的谈话》和《与醉汉的谈话》1907 年中断的残稿。刊印前对两件作品做了正字法修订，但没在别的方面做改动。这两件作品发表后几个星期，卡夫卡决定写一个新版的全部《一场战斗的描写》。我们现存的这份手稿显示出一位充分意识到自己的艺术成就的作家的龙飞凤舞的笔迹。韵律优美的文本中只有不多几处改正。卡夫卡在这里，如自 1907 年以来流行的那样，使用了拉丁文的草体，不再使用德语学校规定的草体。在很大程度上保持了原来的结构，而从前的中间部分则有了深刻的变化。先是他青年时代的田园般的景象出现在"我"的一个完整的梦中。这篇童话般的文字，它接合成一首节奏鲜明的练习曲，它在 1912 年略经修改便以《公路上的孩子们》为书名构成了卡夫卡第一卷独立成书的散文的序幕。第一人称叙述者接着作为观察者人物形象出现，胖子取消了，祈祷者与相识者相比有了更重的分量。卡夫卡不再把他当作叙述者的影像，与他的会见获得了符合事实的特性，它们影响了谈话。作为自恋的变种的倍增结构从而在形式上平静下来并在一个中心形体中被废除。

在紧凑结构的影响下卡夫卡删除了第一稿中的几个幻想的场景。超现实的因素因当时的情况而变得有理据或者受到评论的削弱，每逢叙述者突然升到空中并在那里像一个游泳者那样移动，他都不得不对这种新的能力表示恼怒。迎合更为言简意赅的谈话的是，语言反射也退到次要地位。不再是"事件的真实名字"的"忘记"，而是它们的不足，驱使祈祷者做富有诗意的创造。文学语言并非由于一种超感觉的明确性的失落而随后跟上；而这种失落则还是第一稿的出发点。它只是填补了"真实"，"但同时缺乏直观的"日常交际语言所产生的空白。它从而逆转了这个被尼采十分精辟描述过的、无生气的比喻构成概念的过程：又是作为人类的一种原始语言象征的"液化了的诗意形象"取代了僵硬的抽象名词。第二章中新撰写的插曲以其幸运的联合、生机和田园般的与自然界紧密相连的主题创造了与折磨人的礼俗相对应的形象，而各人物在其自我表现过程中则听任这些礼俗的摆布。这个对应形象唤起无先决条件的开端和不屈的自我确信的魅力，卡夫卡把——一向对他来说恐惧不安的——儿童经历领域和这种魅力联系在一起："什么都无法阻挡我们。我们这样奔跑着，以至我们甚至在超越时都能够交叉两臂并从容不迫地盯住我们自己。"

新稿撰写在 1910 年中止。祈祷者故事没有写完，所以战斗主题依然没展开。1910 年 3 月 14 日卡夫卡在布罗德家里朗读手稿，他没隐瞒自己对这件作品的不满。当卡夫卡几天后告诉布罗德，说是他不想把这件作品继续写下去了，布罗德请求卡夫卡把它交给自己，以便自己深入阅读。从此他就把它保藏在自己的抽屉里，以便使它免遭焚毁，卡夫卡通常都是将不符合自己的严格标准的手稿付之一炬。

没有新娘的婚礼筹备

还在卡夫卡发表第一件作品之前，他就因自己的文学成就而受到公开称赞。在一篇发表在柏林周刊《当代》上的评论弗兰茨·布莱的剧本《黑暗的路》的文章中，布罗德 1907 年 2 月初在列举海因里希·曼[1]、韦德金德和迈林克等一系列著名作家时也提及他，认为他是一位优秀作家，是"德语著作高度文化"的一位代表。卡夫卡的第一批作品在这一颂歌之后一年才陆续发表，从这篇颂歌的风格上人们还丝毫看不出布罗德后来的犹太复国主义信仰。在弗兰茨·布莱的双月刊《许培里昂》上——这是一本"极其豪华和附庸风雅"的刊物——1908 年 2 月刊出八篇散文作品，四年后它们略经修改结成一册小说集《观察》出版；对《一场战斗的描写》中的"树"的辩证研究也在这些短篇作品之中。当马克斯·布罗德在发表前不久给 17 岁的中学生弗兰茨·韦弗尔及其同龄朋友维利·哈斯朗读这几件作品时，他遇到了

1　海因里希·曼（Heinrich Mann，1871—1950）：德国小说家、剧作家。

强烈惊诧的反应。"这永远出不了泰青市[1]区！"据说当时已经在私人小圈子里作为抒情诗人出名的韦弗尔曾愤怒地说过这样的话。他认为卡夫卡的作品将只会在布拉格的极狭小的圈子里产生影响的这一预测并非那么不合情理。这些早期作品显示出一种隐遁的观察文化，它离颓废病态和印象派伤感——1900年前后的时髦倾向——很远。正是它们那锐利剖析的语言的光辉描写强度似乎使一种广泛接受成为不可能，因为它既不显露心理上轰动一时的事件，也不揭示新浪漫主义的内心世界。

1908年2月公开亮相的这几件较短小的散文作品是在酝酿第二部拟写成长篇小说的大部头作品的过程中产生的。马克斯·布罗德后来给这部未完成的手稿取名《乡间婚事筹备》。估计卡夫卡在1907年2月开始拟草稿。1907年6月中他把第一章提交给布罗德，由于不满在这之前已写成的部分，这第一章没继续写下去。1909年夏他试图修改并草拟另外两个文稿，然而他只写了几页便停笔了。1909年7月初他把文稿交给马克斯·布罗德并用嘲讽的口吻说了句这部"长篇小说"是"他的灾星"。在这里就已经可以看出，卡夫卡的重要作品还一直都是未完成的，他不蓄意追求一种后浪漫派的未完稿美学，而是追求尽可能统一的叙述的自成一体的形式。他的文学创作一再重新——以及一再创造性地——没达到这个目标：这是文学创作对他的嘲弄。

小说讲述的故事平淡无奇。爱德华·拉班，一个有着稳定职业的30岁男子，动身做一次两星期之久的乡间度假，去会见他的未婚妻贝蒂，"一个有点老气的漂亮姑娘"。拉班利用去火车站途中的散步，与一个熟人漫不经心做的谈话，在火车中的逗留以及最后在一辆马车中的行驶做了一次心灵之旅，而这心灵之旅则一再为光怪陆离的街景和车厢分隔间情景观察所打断。选择性良好的快照渗透主人公的反射流并设法获得描写内心心理状态的平衡力量。很能说明这一结构

1　泰青市：捷克城市名。

的特点的，是乘火车主题，卡夫卡利用这一主题，解释清楚旅行印象和脑力劳动的变化交替。1905 年夏及 1906 年他赴楚克曼特尔行驶途中所得到的观感进入作品的描写之中。像一幅好看的彩色粉笔画呈现在凭窗外眺的拉班眼前的略带丘陵起伏的景色使人注意到这个具体背景。铁路在后来的散文作品中也扮演一个重要角色：1911 年夏末和马克斯·布罗德共同构思的长篇小说《里夏德和萨穆埃尔》由一个乘坐火车场面揭开序幕；1914 年 8 月产生一篇用自叙体写的短篇小说未完稿，讲述在俄罗斯筑铁路及在极端恶劣气候条件下勘察路段的艰辛。对阿尔弗雷德·勒维的关于他领导的马德里铁路公司的报告的回忆无疑在这里引起了激励的作用。尤丽叶的弟弟约瑟夫直至 1903 年之前一直从事（最后失败的）比利时刚果建造铁路组织工作，虽然卡夫卡从未见过他本人的面，关于这位舅父的非洲冒险活动的详细情况想必他一定有所耳闻。除了这样的来自外部的激励以外，还有自己的乘坐火车的印象，然而这些印象自 1911 年 1 月起才由日记定期记录下来。火车（也包括电车）是热心的观察者卡夫卡的理想工具，他在车厢的分隔间里进行观察并从"火车车厢窗户"以不参与的旁观者的角度感知景色及一起旅行的人。这个乘火车的旅客跟后来的《观察》中的散文作品所描写的散步者类型相似，是一个窥阴癖者，他带着对刺激变化的兴趣接受浮光掠影的印象，却没被它们真正触动。

　　拉班，他抱着既怀疑又忧郁的态度开始乘火车旅行，他在卡夫卡的未完成作品中将永远找不到他的未婚妻。阴沉的天空反映出他的忧郁的心情，他越接近他的旅行目的地，雨就越下得大，这看上去就像他的精神状态的象征。只是打发穿上了衣服的身体去坐火车，却把精神的自我留了下来——这个白日梦暗示拉班的唯我论和作为《变形记》前奏出现的，以"一只大甲虫的形态"躺在床上的幻象如出一辙。在希望彻底变形的后面隐藏着一种自我位移。拉班梦想通过倒退至动物生存阶段逃脱他因即将结婚而要承担的责任。浪荡子的角色符合他的精神状态，这个浪荡子在城里闲逛，边游荡边浮想联翩。单身汉拉班，早期作品中的一个典型，是一位观察的主人公，他不想承担什么义务，因为他正享受着这悠闲自在、无拘无束的生活。这种正常生活的、其背后显露出一个冷漠和自私的深渊的经济结构并非一定不能让他谈情说爱。后来叙述者几乎是顺便说起，拉班尽管订了婚却在城里和一个情人交往，他常在她那里度过"愉快的夜晚"。使性生活适应单调而有秩序的日常生活比激情更重要；《诉讼》中的约瑟夫·K将以比较冷静的方式来拟定他与女招待艾尔莎的性关系。

　　"拉班"（"Raban"）这个名字因其字母的排列而像"卡夫卡"（"Kafka"）并从而构成一系列可比较格式文学假面游戏的序幕。类似的相似之处，格奥尔格·本德曼（《判决》）和格雷戈尔·萨姆萨（《变形记》）的身上就有，这是卡夫卡本人同意给予的在《诉讼》和《城堡》中，种种预兆的私人神话因在手稿中像一个古体象征弧形突起的"K"而完全显而易见。1914年3月3日卡夫卡告诉格蕾特·布洛赫，说是他"不喜欢"看见"写着自己的名字；1920年6月他用这句套语结束一封致米莱娜·波拉克的信："如今我也还在失去名字，它不断地在变短，现在它叫：你的。"随着时间的推移，个人的履历也变得比较紧凑，直至主人公仅作为职务名称出现：乡村教师和守墓人，猎人和骑桶者，乡村医生和家长，马戏团骑术表演者和工程师，饥饿艺术家和空中飞人表演者（只有约瑟菲妮，最后一篇小说中的唱歌的耗子，可以具有这个完整时代的名字）。然而原则上人们不应该把由字母游戏诱发的种种联系变成以传记方式阅读作品的出发点。它们掩盖了卡夫卡用来以使经验的物质重新被分类并被转送进一种凝缩了的文学结构的形式活动。儿子的生活和生存恐惧的中心样式，拘泥于罪责幻想，生疏感和对固定关系的恐惧——它们只是间接地闯入文学的世界。

　　跟《一场战斗的描写》中的情况不一样，《乡间婚事筹备》的叙述形式遵循现实主义的原则。幻想的成分彻底被排除；描写的语言不带任何评论，客观而不带感情色彩。抓拍的高度精确性显示出一种福楼拜的特性，卡夫卡自 1907 年起便一直在潜心研读福楼拜的作品。尤其是对《情感教育》中表面上看来没有叙述者内心参与地描写咖啡馆活动和林荫大道、沙龙生活方式和剧院休息厅、下乡远足和节庆宴席的冷静客观的艺术风格，青年卡夫卡赞赏备至。他对城市交通和行人、面容、姿态、服装和时髦饰物的街景的描述以一种冷静剖析的剪辑技术连续发生。外貌细节和神情像在一面放大镜下成为人们注意的中心。然而跟在福楼拜的作品中不一样，一种受到刺激的口气介入细节描写之中，这种口气使熟悉的东西丧失其不言而喻的特性，从而使它陌生化："一个小姑娘在伸出的双手中捧着一条疲倦的小狗。两位男士互相通报着什么，其中的一个双手手心向上并像是悬空拿着一个重物似的匀速移动双手。"里尔克的长篇小说《马尔特》将在卡夫卡的小说草稿诞生几年后选择一种可比较的描写方法，来刻画像一个人造舞台世界的要素呈现在主人公眼前的巴黎街景。

　　叙述者的干预卡夫卡是这样刻画的：它们给人以这样一种印象，仿佛它们来源于主人公的意识。这件未完成作品的引子就已经显示出这种技巧的双重含义："当爱德华·拉班从门厅过道里出来走进大门洞口时，他看到在下雨。下着小雨。"视角在这里并不局限于主人公的位置，而是完全开放的。拉班的感觉和叙述者的那种感觉分道而行。拉班的观察——"在下雨"——受到叙述者的修改——"下着小雨"。这个过程看来就像主人公——他的第一个感觉表达得比较准确——的一种自我修正：这就是卡夫卡充当导演时的那种敏感。叙述者比他的主人公更了解情况，可是他却带着怀疑者的神情不相信这种认识：这个怀疑者不得不经常打断自己的话，以便获得一个——总是又得加以纠正的——清楚明了的概念（尼采用他的拆解式提问技术利用了一种类似的修辞学自我改正的方法）。卡夫卡指望他的读者们去做的幻觉误导游戏是一种认识游戏，它既不获得主观的——由主人公促成的——也不获得客观的——通过叙述者可确立的——明晰性和持久性。它超然于真实，在认识的前室中移动。福楼拜的"沉着镇定"

已经在这里变成规范意义和知觉结构文学解构的一种媒介。

　　1909 年夏产生的作品的几个稿本保留了街景引子，却改变了谈话情景。在第二个文本中一个上了年纪的男子取代了相识者，拉班很能使此人听明白他的旅行计划，因为此人老是想教训他给他出主意。第三稿没有写到谈话开始，而是在把看上去无联系的城市交通景象穿成串儿后便戛然而止。一种电影审美的目光在这里比在从前的文稿中更强烈地占着支配地位，这种目光通过界限分明的连环画面捕捉热闹街道上的活动。在这方面很典型的放弃原本可以把情景过渡刻画得更感人的评论段落。这样就产生了一种照着把快照严格接合穿起来的剪辑技术样子的电影节奏。卡夫卡，我们还会谈到，自 1908 年起他便常看电影，他在这方面曾受到自己的新的视觉经验的激励。西格弗里德·克拉考尔告诉我们说，早期的电影特别喜欢"挤满了人的活动场所上的"群众场面。阿尔弗雷德·德布林 1913 年将在他的《柏林纲领》（致小说家及其批评家们）中宣告："鉴于要塑造大量形象，描写就得有一种电影风格。"遵照这样的要求，不仅福楼拜的客观的描写艺术，而且无声电影的芭蕾舞动作设计也决定了长篇小说第三稿的写法。

日记作为实验室

　　卡夫卡在上大学期间就记日记。然而他由于个人感到不快就把早期的笔记本像他的众多散文作品那样销毁了。1912 年 3 月 11 日话说得典型地简练："今天烧掉了许多旧的令人厌恶的纸张。"流传给我们的日记 1909 年才开始。日记主要都记在笔记本上，有时也使用零星的纸条或纸张。大多数保存下来的笔记都属于 1909 年夏至 1917 年秋之间的这段时期。照此看来，卡夫卡显然只是间或记日记，因为对于自我观察必不可少的能量在书信和文学作品中流失了。以前托付给日记的文学习作自 1917 年起主要写在特有的八开本笔记本上。

　　卡夫卡的日记优先聚集了能对家庭生活领域，但同样也能对散步途中和泡咖啡馆的感受做的日常观察（只有办公室工作这个领域几乎完全没有）。此外还加上谈话印象，它们一般记录下谈话片段；另外还有自我观察的形态，它们揭示了自己的精神和身体状态；一天的幻想和梦幻的记录；对看戏剧和电影、对报告会和作品朗诵会的回忆；表现为内容提要、摘录、引语或评价的对读物的反映；书信和书信片段；口头流传下来的东西（特别是犹太教法典教义和宗教礼俗）；儿时回忆；文学草稿片段，但也有完善的作品；最后是对作家写作及其收获的想法。这些不同的题材范围仍然有一个共同之处，这就是：它们按诗文的要求予以处理。在卡夫卡的日记中，全部记述都遵从文学的法则，在这个文学法则的另一边则是一个无文字世界的一片虚无境界。观察和评价，回忆和日常生活印象无与伦比地拥有某些素材的特性——这些素材会进入虚构故事的结构。

　　每篇日记都通过其特有的塑造主观经验的风格而具有文学的特性。但还是可以观察到日记形式的不同的理解，它们不受这种一般性倾向的影响。一个自 18 世纪以来就为人们所熟悉的模式在于尽可能详细记下个人的生活经历，并就其独特的组织结构作出解释，像歌德、托马斯·曼或布莱希特这样的作家便是本着这样的精神记日记的。一种与这不一致的、具有典型的现代派特征的方法在日记中创造了一个密切自我观察的空间，它允许通过写作这一行动不断重新勾画自我。克尔凯郭尔、司汤达和托尔斯泰——姑且就列这几位卡夫卡熟悉的作家——的日记便是遵循这样的样式。这种做法的痕迹后来也可以在青年格奥尔格·海姆[1]的日记中找到，他是一个卡夫卡那样的有观察癖的艺术家。19 世纪形成了第三种模式，它赋予日记以一种书面报告艺术创作的性质，人们在格里尔帕策、普拉滕[2]、伊默尔曼和黑贝尔那儿会

1　格奥尔格·海姆（Georg Heym, 1887—1912）：德国诗人。

2　普拉滕（August Grafvon Platen, 1796—1835）：德国诗人、剧作家。

遇到这样一种苗头。

乍一看来，人们会获得这样的印象：仿佛细致入微的自我感觉在卡夫卡的日记中处于中心地位。然而这种论断却掩盖了这一事实：身体状况、情绪和情感的描述也受到想象力的支配。经验教材构成大量可塑物，它们成为文学想象的对象。在这个意义上，卡夫卡的日记只用于试验叙述形式和素材。日记案卷提供通过实验检验文字模式、故事开端和题材的机会。大量记述可以当作叙事开场情景的异文来读，它们是进入写作过程的试探。这样的文学试运转往往受到在这里变成叙述的催化剂的较旧的草稿的支撑。日记不是一时冲动发表意见的场所，而是，一如种种删节和修正所显示的，一个供作家全神贯注、坚持不渝从事写作的工场。罗伯特·穆齐尔的日记是"非艺术"的尖锐提法遭到了卡夫卡用来使他的传记性原始资料跃入虚拟世界的那种认真的审美要求的否定。

陌生化过程对日记的文学深度具有重要意义。日常观察和谈话回忆被这样记下：它们失去原本具有的相互关系。卡夫卡在这里保持着的投向现实的惊异目光来源于一种严格的选择，从而也就是来源于一种文学技巧。浓缩了的经验材料在被作家送进文字传媒之前就已经被过滤和分类。然后语言描写过程就使它接受第二次结构大变动，这一结构变动重新组建并塑造被观察到的东西。马克斯·布罗德在他的1906 年 2 月由柏林期刊《当代》分两部分发表的论文《谈美学》中曾试图将"新颖"规定为美的重要品质，据他看，艺术乐趣和享受因翻新而产生，这种翻新会被我们感知，如果我们同陌生的东西进行接触并有意识地把这种陌生的东西——在统觉行动中——理解为新颖。卡夫卡不无分析洞察力地——他总是不承认自己在哲学问题上有这种洞察力——研究了布罗德的文章。卡夫卡对他的这篇不细致的概念论文以及教条地从新颖中推导美提出反对意见。可是他却表示赞同布罗德的这一信念：新颖并不是由现象引起的品质，而是只有通过感知行动才可以体验得到。日记摘录的纯粹文学的陌生化性能也按能互相比较的意义产生影响。这些摘记撤销自动化的感觉，它们把现象排除出其熟悉的框架并把以为是正常的东西变成一个陌生东西的象征，一个粘着一种惶悚因素的象征。

可作为这种方法的楷模的，是卡夫卡在日记中提供的不易混淆的面容描写。它们形成有高度熟练技艺的文学习作，自恋的小肖像，而在这些小肖像上不是印象的真实性，而是描写的艺术特性处于中心地位。1911 年 10 月 13 日他对他的布拉格保险公司顶头上司欧根·普福尔记下这样的话："从我上司秃头那绷紧的头皮无艺术技巧地转化为他额头的细小皱纹。一种显而易见的、很容易模仿的气质上的弱点，钞票恐怕是不能这样印制的。"在这之前几个星期他描写画家阿尔弗雷德·库宾："很强壮，但有些单调而不平静的脸，他用同样绷紧的肌肉描绘不同的东西。随着他坐着还是站起来，光穿西服还是披着外衣，他的年龄、身高、强壮程度看上去也会不一样。"在逛了一趟妓院后回忆一个妓女记下这样的话："一个狭长脸犹太女人，不如说这张脸伸展为一个狭长的下巴，但让一头膨胀而波浪形的头发摇动宽了。""她的脸上，"对一个媒婆这样描写道，"有着如此之深的皱纹，以至我竟想到了动物注视着这样的人脸时一定会现出的那一副迷惘和惊讶的神情。"相貌瞬间摄影使用解构技术，这种技术把观察对象拆成单独的部件并将其插入新的语境中。卡夫卡日记肖像的文学品质通常都与其大胆投出的冷冷的目光联系在一起。但是这种目光通过过滤感觉印象并将其置于新的关系之中的诗一般的语言充分发挥作用。文学创作反过来要求具体的素材，因为它，如同 1911 年 12 月 13 日所说的，通常都处于在深不可测中飘荡的危险之中："经过较长时间间歇我开始写作，这时我就像从空洞的空气中吸取词句"。日记记录和文学习作几乎无法分开：这一点表现在《乡间婚事筹备》的乘火车印象中，这些印象在倾向上符合 1910—1911 年早期日记记下的细致入微的日常观察。两者都试图捕捉住人们称之为"无限的瞬间"的东西：一个瞬间不可思议的魔力，这个瞬间通过文字逃脱了被忘却的命运并成了文学创作的题材。

卡夫卡的日记聚集了 100 多篇文学的提纲、速写、片段，但也有完整的作品如《司炉》和《判决》。但是完全没有情节设计、分段模式、人物表和叙述年月顺序模型。卡夫卡更喜欢经由自发记录过程得到一个故事，因为他不这样就不会整理他的素材（后来在制订长篇小说规划时这导致很大的困难）。跟霍夫曼斯塔尔和托马斯·曼这样的作家相反，他从来都不会对自己的写作进行经济划算的规划，先勾勒出情节和确定描写的一个个步骤。在始终都是新的、完全缺乏控制计算因素的开始阶段，他改变试验，测试叙述结构形式，检验题材。日记显示，这样的写作过程有时会产生多么令人痛苦的结果。由布罗德加上标题、卡夫卡在 1910 年下半年费尽心力撰写的未完成作品《小废墟居民》似乎很能反映这方面的典型特征。草稿最后有六个文本，全都是未完稿。记录的过程同时表明一种对明显以作品为基础的传记体材料的取代和草稿的不断增长的文学自律性。第一稿以对童年时代经历的个人回忆作为开端，一如日记常常阐明的那种回忆："我一考虑到这一点，我就得说，我受到的教育在某些方面对我很有害。"虽然卡夫卡在此后的几个文本中原则上保持了这个开场白，然而他却逐渐消除了传记体的视野。最后出现了一个打上了内在紧张气氛烙印的、更具文学效果的文本："我常常考虑这件事并不加干涉地听凭思绪驰骋，可是我总是得出这同一个结论：教育对我的损害甚于所有我所认识的人，并且甚于我所理解的。"

卡夫卡放弃通过直接校正修改他的草稿的第一个稿本。由于他不习惯于按系统分段写作，所以他就得尽可能全神贯注地、一气呵成地展开必要的写作能量。他在这一点上一旦失败，他就——通常在长时期中止之后——从头再来：他吸收、变换和重新编排旧有的文段。这就产生了一种通过异文竭尽全力修改的方法，而日记则相当清晰地对这做出了证明。它成为设法谋求一则故事的完美统一的舞台：这则故事通过辛勤挖掘才在较深层的幻想中出现。"因为我想起来的所有事物，"1910 年 5 月中卡夫卡写道，"我不是从根上，而是从中间的某个部位想起来的。"日记就这样揭示了一种定期新开端的写作方式，它按一定规律反复发生并经常受到想象力枯竭的威胁。

日记所聚集的文学试验中一般都是散文作品。抒情作品一直是例外，很少显露出特别大的创造力。1912 年 9 月 15 日，瓦丽订婚的日子，卡夫卡写下了两首阴郁的、在节奏和使用隐喻技巧上受到霍夫曼斯塔尔激励的四行诗："用新的力量 / 我们克服 / 内心的疲惫 / 振奋而起 // 可疑的人物 / 他们等待 / 直至儿童们 / 虚弱不堪。"在日记以外卡夫卡也只是偶尔大胆尝试抒情体裁。1909 年 9 月 17 日的诗《小灵魂》——马克斯·布罗德 1911 年试图为它谱曲——以及受到斯蒂芬·格奥尔格启示的《一场战斗的描写》的卷首诗是凤毛麟角。卡夫卡似乎很早就已经意识到自己的才能不在抒情领域。他的语言的特有的音乐性和节奏感只显示在散文的媒质中。但是这并不排除他在自己的青春期年龄上常常写诗。这至少符合一种具有时代典型意义的文体理想，布拉格的高级中学学生也都推崇这种文体；从鲁道尔夫·伊洛维及保尔·基施直至埃米尔·乌蒂茨的他的众多对音乐感兴趣的同学都曾尝试写过诗，写得矫揉造作的胡戈·萨鲁斯通常在这方面是他们的伟大的榜样。医生萨鲁斯（1866—1929），这位仅次于弗里德里希·阿德勒（1857—1938）的布拉格较年长一代德语作家中最招惹是非的代表，用他那做作的风格影响了世纪之交的不同的作家。1917 年在一封致布罗德的信中，卡夫卡把这种往往会产生一种冒牌货抒情文化的自恋而矫揉造作的鲜明形象描述为"萨鲁斯的囮子[1]"，人们赞赏它们，但在内心并不同情它们。约翰内斯·乌尔齐蒂尔回忆时谈到萨鲁斯的诗"具有哥特式和巴洛克式矫揉造作格调"。奠定卡夫卡的语言认识的、很早便形成的文体语言纯正癖及时使他免受这种诗歌的虚伪光华的传染。

---

1 囮子：捕鸟时用来引诱同类鸟的鸟。

　　日记作为持续不断进行写作练习的场地的这一构思对于卡夫卡来说也包括一种和自己交往的沉思模式。他的目标是，"人们平静而清楚地意识到人们不间断地遭受到的变化（……）"。然而这样一种认识只有通过一定的感觉技术才能呈现出来。1910 年 5 月中，他冷静地评论自己未来的日记策略："可是每天至少要有一行对准我，就像人们现在用望远镜对准彗星那样。"这句话的内容与报纸上热烈展开讨论的、由哈雷彗星引起的日食有关，据计算日食将在 1910 年 5 月 19 日早晨发生（卡夫卡和布罗德及弗兰茨·布莱一起在挤满了人的劳伦齐山看日食）。内心深处和自然科学观察之间的、日记技术和天空奇观之间的对照显得具有代表性。这里事情并不像在 1910 年对彗星讨论提供了一种荒诞评论（《铁轨从桥上坠落》）的雅各布·范·霍迪斯 [1] 的著名的诗《世界末日》中那样，关系到对现实的侵蚀 [2]。在卡夫卡那里，自我本身是一个远处的有生命之物，它似乎像哈雷彗星那样正在远远离去。只有通过写作，作家才能将自我置于更易于看到的视野之内，让自我可以受到观察和审查。日记作为辅助机构所起的作用类似天文学领域里的一个望远镜。然而移近的过程同时具有新创造的性质。远离好多光年的自我通过文字的传媒才呈现出来，一如彗星只有通过现代光学技术才能被观察者看到。日记从而也就到达通过写作勾勒自我的主体的诞生地点。

1　雅各布·范·霍迪斯（Jakob van Hoddis，1887—1942）：德国诗人。

2　作者用了这个地质学上的术语，用风雨对自然的侵蚀作比喻。

第五章

最初的在职时期（1906—1912）

在地方法院

按照奥地利模式，在波希米亚王国，全体法学系大学毕业生若要谋求一份公职得在法院无偿服务一年。1906 年 4 月 1 日，还在最后的博士学位口试之前，卡夫卡就已经进入旧城环城路里夏德·勒维博士的律师事务所（名字和母亲的家族相似纯属偶然巧合）当临时助理员。10 月 1 日他开始了自己的正式实习培训，先是在专区民事法院和刑事法院，然后，自 1907 年 3 月中起，在地方法院。一种淡漠的情绪像灰蒙蒙的雾笼罩着这一年之久的法院实习时期。卡夫卡把这不过分费力的工作看作大学学习在较宽松条件下的继续，但他并不是很会利用增加了的自由时间。他当实习生没有报酬这一事实使他在经济上继续依赖父亲。所以他理所当然地没放弃采特纳尔街双亲老宅中自己的那个房间并且在 1907 年 6 月家庭搬迁至尼克拉斯街后也没寻求独立的住处。

在回忆这段往事时，卡夫卡抱怀疑态度把在法院中的一年称作"所谓的混日子时期"。1920 年还这样写道："这在当时是一种告别，这是他在告别青年时期的虚假世界；顺便提一下，这个世界从未欺骗过他，而仅仅是让他受四周各权威人士的言论的欺骗。"许多个下午

获博士学位后，1906 年

他在咖啡馆里虚度了——他尤其喜欢位于采特纳尔街后面明沟边上的科尔索咖啡馆——他在那里以学究式的细致阅读当天出版的报纸及各种文学期刊——通常是《当代》和费舍尔出的《新评论》。他常去工艺美术博物馆，因为他想研究那里陈列出来的目录和期刊（这一习惯保持到 1911 年）。他定期出席"大会堂"的报告会，晚上在小酒馆里打台球消磨时光并和爱好冒险活动的布罗德一起体味夜间泡布拉格酒吧的情趣。无所事事的日常生活还包括长距离的散步，它们驱使他穿过内城并到达市郊。

　　对于这一人生阶段的懒散情绪来说颇为典型的是：他在法院实习的一年间尽管有充足的闲暇时间，却只是迟迟疑疑地继续从事文学写作，《一场战斗的描写》在 1907 年春中断，长篇小说草稿《乡间婚事筹备》没有超出起始阶段。在懒散的自我视察的氛围中只产生了几篇短小的散文作品——《拒绝》《心不在焉地向外眺望》，它们于次年刊印在弗兰茨·布莱的《许培里昂》上。"在 25 岁前没有偷过懒的人，"1907 年 10 月他这样写道，"是很值得同情的，因为我相信，人们不会把挣来的钱，但会把游手好闲耗费掉的时间带进坟墓的。"1919 年他还在抱着类似的基本态度说："我像一个虽然有忧愁和糟糕的预感、却不记详细的簿记、无忧无虑地过日子的商人那样长大到做出种种结婚尝试之时。"

　　在这规定实习的一年结束之后，卡夫卡于 1907 年 8 月在特里施他舅父家休养了一个月。他在沙质公路上骑摩托车，喝啤酒，打台球，帮助农民喂牲口并光着身子在池塘里洗澡。他在特里施结识了 19

岁的维也纳女子黑德维希·魏勒，她和她的女友——住在本地的犹太教经师的女儿阿加特·施特恩一起准备参加一所文科高级中学外来生的毕业考试，以便在这之后——对于这个时期的妇女来说不寻常——就读一所大学（1908 年以后君主国的大多数大学才允许女子入学）。乍一眼看上去，卡夫卡觉得，一

黑德维希·魏勒

如 1907 年 8 月中他在一封信中告诉马克斯·布罗德的，姑娘们不怎么有吸引力：“阿加特很丑，黑德维希也很丑。”如果人们拿这段描写与流传给我们的黑德维希·魏勒的照片比较，那么这段描写便是以怪诞的间情手法技术为基础的：“H[1]又矮又胖，她的面颊红红的依次相连、无有边际，她的上门牙大得让嘴合不拢，让下颔显不出小来；她高度近视，这不仅可以从她将夹鼻眼镜向下放在鼻子上的优雅动作上看出，她那鼻尖上真的有一个个好看的小平面（……）。”好感慢慢增长，是错觉、自我欺骗和感应作用的结果：“（……）昨夜我梦见了她的缩短了的胖大腿，我就这样绕着弯子清楚地看到了一个姑娘的美并恋爱了。”卡夫卡简直是必须了解这种爱慕的感觉；这类似后来在菲莉丝·鲍尔身边的情况，仍然是一种内心的道义上的要求的结果：这种要求似乎来源于一种按市民方式处理他的性爱生活的需要。

　　“绕着弯子”，受到想象的力量的激发，一种柏拉图式的关系就这样形成，处于这种关系的中心的，是有才智的谈话——谈社会运动、尼采哲学、司汤达的日记和斯堪的纳维亚文学。像在罗斯托克给塞尔玛·科恩朗读那样，卡夫卡定期在露天给黑德维希·魏勒朗读。朗诵的是马克斯·布罗德的第二本散文集《实验》，这本集子在这之前不久由容克出版社出版，在短篇小说《卡里纳岛》中将一幅卡夫卡画像

1　H 是黑德维希（Hedwig）的首字母。

描绘作颇富情调的花花公子。这种关系没有越过习俗的严格界限，姑娘让卡夫卡用亲密的"你"称呼她，这已经达到许可的极限了。1907年8月底，从特里施返回后，他便开始同这位女友通信，他显然觉得在通信中比在直接交谈中更加无拘束。他给她寄诗，唤起对特里施夏日的回忆，让她与他共享他的日常体会（"亲爱的，我下班回家的路途值得讲一讲，尤其是因为它是唯一值得我一讲的事"），并冒着风险做出想象中的性爱亲近（"我闭上眼睛并吻你"）。由于黑德维希·魏勒打算在维也纳高级中学毕业考试后去卡尔大学学语文学，他便试图给她在布拉格谋一个聊天伴侣和家庭教师的职位，然而他在报纸上登出的广告似乎没有得到任何回应。

我们现有的书面材料表明，这种关系并非没有紧张对立。卡夫卡的信多次反映出两人在原则问题上的误解和意见分歧。黑德维希·魏勒的拘泥死板，她的爱好教条主义的倾向和她对一丁点批评做出反应时的那种敏感，很快就使他心烦意乱。他觉得她对生活的看法"很具社会民主主义色彩"，带有坚定的世界观和严格的价值观。她不得不，1907年8月他就已经这样写道，"咬紧牙关"，才不至于"一有机会就说出一种信念、一个原则"。另一方面，这位年轻妇女显示出来的现实感似乎又令他着迷。几年后，1911年11月底，他在日记中影射他的妹妹们："女孩子们的教育，她们的成长，适应世人的法则，这些对我总是有一种特殊的价值。然后她们就不再那么毫无起色地避开一个与她们只有泛泛之交并喜欢和她们泛泛说上几句话的人，她们已经会站住一会儿，哪怕只是在她们的房间的门口，而人们却是想在房间里见到她们的（……）唯有穿衣服时她们才退回去。"这是一种带性爱色彩的魅力和陌生感的混合情感，与他的成长中的妹妹们相比，卡夫卡是在试验这种混合情感并将其用在与黑德维希·魏勒的关系上。

卡夫卡试图借以控制自己的对外形象的战略性自我描述描绘了一幅在刚强坚毅和不安退却之间的引起矛盾感情的图画。他明显地扮演了年龄较大的、有处世经验的男人的角色，这个男人毫不费劲地掌握着自己的人生角色："（……）我昨晚祝你健康喝的——你什么也没看见——香槟酒的账单——我将让人给你寄去。"在与黑德维希·魏勒的通信中，已经同时显示出那种以自怨自艾为基础的修辞学的基本形态，它们后来也将决定致菲莉丝·鲍尔和米莱娜·波拉克的书信："你看到，我是一个可笑的人；如果你有那么一点儿喜欢我，那是怜惜；我分摊到的是恐惧。"1907 年 9 月 19 日，他谈到控制他的那些情绪的更替，用了一种特有的措辞："别人很少做出什么决定并且随后就在长时间的间隙里享受这决定，可是我却不间断地做出决定，频繁得像一个拳击运动员，只不过就是我不揍人，这是真的。"

卡夫卡今后岁月里的情书用高度艺术性的痛苦安排的亲近和距离、亲密和疏远之间的振荡在这里就已经归属于这幅模棱两可的自画像了。一方面，他为黑德维希疏远他而感到惊惜（"这是怎么啦，你要逃离我还是以此相胁？"），另一方面，期望她会来拜访他的心情又使他内心充满巨大恐惧。这就产生了一种性爱想象和拒绝、幻想和平淡无奇的日常生活的奇特变化交替，这最后让这位女友变为一个幻想中的人物，卡夫卡和她一起做轻佻的梦，但没有现实的约会。"最后什么事也没发生，"1907 年 9 月 29 日他写道，"我们仅仅是在布拉格和维也纳之间跳了一点儿四对舞，我们一味地鞠躬了，根本没走到一起，尽管我们还是很想走到一起的。"卡夫卡未来的致菲莉丝·鲍尔和米莱娜·波拉克的情书将几乎狂热地临摹四对舞人物图形，这些人物不是将一对舞伴联合，而是"一味地鞠躬"将其分开。黑德维希待在维也纳，没去布拉格，她是卡夫卡的第一个书信情人：一个真实的收信人，她觉得自己让他的信件的语言变成了一个幻想形象。

由于部分信件已丢失，今天我们无法得知，由于什么原因这一关系在 1908 年陷入是危机。1907 年年底，卡夫卡的信件的措辞听起来就已经明显地比较冷淡："也对我的懒惰友好一点吧，你爱管它叫什么就叫什么好啦。"1909 年 1 月 7 日，卡夫卡按照她的愿望把她的全部信件给黑德维希·魏勒寄回维也纳。客套的称呼"尊敬的小姐"显示这位年轻妇女显然作为对卡夫卡日益增强的冷漠的反应而撤退了。在最后一封信件里，巧妙处理遥控爱情的修辞法被一种带法律色彩的强词夺理压倒："所以我可以告诉您，您允许我和您谈话就会使我高兴。您可以认为这是谎言，这是您的权利，可是就算是谎言，它也不至于会是个弥天大谎，大得您可以不相信我会这样做，大得您可以不表示一种友好情意的呀。"她的完全断绝联系的愿望并没有坚定地实现。她在 1909 年 4 月通过高中毕业考试，五年后在维也纳结束大学文学学业并获博士学位，1917 年 10 月嫁给工程师莱奥波德·赫尔特卡：这些情况卡夫卡似乎是从她本人那儿获悉的。

从忠利保险到工伤保险公司

　　1907 年 10 月 1 日，经过数星期之久的谋职之后，卡夫卡在私人保险公司"忠利保险"就职。马德里的舅舅阿尔弗雷德·勒维为他铺平了进入这家很难进入的机构的道路。他的一个熟人约瑟·阿纳尔多·魏斯贝格是马德里忠利的代理人。担任美国驻布拉格荣誉领事的魏斯贝格的父亲应阿尔弗雷德的要求替这位年轻的毕业生说了好话。威廉·波拉克博士将所做的十分详细的官方医生体格检查写成一份 6 页的报告，鉴定出基于一处佝偻病的、估计由于营养失衡引起的"凹陷"的上肺翼轻度浊音，不过这并不构成不聘用的理由。卡夫卡先当"临时帮手"，他必须学完保险法课程，以便胜任自己的新任务。晚上他学意大利语，因为他估计人们将来也会让他干外勤，先在的里雅斯特[1]。1907 年 10 月初，卡夫卡感情洋溢地向黑德维希·魏勒报告这异常吸引人的前景，"自己就坐在很遥远的国度的椅子上"并"从办公室窗户看到外面的甘蔗田或穆斯林的公墓"。
　　卡夫卡后来谈到保险事业，说它像"原始部族的宗教，相信通过

1　的里雅斯特：意大利地名。

种种操控手段可以避免灾难"。不过，在他的职业生涯的最初时期他
几乎没意识到这一图腾崇拜的功能。这一新的工作领域似乎曾引起过
他的兴趣，因为它展示了他在纯理论性的大学学习期间见不到的具体
前景。在1908年2月至5月间，卡夫卡利用业余时间在布拉格经贸
学院修完了一门保险法和会计课程。在那里授课的讲师中，有后来他
转到劳工工伤保险公司后将成为他的顶头上司的罗伯特·马施纳尔博
士和欧根·普福尔以及未来的同事西格蒙德·弗莱施曼。通常都是有
责任心的部门负责人——他们的工作热情和他的大学老师们的阴沉的
例行事务形成鲜明对照——紧凑密集地传授给他的，卡夫卡十分聚精
会神地吸纳：在所有他报名上的课程中他都以成绩"优秀"通过结业
考试。然而在自1831年创立起便专门从事运输和火灾保险业务的忠利
公司的日常工作并不怎么让人感到适意，因为工作单调，办公室里的
气氛紧张。工资每月"区区"80克朗，几乎抵偿不了这"无法量度的
8至9个工时"；所以下班后的业余时间就"像一头野兽"那样吞掉了
还习惯于实习期安逸生活的卡夫卡。早期他经由门厅朝自己的办公室
走去时，有时会有一种"绝望情绪"向他的心头袭来，这足以让一个
"比较坚定的人"做出一种"简直幸福无比的自杀行为"。

　　卡夫卡被分配在人寿保险部门，这在当时还是一个相当新的部
门，他在那里主管统计方面的工作。工作条件遵从严格的准则：星期
六是正常的工作日，只在特殊情况下才给假期，个人在协会和基金会
受聘需经经理处同意。工作中笼罩着一种拘谨的气氛，它灾难性地令
这位年轻职员想起家庭暴政；部门领导的恐吓、责骂和吼叫是办公室
里日常交往中司空见惯的事。一种间或有之的平衡由此而产生：卡夫
卡的上司、比他只年长一岁的恩斯特·艾斯讷证明自己是个有教养、
感觉灵敏和对文学感兴趣的人。从作曲家阿道夫·施莱贝尔的亲戚艾
斯讷那儿，卡夫卡定期借阅《新德意志评论》，同时他还相得益彰地
阅读布莱的《许培里昂》及其推荐读物。和艾斯讷进行的文学讨论主
要涉及现代派作家，它们构成一种被敏感的卡夫卡视为惩罚的办公室

生活中的意想不到的间歇。

　　1908年2月卡夫卡就已经认识到，这种整天坐办公室的工作压力时间长了他会挺不住的。他的文学创作活动搁起来了，他的神经绷得紧紧的，私人约会密集在不上班的星期天。为了逃脱忠利公司的束缚，他在工作时间比较机动的邮局寻求一个新的职位，但没有结果。1908年6月底他在国家劳工工伤保险公司谋到了一份助理公务员的差事。经父亲是公司经理的爱华德·普里布拉姆的介绍，在7月初进行面谈后，申请有了一个积极的答复，虽然犹太人一般进不了公共事业单位。犹太人在国家和地方公务员中所占的比例在布拉格很低。1909年在该市3000名公职人员中只有23个犹太人。9年后，1917年11月，卡夫卡用冷嘲热讽的语气向马克斯·布罗德说明他的职务的特殊性质："犹太人是进不了这家公司的（……）真是令人费解，这两个（通过第三个犹太人的帮助）在那儿的犹太人是如何进入这家公司的，这样的事不会再有了。"1908年7月15日卡夫卡借口健康方面的问题辞去了在忠利保险的工作。一份他自己委托办理的医生鉴定未经专门诊断就证明一种心理神经官能症并伴有定期的神经错乱。由于他7月30日才去劳工工伤保险公司上班，他便利用这段时间去波希米亚森林的施匹茨贝格作短期休假，他在那里从7月16日至24日在一家小住宿公寓租了一个房间。在返回后，在浅银灰色的布拉格每回想起那"蝴蝶（……）像燕子那样在我们近处高高飞舞"的乡村田园风光，一种深切的消沉情绪便袭上他的心头，他费很大劲才能勉强摆脱它。

　　这家保险公司是一个比较新的国营机构，波希米亚王国试图用它来证明王国的社会现代风格。在德国，俾斯麦1878年制定《反社会主义非常法》，对工人实行保险保障，这一保障1883年5月底正式生效。由于新的社会运动而开始陷于困境的国家试图以这样的方式清偿自己对——被马克思称为——"现役的劳工大军的伤残者妆容院"——的道义上的义务。1887年，奥地利政府也通过了一部《劳工工伤事故法》，1889年起在多瑙河地区实施。人们在整个君主国里建立了七个大型的劳工工伤事故保险公司，其任务就是在其分管区域里的中小型工商企业及工厂内监督保险保障的执行。各个企业在一个复杂的体系内按危险级别划分，而企业应缴纳的保险金的数额则又取决于其危险级别。这家于1889年11月1日建立的布拉格保险公司——它的职权范围遍及整个波希米亚王国——是七家君主国公司中最大的一家；1911年总共有288094家企业归它管辖。

从财政政策角度来看，公司对国家来说是一个沉重的负担，因为公司得经常填补保证金缺口，这些缺口必须用公共资金来补贴。费用大大超过收入，因为大多数企业尽人皆知地不按时缴纳自己的保险费或者使用虚假统计数字，以便可以被归入较低等的风险级别。"这就是不想看见事实真相，"在1911年9月13日的一篇报刊文章中卡夫卡写道，"如果人们想闭口不谈企业主自己也没有按立法者所规定的那样履行其对这个新公共救济分支机构应尽的义务的话。"1902年，仅仅在公司成立后13年，公司的亏空便达到1800万克朗的天文数字。在此后的几个会计年度里亏空虽然连续下降，然而人们仍然得依靠可观的国家补贴来保持收支平衡。公司不得不费很大劲针对两个方面来维护自己的利益，因为它们都以怀疑的眼光观察着它：政府把它看作一个不经济的风险企业，每年吞掉大量税金，而企业则又试图用弄虚作假的统计数字和各种蒙蔽手段逃避公司的监督。在详细撰写的"上诉书"中——在通过诉讼途径提出的对指定的保险金的异议中——它们试图压低该付的款项，而保险公司则通常用对所做出的分级是否正确做出法律鉴定来应对。对提供伪造的工资表和全部机械设备的不符合实际情况的资料的工厂主展开斗争，这便是卡夫卡的日常业务工作的内容。然而这种业务工作最黑暗的一面却是与北波希米亚的工业生产关系的对峙。卡夫卡每天致力于研究严重工伤事故的后果——这都是由于缺乏保护措施、技术老化、机器维护不够或工人劳动强度过大而过度疲劳所引起的事故。被锯木机或钢索绞车轧断的肢体，被敞开转动的传动轮剥去头皮，烧伤，中毒和腐蚀损伤——卡夫卡的对有明确法律根据的赔偿要求的实事求是的报告显示出工业时代的可怕景象。不管他在自己的延续至 1922 年的在职期间什么时候抱怨办公室的悲惨生涯，他总是尤其对这一方面记忆犹新。不是杂乱无章的行政管理，而是波希米亚工厂里日常生产中的一桩桩令人悲伤的灾难，引起他对业务重担的深深厌恶。

新的职务提供希望得到的半日制，一种除一个工作日外其余每天都只上班至 14 点的工作时间；半年后，1909 年 3 月中，马克斯·布罗德在布拉格邮局接受了一个类似的职务。企业事故保险技术上的问题在卡夫卡的工作中处于重要地位。公司毕竟代表——根据 1912 年的数字——4.5 万家较大的企业、20 万个业主和 300 万名工人。卡夫卡起先经办较小的赔偿事宜并处理其财政调节。1908 年 9 月初，公司派他出差到北波希米亚工业区和波登巴赫，去考查各家工厂的安全标准。1909 年 9 月 17 日，他从事故科转到有 70 名公务员——约占全体人员的 30%——的技术科。从此他就迁进波里克 7 号这座巍峨大楼 5 层的办公室，自 1896 年 6 月以来这座大楼就一直是公司的所在地。每年新算出各工业企业赔偿级别划分和可能的事故预防措施分析是这位年轻的助理公务员最重要的任务。为了提高自己在制造业和安全生产方面的专业知识，卡夫卡经主任批准 1908—1909 年冬季学期在卡尔·米科拉舍克工业大学每周各听 4 天纤维加工课。由于是在早晨听课，公司领导允许他推迟上班时间。

卡夫卡的平淡的日常工作包括阅读案卷，编制统计表格，和单个的"当事人"——被保险人——函件往来，技术标准评定，书面答复业主的呈文（通常通过口授信函，作为供主任参考的方案草案）和讨论在工厂里改善保护措施的可能性。他的主要工作是使赔偿要求在法律上得到保障和确定企业的保险金，它们由自 1907 年 7 月 1 日起在波希米亚生效的危险等级分级制得出。这些危险等级是一个统计值，企业的保险金收费率就按这个值来计算。构成它们的基础的，如同内政部《公务通讯》用优秀的行政德语所表述的，是"在一定的时期产生的事故赔偿负担同在同一时期可为保险，即可为保险费估价的工资总额的比例"。在公司成立的头几年里企业里事故的频繁程度是确定保险金缴纳数额的基础，而人们用风险等级模式就把标准移到一个纯粹统计学的层面上，在这个层面上只有赔偿总额和从前的工资定额的比例才算数。"风险"构成一个超然个人苦难历程以外的计算值，它反映出一个被管理的世界的逻辑，这种逻辑仅仅是把没有人身外形的"案例"的法律地位分派给工业生产的蒙难者。除了因缺乏安全标准而引起的对身体的危害以外，还有相关企业在过去已缴纳的、作为统计学范畴的保险金总额；从危险等级模式的角度看来，个人的不幸被工厂主为赔偿伤残者准备提供的资金抵消了。

在卡夫卡的科里，技术问题处理和数学统计数字检验由比他年轻3 岁的工程师阿洛伊斯·居特林承担，自 1910 年起他就和此人合作。他的专业上直接相邻的同事是法学家西格蒙德·弗莱施曼博士：如卡夫卡冷嘲热讽记下的，一个被同化了的有捷克和德意志家庭背景的犹太人，"彻底的社会民主党人"，坚定的和平主义者并充满热情地服从于保险法。任业务上司的是罗伯特·马施纳尔，一个头脑非常机灵的法学家，卡夫卡与此人形成一种类似艾斯讷的情况那样的宽松关系。在 1909 年 3 月中他被任命为公司经理之际，卡夫卡——按惯例——向他致颂词，赞扬他的"实事求是的精神"和"诚挚坦率的作风"，"这是一个非常值得欢迎的选择。一个人从此确实得到了一个与他极其相称的职位，而这个职位则得到了这个它迫切需要的人"。

1909 年 9 月卡夫卡被任命为专业实习者（从事已描述过的技术科业务），1910 年 5 月 1 日被任命为助理员，1913 年 3 月初被任命为副秘书，同时也被任命为科长欧根·普福尔的副手。1910 年 4 月 28 日在为晋升为专业实习者正式致谢时他遭遇意外事故：他一听到他的同事的一本正经的讲话，就忍不住笑了起来，并在正襟危坐、摆出一副"极其可笑的姿势"倾听着的经理奥托·普里布拉姆面前大出洋相。在这之后将近三年，卡夫卡以一种泰然而有保留的态度把这荒唐的事件当作带有喜剧成分的演出场面向菲莉丝·鲍尔做了描述:"用右手拍打着我的胸脯,部分意识到我的罪过(回忆起赎罪日),部分是为了让强行抑制住的笑声从胸中迸发出来,我为我的笑说了许多表示道歉的话,它们也许令所有的人十分信服,但是由于一再被新的笑声打断,仍然让人感到十分不解。"卡夫卡的日记有时传递出来的严肃苦行僧的冷漠形象掩盖了他能无拘束地展示出对古怪想法的兴趣,并恰恰从无意义中透出不法的乐趣来。

1910 年 4 月的这个难堪的事件显然并没有损害卡夫卡在公司里的地位。他按时晋级,一步一步地涨了工资,不过这工资待遇当然始终都是在公职人员通常的总额的窄小框架内变动。1909 年至 1910 年间,他的年薪还是区区 1000 克朗,1910 年 5 月至 11 月间是 1800 克朗,此后涨到 2100 克朗。除了这份基本工资,还有一份物价补贴和住房补助,这使收入又增加了将近 30%。1913 年 6 月,卡夫卡的收入,一如他告知菲莉丝·鲍尔的那样,已经达到 4588 克朗。即使他过着禁欲的和几近无产者的生活,物质上的安全保障对他来说也绝不是无关紧要的事。他对自己的吝啬倾向自我解嘲和理智冷静地发表意见,仿佛那是一种无法纠正的资质。他的繁冗而过分细致的涨工资申请显示出他在收入和晋升问题上的执着。它们虽然在语气上符合时代通行的规范,并动用了庞大的谦卑套语的修辞系统,然而就事情本身而言它们还是极其有力的。1912 年 12 月底他请求加薪和晋级的那封几乎没完没了的信对这种策略来说是很典型的。卡夫卡拘泥死板得使人感到荒唐透顶,他列出各公务员级别工资演变过程清单,提供详细的统计表格并提交了一份简直具有学术性的数字资料分析报告,最后他从中推导出他为"彻底解决他的工资和级别状况"而提出的申请(在这里他从容而又机敏地避开了"提高"这个词儿)。信件中好炫耀且又固执己见的论证,这种只是将被其谄媚奉承的词语掩盖住的论证,起先似乎惹怒了主任,经由一种平时不常有的拖延之后,公司在第二年的 3 月才批准了卡夫卡的申请。这是战争前他最后一次提年薪,提职放慢也是这场战争的较为无害的后果之一。

公务员的日常生活

卡夫卡必须在自己业务工作范围内定期访问北波希米亚和西波希米亚的工厂。他多次，通常是在多雪的冬季月份赴赖兴贝格、弗里特兰德和比尔森。由于马施纳尔和普福尔早就对他的文才大为赏识，他一再被委以为公司年度报告撰写文章的任务。1908 年（在 1907 年年度报告中）他著文论述建筑业和建筑副业必须进行保险的范围，1909年论述——当时还是全新的——汽车保险，1910 年他提交一篇论述刨床保护技术措施的文章，1911 年随之而来的是一篇论述事故预防原则的论文。卡夫卡也把这样的分内工作看作写作练习，在头几年里他对此很是感到自豪。所以他在 1909 年 2 月 7 日将几个星期前刊印的1907 年年度报告寄给弗兰茨·布莱，请布莱"好好儿地对待它"，仿佛那是一篇文学作品。连菲莉丝·鲍尔后来都从他那儿收到公事方面的文章，但已经带有自嘲式的保留。对他答应寄给她的、研究车间保险问题的 1909 年年度报告，他用嘲笑的口吻做了预告："（……）还有许多欢乐摆在你面前。"1915 年年度报告——他参与撰写的倒数第二个——他在 1916 年 5 月 30 日寄给她时已经用了"供使人难过地消遣"这句忧伤的套语。

卡夫卡的公事方面的文章由于其清晰的富有逻辑性的章节划分、精确呈现的法律专业知识和论证准确而博得好评。比它们的修辞品质更值得注意的，是它们草拟出问题的解决和勾勒出摆脱纷乱冲突的具体解救办法的那种坚毅和果敢。在这里无处可以觅到后来卡夫卡的长篇小说主人公面对错综复杂的官僚制度时那种听天由命、消极被动的踪影。然而大量积聚的进展和发展的比喻却也有一种强词夺理外加唯意志论的特色。它们所说明的乐观主义来源于官僚们的信心：这些官僚相信一种正规的、因较有效力的组织而有完善能力的世界机构。只是似乎从字里行间有时闪现出那种未经评论的决疑法，它遮住了一个讽刺的深渊。在一篇 1911 年撰写的报刊文章中，卡夫卡谈到公司的尽人皆知的财政缺口，说公司看来好像"一具死的躯干，它的唯一活的东西是它的不断增长的债务：'人们终于要为高额的管理费用对公司的状况负责。'这样做既合理也不合理。说它合理，因为对于一家只有赤字的企业来说，最小的费用也太大；说它不合理，因为管理费用对赤字负有极其微不足道的责任，只有一个肤浅的观察者，像当时的公众那样的，才会相信这种事"。卡夫卡的短小散文特有的诡辩哲学，这种揭露逻辑性中的虚假品性和合理性中的假象的诡辩术，在这里已经初露端倪。检查了整个事实情况的各个方面，最后却没有得出有约束力的结果：真相是球体的有棱角的面。

在后来的几年里，由于他被看作出色的雄辩家，他有时也承担这样的任务：为由于其疲惫不堪的财政状况而备受责骂的公司的立场公开辩护。1910 年 9 月底他必须在加布朗茨解释对波希米亚工厂主不利的新的（由欧根·普福尔引进的）保险级别——一场争吵，它要求卡夫卡具有外交手腕，却以失败告终，因为他受到愤怒的工厂主们的严厉抨击，他们向"刻板的"保险金改革发动了全面进攻。这篇 1911年 11 月初为《泰辰-波登巴赫报》副刊撰写的论述公司与不愿付钱的企业的棘手关系、同时承认自己"赤字运转"的文章，被卡夫卡在日记中称作"诡辩法"。1913 年 12 月中他在布拉格公务员协会主持一场讨论会，会上公司介绍了自己的工作情况（尤其是在保险金问题上）。在赴比尔森和加布朗茨（1909 年 12 月）以及赴弗里特兰德和赖兴贝格（1911 年寒冬）的出差途中，他不仅参观了波希米亚的工业区，而且也和企业家们进行了耗人精力的谈判，这些谈判要求他大力投入他的雄辩术。

卡夫卡同自己的工作的关系经历着一个并非没有矛盾心理的发展过程。在保险公司工作的头两年里，他不加掩饰地表现出事业心和兴趣。从 1910 年起他便感觉到，官僚机构这种按类别做归纳的程序化工作使他感到厌恶，但是他没敢公开流露出这种——在书信中多次反映出来的——保留态度。后来同事们和上司们一再强调他的不寻常的责任感和他的报告所显示出来的对专业的精通程度。因此经常做出的对懒散、疲倦、"头脑空虚"和写字台凌乱不整的暗示——"我大约只知道这种在最上面的东西，我猜想下面只有可怕的东西"——是一种有丰富内心生活的讽刺性自我指责的程序，它几乎不符合公务上的现实情况。卡夫卡清楚地知道，他并没有成为他的上司的"灾祸"，一如他对菲莉丝·鲍尔断言的，而是做着出色的工作。不过这却是他早期形成的控告雄辩术：坚决否认这种情况并强调自己在业务工作方面的欠缺。1919 年他还在故弄玄虚地告诉父亲，说他在办公室的"全部工作成绩"是"微不足道"的："（……）你若了解到一个概貌，你定会感到吃惊。"

在参加工作后卡夫卡也仍然住在父母处。1907 年 6 月 20 日全家从采特纳尔街搬迁至尼克拉斯街的宅子，这尼克拉斯街是从老城环城路分岔出来的，通往摩尔道河。这个位于楼层上的住所可以让人看到河上的美景，它虽然有舒适的现代化设备，但是，像从前的住所那样，几乎容纳不下这六口之家和两个用人（厨娘和一个女帮工）。三个妹妹只得合住转角房间，卡夫卡住一个狭长的过道间，它位于起居室和父母卧室之间，所以也就不太清静（他的朋友们访问他时，就直接从门厅走进他的房间，并不打扰家里人）。由于他对嘈杂声越来越有过敏性反应，所以这房间的位置对他来说是一种持续不断的威胁。阅读和写作所需要的安静只有夜晚才提供，这时父母已经结束了他们那嘈杂的纸牌游戏。

这种情况在 1910 年 11 月底才稍稍有些缓解：艾丽嫁给了经由婚姻介绍所认识的卡尔·赫尔曼并迁入布拉格-魏因贝格西郊内鲁达街（从前叫施旁纳尔街）的一处三个房间的寓所。随笔《巨大的吵闹声》在 1912 年秋使人获得一个相当真实的住房窄小的印象。9 月 26 日卡夫卡写信给《赫德尔报》出版人、11 月初发表了此文的维利·哈斯，说是他想用这篇文章"公开惩罚"自己的家庭。空间情况已然不利，况且还有一种保持了终身的噪声敏感，这种敏感有时能呈现出病态性忧郁的特性。然而卡夫卡在这个阶段却无法做出移居的决定，虽然他觉得这种状况使人憋闷。在战争的压力下，已经结了婚的较年长的妹妹们带着她们的孩子到父母身边，因为她们的丈夫被征召入伍了，这时他才退避到外面的一处住所居住。他从前的房间的朴素家具以及他喜爱的不生火的房间，他在尼克拉斯街都保持住了。一张小床，内衣柜，一个矮货架，旁边放着自行车，一张长沙发和有许多抽屉的深褐色旧写字台便是全部设备了：一个深居简出洞穴人的安静小室的必需品。

夜生活

自 1906 年深秋起，卡夫卡便经常出入酒吧、小酒店和小剧场。在刚参加工作的头几年，1907 年和 1909 年之间，他和马克斯·布罗德一起光顾布拉格内城所属的酒馆，那里的简朴的娱乐节目当然落在欧洲各大都会的后面。特别喜欢去的目的地有"卡巴莱鲁赛纳"，"伦敦"，位于同一幢房屋里的酒店"特拉卡德罗"（它有女招待陪伴吃喝玩乐，名声不太好），果子街上一直营业到早晨的"艾尔杜拉多"以及弗兰茨·韦弗尔和他的朋友们有时光顾的"内吕斯·马克西姆"。卡夫卡并非作为孤独的观察者频繁来到这些娱乐场所，而是寻找讳莫如深的会面和交谈的缘分。1907 年秋他向黑德维希·魏勒承认，说他在"晚上的几小时里"经常和人接触，遇见过军官、画家、歌唱家、来自柏林和巴黎的客人："人们忘记时光在流逝、人们在消磨日子，所以这是可以赞同的。"出于明显的理由，致这位矜持的女友的信没有泄露夜晚泡酒吧的真正意图。在写自同一时期的致马克斯·布罗德的信卡夫卡就显得不那么拘谨并公开探讨在合适的娱乐场所结识"女人"或"姑娘"的可能性。布罗德自己虽然自 1908 年起就在和他后来的妻子艾尔莎·陶西希谈恋爱，但还是证明自己是个富有活动能力的陪伴者，难以经受住性爱的诱惑。

　　估计 1908 年拍的一张照片显示卡夫卡和布拉格小酒店女招待尤丽娅妮（"汉茜"）·斯措科尔。这位当时 22 岁的妇人，在自己的名片上冒充女裁缝，她喜洋洋地坐在一张沙发上，在她身旁人们看到卡夫卡头上歪戴着帽子，脸上露出尴尬的神色，仿佛刚从小包间里出来似的。1908 年夏这两个人之间似乎产生了一种亲密关系。1908 年6 月 9 日他写信给布罗德，说他"在可爱的汉茜卧床旁边的沙发上度

和尤丽娅妮·斯措科尔在一起，1908 年前后

过了"这个下午。不过按当时流行的男人的双重道德法则，长此下去与放荡不羁的斯措科尔私通还是使他感到厌恶。按照布罗德的一则日记，据说他曾对她说过不敬的话，说"整团整团的骑兵都曾骑越过她的肉体"。不过几个月后，这个桃色事件便结束，然而卡夫卡并没有完全忘记尤丽娅妮·斯措科尔。1912 年 3 月他在去过"卡巴莱鲁赛娜"之后记下了："法蒂妮察，维也纳女歌唱家。甜蜜的满含深意的微笑。想起了汉茜。"

　　从爱好到交易的过渡在布拉格小酒店女招待身上没有明显的标志，这一点至少在原则上似乎并不使卡夫卡感到恼怒。1908 年 3 月底，一封致布罗德的信拟订了"美好的清晨生活"计划，它规定在头天夜晚安睡过后，于次日早晨去造访有关的娱乐场所，从而节省开支（"有百万富翁和更富有的人，他们在早晨 6 点左右不再有钱"），并把主管招待客人的"姑娘看作第一份早餐"。显然与此同时他和"特拉卡德罗"的一个酒吧女开始有了暧昧关系，此人古朴粗犷的性感按布

罗德的一个印象像"德意志帝国明信片上的日耳曼妮娅[1]"。无论如何他似乎总还是给她付了几个月住房的钱并供养了她,而且并没有怀疑她是否有别的收入来源。卡夫卡以后将把他在临时性妓女身上的体会传给长篇小说《诉讼》的主人公约瑟夫·K,此人可以在一个确定的工作日和一个个酒店女侍者共享他的闲暇时刻。

在早期职业生涯中,卡夫卡记下这条一再重新有效的"地狱般的原理":"'你必须占有每一个姑娘!'不是唐璜似的,而是按照'性标签'这个邪恶的词。"1905 年 11 月在布拉格老城有 35 家妓院,登记注册的妓女 500 名,而黑数字则达 6000 人之多。斯蒂芬·茨威格在他的自传《昨日的世界》(1944)中谈到直至第一次世界大战开始之前"欧洲卖淫业的迅猛发展"。正是在这些大都会里,在街上或在娱乐场所主动提供此项服务的女人在 1 万人上下。她们,如瓦尔特·本雅明所说,是一种供"大众"消费的"大众商品"。罗伯特·穆齐尔没有对市民的双重道德表示通常的不满,他无比卓越地道出了资本主义的卖淫逻辑的本质:他指出,一个人不是像通常那样为钱献出自己的全部身心,而是只献出自己的身体,这就是卖淫。

在布拉格,1900 年以后也是犹太人老城构成卖淫中心,它以特有的方式让传统的虔诚和城市的恶习并存。胡戈·施泰讷,迈林克的《能变活的泥人》第一版的插图画家,谈到这种引起矛盾感情的氛围:"古老昏暗的犹太人教堂和声名狼藉的犯罪者出没的小酒馆及无数妓院形成奇特的对照。在这里,心醉神迷的祈祷者的虔诚喃喃自语声中常常掺和进喝劣等烧酒的醉汉令人厌恶的狂喊乱叫声。"埃贡·埃尔温·基施在他 1912 年发表的城市通讯报道中报道了在可疑场所进行的程序化大搜捕和例行公事式的、用来监控妓女的街头检查。在短篇小说《犹太人城的幽灵》中,保尔·莱平写到了老犹太人居住区的妓院街:"嘴唇涂口红的女人倚在房屋大门口,粗鲁地笑着,朝男

---

1   日耳曼妮娅(Germania):历史上象征德意志帝国的妇女形象。

人的耳朵里尖声嘀咕并撩起裙子，露出她们那黄色和金翅雀绿色的袜子。"奥斯卡·鲍姆的长篇小说《不成体统》（1919）回溯了旧城红灯区的病态情绪：他让他的主人公克拉斯蒂克梦见一个"梅毒病人国际会议"，会上聚集了"妓女、大学生、旅行者、军官、演员、皮条客、上层贵族、警察"。

自 1906 年夏天起，卡夫卡便经常在私人信件和日记中提到逛妓院，通常都是用客观总结的口吻。一封在最后的法律考试前几天写的信记下了 1906 年 5 月底"很少学习"，却通过读文学作品和"妓女"消磨时间："这样也产生一个整体。"1908 年夏他向布罗德承认，从波希米亚森林返回后他情绪如此低落，以至于他曾试图和一个妓女到一家饭店开房间以克服自己的孤独感："她年纪太大，忧伤也忧伤不起来啦，但她非常抱歉：人们对妓女不像对一个情妇那样亲切，这并不使她感到惊奇。我没有安慰她，因为她也没有安慰我。"对于卡夫卡来说，这几年里这种定期与妓女的交往不只应归功于"性标签"：这一点在 1909 年年底的一则日记中有所透露，马克斯·布罗德在第一版日记中还压下了这一则："我从妓院旁边走过，就像从一位情人的家门口走过。"1911 年 9 月 30 日他详细描写了一次在堪称高雅的"苏哈沙龙"聚会的经过，后来的《施维伊克》的作者雅洛斯拉夫·哈赛克也经常出入这家沙龙。这则日记着重记述了这个位于旧城贝内迪克特街的娱乐场所的奇异艺术特色：来访者在摆着未使用过的饮料的客厅里等候，"像在舞台上的一家酒店里"，姑娘们出现时就像"儿童剧院的木偶，因其衣服上的廉价装饰品像在圣诞集市上出售的那种，就是粘着和松散缝着镶边和金线，致使人们猛一下就能将它们扯下，然后它们就会被揉碎在一个人的指缝间"。如果说卡夫卡不仅把搔首弄姿的女人，而且也把她们的主顾描述得淋漓尽致的话，那么，这就显露出与寻花问柳相伴随的对观淫癖的兴趣。1913 年 11 月 19 日一则日记解释说："我故意穿行于有妓女的街道。从她们身旁走过刺激我，带走一个，这一可能性虽遥远但毕竟存在。这是一种卑劣行径吗？"

1911 年 11 月 26 日，卡夫卡和马克斯·布罗德一起在科门斯基广场边上"伯爵饭店"的咖啡屋里拜访林茨枢密官安东·马克斯·帕兴格尔，是画家阿尔弗雷德·库宾，一个共同的熟人，把此人介绍给了他们。帕兴格尔有一大批他收藏的色情图片，后来他在饭店房间里将它们拿给他的客人们看（"他展示他的情人们的照片"）。卡夫卡的日记用一种对他而言并不典型的直白语言记下了就性问题所做交谈的详情，在交谈过程中帕兴格尔夸耀自己情场的成就（"据他说他喜欢鲁本斯[1]的女人"）并提供具体的建议："非常丰美的慕尼黑狂欢节"。据户籍管理处报告，狂欢节期间有 6000 多个女人不带陪同到慕尼黑来，只是为了让男人与自己性交。卡夫卡对帕兴格尔的收藏所做的详细描写既令人神往，同样也令人厌恶，因为投向色情材料的目光所引起的近距离感同时显示一种性爱秘密的丧失："在一幅照片上（……）两个乳房，看它们摊开和丰满、简直流动的样子，它们和抬起来的肚子是旗鼓相当的山。"

日记的密切观察显示卡夫卡对性题材的研究普遍受到一种受吸引和厌恶的混合情感的支配。性爱的目光往往投向有令人讨厌的特征的女人。他把她们的服装的特征、她们的身体和面容的细部、她们的步态和手势语言理解为性的信号，这些信号像一片被毁坏了的拼嵌图案的碎片出现，这片拼嵌图案的各个部分并不组合成一个整体。这种强迫观念式占领的一个主导动机就是女用人、女工和厨娘的围裙，提起这围裙人们常常就联想起猥亵和被禁止行为的特征。日记引人入胜地描写了一家商店的"让她们的围裙特别紧地围绕在后面的姑娘们"："今天上午在勒维和温特尔贝格处见到一个女人，此人身上只在屁股上合上的围裙的布片并不像通常那样连接在一起，而是层层重叠，致使她像一个襁褓中的婴孩那样被裹住。这种（……）的性感印象，完

---

1 鲁本斯（Peter Paul Rubens, 1577—1640）：弗兰德斯画家。弗兰德斯系欧洲滨北海地区，分属于荷兰、比利时和法国。

全就像为了一种性的满足。"1913 年 7 月他在访问了布拉格附近的罗斯托克后记下了女人的"天然的不干净"："怀孕妇女的生命力旺盛和聪明。她的屁股隔开的表面极其平坦，简直是磨成小平面了。"病态性欲冲动的和色情受虐狂的倾向掺和在卡夫卡的日记一再记下的观淫癖的情景中。1886 年，克拉夫特–艾宾在他的《性心理学》中第一次系统而缜密地分析了此类动机使人惶惑的现象学。

卡夫卡的性欲在他一再沉溺于其中的、带色情受虐狂色彩的恶心纵欲中获得其特殊的刺激。对年老妇女、不干净的脸皮、衰弱的身体、难闻的气味、令人厌恶的时髦服饰的描写贯穿着日记。它们是惩罚幻想：他就是用它们在间接地培养性吸引的力量。他在日记中对激动地观察到的布拉格街头妓女有这样的记述："我只要胖的年纪较大的，身穿老式、但在一定程度上因各种装饰物而显得丰茂的衣服。"一次逛妓院他反感地观察老鸨那一头"绷紧在无疑令人恶心的垫子上的暗金黄色头发，那个塌鼻子，它的延伸方向同耷拉着的乳房及保持僵直的肚子有某种联系"。1911 年 10 月 9 日他在日记中猜想："要是我活到 40 岁，那么我很可能就会娶一个上门牙突出的、裸露在上嘴唇外的老姑娘。"厌恶作为迷宫似的性爱含义索引中众多的要素之一，它不利于约束，而是有利于（当然是引起矛盾感情的）刺激性欲。在厌恶幻想的自我惩罚中也蕴涵着一种感性的乐趣，日记中运用语言的巧妙技能足够清晰地介绍了这种乐趣。很能反映卡夫卡的性生活特征的，一直是它受到恐惧和追求、排斥和兴致的双重占有。这种素质来源于一种性能量的威力，这种能量恰恰被陌生女人神秘吸引并想象自己受其无名的吸引。1921 年 4 月他向马克斯·布罗德承认，在较早的年月里他曾觉得"每两个姑娘中就有一个姑娘的身体"在性爱上值得追求。但是对性欲的恐惧产生于它无个性的预感：那种不可名状的控制的一个标志，这就是情欲——对于老年弗洛伊德来说就是"本我"——对个体施加的那种控制。卖淫仿佛只形成这种情况的一个比喻，在这个比喻中情欲的"卑劣"和它的一般性、粗俗和令人激动的意外惊恐直接联系在一起。

直至 1912 年，卡夫卡经常光顾小舞厅和小歌舞剧场，那里演出色情开放度不同级别的小型舞台节目。在这里，人们能在一家法国式饭店的氛围中欣赏到歌唱和舞蹈节目，这些节目都在一个只稍稍高出地面的小型舞台上演出。卡夫卡喜欢诙谐小调、小歌剧流行歌曲、歌舞剧歌曲和舞蹈，对古典音乐他一生都感到陌生。1906 年路德维希·鲁宾纳尔著文论述作为点亮大众灵感的小剧场："乐趣将是十分急切、十分仓促的。随着电灯的快速闪亮和熄灭，观众的印象也必须跟着快速交替。"小剧场以有公众效应的方式把现代娱乐性艺术的效果和大城市的速度及工业生产的节奏联结起来。关于它的机械化的娱乐活动有这样一句客观公正的格言：像机器那样按拍子运动的身体使人产生一种错觉，仿佛它们来源于一个可疑的技术乌托邦，在其中躯体服从自动化生活的严格指令。几年后马克斯·布罗德写了一篇文艺短评，论述用数学方法推敲而得、同时又规范化的女高音歌手的步态，该文的那种热衷博取别人好感的习性本身就是一种时代精神的症状。

1911 年年初和年底卡夫卡多次在一家比较新的、被视为高雅和昂贵的卡巴莱剧院度过晚上的时光，他在那里观看舞蹈演出。这家剧院自 1910 年 9 月起便在离文策尔广场不远的鲁赛纳厅里独立经营。演出虽然受到禁止裸体舞的市检查机关的检查，然而这些演出仍显示出一种对于当初的时代来说异乎寻常的放荡不羁。卡夫卡常看鲁赛纳的节目：这一点清晰地显露出他在这方面多么不拘谨（这却又并不排除对猥亵行为感到不快）。1911 年 9 月底他觉得奥地利女人古斯蒂·奥迪斯的演出特别富有魅力，她表演一支纱巾舞，她通过现代舞蹈设计的要素赋予这支舞蹈一种颇具艺术情趣的性质："硬挺的腰板。真正的消瘦。"1912 年 3 月的日记还无比精确地描写了鲁赛纳的歌舞剧舞女："有一个很漂亮。节目单没有报出她的名字。她是观众厅最靠右边的那个。"1912 年秋后，已经开始和菲利丝·鲍尔通信了，卡夫卡仍没有完全放弃这单身汉的夜间娱乐。1913 年 7 月初他与马克斯及艾尔莎·布罗德以及费利克斯·韦尔奇一起在"金天使"饭店看了"夏特·诺尔"卡巴莱剧团的轻佻的晚场演出，说是，如他向菲莉丝·鲍尔所承认的，他自己的妻子是"不可以去那种地方的"。而他自己则"心扑扑跳着享受这样的东西"，因为他对它们"很有兴趣"。在这段时间里他渐渐停止定期逛妓院。有时违反了过节欲生活的原则，他就用自怨自艾、但往往讽刺的口吻向马克斯·布罗德忏悔：明明无罪而自知有罪。

咖啡馆文学社团

1900 年前后，人们在欧洲大都会的公众生活中日益频繁接触到的趾高气扬的个人主义也影响着布拉格的文化场景。怪僻的人、冒险家、放荡不羁的艺人和骗子连同记者和规矩正派的市民聚集在位于内城的咖啡馆里。自导自演的乖张演出，它会，如同格奥尔格·西默尔所写的，通过一种"不一样的、显眼的形式"给个人提供"填平一块地方"的机会，这种演出是那里欣欣向荣的文化的一种流行模式。咖啡馆并非偶然地通过它的墙壁镜子给观察者提供机会，参与整个房间内发生的事，自己却可以隐匿身份。公开和隐蔽，暴露和隐匿，谅解和孤独，交谈和阅读，它们在咖啡馆的氛围中同样受到支持。就这样，咖啡馆在人来人往的潮流中证明自己是个没有特性的地方，它本身没有固定的形态，因为那些人，那些交替着聚集在此的人不断重新规定着它的风貌。

19 世纪初，咖啡馆在欧洲各首都就已经形成一个树大招风的文化交流场所。记者和出版者，作家和赞助者，戏剧人和批评家，画家和艺术品收藏家聚集在这里进行交流。在发明电报之前，如同瓦尔特·本雅明针对法兰西第二帝国的巴黎所描写的，一个交流频率高的公共信息交易所就是这样建立起来的："咖啡馆里的活动使编辑们在通讯社的整套机制还没展开之前便适应了它的速度。"城市从而获得了一个有非常重大的社会意义的联结点，一个进行交流的公开活动场所，这个场所显示出它自身特有的象征和仪式的秩序。咖啡馆在有技术支撑的信息交流时代虽然不再担负消息流通控制中心的任务，然而它保持了在愉快聚会和阅读期刊方面的重要意义。不少世纪之交的作家，如埃尔泽·拉斯克尔-许勒、彼得·阿尔滕贝格和安东·库，特别喜欢把咖啡馆当作文学创作的场所。但是它仍然也是一个文化自我编导的交易所，它的逻辑有时产生一种特有的超然于外部社会制度的对现实的理解力。在就战前时期放荡不羁艺人团体中想出来的不大正经的纲领而言，1913 年卡尔·克劳斯谈到"咖啡馆神学"，说人们试图借助于这种神学用一种简单明了的表达形式说明世界。

在 1907 年和 1912 年之间，在职的头几年里，卡夫卡经常，甚至天天光顾布拉格咖啡馆。马克斯·布罗德将他引进市作家圈和艺术家团体，它们曾分别建立过不同的交流中心。卡夫卡结识了最重要的年青一代作家的代表：诺贝特·艾斯勒、鲁道夫·福克斯、维利·哈斯、保尔·科恩费尔德、阿尔弗雷德·库宾、奥托·皮克和弗兰茨·韦弗尔。聚集在许贝尔纳街带平民色彩的"阿尔科"咖啡馆里的韦弗尔和他的朋友哈斯周围的这一伙人，这个被戏称为"阿耳戈[1]船员"的小团体，自其 1908 年成立以来便持续不断地受到他的造访。咖啡馆拜访不仅提供交谈的机会，同时通过读物帮助获得有关时代审美先锋的重要信息。在"阿尔科"也受到卡夫卡赏识的、有 18 个房间的"中央"，有时摆放着 300 份不同的期刊，其中就有现代派文学最重要的机关刊物：《风暴》（它有时发行 30000 份，特具影响力）、《行动》、《燃烧器》（奥地利青年作家的指导性期刊，1912 年至 1914 年间卡夫卡常买这份半月刊）、《潘和萨杜恩》、《新的激情》和《论坛》，还有勒内·席克勒的《白纸》，它是青年布拉格作家的一个重要论坛。卡夫卡通常利用泡咖啡馆来满足自己"对期刊的贪欲"，而在公开场合

1　阿耳戈：希腊神话中阿耳戈英雄到海外寻找金羊毛时所乘的船名。

写作对他来说却是无法想象的事，因为这与他所要求的绝对安静的理想写作环境背道而驰。他宁可改行当安安静静坐在自己桌旁的观察者和旁听者。马克斯·布罗德对此颇为珍视：他能够在"阿尔科""科尔索"或"大陆"——在后来的岁月里人们甚至在这些场所给作家安排了一间有一台打字机的工作室——给朋友们朗读自己的新作。朗读完之后往往会爆发一场对当前现实问题的激烈辩论，偶然巧遇的熟人自发参加辩论。

卡夫卡与布罗德的作品的关系是复杂和矛盾的。这位朋友以不懈的努力写作，匆匆忙忙且漫不经心。他说他的世界观是"文人"的世界观，1913 年他在杂文集《论丑图像之美》中坦率地这样宣称。布罗德的写作速度是罕见的，却导致艺术上的妥协：在散文集《死亡属于死者！》（1906）和《实验》（1907）之后紧接着就是反映时代精神的抒情诗——《恋人之路》（1907），它用华丽辞藻忸怩推崇强迫观念式的病态性欲。卡夫卡曾给阿克塞尔·容克出的第一版画了一幅封面画，可是印刷厂翻印不了。此后他快节奏地出了一系列散文作品：已提及的长篇小说《诺内皮格宫》（1908）、《妓女之训练》（1909）、《一个捷克女佣》（1909）、《犹太女人》（1911）、《阿诺尔德·贝尔》（1912）、《新郎》（1912）、《女人经》（1913）和——献给卡夫卡的——《蒂尚·布拉的通神之路》（1915）。布罗德的长处是一种有时灵巧敏捷、带讥讽色彩的文笔，它在最佳情况下提供主动的心理描写，然而在较弱的段落则显得平淡和冗长。尤其是他的抒情诗中那种卡巴莱色调、温文尔雅的诙谐、华丽辞藻和男人幻想的混合物达到了时代的顶峰。然而布罗德却并不是——如人们常常读到的——现实主义先驱，他的语言太过于常规，他的激情心理学太过于土生土长。除了包括如具有感伤的表现主义和庸俗的激昂慷慨色彩的独幕剧《情感之最》（1913）这样的剧本在内的文学作品以外，还有哲学-美学论文，报刊文章，短小随笔（论述时尚、戏剧、音乐、法国文学、电影、神秘学），书评，报告，特别是谱写歌曲和钢琴曲。此外布罗德还大力资助有天赋的年轻艺术家，受他资助的除弗兰茨·韦弗尔以外，还有捷克作家雅洛斯拉夫·哈赛克及作曲家莱奥·约纳赛克和卡尔·尼尔森。

如果考虑到布罗德自1909年起便任布拉格邮政管理处公务员一职，只有下午或夜晚的时刻可供写作之用，那么可想而知他是付出了巨大努力才写出如此大量的作品。这种显著的要获得良好成绩的品性是向一个有病的身体夺取得来的，它试图弥补布罗德鉴于自己的体格势必感受到的那种亏损。在采取这样的暴力行动时艺术质量当然就不会是上乘的了。布罗德对时髦主题虽然极敏感——大城市生活，性爱自由化，电影审美，摄影——但是他缺乏平静加工自己的材料的能力。这些文学作品常常显出消极的意义上的小品文特色，给人以粗制滥造的印象，没有细致入微的语言色彩，充满了心理学陈词滥调和老一套的新闻文体。卡夫卡没有向朋友掩饰自己觉得他的写作速度有危险、他的孜孜不倦会招致毁灭的感觉。在对布罗德的多产的赞赏中很早就掺和进这种忧虑：他不能充分集中自己的力量。1908年6月他就已经用怀疑的口气评论《诺内皮格宫》：“一种什么样的嘈杂声；一种像是受到克制的嘈杂声。”1911年3月产生了一篇评论布罗德的《犹太女人》论文的草稿，但是该文没完成。该文并非只是以夸奖作为结尾。这一点可以从1911年9月初在一次共同逗留米兰期间他记下的一则意味深长的日记中看出：“马克斯只在写作的时候对已写出的东西表示遗憾，此后从不。”卡夫卡与这位心绪不宁的朋友所代表的这一类型的文人所保持的距离是无法消除的，因为这类人神气活现的自我表现始终和他格格不入。布罗德纠缠进文学论战的习俗，一如他与卡尔·克劳斯的辩论所表明的那样，这在卡夫卡看来几乎让人无法理解。布罗德1911年7月3日在《行动》上攻击了克劳斯（“一个智力平平的人”），5天后受攻击者在《火炬》上回报以激烈的人身攻击。这样的激烈论战卡夫卡终身都将躲避，因为这种论战的攻击性使他感到极为诧异，其仪式程度使他感到乏味，其纳西索斯[1]式的风貌内容空泛。

与家庭以外的外界的大多数私人接触，卡夫卡在这一时期都通过咖啡馆来进行。这一点也适用于与弗兰茨·韦弗尔的谨厚关系，这种关系形成于在"阿尔科"和在较豪华的"勒夫雷"咖啡馆定期会面的过程中。1890年出生的韦弗尔，上中学时就已经通过朗诵自己的作品崭露头角，1911年在莱比锡容克出版社出版了抒情诗集《世界之友》，它使他在几个星期后——头版4000册在7天内售罄——一跃成为布拉格文坛的明星。卡夫卡欣赏他在1908—1909年岁序更新时经布罗德介绍结识的韦弗尔，欣赏他的文学活力和突出的、在后来的岁月里略显纯熟的——被他"用音乐感"培育的——对表现形式的理解力。卡西米尔·埃德施米德说他"有了不起的创造力"。他的诗作摇摆在激昂激情和客观冷静、矫揉造作和谈话口吻、宫廷舞台和卡巴莱小品剧之间。1911年12月底，卡夫卡在一个韦弗尔的朗诵晚会之后记下感言，说是激动兴奋的情绪几乎使他"干起傻事来"，竟然让他的头脑觉得"像是充满了蒸汽"。1912年8月30日，在"阿尔科"听了他的诗集《我们是》（1913）的新诗朗诵会之后，他称他为一个"可怕的大怪物"。马克斯·布罗德将他的依据一种惊人的记忆力的朗诵技巧描写为给人印象深刻的戏剧演出：演出时他"用热忱或欢呼的声音"说话并且简直是"时而用大声的、时而用很丰富多样的转调"歌唱。韦弗尔的备受赞扬的朗诵艺术是坚持不懈地练习的产品，这一点完全可以从《我的激情》（1911）这首诗中看出："是呀，这样更好，／我对着镜子把词语和手势堆叠。"

与韦弗尔的友情并非一片清澈，因为卡夫卡羡慕他作为一位富有的（而且宽容的）布拉格手套工厂主的儿子享有的经济独立："我恨韦（……）他健康，年轻而富有，我在各方面都不一样。"1912年

1　纳西索斯：希腊神话中的美少年，因爱恋自己在水中的影子而憔悴致死，死后化为水仙花，今比喻自我陶醉的人，自恋的人。

年底韦弗尔离开布拉格，迁居至莱比锡，他在那里正式受雇于沃尔夫出版社任审稿人，实际上却能把自己的全部时间花在写作上。有鉴于如此有利的工作条件，卡夫卡羡慕地称他为一个"出色的懒汉"。当1913 年新年他们在布拉格重逢时，他的自由朗诵的狂暴激情再次使卡夫卡着了迷，虽然在诗集《我们是》作品私人朗诵会后他对该诗集的"单调"抱有一些"异议"。在这之前不久出版的这位年轻作家的最早的几篇舞台艺术形式习作似乎也因其音乐性的语言节奏而把他吸引住了。1912 年 5 月底，韦弗尔让他阅读自己刚刚在《赫德尔报》上发表的诗剧《来自仙境的客人》。卡夫卡同年赞许地在席克勒的《白纸》上读了他翻译的欧里庇得斯的《特洛亚女人》片段。他很欣赏战后奠定韦弗尔舞台声誉的剧本《镜中人》和《山羊之歌》中作者运用语言的才能，可是对他的在风格上向一种粗俗的环境——现实主义的变更他却很生气，悲剧《沉默者》（1922）实施的便是这种现实主义。然而 1920 年 5 月他还满怀敬意地说，韦弗尔在他眼里"一年一年变得更美妙、更可爱"。

住在许贝尔纳街咖啡馆"阿尔科"对面的过去的同学维利·哈斯也是韦弗尔朋友圈里的人。1910 年在大学攻读法律时，这个 19 岁的哈斯建立了赫德尔协会。这一命名表明人们尽力谋取沟通斯拉夫文化和德意志文化，而这正是被马克斯·布罗德称作"汹涌澎湃"的赫德尔也曾为之奋斗过的。自 1912 年起该协会有了自己的常设机关刊物《赫德尔报》，它同时也是布拉格青年作家的论坛。哈斯周围的这批大学生在组织上属于圣约之子会[1]，他们构成它的文化政策方面的分支机构。和年长 4 岁、当银行职员挣着钱却在为各种不同的副刊撰稿的奥托·皮克一起——后来他成为布拉格最重要的政论作家之一，精力过人的哈斯定期举办朗诵晚会和讨论会，也讨论犹太教问题。卡夫卡对他本人曾很看重，然而同时对这个比自己年轻 8 岁的人的热心保持

---

[1] 犹太人服务机构。

着某种距离，这可从致他的信件的语言上看出。和哈斯、布罗德、韦弗尔、韦尔奇和保尔·科恩费尔德一起，卡夫卡1909年冬末要在一家咖啡馆的地下室房间里，估计是在克莱因塞特纳环城路边上的"拉德茨基"，间或参加唯灵论的会议。对被阿多诺称为"愚汉玄学"的精神感应术现象的兴趣来源于一种时尚。托马斯·曼可能也没有避开它，当初他在慕尼黑曾多次参加心理玄学家和施催眠术医生阿尔伯特·冯·施伦克-诺青的降神会（众所周知，他的观察写进了《魔山》[1]的精神感应那一章）。马克斯·布罗德在一篇1913年发表的杂文（《高等世情》）中不无讽刺地描写了这些唯灵论实验的共同体验。哈斯后来回忆说，它们似乎没给卡夫卡留下什么印象。

像哈斯这样精力过人的文人或长于经商的、不断编结着新关系的皮克在青年时代就已经不怎么吸引卡夫卡。所以他有意识地在布拉格作家圈以外寻找与另辟蹊径者的联系，这可能就不是偶然的了。他在1911年9月底与比他年长5岁的、被视为独来独往者的版画家和作家库宾首次相遇。此人的多话嘴快，他那种擅长讲述风趣故事和细节隐情的本事虽然吸引他，但也使他感到厌恶。对库宾的情节离奇的长篇小说《另一面》（1909）他从未发表过自己的看法，然而还是可以证实，这部小说逐项逐条地影响他自己的作品的氛围，尤其是《城堡》故事的结构。对卡夫卡的作品的作用史变得具有重要意义的，是会见21岁的在柏林学法律的大学生库尔特·图霍尔斯基，1907年他因在《玩笑》上发表了讽刺童话而崭露头角。卡夫卡1911年9月30日在布拉格遇见图霍尔斯基及其同龄朋友——画家库尔特·斯察弗兰斯基（后来他回忆起，布罗德觉得这两个人像两个流动工匠）。接触经由布罗德的柏林出版商阿克塞尔·容克建立，一个爱享受生活的丹麦浪漫文人，斯察弗兰斯基——他曾是鲁西安·伯恩哈德的学生——有时为

---

[1] 《魔山》是德国作家托马斯·曼作于1924年的长篇小说，故事发生在一座叫"魔山"的疗养院。

他作插图（韦弗尔的《世界之友》诗集封面也将由他设计）。在热烈的文学交谈之后，他们在晚上同柏林客人一起造访高级妓院"苏哈沙龙"。青年图霍尔斯基，他刚刚作为《前进》的自由撰稿人开始了自己的记者生涯——一个"完全统一的人"——不久他就要成为卡夫卡作家声誉大众传播的助产士。1913 年 1 月底他为《布拉格日报》评论《观察》并断言，说这部处女作的那种"歌唱性散文"像罗伯特·瓦尔泽，但同时又有"许多新东西"，它们预示着无量前途。1920 年 6 月 3 日他在一篇为《世界舞台》撰写的书评中赞颂小说《在流放地》是克莱斯特第二的作品："自从《米夏埃尔·戈哈斯》以来还没有人写出过一部德语中篇小说是用如此有意识的力量压下任何内心的同情，却又如此浸透着作者的心血的。"

在 1910 年秋和 1912 年春之间，卡夫卡以一种他后来不再展开的强烈程度密切关注着布拉格的文化生活。1910 年 11 月 7 日他在德意志大学生宿舍听当时的《布黑米亚》的编辑保尔·维格勒尔做一个论述黑贝尔的生平和他的《玛丽娅·玛格达莱娜》的报告。11 月 27 日他参加一个（受到听众冷遇的）在格拉本街德意志俱乐部镜厅举办的伯恩哈德·克勒曼 [1] 朗诵会。1911 年 3 月 15 日参加了卡尔·克劳斯的一场朗诵会，他的保留节目中有一篇谈海涅及其影响的文章，两天后听了维也纳建筑师阿道尔夫·罗斯论述纹饰和犯罪的报告，5 月底听了刚被聘至布拉格的阿尔伯特·爱因斯坦在卡尔斯大学物理系大讲堂里做的一个相对论入门报告，11 月 11 日听了法国作家让·吕歇平讲拿破仑传奇的报告。1912 年 2 月 16 日他参加赫德尔协会的一个活动，听了奥斯卡·比论述舞蹈美学的一个报告，还听霍夫曼斯塔尔——以令他失望的风格——朗读了挑选出来的几首诗。晚会以著名的维也纳人格雷特·维森塔尔——霍夫曼斯塔尔 1910 年为她写了芭蕾舞剧剧本

---

[1] 伯恩哈德·克勒曼（Bernhard Kellermann, 1879—1951）：德国小说家、评论家，杂文家。

《陌生姑娘》——就着施特劳斯华尔兹和李斯特的第二首《匈牙利狂想曲》跳的舞蹈而告终。估计把卡夫卡吸引到这里来的不仅是这位受人尊敬的奥地利作家的登台朗诵，而且也是晚会节目中关于舞蹈艺术的这一部分。1909 年 5 月 24 日至 25 日彼得堡皇家俄罗斯芭蕾舞团的客座演出就已经极大地吸引过他。叶夫根耶·艾杜阿多娃的带性爱色彩的吉卜赛人舞使他如此着迷，致使他对此久久难以忘怀。两年半后他还向菲莉丝·鲍尔承认，他曾接连好几个月梦见过艾杜阿多娃。1913 年 1 月他看了著名的尼金斯吉伊的一场俄罗斯芭蕾舞晚会，他认为尼金斯吉伊是一个"完美无缺"的人。1912 年年初他观看布拉格丰富多彩的文艺演出的频率再次大大增加，光在 1912 年 3 月他就出席了 8 场报告会、歌曲演唱会或戏剧晚会。

　　在就职的头几年里，卡夫卡的阅读比在上大学时期更系统了。通常在布拉格周围地区产生的或者甚至最亲密朋友的有关当前现实问题的作品占有特殊的分量。发现年代较久远的作家，这种情况则颇为罕见，因为卡夫卡不喜欢在这个领域消遣散心，他只挑选不必投入辛劳立刻就会让自己入迷的作品。自 1911 年起他潜心研读歌德，歌德的经典剧本他作为学生与其说津津有味地，还不如说忍着痛苦地阅读了。处于重要地位的是阅读《诗与真》，这部作品，就像《与艾克曼谈话录》，给他留下诧异和入迷的混合印象。在主要是研读了克莱斯特后，传记体作品也吸引了他的注意力，他犹如读《圣经》那样读克莱斯特的作品。1911 年 11 月他用冷嘲热讽的口吻记述柏林克莱斯特逝世 100 周年纪念会，说克莱斯特家族后人在万湖湖畔克莱斯特墓前放上了一个花圈，上面写着"献给家族最优秀者"。他不见得是偶然地在克莱斯特作品上打破了只给妹妹们或亲密朋友们朗读作品的习惯。1913 年 12 月 11 日他在经常为小市民听众举办文艺晚会的托英贝厅里朗读了《米夏埃尔·戈哈斯》的开头部分。在熟人圈子里朗诵是他的一种特殊爱好，这一点他自己直言不讳，而在陌生的听众面前登台朗诵却意味着一种精神负担，后来他不再使自己遭受此类风险。在托英贝厅晚会后他失望地得出结论："完全不成功。选材不好，朗诵得不好，最后无意义地在作品中游来游去。"这种形式的自我批评可能与朗诵会的实际效果根本不相符合。奥斯卡·鲍姆在 1929 年的一则回忆中强调指出，卡夫卡始终是一个优秀的朗诵者，"以令人头晕目眩的舌头速度"，完全沉醉于"无限长的呼吸和渐强的力度阶梯加强分句的宽阔音域中"。

第六章

寻找踪迹（1908—1912）

旅行者

　　一种广为流行的判断认为，卡夫卡的经验世界局限于布拉格及其附近的波希米亚地区。然而仔细一看，展现在眼前的却是另一幅图画，它同后来他自己勾画的怯于经验的遁世修行者形象并不一致。卡夫卡有一种不动摇的旅行兴致，在任职的头几年里他和马克斯·布罗德一起开始考验这种兴致。他游了大部分东欧和南欧，北海和波罗的海，熟悉了帝国时代的现代大都会：柏林、德累斯顿、莱比锡、巴黎、米兰、苏黎世、维也纳和布达佩斯。旅行对于卡夫卡来说意味着可以观察陌生的事物，可以不带适应精神压力地记下它们的特性，而并不牺牲匿名的保护作用。火车站景象、乘坐火车和巴黎地铁就已经给他提供机会，去实际应用那种从前在日常生活重压下只能零星展现出来的高尚感觉文化。在度假期间卡夫卡也和文字传媒联系在一起：通过阅读介绍陌生地区情况的期刊、旅行指南和长篇小说并借助自己的日记，他用犀利笔锋捕捉住见到的东西，以便将其整理归档作为日后写作的素材。虽然在这样的阶段具体的写作计划搁置起来了，但是他至少通过间或撰写一篇旅行日记保持写作的连续性，没有那种连续性他会感到不幸。而这种日记1912年后中断，这却是一种越来越自我批判的态度的标志，而他也就是用这种态度来判断他自己的感觉技巧的（这种态度自 1914 年起导致全部日记的中止）。

访问过诺德奈伊岛后的第一次时间较长的出国旅行是卡夫卡和马克斯及奥托·布罗德共同进行的。1909 年 9 月他们去了 10 天加尔达湖畔的里瓦，这地方一年前奥托就已经独自探察过。在当时还居于哈布斯堡王国的里瓦，休假者们在"波纳勒街下面的一家小公共游泳场"享受悠闲的日子，蒂罗尔作家卡尔·达拉戈，一个笃信的"自然门徒"和素食者，也在那里十分简陋的情况下度过他的夏天时光。人们躺在阳光下的灰木板上，观察着"闪烁的蜥蜴从林中小径上溜过"，为练习语言读当地的报纸，在炎热难当时坐在周边"突出的悬崖峭壁"的阴影里纳凉。朋友们有时租一艘小船，一起在湖里划船并在湖心听凭漂流。马克斯·布罗德有一架照相机，拍了几张休假情景的粗粒子照片，它们似乎蒙上一层北意大利夏末日子里乳白色的光。1917年年初，卡夫卡将在其离奇故事就发生在里瓦的短篇小说《猎人格拉胡斯》中唤起对暖和、暗淡、宁静和懒散得让人昏昏欲睡的情调的回忆。

1909 年 9 月 9 日，这几位朋友从一则报纸广告上得知，9 月 8 日至 20 日之间布雷齐亚有一个国际航空展。头几天可供观众参观飞机，此后将举行资金丰厚的飞行比赛。9 月 10 日清晨，这几位好奇心陡生的布拉格休假者从里瓦搭乘轮船起程并在德森察诺登上火车，在午后抵达布雷齐亚。他们开始探询这座城市，晚上和一位马车夫发生争执，此人骗取高价运送他们，他们在一个狭小、肮脏、像一个"贼窝"的房间里过夜。次日，在一片草原——当着几千名观众的面举行的飞行表演掀起早期航空史上的一个高潮，因为参加表演的是当代最著名的飞行员。其中有几个星期前第一次成功飞越英吉利海峡的法国人路易·布雷里奥特、1911 年 9 月 11 日晚上将达到 198 米的最高飞行表演高度的他的同胞亨利·罗杰尔、保持速度纪录的美国人格雷恩·库尔蒂斯，以及意大利王牌飞行员阿雷桑德罗·安察尼和马里奥·卡尔德拉拉。出现在云集着意大利上层贵族的看台上的，有吉阿科姆·普契尼和技术狂热信仰者加布里勒·阿农齐奥，他正在撰写一部讲航空的长篇小说并将在 9 月 12 日作为少言寡语的美国人库尔蒂斯的乘客升空。除了飞行员以外，吸引这三个朋友的眼球的便是盛装的意大利美女了。马克斯·布罗德看风度高雅的、看飞行表演的女人可能有甚于看勇敢的飞行员。

　　先前阴着并有风的天气变好之后，下午 4 点左右头几架飞机便从一个像"赛马场"的飞行场升空。比赛分成各单项竞争，以便给观众换换口味。飞行员们表演他们的高空飞行技术，争夺速度奖并试图在续航时间上超越对方。在傍晚时分，这几个先前从未在空中见过一架飞机的布拉格休假者才离开这个宽广的地带，因为他们还得在布雷齐亚赶乘火车。马克斯·布罗德处在激动情绪的印象中，梦想组织一场布拉格飞行表演，他建议大家分别撰文论述这一事件并进行竞赛，选出一篇最好的通讯报道。在里瓦时，还在最后几天假日里享受着变空了的游泳场的宁静，朋友们便动手写了起来。卡夫卡的文章略经删节后于 1909 年 9 月 29 日，自意大利返回两周后，以《在布雷齐亚看飞机》为标题发表在布拉格的《波希米亚》上，布罗德与这家报纸的副刊编辑保尔·维格勒尔和维利·汉德尔有较密切的联系。布罗德自己则在三年后在他的长篇小说《阿诺尔德·贝尔》中（这个贝尔同样描写了一场飞行表演）给布雷齐亚飞行表演留下了永远的纪念。

　　卡夫卡的文章提供了德语文学中对一次飞行表演的第一次有审美情趣的描写。这篇短文利用一种无偏见的视角，来领会当场的气氛，描写了飞行场地，刻画了好奇的观众，最后表现了飞行员们的技艺。该文先收集了大批人群的繁忙活动给人留下的粗浅印象（维格勒尔为节省版面删去了详细描述不惬意旅程的文字）。漂亮的贵族妇女们的面纱和帽子，她们的陪伴者们的很有风度的西服，抽着烟的飞行员们的手势语言，飞行厅里机械师的默默忙碌以及飞行员妻子们的自信举止同样受到文章作者的密切注视。聚精会神地，但并不大肆颂扬地，他观察着观众中的社会名流："加布里勒·阿农齐奥，纤细轻盈，看似羞怯地在委员会一位名叫康特·奥多弗雷蒂的重要评委面前蹦跳着走过。看台栏杆上方现出普契尼的长着一个酒糟鼻的强健脸庞。"放置在帷幕后面的飞机因其宽大的形状使报道者感到"像巡回演出的戏剧演员的封闭舞台"。对升空的飞行员们的描写最终扩展为一种微妙的远近表现法，它让观看者的位置变得不稳定。描绘为有高度艺术性的平和气氛所主宰，成为一幅静态画面，画面上远近交替映现，像在一个漫射的光柱下显现了出来。对美国人库尔蒂斯的尝试，文章这样写道："（……）他正从我们头顶上飞离而去，飞过在他面前增大的平原，飞向森林，他消失不见，我们看到的是森林，不是他。"

这一天真正引起轰动的表演卡夫卡的报道只能作为字谜画隔着越来越大的距离加以勾画——布拉格度假者们错过了它，因为他们在黄昏即将降临之时离开了飞行场地，以便还能在当天夜晚返回里瓦。就在他们乘坐敞篷马车起程驶往布雷齐亚火车站的时候，罗杰尔做了一次创纪录飞行，他的飞行高度达到了可观的 117 米："道路旋转，而罗杰尔则显得如此之高，致使人们以为，他所在的位置不久便可以按星星来确定，那些星星马上就会在已经暗下来的天空显现。我们不住地转身，罗杰尔还在爬高，我们却向下走进人群之中。"仅仅在四天后便离开意大利的朋友们鉴于这些强烈的印象，希望人们也"能在布拉格举办"跟布雷齐亚飞行表演"相类似的活动"并聊以自慰。

为 1910 年秋计划好了一次巴黎之旅，卡夫卡为此行做了长期筹划，自夏天起他就上画家维利·诺瓦克和一个交谈女郎私人讲授的法语课。1907 年年底他就开始和布罗德一起读福楼拜的长篇小说《情感教育》《布瓦尔和佩居榭》《圣安东的诱惑》的原文，以便改善他通过他的妹妹的家庭女教师获得的支离破碎的语言知识。1910 年 10 月 8 日他和奥托·布罗德先去纽伦堡，为分隔路段他们在那儿过夜（1903 年 12 月，在从慕尼黑返回布拉格的途中，就已经在这里中途停留过）。翌日早晨马克斯·布罗德才从比尔森赶来与他们会合，并在 8 点左右在饭店里把头天夜里很晚才就寝的正在睡觉的人叫醒。在乘坐了14个小时的火车后朋友们在10月9日夜晚到达巴黎。在此后的9天里展现在卡夫卡眼前的都市的风貌当然不同于他通过福楼拜的《情感教育》所了解到的对1840年状况的描写。波德莱尔就已经在一首写于1857—1861年的诗中这样抱怨："旧巴黎不再（一个城市的面貌变得真快，啊！比一个垂死的人的心还快）。"

　　旅行者们的计划包括很多不同类型的参观和娱乐活动。图伊雷里宫、卢浮宫、蒙特马勒区、卢森堡花园、凯旋门和埃菲尔铁塔是这三个布拉格旅游者的必到的经典参观地，去历史博物馆、奥代翁剧院一个留声机陈列室和逛市里的大百货公司（卡夫卡一反往日的吝啬买了一条昂贵的领带），同样也是他们必修的功课。构成一种特殊魅力的，是两次光临小剧场带有色情色彩的舞蹈节目及诙谐歌曲演出，还在歌舞剧院看了著名的女舞蹈家帕莱丽的演出。路德维希·伯尔纳就曾在他的《巴黎来信》（1832—1834）中写道，这个法国大都会的舞蹈表演是如此使人着迷，人们简直"连黑格尔也都要邀来跳一支华尔兹了"。应1909年就已经和熟悉巴黎情况的画家格奥尔格·卡尔斯一道来过巴黎的马克斯·布罗德的提议，朋友们在10月16日逛了蒙特马勒的夜总会并在很晚的时刻进入"大酒店"，这里除了好几家饭店以外也有一所影院、一家美国酒吧以及由三陪女郎陪侍的各种不同的包间。不过此刻卡夫卡却无法寻欢作乐，因为几天来他背上都长着一个疖子，这使他取乐的劲头大大受到限制。心情是郁闷的，因为他毫无意义地自怨自艾，他的患疑病症的自我观察也使朋友们身心疲惫。在巴黎请教过的医生至少在短时间内无能为力。为了不使布罗德兄弟因自己的沮丧而有负担，他独自乘地铁去朗夏普，他在那里的赛马场看赛马——这一印象后来被收进长篇小说《失踪者》。10月17日，9天后，他中断了原计划两个星期的逗留而返回布拉格，以便连续治疗他的脓肿。

　　由于年底前他还有几天剩余假期，这时疖子已痊愈的卡夫卡便在

1910 年 12 月 3 日去了 6 天柏林。此行的重点是了解严肃的城市戏剧活动，他想拿它和奥代翁提供的巴黎印象做比较。抵达的当天晚上他去看了小型戏剧演出；第二天，他去莱辛剧院看了施尼茨勒的《阿纳托尔》，但没对此留下什么特别的印象——在未来的岁月里他将对施尼茨勒的作品产生一种简直是病态的恐惧，他认为它们肤浅和追求效果。可是一天后他却在德意志剧院心驰神往地看了马克斯·赖因哈德导演的《哈姆雷特》，剧中阿尔伯特·巴瑟尔曼扮演与剧名同名的主角，格特鲁德·艾索尔特扮演奥菲丽娅。哈姆雷特素材曾特别令他着迷，这是显而易见的（他有一套 1878 年版这位伊丽莎白一世时代戏剧家的剧本集，这是他在旧书店买来的）。莎士比亚的主人公也以永远的儿子的身份出现，这个儿子没有能力走出他的死了还极强大的父亲的阴影，并像弗洛伊德在《释梦》中的解释所强调的那样，屈从于一种由乱伦幻想生出的罪责感，它让他变得没有行动能力。哈姆雷特，冥思苦想的没有行为力量的行为观察者，是一个卡夫卡非常精通其内心黑暗的人物。1915 年 10 月底他在日记中言简意赅地问："福廷勃拉斯怎么可以说，哈已经证明自己有帝王风度？"柏林的演出给人留下的印象——他这样告知马克斯·布罗德——简直带有身体的性质："整个儿一刻钟又一刻钟地我确实有了另一个人的脸，我不得不时不时地把目光从舞台投向一个空着的包厢，好使自己的情绪恢复正常。"在一封 1913 年 1 月的信中有对在柏林被公认是演易卜生和霍夫曼斯塔尔作品的杰出女演员格特鲁德·艾索尔特的回顾："她的气质和嗓音简直令我为之倾倒。"而对在贝伦街大都会剧院看的歌舞剧《乌拉！我们还活着！》及雅克·奥芬巴赫的轻歌剧《巴黎生活》，却只产生无聊的印象，两年后他对此还记忆犹新。整个演出期间他"都在大打呵欠"，1912 年 10 月 24 日他这样坦白承认。

　　1911 年 8 月底，马克斯和卡夫卡取道慕尼黑、苏黎世和卢塞恩去卢加诺度假消暑。由于卡夫卡日记中比较详尽地描写了这趟旅行，所以它对于我们来说就有了具文学价值的特殊意义。日记融合意外的经验，将细节放到调好了清晰度的照相机透镜前，间离日常生活的正常状态并显示一种惊讶文明，它还针对生活中的平庸琐事："不负责任地不记笔记旅行，甚至生活。"卡夫卡的记录，作为一个旅行作家的观察练习而构思的，从摄影的目光中获得其魅力——粗浅的印象就是用这种目光拍摄成永久的快照。日记首先将陌生事物印象包括进去：一种不熟悉的语言的形式（"沙文主义者不再熟识"），陌生的日常生活习惯（"熬夜太长久的儿童"），奇怪的菜肴顺序（"厨师和侍者，他们在普通饭食后吃生菜菜豆和马铃薯"），异国风情的服装（"黑缠头巾，松散的衣服"），行人和旅行者（"温特图尔火车站上拿着小棍的流浪汉，歌唱和插在裤兜里的一只手"），特别是参观博物馆和看戏的人（"臆想的我们行列中雇来喝彩捧场的女人"），在他们身上试验对观察进行的观察。目光一再对准城市生活节奏中的繁忙活动（"在沥青石子路面上汽车比较容易管理，但也比较难以限制"）以及显得像一座现代露天剧场布景的城市风景特有的不真实性（"主要交通干线，空的电车"）。所有这些笔记均有助于在文字中将陌生事物作人工新设计，它们将这陌生的东西当作异国风味的艺术品加以阐明，从而在改变了的相互关系中将其改组。感觉印象向文本条理的转换产生一种自成一体的、末了关系到自身的词义体系，这一点卡夫卡是意识到了的："一个不记日记的人对日记有错误的见解。"

　　1911 年夏末的旅行受到不同的文学的、部分诙谐部分严肃性质的计划的限定。在到达卢塞恩——卡夫卡在那里第一次参观了一个赌场（日记用一幅速写记下轮盘赌转盘的基本模式）——之后不久，在瑞士群众性旅游业早期形态不寻常印象的影响下，朋友们仔细考虑设计一种新型旅行指南的想法。它应该大量发行，书名叫"便宜"，并给度假者们提供便捷的交通路线、饭店及餐馆——一个游戏似的计划，它将使这两位作者如他们所希望的"成为百万富翁并摆脱可憎恶的公职工作"。他们在 1911 年 8 月 29 日晚上到达卢加诺，朋友们经饭店的一次长谈后决定共同着手写作一部长篇小说。在此后的几天里他们讨论了这部——后来使用《里夏德和萨穆埃尔》这个书名的——小说的基本特征，它将讲述一种引人入胜的、受到对立支配的男人之间关系的各个阶段。布罗德在这个时期喜欢与人合作：1909年他与弗兰茨·布莱合译朱尔·拉福格的《丑角》(1887)，与费利克斯·韦尔奇共同撰写已提到过的哲学论文《观点和概念》，他计划与弗兰茨·韦弗尔编选一本讽讽刺诗集。

除了人物肖像和日常情景以外，这些笔记文字所记录的，是一种夏末温暖的南方氛围，这股暖意笼罩在一片消失在闪烁灯光中的湖光景色上。布罗德两年后发表在《三月》周刊上的十四行诗《卢加诺湖》令人回忆起公路的火热，水面上的蜻蜓和垂挂在"葡萄叶小树林"中的"沉甸甸的葡萄"。然而由于游泳场的千篇一律的生活不久便使朋友们感到无聊，他们便在9月4日去了米兰。他们在那里参观大教堂，攀登半球形屋顶，看维托利亚·埃马努艾美术馆并在晚上投宿一家妓院，它用了"阿维洛·埃登"这个富有希望的名字。一看见摆出一副戏剧中人物姿态的姑娘——她们"像处女那样讲她们的法语"——先是"对什么都草率从事"的卡夫卡心中突然感到一阵如此强烈的不快，他竟一言不发离开了这家妓院。第二天早晨他为自己的态度向布罗德道歉，因为他为自己使这位迅速跟随他离去的朋友丢了脸面。旅行日记把整个这件事描写得像一篇讲述了一次失败的艳遇故事的小型中篇小说。

9月5日度假者们向施特雷萨继续行驶并在那里停留了两天，在马乔列湖湖畔休息和游泳。然而和谐宁静的生活很快受到破坏：一场自1911年初夏暴发的流行性霍乱开始在北意大利蔓延，人们在饭店和浴场对这场霍乱激烈辩论着（"这些消息的平均性质分别随着人的群体和自己的身体状况而改变"）。一星期以前，在乘轮船摆渡四林州湖（即瑞士卢塞恩湖）时，布罗德就受到"剪报"的影响对意大利的疾病浪潮深表忧虑。考虑到这场流行病，自夏天以来就有许多旅游者提前中断他们在意大利的逗留，其中也有托马斯·曼、他的妻子卡蒂娅和兄长亨利希，仅仅在几个星期以前，1911年6月初，他们就由于怕受传染仓皇逃离了威尼斯的海滩，他们在那里下榻贝因斯大饭店。在这段意大利经历影响下产生的中篇小说《魂断威尼斯》——1912年秋发表在《新周报》上——众所周知地将这个疾病主题加工成一场带讽刺意味的、人的自我毁灭的悲剧。曼是这样描述这场来自亚洲的霍乱的："但是就在欧洲发抖，害怕这个幽灵会从那里登陆此地的时候，它却已经随着叙利亚的商船漂洋过海，几乎同时出现在好几个地中海港口，已经在图龙和马拉加（西班牙）昂起了它的头，在巴勒莫（意大利）和那不勒斯（意大利）显示出它的狰狞面目并且似乎再也不愿意退出整个卡拉布里亚（意大利）和亚浦利亚（意大利）。"

由于怕霍乱，布罗德和卡夫卡9月7日决定在还剩下的6天共同假期里去巴黎（布罗德的日记以装模作样的姿态记下，说是有望在"大歌剧院"看一场古诺作品演出的前景起了决定性的作用）。在经过将近14个小时夜间行车的劳顿之后，他们在9月8日早晨经蒂永抵达里昂的加雷河畔。不同于旅行头几站的情况，卡夫卡逗留巴黎期间只记下提纲，在自法国返回后的1911年9月底和11月初之间他将其进行加工（布罗德将采用同样的方法）。这种审美眼光在这里是一种为了扩大距离而避免真实印象的写作实践的产品，它展示出对城市的装腔作势、城市的车流的自动化节奏、公共交往的场景以及在咖啡屋、夜总会和妓院之间城市性满足匿名形式的鉴赏力。巴黎就这样作为"用虚线画出的城市出现，其结构像是由一支铅笔的痕迹组成"，作为"既是世界也是书"出现，一如瓦尔特·本雅明针对波德莱尔的浪荡子和他的《恶之花》所断定的那样。被当作卡夫卡观察的中心的，是那些"通信"，它们让感官经验的碎裂的图像进入一个意外关系之网，致使它们显得像"象征的树林""气味""颜色"和"声音"在这些林子里变化无常地作出反应。一则1911年9月9日还是在巴黎记下的日记提供了这种做法的一个典型例子，这则日记把不同的城市印象联结成一个感觉成分组合群体，这些感觉成分的共同点就是平面空间的几何规则："独特的平面位置：衬衫，所有的衣物，餐馆里的餐巾，糖，通常都是两轮车的大轮子，鱼贯而驾着的马，塞纳河上的平面轮船，阳台把房屋横向分裂并散布这些平面的房屋横截面，压平的扁平壁炉，放在一起的报纸。"

朋友们完成的旅游计划极其紧凑，几乎不给安逸宁静留有任何余地。到达当天他们便参观了大歌剧院附近地区的环形大道（"在巴黎的大街上跑断了腿"），下午畅游塞纳河，晚上在 1898 年修葺的富丽堂皇的剧场看了一场比才的《卡门》，然而他们却在最后一幕之前躲进一家咖啡馆，经过一夜旅途颠簸他们已然疲惫不堪。第二天一早在塞纳河里游过泳以后，他们对卢浮宫进行了一次细致认真的参观，在参观过程中卡夫卡用日记簿记下了选出的陈列品的标题，供计划好的旅游指南用。最著名的一件收藏品《蒙娜丽莎》，在这之前两个半星期已被一个陌生人偷走——一个插曲，同年格奥尔格·海姆在他的散文《窃贼》中将其加工处理，他预先推定一个个真实的事件，他描写，这个罪人连同其赃物在意大利被抓住，一年半后案犯——室内装饰美工人员维森楚·佩鲁吉阿——果真在佛罗伦萨被捉拿归案。9 月 9 日晚朋友们在法兰西剧院看了一场拉辛的《费德尔》，它那韵律严格的芭蕾舞动作设计令他们着迷（"许多缓缓的用手遮住脸面的动作"）。在很晚的时刻他们光顾汉诺威街上一家被认为特别出色的妓院，布罗德 1910 年 10 月造访巴黎时就已经知道它。卡夫卡对一只"信号钟"的"合理"装置表现出颇受感动的样子，为防止在楼梯间尴尬相遇，看门女人用这一装置通报新来的客人。然而面对"挺直身子展现其优势"的、穿得很少在接待室里等候主顾的姑娘们，他像在米兰那样突然感到恐惧和厌恶。日记事后概略叙述他突然逃跑的情景与福楼拜的《情感教育》结尾时讲述的那则青年时代插曲颇有几分相似之处：弗雷德里克，长篇小说的主人公，逃离一家妓院，因为他看到给他提供服务的赤身裸体的女人时无法做出抉择，并由于他的犹豫不定而受到她们的嘲笑。"孤独、漫长、无意义的回家之路"，卡夫卡的日记如是说。情欲又引起那种奇特的恐惧和渴望的混合情感，如同 1903 年 7 月初第一次与布拉格女售货员一夜风流时的情形。

9 月 10 日，朋友们再次参观卢浮宫并看了它的雕塑陈列馆，夜晚他们决定顺路去奥米尼亚·帕特电影院，那儿在放映一部描写偷窃《蒙娜丽莎》的电影，它激起卡夫卡的文学想象力并在几个月后的长篇小说《失踪者》中留下清晰的痕迹。9 月 11 日，逗留的倒数第二天，他们看了附近一家咖啡馆里的游艺演出，然而枯燥无味的演出令他们感到厌恶，节目还没演完他们便溜到大街上。最后一天，他们乘车去凡尔赛，不过卡夫卡没有详尽描写这段旅程。但是在战争纪念画廊，拿破仑的画像似乎特别令他着迷，从此他就对这位皇帝的生平事迹倍感兴趣。日记以报告在卢浮宫街上发生的一场无甚危险的事故而告终，他用类似电影镜头的手法把警察和证人记录该事故作为滑稽戏场面加以描述。在这样的时刻观察者的距离把城市的日常生活变为一堆自然的感觉印象，它们像联觉挪移——正是这种联觉挪移按本雅明的判断无比精确地把《恶之花》想象为大都会的海洋风景："波德莱尔向汹涌的巴黎城里讲话，就像一个人向汹涌的波涛里讲话。"

1911 年 9 月，在这趟旅行后的两个月，日记中有这样一段话谈到巴黎："人们承认陌生的城市是事实，居民们生活在那里，并不渗入我们的生活方式，如同我们并不能渗入他们的生活方式（……）。"这则日记很精确地描述了旅行者的处境：这位旅行者意识到把他和陌生的大都会分开的距离，但同时预感到，正是这种距离才迫使他记下自己的体会。1911 年 9 月 13 日两位朋友在巴黎分手，布罗德单独返回布拉格，卡夫卡取道贝尔福尔脱和巴泽尔去苏黎世附近的埃伦巴赫，他住宿在那里的一家自然疗法疗养院，一直住到 9 月 19 日。在火车上他遇见一位克拉科夫（波兰）犹太人工人，此人在北美金矿里干了 30 个月，在回家途中到巴黎来碰碰运气，但如今受到挫折且身心疲惫，想返回波兰。他的关于东海岸、美国的赚钱机会、纽约的宽阔大道和城市建筑大型化倾向的故事，给卡夫卡在这个时期正在酝酿中的一部长篇小说提供了素材，这部长篇小说的故事情节就发生在新大陆。"他的箱子小，他下车时拎着它就像负着一个重担"，他记下了这样的话，还有"一点儿孩子气掺杂其中"。纽约，一只箱子，一个使人感到天真烂漫的主人公：这不久就成为标题为《司炉》的美国长篇小说的第一章。1911 年 9 月 20 日，卡夫卡在到那时为止他生平最长途的出国旅行后返回布拉格，他面临着多事的月份，它们将深刻改变他对自己在才智和文学中所处地位的认识。

自然疗法和人智学

卡夫卡的大脑是一个感觉敏锐的区域，一种总是受到过度刺激的想象力引起的身体上的紊乱在其中滋长。"入睡时，"1911 年 10 月 3 日他这样记下，"脑袋里鼻根上方一种垂直行进的疼痛，像是从一条被挤压得太锋利的额头皱纹发出。""这样一种感觉，"他在谈到自己的偏头痛时向马克斯·布罗德解释说，"是一块薄玻璃在其破裂之处必定会有的。"对作为失眠的根源和后果而出现的像一处"枪伤"那样折磨他的头痛的抱怨，卡夫卡自参加工作后的头几年以来便一直在进行。这种抱怨有时加剧为忧郁的猜想：可供他支配的寿命可能有限，储存的力量很快就会消耗殆尽。由神经衰弱引起的疼痛——"脑袋里左上方一个闪烁而清凉的小火光"——成为临终前挣扎的征兆，如同 1911 年 10 月 9 日的一则日记所说明的："我将几乎活不到 40 岁，譬如这股张力就颇能说明问题，它常常使我的左半边脑壳上受到影响，它摸上去像一种体内的麻风，如果我不计种种麻烦、只想观察的话，那么它给我留下的印象就跟学校教科书里的大脑横断面的样子一样，或者跟一种几乎无痛的活体病理解剖一样：做这种解剖时，手术刀有些凉飕飕地、小心翼翼地、常常停住并不显眼地、有时静静平放着，还继续分开工作着的大脑局部近处薄如纸片的外壳。"在正在思维的脑袋上的活体解剖是令人毛骨悚然的象征，比喻一种疼痛，一种粗暴干预生活且不肯消失的疼痛。它的幽暗痕迹贯穿一个个不眠之夜，随之而来的是疲沓的白日，只有躺在床上才可以忍受得了的白日。

自上大学以来卡夫卡就曾竭力争取用一种尽可能自然的生活方式来补偿他满腹狐疑、全神贯注观察到的、支配着他的神经性紧张。他利用在利波赫、萨雷塞尔、楚克曼特尔、施特拉科尼茨、特里施和施匹茨贝格做的乡间逗留锻炼自己的身体。他游泳，划船，快速骑自行车，在特里施看望舅舅期间他也勇敢地骑上一辆摩托车，骑着它在刚收割过的草地上疾驶。自上大学的最后几年起，他都在夏天和马克斯·布罗德及其妹妹在普里马托仑岛上打网球（这位朋友1931年还在自己的长篇小说《施特凡·洛特》中捕捉对这些聚会的一种回忆）。1909年他在库赫尔巴德的赛马场上马术课——据布罗德说，成绩还蛮不错。看来几次时间较长的出国旅行除了有利于艺术爱好，也有助于直接体验大自然：早晨在参观卢浮宫之前顺路先去塞纳河畔的一家游泳场。在布拉格，卡夫卡也一有机会就试图逃脱客厅和办公室的污浊空气。直至他生命的最后几年，他一直频繁地来到摩尔道河畔的"平民游泳学校"，埃贡·埃尔温·基施曾写到过它，说它构成演出一出庄严的"水上哑剧"的戏剧舞台。游泳往往是"饮魂"——一种双人舟——划舟游的出发点，小舟轻盈荡漾过水面。尤其是在1906年至1912年之间的几年里，裸泳更是朋友们的一种夏季娱乐活动。卡夫卡和布罗德、韦尔奇及年轻的韦弗尔一起在达夫勒、施特希霍维茨和弗劳的摩尔道河湍流边缘游泳，爬上磨坊拦河坝并在湍急的河流中使自己陷于"有生命危险的处境"。在马克斯·布罗德的诗集《恋人之路》中的《乘轮船》这首诗中有对这些郊游的描写："从布拉格我们溯河而上 / 听凭风衣随风飘落（……）。"在较冷的季节里，卡夫卡也不是温室里的花草，把自己关在供热过分的房间里。冬季他做长时间的散步进入郊区，据布罗德1911年初在一次谈话后的日记中所记述，在做这些散步时他"没有目的地，没有思维"，独自信步而行。由于取暖炉空气引起他头痛，他不给自己的房间生火。在布拉格的寒冬季节他也只穿单薄的外衣外出（"我几乎比一块木头还能抗得住寒冷"）。1912年11月他对菲莉丝·鲍尔戏称自己是"无背心服装发明者"。

自1909年秋天起，卡夫卡便按照丹麦体操教师延斯·佩德尔·米勒的流行教材锻炼身体。米勒在一篇1904年发表、很快就译成24种语言的论文（《我的系统》）中阐述的他的方法，就是伸展运动练习，每天对着敞开的窗户裸体做15分钟。"卡夫卡做绳索体操做得很好"，1911年9月在造访塞纳河畔一家游泳场后布罗德记下了这样的话。1911年4月，他在赴瓦尔恩斯多尔夫的一次出差途中结识了工厂主和自然疗法倡导者莫里茨·施尼茨勒，此人建议他做园艺劳动、吃素和进行新鲜空气疗法。卡夫卡的目标是摆脱周期性的功能紊乱，它们自大学学习初期起便除引起失眠以外也引起消化不良——摆脱这些症状，摆脱他常常令他的朋友们颇感气恼地以恐病患者的细致缜密检查的这些症状。"亲爱的马克斯，"1909年7月19日他写道，"我感到那种胃胀，就好像胃是一个人并且这个人想哭。这样好吗？而起因却不是无可指摘的，假如它无可指摘的话，那就更加不是无可指摘。这种理想的胃胀根本就是某种东西：对这种东西的短缺我没有什么好抱怨的，只要所有别的疼痛都在同等的级别上。"由于害怕药物的副作用，卡夫卡不运用现代医疗学的治疗方式，而是实施顺势疗法的治疗。大多数病象通过心身医学因素来鉴定，这仍然是他的坚定信念。"痛苦的解脱"和"传播"，1912年10月底他解释道，一直在"一个人一个人"这样进行着。他疑惑地观察医生们的误诊和治疗错误，不只是在1910年逗留巴黎期间。"但愿我有力量，"1912年3月他如是说，"去创立一个自然疗法协会。"

朋友们的夏日郊游对他来说也意味着，他必须克服自性成熟期以来由于他的细高个身材而一直感觉到的那种不舒服。1911年8月，当他在布拉格·柯尼斯萨尔和塞尔诺席茨的游泳学校度过了下午的时光后，他惊异地在日记中记下，说是他因习惯了定期游泳所以就不为自己的体形害臊了。被他描写为"瘦削、柔弱、细长"的这个身体的健康状况仍然是持续的自我观察的对象："可以肯定，我的身体状况是我进步的一个主要障碍。有了这样的身体那就什么事也办不成。我将不得不习惯于它持续不停地不顶事。"因血液循环负荷过重而没有得到足够氧气供应的机体成为生命力普遍衰弱的征兆："这颗最近频频刺我的心，这颗虚弱的心，它怎么会有能力把血液输送给整个儿这两条长腿呀。"与此相反，一个胖的身体，像1920年5月谈到丰腴的弗兰茨·韦弗尔时所说的那样，他觉得"值得信任"，因为它代表活力和勃勃生气："只有在这些厚壁的容器里一切才被煮到终了，只有这些空间富豪才有可能受到保护，不会有忧愁，不会发疯，并能够从容不迫地从事自己的任务，只有他们，如同有一回一个人所说的，才可在整个尘世上被当作真正的尘世之人来用，因为在北方他们使人暖和，在南方他们给人阴凉。"

　　然而这种批判性的、间或疑心病性质的对自己身体的关注，这种周期性加剧自我憎恨的对自己身体的关注，却并不排除这一事实：他会明显地自恋起来，这种秉性并非只在罕见的内心和谐时刻才显示出来。"再者说了，"1911年初一篇带自传色彩的叙述体小品这样写道，"许多姑娘，甚至年轻姑娘喜欢我，那些不喜欢我的，也觉得我可以过得去。"1913年12月12日，他不无炫耀、对陈词滥调不无兴致地写到自己的容貌："一张面目清秀的、几乎五官端正的脸。头发、眉毛、眼窝的黑色很有生机地从其余的静候着的主体透出来。眼神根本不显得憔悴，没有丝毫这方面的迹象，但是它也不带孩子气（……）。"女人认为他具有吸引力并喜欢接近他：这一点他作为观察的大师不会没有注意到。这种自恋倾向——这种自我憎恨的倒转——在卡夫卡细心修饰外貌的行为中表现出来。他一辈子都很注重着装，穿讲究的、有时显得很时髦的式样精美的西装，佩戴雅致的领带和有纽扣的硬袖口。马克斯·布罗德记得，卡夫卡有时耽误星期天约会，因为他太过于刻意地"梳妆打扮"了。在这里，自我享受的身体作为消瘦下来的、特别喜欢穿"木板一样硬，而且还皱巴巴奋拉着的"上衣的男孩类型的反衬是显而易见的，这个身体容许出现与自己的形象协调一致的时刻。1912 年 1 月初一则日记用明显自豪的口吻写道："画家阿舍尔要我裸体站着当一幅圣塞巴斯蒂安像的模特儿。"

卡夫卡对女人有吸引力的一个并非微不足道的原因是他的年轻的形象。1911 年秋他在拜访他父亲的雇员时与布拉格近郊拉杜丁的一个保姆调情，这个保姆以为这个 28 岁的男人"十五六岁"，甚至在和他做了较长时间的交谈后也没改变这个想法。这个年近 30 岁的人能在 1912 年 11 月谈到自己的情况时这样说："我看上去当然像个年轻小伙子，按照不知底细的判断者对人情世故的不同熟知程度，人们估计我的年龄在 18 岁到 25 岁之间。"1911 年 9 月卡夫卡在巴黎向马克斯·布罗德表示担心，怕自己会在 40 岁上看上去"像一个少年"，"旋即突然变成一个干瘦的老人"。不仅在内心，而且也在外表上，他终身一直是相貌和身体几乎一点儿也没衰老的儿子。所以要使女人信服青少年英雄人物这个角色，这不需要什么伪装术。卡夫卡从不以按周密计划行事的诱骗者的身份，而是以无心的年轻男人的身份出现：这个年轻男人的性爱要求仿佛顺便显现了出来。

1913 年 8 月，他对菲莉丝·鲍尔解释说，他拥有"了不起的、天生的苦行能力"。在以后的岁月里他曾把苦行——放弃性爱关系、团体、饮酒和麻醉品看作文学创作获得成功的基本先决条件。然而这种苦行的自我构思的意义却不可被高估了，因为它在卡夫卡那里决不会意味着坚决顶替了性爱和性生活。对女性的兴趣与他相伴相随，虽然他把女性理解为厄运和强制污浊，在消沉和忧伤的时期也这样。自 1912 年起直至逝世他共经历了四起——形态各异的、常常只是远距离联系性质的——恋爱关系，外加次数并非完全微不足道的带桃色事件色彩的相会。他喜欢为自己勾画的舍弃者形象与他的并非禁欲的生活实践有明显的矛盾。1912 年后文学写作的条件不是完全的苦行，而是克服了内心反抗而获得的放弃婚姻，它为卡夫卡确保了儿子的角色，而他却可以不必排除——通常作为产生矛盾心理的事件经历的——性生活。

自 1910 年起卡夫卡便坚持吃主要是素食的食物。他的早餐由牛奶、糖煮水果和饼干组成；午饭他在从办公室返回后和父亲一起吃（母亲和他必须轮流待在商店里，人们希望通宵营业），午饭他喜欢吃素菜和"少而又少的肉"——与父亲相反，他吃得从容而缓慢；晚上9 点半简单地吃一点酸牛奶、西蒙面包、干果和水果。据他 1911 年 2月对奥特拉所说，他在一次出差旅途中在赖兴贝格附近的一家北波希米亚乡村旅店要了"一份烤小牛肉土豆加越橘"：这是一个不寻常的例外。而带有一种受虐狂性质的对吃肉的厌恶幻想则广为流传："我若看到一根香肠，一张纸条标明这是一根陈年硬香肠，我就会想象自己一大口咬进去并像一台机器那样迅速地、有规律地、毫无顾忌地将其吞下。这一行动即便在想象中也会立刻引起的那种绝望情绪加快了我行动的速度。"酒、咖啡和茶，还有不少他的同时代人在寻求的另类刺激（大麻和吗啡在战前的年代就已经是文艺界人士中流行的时髦麻醉剂）卡夫卡一概坚决回避。在 1910 年渐告结束的定期泡酒吧的阶段，他还没下定最后的决心遵循禁欲。在这段时间里他有时喝葡萄酒、啤酒或香槟酒，然而与其说是因为高兴，还不如说是因为困惑。

1903 年 8 月卡夫卡就曾利用在奥西希附近萨雷塞尔度假的机会顺道去德累斯顿看了看，他在那里参观了几天巴特魏塞希尔施的疗养院并第一次见识了自然疗法疗养。1911 年 9 月他去苏黎世附近的埃伦巴赫，以便在那里的严格遵循新鲜空气疗法和素食的弗里德里希·费伦贝格-埃格利斯疗养院度过一周。做这一逗留不存在具体的健康方面的原因，1912 年 11 月卡夫卡称此番疗养之旅的动机是一种"普遍虚弱以及不可忘记的那种自恋疑心病"的状况。在埃伦巴赫他甘愿服从正常的每日生活节奏，按精确确定的时间沐浴、搽药、做操、按摩、休息、用餐和在集体活动室听留声机音乐——人们不妨想一想托马斯·曼的《魔山》。他觉得在用柱子装饰的餐厅里一张大桌子旁和以女性为主的客人们（瑞士中产阶层妇女）一起吃素食很是适意，"因为这些苹果酱、土豆泥、蔬菜汁、果汁等素食下咽得很快，你愿意的话完全可以悄悄下咽，但是你愿意的话也可以津津有味地细嚼慢咽，它们只是受到粗面包、大蛋饺、布丁和主要是坚果的少许阻截"。疗养院疗养对于卡夫卡来说也是一种逃避朋友和家庭的方式：自我享受前提下的延期偿付，这使他得以过孤寂的生活，但又不完全排除接触社会。

1912 年 7 月，埃伦巴赫疗养之后 10 个月，他去哈尔茨山的哈尔贝尔市并在离布罗肯山（德国）不远的施塔佩尔堡附近的"容博"自然疗法疗养院待了将近三个星期。这家疗养院由和塞巴斯蒂安·克奈普并列为那个时代"最知名的博物学家之一"的经过正规培训的书商阿道尔夫·尤斯特及他的主管素食伙食的兄弟鲁道尔夫共同主持。客人们住在简陋的只供睡觉的小茅舍里，早晨一起唱赞美诗，交替着做浴疗和湿敷，做体操或打球，帮助收获水果和裸体漫游公园。尤斯特所开的处方——这位主治医生在晚上作报告阐述它的医学基础——的要素是光线疗法，它的主旨是：不穿衣服的身体在无疑受控制的范围内接触阳光和月光，并以这样的方式逐渐消除身体因文明而引起的损伤。7 月 5 日到达后，卡夫卡的第一个印象包括一种对客人的裸体主义表现出来的诧异："我的屋子叫'露特'。布置得很实用。四扇小天窗，四扇窗户，一扇门。相当安静。他们只在远处踢足球，鸟儿们高声歌唱，几个赤身裸体的人静静地躺在我的房门前。除了我以外全都没穿游泳裤。"在第一周，不穿衣服在草地上行走的病人一再使他感到迷惑，他们引起他"轻微的、表面的恶心"："光着身子跳越干草堆的老年男人们我也不喜欢。"

卡夫卡以日光浴、收获水果、翻草、做体操和合唱来度过这些日子。医学报告他听得颇有兴味，虽然它们的宗教背景可能曾使他感到诧异。如果说尤斯特持有一种打上新教烙印的共同理想，一种客人们借以形成一个基督教公社形式的共同理想（"捍卫上帝和《圣经》"），那么这位主治医生则遵循马茨达茨南运动，这个运动由奥托·哈尼施（1844—1936）创建，它受到查拉图斯特拉才智教义的影响，注重人的精神的、受到素食饮食和专门的呼吸练习支持的更新。其余客人们的各种世俗娱乐活动他都热心参加，这些客人中有教师、公职人员和商人、单身少妇，但也有一个"皮带一样的瑞典寡妇"。他和他们一起去邻近的施塔佩尔堡看射击比赛，他在那里和孩子们一起乘坐旋转木马并克服着自己的节俭心理——做东请乡村少年们喝汽水（"他们尽可能非常节省地花我的钱"）。在几天后举行的教堂落成典礼纪念节日上，他一反自己平时的习惯，邀请一位少妇跳舞并且后来和她"在月光下"谈论她的来历。她是沃尔芬比特尔人，"田间劳动工"，受雇于阿彭罗达的一家农场，不过她已经辞了那儿的工作。在日记中记下的这寥寥数语的后面是一个人的引起矛盾感情的履历。卡夫卡显然目标明确地选了一个世俗生活似乎已经结束了的女舞伴："她因自己有过的不好的经历而进修道院。但是这些事情她是不能讲的了。"

容博尔恩的逗留使卡夫卡第一次遇到一种主要带基督教色彩的氛围，它受到新教谋权人心灵健康改革的影响。与个别客人有时表现出来的热忱虔诚——"那个基督教徒（……）他整天躺在草地上，面前摆着三本打开的《圣经》并做着笔记"——卡夫卡保持着距离，但表面上态度宽容。他研读宗教广告小册子，这是一个病人——"希策尔，土地丈量员"——递给他的，他和布雷斯劳（波兰）的市政府官员席勒讨论基督教和无神论，和瑙海姆中学一位教师谈心理分析，除了柏拉图的《政治家》和福楼拜的《情感教育》还读——在所有的小屋里摆放着供阅读的——《圣经》。在这整整三个星期的过程中看来，他没向其他病人透露自己犹太人身份的这个秘密。为了做写作练习，他在旅行日记中不怀好意地刻画疗养客肖像，它们保持着距离用讽刺的笔触描写外貌上的或习惯性的细节，但同时具有受压制的侵略性的痕迹。此外也显露出性爱的目光，它追逐妇女，将她们移到一面想象中的照相机透镜前："一位刚到达的拘谨的小姐，穿一身淡青色衣服。

一头蓬乱短发的金发女郎。柔韧和瘦削得像一条皮带。裙子，女装，衬衫，别无其他。那步态！"哈尔茨山的逗留一时间使卡夫卡克服了自己的语言纯正癖，十天后对赤身裸体的恐惧（"裸体大量参与个人的总体印象"）变为一种他先前不熟悉的展示自身的兴致，他竟然敢于给从事业余绘画活动的席勒当一幅油画速写的裸体模特儿。日记惊异地记下"裸露癖的经历"，然而裸体主义的体验却并没有得出什么结果：在以后的年月里没有再次发生类似的事情。

　　自 1911 年起一种对鲁道夫·施泰讷的人智学的兴趣便取代了自然疗法。在 1911 年 3 月 19 日至 28 日之间施泰讷在布拉格商人协会"墨丘利厅"——离卡夫卡尼克拉斯街 36 号的住宅只有不多几幢房屋之遥——就通神学问题做了 11 场报告，它们探讨了对人作为上帝映像观点的基础，躯体、灵魂和精神的关系，三种知识知觉（以理智为依据的、语言的以及概念的知觉）的理论和直觉对个人自我体验的意义。马克斯·布罗德曾在"凡塔"咖啡屋对这些报告做过深入研究，借阅过文本并读过评论文章。3 月 10 日他在日记中记下："晚上和布伦塔诺主义者们一起在咖啡屋-通神学-'鲁道夫·施泰讷博士的更高境界'，很热烈。"报告人还没来布拉格，朋友们已经在讨论通神学的基本观点。人们在布伦塔诺追随者的圈子里读施泰讷：这是一种知识自由思想的象征，因为这两个学派之间存在着激烈的争论。描写性心理学在施泰讷的眼里代表一种不适当地领会人的肉体和灵魂一致性的学院式体系，因为这种心理学按他的信念没有足够注意到在通神学思维中起决定性作用的直觉意义。卡夫卡对施泰讷的系列报告做好准备，他研读了《用人文科学精神教育儿童》（1907）这篇小论文。这样他就通过一个他的重要的生活主旋律推断出施泰讷的思想：父母与孩子之间的关系问题，它构成人智学，是一个具有"崇高人灵魂"的人意义上的"自我肉体"培养的神经关键点。

　　估计卡夫卡听了全部"神秘生理学"系列报告，但肯定在 1911 年 3 月 19 日和 25 日听过内容上一致的报告（《人们如何驳倒通神学？》，

《人们如何捍卫通神学？》）。与施泰讷的学说的相遇在某些方面对他来说也意味着对布伦塔诺派的卢浮宫阶段观念的一次最后的脱离，因为反对经院学派是通神学的纲领性基本原理之一。尤其是同时代心理学的方法学基本原理，如同冯特的心理物理学和以马尔蒂为主的布伦塔诺追随者们所持有的，对施泰讷攻击尤甚。卡夫卡可能曾留心记下这些批评意见，他对布伦塔诺的系统学提出这种批评，他认为布伦塔诺的系统学是与人的内心活动的个性没有关系的"经院哲学苦思冥想"。他用一种新的人文科学的广泛应用性来应对学院式心理学，那种广泛应用性以人的资质的互补性质为出发点并试图在一个广泛的教育学的纲领中塑造其统一性。卡夫卡在 1911 年春主要是通过施泰讷的智力身体代理模式以及通过一个想象世界的意义的、包括深入研究直觉概念的学说，觉得自己对描写性心理学的严格理性主义的反感得到了证实。而且卡夫卡认为他对肉体心灵关系的兴趣，就像他对自然疗法的研究所证明的那种兴趣，在这个人智学的基本信念中得到反映和确证：人的精神经由一个犹如心灵的、必须受到增强艺术和感官经验推动的身体得以实现。

　　1911 年 3 月 29 日，在系列报告结束之后，卡夫卡在布罗德的鼓励下亲自去拜访施泰讷。据他的日记透露，卡夫卡向施泰讷描述了，他在写作时有时出现类似阴魂附身的状态，他在这种状态下全身心沉浸在每一个想法之中，但也完成每一个想法并自以为达到了"人性的极限"。人智学认为这样的阶段象征想象力的产品因直觉而变得表面化，这种产品在激动中仿佛在器质上具体化了，这促使卡夫卡向他进一步描述自己的体会。然而施泰讷却对他的来客的心迹剖白只报之以涉及对于人智学至关重要的理智心灵、感觉心灵和意识心灵之间关系的老套。卡夫卡从系列报告中获知的一般性解释满足不了他的要求，致使他在细致入微地记述自己的谈话内容的日记中没记下施泰讷所做的解释。他反倒转而进行外貌方面的细节观察，观察以一个听取忏悔的神父面貌出现的施泰讷的自我表演："他极其专心地听着，显然丝

毫也没在观察我，完全沉浸在我的话语中。他时不时地点一点头，他
显然认为这是高度集中注意力的一种辅助手段。"

　　掺和进施泰讷的（从人智学提高为通神学的）自然学说中的千年
太平说救世幻想可能跟阿道尔夫·尤斯特所代表的治疗学中的超宗教
因素一样，都并不使卡夫卡感到满意。一种神秘的转世活力体系估计
也与他近来对人的精神风貌较清醒的认识有矛盾。他在日记中用讥讽
的口吻记下了等候在尼克拉斯街大厅前的施泰讷弟子们的庸俗乏味的
话，这些弟子教条地崇拜他们的师父，赞美他的传导品质并且认为他
有招魂的能力（"在做报告时死者们使劲向他挤过来"）。卡夫卡大概
并没有把施泰讷看作一个新时代的预见者和宣告者，因为他既不寻找
一个救世主也不寻找一种陌生的宗教。大家在朋友圈里对通神学并非
采取不加批判的态度，这一点在马克斯·布罗德的 1912 年发表的随
笔《更高境界》中也有所泄露，该文抱怀疑态度评论施泰讷的先知自
我表演并且想揭露他的花言巧语是广告策略。

在电影院

　　记忆是一个图像储藏室。在回忆自身越来越成为一个虚构的对象
的现代，日记不仅用谈话的语言方式传媒，而且也沿着无言信号痕迹
讲述它的故事。年轻的卡夫卡用一种安于现状的、他在别的情况下常
常加以压制的热情沉浸于联翩浮想之中。然而《艺术守护者》时期唤
起的对绘画的兴趣却仍然仅仅是陪衬。在 1908 年以后的几年里，对
电影的热情急剧增长，而且在电影之外还迅速伴随着一种"对电影院
海报的贪欲"。对于卡夫卡来说，看电影类似阅读，往往是一种孤独
的行动。有时他和布罗德一起看电影——1911 年在巴黎便是如此，有
时也让费利克斯·韦尔奇作陪。但除此之外，电影院始终都是一种忘
记自己的欲望的"单身汉情结"，这使卡夫卡可以沉浸于白日梦之中。
当他在"洗澡间"向奥特拉演示电影里的滑稽画面时，这种态度就被

打破了。这样的情景显示出对做手势的喜爱，这种喜爱是他爱看电影的一个原因。身体的手势语言在这里再现了无声影片的表达形式，后来卡夫卡的作品也喜欢模仿这样的表达形式。情况将会表明，文学想象拜电影院为师。

自从吕米埃兄弟 1896 年第一次带着他们的显示活动图像的投影器走遍欧洲以来，电影就已经以飞快的速度在同时代的娱乐文化中牢牢占有了一席之地。除了在厅堂里放映外，1900 年左右流动电影院流行起来，它在年集上向大批惊奇的观众展示电影短片。然而 1908 年以后，固定电影院的数量才有了显著的增长。电影院因此而得到大力扩张：人们加大了放映占据整个晚上的故事片的力度，故事片排挤掉通常在年集上放映的短片。由于入场费低廉，工人也买得起电影票。作为娱乐传媒，电影在这个时期受到"没有艺术价值"的猜疑。租借公司的建立大大促进了电影的传播。它们收取一定费用提供电影拷贝，这使电影院有可能提供丰富多彩的节目单。法国的"帕特小组"在 1903 年至 1909 年之间在这个领域夺取了几近全欧洲的垄断地位。1910 年德国有 456 家电影院，1913 年就已经有 2371 家；光是一部电影在战前有时就有 650 万人看。第一家布拉格市立电影院于 1907 年春开张，它被安置在卡尔街的"蓝梭子鱼"屋。1907 年 10 月 18 日，第二家电影院在希贝尔讷街的"东方咖啡馆"开始营业；它在后来的年月里堪称市里的舒适电影院。不久在主要演出小型舞台剧目的鲁采纳卡巴莱剧场又设置了一个放映室。流传下来的最早的卡夫卡研究电影的佐证，是一封 1908 年致布罗德后来的妻子艾尔莎·陶西希的信，此信用讽刺的口吻记述了对合适的影片所做的详尽推荐。电影院好像是"必不可少的娱乐"，它在理所当然的日常享受中有一定的地位。这一新的传媒对卡夫卡影响多大，这一点可从 1912 年 9 月 25 日的一则日记上看出："今晚撂下写作。国家剧院看电影。"

卡夫卡所面对的电影风格通常都限于表演世俗题材，它们的低级趣味特性只是勉强被充满激情的片名掩盖住了而已（1907 年以前电影院雇人当"讲解员")。街头素材、群众场面、工厂和大城市交通印象通常是情节生动的故事的背景。艺术品位较低，低级趣味占上风；根据一项柏林统计数字，1910 年在 250 部影片中计有 97 起谋杀、35 个喝醉酒的人和 25 个妓女。"炸弹谋杀胜似家庭争吵，鲁莽行为胜似感伤剧"，这就是卡罗·米伦多尔夫 1920 年用以概述流行电影的那句冷嘲热讽的名言。"电影院为'提供我们对生活的种种谬误想法'的谜语给出了答案"，1920 年 1 月米莱娜·波拉克在《论坛》上这样写道。不过卡夫卡倒是一个不怕平凡神话的观众，他觉得自己以独特的方式受到世俗题材的吸引。1910 年年底，在柏林拍摄的影片《白人女奴》便是一部同时代粗制滥造的色情作品，它将低级趣味的色情和戏剧性效果结合在一起。正如这个时期的一封信所点出的，卡夫卡在 1911 年 2 月中布拉格首映后不久就看了这部拙劣的作品。这类题材的平庸受到早期电影角色定影的支持，1932 年恩斯特·荣格尔还把这视为同戏剧的本质区别。电影演员——荣格这样认为，要"代表这类人"，这"不要求他无与伦比，而是要求他清楚明确"。恰恰是一代表现主义作家多么强烈地受到这类榜样的吸引：具有表现典型人物倾向的戏剧文学显示出这一特点（尤其是韦弗尔·哈森克勒弗尔和格奥尔格·凯泽）。沃尔夫出版社 1914 年出版了一本电影读物，收集了多位著名通俗作家用讽刺模仿笔法撰写的电影分镜头（《电影剧本》）。当时的编辑库尔特·平图斯所邀请的撰稿人中有年青一代的代表，如马克斯·布罗德、阿尔伯特·埃伦施泰因、瓦尔特·哈森克勒弗尔、奥托·皮克和海因里希·劳滕萨克。他们的参与表明那时的年轻作家对电影怀有一种特殊的兴趣，尽管题材肤浅却仍密切关注这一传媒。但同时也有人持怀疑态度，他们对这种狂热的时代精神未敢苟同。阿尔弗雷德·德布林、莫里茨·海曼，后来还有卡尔·爱因斯坦——并非守旧的英才——都在论战中阐述了为迎合群众口味而生产的电影欠缺艺术性。《行动》的出版者弗兰茨·普费姆费尔特甚至要电影院对时代普遍的文化衰败和想象力遭到大量图像的毁灭负责。

引起卡夫卡兴趣的主要是画面的运动形式、连续和组合。作为热情的观察者，他凭警觉的眼睛领会了这个传媒通过加快速度使不陌生的过程陌生化从而制造的这种新的感觉文化。电影院用其画面的逻辑从审美的角度移植现代科学的主要认识：空间和时间常数有相对性，如同现代物理学所实行的那样；心理分析所阐明的、由于意识和无意识的分离而引起的身份分裂；哲学和文学所反映的语言可靠性的崩溃；城市交通的提速技术引起的感知消除；受到工业自动化生产方式推动的人的身体的机械化。这一新的传媒用其艺术手段重复人们在社会和知识经验的众多领域进行着的现代精神的自我表演。

1910 年 12 月 17 日的一则日记显示，电影院在这方面勾起了卡夫卡那些广泛的联想。那则日记这样写道："对一个急切的问题，对是否什么也没静止这个问题，采诺[1] 轻描淡写地回答说：'哟，正在飞行的箭静止不动了。'"亨利·贝格松[2] 在他的《生物进化论》（1907）一文中就已经从感觉的尤其是电影审美的角度探讨过（源出于帕尔梅尼德斯[3] 的）苏格拉底前哲学家采诺·艾雷阿的名言。对他来说，运动是不动状态的总和。添写上的这句话具有重要意义，因为它也解释了思维过程的逻辑：据说这种思维过程是因知识印象的排列而产生的。在这样的背景下这种新的传媒对贝格松而言成了精神和感官感觉的模型。电影把连续拼合的快镜拍摄的镜头连接在一起，而思维却又符合我们内心胶片轴的一种活化：从这种影片轴上合乎逻辑地反射出来。估计卡夫卡通过"卢浮宫"圈子读过贝格松这部作品的法文版，而这部作品的德文译本格特鲁德·康托罗维茨 1912 年才推出（布罗德和韦尔奇将在《观点和概念》中批判接受这位哲学家）。卡夫卡也像贝格松那样应用飞箭这个著名命题，飞箭静止不动，因为它始终处于一个地点，这与特定的涉及幻想和现实的关系的电影观察有关联。流传下

1　采诺（Zeno of Elea，约公元前 490—前 430）：希腊哲学家。

2　亨利·贝格松（Henri Bergson，1859—1941）：法国哲学家。

3　帕尔梅尼德斯（Parmenides，约公元前 540—前 480）：希腊哲学家。

来的在那则采诺日记之前的 1909 年夏的第一则日记这样写道:"火车驶过时,观众凝滞了。"卡夫卡在这里援引了电影中火车行驶场景的心理影响,其强烈程度显然让这位布拉格观众感到吃惊。他是否指吕米埃兄弟 1896 年摄制的表现一辆机车在火车站驶近和停住的那部短片,这一点现在无法澄清。据说几个巴黎观众在看到这些仅仅延续一分钟之久的连续镜头时仓皇逃离了电影厅,因为他们害怕疾驶而过的机车的自然主义真实情景:"木僵"和"震惊",如同汉斯·齐施勒贴切表述的,属于早期电影的作用史。西格弗里德·克拉考尔认为,吕米埃兄弟的"火车站镜头"常常被人"模仿",所以卡夫卡很可能看见过这一著名原创的一个变体。

卡夫卡之所以研究火车这个普通概念,也是因为他对电影如何推进其镜头发展感兴趣。这反过来又符合贝格松的那段采诺引文,它再现在日记可比较的电影审美语境中。1911 年秋的旅行日记记载了一次在慕尼黑乘坐出租车的经历,说是车子的轮胎"在湿乎乎的沥青路上像电影放映机那样滚动"。马克斯·布罗德在他的随笔集《论丑图像之美》——一次时代精神的检阅——中对电影特别予以重视并采纳了卡夫卡的观察。典型的是,布罗德把电影看作促成"许多很好的戏剧诞生"的娱乐媒体。在他那里也出现速度主题:一篇随笔描写一次坐火车的经历,它使这位观者入迷,因为该观者不得不用双眼盯住铁轨,它们在电影摄像机前犹如延伸进虚无。

当时至少有两部在艺术上较有抱负的电影想必会因其与他的出生城市的外在联系吸引卡夫卡:《布拉格的大学生》(1913,根据作家汉斯·海因茨·艾韦尔斯的分镜头剧本拍摄)和《黏土人像[1]》(1920,按保尔·韦格讷的原著改编)。两部电影都讲述奇异而神秘的题材,并且按照时代精神把布拉格的景象播放到一个具怪诞特征的神秘主义层面上。我们不知道,卡夫卡是否看过这些电影。他在内心深处和这些

1　黏土人像(Golem):用黏土烧成的会变成活人的假人,犹太民间传说。

新浪漫主义的题材及其怪僻的象征世界很疏远，一如他通过拒绝迈林克所表明的那样。反正电影对这位小说家和日记观察家所施加的形式上的影响远比题材上的强烈得多。《乡间婚事筹备》最后一个稿本中的街景描写并非个别情况。恰恰在他的美国长篇小说《失踪者》中，卡夫卡，如以后要告知的那样，曾受到电影所传授的速度经历的启迪。还有《乡村医生》集（1919）里少数几篇散文作品——如《杀兄》——也勾画了带有明显电影审美性质的施加精神上影响的场景。如果说阿尔弗雷德·德布林 1928 年在他的评论詹姆斯·乔伊斯的《尤利西斯》的文章中提出，"电影已经侵入文学领域"，那么，卡夫卡的作品就为这种发展趋势提供了最早的佐证。

在后来的社会福利退却的岁月里，电影也没有完全从卡夫卡的日常生活中消失。1913 年 3 月 4 日他和布罗德、他的妻子艾尔莎夫人以及费利克斯·韦尔奇在比奥·鲁赛纳电影院看到了科摩湖的照片，它仍可能唤起了 1911 年夏末的意大利之行的回忆。10 天后他和韦尔奇一起在这同一家电影院看了一场按通俗作家保尔·林道的同名剧本改编的电影《另一个人》，在该电影中他钦佩的阿尔伯特·巴瑟尔曼扮演主角。1913 年 7 月初，他在一部报道沙皇皇室炎热夏季宫廷礼仪的新闻短片后看了美国西部惊险片《黄金的奴隶》，又是一部通俗作品。有一次在韦罗纳看电影——1913 年 9 月底他在赴里瓦途中在那里停留一天，他看着哀伤的故事情节情不自禁地哭了起来。恰恰是一则"老一套的故事"会令他感动，这一点他在三个月前就已经记下了。1913 年 11 月 20 日，一则日记再次宣称："看了电影。哭了。"这则日记主要涉及丹麦电影《船坞里的灾难》，它讲述一个混血儿工程师的命运，此人在自己的设计方案失败后发了疯。"极度的娱乐"，日记中写得言简意赅。

在世界大战前的那几年里，卡夫卡不仅对电影，而且也对技术性图像制作的全部形式感兴趣。在 1911 年 2 月初的一次出差途中，他在赖兴贝格参观了环景摄像机。那是一种当时已经被认为过时的装置，它显示一组在同样的间隔时间内由一种辊压结构展示的定格[1]，定格的画面大多表现异国情调的风景。第一台这种类型的仪器由达盖尔于 1822 年在巴黎研制，1838 年在他的客厅里被公开展示并且从此几乎没做过什么改动。瓦尔特·本雅明回忆自己的童年时代经历时写到过环景摄像机："这些历经沧桑的技术是与 19 世纪一起产生的。"马克斯·布罗德，这位专心致志的传媒观察者，1912 年把环景摄影称为一个"象征性的避难所"，提供给想逃脱电影院的不安犹疑的不满足者们。卡夫卡在赖兴贝格看到意大利城市的照片和主教座堂的照片，它们令他回忆起他的旅行印象，但同时也使他产生技术幻想。（"为什么电影制片技术和立体镜没有以这样的方式结合起来？"）"图像比在电影放映机里更生动，"他这样写道，"因为它们让人看到现实的平静。"

临近犹太复国主义

卡夫卡在高级中学的最后时期积极从事的对犹太人的身份、文化和国家前途的研究似乎在大学求学年代退到次要地位了。在大学入学后五花八门的刺激一齐向他涌来，致使旧有的对犹太复国运动的同情在"卢浮宫"圈子、讲演厅和咖啡屋圈子之间暂时逐渐淡薄了。1902年年底他嘲笑中学同学胡戈·贝格曼，因为他认为此人拥护赫茨尔的思想是一种追求表面效果姿态的迹象。贝格曼在年底报之以一封严肃的表白自己信仰的信，这封信很可能感动了卡夫卡。他在信中解释，说是犹太复国主义来源于它的"对爱的渴望"，从而也就是来源于一种对集体的需求，说是朋友对这种需求可能也并不感到陌生。

卡夫卡在上完大学后只是间接地才又找到回归犹太复国主义的道路。1909 年 9 月他结识了当时才 16 岁的米夏尔·马雷，此人在一家坐落在尼克拉斯街边上的商号里当职工。1910 年年底前后，他开始间

---

1 定格：电影、电视的活动画面突然停止在某一个画面上，叫作定格。

或参加无政府主义的"小伙子俱乐部"组织的晚间报告会，马雷是这个俱乐部的活跃会员。对这个其共同基础思想为拒绝政治暴力行动的破坏性组织，布罗德的长篇小说《施特凡·洛特》有所论述，说那是一个"那些无政府主义精神领袖的集结地：那些人注重绝对纯洁并举办热烈的讨论会"，致使"许多捷克艺术家觉得自己受他们吸引"。该俱乐部尽管持适度的立场，1910 年 5 月还是被警察查禁了，但在此后的几年里仍伪装成举办乡土风情活动的私人社团而继续活动。被布罗德描写为令人喜爱、但头脑简单的马雷可能在自己的回忆中夸大了卡夫卡对无政府主义运动所表现出来的兴趣程度，估计他只限于取消极旁听者的态度参加一些活动，并没有——违背自己的禀性——为俱乐部承担什么义务。1922 年 9 月，在已经多次亲身遇见过无政府主义者的米莱娜·波拉克面前，卡夫卡把他和马雷的这种关系称作"泛泛之交"，而且早在 1920 年 7 月他就已经以不寻常的严厉口吻称马雷为"傻瓜"。

卡夫卡在政治上爱好捷克社会民主党人甚于无政府主义者，前者加入了由后来的国家总统托马斯·马萨吕克创建的现实主义者党并且在战前的几年里以其适度的具有民族意识的路线赢得越来越大的影响，虽然他们在国会中只拥有两个席位。在 1910 年后，犹太人与捷克人之间的关系明显缓和，因为较年轻的一代尽力谋取一种利益均衡。马萨吕克的党追求犹太人知识分子，因为它把他们看作一种脱离了落后的狭隘观念的世界主义的代表，是可以争取他们赞成它所追求的社会改革的——男女平等，政教分离，和平主义的基本方针。所以 1910 年前后出现了捷克人和犹太人改革运动之间取得一致的最初征兆，这受到卡夫卡的密切关注。1910 年 3 月，他参加一个现实主义者党的集会，会上记者扬·赫尔本做了一个报告，他甚至因此而取消了原本约好的与朋友们的聚会。在这个时期他定期阅读马萨吕克追随者正式机关报 čas 从而不仅显示出他对社会民主主义有好感，而且也表明他有出色的捷克语知识。

转入保险公司工作后卡夫卡才又较深入地研究政治问题和犹太复国主义问题。就这样，他收集了弗里德里希·米夏埃尔·席勒1906年创办的"供当代德国基督徒阅读之宗教史民间话本专辑"中的科普性质的小册子。在他1921年前购得的那一专辑的22卷中有各种文章，有论述《摩西五经》和《约书亚记》的，有论述先知扫罗、大卫、所罗门王、但以理、阿摩司和何西阿的，有论述犹太法典、以色列史、《旧约》中童话、古希腊罗马神秘宗教的，有论述波斯、古希腊和古罗马时代的诺斯替派[1]和教皇国[2]的。在胡戈·贝格曼的引导下，自1910年起他就参加了犹太人协会"巴尔——科赫巴"的活动，但没有正式加入这个协会。"巴尔——科赫巴"是1899年作为自1892年起便存在的犹太人大学生协会"马卡巴艾阿"的附属机构而成立的，该协会还曾强烈持有过民族同化的立场。1886年4月同犹太教经师约瑟夫·布洛赫建立起来的"奥地利-以色列人联盟"是个联合会性质的组织，和它配对的组织是1893年建立的、聚集了48个区域性小组的"犹太教信仰德国公民中央协会"——这些联合会，自世纪之交以来便在日益增长的反犹主义的影响下从保护联合会发展成以贯彻解放立场为目的的文化政策的机构。"巴尔-科赫巴"直至战争结束一直采取一种中间路线，它注重东西犹太民族之间、夏西派[3]和现代宗教文化之间的平衡。它同在特奥多尔-赫茨尔协会里组织起来的捷克犹太人划清界限，同样也同"巴里西亚"划清界限。"巴里西亚"是一个德语联合会，它以特有的方式把色标[4]大学生的反人民思想同犹太人民族主义的纲领结合在一起。年轻的犹太人知识分子多么激烈地争夺适度的犹太复国主义的路线，这一点可从这一令人感到荒谬的情况上看出：莱

---

1 诺斯替派（Gnosis）：早期基督教的宗教哲学派别之一。

2 教皇国：公元756—1870年罗马教皇进行世俗统治的国家，今只限于梵蒂冈。

3 夏西派（Chassidismus）：18世纪产生的东欧犹太教运动，着重实践（虔诚，乐观），淡出理论和教案，犹太教法典派是它的对立面。

4 色标：指大学生组织衣帽上所佩戴的色标。

奥·赫尔曼，"巴尔-科赫巴"的主席，1909年和"巴里西亚"的一个代表用手枪进行一场（没有发生不幸结果的）决斗，而这场决斗就是因在犹太复国主义原则问题上的争论而引起的。

　　一种犹太复国主义运动的早期形态在1880年左右就已经形成，但几乎没有获得超越区域性的意义。1881年俄罗斯犹太人在俄国建立"爱我犹太"组织，这个组织的影响仅限于——受反犹太主义浪潮侵袭的——沙皇俄国。一年后，维也纳大学生发起成立了具有民族意识犹太人色彩的协会"卡蒂马"，它把自己看作德国"中央协会"的平行组织，却不直接参与日常政治冲突。犹太人联合会的活动在1890年前后仅限于为巴勒斯坦的农民以及举办有利于加强一种文化本体感的报告会提供财政资助。众所周知，西奥多·赫茨尔的《犹太人国家》（1896）作为对不仅在奥地利的反犹太主义所受到的官方的政治支持的回敬而产生；"旧有憎恨回归"的最明显的象征是1894年赫茨尔作为驻巴黎的维也纳记者报道过的德雷福斯事件和自1897年起任维也纳市长的卡尔·吕格尔的平步青云，此人用蛊惑民心的手段利用各阶层人士的反犹怨恨情绪谋取自己政治上的利益。赫茨尔的文章尤其引起年轻读者的巨大反响，因为该文试图克服这一在已被同化了的圈子里流行的倾向：在一个自成一体的社会的生活圈里满足于——按马克斯·布罗德的说法——"凭感觉的权宜之计"并确立代偿物及经济成就的身份或逐条逐项融合进基督教的氛围中。

　　自1897年在巴塞尔召开的第一届犹太复国主义世界大会以来，在奥地利、波希米亚和匈牙利加强讨论的问题与其说涉及移民和建立一个以色列国的技术性先决条件，还不如说涉及犹太人在欧洲的生活状况。犹太复国主义的反对者们责备赫茨尔及其追随者们，说他们自愿建立犹太人居住区就会损及同化的成就并从而危及欧洲犹太民族的生存根基。波希米亚犹太人并非以和他们的维也纳教友一样的身份感受到放弃社会保障的风险，然而在布拉格也就犹太复国主义对社会融合的后果展开了激烈争论。有关移民运动的问题在这个波希米亚大都市的犹太人知识分子中间比在奥地利引起更强烈的关注。将单一民族国家思想具体付诸实施的问题在布拉格讨论得特别认真，这不是偶然的事，如果人们想到：在增强着的捷克-德意志民族运动夹缝间的紧张关系中，犹太人的生活环境更加艰难了。在一个各种宗教如此尖锐对立的地方，"巴勒斯坦梦"人们完全可以理解，后来的小说家赫尔曼·翁加尔曾对世界大战前的亲犹太复国主义的情绪记下过这样的话。

跟在较年青一代的犹太复国主义迅速影响知识界的布拉格的情况不一样，在第一次世界大战前的维也纳和柏林同化的论据在艺术家、记者和学者中占优势。这方面的典型代表是瓦尔特·拉特瑙的早期文章《听，以色列！》（1897），该文强调指出中欧犹太人的奇特并用不加掩饰的厌恶把这种奇特称作栖息在文明的文化中心的"亚洲部落"。对于后来和自己的文章有了距离的拉特瑙来说，宗教义务和犹太复国主义都是一生难以解决的问题，因为它们无法与他有意识呵护的贵族气派的离群索居习性协调一致。与他的理想相称的是一种在个人的基础上的"犹太人显贵精神"，按他的信念这种精神只能在不受只有他个人理解得了的信仰同一性影响的情况下从接近德国人的知识文化中形成。格斯霍姆·绍莱姆后来对这样的立场颇有见识地谈到这一点：对于西犹太人来说，父辈的"精神秩序"在"接触到'欧洲'"时坍塌了。

卡尔·克劳斯的行为也典型地反映了犹太人的反犹太复国主义的思维方式，1899年10月他年纪轻轻就已经退出犹太人的堂区并在1911年4月8日接受洗礼——由建筑师阿道尔夫·罗斯当教父——改信了天主教。马克斯·布罗德在他的自传（1960）中还曾用一个由特奥多尔·莱辛1930年推行起来的措辞批评克劳斯将他的杂志《火炬》办成了一个"犹太人的自我憎恨"的论坛。1907年12月底，《火炬》刊登了一篇受到克劳斯明确赞同的施塔尼斯拉夫·普齐比斯采夫斯基的文章，该文提出了追求适应和平庸的"犹太教"已经给"美好的人的心灵注入了直至今天还在腐化人类的毒素"这样的命题，从而显示出一种严重反犹太主义的倾向。克劳斯本人 1898 年就用他的杂文《犹太复国的一项王冠》把一年前在第一届巴塞尔大会上赫茨尔所追求的具有民族意识的政策贬低为一种"犹太人的反犹太主义"的变种，说这种反犹太主义来源于这种模糊不清的需要："逃离资产阶级沙龙的奢靡淫秽并马上成为一个农耕的民族。"克劳斯觉得成问题的是犹太复国主义的主观想象的两极分化的效果，这种效果就是，也使那些"迄今没有能力做到对反犹太主义感兴趣的基督徒渐渐相信隔离有益"。比克劳斯论证得更极端和更不可调和的，是语言哲学家弗兰茨·莫尔纳尔和偏激的奥托·魏宁格尔——也是一个改变宗教信仰者——他 1903 年称犹太复国主义是一种"对犹太教的否定"，说是这种否定的战斗要求与犹太民族的"内心的有失尊严"有矛盾。对于克劳斯来说，犹太人对德语文学的影响主要表现在小品文写作方面，他把这种小品文风格的起源追溯至伯尔纳和海涅。他确信，颓废、肤浅和效果欲是犹太人在报章杂志上使用德语文学语言的基调。1910 年他在《火炬》上的许多文章中持这一观点，这些文章受到布拉格犹太复国主义者们的猛烈攻击。1911 年 3 月克劳斯还能在"演讲和朗诵厅"登台朗诵，在后来的岁月里，他和大多数犹太人出身的布拉格作家之间的关系完全破裂，个人的谅解已是完全不可能了。"再也没有什么比他的门徒们更前景暗淡的了，再也没有什么比他的对手们更遭上帝摈弃的了"，瓦尔特·本雅明 1928 年还在用巧妙的双关语论述克劳斯在新闻学方面的影响。

对于布拉格犹太复国主义者来说，克劳斯的攻击在他与马克斯·布罗德 1911 年 7 月的论战之后就不再是可以接受的了，尤其是因为他们的对自己地位的认识反正要求深入研究摆脱犹太人身份危机的能通行的途径，但不要求理论性的辩论。自从 1911 年秋费利克斯·韦尔奇担任主席起，"巴尔-科赫巴"便通过通常在犹太人市政厅礼堂举行的报告会通报移居巴勒斯坦以及献身于集体经营迦南[1]计划的夏洛茨运动的情况。对犹太人政策的具体问题特别感兴趣的卡夫卡参加了几次这样的活动，譬如 1912 年 1 月底听了一个费利克斯·阿龙·泰尔哈贝尔谈德国犹太教的衰落以及它在以色列人的国家中的瓦解的报告，一个月后听了一场库尔特·布卢门费尔德的演讲，此人以犹太复国主义世界组织总书记的身份谈 "犹太人的学术活动"，以及在 1912 年 5月底听了一个达维斯·特里奇的谈垦殖巴勒斯坦的报告。激励他的想象力的形象生动的直观报告他也通过胡戈·贝格曼获得，此人已经在1910 年夏末去过雅法和耶路撒冷，他在那里详细了解了殖民者的生活。下述情况可以说明他又加强了对犹太教的研究：自 1909 年起他就阅读每周——在星期五——出版一期的期刊《自卫》，这是在 1907 年3 月创办的。期刊坚决反对盛行的同化实践活动，号召波希米亚犹太人维护其宗教传统并要求承认王室世袭领地中的一个犹太民族。1910年，曾在 1909 年夏以前担任过 "巴尔-科赫巴" 主席的莱奥·赫尔曼担任期刊的主编并将其办成一份新闻学上品位更高的期刊，尤其引起了布拉格知识分子的兴趣。据费利克斯·韦尔奇称，在他生命的最后几年里，在他由于患病常常接连数月之久不在布拉格期间，卡夫卡也总是让邮局给自己邮寄《自卫》。1913 年西格蒙德·卡茨纳尔松成为赫尔曼的继承人（此人后来娶了费利克斯·韦尔奇的妹妹莉泽，她在1912 年建立的 "犹太人妇女和少女俱乐部" 理事会供职）。

　　与马丁·布贝尔的思想的相遇成为卡夫卡的一种引起矛盾感情的知识体验。当时 30 岁的布贝尔在 1909 年 1 月 20 日就已经应 "巴尔-科赫巴" 和《自卫》的邀请做了一个题为 "犹太教的意义" 的报告，不过听众对这个报告显然还有保留。在这个报告之后，1910 年4 月 3 日和 12 月 18 日又举行了两场报告会（"犹太教和人类""犹太教的革新"），卡夫卡很可能也听了这两个报告，一年后这两个报告结

1　迦南（Das Gelobte Land）：《圣经》中上帝许与亚伯拉罕之地，指巴勒斯坦。

集出版。当犹太复国主义面临流于派系斗争和组织争端的情况时，布贝尔促成一种新的文化上实用的乐观主义，这种乐观主义不只是对以布罗德和韦尔奇为中心的布拉格听众圈具有吸引力。上中小学时就痴迷于犹太复国主义的布贝尔，以一篇论述尼科劳斯·冯·库艾斯[1]和雅各布·伯梅[2]思想中自我意识形成之作用的论文在维也纳大学获博士学位，1904 年在意大利，他在寻找取得大学执教资格的论文题目的过程中闯入了犹太教地位问题的禁区。从 1901 年他就已经在一篇论文中概略叙述过的一种宗教上的"轮回"观念出发，他研究了这样一个问题：犹太教怎样才能回复到它的精神自治的根，而又不放弃政治的和具有民族意识的自决要求。在佛罗伦萨，在欧洲文艺复兴的背景下，他偶然发现了夏西派的文献，从此以后这些文献就被他看作一种真实的犹太人身份的典范。依他看来同化的严重后果可以通过一种对——只有还在东欧受到保护的——宗教-文化传统的强化研究加以排除，然而那些传统的源泉将会枯竭，如果人们不去唤起对它们的记忆的话。赫茨尔的世俗化了的政治幻想就会以这样的方式受到一种精神革新的观念的修改，而这种革新却又意味着一种"对犹太教的主观判断"。它包括一种对犹太教经师的正统观念的明显保留，在布贝尔看来这种正统观念只传播冷漠的丰富学说，但不传播只保存在神秘主人中的原汁原味的虔敬那种人性的温暖。1906 年和 1908 年他汇编了两册犹太人童话文集（《拉比·纳赫曼的故事》《巴尔舍姆传奇》），它们——在现代化的复述的基础上——将有助于人们理解对于西犹太人来说已被掩埋的文化传统。1909 年《心醉神迷的宗教信仰》出版，布贝尔在其中为来自印度、泛神论神秘主义、希腊、犹太人、德国和西欧的神秘主义顿悟报告提供证据。哪儿也不如在这里更能清楚地看出他在 1904 年进行的与犹太复国主义的决裂。他以一种受到宗教激励

1　尼科劳斯·冯·库艾斯（Nikolaus vo Kues，1401—1464）：德国神学家和哲学家，主教，早期人文主义者。

2　雅各布·伯梅（Jakob Böhme，1575—1624）：德国哲学家。

的、被理解为人类生活之升华的精神生活来抗衡赫茨尔的干巴巴的民族政策，那种精神生活明显地从尼采哲学的影响范围中汲取其超然于特定的宗教内容以外的生活激情。布贝尔并不完全疏远时代精神：他通过豪华装饰的由享有盛誉的耶拿出版商欧根·迪德里希茨出的书证明了这一点，这些书的封面由青春艺术风格[1]知名代表人物加插图。

　　1910年布贝尔在布拉格谈论一种犹太民族内心自我发现的问题，说是只要"把自己安置进"宗教传统的"大环链"就可以将这种自我发现引来。他陈述自己的理由，说是世俗化了的西犹太人的通往民族之路就会被隔断，如果他们只是在往事回忆的仪式中像感知一种失去的财富那样感知他们的宗教的话。说是向他们的宗教的根的接近必须通过移情的媒介进行，而这种移情不是通过赫茨尔的务实而理智的解决办法，而是只有经过感情联系的因素来实施。对他来说，犹太人的身份只有通过个人与就它那方面来说是文化传统和解释范例的聚集地的宗教团体在感情上的连接才会显示出来。被布贝尔理解为现代性格之特征的社会融合和精神生活的二元性在他看来虽然在独特的规模上影响着现代的西犹太人，但是就个人而言，是可以通过一种有独创性的对已被掩埋的宗教传统的接近来加以克服的。但布贝尔意识到，几乎没有为带民族特色的吸取宗教内容创造什么先决条件，因为在由赫茨尔推动的像潮水般涌来的纲领性文章中缺乏造就一种不单单受民族属性束缚的犹太人自律性的标准。他说为了获得相应的参数，犹太民族就必须——布贝尔这样解释说——克服相对和绝对生活、信仰和行动、极度兴奋和平庸乏味之间的灾难性差异。1910年布贝尔的布拉格演讲不同于一年前他的第一次亮相，给听众留下了强烈的印象；只有弗兰茨·罗森茨威格的《救星》（1921）才将跟这些1911年发表的报告一样产生类似的动人的影响。

　　卡夫卡当然没有受到这种也将布罗德控制住了的普遍激动情绪的

1　青春艺术风格：西方1900年前后一种艺术创作方向。

感染。布贝尔给人以——1913 年 1 月他回溯往事这样写道——"一种
寥落的印象，他所说的一切之中短缺什么东西。"另一方面，卡夫卡
也不喜欢他复述的夏西派童话，因为卡夫卡觉得它们那种现代风格冲
淡了内容，"叫人受不了"。布贝尔的宗教哲学著作，借用马克斯·布
罗德 1920 年使用的一个说法，把犹太复国主义解释为"对犹太民族
的宗教和社会天赋的虔诚信任"，这部著作卡夫卡在战争年代才读到。
在 1914 年前的这段时间里，卡夫卡回避他的理论文章，因为他不相信
它们的那种极度兴奋的革新激情（格斯霍姆·绍莱姆证明它们有"蒙
着面纱的主观性"），然而，也是在布罗德的新宗教热情的影响下，他
开始研究宗教文章。自 1911 年秋起，他便常读犹太教法典，仔细审视
它的虔敬指示并觉得自己像在学校课堂上那样，受到阿加达故事及其
譬喻的结构的强烈吸引。读物展示出宗教体验这个异国风味的领域，
然而这个领域只是缓缓地向他开启；1911 年秋与将对他的犹太人自我
意识具有指导性意义的切口剧的相遇促进了卡夫卡的宗教文化寻根。

意第绪语[1]剧院

　　卡夫卡对舞台美学有一种独特的感受能力，在后来的年月里他
铺陈他的长篇小说的场景，如同舞台上的戏剧场面，从而也把这种能
力用在文学写作上，它把小说中的人物变成展现表情和姿势的手势语
舞台上的演员。作为喜欢在旅行途中进剧院看戏的观众，他尤其喜爱
那种自然主义的柏林风格，1910 年 12 月他在柏林逗留一周时有机会
从阿尔伯特·巴瑟尔曼身上研究这种风格，而他却不怎么赏识亚历山
大·墨西作为战前赖因哈德歌舞团的明星所体现的矫揉造作的表演形
式，他觉得此人的说话方式太造作，虽然他欣赏其演技，这是 1912 年

1　意第绪语：犹太德语，中欧和东欧各国犹太人通行的一种中古高地德语、希伯来
语、罗曼语和斯拉夫语的混合语。

3 月参加了一场朗诵晚会后他在日记中记下的话，这场朗诵会上也朗诵了贝尔-霍夫曼的《米尔亚姆催眠曲》。可是习惯责备同时代人评论贫乏的弗兰克·韦德金德的演技却完全把卡夫卡吸引住了。1912 年 2 月 1 日，他看了一场《土地神》，韦德金德饰演舍恩博士，他的妻子蒂莉饰演卢卢，这场演出因其客厅风格和魔力的混合而令他着迷："根基扎实，却依然陌生的事物的相互矛盾的印象。"1911 年 12 月 30 日他在一则简短的日记草稿中声言，舞台浅薄涉猎的重大错误就在于不维护"表演的界限，并且从而错过了一种迷住观众的艺术的种种引起错觉的可能性"。这样的考虑显示出对戏剧方面存在的问题有深切的了解，而这种了解则又是以知识为依据的，犹如艺术和现实受到一种谁"太过于模仿"谁就会被忽视的差异的严格控制。

　　一种在心灵上和身体上同样长久令人感觉到的舞台印象，是他一生都不会忘记的印象，它通过与意第绪语戏剧的相遇传导给了卡夫卡。1911 年 9 月 24 日和 1912 年 1 月 21 日之间一个莱姆贝格[1] 剧团在吉茨夏克·勒维的率领下在布拉格"萨沃伊"咖啡馆做访问演出，这家咖啡馆坐落在旧城环城路北的有妓院等不正经场所的山羊街。上演的剧目中，除单独表演外，还有经改编过的讽刺作品和叙事歌谣以及切口剧，它们通常源于 19 世纪后期，但常常改编自较古老的犹太人传奇传统题材。在这里构成舞台语言的意第绪语在哈布斯堡王朝是不容许有国家合法地位的；在开列出国家正式语言清单的 1867 年 12 月 21 日宪法的第 19 条款中，意第绪语不在其列。虽然下层社会隐语在匈牙利和加里西亚理所当然地在日常生活中被使用，但因此也就不准在人口普查时提出以意第绪语作为口语。在这一背景下，勒维的剧团上演的剧目就具有一种破坏因素，因为它们让人想起一个国家试图压制的传统。意第绪语在西犹太人知识分子圈内也很少享有信誉，这一点可以从西奥多·赫茨尔对"缺少活力和捏皱扭曲的"俚语的否定的议论

1　莱姆贝格（Lemberg）：乌克兰地名。

上看出，他反对俚语，认为它是变乱了的"犹太人居住区语言"的反映，并且不想在新国家巴勒斯坦中接受它。

1911 年 10 月 5 日，卡夫卡在已经与勒维有私交的布罗德的陪同下第一次在"萨沃伊"咖啡馆看了一场演出，一场女演员弗洛拉·克卢克作为"男人模仿者"登台表演的晚会。他立刻被吸引住并在此后的几个星期里只耽误了几场演出。他在日记中记下了对内容、导演、演技和音乐的详尽评论。他在这里获得的印象跟他迄今在剧院看到的一切有明显的不同：演员们都是即兴表演艺术家，他们不精通自己的台词，在开放的舞台上争论，戏装显得破旧和磨损，剧本在戏剧艺术上是欠缺的，并且往往具有一种媚人而多愁善感的特色。但是在卡夫卡的眼里正是这种表演的感情上的因素突出了真实性的印象，因为这种因素正在成为一种反抗市民艺术观常规性质的工具。在这里上演的情感戏剧产生一种关切的表现形式，卡夫卡在 1911 年 10 月 10 日约瑟夫·拉泰纳尔的演出后在日记中十分详尽地描写了这一形式："有时我们（此刻我突然意识到这一点）之所以不参与情节，仅仅是因为我们太激动了，并不是因为我们仅仅是观众。"

勒维演出的全部剧目都体现了一种现代的传统，这是 1876 年在俄罗斯–土耳其战争期间由亚伯拉罕·戈尔德法登在布加勒斯特奠定的。这一传统可追溯到犹太人居住区的切口语言以及处理传奇的或诙谐的题材，而且人们也写作希伯来文的戏剧作品。以《圣经》题材为依据的普珥节剧便是其前身，这种自 16 世纪流传下来的普珥节剧自 1650 年起也用意第绪语撰写；在 18 世纪，犹太人巡游大学生开始配上轻松的幕间插曲在德国犹太人居住区演出这些剧目。形成另一个影响范围的是犹太人街头演唱艺人，他们在加里西亚、波兰和罗马尼亚的小酒馆、酒店和咖啡馆里演唱歌曲、小调和表演小型舞蹈。意第绪语戏剧保持了口头传承题材的童话特性，它包括对超感觉的和宗教的问题的研究，而对犹太人居住区生活的加强反映和犹太人日常工作的关心则作为新的题材加入进来。戈尔德法登先是和不固定的演员一起在年集上演出，但在取得头几个月的大的成就后便集结了一个固定的剧团，1878 年他和这个剧团在敖德萨（乌克兰）安家落户。演出事业不久就蓬勃发展，经受住了新建剧团的竞争——在洛兹和维尔纳——并推动了众多剧本的创作，这些剧本通常由演员或经理当作艺术上要求不高的大众化作品撰写。现在人们也开始聘用妇女，这与妇女角色由男人扮演的古老传统的正统规则背道而驰。在 1883 年因亚历山大三世的一个敕令犹太人被禁止演戏之后，许多演员便流亡到法国、英国和美国。在只延续两年之久的纽约轻松幕间表演之后，戈尔德法登的剧团 1889 年便试图流动演出碰碰运气并周游各斯拉夫邻国。在欧洲范围内，1900 年后意第绪语舞台的传统中心在波兰，直到 20 世纪 30 年代之前杰出的剧团都定居在那里。莱姆贝格人的巡回演出为 1910 年 4 月曾第一次见到一个做访问演出的切口剧团（在莫里茨·魏因贝格的领导下）的同化了的布拉格城市犹太人开拓出一个迄今陌生的自己的文化遗产的领域。

1911 年 10 月 13 日，在演出戈尔德法登的《苏拉来斯》之后，卡夫卡经布罗德介绍结识了吉茨夏克·勒维本人。他们之间迅速建立起一种亲密友好的关系，卡夫卡以并非理所当然的积极性推动着这种关

系。勒维是一个"热情的犹太人"，一个充满激情和虔诚的人，此人虽然才 24 岁，却已经饱尝过动荡不安的生活。他 1887 年出生在俄国一个富裕的家庭里，并且不是正统虔诚地，而是作为挥霍其父亲钱财的"公子哥"度过了自己的青年时代。1904 年他去巴黎，在那里初次接触到意第绪语戏剧；1907 年他加入一个在中欧大都市演出的剧组。在布拉格客串演出后不久他便在一次柏林和勃兰登堡巡回演

吉茨夏克·勒维

出期间在与剧组成员的一场激烈争执的影响下离开剧组另立门户。吉茨夏克·勒维在 1911 年秋季不仅引导卡夫卡进入意第绪语戏剧传统和意第绪语文学之门，而且也向他讲解了虔诚的东犹太人的、夏西派的许多宗教习俗。这些宗教习俗的规范源于人称"巴尔-舍姆-托"的拉比[1]以色列、本·艾里泽尔（1698—1760）的经文，并以这一信念为依据：只有感觉，而不是持续研究犹太教法典和盲目遵循它的错综复杂的教规，才指引通向上帝之路。与上帝的融合有可能在祈祷中实现，而一种虔诚的生活实践则包括了对可能存在超自然之物的信念。上帝在所有的现象中都直接存在，并且只有在一种夏西派紧随以色列拉比之后遵循的泛神论的范围内才是很容易想象的。在雅各布·弗罗默尔 1909 年发表的描述犹太教法典史及其注释的论文《犹太教的组织》中有这样的话："夏西派（！）把一度虔诚的性情和敏锐的、温柔的、追求至高无上的存在的本能集于一体。他的上帝是绝对的善，他的理想是：把人类当作神加以崇拜，在人间实现天国。"跟米斯那格派，跟住在城市里的西犹太人不一样，"夏西派了解一位神职人员的角色，了解夏西派经师的角色，这个夏西派经师不像犹太教经师那样局限于学识丰富的、解释经文和法律的译员的角色，而是当上帝和人之间的调解人。在这个使他成为被选定者的角色中，他还是比犹太教经师更亲近民众，犹太教经师的丰富学识创造了一种遁世的形式。这种形式在堂区同意下受到有意识的培养。夏西派尤其在波兰的俄罗斯区域加里西亚、西南俄罗斯和罗马尼亚广为传播。马丁·布贝尔追求这一目标：把夏西派教义的要义跟西犹太人的当前生活状况联系起来，并从而——以一种现代新浪漫派的并非一定真实可靠的精神——使其"合乎名流社会"。

卡夫卡是一个全神贯注的倾听者，他不加批判地在自己的日记中

---

1 拉比（Rzbbi）：作为称呼、头衔；犹太教内负责执行教规、教律和主持宗教仪式的人，也译作经师，法师。

记下了勒维所做的关于东犹太人的浸洗礼、犹太教法典学者逸事、教学实习、切割包皮礼仪、葬礼和逾越节的报道。勒维的看似稳固的东犹太人身份、他对传统的信仰、他的举止行为中给人以恬淡寡欲印象的那种自信以及他敢于对抗逆境的那种勇气，令卡夫卡如此着迷，致使他在 1912 年 1 月初开始在日记中记下对话者的生平回忆。1913 年雅各布·瓦塞尔曼将在一篇根据布贝尔的建议为《布拉格巴尔-科赫巴》撰写的文章中试图探究这种吸引力的心理原因。他在文章中写道，"作为东方人的犹太人"对于同化的支持者来说体现了一种"神话式的"形象，他们便是碰到了这种形态的宗教深处，因为他们"只相信陌生的东西、另样的东西、别样的状态"。所以西犹太人的虔诚表现在可以被解释为失去一种原有身份之征兆的、对异国情调类型人的赞赏上。而认为这样的渴慕和理想脱离现实生活的赫尔曼·卡夫卡却不赞成儿子结交这位新朋友，因为他认为这位华沙演员不与自己的地位相当；1911 年 11 月初他在勒维第二次造访尼克拉斯街后恶狠狠地说："谁和狗上床，起床时就带着一身臭虫。"这句猥亵的话使他在内心深处感到如此震惊，以致儿子八年后写他的那封控诉父亲的长信时至少还大体上记得这句话："你并不了解他，却以一种我已经忘记了的可怕的方式把他比作害虫（……）。"

卡夫卡对意第绪语戏剧的好感在 1911 年秋不仅受到与勒维的友谊，而且也受到女演员阿玛丽·契西克对他的吸引力的促进。她比他年纪稍大一些，已婚，有两个孩子，一个 8 岁，一个 10 岁，显然她并不是一位有天赋的演员，但其制造戏剧效果却颇为动人（"她的表演并不多种多样"）。卡夫卡很快就认识到，他"对契西克夫人的爱（！）"将永远是一种没有实现希望的幻想的产物。11 月 3 日在"萨沃伊"的一次演出亚伯拉罕·戈尔德法登的《巴尔-科赫巴》的剧场休息期间，他让咖啡馆侍者向这位女演员象征性地献上鲜花。他在日记中记下，说他希望通过这一公开的姿态"满足"自己的爱慕之情，然而这一尝试"完全徒劳地"失败了："这只有通过文学或通过同房才有可能"。这里出现的这种基本模式将会在卡夫卡以后的各个人生阶段作为恒定的作家自我写照重复出现。写作成功代替不了性欲的满足，而是包含了在广泛意义上的这种满足、致使"文学"和"同房"代表了一种相同的启发的变种。文学写作失败，就会反过来产生与性欲压抑的各种停滞形式相同的心理阻塞。

在 1911 年 10 月初和 1912 年 2 月中之间，卡夫卡看了莱姆贝格剧团的 12 场演出，其中也包括独角戏和朗诵晚会。他在日记中详细描写了看过的剧目。它们是雅各布·戈尔丁（《野人》《上帝·人和魔鬼》）、约瑟夫·拉泰纳尔（《赛伊德尔之夜》《大卫的小提琴》《布吕马勒或华沙的珍珠》）、亚伯拉罕·戈尔德法登（《巴尔-科赫巴》《苏拉米斯》——一出轻歌剧，他看了两场阿玛丽·契西克主演的这出歌剧）、亚伯拉罕·沙尔康斯基（《梅舒梅德·科尔尼德雷》）、莫泽斯·里希特（《莫奇谢·夏耶特或作为乡镇代表的裁缝》《赫尔米勒·梅基歇斯》）和西格蒙德·法伊恩曼（《摄政王》）。这里列出的丰富多彩的剧目从宗教的圣徒传说（沙尔康斯基）和市民家庭剧（戈尔丁）经由轻歌剧（戈尔德法登）延伸到低级趣味的配乐诗朗诵（拉泰纳尔）和通俗喜剧（里希特）。雅各布·戈尔丁——"意第绪语莎士比亚"——被认为是那个时代的杰出作家，他的怪诞悲剧《野人》以愚笨的莱梅希这个形象为勒维提供了一个样板角色，这个勒维，如一张照片所显示，在这里能够用富有表现力的手段登台表演。费舍尔出版社曾出版过德文译本的朔莱姆·阿施的《萨巴泰·采维》，第一次世界大战前没有在布拉格演出。由于莱姆贝格剧团只拥有有限的技术和人力资源，它就不可

勒维在戈尔丁的《野人》中饰演莱梅希

避免地不得不专注于一目了然的滑稽戏和童话般的传奇故事，人们在小剧场里也能演出这些剧目，而像阿施的写宗教狂热者采维的剧本这样的大型戏剧就无法随时演出了。

卡夫卡"热爱"并尊敬演员们的艺术，和他们一起忍受设施简陋的小咖啡馆里演出条件差劲之苦，但并不放弃发表评论性的看法，这些评论针对剧目，同样也针对导演：他把沙尔康斯基的《梅舒梅德·科尔尼德雷》称为一个"相当蹩脚的剧本"；他虽然确认戈尔丁的《野人》比拉泰纳尔和法伊恩曼的作品具有"更多的细节描写，更有条理以及更合乎逻辑（'这种犹太教的嘈杂声听起来更沉闷'）"，但是他同时也抱怨，说是平常为即兴创作敞开着的原件的真实性取消了，因为作者"对观众做出让步了"。卡夫卡是否在这同一时间里进一步研究过也影响了意第绪语剧本的犹太人歌曲传统，这一点现在无法明确断定。埃夫莱姆·莫泽斯·利利恩，一个居住在德国的加里齐人，在世纪之交后不久出版了一部令人印象深刻的、题为《犹太居住区的歌》的集子，它给当时的许多犹太人作家留下类似1906年刊印的马丁·布贝尔版本的《拉比·纳赫曼的故事》那样的印象。对沙尔康斯基的《梅舒梅德·科尔尼德雷》中的幕间歌咏节目，向来很少看歌剧或听音乐会的卡夫卡写道："这些曲调适宜接住每一个跳起来的人并且不被扯断就拥抱他的全部热情，如果人们不愿意相信这些曲调给予他这种热情的话。"

在莱姆贝格剧团帮助获得的印象的作用下，卡夫卡的加紧研究以"战斗姿态"采取行动的、争取自我维护的意第绪语文学的愿望日益强烈。1911年11月他读海因里希·格雷茨的三卷本《犹太人通俗史》中的片段，1912年1月底他"贪婪地"、怀着——他在阅读学术论文时一向没有的——"缜密、急促和喜悦"读迈耶尔·伊塞斯·平内斯的前一年出版的《意第绪语文学史》。这部浩繁的著作分成两个部分，第一部分阐述语言史和自近代早期以后的意第绪语文学的起源，第二部分阐述现代意第绪语和戏剧的趋势——分别以个别作家为例加以说

明。卡夫卡读这本书，是为一个关于俚语的报告做准备，1912年2月
18日他要在勒维的一个在犹太人市政厅礼堂举行的朗诵晚会之前做一
个关于俚语的报告（原定奥斯卡·鲍姆是报告人，但是在规定好的日
期之前10天他通知说不来了）。他为自己的报告摘录了几个论犹太人
的启蒙的段落，说明19世纪受大众欢迎的长篇小说和戈尔德法登在现
代意第绪语戏剧开始之时的论述。

　　在1912年的头几个星期里卡夫卡展开了一些对他来说极其不寻
常的、重实效的活动。他试图帮助剧团获得客座演出的机会，在一封
信函中请求市政当局降低场地租金并为《自卫》撰写了一篇文章，详
细介绍了这个剧团及其演出的剧目。他为准备勒维的个人晚会而向
市政府取得了必不可少的警察部门的许可，组织了节目拟定和门票销
售，照管座位编号、安排伴奏音乐、搭建戏台并向新闻界寄发必要的
资料。他在日记中自豪地记下了自己的规划动议、谈话和干预，但同
时也记下了对要当众介绍勒维的这一不寻常的演讲者角色的畏惧。在
登场的时刻，在晚会上当着听众的面，他才有了一种陌生的忘掉了
周围环境的感觉，一如他后来将作为成功的文学写作的条件体会到的
那种感觉："（……）我做报告时的骄傲的、超凡的意识（冷对听众，
只有缺乏训练才妨碍激情的自由发挥），坚定的嗓音，不费劲的记忆
（……）。"由于他的演讲以及后面的节目的成功——这"丰富多彩"
的节目（《自卫》这样评论）包括勒维的歌曲、短场景、幕间滑稽表
演和单口相声，他看到了"力量"，他"很愿意信任"的力量。不过
赫尔曼和尤丽叶·卡夫卡却一直对这件事不闻不问，虽然他们受到邀
请，因为他们不赞成儿子降格以求和演员们交往。"我的父母，"日记
中这样简短而不满地写道，"没去那儿。"

　　卡夫卡的演讲——它的原稿保存下来了——用坚毅的口吻劝已被
同化的听众不要用理智去领会俚语，而是让它通过身体起作用。提出
这一劝告的理由首先以平内斯的重要论著为依据，卡夫卡从这部专著
中——除有关形成过程、语言混合和东欧影响的种种信息之外——推

断出这一线索：意第绪语主要是超然文字之外的一种交际手段。然而平内斯把这种语言影响的混合物理解为一种独立体系的结构成分，而卡夫卡却直截了当地声言，意第绪语"仅仅由外来词"组成。在一种透视旋转的帮助下，他就这样获得了一种观点，它允许人从间隔距离的角度去推断这一陌生的事物，而不通过合理的思考将其嵌入自己的思维境界。意第绪语把"异国的词儿"聚集到一起，这些词儿不让自己被同化，即使它们为一种表达的新规章服务。切口在西犹太人心中引起的"恐惧"意味着一种自然的反应，只有当人们像讲演所建议的那样学会"凭感觉去理解"老犹太人居住区的语言，这种反应才会被克服。感觉是传授意第绪语的一种手段，身体是它的译员。卡夫卡非常清楚地知道他在谈什么：对他来说，一如我们还将获悉的，写作能够达到一种类似遇见原汁原味的切口那样的身体上的度。日记中写道，他为了协调自己的表演曾读过歌德的语句，以便获得一种对语言及其"声调"的肉体上的感受能力。在这种背景下，俚语报告不管分析什么，它都是：变为身体的讲话。

1912年冬末，莱姆贝格演员们起程后，卡夫卡对俚语的兴趣仍然存在。1913年5月2日他在"匹卡迪利金婚"咖啡馆饭店看了维也纳犹太人剧团的一场客座演出，演出的音乐部分的"某种迷人的东西"再次将他攫住。1917年夏他在较长时间的间歇之后在布达佩斯偶然遇见勒维并在返回曲劳后将已经在1912年零星在日记中记下的这位朋友的传记的片段口授给他的妹妹奥特拉。卡夫卡在1912年后几乎完全不去有名望的剧院看戏，因为对俚语的身体上的真实体验给他关上了通往德语舞台表演的大门：这一点颇能说明勒维的剧团所释放出来的影响力。卡夫卡再也摆脱不掉一种可望使人获得真实可靠、不可撼动的认同感的文化传统的魅力，即使他预感到，他这个"被剥夺了继承权的儿子"一定会永远失去传统的源泉。

1911年12月，卡夫卡在日记中列出一个小型文学作品特征表，它也可以当作意第绪语戏剧体验的反映来读：

无论从哪方面看都是良好的影响。这里甚至是个别更好的影响。

1. 活跃

a. 争论　b. 流派　c. 刊物

2. 解除

a. 无原则性　b. 小题材　c. 轻微的象征形式　d. 无能者的脱离

3. 大众化

a. 与政治的关联　b. 文学史　c. 信仰文学，委托文学给文学立法（……）

　　卡夫卡对记下的这一简表可能涉及艺术领域里的少数现象没做进一步评论：涉及意第绪语文学，同样也涉及捷克文学，涉及这不得不几十年之久在布拉格忍受德意志人的统治要求之苦的捷克文学。所以此表可解读为支持分散的、摆脱国家的文化形态的宣言，而这些文化形态的细微差别将不会因政治上的压力而被抹去。恰恰是这"无原则性"对卡夫卡来说仍然是纲领，个性仍然是审美同一性的条件。人们若想到20世纪的专制主义体制，那么这些摘记就特别令人感动，因为它们以其对一种控制自己的艺术的构思控诉了一切专制制度的强迫一体化恐怖统治。谁读这些摘记，谁就会回想起卡夫卡的许多友人和亲人，其中也包括演员勒维，都成为"绍阿"的牺牲品，他自己则可能仅仅由于死得早而逃过了这一浩劫。

第七章

观察的艺术（1908—1913）

渴望出一本书

自参加工作的头几年以来，马克斯·布罗德就一直以其特有的坚韧不断敦促对此持反对态度的卡夫卡发表自己的作品。在获博士学位的1906年，卡夫卡曾用一篇题为《小胡同的天空》的（不再保存的）小说参加一次维也纳的有奖竞赛，但没有得到回应。据报道，1908年3月初，弗兰茨·布莱的《许培里昂》发表了8篇短小的、大都在1907年创作的散文作品，并冠以"观察"这个总标题。这份由富有的卡尔·施特恩海姆提供资金的杂志遵循潘神的青春艺术风格审美观，却并不草率地模仿它的矫揉造作风格。布莱有意识地放弃世纪之交的许多刊物典型的插画艺术，以便为文字提供充分的发展余地，但是纸张、文字和印刷质量依然显示出那种略带附庸风雅意味的遁世意愿。与这家刊物的享有盛誉的作家——霍夫曼斯塔尔、海因里希·曼、穆齐尔、里尔克、施特恩海姆、施罗德——相比，初出茅庐的卡夫卡仍然是一个无名小辈。然而布莱毫无保留地对他寄予信任：1909年春，《许培里昂》也刊印了《一场战斗的描写》中的《与祈祷者的谈话》和《与醉汉的谈话》。《艺术家》复活节增刊在1910年3月27日以"观察"为题再次刊印了《许培里昂》上的几篇散文以及《为男骑手们考虑》。布罗德瞒着卡夫卡把他这几年的作品寄给了责任编辑保尔·维格勒尔并和他就发表事宜进行了商谈。1909年9月29日，关于布雷齐亚飞行表演的旅行见闻报道就已经被布罗德私下交给编辑部，在《艺术家》上刊印了出来。

　　1911年秋，布罗德和卡夫卡写作他们在瑞士之旅途中构思好的长篇小说，它暂时取名"里夏德和萨穆埃尔"。这又是布罗德督促卡夫卡持续从事文学写作活动的一次尝试。然而在规划阶段就已经因朋友的不同的工作方式而生出重重困难。10月28日，卡夫卡毫不含糊地声言，他认为这一合作项目已经失败。显然这位朋友起先使他改变了主意，因为11月中卡夫卡拟就了一个引子的草稿，在余下的下半月的两个星期天他们顺利合作写出了第一章。然而此后手稿最终搁置了，因为卡夫卡对这个自传性题材再也提不起什么兴趣来。将近五年之后，1916年7月，他觉得这件未完成作品在文学上毫无意义，只有对共同写作的回忆，如他向布罗德坦言的，还能在他心中引起愉悦的感觉。

　　1912年5月，布罗德在维利·哈斯的新创办的《赫德尔报》上发表了这部未完成小说的第一章，标题为《第一次长途火车旅行》。这篇短文报道了夏末卢加诺之旅的印象。性格内向的里夏德（起初叫罗伯特）是卡夫卡，而引诱者萨穆埃尔的原型则是布罗德。描写因视角的变化而赢得吸引力，这种变化使里夏德和萨穆埃尔有可能从各自不同的角度去描述同样的情景。占统治地位的仍然是两个乘坐火车取道慕尼黑去意大利的单身汉的观淫癖式的目光。这则虚构故事的（带自传性质的）高潮是一场关于1911年初夏在意大利爆发的流行性霍乱的危险性的争论。旅行日记的技巧在这里留下了痕迹，许多素材从日记直接进入故事之中。和一个在车厢分隔间认识的女子——人们在慕尼黑邀请她晚上乘车浏览全市——调情失败，这一情节在日记中做了类似的描写，人们只是变更了这位女旅伴的名字：阿莉丝·雷贝格（布罗德称她为"安格拉"）变为多拉·利佩尔特。很快便出现的单调的描写中突现出对电影以及文学典范和迷迷糊糊地半睡半醒的里夏德的梦幻般的幻象的影射。有人认为这段最后流产的慕尼黑风流韵事颇像电影《白人女奴》，该片在引子中展现这样一个场景："无辜的女主人公就在火车站出口旁边，在黑暗中，被陌生男人拽进一辆汽车带走。"卡夫卡在写下这一章之前九个月在电影院里见过的这段配乐诗朗诵讲述了一位被迫卖淫的少妇的故事——一种题材，它将在1915年以《没有欢乐的街道》中的阿斯塔·尼尔逊和格雷塔·加尔博的形象使格奥尔格·威廉·帕泼斯特成为大电影艺术家。如果说这部未完成长篇小说的自传性主人公把自己看作皮条客的角色的话，那么这就阐明了一幅有重要意义的自画像，其中既有男人的侵略性，也有男人的负疚感。除了这一层与电影的破坏性的关系以外，作品也显现出几乎没什么独特之处的文学上的相似性。宏伟的瑞士市民住宅景象令人想起瓦尔泽的长篇小说《帮手》和小说提供的商务往来的描写，可以理解：稍后不久，在看到给人以宁静安逸印象的星期天散步者的时候，对戈特弗里德·凯勒的联想便会油然而生。那些描写从睡眠阶段向清醒阶段无清晰界限过渡的片段明显带有卡夫卡的风格。"我所见不多，"对从车厢分隔间窗户向外看的目光这样描写道，"而我所见到的，是用梦幻人的漫不经心的记忆力看清的。"这样的情势震荡以后也将一再决定卡夫卡的长篇小说的主人公。感觉的不稳定来源于梦幻逻辑，它使日常生活看来完全不一样了。撇开这样的文学观察珍品不谈，这部未完成小说便没有提供什么使读者入迷的情景。卡夫卡后来对自己的文学声望的怀疑无疑是有理由的，而布罗德却对此深信不疑。

在参加工作后的头几年里，卡夫卡间或也撰写评论。1909年2月，他在《新路》杂志上发表一篇评论弗兰茨·布莱的女子要义《粉扑》的短文，用机智的讽刺，以一种带抒情色彩的、避免任何抽象分析的风格作掩护，他注意到布莱赋予这部文集的那种既傲慢又格调高雅的气概（天空坚固而又透明，而这本书则在中间和结尾逃逸进这天空，以便通过天空拯救从前的地区）。1910年1月16日，《艺术家》刊印了他的一篇较长的评论费利克斯·施特恩海姆的书信体小说《少年奥斯瓦尔德的故事》的文章，该文赞扬现代化了的——在语气上遵循雅各布森的《尼尔斯·吕娜》的——维特型的真实的生活感情，但轻视其文学上的成就。1911 年 3 月 19 日卡夫卡在《艺术家》上指控布莱的《许培里昂》的态度。尽管他对布莱有好感，确认他"让热情冲昏了头脑"，他还是直截了当地声言，在《潘神》和《岛》的阴影里这家刊物缺乏仔细规划的"必要性"。1911 年他似乎也评论过克莱斯特的逸事，不过人们迄今还未能找到刊印此评论的刊物。

　　第一批作品的发表使卡夫卡心里充满骄傲。一切已刊印出来的作品向他极其强烈地展示了感官上的享受。书店的橱窗给他带来类似一个爱吃肉的人见到一家肉铺橱柜里堆满了肉时的那种愉悦。这情形，1911 年 11 月 11 日他坦言道："就好像这种渴求源自胃，就好像它是一种被误导的食欲。"对各种形式公众效应的保留态度与他的这一愿望并不矛盾：他只要觉得自己的作品还可以过得去就将它们发表出来。然而成功的标准比快速和常常不专心致志从事创造的布罗德更严格。这种标准说到底来源于一种崇高的文学上的自我价值观念，不过它只是很少未被削弱地谈论了罢了。1911 年 11 月 15 日的日记中有这样的话："昨晚已经带着一种预感掀开床上的被子，躺下并又意识到了我的全部能力，仿佛我的手握住了它们（……）。"卡夫卡的艺术家自我并不动摇不定，而是基础惊人地稳定。对迄今所做出的成绩的惯常评论只说明要求高，并不说明自信不足。所以卡夫卡也不需要如马克斯·布罗德或里尔克和托马斯·曼用别的方法所做过的那样，做出纳西索斯式的安排。他不必登场扮演纨绔子弟或文人，因为他以一种在他看来完全不言而喻的方式决定他的自我的写作。对这种写作可能会有的公众效果的喜爱对于建立他的心理上的平衡来说并不是不可缺少的。他接受的唯一的法官仍然是——超越一切日间批评——自我感觉。日记中许多被涂掉的段落中有一处注明日期是 1911 年 2 月 19 日，它被特别粗的、几乎像火山爆发似的笔画涂抹得辨认不出来了。这句被卡夫卡涂掉的话被汉斯-格尔德·科赫像辨认羊皮纸上已被刮去的旧字般辨认出来了，它就是："（……）毫无疑问我现在在精神生活方面是布拉格的中心人物。"

写作活动和职业生涯只有在以巨大的内心紧张为代价的情况下才可协调一致，1908 年以后情况似乎也是如此。个中的原因与其说是缺少时间，毋宁说是我们所知道的卡夫卡的写作方式。从事文学创作时他需要彻底安静、思想集中和离群索居，这是一个正常的工作日给予不了他的。他的连续不断、不受令人痛苦的干扰写完一件作品的心愿即便在摆脱了职责、有了可支配的时间的情况下恐怕也几乎无法完全实现。所以这也就是顺理成章的了：只要卡夫卡在布拉格度假，那么他在度假期间的创造力就不会有多大增长。这种情况持续了几年之后，他终于认识到，夜晚时刻的寂静为他的无干扰写作理想开创了最佳条件。1910 年 12 月底他才下定决心把晚上 20 点到 23 点的时间保留给文学写作，以便以这样的方式获得必要的安静，而这正是他在下午无法得到的。这就开始了一种效力较强的社会隔离，它在随后的几年里不断进行着。晚上看卡巴莱小品剧和泡咖啡馆的时期快结束了，从此以后，卡夫卡在他的知己朋友圈子里也很少露面。单身汉变成隐士并开始退出社会现实的网络。

访问魏玛

自 1912 年起，卡夫卡也常常不再和朋友一起，而是独自度假。他和布罗德作的最后一次共同旅行是 1912 年 6 月底去魏玛。事先已经书生气十足地订好了计划。和在大学学习时期不一样，卡夫卡在这之前的两年里常常研究德国古典主义作家。1910 年 11 月他读歌德的《伊菲格涅亚在陶里斯》，它那无韵诗的有一定节奏的文体既令他感到值得赞赏又让他觉得诧异："在阅读时每一个词都在阅读者面前被诗行送往高处，它在那里给人以一种细小但非常强烈的印象。"一个月后他浏览式地阅读了歌德的日记，1911 年他继续阅读这些材料，对维特小说和自传《诗与真》也有深厚的兴趣，1911 年 12 月底他评论该自传说，它含有"一种绝不会被意外超过的活力"。这种一再表述的随同阅读古典作家产生的惊讶之情，除了对美学成就的尊敬之外，还表达出一种明确的距离感。卡夫卡意识到，18 世纪的语言已经毫无希望，已经不适合现代文学。歌德提供的影像显示出一幅陌生的图像，它没提供敬仰的理由，而是由于能把文学的语言互相分开的距离而迫使人不断感到惊异。

1912 年 6 月 28 日，两位朋友在赴魏玛的途中先在莱比锡逗留一天。刚到莱比锡，傍晚时分他们立刻就在城里走了一大圈，布罗德凭训练有素的旅行者的"地形学直觉"组织了这趟巡游。他们投宿在一家啤酒馆，那里的小市民下班后的习惯性行为令卡夫卡感到赏心悦目（原籍莱比锡的卡尔·施特恩海姆在回忆往事时把惬意而正直可靠的生活乐趣称作城市的体征）。后来他们考虑逛妓院必不可少，然而那家挑选好的妓院如此令人讨厌，以致他们竟落荒而逃："我们莫名其妙地立刻就离去了。"翌日中午同出版商恩斯特·罗沃尔特会晤，这次会晤的情况我们在下文会谈到。在威廉小酒店，——家"昏暗的饭店酒馆"里，大家还邂逅了库尔特·平图斯、瓦尔特·哈森克勒弗尔和格拉夫·格尔特·冯·巴塞尔维茨，他们常在这里参加一个不久便带有传奇色彩的罗沃尔特作家圈子的聚会（"小酒店里固有的每日午餐"）。通过他们的矫揉造作的举止和手势语言，他们看上去就好像来自一则卡夫卡的单身汉故事："所有的三个人全都挥动手杖和胳臂。"在饱餐午饭之后，大家在哈森克勒弗尔的提议下再次探访一家妓院，却没被准许进入，"因为女士们 4 点前睡觉"。傍晚时分，在 17 点向魏玛继续行驶之前，布罗德和卡夫卡对罗沃尔特的股东库尔特·沃尔夫做了第一次为时一小时之久的工作访问。

从前养成的那种度假旅行的习惯现在再次占了上风。在长达一星期之久的魏玛参观计划开始之前，两位朋友在暮色中走进樱桃园边上的一家公共游泳场，他们也在伊尔姆河中游泳。第二天，他们参观了广场旁边席勒的住所（"一个作家寓所的好场地"）和妇女广场边上的歌德故居（"令人悲伤的、使人想起已故祖辈的景象"）。7月1日他们不再继续进行考察，享受着阳光下的游泳，在伊尔姆河中随波逐流；7月2日参观李斯特故居；7月3日两位朋友参观大公爵图书馆，在谢姆尼托斯饭店后面的花园音乐会上听一场比才的《卡门》选曲（"完全沉浸于其中"）；7月4日他们参观侯爵陵墓；次日参观歌德—席勒档案室，卡夫卡在那里饶有兴味地观看了伦茨的亲笔书信，直到那时为止他几乎没读过伦茨的作品。7月6日，起程前一天，他在自世纪之交以来曾作为一种新古典主义戏剧的代表闻名于世的保尔·恩斯特的陪同下做一次较长途的散步，傍晚在布罗德的陪同下拜访了剧作家约翰内斯·施拉夫。而这位如今已献身于一种抽象推论宇宙学的德国自然主义运动曾经的杰出代表却给卡夫卡留下一种引起矛盾心理的印象："主要谈天文学和他的地球中心说体系。其他的一切，如文学、评论、绘画，还悬在他身上，因为他不抛弃它。"

看来魏玛对于这两位旅行者来说不是一个老传统的地方，而是一座有着许多启蒙和现代之间的文化史积淀的要发掘出一种考古学感知能力的城市。像在巴黎那样，在寻找文学遗迹之外，还加上寻花问柳，现在卡夫卡担任较积极的角色；然而他还是受布罗德推动的，后者顾虑到自己与艾尔莎·陶西希结婚在即不得不在这方面有所收敛（在他的为未婚妻记的旅行日记中典型地缺了莱比锡妓院插曲的内容）。卡夫卡的日记以学究式的精确把一次延续好几天之久的与歌德故居管理员基希纳的16岁女儿的暧昧关系记录了下来。这位少女显然完美无瑕地符合卡夫卡臆想中天真烂漫的迷人少女的形象。这看上去像讽刺：她的名字叫"玛加蕾特"，从而充分说明这情况与《浮士德》有关联（日记中很快亲密地谈到"格蕾特"）。访问魏玛期间他在性爱领域绝不听天由命，这一点在布罗德1912年6月30日的日记中有所泄露，这则日记引人注目地写道："卡夫卡卓有成效地与管理员的漂亮女儿调情。所以大家连续好几年一直想去这个地方。"

随着玛加蕾特·基希讷的登场，文学城市魏玛变为一场最后无结果的调情的舞台，它的一个个阶段——贪色的观察，目光接触，初次交谈，和姑娘及其家人一起去蒂富尔特郊游，一起晚间散步，约会和白等了一场——日记都以几乎带有讽刺意味的精确性，但同时也用受刺激的口吻记录了下来（"如果人们能把痛苦从窗户泼出去"）。在这之前将近一年，卡夫卡描述了一种相似的情状，当时他在布拉格附近的拉杜丁试图劝说他父亲的一位已辞职的职员重新到商号上班："一个藏在一扇门后面的儿童保姆有意于我。在她的打量下我不知道，我是怎么了，我是否漠不关心，羞羞答答，嫩还是老，老成持重还是初出茅庐（……）。"角色和面具的转换清楚地说明，这是戏剧舞台上的眉目传情，性爱作为想象中的天真的氛围中的审美而不承担义务的游戏出现。对于卡夫卡来说，只有这样性爱才失去恐怖和那种令人恶心的味道——那种与女人的身体直接交会释放出来的味道。这个魏玛插曲显示出一场理想的性爱游戏的全部特征，卡夫卡对逢场作戏而不必泄露自己担任无心诱惑者角色颇为在行。1912 年 7 月 3 日——他 29 岁生日这一天——在歌德故居花园里拍的一张照片，它讲述了一段未了的情缘。日记这样写道："拍了照。我们俩在长椅上。"这张不清晰的、不太专业的照片上的实际场景看上去跟这则日记所透露的不一样。这一对是被远距离拍下来的，像是用了一个广角镜头，它拍的照片同样产生接近和疏远的感觉。玛加蕾特·基希讷叠起双腿坐在长椅中间，卡夫卡则坐在扶手上并让他们之间的座位空着，致使他比他的邻座显得高得多，看来好像名副其实地远离现实：一个不要求亲密接触的远程爱情的比喻。

对卡夫卡来说，对魏玛古典文学时期的研究在夏季旅行之后并没有结束。除了周期性反复吸引他的歌德的自传之外，先前对他来说只是中小学读物的席勒如今也开始吸引他。他曾在为魏玛之行做装备时买了 1905 年为纪念席勒逝世 100 周年而出版的欧根·屈内曼写的席勒传记，然而这本席勒传他 7 月在容博尔恩才比较仔细地阅读。1911
年 11 月 9 日，他处在一部箴言集的印象中，在日记中表示同意地记下
摘自第三篇医学博士论文（1780）中的一段话："席勒某处：主要的
事情是（或相似）'把感情改造为性格'。"尽管对布拉格的日耳曼学
有着负面的体会，他后来还是请教了文学研究方面的专业书籍。1914
年 1 月初，当他再度研讨歌德时，他读了威廉·迪尔泰的《经历和诗》
（1906），此人受到尼采激励的注疏学引起了他的尊敬，因为它试图使
作者的个人爱好同象征性的文学语言和好："爱人类，高度尊重人类
造成的所有形式，在最合适的观察位置上的一种平静退让。"

在魏玛之旅中的阅读古典作家来源于这一愿望：不是通过下跪屈
服的姿态去掩盖，而是有意识地去把握并经受住历史性脱离现实作品
的生疏感。与 1800 年前后的古典主义风格之间的距离就这样归属于一
种自我感觉的形式，这种形式在歌德的《伊菲格涅亚在陶里斯》中描
写的读起来像一种布拉格德语分析的地方显露出来："除了个别几个
公然有错的段落外，在这里确实可以从一个纯洁男孩的口中欣赏到一
种干涸了的德语。"阅读成为创造性的行为，因为它不磨灭，而是保
护作品的激动情绪并使其得到反射。中小学只把各种类型的"庸人学
识"介绍给卡夫卡，而现在他却体验到做自由的、无拘无束的寻求的
决心，正是这种决心曾被尼采认为是知识"文化"的特殊标记。他的
古典主义作家作品阅读并未受到固定不变的评价，而是受到对意外体
会的兴趣的影响：这种体会向他展示了文学的形式史的原动力。但是
包括在这样的体会之内的还有他带着深深的保留、怀疑，甚至恐惧接
近这位往昔的文坛巨匠的诧异瞬间。他暗地里梦想写一本论述"歌德
的可怕的要质"的书并描绘他使后代受到的消极影响。"歌德，"1911
年 12 月 25 日的日记中冷静地写着，"通过其作品的力量很可能正遏制
着德语的发展。"

一位优雅的出版商

1912 年 6 月 28 日，在赴魏玛途中在莱比锡逗留一天期间，布罗德介绍卡夫卡跟才 25 岁的恩斯特·罗沃尔特以及他的隐名股东库尔特·沃尔夫认识。由于布罗德想离开负责出版他作品的面向传统的柏林容克出版社，他便试图与一家新的、较为灵活的出版社建立联系。这个时期罗沃尔特还在和同龄的库尔特·沃尔夫合作。沃尔夫出身于一个富有的达姆施塔特家庭；父亲是波恩的大学教授。高中毕业后他在马尔堡——他在那里也听赫尔曼·科恩的一个讲座——后来在慕尼黑和莱比锡相当无目的地攻读日耳曼学。沃尔夫不是一个擅长分析的人，而是一个富有情调的读者和懂得欣赏生活中的美好事物的艺术鉴赏家。他收藏珍本书——1912 年他的私人藏书就已有 12000 册，能熟练地演奏大提琴并对现代绘画极有兴趣，后来许多"桥"和"青骑士"圈里的艺术家也经常出入他的莱比锡大宅子。1908 年冬沃尔夫没上完大学便进入罗沃尔特出版社。他的唯一的资格，据他后来回忆说，是他投身于新的工作时的那种"热情"。他首先集中力量推出古典作家版本，他将一套装帧珍贵且印数很高的古典作家新辑投放市场。这个不久便很成功的德罗古林版的第一册书是歌德的《托夸多·塔索》。沃尔夫自己承担这套丛书带来的部分经济上的风险，从而减轻了无私人财产经营的罗沃尔特的负担。在征募年轻作家上他们就不怎么幸运了。在合作的头两年里他们只聘请了三位现代文学的典型代表：被罗沃尔特过高评价的马克斯·道滕代、卡尔·霍普特曼和保尔·舍尔巴特。1910 年又加上格奥尔格·海姆，这是沃尔夫为出版社争取到的。在莱比锡上大学期间曾和他一起听过阿尔伯特·克斯特尔和格奥尔格·维蒂科夫斯基的课的年轻的瓦尔特·哈森克勒弗尔同样加入出版社的中心圈子——先当自由审稿人，后来当作者。

1910 年年初，沃尔夫晋升为出版社隐名股东。1912 年 9 月 1 日，他以一笔 35000 马克的投资和一笔 55000 马克的贷款担保成为罗沃尔特出版社的有限责任股东。然而这一新的结构形式却迅速导致私人关系中的精神负担，最终甚至导致反目。1912 年 10 月 24 日，沃尔夫的日记记下了与性情暴躁的罗沃尔特公开冲突的开端，罗沃尔特显然不再愿意与人分享他的出版社的股份。11 月 2 日就签署了一份分离协议。罗沃尔特，他的秉性容不下身边存在有同样权利的人，他退出这合营企业，去柏林开创新的事业。几个月以后，1913 年 2 月，沃尔夫用自己的名字登记注册出版社。

跟与罗沃尔特合作的年月里不一样，沃尔夫在自己的企业里越来越成功地笼络住年轻作家。他的出版社迅速擢升为德语文学先锋队的家园。沃尔夫因其经济实用的特点看好毛装书的印刷发行，这种书因其价格低廉，恰恰受到年轻读者的欢迎。跟"岛"出版社和费舍尔出版社不一样，他提携众多新人，但尽可能不出因支付授权出版许可费而成本昂贵的外国文学译文。在他那里出版作品的作家，包括从戈特弗里德·本和瓦尔特·哈森克勒弗尔到鲁道尔夫·莱昂哈尔德和卡尔·施特恩海姆直到恩斯特·托勒和格奥尔格·特拉克尔的各类人物。弗兰茨·韦弗尔，沃尔夫最喜爱的作家之一，经其父亲介绍在1913 年初作为正式编辑进入出版社，但不必坐班。沃尔夫办的期刊和推出的一系列图书不久便被公认为表现主义的象征：弗兰茨·布莱的《不受束缚的岛》，系列作品《世界末日》（自 1913 年起），布莱 1913 年创办、后来由勒内·席克勒出版的受到百万财产继承人恩斯特·施瓦巴赫一次投资 30 万的《白纸》，它们成为现代派文学的地震仪。出版社在几年内取得的巨大社会效应也可以从出版商的个人风采中得到解释。沃尔夫，1913 年4 月卡夫卡冷嘲热讽地说，是"一个

库尔特·沃尔夫

极美的"年轻男子，上帝给了他"一个美丽的妻子，几百万马克，出版事务乐趣和少许出版商意识"。他——不顾卡夫卡对他的企业家天赋的消极评价——不久便成为一代富有影响力的年轻作家的最重要的促进者：这一点可以从费舍尔出版社编辑奥斯卡·勒尔克的一则日记中看出，此人1913年11月忧心忡忡地写道："我读库尔特·沃尔夫出版社的书。新的名字，新的能力，我们必须非常努力，以避免被边缘化。"

1912年6月29日下午，沃尔夫在前莱比锡德鲁古林印刷厂的简陋办公室里会见布罗德和卡夫卡。他们迅速就准备出第一本散文集达成一致意见，该集子将收有篇幅较短的短篇小说。沃尔夫是如此被卡夫卡吸引住了，致使他40年后竟然还"鬼使神差般清楚地"记得这初次见面的情景。他对卡夫卡的青少年气质表现出惊异的样子，说这位年近30岁的人显得"像一个高级中学学生"，"胆怯地"走到他的"主考官们"的面前。布罗德介绍他的这位朋友的方式使沃尔夫产生这样的印象：这位"经纪人"在呈献"被他发现的明星"。不过这位无私的介绍人在这件事上却有自己的盘算，因为他自初夏以来便一直抱有借助一部新的文学年鉴和莱比锡出版商挂上钩的计划。这部年鉴应该取名"阿卡迪亚"（"迄今只有小酒店取这个名"，卡夫卡讽刺说），并且除了年轻的布拉格文学界的代表以外也将召集维也纳和柏林的先锋派。这里勾勒出了一个宏伟的计划，它要在三个德语国度间建立一种联系。卡夫卡在1912年9月把《阿卡迪亚》称作"大型文学年鉴"。如今在莱比锡有机会在讨论卡夫卡的小说集之外同时探讨布罗德的计划了。

卡夫卡离开莱比锡时意识到自己会成功。不只是沃尔夫，连罗沃尔特（"面色红润而富于青春活力，鼻子与面颊之间汗珠静止不动"）也传递出对合作感兴趣的信息："罗沃尔特相当认真地要出一本我的书。"然而1912年7月底从容博尔恩返回后却开始了一个自我怀疑的阶段，这是卡夫卡在短时间的极度兴奋后惯常会紧接着出现的状态。

编排各件作品就已经给他带来困惑，因为他的已经完成的作品大多数都是早期的，根本不能令他满意，材料的缺乏迫使他即兴创作。所以除了 1908 年《许培里昂》上的几件作品之外，他还审阅了《一场战斗的描写》中的几个独立的片段以供刊印。1912 年 8 月，卡夫卡着手编排这一卷文集，最后文集收进了 18 篇微型散文作品。主导思想是气氛转换原则：在轻快或游戏似的作品——《公路上的孩子们》和《揭露一个骗子》之后，阴郁的或幻想的作品随之而来。卡夫卡把他的单身汉故事安插在本书的中间，它们讲述"突然的散步"、夜晚的浮想和未婚男人的孤独。在最后的三分之一部分人们将看到记述观淫癖者的游移目光的印象派小品，这个观淫癖者需要一扇"临街的窗户"或一辆公共汽车的平台，以便开始做他的感觉王国中的考察旅行。结尾是想象力实验，如《树》，而《不幸》则奏出了一个忧郁音域的结尾和弦。

8 月 13 日，卡夫卡——并非没有内心不快地——将一小包手稿委托好像总是在催逼的布罗德寄发。10 月他就已经收到莱比锡寄来的长条校样。《观察》1912 年底出版，标明年份为"1913"，印了编有号码的 800 册。这本装帧漂亮的集子只有 99 页。出版社按照卡夫卡的愿望选择使用的铅字超过一般限度的大号字母，以便遮掩集子篇幅的微薄。1912 年 11 月初他对作品校样发表看法，说这字体与其说适合他的小"玩意儿"，毋宁说更适合于"摩西十诫诫板"。集子的销售进展缓慢，这促使卡夫卡对鲁道夫·福克斯做出这一冷嘲热讽的论断："安德雷书店售出了 11 本。我们自己买了 10 本。我很想知道，谁买了第 11 本。"完整的数字材料已不存在，据沃尔夫提供的一个情况，1915 年 7 月至 1916 年 6 月售出 258 册，1916 年至 1917 年间又售出 102 册，1917 年年底又售出 69 册。剧作家弗兰蒂塞克·朗格 1914 年 4 月底想为一家布拉格月刊将这个集子里的几篇作品译成捷克语，这证明在德国先锋派圈子以外的读者中也是有某种反响的。

公众刊物上对这本书发表了十几篇书评和简短广告，然而反响是多方面的。沃尔夫回忆说,"没有哪个批评家"对《观察》"有所感觉",他的这一记忆有误。完全有表示充分理解的评价,但是同时也有表示困惑不解的言论。除了马克斯·布罗德的和阿尔伯特·埃伦施泰因的赞颂和敬意之外,奥托·皮克和保尔·弗里德里希的评价显得有点儿不知所措。弗里德里希在这个"奇特的"作品集中遇到了"精神上的黄金,它还纯洁无瑕、未经雕琢"。皮克为卡夫卡的散文拼命寻找一种合适的标签并在"冷淡主义"的概念中找到了它,这是马克斯·布罗德曾选用在自己的长篇小说《诺内皮格宫》上的概念:小说家的这种有高度艺术性的观察方式让人"看到事物后面的空气",致使世界进入一种奇特的飘浮状态。总的来说,对卡夫卡的处女作的评价并非没有相互矛盾之处。罗伯特·穆齐尔将卡夫卡的散文作品贬为"肥皂泡",说它们说到底是一种不成功的模仿瓦尔泽的形式,而库尔特·图霍尔斯基却看到这本书标明了一条通往"帕纳塞斯"[1]的"路":说是他的散文"深刻,是用感觉极细腻的手写就的"。

闲逛者和暗中观察者

暗中观察者是 19 世纪文学作品中的一个人物形象。E. T. A. 霍夫曼的《堂兄的屋隅之窗》(1822)、巴尔扎克的《驴皮记》(1831)、波埃的《芸芸众生》(1840)、奈瓦尔的《夜晚的医生》(1852)、波德莱尔的《一个行人》(1857)以及克尔凯郭尔的《引诱者日记》(1843,对该作品的社会心理学,阿多诺在他 1933 年取得大学执教资格的论文中曾发表过一些精辟的见解)勾勒出暗中观察式的最初情景。暗中观察者在这里并不稀罕地同时作为现代大城市街头热心的散步者出现,这位散步者融入巨大人流之中,以便在其中体验集体能量的乐趣,这

---

1 帕纳塞斯(Parnaβ):希腊山名,古时作为太阳神和文艺女神的灵地,因而有"诗坛""诗人之国"之意。

是一种正在进行之中的能量传递行为，散步者像一个吸血鬼那样寻求与大众接触，因为没有他们他就无血色、无知觉。闲逛者和暗中观察者作为文化的类型人物形象同属一个整体，就像格奥尔格·西默尔的《大城市随笔》（1903）、弗兰茨·黑塞尔的《漫步在柏林》（1929）和本雅明的《波德莱尔研究》（1938）所显示的那样。谁不闲逛，谁就得为了能够进行观察而求助于技术辅助手段。克尔凯郭尔的引诱者选择了反射镜，它把他窗户前街道两旁的建筑物轮廓投射进他自己的房间，使他能够参与外界事情的发展过程。

作为帆船驾驶者在大众的洪流中破浪前进、进行观察的闲逛者归根到底仍然是一个孤独的旁观者，自律生活的节奏并不能够真正将他控制住。具有这样气质的人并不是尼采在著名的《人性，过分的人性》前言中赞誉的有能力进行揭露的心理学家的那种"自由精灵"，他还没有经历这样一次"大脱离"的"事件"——这个让他进入独立精神的创造性孤独的事件。

在 1911—1912 年前后

虽然肉体上依然自由，但是他在精神上死盯着他的眼睛所注视着的现象。暗中观察者目不转睛地注视着感官世界的现象并从而陷于它的神秘法则的掌控。它的短暂的特性不是解放他，而是使这个他承受重复的约束。作为游手好闲的人，如本雅明所说的，他寻找的不是以时间长短为依据的经验，而是那突如其来的"经历"，事物的"幻影"在其中浓缩为一种独一无二的魅力。

卡夫卡也对暗中观察感兴趣。作为暗中观察者，他享受着熟悉了好几年的大城市给他提供的性挑逗行为和无拘束态度的结合。他通常在一个熟悉的环境的掩护下放胆进行观察。一则 1912 年 1 月 5 日的日记证明了这一点，这则日记具有一个原始情景的性质。卡夫卡在他的位于楼顶最高层的房间里和费利克斯·韦尔奇一起密切注视着站立在街上的演员勒维，并以极其精细的笔触记下他的每一个姿态。"我生平第一次以为以这种不费力的方式从窗户观察到了下面街上一个与我密切相关的事件。其实我是从歇洛克·福尔摩斯的探索中了解到这种观察。"在侦探的眼里观察的对象只是犯罪侦查学感兴趣的目标。超越了此项任务，观察便不能持久，因为只有通过感觉的主体它才会存在。侦探的观察是一种传送行为，它把感性经验调准到保护现场痕迹的功能上，从而使感性经验可供使用。

卡夫卡的日记充满了对他在散步期间、在咖啡馆里或在朗诵会上和报告会上注视过的年轻姑娘的暗中观察式描写。莉泽·韦尔奇，韦弗尔的有吸引力的姐妹，玛加蕾特·基希纳，美丽的女演员格特鲁德·卡尼茨，不明姓名的过路人、家庭女教师和女佣，这些人他都满怀爱意和热情加以观察。对头发，面容，眼球的颜色，服装（尤其是毛皮制品、纱头巾、围巾和围裙）以及帽子一再作描写。在这方面既有对崇拜物的爱好，也有孤立地观察事物的倾向，这种观察捕捉孤立的美并毁坏人的整体形象。妇女的形象在这里听从一种向单个特征的生动分散，而这种分散也是立体派绘画的一种效果。受到性欲控制的目光把外部现象分解成碎片，而这些碎片又被卷进不断移动的旋涡之中。观察把空间距离变成一种没忍受住的接近的形式。卡夫卡有时增强这一效果：他充当镜子前面的观察者，以便在日记中获得各种细节，供以后记述所发生的事件用。暗中观察到的图像在这里受到双重折射，运用镜子玻璃的媒介和通过文学描写。结果还是这孤立的目光魅力，是它从自成一体的现象中取得性爱能量并用手套、纱巾、毛皮衣服，用头发、皮肤和嘴唇将其控制在一定范围内。

在《观察》中尤其是单身汉们以好用目光扫视的闲逛者的身份出现。1913 年 8 月 15 日保尔·弗里德里希在《文学回声》中谈到"卡夫卡的单身汉技艺"——一句惯用语，如卡夫卡致菲莉丝·鲍尔的一封信中所透露的——注意到了这句惯用语并对此自嘲式地表示同意。早期散文的孤独的散步者们是较年轻的未婚男子，他们不同于克尔凯郭尔的引诱者约翰内斯，他们不作为靠私产生活者，而是以身心疲惫的在职人的身份出现，这些上班累了一天后的人晚上在街上闲逛。把他们从栖身的窄小房间里驱赶出去的，通常都是对被恩斯特·布洛赫在《痕迹》（1930）中称作"过分古怪"的东西的恐惧。如果卡夫卡的单身汉们置身于行人的潮流之中，那么他们这样做也是为了逃脱他们的只涉及自身的生活方式。可是他们受迷惑了：与外部现实的相会只通过目光的感觉媒介进行，这目光立刻又将陌生事物传回到孤独主体的自成一体的反射制度中。这就产生了一种圆周形的结构，它蕴藏着一种弹性的丧失现实性的风险。

在这个集子的 18 件作品中，8 件作品在一些重要段落描述暗中观察者的态度。某些作品的标题就已经显示出这一点，譬如《从一旁走过的人》（纪念波德莱尔的《恶之花》诗集中的《一个行人》，1857）、《心不在焉地向外眺望》和《临街的窗户》。《临街的窗户》以极其简单的方式对观察计划做了描述："谁孤独地生活，却有时想和人结交，谁顾及白天时间、气候、工作情况等的变化立刻就想见到任意一个他可以依傍的人，没有一扇临街的窗户他就无法长久这样干下去。"在临窗观察之外，还有闲逛，它使卡夫卡的主人公可以注视年轻女性："可是我看见姑娘，"《衣服》这样写道，"她们确实漂亮，露出多种多样诱人的肌肤和骨节以及浓浓的细发（……）。"卡夫卡目光的特征在于他对细节的审美感，这种审美感将人的整体印象拆成碎块，孤立地对待视觉场面。在《观察》中，这种方法有一种带特殊矛盾心理的性爱成分。对行驶着的一辆公共汽车里的一个姑娘有这样的描写："她的脸棕色，鼻翼微微收窄，鼻梁圆而宽。她有一头浓密的褐发，右鬓飘散着细发。她的小耳朵紧紧贴住，然而，由于站在近处，我还是看见了右耳的整个背面和耳根的阴影。"（1910 年夏末的日记中有这样的话："我的耳朵摸上去像一片树叶那样清新、粗糙、凉爽、葱翠。"）视觉上向陌生女人的靠拢在性刺激目光的强制下导致印象的解体。然而暗中观察者却为达到极其特殊的目的而利用了观察工作的这一效果，因为他用目光使他的欲望的对象失去魅力，使它在想象中可供自己支配。比与现实接触更具有决定性意义的，是在由不同类的感觉数据供给的幻觉中复制现实。

对一种如此文雅的暗中观察的原始场景，克尔凯郭尔在《引诱者日记》中做了描写。约翰内斯，一种激进的唯美主义的代表，在他的猎艳活动中先是担负窥探者的角色。他对他的牺牲品科黛丽娅耐心地加以侦查，他探究她的社会地位和日常交际习惯。不是性爱满足，而是情欲诱惑处于这一策略的中心。从根本上来说，闲逛对于暗中观察具有极重要的意义，因为它向他巧妙地传递经验数据，而这些数据他在封闭的空间里是永远也得不到的："在社会生活中，每一个年轻姑娘都是做好了准备的，这种处境不容乐观并且一再发生，年轻姑娘的内心并无肉欲的震荡。在街上她就是在看不到岸边的海上，所以一切都显得更坚强，就像一切更捉摸不定那样。"如果说在客厅里道德法则适用的话，那么在供散步的林荫道上管用的便是色情自由贸易的法则了，这种贸易是经眉来眼去组织起来的。卡夫卡1922年12月才读的克尔凯郭尔的《人生道路各阶段》(1845)也突出林荫道上眉目传情的乐趣。把性爱作为感觉和现象、男性观察者和惊异的女性无辜者之间的交易来理解的观察经济，它在卡夫卡的散文中留下了清晰的痕迹。

《观察》中的一篇最早期作品是1908年写成的《乘客》，写一个过路人从公共汽车的踏板上以解剖式的精确目光观察一位少妇："我觉得她清清楚楚，仿佛我触摸过她似的。"这种接近的效果便是由分离而产生的陌生化。如果说讲述者开头就已经声言，"考虑到我在这个世界中的地位"他感到自己"完全缺乏自信"，那么这种情况合乎逻辑地由于现实在他的目光下遭受到的不断进行着的衰变而产生。"惊奇"仍然是他向外部现象表示的基本态度。解剖式的目光与对一种没有任何东西显得理所当然的现实的惊讶相称。在卡夫卡1909年5月在其初次发表后不久便读过的《雅各布·冯·贡滕》中，讲述者抱着一种类似的惊奇态度观察一个平凡的街头情景："电车车厢看上去像塞满了棋子的盒子。公共汽车像粗笨的大甲壳虫一瘸一拐地驶过。然后就出现了看上去像正在行驶着的观景塔。乘客们坐在高高耸起的座位上并从所有在下面行走、跳跃、奔跑着的人的头顶上方行驶过去。"在这里也是通过对感觉进行逗引的困惑，设法使观察者体验到现实是用分离了的魅力拼嵌成的图案。不过这一分析在卡夫卡那儿却达到了令人郁闷的程度，因为它和在《观察》的几乎全部作品中扮演主角的单身汉的孤立角色联系在一起。

《单身汉的不幸》在这里具有纲领性的意义。1911 年 11 月 14 日卡夫卡在日记中把它作为晚间朦胧幻想记下。在付印时删掉了勾勒出自传框架的开头评语《入睡之前》。作品勾画了一个老年幻影：不得不孤独、怪僻、抑郁和没有妻小地度过一生的未婚男人的怪诞形象。作品在结尾时显现出的唯一的不明确的希望来自身体的同一性意识。沉湎于悲伤前景的小伙子隐约意识到他个人的同一性存在于对其连续性的想象之中：即使到了老年他也会有"一个身体和一个名副其实的脑袋，那就是说也有额头，可以用手拍拍这额头"。卡夫卡可能曾经觉得这像是对这种虚构布局的证实：住在马德里的舅舅阿尔弗雷德·勒维 1912 年 9 月初在造访布拉格时向他描述了这样一个场景：这个场景让他把他自己的不满情绪归因于激起精神烦躁的单身汉的孤独。这里所描绘的类型同时也存于托马斯·曼和赫尔曼·黑塞的散文之中。丑角、小主人弗里德曼、托尼奥·克勒格尔、德特勒夫·施皮奈尔、彼得·卡门青特和长篇小说《格特鲁德》（1910）中的乐师库恩说明了现代派的可比较的常见人物形象。然而他们却不同于卡夫卡的单身汉：他们的孤独似乎是艺术创作造成的。《观察》中孤僻人的怪癖心理之所以如此糟糕，也是因为它并不来源于崇高的人生计划。卡夫卡的主人公甚至不适合于业余爱好活动，不适合于这 1900 年前后流行的追求时髦的颓废派的变种，因为他们仍然与一种令人不愉快的小市民日常生活意识有着千丝万缕的联系。他们的不幸的存在是超然审美纯化之外的最简单生活要求有失误的迹象。"犹太教法典也说，"1911 年 11 月的日记这样写道，"没有老婆的男人不是人。"

这个集子中的一件在叙述上艺术性极高的作品描写了这一人生失误的病态的一面。《单身汉的不幸》在《观察》的结尾做出总结并使人看清楚了神经官能症的深渊。深居简出的种种生活习惯在展示部分就已经达到病态的程度。作品中陷于抑郁忧伤不能自拔的主人公在他房间的"狭长地毯上""像在一条赛马跑道上"奔跑而来，这时一个形如儿童的"小鬼"突然从黑暗的走廊里走出来。一场正式的谈话开始了，谈话中尤其迷惑人的是，叙述者掩盖了他所处的不寻常的境地（马克斯·布罗德将在 1916 年发表的短篇小说《死后的第一个小时》中着手研究这一对话场合）。双重人物主题的故事与《一场战斗的描写》的情况相似，因为鬼怪明确地以孤独的单身汉的知己朋友身份出现。"'您的天性就是我的天性'，此人解释说，'既然我天生对您态度友好，您也就不可以采取别的态度。'"在鬼怪的胆怯的举止里反映出叙述者的恐惧，这位叙述者受到惶恐不安的折磨，他生怕面对自我的黑暗面。在一次他在楼梯上就鬼怪显现与该楼另一个房客做的最后的总结性交谈中，他有先见之明地解释说："真正的恐惧是对显现原形的恐惧。这种恐惧继续存在。我简直是了不起地在内心有这种恐惧。"卡夫卡的孤独的主人公制造幻想画面，一种对"自我"的深渊的神经官能症的恐惧在其中显现了出来。但是他们不去探究这种恐惧的根源，而是在受市民习俗常规支配的学究式组织的日常生活中谋求他们的福祉。"他们的愉快情绪的跳板，"1907 年 10 月卡夫卡对他的忠利保险的同事们这样写道，"是上班的最后一分钟。"谁这样活着，谁就基本上从来不会"愉快"，因为他把延缓自己的愿望升格为纲领了。总是伴随着卡夫卡的单身汉的那种恐惧无法摆脱，因为它——不同于愿望的对象，具有一种不容改变的现有状况。小说中的鬼怪表明普遍存在的恐惧具有毁灭性的威力，这种恐惧只能被排除，却不会持久受抑制。在匈牙利报纸《佩斯特劳埃德》的一篇评论文章中，奥托·皮克把"表现迄今未曾被描写过的状况"称作卡夫卡的散文的特色。在此同时对被排除的东西险恶的回归提供可比较的研究的，只有心理分析病案，人们把这类病案贴切地称为一种"下意识精神生活的鬼怪王国中无名鬼魂的中篇小说"。

1912 年 3 月 12 日的日记中，一则简短的随笔勾画出与《观察》中的孤僻人相对的形象。这段文字描绘了一个心满意足的年轻小伙子，此人在订婚后的晚上乘坐电车返回城里并怀着喜悦的心情信心十足地检验着自己的身体。他的举手投足间显出成功者的自信，他绝不会做出什么错误的动作："他觉得新郎官当得挺滋润并且怀着这样的心情有时抬头匆匆看一眼车厢的顶。"卡夫卡显然决定不将这篇短文收进《观察》之中，因为该文的主人公跟聚集在《观察》中的神经病患者根本不相称。第一本书的散文作品中当然也描写了幸福——不过，只有还没长大成人的人和完全疯癫的人才有资格得到这种幸福。

幸福的傻瓜、孩子和骗子

1911 年 12 月 27 日，卡夫卡曾在日记中记下了他的已被提及的"小型文学作品特征表"，它记录下一种在东欧意第绪语语言文化模式的一目了然的社会环境条件下写作的策略。处于中心地位的是这个意图：通过"小题材"创造一种自主的、形成其自己的"立法"但同时又完全建立"与政治的联系"的文学。德洛伊策和古阿塔里从此表中推断出了这一信念：卡夫卡通过其对社会制度缩微结构的研究而坚决抛弃现代派的大型程序思维。然而捍卫细节的重要性与抗击整体的要求的分散观察诗学，依然与一种（被德洛伊策和古阿塔里低估的）玩耍般的轻松愉快联系在一起。"小题材"描写创造一种乐观的活力，这是只有在社会现实的内在圈子显得完全自成一体的地方人们才找得到的那种活力。"改变自己的看法是困难的，"卡夫卡这样结束他的日记，"如果人们已经全身心感受到了这种有益的、愉快的生活的话。"

　　这样的寻欢作乐，它来源于对人世生活可靠安排的信任，在《观察》的某些小说中人们可以找到它。傻瓜和儿童勾勒出与孤独的忧郁者、单身汉和怪僻人的夜晚经验相对的领域。他们的现实生活像童话一样，因为在那里重力、空间和时间的法则好像被废除了。《公路上的孩子们》，《观察》的开篇小说，它勾画出一个带田园特色的、结尾被美化了的轻飘颤动的场景，图霍尔斯基的评论文章称其有"莎士比亚式的"品质。天真和乐观是小说人物思维领域的主调。对于卡夫卡而言颇为不寻常的是大量使用天然色彩的惯用语句，它们与集子中其余作品的阴暗城市面貌形成对照。而且引人注目的仍然是，小说中的自我不是孤立地出现，而是和朋友们在一起，在太阳已经落山之后他们一起沐着夏日傍晚的暖风从村子到树林里去郊游。他们途经公路、一座桥，沿着一条小溪行进。叙述视角的交替——从"我"到"我们"和"人们"——说明主体处在一系列多层面的关系之中。嵌入的富有高度艺术性、像是用顿音节奏说出的朋友们之间的对话使作品带有一种音乐色彩，与它略微带有印象主义情调的景色颇为相配。谈话的主导动机是有规律地重复出现的"来呀"，这群人就是这样喊那些脱离群体的人回到群体中来。成为一种集体身份象征的夜晚漫游把他们带进一个独特的自然领域，一个还没有打上文明烙印的领域。人们只听见那列火车"在远处"，它的灯火通明的车厢在远处闪闪发光，连村庄也消失于视野之外。1911年9月29日读完歌德日记后他慨然写下"18世纪邮车的旅行线路比之于现代火车线路就像河道之于下水道"。这件散文作品在这个意义上描写了一个自然界的虚构空间，它脱离了所有的不真实。

　　叙述者最后脱离朋友团体。他离开返回村里的这群人并朝一座位于南方的城市奔去。这座城市享有一个神话式的名声，因为它的居民都是不眠之人，显得动荡不安的叙述者似乎也是那儿的一个居民。就在自我动身去这座奇特的城市的时候，他回忆起居住在那里的人。据说他们不睡觉，因为他们是"傻瓜"："'难道傻瓜不会疲倦？''傻瓜怎么会疲倦！'"作品在这里以一个主题的变体作为结束，一如我们在具有浪漫主义色彩的童话里读到的那样。无眠是一种不寻常的精神矛盾境地的标志，物质世界的规则在这样的境地似乎被废除了。卡夫卡的傻瓜们置身现实之外，生活在一个神话式的王国里，如瓦尔特·本雅明所说，后来《城堡》长篇小说里的傻里傻气的助手也来自这个王国。1913 年 8 月 15 日发表在柏林《文学回声》上的保尔·弗里德里希的书评赞美小说对"男孩心理"做了"直观的"描写。孩子气在这里构成一种起破坏作用的因素，反抗一个世界的顺利运转：这个世界在永远的重复中毫不迟疑地重新确定它那盲目的自我联系。对一张卡夫卡 5 岁时的照片，本雅明发表看法，认为它以感人的方式形象地说明了"可怜而短促的童年"：比喻一种临时性的、不能长久存在的情况。

《揭露一个骗子》一文体现与儿童范畴形成鲜明对照的反模式。卡夫卡和布罗德在 1911 年夏末巴黎之行期间仔细研究过被人称做"骗子"的拉皮条者为妓院招徕顾客的手段。布罗德的记述里带有几乎不加掩饰的对暗中观察的兴趣，看他描写这一不正经行当的工作的话："奥林匹克饭店前聚集着骗子。"卡夫卡的作品以描写一个到达场景开始。用第一人称叙述的叙述者在被一个与他"只有一面之交的人"带领着走街串巷了两小时之久后终于来到一所房屋前面：他应邀来此地参加一个社交聚会。在进屋的一刹那他发现他的这位陪同是一个骗子："他们的方法都是老一套：他们叉开双腿挡住我们的去路，试图不让我们去我们要去的地方，自作主张另外给我们准备好了一个住所，而积聚在我们心头的感情一旦奋起反抗，他们便把这当作拥抱，他们投入这拥抱之中，脸朝前。"如果说"自我"最后揭露了骗子（"'认出了！'我说"），那么这也意味着，"自我"认清了他自己身上尚未显示出来的近于矛盾感情的天性，并试图排斥体现这种天性的知己朋友。代表世俗生活享受、性欲冲动和一种不幸的娱乐乐趣的骗子，作为不正经人的化身维护"自我"的那些特性，那些"自我"

的市民自画像力求加以排挤的特性。通过主体分裂的方法，主体本身的各种不同的功能证明主体有两个形象。卡夫卡在运用"双重人"素材上的典型特征是：它不使用幻想的成分也行，一如人们可以在 E. T. A. 霍夫曼（《魔鬼的迷魂汤》，1815—1816）、波埃（《威利阿姆·威尔逊》，1839）、陀思妥耶夫斯基（《双重人格》，1864）、史蒂文森（《化身博士》，1886）、王尔德（《道林·格雷的画像》，1890）和霍夫曼斯塔尔那里遇到的那样。不过作品所描写的正常状态下夜晚情调的后面却潜藏着离奇的压抑。辨认出骗子没有导致与骗子斗争，而是仅仅导致逃避另一个"自我"，那个在别人躯体内的"自我"留在屋子大门前的夜色中："然后我就舒了口气，伸了伸胳膊和腿脚，走进客厅。"

否定辩证法

卡夫卡的早期散文把它的主人公的社会环境变成紊乱的秩序，这样的秩序使个人迷失了方向。这一基本情况招致狂热的解释尝试，而想控制一种变得漫无头绪了的生活——这种渴望就正好表现在这样的尝试上。卡夫卡的主人公们以一种烦躁而紧张的解释意愿迎向现实——他们就生活在这一现实之中，却未能在实际上改变他们的处境。《观察》中的短小作品充满一种注释学工作的痕迹。在这一工作生出的决疑论修辞法中，他凝聚了具有洞察力的理由陈述模式，卡夫卡的职业特色——按法律思考便是由这些模式所决定。

在集子的最后一件作品《不幸》之前，卡夫卡安置了两篇短文，做了逻辑领域里的实验。《希望成为印第安人》像后来《在剧院顶层楼座》（1917）第一部分那样，用条件式勾画一个来源于想象力空间的场景。描写的是一个骑马的印第安人的幻象，此人甩掉了想象中的马刺和缰绳，快速奔驰在草原上。如果最后驮他的马失去了脖子和脑袋，那么人们不妨想一想戈特弗里德·奥古斯特·比格尔的著名叙事谣曲《莱诺尔》（1774），它让姑娘带着她的已故未婚夫的这趟鬼怪骑行变成可怕的惩罚场面。跟在中学里读过比格尔作品的卡夫卡的情况不一样，在比格尔这里瓦解的不是马的身体，而是来自阴曹地府的骑马者的身体。另一方面，在艺术风格上，作品却又遵循克莱斯特的寓言《没有道德》（1808），这篇寓言卡夫卡同样颇为熟悉："看我怎么收拾你，人对一匹马说道，这匹马带着鞍子和嚼子站在他面前，却不愿意让他骑上来（……）。"然而克莱斯特的寓言反映自然和艺术、自由和管教之间的距离，而卡夫卡只是顺便探讨骑者和马之间的关系。

这件作品竭尽玩弄想象之能事。它宣布虚构为现实，先认真对待在幻想中想出来的想法。骑马人必须"扔掉"马刺和缰绳，因为他完全凭空臆造了它们（印第安人骑马不用马刺和缰绳）。但是在作品进展过程中那些对于骑行幻想绝对必要的场景组成部分也被撤去：马脖子和马头。虚构的顺序接受强有力的运动法则的支配，离开了具体的世界。虚构使原动力在它磨灭客观现实的信号的地方可体验得到。作品的意图从而显露了出来：试图直接用语言表现运动。

在《希望成为印第安人》之后是《树》，它选自《一场战斗的描写》："因为我们像雪中的树干。表面上它们滑溜地平放在那里，稍稍一用力就能将它们推开。不，这一点人们做不到，因为它们和地面牢牢连接在一起。但是你看，甚至连这也只是表面上的。"与第一稿相比，卡夫卡对作品的开头作了改动。引子中的"因为"是新加上的，它引起了一种与前一篇作品的因果关系：我们不可能是印第安人，因为我们是雪地里的树干。只要最后一句似乎用别的话语断言了跟第一句一样的东西，这篇短文的论证就显得是循环性的：只要这些树被以为是和地面连接在一起，那么它们就必定"滑溜地平放"。但是经进一步推敲，这句话不是说了同样的意思，因为它用了不同的说法，所以也就产生了不同的意义。一致和差别在这里以一种滑稽模仿的形式，被展示给卡夫卡在攻读法学时熟悉的辩证逻辑。树的平放是表面现象，这一见解虽然因它们同样是表面现象的牢固扎根这一论断而得到证实，然而只是在加强一种假象的一般力量的意义上，这种力量让感觉和判断变得不可靠。观察假象的角度包含在两个论断中，致使这两个论断凸显出来的不是对立，而是一种辩证的关系。"我对反命题的反感是确定无疑的。"1911年11月20日的日记中有这样的话。按照卡夫卡的看法，反命题描绘一种迷惑人的正常关系的逻辑，但是毕竟这种正常关系没提供认识，就重复生活的循环规律性。《树》这一作品的人物形象在其反命题的辩证安排中显示出一种看不透的内在联系的无效运作，这种联系可以观察，却无法解释。马克斯·布罗德在他的书评中很中肯地谈到"辩证法的舞蹈"，它们的佯谬恰恰在《树》的情况下通过其悄然无声的行动维护了它的特殊魅力。

辩证法对他来说意味着什么？1917年卡夫卡用一个阴沉的例子为此提供了证据。一封1920年11月致米莱娜·波拉克的信继续谈及这个例子："这头牲畜从主人手中夺过鞭子并鞭打自己，以便自己当主人（……）。"黑格尔谈及主人的"独立存在"，仆人即便把主人的权力象征据为己有也不能获得。一种同一性，它没认清并且未加思索就要取消差别的本质，这种同一性是盲目的。阿多诺在《否定的辩证法》（1966）中认为，批评不可导致一种积极的真实的仓促产生，而是必须先有利于摒弃同一性的错误形态。恰恰是不与自身一致的东西——主体中毁损的痕迹——作为否定的媒介物的辩证法必须加以探究。在卡夫卡那里，这样的批评的可能性表现在一种自由灵活的反射活动的坦率之中，而这种反射活动则夹带着它的独特的临时性意识。对我们知识表面清晰持有的批评性距离，也正是尼采的解构哲学所规定的那种距离，它给这篇写树的短小散文以及所有评价的欺骗性打上了烙印。

在1911年10月5日的日记中，卡夫卡有感于一场弗洛拉·克卢克的意第绪语歌咏晚会记下了这样的话："详细询问、召唤或解释的犹太法典旋律：空气进入一根管子并带走这管子，为此远远地有一个大的总体上可观、弯曲处却不起眼的螺丝向被问的人旋转过去。"《观察》的处理方法符合这个强烈的形象：作品在提供解释的时候，制造了新的矛盾，却没有引来令人信服的澄清。尼采的"世界的价值取决于我们的解释"这一信念在卡夫卡那里再一次被一种让现实在无数颜色中发光的多义解释方法超越。他的作品用程序化了的形式提供的解释仍然是不可依赖的，因为它们受错觉法则的支配。它们不建立价值和概念的清晰条理，而是从它们那方面服从它们需要解释的生活的蜿蜒流动运动。它们的对社会的和知识的准则持批判态度的逻辑从而也就如哈罗德·布鲁姆所强调的那样，取决于一个想象中的笼罩着意义之不断循环的假象区域。卡夫卡的作品在这里出了这一绝招：受到犹太教法典辩证法法则的支配，但是同时又避开这种法则躲进错觉区域。这种错觉构成一种批斗行为，这是只有僵化的、对自己看不清的知识的解构才能做出的行为：否定辩证法的实践。

　　卡夫卡的故事为一种对整体感到胆怯的理智展示出试验时必须遵守的规定。确定这些故事唯一的一个含义，这恐怕就会破坏它们的思维逻辑，这一逻辑就在于保留好几种选择可能性，反抗起因于意义性的致命僵化。以后卡夫卡将在他的未得到满足的对集体的渴望中不无威严地恰恰要求这样的整体作为成功生活的条件。但是同时他仍然意识到，让人想到克服生和死、肉体和精神、自我和集体之间争执的和解痕迹只是表面上的。所以早期的作品就没提供解释，而是只提供对解释的描写，解释工作对于它们而言还只是一个观察对象。它们使注释学的过程自我反省，从而实施一项尼采的作为方法学典范的认识心理学也遵循的行为。对理解行为的各式各样的曲折描写取代了与一种稳定含义规则的一贯联系。"世界的无穷尽，"《科学愉快》（1887）这样写道，"来源于能够解释这种无穷尽的视角的无穷尽。但是这种无穷尽隐瞒了一种绝对含义的不能测量的游戏，这作为那种'解释的愚蠢行为'，像在一间镜子小房间里显示出千百张现代精神的面孔。"

第八章

一个通信情人：菲莉丝·鲍尔
（1912—1913）

像一个女佣

　　卡夫卡生平最重要，同时也是最可悲的爱情故事从一个已被再三描写过的原始事件开始。它的筹划平淡无奇，它的编排给人以偶然巧合的印象。极具代表性的背景是文学：它构成一个后来成为传记神话的精辟瞬间的全景。1912 年 8 月 13 日，星期二，21 点左右，比约定晚了一小时，卡夫卡走进贝壳街 1 号风雅的拐角房屋楼层布罗德的寓所。这位神经质的朋友，正在着手安排与罗沃尔特的签约事宜，他催促卡夫卡今晚将《观察》手稿最后编排就绪，因为手稿要在第二天寄往莱比锡。卡夫卡感到心中不快，因为他害怕迈出发表作品的这最后一步，迈出这一步就意味着把责任确定下来了。整整一个月，他都处在一种恍恍惚惚、昏睡梦幻的状态之中，这妨碍他利用他的上司的休假期集中精力从事文学创作。当他到达布罗德家时，他显得不专心和紧张。

　　然而他的精神却因一个年轻的陌生女人而迅速焕发了起来，她完全无拘无束地坐在大餐桌边。尽管她有着中产阶级的外貌和举止，他却觉得，如日记所记载的，她"像一个女佣"：一种观察，它在卡夫

菲莉丝·鲍尔，1914年前后

卡那里明显含有一种性爱的成分。客人是 24 岁的柏林人菲莉丝·鲍尔，布罗德家的一位远亲；布罗德的妹妹索菲在 1911 年 6 月和菲莉丝的布雷斯劳堂兄、商人马克斯·弗里德曼结婚。一个星期后，卡夫卡在日记中有意保持着距离给这位女宾画像，用了五年前刻画黑德维希·魏勒时所用的同样犀利的笔触："骨头突出的无表情的脸，公开展示出她的无表情。光着的脖子。披在身上的女上装。穿着看上去完全像是喜欢待在家里的样子，虽然后来事实表明，她根本就不是这样的人。（……）几乎是打碎了的鼻子。金黄色的、有些硬的、索然无味的头发。结实的下巴。我坐下时，第一次较为仔细地打量她，我坐好时，就已经有了一个坚定的看法。"描写仿佛深入到皮下，以便抓住容貌在人体结构上的背景。类似于黑德维希·魏勒的情况，描写受到这一意愿的支撑：通过移近想象中的摄像机建立与观察对象的内在距离。卡夫卡在初次见面时似乎感受到的那种爱慕应该被冷藏在一幅冷酷的图像上的。"由于我如此接近她的身体，"日记这样写道，"我就疏远她一点儿。"

这位年轻妇女是谁，她竟如此长久地使卡夫卡激动，致使他认为晚上"整理"自己的手稿时受到了她的"影响"？菲莉丝·鲍尔还和她的父母住在一起，自好几年以来一直受雇于柏林卡尔·林特施特洛姆留声机股份有限公司当有代理权的销售代表：一个有成就的女职员，有犹太复国主义倾向的现代西犹太人。在赴布达佩斯途中她在布拉格做中途逗留，她想去布达佩斯看望已婚的姐姐。她喜欢戏剧、轻歌剧和歌舞剧，以惊人的速度——通常直至深夜——读同时代人的中篇小说和长篇小说，而自己却并没有受过真正意义上的审美教育。在这个晚上她想用自己的文学知识给这两位年轻作家留下深刻印象，这是显而易见的。既自信又好奇，怀着一种落落大方和毫无保留的奇异融合情感，她参加了谈话。想对散文集篇目编排进行商谈的布罗德和卡夫卡几乎安安静静地干正经事。

　　1912 年 8 月 13 日的夜晚闹哄哄的。布罗德的父母和弟弟奥托也参加了谈话，谈话先是围绕着卡夫卡带来的有现实意义的 8 月号月刊《巴勒斯坦》进行。这本期刊为谈论一趟巴勒斯坦之旅的魅力和挑战提供了机会。人们观看奥地利的洛伊德公司的广告照片，它们显示出遥远国度的异国情调。一向矜持的卡夫卡劝说菲莉丝·鲍尔不要顾忌习俗郑重地握住他这只伸出来的手，和他一起进行这趟巴勒斯坦之旅。稍过片刻，他便悄悄告诉布罗德，这个年轻女人"让他赞叹不已"：一句被他事后称作"胡说八道"的评语，然而这句评语却十分贴切地描述了他在这一晚上那非同寻常的兴奋情绪。

　　稍晚些时候，如卡夫卡后来所回忆的，出现了"一个参加社交聚会的人精神极度涣散的时刻"："布罗德夫人在长沙发上打盹儿，布罗德先生翻阅着书柜里的书，奥托敲打着炉前护热板"（叩击炉盖是一个习俗化了的信号，提醒这位习惯将来访延伸到深夜的家庭常客卡夫卡，已到了上床睡觉的时候了）。尽管时间已晚，与客人交谈的兴味却并未减退。大家讨论意第绪语俚语戏、舞蹈和轻歌剧；卡夫卡，完全不同寻常地主动把谈话向前推进，他趁机显示自己是柏林舞台艺术的行家。话题以很快的速度变化着：歌德受到这位年轻妇女一句陈腐名言——"穿着内裤他仍然是一个国王"——的赞颂（这是卡夫卡在这个晚上对她感到的"唯一不合意之处"）；他们谈论柏林歌舞剧并交换阅读作品的心得，最后也谈到了布罗德的《诺内皮格宫》。这位女宾客坦言，说是跟《阿诺尔德·贝尔》不一样，这部内容丰富的长篇小说她没读完，不过却能够向瞬间面露愠色的作者的家人担保，说她只是因为没有时间，并不是因为没有兴趣。此外人们还得知，她工作很忙，因为她下班后晚上还要做委托经办的事情并打印学术性稿件——据她所说，这使她感到高兴，而卡夫卡听了则不由得惊异地用

手敲击桌子。至于她也是因为家庭经济困难才从事副业活动，这一点
这一晚上在布罗德家里就谁也没料到了。

想在次日早晨搭乘早班火车去布达佩斯的菲莉丝·鲍尔深夜动身
去她的饭店。这位年轻妇女下榻在豪华的蓝星饭店，这是当时布拉格
最昂贵、最高级的饭店。它位于粉末钟塔对面许培尔纳街附近格拉本
广场边上，离沙伦街将近 15 分钟的步行路程。在告别仪式期间，卡夫
卡悄悄向布罗德的母亲讨来了菲莉丝·鲍尔在柏林的地址，他将地址
记在那一期的《巴勒斯坦》上。然后他就和阿道尔夫·布罗德一起陪
同客人穿行在白天雨后空气凉爽、夜色朦胧的城市中。他推动交谈的
那种机灵和风趣突然离他而去。他沉默不语，显得精神涣散而且像惯
常那样躲在自己的想象世界里。就在菲莉丝·鲍尔向他询问他的布拉
格地址的时候，他梦想次日在她起程前在火车站用鲜花迎候她——一
个计划，然而他很快便放弃了这个计划。在蓝星饭店前面他满怀"拘
束"地和她挤进转门的同一格里并踩了她的"脚"。他们在大堂互相
告别，虽一般化，却也颇为友好。此后过了 7 个月又 11 天，卡夫卡才
再次见到菲莉丝·鲍尔。其间，给她寄了 195 封信的作家卡夫卡创作
了一部新作品：一个可以用文字媒介和他单独交往的菲莉丝·鲍尔的
诞生。

布拉格、柏林两地书

这场延续五年之久的通信戏剧由策划者的登场揭开序幕。1912 年
9 月 20 日，在布罗德家会见后的五个半星期，卡夫卡给菲莉丝·鲍尔
寄出第一封信，他下午在办公室打字机上撰写了这封信。他用一句套
语开头，这句套语似乎不光是为了显示礼貌，也是为了表示要在这位
年轻女士的生活中占有一席之地："由于极有可能您丝毫也想不起我
来了，所以我再做一番自我介绍（……）。"表面上的接触点是他们 8
月 12 日在布拉格商定的巴勒斯坦之旅。菲莉丝似乎友好、详尽地写

了回信，虽然卡夫卡的第一封信只是一个模糊的剪影，它详尽阐述的与其说是他提出的话题，毋宁说是写信人的状况。不过这次旅行计划不得不放弃，因为菲利丝的父母忧心忡忡，提出反对意见。9月28日第二封信接踵而至，这封信有好几页长，信中卡夫卡警告提防自己："什么样的心情控制着我，小姐！一阵阵紧张不安不住地雨点般向我落下。我现在想要的，过一会儿就不要了。"

用在黑德维希·魏勒身上的并未出拳的拳击手形象，再次重复了这一自我评价，菲莉丝·鲍尔迟疑着没立刻复信。1912年10月初她才给布拉格发出一封信，可是这封信丢失了。在被委派为使节和中间人的马克斯·布罗德及其妹妹索菲·弗里德曼外交干预的帮助下，卡夫卡探听到了这个被误解的柏林通信女伴沉默的普通原因。卡夫卡起先没有考虑到投递方面的技术性差错的可能性："难道信件根本就都丢失啦，"他问向他告知了事情原委的索菲·弗里德曼，"如今我只好心神不定地期盼她会收到没以别的理由丢失的信？"这个小插曲与将近十年后的长篇小说《城堡》中作为一种迷宫似的行政管理部门的特征加以描写的那种信息阻塞前后呼应。小说中村长用伤心的讽刺口吻向惴惴不安的K解释他（主观想象）被任命为土地丈量员的背景："根本就不考虑有可能出现差错：这是当局工作中的一个原则。"

为了消除所有误解，菲莉丝·鲍尔在10月的倒数第二周里寄出了一封进行解释的信，她在信里附上一朵干花。月底衰竭了的书信交谈在它的第一次"磕绊"之后就这样以急速增长的频率重新进行。卡夫卡的回应满怀热情："即使我的三个经理全部站立在我桌子四周并且看着我下笔，我也一定会立刻给您写回信，因为您的信像从云端向我降落下来，我已经白白向那儿翘首盼望了三个星期啦。"菲莉丝·鲍尔从此以后再也摆脱不了来自布拉格的催逼。她畅通无阻地回复卡夫卡的信，回复他的大量有关她日常生活状况的问题：最初是尽本分，一如她接受的普鲁士教育所要求的那样，后来就细致认真、坦率并且不久就热情友好。菲莉丝·鲍尔的信对我们来说已经不复存在：估计卡夫卡在 1917 年彻底分手之后不久把这些信烧毁了。

　　"菲莉丝身上最重要的就是,"艾里亚斯·卡奈蒂 1969 年这样写道,"有她这个人,她不是杜撰出来的,她是真实的,不是卡夫卡虚构出来的。"这一评价错了,因为它理会错了这些流传给我们的信件的特殊结构。卡夫卡的信件只是在很有限的程度上涉及一个有血有肉的真实的人。它们确实针对一个梦中的形象——卡夫卡的想象力虚构出来的一个幻象。虽然存在着一鳞半爪对菲莉丝·鲍尔的记忆,他学究式地试图留住这些记忆——但是它们只有充当活动布景的份儿——可以装满想象的仓库。这位通信女伴的有鲜明特色的现实对他来说不成问题,但它仅仅是卡夫卡管理的幻想之家内部的一种发酵酶。在为达到目的而改造真实材料的幻想的法则支配下,菲莉丝·鲍尔发展成为一个跟长篇小说《诉讼》中的比尔施特纳[1]小姐具有相似虚构特征的人物,以后鲍尔小姐还会把自己的首字母借给比尔施特纳小姐。

　　卡夫卡用以谈论"自我"的信也立刻就拟定了收信人。但是因为虚构也需要直观材料,所以卡夫卡就要求他的通信女伴提供有关她生活状况的详情。童年,上学,日常生活,工作,与家人和同事的关系,饮食和睡眠习惯,读物,看戏,疾病和天气:没有哪样他不关心的。卡夫卡的信件的读者经由从柏林方面传来的种种细节所折射出来的情况获得了关于这位今天沉寂不语了的通信女伴的精确认识。就这样一步一步地形成了一幅传记式图案,它由一块块马赛克慢慢镶嵌而成:菲莉丝·鲍尔,1887 年 11 月 18 日在上西西里亚的诺伊施塔特出生。她的父亲卡尔·鲍尔,原籍维也纳,1899 年在柏林定居,当保险代理人并主管北德和斯堪的纳维亚各家公司的业务。母亲,安娜·鲍尔,比她的丈夫年长七岁。她出身于小资产阶级家庭,和八个兄弟姐妹一起在柏林长大,家境并不怎么优裕。女儿似乎从她那儿继承了普鲁士外貌和钢铁般的意志,这种意志包括决心隐瞒精神上的痛苦和独

1　德语中鲍尔(Bauer)和比尔施特纳(Bürstner)的首字母都是"B"。

自忍受个人灾难。

菲莉丝有两个姐姐一个妹妹，其中1886年出生的、在德累斯顿附近的塞布尼茨当女秘书的艾尔娜跟她特别亲近。年长四岁的伊丽莎白住在布达佩斯，日子过得不是特别舒心。1911年她嫁给匈牙利人贝尔纳特·布劳恩，并在1912年生下一个女儿。1892年出生的妹妹托妮像菲莉丝一样还住在父母家里，她被认为是个令人担心的孩子，显然生性冷漠、以自我为中心并且任性乖张。后来卡夫卡用这样一句话评论她对文学的不感兴趣："一个20岁的姑娘根本就什么也不读，我觉得这不是什么坏事，不完整的阅读更糟糕。"家里唯一的儿子，1884年出生的费迪南德是商人，1912年秋在一家内衣公司工作。他被认为是个极其有魅力的人，但出了名的不可信赖和挥霍无度，这不久将导致戏剧性的后果。在兄弟姐妹中，菲莉丝显然有着突出的好胜心和充沛精力，这给她带来职业上的成功。她很早就可以在公司里独当一面，领导一个较小的员工小组，经常参加博览会为公司跑销售并领取一份还不错的薪水。如果说她尽管如此还在晚上很晚下班后的夜间时刻为政论作者和科学家打印稿件，那么这就表明卡尔·鲍尔收入微薄，难以养活一家人。1912年秋，菲莉丝的日常生活为连续不断的工作所主宰，她写给卡夫卡的信在床上完成，是在很晚的时刻，常常已是身心疲惫不堪。

不是全部，但是这里列举的大多数细节卡夫卡是通过菲莉丝·鲍尔的信获悉的。她的家族历史的基本脉络，家庭状况，兄弟姐妹之间的关系以及她在公司里所承担的任务，在几个星期后他都已了然于胸。可是以后还会谈到的那些阴暗的方面菲莉丝却对他隐瞒了：父母之间的无休止的争吵，父亲的不忠实，姐姐的未婚先孕，兄长的商业欺诈行为，这些仍然都是她的秘密。卡夫卡也并不直逼她内心的深处，虽然他机灵巧妙地使用了他的写作技巧。在这类问题上，一如他不久将感觉到的，菲莉丝·鲍尔绝对谨慎从事，在家庭荣誉遭到危险的时候，哪怕撒谎也在所不惜。

　　有时菲莉丝吞吞吐吐给予答复，于是刺探就见了效。1912 年 10 月底，卡夫卡就已经委托在柏林访问演出的吉茨夏克·勒维给他写一封信，报告有关菲莉丝和她一家人所在的柏林伊马努埃尔教堂街的情况（1913 年 4 月 1 日她将迁入中产阶层的夏洛滕堡区里一个宽敞的住所）。勒维熟悉这条街，承接印刷他的剧组的广告的印刷所就在这条街上。他立即寄出一封信对该街做了既精确又感人的描写，1912 年 11 月初卡夫卡在一封致菲莉丝的信里复述了这段描写的原文，令人震惊地连拼法错误也没改正："从亚历山大广场延伸出一条长长的、并不繁华的街，普兰茨洛街，普兰茨洛林荫路。此街有许多条小支巷。有一条这样的小巷叫伊马努埃尔。教堂街。寂静，偏僻，小巷开端有一座小教堂。37 号屋狭窄而高。小巷也很狭长。我去那儿时，那儿总是安安静静，我就问，这还是柏林吗？"

　　自 1912 年 10 月 31 日起，他们就在布拉格和帝国首都之间每天交换一封信。卡夫卡的信件恳切，死板，执着，有魅力，自怨自艾，既紧张兴奋又有耐心。他感情冲动地认为，自己心头笼罩着一阵阵"强烈的紧张不安情绪"。由于错误解释了菲莉丝的答复，他多次决定断绝联系。11 月中，乘车去了柏林的马克斯·布罗德的干预才设法澄清了一个误解（菲莉丝认为卡夫卡不满足并且对自己没有信心的看法显然很是惹恼了他）。所以书信往来早早地就遵从卡夫卡文学写作的节奏，这种节奏在勃勃生气和抑制停滞之间摇摆。信件称呼违背严格的时代惯例在几个星期里经历了一系列细致的用语，从"尊敬的小姐""慈和的小姐"经由"亲爱的菲莉丝小姐"和"最亲爱的小姐"逐步升高至"最亲爱的"。1912 年 11 月 11 日夜，开始通信后的 50 天，一个极度兴奋的"你"未经预告就突然取代了"您"：它"像在冰鞋上滑行，它可能已经消失在两封信之间的空隙中"。自 11 月中起，卡夫卡增加了写信的频率：第一封信下午写，第二封夜间写作之后写。晚上开始的文学写作就这样被与菲莉丝的通信所环绕。这是一个文学创作异常多产的时期，这一点我们以后还要谈到。

卡夫卡想出了一套在自己的办公室里截取信件的复杂的方法，使他可以丝毫不浪费时间地收到菲莉丝的回信，它们在工作日里是送到保险公司来的。一位办公室勤杂工、邮件发送部主任和一位临时帮忙的女公职人员得到指示：立刻向他面交柏林来信。11月中，卡夫卡才改变通信的方式，因为他觉得迄今为止的方法太麻烦。现在菲莉丝不再将信寄至他的办公室，而是寄到尼克拉斯街的私人住所。这虽然使卡夫卡比以前更快地刚过中午就收到她的信，但也有危险。这个月的中旬，卡夫卡的母亲就已经未经允许读了一封菲莉丝的信，这封信放在他下班回家后挂在房间里的上衣口袋里（几个星期以后，安娜·鲍尔将在柏林同样无拘无束地仔细检查一整束"布拉格寄来的信件"）。好奇的尤丽叶·卡夫卡仅仅过了一天就亲自给这位她不认识的柏林女人写信。她提出想为自己的冒失道歉作为写此信的动机——一种花言巧语式的花招，简直跟卡夫卡手法如出一辙。菲莉丝首先请马克斯·布罗德出面干预，后者在11月21日把卡夫卡母亲的行为告诉了卡夫卡。虽然他不得不向布罗德发誓不会把这件事看得过分严重，然而同一天的晚上还是对母亲发生了"一场几乎完全控制不住的感情冲动"。卡夫卡把这种爆发出来的激动情绪称为他家中若干年的冷淡友好后他表现出来的最初的真实情感。

1912年10月底和12月底之间，卡夫卡寄给菲莉丝将近90封信。它们往往通过"快递"发送，有时寄挂号，有时还附带电报，打听未收到的邮件。通信本身成为卡夫卡的信件的中心议题。投递不准时，寄送时间发生冲突以及——作为可能出现的灾难的顶峰——信件丢失经常是不厌其烦抱怨的因由："最亲爱的，信丢失，丢失了，或许我患上被追踪妄想症了（……）。"1912年11月底卡夫卡自我解嘲地着重强调这样的妄想狂：他将他的详尽的星期日信的五张纸分散装进信封寄发，以确保至少有其中的一张信纸抵达目的地。在某些情况下他的信只谈寄信所冒的风险，因为这包括文本丢失的危险："真是可怕，我们的信件来往竟然这样经历着重重灾难。"书信变成一种进行自我观察的媒介手段。卡夫卡的梦证明了这一点，因为自 1912 年冬季以来他的梦也一再谈到这种书信往来的循环式逻辑：谈到对信件的渴望，信息流动的提速，对邮局投递差错的恐惧。

卡夫卡对信息的需求是很大的，然而它却局限在书信往来上。如果他要求有关菲莉丝的生活的详尽报告，那么这并不意味着他想亲历其境。他的好奇心的前提是对语言的专注。对于卡夫卡来说，文字的条理是可以与他赋予菲莉丝的形式进行比较的，因为两者以相似的方式描述缺席和接近：它们代表对一种从未出现的满足的期盼，并以这样的方式提供一种暂时性的、实现不了的东西的现有可疑状况。对于这样的存在卡夫卡自己说道："我们用这些频繁的信件互相鞭打。因此而产生的不是接近，而是接近和距离之间的一种中间形式，这种中间形式是不堪忍受的。"

信件创造一种自身特有的现实，却让这种意识油然而生，在文字的另一边还存在着别的什么东西。卡夫卡就这样将菲莉丝变成奥斯卡·王尔德在世纪之交妇女形象的后面发现的那个"没有秘密的斯芬克斯[1]"。他认为她的那种光芒在她说话的那个瞬间消失了。她的明显的实用主义，她的中产阶级的艺术理想，她的平庸的文学理解力，她的小市民的审美观，她对歌舞剧、舞会、首饰和巧克力的喜爱打乱了卡夫卡的梦幻。所以当她劝他认真对待公司和工厂里的事务、注重夜间的睡眠以及用一句标志性的短语——在写作时"要有节制"时，他做出异常强烈的反应：他客气但坚决地禁止她用这样的措辞。如果斯芬克斯显示出自己没藏匿什么秘密，而是体现传统习俗、陈词滥调，那么就必须责成她沉默。

反过来菲莉丝·鲍尔有时也可能曾获得这样的印象：仿佛现实和想象不再协调。这个有魅力的年轻男子，和她争辩犹太复国主义、制订旅行计划、焕发出活力和坚毅，在最初的追求之后变成一个备受怀

1　斯芬克斯：希腊神话中带翼狮身女怪，凡是过路人猜不出她谜语的就要被杀死。

疑折磨的悲观主义者，一个不断自我谴责并兴味索然地把自己迄今的生活归结为"失败"二字的人。菲莉丝不断思考着的犹太复国主义题目（她在这段时间里正在学希伯来语）他在自己的信中不再谈及。她询问他的工作，他总是闪闪烁烁，不做肯定答复，通常只是做些他做的事完全没有意义之类的提示。在他的信中甚至连谈到文学写作时也仍然只有片言只语。由于他几乎没有发表过任何作品，所以她对作家卡夫卡的印象一直很不清晰（1912 年 12 月中她似乎曾对《观察》感到迷惘）。对他在 1912—1913 冬日夜晚反复思考的小说写作规划菲莉丝没有明确的概念。但是主要是他对自我的尖锐攻击，这些攻击多半使她不知所措。他怒气冲冲从事的这种不间断的自我矮化难以与伴随她一起成长的常规男人形象相称。尽管他有这样的令她迷惑的印象，她还是继续通信，她这样做有两个原因：她觉得卡夫卡具有吸引力（她也谨慎地使用一些恭维话向他确认这一点），以及她摆脱不了他那令人惊异的刻画和具有音乐节奏感的、行云流水般修辞的行文艺术魔力。

　　卡夫卡同菲莉丝通信起始于生命的这样一个阶段：他清楚地意识到了《观察》中各篇章尚还游戏似的审察的他的单身汉角色的奇异性。马克斯·布罗德不久便要和艾尔莎·陶西希结婚，计划迁入一个较大的寓所并表现出一副小市民心满意足的样子。1912 年 11 月 8 日妹妹艾丽生下了她的第二个孩子——女儿格尔蒂，在这之前一个月，瓦丽和波希米亚犹太人约瑟夫·波拉克订婚（又是经婚姻介绍所促成的一门婚事）。连奥特拉也正想建立一个家庭。1911 年她结识年长 2 岁的捷克人约瑟夫·大卫，一个家境贫寒信奉天主教的学法律的大学生，此人凭充沛精力和坚强意志不久将获得中产阶级职业生涯中的一个稳定的职位。这门婚姻两个人 1920 年夏天缔结，不过此时此刻他们早已是一对夫妇了。失去妹妹们使卡夫卡感到痛心，因为只有在与她们的关系中他才能当爱着的人，同时又不放弃儿子的角色。与别的女人他就不可以有这种重合了，因为性爱关系在这里要求他抹掉自己的儿子身份。

在致菲莉丝的信中卡夫卡担任各种不同的以佯谬的方式相互矛盾的角色：他以尽人皆知的单身汉和追求者的身份、以奉承者和不愉快者的身份，以儿子和成年男人的身份出现。通过有才智的"文字"厄洛斯[1]牵制住一个"姑娘"，1912年7月卡夫卡就在魏玛与玛加蕾特·基希讷调情一事对马克斯·布罗德所表述的这一愿望，它产生一种光怪陆离的游戏，一种只存在于一个幻想空间中的身份游戏。书信是最先产生爱人和爱侣的传媒，只有在书信中卡夫卡才能够追求在性爱上并不觉得有什么吸引力的菲莉丝。真实因素变为交流的一个组成部分，化成书信的语言。在"真实"和"虚假"之间划出明确界限的主导差异，一如尼克拉斯·卢曼所显示的，不再主管现代的恋爱观。自18世纪中叶以来，恋人间的社会交流强烈地经由文字传媒组织起来了。这里的关键是，互相理解在一个容许个人的细微差别的领域内进行。一种"虚假"爱情倾向，仅仅是为了给人以"真实"的影响而使用修辞手段，它不可能出现在这种交际体制中。信中谈到的爱情只保存在文字的规章中。所以自他们开始通信起卡夫卡就不加任何掩饰地对菲莉丝表现出来的那种毫无顾忌的坦率并没开辟出进入他最后的秘密的道路，而仍然只是一种文字元素。每天的信不展示任何东西，不解释任何东西，因为它代表自己，并不指明一种更深刻的真实。书信不是代替物，而是卡夫卡忍受菲莉丝的存在的唯一形式。所以书信就变成一条瓦尔特·本雅明意义上的"通道"：一条人行横道，横穿两地，这两地不能长久被连接，因为这两地不构成一个统一体。

对写信佯谬逻辑的思考一再导致充斥着细微差别的性欲含义的措辞。1912年11月23日卡夫卡声言，他要在下一封信里就使他变得阴沉起来的那个唯一的"黑色斑点"向她"倾吐衷肠"，说是她就"悠然自得地等着看这场好戏吧"。这个"黑色斑点"随后便在第二天借

1　厄洛斯（Eros）：希腊神话中的爱神。

由中国诗人袁枚（1716—1797）的一首诗显示出来，卡夫卡在 1905 年出版的汉斯·海尔曼选编的诗集中读过这首诗。它描写一位文人因写文章而"忘记了上床睡觉的时刻"，并只得由他的"美丽的女友"来提醒他"夜深"了。这对于卡夫卡来说似乎是一个原始情景，他向菲莉丝展示这个情景，是为了暗示她可以希望从他那儿得到什么。在信里"倾吐衷肠"的他在写信时，而不是在同房中找到自己的夜晚的性欲满足："我还勉强可以健康地活着，但不再可以健康地过婚姻生活，更没有资格做父亲。"

在这里说话的又是这个儿子：这个儿子的身份因《诉讼》长篇小说作为"拖延"司法程序的手段而提出的缓期人物而引起。雅克·德里达看出这个缓期人物是弗洛伊德心理分析的一个重要结构成分：愿望和实现、根由和存在、主体和客体之间的永远不可弥合的距离的象征。卡夫卡利用这个缓期人物：他将它当作拖延存在——责任和父亲身份——的手段。如果他使菲莉丝在空间上保持距离，他就可以仍然是求爱的儿子，不会被追究责任。这种构思构成脆弱的法律根据：全部通信在此基础上展开。对于"父亲身份"来说，这种——在这里是一种纯粹心理意义上的——健康状况是不够用的，因为它毁坏儿子的身份。

倾吐衷肠主题的对立面仍然是吸血鬼的惯用形象：这个吸血鬼利用情人的充沛活力，给自己输送新的能量。然而由德洛伊策和古阿塔里传播、常常被重提的从菲莉丝的信中吸取她的活力以获得"创造力"的吸血鬼卡夫卡的形象却是成问题的，因为这个形象源自一种他自己的论证形式并且因此是一种修辞策略的组成部分。如果说他在 1913 年 6 月 23 日强调，他从她的信中"汲取"活力，那么这又是一种旨在加强写作魔力的手段。这一说法表明，真正的活力蕴藏在文字记下的想象空间之中。他分配给自己和菲莉丝的身份草图是支配卡夫卡的信件的虚构逻辑之一。按照它们他是虚弱和有罪过的，而这位柏林女友却显得健壮和无罪。处在他的信件的中心的，不是夺走这个女人的生命活力的吸血鬼，而是重新创造她的匹格梅梁[1]。

　　修辞机构似乎很早就已形成并且在 1912—1913 年冬产生微不足道的变体。卡夫卡谴责自己，说他在用情绪变化无常且自私自利的信件折磨菲莉丝，随即就让她当法官（她应该"做出判决"，信中常有这样的话），但是同时赋予她以律师的法律地位，要她给他本人辩护。"我可以为你抛弃我的生命，" 1912 年 12 月日他写道，"但是折磨人我却不能容许。"在这种不惬意的自我谴责、规划和辩白的三角关系中卡夫卡的书信风格找到了自己的特有的条理。菲莉丝在这里面临毁灭的危险：这是明摆着的事。用她那注重实际的头脑她无法理解他的辩护词。如果在 1912—1913 年秋季和冬季一再受到神经衰弱、头痛的侵袭的话，那么这也是卡夫卡因其变化无常的情绪对她施加的心理压力的结果。还有就是关系紧张的家庭状况了，一场市民戏剧正在其阴影中上演，而这位布拉格文字魔术师对此一无所知。

　　比菲莉丝年长一岁的姐姐艾尔娜在德累斯顿同一个显然已婚的男人私通并在 1912 年夏怀了孕。菲莉丝好不容易才向家人隐瞒住了这一情况。1913 年 2 月，姐姐在菲莉丝的大力支持下迁居到汉诺威，1913 年 4 月 30 日她在那里生下一个女儿。这个取名埃娃的孩子在养父母家长大，1917 年才来到她这时已在柏林结了婚的母亲身边。在和那位有妇之夫拒不支付生活费用的争执中，菲莉丝试图给姐姐当参谋，她收集了他在信中间接承认自己父亲身份的段落。卡夫卡本人对菲莉丝姐姐的困境并不知情。菲莉丝虽然在 1913 年 2 月谈到一桩"不幸"，它甚至迫使她欺骗父母，然而她也仅仅对此做些暗示而已。她对他掩饰了 2 月底她为安排姐姐迁居而所做的德累斯顿之行的目的。必须不惜一切代价对外维护并通过坚决不提"失足"之事捍卫道德准则。此外，她从未告诉过卡夫卡有关她父母婚姻问题的情况：这也是一种菲莉丝的隐瞒手段逻辑。父亲在 1901 年和 1904 年间同他的情妇生活

1　匹格梅梁：英国戏剧家萧伯纳的剧本《匹格梅梁》中的主人公。

在一起，在情妇死后才返回家里的寓所，以便维护一个完好无损家庭的表象。父母的关系中充满高度的紧张，往往使日常生活变得痛苦不堪。卡夫卡对她家庭生活中的这个阴暗斑点也一无所知。

在布拉格的夜晚反正不是现实的，而是由杜撰的家庭不幸扮演决定性的角色。1912 年秋产生的重要作品——《失踪者》《判决》和《变形记》——讲述从那些在这同一时间里控制着菲莉丝的市民冲突的积淀中产生的事件。然而笼罩在她日常生活中的灾祸——未婚先孕，移居国外，自杀，社会唾弃——却在超然于社会现实的一种原型精神领域中繁殖，而卡夫卡则在这些个秋日里正以一种他先前还不曾显露过的自信学习阐述这一领域。所以致菲莉丝的这些信件也是对在 1912—1913 年冬产生的作品的注解。当 1913 年春文学创作渐渐停止时，柏林通信的频率同时也就下降：厄洛斯仍然受到使他获得生存的价值和意义的文学的约束。

对于卡夫卡来说爱情只能在语言的规章中展开，超然于狭小的现实。所以同菲莉丝的通信使他获得文学写作的那种体验：他的"自我"受到文字的束缚，没有文学，"自我"必定持续不断地显得像一个模糊的阴影，空洞和没有特性。德里达评论这种关系说："写作就是知道，还没有见诸文字的东西是没有别的落脚之处的（……）。"卡夫卡后来的作品论及这种渴望：用文字回忆起他的故乡丢失的躯体并让言语又变得有血有肉。写作才创造主体和他与世界的关系："生活观"，一如 1920 年日记中所说。

引人注目的媒介

1912 年 9 月 20 日卡夫卡用一个女速记打字员的打字机写了他的第一封致菲莉丝的信。这一序幕似乎跟通信女伴的业务工作相配，它立刻建立起一种与现代职员界及其媒介技术装备之间的联系。他"坐在办公室里听着打字机的乐声"，1907 年 10 月底他在一封致黑德维希·魏勒的信中作如是说。这里使用的这个突出女速记打字员忙碌活动的比喻几年后便获得了一种独特的现实意义：西格弗里德·克拉考尔在他的短评《职员》中报道现代商贸学校较长时间以来在培训年轻姑娘打字时放留声机唱片，音乐的节奏感有助于提高打字速度。1912年9月20日卡夫卡写他的信的时候也坐在女速记打字员一片均匀的音响风暴声中。刚过中午时分——刚"过了第六个办公钟点"——他的上班时间已过，而女秘书和公职人员却还在"开足马力"上着班呢。和菲莉丝的通信刚开始就受到那个媒介世界的影响，从此以后它也将构成通信本身的一个中心题目。

在一封1912年12月21日的信中卡夫卡解释说，他避免在办公室里用全名签署文件，说是他喜欢使用大写花体字起首字母，虽然在公务上是禁止这样做的。他解释说，这样一种策略来源于害怕个人对所写的东西承担责任：来源于儿子害怕确定责任和彻底受束缚。打字机使卡夫卡获得一种特有的魅力，因为它使他觉得好像用一台机械自动控制装置创造出字母来了。说是在"所有办公室事务"中他都觉得自己被它吸引，因为它的工作完全由打字员的手来完成，是根本不署名的。文字只有在它的符号已经失去与书写者的联系时才会废除"自我"。托马斯·曼《魔山》中的主人公汉斯·卡斯托尔普梦想可以在语言中消失、说话不承担责任并从而无拘束地公开"自我"的眷恋，一种想法，一种只有外语——法语——才可以实现的想法："说法语，也就是没有说话的说话。"而卡夫卡的幻想却针对在文字中的自动迷失："没有写作的写作。"在办公室里这一幻想可以通过不具作者姓名，而在文学写作过程中则可以通过一种简直是以心醉神迷的全神贯注来实现（卡夫卡的此类体验下文还会谈及）。短小散文作品《一场梦》，1914年12月初在创作长篇小说《诉讼》过程中写成。它将论述一种自动写作过程的模棱两可的程度。卡夫卡的对没有负责任作者的"自动写作"的想法在这里找到了舞台转换，它的神秘魔力没有哪个读者能够摆脱。这种自动写作，一如作品所显示的，也是一种行将就木的写作，一种死亡阴影下的写作。

如果说卡夫卡是在打字机上撰写他的第一封寄往柏林的信，那么他就是由直觉建立一条电路，联结女收信人，而这个女收信人的教育途径和业务活动则受到现代办公室媒介世界的约束。菲莉丝·鲍尔1908年高级商贸学校毕业，此后便进入奥德翁留声机公司当速记打字员。这样她就是阿尔弗雷德·韦伯1910年援引德国官方统计记下的那将近200万职员队伍中的一员（1885年这一数字才达到70万）。菲莉丝·鲍尔似乎并非不喜欢这一机械的打字工作。即便在后来的年月里，当她早已主管一个业务部门并拥有自己的秘书的时候，她也使用打字机，并且它的机械化功能过程怀着某种愉悦之情，她还和打字机合影做广告。1909年8月菲莉丝·鲍尔跳槽到卡尔·林特施特洛姆股份有限公司，她在那里迅速升任销售科科长。这家企业生产留声机和口述录音机，这些产品在德国和奥地利出售。由于菲莉丝·鲍尔在技术部工作，所以她的任务集中在销售"口述机"上，这是当初人们对口述录音机的称呼。除了推销以外，定期参观法兰克福博览会和联系区域性的公司代理人也是她职责范围内的事。

口述录音机在20世纪初代表一种最新式的办公室技术，它以越来越快的速度在市场上获得承认。1877年第一部正常运转的电话机由爱迪生设计出来。两年后，电话发明者查尔斯·泰纳尔的表兄奇切斯特·贝尔研制出了一台口述录音机，它稍经拖延便开始批量生产。较旧式的机器用一支浸过石蜡的宝石笔把声音涂在金属薄膜上，自1898年起，在丹麦工程师瓦尔德马尔·普尔森的一个想法的启迪下，人们用钢带上的电磁性当作存储器。自20世纪初起，口述录音机便在较大的办公室里被投入使用，1912年后它们开始批量生产。瑞典人卡尔·林特施特洛姆1892年在德国定居并在柏林的德累斯顿街开设了第一家唱机工厂，起先这家工厂几乎没获利。然而自世纪之交起林特施特洛姆的生意便有了起色。1904年他的公司就已经生产了5000台留声机和10000台电唱机。在与德国经营者的好几次联合之后，1911年进行了一次与英国奥德翁公司的合并，这一合并对林特施特洛姆股份有限公司极具经济效益。从此以后它便代表媒介行业经济上最有实力的企业。

不过卡夫卡却对口述机的必要性有几分怀疑，他以特有的那种坦率对女通信伙伴毫不掩饰这种怀疑。1912年11月2日他顾虑重重地向菲莉丝询问她在业务工作上对这种新媒介的依赖程度："难道有人买这个吗？我对（如果我破例不自己打字）能向一个活生生的人口授感到高兴吗？（这是我的主要工作），间或，在我恰好没想起什么话来的时候，他点着烟斗并在这期间让我从容地从窗户向外看？"然而仿佛他想限制自己的怀疑似的，他立刻补充说，他乐于看到菲莉丝有一个尽可能自由的、不抵抗的和犹如远地点的办公室工作日："我不能很好地为这业务着想，我只希望它实际上也如我想象的那样组织得不合理和不严肃认真，我只希望您在其中过一种相对轻松的、不费劲的生活。"

卡夫卡以一种他特有的方式通过想象的世界接近决定性地影响菲莉丝的职业生涯的那些技术媒介。在1912年12月6—7日的夜晚他梦见一台电报机，它相当于一台今天的传真机："这台机器设计精妙，人们只需一按电钮，纸带上立刻就出现来自柏林的回信。"这是有代表性的：只在写作的领域感到舒适自在的卡夫卡梦见一台加快信件往来的机器。它成为写信人的渴望的象征：这个写信人天天渴望得到消息。这个梦勾画了一台愿望机器，这台机器快速、自动和不矛盾地形成书写过程。菲莉丝可能注意到了，以这种方式机械地制造出来的"柏林回信"使得作为回答媒介的她的存在成为多余。

对口述录音机经济效益的怀疑——他觉得在布拉格办公室里展示这种口述机"无聊且不切实际"——并不妨碍卡夫卡阐述对菲利丝的公司的经济推动作用的想法。起初是明显的认同姿态，它表现在这句骄傲的表白上：他在散步时在竞争公司的分店前"吐了一口唾沫"。在此后的几个月里，卡夫卡超越这样的爱情显示形式，表现出一种令人惊讶的经济上的和技术上的幻想。1913 年 1 月底，他在一份全面的建议清单中向菲莉丝提出五项涉及技术开发和营销口述录音机的主要建议。这些建议的每一项都旨在推动林特施特洛姆公司停滞的销售业务。要提高销售额，卡夫卡这样劝告说，公司就应该设立公开的使用口述机的打字机办公室。他建议，在城市的热闹场所安装投币口述录音机，使每一个行人能够对它口述自己要说的话并且可以指望在几小时内由女速记打字员打出文字稿来："我已经看到林特施特洛姆股份有限公司的小汽车，它们在收集已用过的口述机滚筒并送来新的滚筒。"他尤其想看到这样的机器安装在火车站、邮政局和饭店，想看到"那儿的口述机周围挤满了因商务不顺而忐忑不安的商人"。除了一种通过加快信息传递彻底变革日常交际体制的滚筒流通使用的组织幻想之外，卡夫卡的清单上也有一项技术革新。通过电话和口述之间的联结，这种"无论如何都必须被发明"的联系，信息交流进入一个新阶段，对"编辑部"和"通讯社"具有重要意义。这种功能同盟的秘密就是口头语言向书面语言的转变，而这种转变则显著地改造了行政管理部门和公司的通信系统。卡夫卡的貌似信手写来的信勾画的不是别的，正是借助电话应答装置和声音支援功能计算机的现代交际。与卡夫卡的精确的技术幻想相比，在当时正广为流传的长篇小说《在两个星球上》（1897）中描写了信息流通未来形式的数学教师库尔特·拉斯维茨显得简直是把具有现代特征的现象移用到过去的时代。

　　但是卡夫卡只对那些使用文字或生产文字的媒介感到有把握。在声音居支配地位的时候，他便对人们用德里达的话称之为"现代形而上学"的东西感到恐惧。这是由于确定把语言符号不可逆转地固定下来而产生的恐惧。唯有在文字的规章中这样的确定才会被推迟，这种推迟使卡夫卡有可能将环境当作不危及"我"的力量的效应战加以观察。唯有正在逃避的东西才是不具有威胁性的，因为它不提出权威和责任的要求，便轻轻地掠过。文字是体现推迟的儿子媒介，而留声机和电话机则是声音占统治地位的父辈世界的媒介（1919 年的那封信证明赫尔曼·卡夫卡的"大嗓门"是他的家长制自画像的要素）。在《启蒙辩证法》中阿多诺和霍克海默说明，收音机使人的言语绝对化并使其变成自以为是的权威的象征。他们在表达对大众传播媒介的批评时，是针对宣传部长戈培尔的噪音和纳粹列队行进时的煽动性演讲的。但是对于有幸没经历这种形式的政治宣传的卡夫卡来说，戈培尔的噪音始终是通过声音的作用占有的那种权力的机构：父亲世界的一种威胁性的要素。

卡夫卡讨厌留声机，因为它严格考验着他的噪声敏感性。卡夫卡觉得它像一种"威胁"，危及他写作时的宁静。12 年后托马斯·曼在《魔山》用冷嘲热讽的口吻誉为"具有新潮机械形态的忠实而具音乐性"的留声机，在他那里仅仅是制造神经疾病而已。只有在巴黎——他这样承认道——他曾喜欢过派特公司设立的留声机沙龙，人们在那里"花几个小钱就能放唱片听不知多少音乐节目"。这位休假者并不依赖于绝对必要的安静的写作环境，他的心境可能在这里对欣赏音乐起到了促进的作用。

一旦留声机的声音出乎意料地侵入宁静的日常生活之中，它们就引起一种震惊的效果。约瑟夫·K 在长篇小说《诉讼》中拐进近郊的一条小街，人们指定他接受讯问的那所房屋就在这条街上，这时他突然听到了令人恼火的现代传媒世界的嘈杂声："一台在较富裕的市区已用旧了的留声机刚刚唧唧嘎嘎地唱了起来。"只有当留声机不使听者感到震惊，卡夫卡才能够从留声机中找到独特的魅力。所以他的储存菲莉丝的声音并用一个录音媒体将其播放的这一愿望是很典型的："你们也卖唱片吗？我订购 1000 张有你的声音的唱片，你什么也不用说，只需说我为了忘却一切悲伤之事需要多少个吻你就给我多少个。"卡夫卡的想象为是把留声机变成文字的第二种形式。储存在唱片上的声音所允诺给予的亲吻和卡夫卡的信召来的亲吻一样，是媒介的一种产物。在两种情况下这种含有主动意义的被动形式中介引起对存在的一种被认为是减负的剥夺，只是告知我们不在场者情况的留声机对于卡夫卡而言并不意味着什么威胁。

卡夫卡觉得电话机是阴森可怕的装置，在它面前他往往说不出话来。在许多致菲莉丝的信中他承认自己有恐电话症，这种恐惧使他哑口无言并且完全没有说话能力。只是在万不得已的情况下他才使用公司的电话机，这部电话机在公司经理马施纳尔的房间里，那里经常人来人往，交流受到扰乱。而鲍尔一家人却在自己的寓所有一部电话，主要是父亲做生意使用这部电话。马克斯·布罗德在 1912 年 11 月中因访问柏林而和菲莉丝通过电话后向他的朋友报告，说是她的声音听起来高兴至极。卡夫卡随即惊异地写信给她："既然你能在电话机前笑得这么开心，想必你一定多么会打电话。我可是只要一想到电话机就会笑不出来的。"应该考虑到的是，当初电话机由两个哑铃般重大的听筒组成，人们必须把它们紧贴在耳朵上才能听到谈话伙伴的说话声音（马克斯·布罗德 1910 年谈到"黑色木喇叭"，说是它吹出死的空气）。这就对几乎是肉体上的对打电话的厌恶做出了解释，不仅卡夫卡，而且别的同时代人如瓦尔特·本雅明或恩斯特·布洛赫也曾把这种厌恶描写为打进他们与这新机器关系中的一个楔子。长篇小说《城堡》中的一个场面阐明了愣怔听者的态度，这个听者面对陌生的轰鸣声不得不沉默不语："K 没打电话，他把左胳臂撑在电话桌上谛听着。"由于这媒介传送的声音听起来像一台自动装置发出的声响，听到这声响的人的身体凝固了。短篇小说《邻居》，1917 年 2 月底写成，它以讽刺的形式从另一个视角表现了卡夫卡的电话恐惧症：它描写一个商人的类妄想狂的恐惧，他猜想他在进行谈话时受到一个竞争对手贴着隔壁房间墙壁偷听并因此而吃了亏。

对于卡夫卡来说打电话是一种令人恐惧不安的行为，因为它让原本够不着的东西在一个迷惑人的瞬间显得就在眼前。这偏离了口述录音机幻想的声音无法转为文字。它制造出一种簌簌声，这意味着伪造的接近：一种只是通过技术手段被诱发出来的现场的印象。1913 年 1 月 21—22 日卡夫卡梦见自己在一座桥上使用"偶然放在那儿栏杆上的两副电话机听筒"，却只听见远处的海浪汹涌声："我明白了，人的话语声是不可能从这些声音中挤过来的，但是我心有不甘，我不走开。"电话应该像桥那样服务于联结空间上分开的两个地方。不过最后正如梦所显示的，迫在眉睫的又只是这种认识：人与人之间的深渊无法克服。在电话机里簌簌响的声音依然让听见它们的人感到陌生和危险。

1922 年 3 月底卡夫卡写信给米莱娜·波拉克，说是技术似乎可以消除相互理解方面的限度，但越不过将个人隔开的距离。"人与人之间的那种似幽灵的东西"，新的媒介世界也无法加以消除，他说即使人们在邮递之后已经发明了电报、电话、无线电报，人们也难以越过将他们分开的障碍。古老的神灵不会被现代技术战胜。在电话线中，在唱片的条纹间以及在口述录音机的滚筒中也蜷伏着幽灵，在制造人与人之间关系上的距离。他们的轻微笑声毫不费力地盖过这些新媒介制造的簌簌响声。卡夫卡曾听见过这响声，这就是"最遥远的、最最遥远的声音"的那种歌唱声，那种从乡村客栈的电话机里向着长篇小说《城堡》里的假土地丈量员 K 响起的歌唱声。

文学方面的反感

跟卡夫卡不一样，菲莉丝·鲍尔视文学为一种放松精神的媒介，这种媒介制造假想的情绪激动，以消除现实的刺激状态。她往往读得快且不加选择，这与她的商务活动和家庭责任驱使下的生活是相称的。卡夫卡早早地便怀着猜疑和嫉妒看待情人的读物。他老大不乐意地开列推荐书目，然而当他获得菲莉丝毫无保留地赞赏读过的东西的印象时他就更坚决地说出自己的看法。一如可以迅速认识到的那样，批评是为巩固自己的地位服务的。尽管他惯于怒斥他自己的作品，但是作为作者他还是想保护自己不遭到令人心烦的竞争的。而这种反感几乎针对每一位菲莉丝阅读的作家："（……）我嫉妒韦弗尔、索福克勒斯、里卡尔达·霍赫、拉格勒夫、雅各布森。"

然而卡夫卡的批评不仅针对个人，是有其审美依据。对菲莉丝读过的作家的异议的强烈程度各不相同显示它们受到普遍的原则的支配。所以这些信件提供了极好的机会：了解谁是卡夫卡不喜欢的作家，了解卡夫卡文学批评的标准。这样的批评一方面涉及别的作家文体风格上的态度，另一方面涉及带有向外界传递出去的角色形象标志的自画像。卡夫卡按照头等的标志来评价赫伯特·奥伊伦贝格，1912年12月1日他在德意志俱乐部的镜厅里听了此人的作品朗诵会。奥伊伦贝格，一位获博士学位的法学家，直至1909年前一直在杜塞尔多夫剧院当戏剧顾问，剧院经理是古斯塔夫·林德曼，此后他就开始通过自由写作维持生计。在好几部喜剧在德国舞台上获得成功之后，他在1910年发表了他的《剪影》，一部文化史著名人物传略，它很快就一跃成为畅销书。在布拉格他朗读了集子中几篇挑选出来的短文评，此外还朗读了他刚发表的《奇特的故事》一书中的几个片段，然而这些作品却未能在文学上令卡夫卡感到信服。当菲莉丝1912年12月底用一句听起来带普鲁士腔的赞美词称赞奥伊伦贝格的《剪影》"简洁明朗"时，来自布拉格的声音回答得异常尖锐：这里显露出"一种充满呼吸困难和不纯洁的散文"，朗诵这样的作品简直叫人"无法忍受"。回信中称，这些喜剧据说"令人喜欢"，然而这听起来却像一句带毒的赞词。在这一次粗暴干预之后，菲莉丝再也不敢提及奥伊伦贝格的名字了。

在埃尔泽·拉斯克尔-许勒这件事上，卡夫卡攻击的与其说是风格，还不如说是艺术家的外表。菲莉丝似乎曾问过他对这位女作家的评价。1913年2月12—13日来了一段全盘否定的简短评语，它不对单个的作品作出评价，而是针对原则性问题："我不喜欢她的诗，我在读它们时无非就是感到它们空洞乏味以及对矫揉造作感到厌恶。她的散文也因同样的原因而令我厌烦，其中开动着一个神经绷得过紧的大城市女人的盲目颤动大脑。"对抒情诗一窍不通的卡夫卡恐怕不太可能很了解拉斯克尔-许勒的诗。他的（客观上来说站不住脚的）评价当然并不针对审美的品质，而是主要针对一位女作家的态度：这种态度对他来说是一种夸张的写作活动的典型，这种写作活动他在布拉格圈子里也尽可能设法加以避免。当他于1913年3月底在柏林约斯蒂咖啡馆邂逅埃尔泽·拉斯克勒-许勒本人时，他似乎没有看见她身穿飘动的衣服并摆出一副女王的姿态。

　　对阿图尔·施尼茨勒的评价证明了他的文学方面和个人方面的厌恶情感。起因是1913年2月中菲莉丝宣布她将在小剧院看施尼茨勒的戏剧《伯恩哈蒂教授》。2月14—15日，卡夫卡对这一选择表示强烈反感："因为我根本就不喜欢施尼茨勒，不怎么尊重他。他当然有些才能，但是对我来说他的重要戏剧作品和他的重要散文作品充满了大量简直是动摇不定的涂鸦之作。人们怎么贬低他也不为过。"这似乎是很典型的：卡夫卡在做这一严厉谴责的同时提到了施尼茨勒所展示的作为作家的自我形象。由这些照片所呈现出来的容貌显示出一种令他感到极不喜欢的精神风貌："只有在他的照片前面，在这种虚假的梦幻神态前面，在这种我用指尖也不想触摸的柔弱姿态前面，我才能理解，他是如何能够从他的部分优秀的、早期的作品中（《阿纳托尔》《轮舞》《古斯特少尉》）成长起来的。"施尼茨勒的剧本《调情》1914年被成功搬上银幕，这可能加剧了卡夫卡的并非不带有嫉妒的反感。这是对这样一位作家的反感：这位作家被他视为一种平庸时尚的代表，这位作家在心理描写上做出令人信服的初步尝试之后对文学活动的法则表示赞许。施尼茨勒的作品即使在其较为柔弱的阶段也依然那么坚定不移，有着自成一体和独特的风格：这一点这位尖锐的批评家不曾有能力感知到。

　　卡夫卡显然避免用抽象概念表述自己的异议。现实的美学讨论流行语——印象主义，为艺术而艺术，颓废派——他故意规避。他把它们视为他普遍加以批判的文学体系上的那种盲目自我美化的一种反映。然而在他用来表达他的批评意见的简洁明了的用语的后面却依然可以看到决定他的评价的诸范畴：语言的纯洁、形式的完美、放弃喋

喋不休的日常用语和做作的小玩意儿对他来说同样是文学成就的重要
标准。谁达不到这些标准，谁就会遭到一种无情的判决，这种判决即
使在致菲莉丝的信中有时带上嫉妒的色彩，也是必须作为审美的评价
而认真加以看待的。

　　维也纳和柏林现代派的代表性人物受到颇为严厉的谴责，而卡夫
卡却往往满怀敬意地提及他的布拉格同人。布罗德的文学创作受到质
疑，却仍然受到称赞，这是不言而喻的：友好情感在这里主宰着审美
评价。弗兰茨·韦弗尔受到明确的赞扬，一封 1913 年 1 月 1—2 日的
信着力推荐他的柏林朗诵会："（……）你无论如何也一定要去。"几
天后卡夫卡自豪地给菲莉丝寄去一册《世界之友》，韦弗尔在书中写
上了"赠一位陌生女人"的题词。维利·哈斯和奥托·皮克的并非毫
无瑕疵的文学活动受到赞同的、最终不加批评的评价。对熟悉的环境
卡夫卡不需要特别明显地划清界限。他只想在他自己陷于危险境地之
前通过像一个海盗那样攻击竞争者的方法在陌生的海域确保他自己的
地位。

　　每逢菲莉丝看来不加选择地举出陌生作家的名字，都会唤起卡夫
卡的嫉妒，这是因为在他看来这会分散交谈的注意力。他的信想要建
立的那种线路不可以受到干扰。卡夫卡只有在他能够不受限制地全神
贯注于她和想象中的她的形象，并且他的这种静心养性的态度不受到
敌对的环境干扰时，才有能力爱菲莉丝。1912 年 12 月 19 日他用一
个愿望来结束他的信，这愿望反映出不受干扰进行冥想的理想境界：
"完全单独，最亲爱的，我想完全单独和你在一起，完全单独地在大
地上，完全单独地在天空下，不精神涣散地，完全聚精会神地在你之
中过我的生活，过我的属于你的生活。"这一想法并不标明最终将是
同伴在肉体和精神上结合的共生。更确切地说，菲莉丝的功能在于她
构成能让卡夫卡写作的空间。这个空间一旦擅自活动起来，寂静写作
的梦想便会归入不自主的惊恐之中。

靠不住的奇迹

　　发给菲莉丝的 1913 年的新年信卡夫卡用一句阴郁的评语结尾。在回想起希波吕特·泰纳的《法国革命时期目击证人报告集》——他在 12 月读了该书的 1911 年德文版——的时候，他沉溺于想象之中，他想象在恐怖统治时期一对对夫妇戴着手铐并排被带往断头台。他觉得自己，信中这样写道，以同样的方式和菲莉丝捆绑在一起。1913 年 2 月中，他以令人痛苦的坚定口吻声言："（……）一根结实的绳子把我们联结在一起，是上帝不喜欢用一条锁链绕住我们嘛。"这一具有代表性的想法一年半后，在和菲莉丝正式订婚后的卡夫卡的日记中重又活跃起来，该则日记称，他曾在家庭庆典上觉得自己像一个"罪犯"那样"被捆住"了。每逢琢磨菲莉丝的事情时，卡夫卡总会情不自禁地想到锁链的形象。

　　新的一年以好几场婚礼开始。1913 年 1 月 12 日，瓦丽·卡夫卡和约瑟夫·波拉克的婚礼在英才街犹太教会堂举行。早先的期限因巴尔干战争爆发——由于怕土耳其人向前推进至君主国东部地区——在 1912 年秋被推迟了。婚礼隆重举行，发出了 600 多份邀请。卡夫卡的任务是，作为"男傧相"陪同担任女傧相的美丽的表妹玛尔塔·勒维走进犹太教堂。尽管这郑重其事的婚礼仪式使他感到不舒服，他还是不能隐瞒他乐意在这位具有吸引力的表妹身边——莱奥波德·克赖特纳后来谈到这位"迷人的"玛尔塔——担任这个角色。他像是顺便说说似的向菲莉丝·鲍尔称赞这位"令人愉快、漂亮、风度高雅和尤其是十分体贴人的"女性的品质，这立刻——也许也是在预期中的——引起来自柏林方面嫉妒的询问。在紧接着的典礼上他向参加婚礼的宾客致正式欢迎词。他再度为失去一位妹妹并不得不把兄长的很有影响的合法地位割让给一位丈夫而感到痛心。在整个典礼过程中，据他坦承，他始终都处于一种"干涸的、垂头丧气的状态"。在很晚的时刻他躲进一家咖啡馆，这种状态才渐渐清除。他独自坐在那里，翻阅月刊《艺术和艺术家》并仔细观看了一组胡诺雷·道米尔的讽刺漫画，其中的一些典型人物将他从折磨人的现实中解放出来一会儿。

1913 年 2 月 2 日马克斯·布罗德与艾尔莎·陶西希之间的婚礼是一个更为重大的事件。并不奢华的典礼中午时分在勃里斯托尔饭店举行，它同时也是一场送别会——这一对几小时之后就将起程赴法国里维埃拉做一次蜜月旅行。儿子失去了妹妹和这位朋友，失去了他的身份的保人，这两个保人先前曾批准他可以不必长大成人。现在卡夫卡再也没有能力摆脱外部情况的法则了：他开始明白自己是在一个旋涡里游泳，这旋涡的吸力他实在难以逃脱。自与菲莉丝通信以来他一直戏耍压制的决断职责如今沉重地压在他肩上：他召来的幽灵，如今他不可以将其甩开。

还在 1912 年 11 月底，菲莉丝不见得愿意长期担当书信情人角色的征兆就已经愈来愈多。她用温和而坚定的口吻向卡夫卡询问他是否愿意在圣诞节期间去见她，说是她想在山区过圣诞节。他直截了当地回信说，他打算利用这段时间进行写作，但同时答应到菲莉丝的度假地去和她会面。当她同意他的建议时，他突然找借口，说是公务方面的日程安排定不下来，后来又说是他妹妹的婚礼延期至 12 月的最后几天，故此计划好的圣诞节度假不得不作罢。乘火车去柏林费时八小时——只要自己愿意，这么一段时间总是可以拿得出来的吧。然而不是外部的，而是内在的障碍阻挠他成行，这一点可以从这趟旅行"不可能，无法想象"这句话上看出。在卡夫卡将菲莉丝改造为一个仅仅保存在语言中的人之后，他难以接受这个鲜活的人物，因为这破坏了他对她的印象。他是一个另样的皮格马利翁[1]，这个皮格马利翁为自己创造了一个人造女郎，但却不——这是他和这位神话人物的不同点——盼望现实中存在这么一个女郎。

1　皮格马利翁（Pygmalion）：希腊神话传说中的雕刻家，塞浦路斯之王。据说他爱上了自己雕刻的象牙女郎，他祈祷爱神赐给他象牙女郎为妻，女神满足了他的要求，于是象牙女郎就有了生命，他们就结了婚。

　　在新的一年里不得不过了四个月才和菲莉丝再次见面。1913 年 3 月 16—17 日卡夫卡终于冒险向前推进了——就他的情况而言极其大胆的——一大步："直截了当地说吧，菲莉丝，复活节，星期天或星期一，你可以为我腾出任意一小时来吗，如果你可以的话，你认为我来好吗？"在菲莉丝向他传递出期待会面的信号之后，出现了惯常的答应和回绝的变化交替，因为卡夫卡一再害怕自己的这种主动性。他使出的伎俩到了生活和文字最终不再相符的地步：当他 1913 年 3 月 22 日下午已经和奥托·皮克及捷克作家弗兰蒂塞克·科尔一起坐在去柏林的火车里的时候，菲莉丝收到了一封折叠成信封状的封缄信片，说是"还一直未决定"。卡夫卡下榻阿斯卡尼饭店，这是中等级别的饭店，坐落在安哈特火车站不远处波茨坦广场边上的柯尼希格雷策街。3 月 23 日——那是个复活节星期天——他去伊玛努埃尔教堂街菲莉丝的寓所接她并在那儿偶然遇见了她的兄长费迪南德；没有做正式介绍，因为卡夫卡曾请求把在家庭圈里公开引见他推迟到以后有机会来访时再做。

　　七个多月后的第一次会见可能颇有些拘谨和尴尬。在两人于信中几乎什么知己话都已互相说过之后，现在他们认识到，作为血肉之体在音容笑貌、举手投足上互相仍然是多么的陌生。为了躲避大城市生活的喧嚣，他们乘坐公共汽车去格伦德森林并在那里散步两小时。不知什么时候他们并排坐在一个树干上并试图忍受这种扰人的接近：这种缩短以往的空间分隔使他们互相分离得更远。在打电话时，卡夫卡将这样写道，他觉得自己比在此时此刻更熟悉菲莉丝：一种观察，有鉴于他对危险的传媒的病态恐惧这一观察显得特别有分量。

　　对于卡夫卡来说，与现实的菲莉丝面对面，如他预料到的那样，永远是一个有双重危险的举动。他其实觉得这没什么吸引力，而且还破坏了辛辛苦苦树立起来的爱情幻想，而这却是只有在书信传媒中才可以策划成的爱情。后来卡夫卡一再流露出，他觉得菲莉丝的容貌多么没有魅力。柏林会面几天之后他用语义双关的话语给她写信，说是他"盯着这张实实在在的、人的、势必有缺陷的脸"并且"迷失在其中"。只有当他在想象中作为自己的主人拥有无限权力的期间卡夫卡才会在现实魔力吸引下"迷失"。没有文字这一疏远要素他就一定会暴露在菲莉丝的外貌所显露的"缺陷"面前。造访柏林变成进入一种麻烦的现实的旅行，这一现实现在与轻浮的想象王国并存：从前的幻想因此而无可挽回地失去了。所以当他声称在这次造访之后菲莉丝对他来说是"一个比任何时候更不可思议的奇迹"的时候，这不是美化，而是感情疏远的表露。由于她错误理解了这句话，她便当即回信，说是她"已经离不开他了"。实际上菲莉丝在他眼里所表现出来的这个"奇迹"是她的影响作用的破灭：是这接近磨灭了幻想的产物并从而制造了新的距离。

辛辛苦苦筹划好的柏林之行只提供与菲莉丝仓促的下午会面，他们没有另做别的会晤。这趟旅行的特有的逻辑是，情人自己在能够鲜活起来并触手可及的时候迅速又回到想象中去了。但是似乎不仅卡夫卡，而且菲莉丝本人阻止了在复活节周末的第二次见面。星期天晚上他独自去大都会剧院，看了那里上演的轻歌剧《电影女王》，这是一部让·吉尔贝特谱曲的作品。估计已经看过吉尔贝特的《汽车宝贝》并且 8 月在布拉格对此赞赏有加的菲莉丝曾建议他看此剧（这是一部花钱很多的颂扬电影文化及其早期明星的作品）。第二天卡夫卡应皮克的邀请来到波茨坦广场边上的约斯帝咖啡馆，那里已经有一些有名望人士在座：在一张桌旁坐着阿尔伯特和卡尔·埃伦施泰因，保尔·蔡希和埃尔泽·拉斯克尔-许勒。由于大部分都是沃尔夫出版社旗下的作家，所以大家向沃尔夫这位共同的良师益友寄去一张明信片："您的出版社作家的一次全体大会向您致以衷心问候。"

3 月 24 日下午卡夫卡和皮克及科尔一同去莱比锡。他在那里再次遇见弗兰茨·韦弗尔，另外还遇见了吉茨夏克·勒维，此人由于签订合同时的一个疏忽被迫带着他的剧组轮流在柏林和莱比锡演出（一种毁灭性的安排，它几乎耗尽了他的酬金）。与库尔特·沃尔夫的一次短暂会晤的中心议题是卡夫卡的新的写作计划，马克斯·布罗德曾知会韦弗尔这一计划，后者从他那方面向这位出版商就此计划做了说明，不过他自己对此计划也不甚了。卡夫卡在这方面自然依然有所保留，只是含糊地答应几个月后寄出一份准备好的稿件。1913 年 3 月 25 日，星期二，他取道德累斯顿返回布拉格，让忙碌不停的会面、皮克的不间断的独白以及他脑海里的嗡嗡声弄得心力交瘁。

　　1913 年 4 月初，卡夫卡开始在位于布拉格北部地区的努斯勒城区的莱农卡尔·德沃尔斯基处每天干两小时活。要用体力劳动把招致失眠和抑郁的头脑里的鬼怪驱除掉。他向此时正在法兰克福参加一个办公用具博览会的菲莉丝做了有关这项新下午劳作初步效果的报道："肌肉当然放松了一些，体重增加了一点儿，身形变直了点儿，自尊心因此而提高了点儿。如果一个人没有良好的先天的资质，在过一种写字台和长沙发生活时身体会不断受到损害和震撼，如果这个身体有一天自己用铁锹来损伤和震动，那么这当然就不可能完全没有意义。"然而菜园劳作的治疗效果似乎有一定限度，一则 1913 年 10 月 15 日的日记透露："可是这头痛，这失眠！"

　　5 月 11—12 日，在圣灵降临节期间，卡夫卡第二次造访柏林，这一次他也正式被介绍给菲莉丝的家人。这不是安闲会晤的有利时机。费迪南德·鲍尔和他上司的女儿吕迪娅·海尔博恩订了婚并在由家人确定的两个"接待日"接受亲友们的庆贺。卡夫卡在圣灵降临节的星期日和菲莉丝在尼古拉斯海滨散了散步，大城市的嘈杂声在那里听起来只像远处的海涛。第二天他拿着一束鲜花出现在维尔默尔斯多尔夫街的新寓所来和家人见面。父亲并不掩饰自己的奥地利出身，他随和地闲谈，母亲却显得生硬、死板、矜持：一个有着顽强的习俗观念的普鲁士犹太女人，菲莉丝的这位古怪朋友无疑是不喜欢这个女人的。姐姐艾尔娜也来参加订婚礼了，12 天前她在汉诺威生下一个女儿。3 月中，在菲莉丝用含糊的暗示谈论过她的"不幸"以后，卡夫卡就已经见过一张艾尔娜的照片，她不得不将这张照片寄给他，因为他为自己的想象力和同情需要直观教具（"以便我知道，你为谁担心"）。照片似乎把他吸引住了："她的眼睛的神态以及它们与鼻子的比例是总是使我伤心的那种犹太姑娘所具有的。嘴角还有一丝独特的柔情。"对家人隐藏着自己内心深处的秘密的艾尔娜·鲍尔，如他后来所写的，是唯一的一个他在圣灵降临节会面时"立刻感到比较亲近"的人。

卡夫卡从柏林返回后几乎就没有些许思考的时间了。菲莉丝在德国奔波，为商务洽谈和销售而疲于奔命。1913 年 4 月她就已经在法兰克福"商业需求和广告"博览会上为她的公司推销了两个星期之久的货物，接着就马不停蹄地奔赴哥廷根和汉堡。菲莉丝在火车站上，在餐车里以及在电车上写她的信。卡夫卡则过着一种表面上井然有序的有规律的日常生活，这可以使他的神经镇静。这与菲莉丝的紧张忙碌形成对比，这种生活使他惊恐，因为它不容许片刻的延缓。他在夏天买了一条自己的船，他有时乘坐这条船行驶在摩尔道河上，然而生性吝啬的他却感到生气，因为这条船同时也被陌生人使用，这是他从房间的窗户看到的。在野外的放松练习有助于积聚新的力量，他为了一种要他花费不眠夜晚的意志行为而需要这力量。在一封 1913 年 6 月 10 日开始写、但六天后才写完的信中他问菲莉丝，她是否愿意成为他的妻子。同时他按习惯附上一份不利于求婚的他的毛病和缺陷明细表。这是一封荒诞的求婚信，它试图通过这样的方法博得收信人的好感：他向她说明她"决不可说'同意'二字"。在《一场战斗的描写》中，祈祷者言简意赅地声言，"表白在人们收回它们时变得最清楚"。卡夫卡的信也显现出这种是非心鉴别法的特征：它表现出一种佯谬的自我驳斥形式的痕迹，在这一形式中真相与假象再也不可以分开。

柏林方面在 1913 年 7 月 1 日用惯常的普鲁士式的坚定口吻做出回应：接受这个令人感到奇怪的求婚申请，尽管这一提议带有不怎么妩媚可爱的自我损毁辩术的特征。答复接着就来："即使这样你也要背这个十字架，菲莉丝？试着做某种不可能做到的事？"现在，在外部阻力克服之后，卡夫卡对自己是否适宜结婚的怀疑扩展为一连串抑制不住的自我谴责。他把自己说成甲虫、寄生虫、住地下室的人、侏儒和猴子，使出了他的一整套自我贬低技巧："你还记得我那只有着一个儿童和一只猴子的手指头的、长长的瘦骨嶙峋的手吗？如今你是在把你的手放在这只手上。"这些充满阴暗色彩的致菲莉丝的信将再也不会产生像在 1913 年夏她对他的求婚表示同意后那样令人痛苦的受虐狂的和毁灭性危害的结果。他向她预言她若和他结婚就要做出自我牺牲并向她预告一种婚姻，说是这种婚姻形同"一种在一个懊恼、悲伤、沉默寡言、情绪恶劣、病病歪歪的人身边的修道院式的生活"。自我谴责的论据似乎是驳不倒的，因为它们来自远离正常生活之稳妥理解能力的一个严寒地带："我的反证没有结束，因为它们的行列是望不到尽头的，不可能性不断得到证实。"

在 1913 年 7 月 3 日他的 30 岁生日这一天他与母亲谈到他的"未婚妻"之后，发生了一起出人意料的事件。尤丽叶·卡夫卡请求她的儿子允许自己去了解菲莉丝的家庭情况，以审查其支付能力和市民声望。在儿子未事先征得柏林方面允许便放手让母亲去做之后，这位母亲便向一家咨询处咨询，在此后的几个星期里这家咨询处收集了有关夏洛滕堡区鲍尔家的信息。卡夫卡事后才向菲莉丝坦白承认他的不忠诚的和不怎么有责任感的行为方式，而菲莉丝则毫无怨言地接受这种做法，虽然某些家庭情况她需要加以掩饰，一如不久前的情况表明的那样。在这样的问题上，19 世纪的市民世界用蒙眬模式伸入战前时代。着手进行一门婚事是一种社会行为，它发生在个人私事另一边的荣誉、声望和道德的战场上。鲍尔家庭历史上的阴暗地带咨询处没注意到，这反过来又显示，对市民声望表面上的一套检查在很大程度上已经流于一种空洞的形式。咨询处的卷宗只突出了菲莉丝的厨艺，它具有一个差劲普遍性幻象的性质："简直每句话都是不真实的。完全是老一套，也许真正的信息根本就是得不到的，即使咨询处可能了解到真实情况。"1913 年 7 月 24 日，赫尔曼·卡夫卡正式通过儿子获知订婚计划。父亲像一个经纪人那样宣布，他要去柏林与鲍尔家为嫁妆的多少讨价还价——卡夫卡总算还是没让这一意图实现。

　　自圣灵降临节起他就一直打算给卡尔·鲍尔写一封信，他要在信中正式向他的女儿求婚。然而不管是这封信还是咨询处都不能——他这样猜想——说明他的情况，都无法说明他的文学写作所透露的情况：真实情况蕴涵在虚构的世界中。1913 年 7 月底，他把这封费尽心思写成的信寄往柏林。1913 年 8 月上半月，菲莉丝和她的当礼仪小姐的表妹艾尔娜·丹齐格一起在科尔特岛上的威斯特兰过她的年度假期。她的去她那儿待几天的建议被卡夫卡拒绝了，说是他必须代替他的上司在办公室里工作。8 月底，卡尔·鲍尔在和菲莉丝及他的妻子商谈过后同意了订婚计划。然后这封来自柏林的准信却再次引起卡夫卡对这具有决定性的最后一步越来越大的恐惧，这一步有制造出不可逆转的情况的危险。他一旦决心结婚就要听命于一种生活的法则，而这种生活却在其看似明确的解决办法中显示，它绝不会和文学写作协调一致。满足对婚姻和市民角色存在的模糊渴望，如他认识到的那样，意味着他的作为儿子和作家的自我的毁灭。所以在 1913 年 8 月 28 日，他就在一封按他的意愿她应该转交给她父亲的信中向菲莉丝做了一阵猛烈的自我谴责。他所开列出来的毛病编排得很巧妙，因为它们听从消极属性相互补充和提升的原则："我沉默寡言、不爱交际、快快不乐、自私自利、意志消沉和确确实实病病歪歪。"菲莉丝坚决压下这封信，因为她能够预见到此信将会对她父母产生灾难性的影响，但是她自己显然就受到了伤害并且大失所望。卡夫卡的突然冒出来的自我怀疑对她而言仅仅是讳莫如深的借口而已，已经接受了他的求婚之后的她觉得这些借口既陌生又滑稽可笑。她的健全的理智没法理解：一种人生构思在这里遭到危险，婚姻一旦实现，它就一定全破灭。这是只能作为儿子，却不能作为丈夫进行写作的艺术家的构思。

　　捍卫只由"文学"组成的自我通过表明撤回到唯我论世界的礼俗伎俩进行。卡夫卡使出自我反省来应对因遵守婚姻信条而对日常生活的屈从。1913 年 9 月初他读海因里希·劳贝的《格里尔帕尔策尔传》

（1884），他以为在这本传记中找到了表明极端孤独对作家写作成功具
有重要意义的证据。他自 1913 年夏末写给菲莉丝的信的口吻越来越冷
淡。8 月 15 日的信中有这样的话："大量通信是一种征兆，表明事情
有些不对头了。和睦不需要信件。"此时此刻卡夫卡已经给菲莉丝寄
去了 287 封信，他们之间显然并不和睦。

从维也纳到加尔达湖

1913 年 9 月 6 日，星期六，卡夫卡在奥托·皮克的陪同下起程去
维也纳。为了使菲莉丝可以平心静气地进行思考，他建议她在他旅行
期间别继续通信。在火车里，如同在复活节柏林之行时那样，他受到
皮克对文学活动孤芳自赏式的连篇空话的折磨。"相当反感，"日记这
样写道，"他折磨我，可是他却声称是我在折磨他。"卡夫卡想在维也
纳和他的上司欧根·普福尔以及公司经理罗伯特·马施纳尔一起参加
救援事业、工伤预防和卫生保健国际会议。此后不甚明确地打算继续
旅行奔赴北意大利，此行本应由皮克陪同他，但是鉴于乘火车时那明
显的不谐和音这件事如今不再予以考虑。卡夫卡下榻赛勒街的马恰克
尔饭店。他的房间与皮克的房间紧挨着，中间只隔着一条过道。晚上
他遇见弗利克斯的妹妹莉泽·韦尔奇，她和她父亲正在参加已开了六
天的第九届犹太复国主义国际会议。1913 年 6 月中卡夫卡曾谈论过她：
"（……）在布拉格我不知道有哪个姑娘让我如此喜欢的（……）。"这
位刚满 25 岁的少妇觉得自己受到家庭的束缚，沉浸在对一种重大觉
醒的朦胧渴望之中。1914 年春，她离开布拉格去了柏林，在那里和她
兄长的一个名叫莱奥·赫尔曼的朋友一起为犹太复国中央局工作。莉
泽·韦尔奇在随后的两天里不离卡夫卡的左右，她觉得他很性感。她
加入卡夫卡的生活中起着独特作用的姐妹人物的行列。她们虽然发
出一种似乎受这位知心、朋友的敏锐嗅觉支配的性允诺，但是她们对
他来说主要作为女帮手而具有重要意义，即使在她们受苦受难时，她

维也纳游乐园，1913 年 9 月 7 日；卡夫卡身旁从左至右：阿尔贝特·埃伦施泰因、奥托·皮克和莉泽·韦尔奇

们也不会失去依靠。

9 月 7 日下午，卡夫卡和皮克一起遇见了维也纳作家阿尔伯特·埃伦施泰因，五个月以前此人在《柏林日报》上把《观察》誉为"一位天才作家的奇异而精美的书"。作为抒情诗人却喜欢以病态性欲患者身份出现的埃伦施泰因的作品，卡夫卡跟马克斯·布罗德相似，不怎么欣赏。晚上他和埃伦施泰因、皮克及莉泽·韦尔奇一起逛游乐园。他们在一架飞机模型上合影留念，这架模型飞机可能让卡夫卡回忆起布雷齐亚的飞行表演。莉泽·韦尔奇坚持要大家别错过游艺靶场、旋转木马和大转轮这些年市游艺活动。卡夫卡再次遭受皮克喋喋不休、夸夸其谈的折磨，对为人和蔼亲切的埃伦施泰因他也建立不起亲近的关系，因为他内心依然对此人对自己作家地位的认识及其作品墨守成规、缺乏激情的用词风格感到格格不入："他的诗引不起我多大兴趣。"晚上，喧闹声在维也纳一家咖啡馆里逐渐平息，他们在那里遇

见了费利克斯·施脱辛格尔（未来的赫尔曼·布罗赫作品出版者）和跟卡夫卡6月底在布拉格就已经有过一面之识的作家恩斯特·魏斯。

9月8日卡夫卡和莉泽·韦尔奇一起参加1897年8月由西奥多·赫茨尔在巴塞尔创建的犹太复国世界组织的大会。自赫茨尔去世后这个组织的所在地便不再在维也纳，而是在德国，先设在科隆，自1911年起，随着自然科学家奥托·瓦尔堡开始任主席，便设在柏林。正式的大会语言是德语（这在世界大战后才更改）。在维也纳总共聚集了将近10000名与会者，他们来自整个欧洲，但是也有长途跋涉从巴勒斯坦、加拿大和美国前来与会的。斑驳陆离的议题给人以一种混乱无序、杂乱无章的印象：除了巴勒斯坦工人代表的以实践为目标的经验报告，农业经济和集体经济论述，移民日常生活和学校教育论述之外，还有犹太复国主义的身份形成问题、语言政策和犹太文化问题的理论上雄心勃勃的专题报告。有几个部门的活动一直延续至深夜，多次引发激烈争执，有时希伯来语也被用作讨论语言。莉泽·韦尔奇因感到无聊而朝大厅里抛纸球，而卡夫卡却一再敛容注意倾听发言，虽然他认为大多数讨论都是"乱弹琴"。他心里明白，犹太复国主义的命运将不是在会议厅，而是在巴勒斯坦的土地上做出抉择。

参加犹太复国主义大会只是一个小插曲。一天后，9月9日，救援事业大会开幕，卡夫卡因公务上的原因应当参加这一会议。因为有200个报告人和1000个听众参加，所以大会在宏伟的帝国议会大厦举行，往常那可是奥地利议员们开会的地方。这里也呈现出斑驳陆离的议题，它们可能比犹太复国主义大会的那些议题更引不起卡夫卡的兴趣。话题集中在保险技术、劳动组织和工伤保护问题上：一位维也纳中小企业督察员做有关"汽油洗衣作坊火灾和爆炸危险之预防和克服"的专题报告，一位工程师阐述"用混凝土预防建筑物坍塌质量检验法"；一个配有影像的论述"事故预防和电影制片技术"的专题报告显得很合乎时代精神——并且很有公众效应。9月11日欧根·普福尔发言，谈"奥地利事故预防组织工作"。4月底，卡夫卡如他声言的，

"怀着最空虚的头脑"起草了这篇针对现代劳动安全原则问题的、颇具才智的文章。9月12日罗伯特·马施纳尔发言，他也是在一篇由卡夫卡草拟的文章的基础上谈了布拉格保险公司的历史。

大多数专题报告卡夫卡没注意听，他沉浸在对菲莉丝以及即将来临的旅行的思绪之中。9月11日在胡浮堡皇宫以及两天后在金碧辉煌的维也纳市政厅为会议参加者举行的招待会他躲避不了，然而考虑到自己心境不佳，宫廷剧院晚场的专场演出他没去看。一如夏季以来常有的那样，如今他也感到筋疲力尽、身心憔悴，几乎无法支撑日常业务工作。无论是大会招待会，还是大型会议外的交谈，他的旅行日记都不曾谈及。

1913年9月14日凌晨，卡夫卡独自乘火车去的里雅斯特，他只在那里度过晚上和夜间的时光。第二天他从那儿冒着狂风暴雨坐轮船摆渡到威尼斯。行船途中他遭到的"小小晕船病"的体验后来进入长篇小说《诉讼》的一个情景，在那里说是约瑟夫·K觉得自己"像是得了晕船病了"。在这座潟湖岛上的城市里，他租了一个奥地利人经营的桑特维斯饭店里的一间房间。卡夫卡能够从窗户眺望威尼斯最美的林荫道并俯视不远的、80年前乔治·桑和阿尔弗雷德·缪塞曾下榻过的达尼利饭店。当他在9月16日早晨从床上看见"威尼斯的明朗的天空"的时候，他似乎突然对将不会与菲莉丝有共同的未来确信无疑了。情书的语言沉寂并且将永远也不会再像去年冬天幻想控制着这种语言时听得到了："我们必须告别。"

对于卡夫卡来说威尼斯是一座没有文字的城市。他按照约定不再给菲莉丝写信，但是也不记日记。尽管他处于不幸的境地，现在运河、桥梁和小胡同的病态的魔力却依然开始对他产生影响。威尼斯的魅力——他这样对马克斯·布罗德表示自己的看法——人们在极度消沉的时期也几乎无法摆脱："这多美，我们这儿的人多么低估了它！"只有蜜月旅行者们的景象引起他的反感和厌恶。一想到他必须和菲莉丝一起遵循这种纯属形式上的幸福的礼仪他便惊骇无比。在他还没来

得及清醒神志适应这个季节特别稠密的游客潮流那生气勃勃的节奏，
在威尼斯度过了三天之后，卡夫卡便乘火车去维洛纳。他再次扮演观
察者的角色——他混进一个（为庆祝 9 月 20 日国庆节而举行的）民间
节日的宾客之中并观看庆贺者们跳舞。下午他去看电影，看到感人的
情节时眼泪止不住地流下来。估计是音乐剧《波维里和平比》，两个
孩子的故事，他们和父母分离，经历了一段"悲伤的苦难生活历程"。
在电影院门厅里，人们为营造感伤气氛而播放意大利男高音卡罗索的
咏叹调唱片。"享受通达人情的关系，"卡夫卡就他的观察家角色这样
冷漠地写道，"这是我善于做的，亲身经历它则不然。"

　　他从维洛纳去加尔达湖畔的德森察诺，从那儿搭乘轮船去里瓦，
9 月 22 日他在冯·哈尔通根博士的豪华疗养院里租了一个房间。那
是一所知名的水疗法疗养院，它在湖边的大片设施，海因里希和托马
斯·曼、鲁道夫·施泰讷以及奥托·布罗德作为疗养客已经光顾过。
与 1909 年第一次逗留不一样，现在，仅仅是 4 年之后，卡夫卡获得了
一种日益动荡不安的印象：此时里瓦有 14 家饭店互相争夺来自世界各
地的旅游者。然而在随后的几天里他却迫使自己收敛好孤独的习气。
他参加疗养客座谈会，在客厅里度过晚上的时光并让一个"年轻、很
富有、很优雅的俄罗斯女人"用纸牌为自己算命。吃饭时他和一个
"个头矮小、看上去像意大利人的瑞士女人"以及一位奥匈帝国退休
军官坐在一起。9 月 28 日在一封致马克斯·布罗德的信中谈到这位退
休军官，说他通常都沉默不语，但他一讲起话来，便显得"比别人全
都高明"。这是匈牙利诺伊齐德勒的 66 岁的路德维希·冯·科赫少校，
此人自几个月前就过上了退休生活。他患有严重的神经衰弱症，他试
图在医生建议下用浴疗法治疗这病症，但没取得多大成效。正常情况
下他的名字跟每一个除卡夫卡以外的 1913 年 9 月住宿在哈尔通根疗
养院的病人的名字一样会被忘记。然而 1913 年 10 月 3 日早晨科赫在
自己的房间里饮弹自尽。这件事在地方报刊上被公之于众，警察介入
调查似乎不可避免，疗养院方面忧心忡忡试图平息浪潮。奇怪的是卡

夫卡对这起扣人心弦的事件只字未提。也许他对布拉格朋友们避而不谈此事，是因为在这起自杀事件的阴影里一个完全另样的故事正在形成：与和他同桌吃饭的瑞士女人的恋爱关系。

对这位年轻女子我们知之甚少，自10月的头几天起一种亲密的（虽然不是爱情的）关系便把卡夫卡同她联系在一起。出于保守机密的原因，他在日记中只用了大写起首字母"G. W."。这位瑞士女人18岁，"半拉孩子"——按卡夫卡的简洁描述：天真、质朴、落落大方且热情奔放。弄清她的身份的全部尝试都归于失败。甚至有人曾试图借助伪造赋予卡夫卡的生活中的这位重要陌生女人一个完整名字、一段生平和一张面孔。不过G. W.保住了她的神秘人物身份，这倒也有其内在的合理性。她与卡夫卡的文学生涯严丝合缝，因为她跟后来的长篇小说的主人公一样只限于首字母。这位瑞士情人来源于一个生活与文学之间的中间王国，这个王国无法清楚地加以丈量：谁知道经历在哪里结束，幻想在哪里开始？

在头几次约会后卡夫卡就已经被瑞士女人的自发方式吸引住了，它明显有别于菲莉丝·鲍尔的并不多愁善感且重实际的经营头脑。后来一则日记强调了她的"自我忘怀"和兴奋能力以及她的"纤小的生气勃勃的身体"。这里显示出一个性爱的基本模式，它从此以后将对卡夫卡的生活产生深刻影响：对年轻女人的好感，她们吸引他，因为她们似乎还生活在固定的角色陈规和规范的另一边。显然还处在意大利经历的印象中，1913年11月10日他声言，他"同情"面临"向妇人转变"的每一个姑娘。他的对稚气新娘类型的人的爱好为一种正统的男性幻想所决定，这一点他可能是意识到了的。他试图用少不更事来掩盖自己的矛盾立场。那种让他周围的许多女人着迷的魔力似乎翻转过来对瑞士女人产生了影响。卡夫卡的秘密就在于表面上看来并非有意，然而这种并非有意使他——并非无目的的——对她们的态度显得突出。他是个没有引诱意图的引诱者，这个角色他将终生扮演——作为不想有父亲身份的儿子。

卡夫卡和瑞士女人一起泛舟加尔达湖，在晚夏的天空下随波逐流，摆脱了写信和文学写作的束缚（在未来的岁月里他也把他的疗养院逗留当作休闲时期，在这期间他完全不从事写作）。这段恋情延续了将近两个星期，直至他起程之时。后来他情绪忧郁地回忆："悲伤和爱情的甜蜜。在船上受到她含笑注视。真是美不胜收。"晚上他们敲击天花板发出信号相互交谈（瑞士女人就住在他上面），越过阳台互相调情，但是让事件严格保持在一个柏拉图式的阶段。一个月后卡夫卡满含讽刺地记下这样的话："和 W. 的相识"阻止了和诱惑他的优雅的俄罗斯女人的亲近。他并非没有内心约束地抵御情欲的诱惑，选择了学生之恋，这情欲，一如他的长篇小说将显示的那样，通向文件保管室蒙上灰尘的堆积如山的文件堆和小酒馆的啤酒洼儿：通向肮脏的底层。

1913 年 10 月中卡夫卡强调指出这段意大利风流韵事在他人生道路上的重要意义："我第一次理解一个信基督教的姑娘并且几乎完全生活在她的作用范围内。"他们难舍难分，卡夫卡不得不"安排重要活动"，好让瑞士女子"不会当着众人的面啜泣起来"。她取得他的决不泄露她身份的诺言。她的愿望也可以从顾惜他的订婚中得到解释，他订婚这件事的底细她是知道的。他同时还透露，她和卡夫卡，和这位用密码书写的大师一样也对捉迷藏游戏有一种几乎是孩子气的兴趣。几个星期后，在已有秋意的布拉格，他梦想为她写童话：这与这种游戏性质十分相称。看来 G. W. 是一个稚气新娘，可能属于一个迟到的、已经疲倦了的浪漫派的常备角色之列。

卡夫卡 1913 年 10 月 13 日从意大利返回之后，起先他避免向菲莉丝讲述他的度假艳遇。到了初冬通信几近完全停顿的时候，他才向她披露这段秋日恋情（她起先对此报之以几个星期之久的沉默）。出于谨慎，他只把这姑娘描述为"瑞士女人，却住在意大利格诺阿附近"，没有进一步透露她的身份。他向菲莉丝忏悔时的那种超然和矜持掩饰了他此后还回忆起这个情人的事实。1914 年 7 月他从柏林乘火车去卢

卑克，车厢里有一个年轻瑞士女子坐在他对面，这个女子使他想起了
G. W. 。他又采取——像在黑德维希·魏勒和菲莉丝·鲍尔事件上那
样——保持距离的技巧，他把他的这位旅伴作为和度假女友面貌极相
似的人来描写："难看的、保养不善的矮小身体，一家巴黎百货公司
的廉价差劲的衣裳。脸上有雀斑。双脚却小小的，一个虽迟钝但因矮
小而十分沉稳的身体，滚圆而结实的面颊，炯炯而永不熄灭的目光。"
在这番描写的过程中卡夫卡的眼神滑向一张美丽的脸庞，他不得不故
意间离这张脸，以便逃避它的魅力。压制回忆情人的尝试落空了。她
的形象像一个原型那样沉积在他的记忆中，沉积在 1913 年秋加尔达湖
畔那张抓拍的快照上，当时她可是策划逃避与菲莉丝成婚的共犯哩。

格蕾特·布洛赫的介入

"坐在一辆电车的犄角，裹着大衣。"隐姓埋名行驶在城市里的独
来独往者的这幅自画像很能说明卡夫卡 1913 年 10 月中从里瓦返回后
的心境。他担任了沉默者的角色，这个沉默者正在退回内心生活的保
护区。1913 年 10 月 29 日菲莉丝寄来了第一封信。但是这封信通向新
的迷宫，她在这些迷宫中迷迷糊糊迷了路，她在夏天已经认识到，文

字领域是一个卡夫卡轻易就可以控制她
的活动场所。她在用尽一切办法之后，
不得不改变策略。她请求新结识的女友
格蕾特·布洛赫，作为她的利益的代理
人在布拉格和卡夫卡商谈：不是让书信
这个传媒，而是让人的声音来协助理清
这已经变得漫无头绪了的局面。

菲莉丝 1913 年 4 月在广告博览会上
结识的格蕾特·布洛赫，21 岁，在法兰
克福蔡斯公司当速记打字员。她不久就

格蕾特·布洛赫，1914 年前后

要搬迁至维也纳，她将于 1913 年 11 月 1 日在那里的艾利奥特-费斯海尔办公机器制造厂代办处上班。一家人住在柏林-威尔默斯多尔夫区霍尔施泰因街的一座大寓所里。父亲路易·布洛赫是一个只是小有成就的旅行推销员，常常手头拮据。受到格蕾特·布洛赫接济的弟弟汉斯在大学攻读医科。他似乎兴趣广泛并且十分活跃，试着写了几篇短小的散文作品，后来它们被交给卡夫卡审阅，他是个活跃的犹太复国主义者，是犹太大学生击剑联谊会的成员，自 19 世纪末以来这类取名为"卡尔退尔-康文特"的联谊会便主要在柏林和布雷斯劳开展活动。1913 年 10 月 29 日格蕾特·布洛赫在一封发自奥西希——在赴维也纳途中她在那里做中途逗留——的信中请求卡夫卡与她在布拉格面谈一次。"我感谢您的邀请，"他简短回复道，"我当然会来，您随意决定见面的时刻吧（……）。"

10 月 30 日，格蕾特·布洛赫中午时分到达布拉格并下榻黑马饭店。在 11 月 1 日赴维也纳之前，她和卡夫卡进行了三次长谈，头两次一直进行到深夜。这一情况就已经显示出一种奇怪的重心偏移。在短短几天内卡夫卡就十分详尽地了解了这位柏林派出的中间人，这是他对他的通信情人迄今一直没能做到的。起先他对这位年轻女人的优雅形象感到迷惑，她并非属于为他所看重的纯洁姑娘这一类型人物，而是，裹着毛披肩、戴着皮手筒和纱头巾，似乎代表了放荡堕落、深通世故的那种女人。然而在交谈中，在角色扮演的桎梏松动了之后，他便迅速对格蕾特·布洛赫产生了信任。生活又比文学走动得慢了，因为这位新相识的名字与一年前写成的中篇小说《变形记》中格雷戈尔·萨姆萨渴望与之血亲相好的妹妹的那个名字相同。了解这样的想象机制的卡夫卡能够贴切地解释这种象征语言：这位中间人的工作立刻便处于被禁止的厄洛斯的强制命令之下。

格蕾特·布洛赫的介入使卡夫卡明白，他对他的柏林情人知之甚少。这位使者坦率地谈到菲莉丝的恐惧和她的病痛。她不厌其烦地描述迫使女友多次进行手术治疗的牙病。她描写菲莉丝的工作态度和菲莉丝在法兰克福博览会上给她留下的印象。可是卡夫卡也获悉了菲莉丝家庭史上的一个令人不愉快的细节，这在拉格咨询处的卷宗里可是没有的。菲莉丝的兄长费迪南德，据格蕾特·布洛赫透露，在他未来的岳父的内衣公司侵吞了大笔款项并变卖其商品以牟取一己私利。他的欺诈行为的败露在 1913 年秋导致与吕迪娅·海尔博恩的订婚立即被解除，这一订婚对于费迪南德·鲍尔来说原本意味着一种社会地位的提升。现在家庭荣誉图上露出了黑色污点，先前他们有充足的理由向卡夫卡隐瞒了这些污点。自他从意大利返回后菲莉丝突然陷入沉默并非仅仅因为不知所措，也是为了保护一个秘密，这一秘密的揭示是会导致鲍尔家受到社会谴责的。

在与格蕾特·布洛赫的富有启发性的会晤后卡夫卡便确信，他必须把通信搁下并大胆地采取面对现实的步骤。1913 年 11 月 8 日，没做什么准备地发了一个简短通知（"我星期六来"），他便在下午乘火车去柏林。然而这趟柏林之行整个儿成为一场令人痛苦的失败。他晚上 10 点半左右到达柏林站，在那里等候菲莉丝，结果白等一场。第二天他只好让信使给菲莉丝送去一封快信，以便让她想起他来。他和她冒着雨在动物园散步两小时，可是他却一直未能说出他急于想提的问题，打听她的家庭秘密和几个星期之沉默不语的原因。中午时分菲莉丝乘出租车离去，她要去参加一个葬礼。他最后从"汽车窗户"看见她在两个陌生男人之间从入口大门走过去——一种透视画法，长篇小说《诉讼》将略加变动后采用这一种手法。下午他"有点儿怅怅不乐"地去舍纳贝格拜访恩斯特·魏斯。菲莉丝答应要打的电话再次没有打来，他也就只好在下午 4 点左右没告别就返回秋日里灰溜溜的布拉格。

在柏林周末的惨败之后通信完全停顿。菲莉丝保持沉默，因为她不能原谅夏季她已经接受他的求婚后他的那种自我怀疑，她无法重新对他产生信任感。岁序更新之时，卡夫卡写了一封长达 35 页的信，信中他坦白承认，而这一番坦承第一眼看上去似乎适用于消除以往几个月的混乱："我爱你，菲莉丝，我怀着我身上人性中的全部好品质，我怀着我身上值得我在生气勃勃的人中鬼混的一切爱你。"然而仔细一看便可以看出，这一表白葬身在警告、怀疑和恐惧之中。信中谈到的这种纯粹的情感被贮藏在一系列从根本上对这一情感提出质疑的保留和否定之中。所以菲莉丝无法把卡夫卡的爱情表白解释为明白无误的信号，而是只能解释为对他从前的自我责备所做的音调铿锵的自我修饰。"我在哪儿，哪儿就没有明净。"1913 年 11 月 6 日他在给她的信中这样写道。

1913 年深秋期间，格蕾特·布洛赫开始转换成一个令人显然感到不舒服的角色。她现在代理菲莉丝接受他发出的思慕和性爱愿望。使他们得以相会的外交诱因逐步演变为一种恋爱色彩浓厚的信件往来，信中那亲密的口吻是不会听不出来的。卡夫卡谈他看到穿皮大衣女人时心头油然而生的那种既害怕又欣喜的感觉，谈他对牙病的厌恶，对疼痛想象的喜悦，他的爱虚荣和他的同情能力。格蕾特·布洛赫则反过来讲述在慕尼黑与一个上了年纪的男人的一桩风流韵事，讲她的偏头痛、失眠和手头拮据。艾里亚斯·卡奈蒂曾断言，说是现在他又在向菲莉丝接近，而且速度加快。然而这一假设却忽略了一个根本区别：面对菲莉丝卡夫卡只是在写作和文字的幻象中触及性爱的深度，而这里的口吻却更直接，更不作假，更明确。他的那些致格蕾特·布洛赫的信用一种独特的形象而肉感的语言来表述性欲。说是他试图，在一封——当然从未寄出的——1913 年 12 月 15—16 日信件草稿中他这样写道，侵入她的整个生命，直达这生命"热起来"那个地点。一个月后他向她承认，说是 1913 年 10 月初次见面时他让她的貂皮大衣给吓着了，他用一种轻松的口气做出这番表白，这种口气让人明显地觉察到他受到的性欲刺激："可是今天哪怕您裹着 500 件这样的破大衣，我也敢把它们全都从您身上脱下来。"

格蕾特·布洛赫跟菲莉丝不一样，她不是不惜撒谎也要为维护表面假象而斗争的资产阶级道德卫道士。她显得神经质，爱卖俏，有点儿执拗。在维也纳，她职务缠身，过着一种几近筋疲力尽的杂乱无章的生活。她工作到深夜，几乎不睡觉，一再卷进变化无常的风流韵事和不正当恋爱关系中。卡夫卡像一个兄长那样待她，告诫她生活要有规律。另一方面他也觉得自己麻木，身心憔悴和迷失方向，致使竟然觉得格蕾特·布洛赫的日常困惑和迷惘是自己情绪状况的影像。菲莉丝则跟她的这位知心朋友不同，即使在做有关晚间舞会和跳探戈舞的报道时，她也显得像一位在谈情说爱时也依然准时和守纪律的普鲁士值勤军官的化身。卡夫卡可能已经意识到了这种地位的差异：格蕾特·布洛赫是个陌生女人，他能够追求她，因为他必须先通过写作得到她，而菲莉丝却已经离开幻想的世界并且已经把他的书信的语言赋予她的光芒出卖给一种市民阶级人生计划的常规束缚。这种人生计划儿子卡夫卡可以暗自欣赏，但绝不可以实施。

格蕾特·布洛赫，征兆察知者，解释者和翻译者，却在此后的直至 1914 年夏天之前的几个月里耍一种别人几乎无法识破的两面派手法。她引用卡夫卡信里的话，转告菲莉丝卡夫卡对婚姻提出的反对意见，可是反过来劝卡夫卡继续走这条已选定的道路并谋求结婚。这时她自己的生活正处于一桩桃色事件激起的情感旋涡之中。1914 年年底或 1915 年年初，格蕾特·布洛赫，如她自己后来陈述的，生下了一个非婚生的儿子。在两封写自 1916 年 8 月 31 日和 9 月 1 日的致菲莉丝的信中，卡夫卡暗示格蕾特·布洛赫的一种"让他深受感动的痛苦"，但并没有进一步说明其缘由。据格蕾特·布洛赫 1940 年向音乐家沃尔夫冈·亚历山大·绍肯通告的，这孩子 1921 年底不满 7 岁便在慕尼黑夭折。马克斯·布罗德曾经——基于格蕾特·布洛赫的一句意义模糊的话——说出这一错误的猜测：卡夫卡是这个男孩的父亲。可是即使人们假设有一种相互间的吸引力，两人之间也不可能有不正当的男女关系，光是空间和时间方面的情况就不允许发生这种事。1914 年夏季之后卡夫卡显然就失去了与格蕾特·布洛赫的联系。估计 1922 年 3 月他在布拉格再次遇见格蕾特·布洛赫。她的来访似乎激起了昔日的性吸引力，他在日记中谈到了"格·布梦幻"。

约请保护人

　　就在格蕾特·布洛赫像一个双重间谍游移在各方之间的时候，卡夫卡也在为自己寻找一个在与菲莉丝的斗争中维护自己利益的代理人。他找到了恩斯特·魏斯来当这个代理人，1913 年 6 月底的一个晚上他和马克斯·布罗德一起结识了此人。1882 年魏斯出生于布尔诺，是一个已同化了的西犹太人，一个并非没有神经官能症的新派知识分子，对犹太复国主义持极其谨慎的态度，头脑敏锐且具有受过自然科学训练的思维能力，对资产阶级习俗和平庸的个人野心满怀憎恨。他曾在布拉格和维也纳攻读医科，1908 年获得博士学位后在伯尔尼和柏林完成外科专科医师培训并自 1911 年起在维也纳维登医院工作。一场肺病迫使他辞职。由于他的受损的身体要求换一个气候条件，1912 年他受雇当了好几个月的船医并经塞得港到了印度、日本和中国。在上大学期间他就已经开始写作，但没发表过自己的作品。1913 年，在作为自由作家定居柏林后，他的第一部长篇小说《橹舰》在被 23 个出版商拒绝后在好做试验的 S. 费舍尔出版社出版。

恩斯特·魏斯

　　在布拉格初次会晤时卡夫卡就已经被恩斯特·魏斯吸引，因为他觉得自己的没有宗教身份的受同化者的地位在魏斯身上反映出来了。"犹太医生，"1913 年 7 月 1 日的日记中他这样写道，"这样一种犹太人，这种犹太人最接近西欧犹太人类型，所以人们立刻觉得自己与这种犹太人亲近。"9 月初他在维也纳再次遇见魏斯，可是由于埃伦施泰因和皮克等一伙喝咖啡的人一刻也静不下来，他们没有机会认真交谈。在此后的几个月里联系更加紧密并逐渐显示出一种较深厚友谊的性质，这样的友谊是卡夫卡在大学求学时期之后好不容易才容许的。很能说明问题的是，魏斯和他互相用亲切的"你"称呼对方——一个标志，标明卡夫卡在别的情况下通常都不允许发生的那种亲密关系。

1913 年 11 月 9 日卡夫卡去柏林舍纳贝格拜会魏斯，做完他的环球旅行后魏斯就在那里安家落户。在这里魏斯也结识了他的生活伴侣，20 岁的出版社女职员约翰娜·布莱施克，她梦想当演员（1916 年她将以艺名拉海尔·桑察拉开始她的舞台生涯）。1913 年与 1914 年岁序更新之际，他们常在布拉格见面并一起度过"许多美好时光"。卡夫卡对魏斯的处女作长篇小说表现出强烈的兴趣，他几乎是学究式地仔细阅读了这部小说。《橹舰》用冷漠的口吻讲述年轻的 X 射线研究人员埃里克·居尔登达尔的故事，他出生于富裕家庭，为事业上的抱负而献出了个人的幸福和健康。就像戈特弗里德·本的在席克勒的《白纸》上初次发表的散文作品《大脑》中的勒内，埃里克是一个紧张不安的现代派口味的新客观派主人公：自私，冷酷，放荡。1914 年1 月卡夫卡给格蕾特·布洛赫寄去了这部长篇小说，请她发表读后感并最终称赞她所做的积极评价："《橹舰》中您的意，我很高兴。"不过 1913 年 12 月他却在日记中记下了保留意见，它们尤其是针对小说结构、小说太过于明显的条理以及其中的低级趣味成分："魏斯小说中的构思，消除它们的力量，这样做的责任。"尽管有这样的异议，卡夫卡还是一直高度评价他那可以和布洛赫和穆齐尔的散文媲美的叙述艺术并且在以后的岁月里也高度关注他的作品。

在柏林会面后卡夫卡便经常向这位朋友透露自己与菲莉丝的矛盾冲突。1913 年 12 月他多次给他写信，抱怨菲莉丝的沉默（这些信件没有保存下来）。12 月 17 日他请求魏斯去菲莉丝办公室送达一则短讯，请她迅速回复并解释在以往几个月里为什么拒绝交谈。在此后的几个星期里魏斯似乎并没有局限于担任递送消息这个角色，而是受卡夫卡委托也和菲莉丝做过长谈。谁自己不能向权力中心推进，谁就不得不指望得到一个律师或信使的帮助：几年后卡夫卡的著名长篇小说将以不同的表达方式来描写这一情况。恩斯特·魏斯就像《诉讼》中的律师胡尔特，是一个用诡辩法的雄辩家，就像《城堡》中的信使巴纳巴斯，是一个不谋私利的帮手。但是他是否有能力探究到菲莉丝守护着的生活区域的核心奥秘，这一点卡夫卡可能也曾怀疑过。这位中间人骗去了他的委托人的这一认识：真实可靠地体验别人的威望永远无法替代。所以臆想的土地丈量员满腹牢骚："（……）可是这样的助手，不把他领进城堡，而是稍加化装把他带到他们家里，这样的助手是在分散他的注意力，不管他们愿意还是不愿意，他们是在做破坏他的力量的事。"卡夫卡自己知道，说到底只不过是恐惧使他避开菲莉丝。在这一点上他的爱情故事像他的长篇小说中的力量结构，它们构成主观恐惧的看来好像客观的征候。

自1913年11月初起卡夫卡就和父母一起住在旧城环城路西北角的奥佩尔特屋里。这幢房屋位于德语九年制高级中学斜对面，所以这一搬迁也意味着回归过去。这个新的住所有六个房间，比尼克拉斯街的寓所装修得好。房屋有电灯——战前一种时新居住风格的标志——和一部大型电梯。对于卡夫卡来说，工作日也在一间使他饱受家庭喧闹之苦的过道房间里的日子结束了。他在他的房间里可以眺望尼科劳教堂和布拉格调边地区的美景，搬迁几个星期后他给格蕾特·布洛赫描写这一美景远眺："我窗前笔直方向是双尖塔俄罗斯教堂圆顶的五六层，在这圆顶和税务局大楼之间可以看到远处一小块三角形似的劳伦齐山

和奥特拉一起在奥佩尔特屋前，1914年5月

及一座小教堂。左边我看到市政厅及尖塔整个儿线条分明地上升并背靠一幅也许没有人真正看见过的远景"一张摄于 1914 年初夏的照片上卡夫卡和奥特拉站在房屋大门两根高柱子中的一根的前面，脑袋斜对着太阳，伴随着自己的影子。

　　对一种久远固定关系的恐惧自 1913 年中起便在两个象征性的舞台上表现出来。卡夫卡在致菲莉丝的信中一再谈到他的一岁半的外甥费利克斯，他对待这个外甥不像一个舅舅，而是像满怀嫉妒的兄长。他疑惑地详视着赫尔曼·卡夫卡向这孩子表示的爱意。他想使菲莉丝明白，父亲这个角色他自己是担当不了的。妨碍他写作的外甥的啼哭激起了一连串简直是充满憎恨的言辞，他在他那个未供暖的房间里愤愤不平地记下了这啼哭声："不过话说回来，让我如此心烦意乱的也许根本不是这哭喊声，在寓所里忍受孩子，这压根儿就得耗费体力。我做不到，我无法忘记自我，我的血液不肯继续流淌，它完全顽固不化，这种天性的要求显示为对孩子的爱。"

　　按照一定仪式确定界限的第二个领域是性爱探讨，然而卡夫卡却不是在致菲莉丝的信中，而是在日记中进行这种探讨。"女人的性欲爆炸。"1913 年 7 月 23 日的一则日记记下了这样的话。"性交"，三个星期后的日记写道，是一种"对幸福欢聚的惩罚"。卡夫卡以几近狂热的精确开列了一份清单，列出了支持和反对与菲莉丝结婚的理由。这时他仍然意识到，他不能忍受夜晚写作时身旁有另一个人存在。他决不会，他这样预感，"娶一个"先前和自己"在同一个城市里生活过一年的姑娘"。说是谎言伴随着进入人际关系而产生："我根本就不再知道，多少假话一起被冲刷上来。"婚姻毒化社会关系在他看来是确定无疑的。"一个结了婚的朋友不是朋友。"1914 年 2 月中他向惊诧不已的费利克斯解释说，此人刚和伊玛·赫茨尔订了婚。一系列试图阐述反对结婚理由的详尽论证同时也是他试图借以摆脱将他卷入婚姻之中的社会旋涡的手段："有一个神秘的法则在这里起作用。"八年后，1922 年 1 月，卡夫卡写道，他是一个"在夫妇之床还没支起来就将其砸碎的人"。对受一种会使写作陷于瘫痪的固定关系束缚的恐惧仍然与他如影随形。自 1912 年产生的文学作品或多或少反映出这种恐惧情绪，不过其具体含义有所变化罢了。

第九章

夜班文学写作（1912—1913）

心理分析的秘密

　　在开始和菲莉丝·鲍尔通信的时候，卡夫卡还是一个经常出席报告会的人。他对弗洛伊德的学说的研究也与这种情况有关联，这种研究并非源于大部头作品的研读，而是溯源于通过专题报告、座谈会和报刊文章所获得的信息。譬如1912—1913年间旧城环行路上的凡塔屋里就举办过多次以心理分析为题的活动。卡夫卡至少间或参加过这类活动（布罗德和韦尔奇在他们那篇与此同时发表的论文《观点和概念》中参考的弗洛伊德读物形成一种反射）。估计他也听了阿尔弗雷德·阿德勒的报告，此人1913年1月初在布拉格做了一个专题报告，详细介绍他的书《神经质的性格》。然而这时候他没有奋力研究弗洛伊德，因为他知道弗洛伊德的作品中有一个自成一体的理论体系，自卢浮宫圈的那些日子起这种体系便使他感到厌恶。1912年7月他从容博尔恩写信给维利·哈斯："从弗洛伊德那儿人们能读到闻所未闻的东西，这个我信。可惜我对他了解少，对他的弟子们倒了解得多（……）。"

　　这里承认的间接"弟子"尤其是一种对期刊的明显的兴趣的结果。作为《新周报》的读者，卡夫卡是熟悉阐述弗洛伊德学说的文

化、伦理和医学意义的有现实意义的论文的。譬如 1910 年他无疑读过
南德精神病科医生维利·黑尔帕赫的论述心理分析的文章，该文用通
俗易懂的表达方式对弗洛伊德的作品在治疗和文化上的重要意义作了
全面评价。第二个源泉是《行动》，卡夫卡自己没订，却常常在咖啡
馆里读它。在 1913 年这一年里奥托·格鲁斯，犯罪学专家汉斯·格鲁
斯的儿子，在该刊物上发表了六篇论述心理分析问题的小论文：《克
服文化危机》《路德维希·鲁宾纳尔的〈心理分析〉》《心理分析或我
们门诊医生》《一般对个别的影响》《一种新伦理学述评》以及《关系
论》。1917 年卡夫卡才结识在柏林当精神病科医生的格鲁斯本人，当
时格鲁斯征求卡夫卡对合作办一份他策划的心理分析期刊的意见。格
鲁斯把弗洛伊德学说理解为对推翻一种权威的父权制的贡献，而且格
鲁斯对弗洛伊德学说所做的具有对现存社会制度批判色彩的研究颇有
其独特性，对这种独特性，卡夫卡，如同他将在 1920 年 6 月致米莱
娜·波拉克信中所写的那样，至少是——隐约捉摸到了的。

　　1913 年 6 月中他对菲莉丝·鲍尔声称，他会"一点儿评价人，并
与人感同身受"。考虑到这样一番表白对于他的往往是消极的自画像
来说多么不寻常，这番表白就有了特殊的意义。从对待陌生体验的敏
感性中势必产生出一种对心理分析的较强烈的兴趣，然而卡夫卡却把
心理分析的治疗要求视为一种自我苛求的表现，这种自我苛求起因于
单一因果的说明模式，却没有充分把握现代个体综合病理学。1920 年
11 月在一封致米莱娜·波拉克的信中，卡夫卡认为，克服精神上的缺
陷的意愿来源于一个"笨拙的错误"（他避而不谈，正是弗洛伊德对
经久治愈神经症和精神病感染的前景持怀疑态度）。所有精神上的疾
病说到底都是"处于困境中的人下锚泊在慈母般的土地上"，卡夫卡
作如是说——通过 1920 年年底他记下一些笔记阐述出的一种假设，从
而试图着重指出其意义。

　　卡夫卡把心理分析终生看作对理解现代精神的有才智的贡献，他
曾从原则上研究过现代精神之领悟，虽然他并不确信它在医学上的成

就。1917 年 10 月他在曲劳记下："心理分析是阅读一种倒写体，所以是很费劲的，并且就其永远正确的结果而言是富有成果的，可是确确实实什么事也没发生。作为诠释左右颠倒的下意识文字的注释学行为，对于卡夫卡来说心理认识具有物质的价值，然而它的治疗是否有成效却一直是一件没有把握的事。尼采就已经在《善与恶的彼岸》中表明了这样的观点：心理学已经"停留在道德偏见和担忧上"并且"没敢进入深处"。"从心理学中只产生出分析"，卡西米尔·埃德施米德在他的 1918 年刊印在《新周报》的纲领性短评《诗中的表现主义》中这样说。"仇恨对积极的自我观察。"卡夫卡的 1913 年 12 月 9 日的日记作如是说，并因此而遵循同样的对心理学研究方法的只是分析倡议的反感。四年后一则诠释日记试图提出一种理由从而对这一公式做了补充："心灵观察者不能深入心灵之中，但是分明有一条边线，他就在这条边线上与心灵相交。这一相交使人认识到，心灵也对自己茫然无知。所以心灵必定是为人所不知的。"这样一份鉴定直指心理分析实践的核心，人的内心世界便是应该借助于这种实践经验受到探听，并且如福柯所说，被迫做出供认。按照这则曲劳日记的判断，心灵在一种疾病发病前的情况中所泄露的东西只是心灵陷入沉思而忘记周围一切的一种表现：如果它对自己"茫然无知"，那么就是分析家用他自己的理论充满空位。

就卡夫卡所接受的那部分而言，他把弗洛伊德的学说理解为阐明那个时代的纲领，并从而将其理解为一种承担着历史义务的注疏学体系。然而他是否较为缜密地注意到了战前时代的主要作品——《梦的解析》《性学三论》《论日常生活的精神病理学》《图腾与禁忌》，这可能还是个未知数。在 1917 年前的这几年里恰恰是他的专业知识不够，是这——尽管原则上怀着好奇——狐疑不决地塑造着他与心理分析的关系。对弗洛伊德的作品，1912 年 7 月他这样对维利·哈斯说，他"只有一种高尚而空洞的敬意"。心理分析的威信——如果人们认真看待这一说法——对于卡夫卡来说产生自因不知情而形成的软弱无能。

弗洛伊德本人从而也就升为安乐椅里的父亲形象，其影响作用仅仅是
基于儿子们甘愿让身体和精神屈从家长制的法则。如果说1912年9月
23日的日记表述说，小说《判决》写作时是"想着弗洛伊德"的，那
么这并非就意味着，这件作品吸纳了心理分析的诠释成分。正是鉴于
那封致哈斯的信在这之前两个月所使用的"高尚而空洞的敬意"这一
用语，所以才不排除弗洛伊德的名字在这里作为那个父亲——世界的
代号存在：在小说本身中，一如我们还要说明的那样，那个父亲世界
达到了一种神话的程度。

　　在日记中除了前面已提到的谈《判决》的那段话以外，只有一处
提到卡夫卡1912年7月在容博尔恩自然疗法疗养院和一位九年制高级
中学教师进行的一次有关心理分析的谈话，可是没提及这位教师的具
体头衔。估计1917—1918年冬季在曲劳休养度假期间，除阅读克尔
凯郭尔之外他也从事弗洛伊德研究。在这一阶段他最后读完的，是汉
斯·布吕厄尔对男性社会中性爱作用所做的学术上不知名的阐述，如
同一个梦所透露的那样——此梦处理了对此书的分析。与弗洛伊德学
说的关系一直带有双重性，这一点显示在他对弗兰茨·韦弗尔的剧本
《沉默者》的批评之中，这一批评是他在1922年12月做出的。这则批
评谈到韦弗尔的庸俗心理学长篇大论创造出来了这"三幕烂泥"，并
最后说道："与心理分析打交道不是什么愉快的事，我避之唯恐不及，
但是它至少像这一代人那样存在着。犹太教几乎在创造出附属的拉席[1]
注释的同时也产生了它的痛苦和愉快，心理分析也是如此。"

　　在卡夫卡死后15年出版的弗洛伊德的晚期作品《摩西其人及一
神论宗教》中，弗洛伊德众所周知地持有这———已经在《图腾和禁
忌》（1912—1913）中勾画的——观点：犹太教的弥赛亚信仰可比作
人由于摆脱父亲而产生的罪责感。而卡夫卡却认为这种使宗教和心理

学相聚的尝试——他通过阅读期刊了解这一尝试的纲领性要求——是一条错误的道路："（……）所以心理分析也认为宗教的根本原因尽是些在它看来是个人的"疾病"的东西（……）。"卡夫卡不能把他个人向一种其根源在现代主义石头下面的信仰传统的靠拢解释为恢复父亲权威的心理行为。对他来说宗教意味着恢复近代个性的形成过程已经埋掉了的生命力，从而同时也意味着疏远赫尔曼·卡夫卡代表的那种现实感。宗教的经验可以表明母亲的土地——但是绝表明不了父亲的规章，卡夫卡正企盼着离开这父亲的家宅。

　　卡夫卡对心理分析的治疗要求和对为它奠定基础的"笨拙的错误"的批评中的一个重要的异议是针对弗洛伊德的。作为自然疗法的追随者，卡夫卡意识到，现代人的疾病也由具有典型文明特征的约束引起的。可是弗洛伊德的治疗方法只是在语言上有根据，却没有能力撤消这种束缚。心理分析虽然用治疗性谈话疏导不可用宣传教育排除的性欲，却从而也就使这种性欲受理念的力量和要求揭开它的神秘真实面目的权利的监管。分析家是一个说话算数的人，他通过语言的媒介管教病人，从而谋求对病人体格诊断的控制。这种情况在弗洛伊德的《癔病的研究》中表现得尤其明显，这种皈依癔病被视为一种现象，它会让身体显示在代表有待从语言上解决的精神上的冲突中出现的症状。

　　弗洛伊德开除肉体的教籍，他把它置于语言的法则之下。正是这种做法让卡夫卡觉得可疑，因为他认为这种做法象征地反映但没有克服文明缺陷的症状。精神疾病产生自一些个人的根深蒂固的关系，它们也决定了个人的身体素质："但是这种有现实根基的固定下来的东西却并不是人的单个的可替换的所有物，而是在人的天性中预先形成的并在事后继续形成着他的本性（以及他的身体）。你要在这里治好什么病吗？"弗洛伊德的学说不是下降到迷宫之中并废除在语言的那一边的禁令，而是仍然沉溺于语言。它并不向前推进至精神疾病的更深的层面，因为它想治疗本身就是一种综合症状学的一部分的东西。

心理分析如同哈罗德·布鲁姆所说的，向现代精神指明心灵的地图，可是卡夫卡将用自己的作品说明心理分析知识丝毫无助于拯救我们。

半睡半醒状态印象

在卡夫卡的生活中，睡眠是一股克制不住的力量。他不住地抱怨打盹儿和做梦之间那令人痛苦的无法入睡状态，这夺去了他的力量。他的夜晚"由两个部分组成，一个醒着的和一个失眠的"，1912 年 11 月 1 日的一则日记作如是说。估计是表面平静和内心紧张的矛盾，导致睡眠缺失。卡夫卡下午 2 点左右下班，只是在星期四他才必须工作到下午。吃过饭后他就在沙发上或者在床上躺一会儿，有时一躺就好几小时，一般都睡不熟。接下来是散步，之后便是和奥特拉共进晚餐，这使他短暂摆脱寂寞（"通常我们都聊得很开心"），然后他才在夜晚坐下来写作。1920 年 8 月底，他在一封致米莱娜·波拉克的信中，把他的在 1910 年秋拟订、但一直只是间歇实施的计划叫作一种"'巧妙操纵'生活"。这一计划的目标是维护才智和心理上的平衡，同时确保写作和睡眠。然而卡夫卡一定很早便认识到，这一双重意图无法实现。文学写作妨碍休息，因为外部安静的时刻恰恰是从事紧张的虚构写作的好时光。"我会不知疲倦的。"1910 年 11 月 15 日他声言，此时正值一个令人难熬的无所事事时期，这迫使他做出特殊的努力，以便找到从事写作的途径。卡夫卡的失眠并不是文学写作的后果，而是其条件。

在床上或沙发上度过的下午时光的一种昏睡状态中，头脑清醒阶段和睡眠、幻想和梦境诧异莫名地交相融合。"下午快要入睡时，"1911 年 11 月 14 日他这样记述，"仿佛坚固的、包住疼痛的头颅的颅盖已经深深嵌入内部，并将一部分脑髓留在了外面，使其受到光和肌肉的任意戏耍。""每当我醒来，"1911 年 10 月 2 日他写道，"所有的梦就聚集在我周围，但是我竭力避免去仔细考虑它们。"1913 年 7

月 21 日他苦涩地表示："我不能睡觉。只有梦，没有睡眠。"1912 年
11 月 1 日他告诉菲莉丝·鲍尔，说是"在迷迷糊糊的半睡半醒阶段，
对她的复杂服装的每一个细微之处，都有一种极其可憎的、引起头痛
的清晰感"，他"一个星期之久都只看到了蒙特内格罗人"（估计这是
对自 1912 年 10 月起在巴尔干国家和土耳其之间肆虐的战争的一种反
映）。两年前，1910 年 10 月 20 日，自巴黎返回后他当即便描述了一
组类似的令人痛苦的印象："在布拉格的头一个夜晚我梦见（睡眠缠
绕着这个梦，就像脚手架围住一幢巴黎的新房子），我被安置在一所
大屋子里睡觉，屋里尽是些巴黎的出租车、汽车、公共汽车等，它们
不干任何别的事，一个劲儿只是互相紧挨着、上下重叠着、互相穿插
着行驶。车上的人们什么别的也不谈不想，一味地只谈工资标准、书
信往来、结交朋友、小费、假钞，等等。"

　　对城市交通的身体体验转化成梦的节奏。睡者的身体受一种紧张
的法则支配，这种紧张控制住身体，因为这台精神装置处在持续不断
的工作状态之中。卡夫卡得不到安宁，因为原本可以引来安宁的精神
上的能量必须被用来记述缠磨人的精确的梦中形象。正在显现的幻想
快照的种种细节深深地印在他的记忆中，让他感到无比痛苦。1911 年
10 月 3 日他写道："又是我的梦幻的力量，是它在入睡前就已经露出
清醒的喜色，是它不让我睡觉。"1912 年 11 月他告诉马克斯·布罗德，
说是他"做极度清晰的梦"，苦不堪言。1914 年 2 月 11 日他向格蕾
特·布洛赫解释："我的这种睡眠根本就比醒着更警觉、更疲劳，我
睡觉尽做些肤浅的、完全不是什么离奇古怪的，而仅仅是更激动不安
地重复白日所思的梦。有时我在办公室里说着话或口授着什么时，却
比在睡眠中更像在睡眠。"自 1911 年秋起，一连串日记连续记下了他
的大脑在睡眠和清醒状态之间的边界地区创造出来的形象。1911 年 5
月底布罗德就已经在自己的日记中记下，说是"除了他的梦以外"似
乎"再也没有什么"让这位朋友"更感兴趣的了"。然而心灵的白昼
和黑夜之间的折磨人的半睡半醒阶段所产生出来的故事，却显示出富

有诗意的轮廓。"半睡半醒幻想"——这是他在 1922 年 2 月 26 日用的称呼——指出了一条——无疑曲里拐弯的——通往文学作品的道路。

卡夫卡在日记和书信中记下了将近 60 个梦。作为犹太教法典的读者，他了解阿加达式的梦报告，它们没有任何注解流传下来供后人阅读。他在日记中遵循它们的模式，日记提供附注，但既不做解释，也不做推断和评论。作为记述自己的下意识讲述故事的编年史的作者，卡夫卡局限于单纯的资料汇编工作。对于在 1911 年和 1913 年之间的几年里梦境描写日益增多的日记而言，只能概估出大约的数字。叙述尝试、半睡半醒幻想、"图画表象"、白日梦幻和夜晚梦境之间的界限往往不明显，所以不可能进行明确的归类。作为自己的下意识活动的记录者，卡夫卡训练自己文学虚构创作的能力。幻梦资料揭示了叙述式形象幻想和自由文学虚构准备阶段诗意构思的可能性。记述梦幻首先意味着尽力加工创作一种预先规定的素材，而不必跃入不受保护的诗意想象中。

弗洛伊德在他的《诗人和幻想》一文中把"白日梦幻"称作文学写作的发动机。"我们不可以把这种幻想活动的产品，"弗洛伊德写道，"把单个的幻想，空中楼阁或白日梦幻想象为僵硬和一成不变的。其实它们紧贴着变化无常的人生印象，随着生活处境的每一波动而变化，从每一个有效的新的印象那里得到一个所谓的'时代标记'。"弗洛伊德的提示，当然只是看清了在卡夫卡那里起作用的诗意想象复杂性的基本特征。恰恰是弗洛伊德没有详谈的想象的创造性成绩，使如同"半睡半醒幻想"的有意识的和无意识的想象内容能够结合在一起。这种想象的创造性成绩，推动那些必定在卡夫卡开始从事文学写作之前就在他的脑海里暗暗滋生的系列形象和未完成的叙述作品。作为写作过程的接生婆，它创造出后来必然会被转入固定结构中的材料。若干年以后卡夫卡才开始并不罕见地动用梦幻记录，用作文学创作素材。1917 年 4 月初写成的散文《杂种》的素材，便是他在 1911 年 10 月 29 日梦中所见的情景。1922 年 12 月写成的寓言《一篇评论》，描写在一座陌生城市迷失方向的经历，它以 1914 年 2 月 13 日的一则日记记述的在柏林寻找街道的一个梦为依据。假如幸运的话，混乱的联想结构将在夜晚在作者的手下被整理得井然有序，这位作者挑选自己的素材并将其塑造成形。然而这些日记本和（后来的）八开本笔记本也显示出，丰富充足是卡夫卡文学写作的条件：被送达这个幻想工作室，但最终被摒弃的片段和构思多得几乎不计其数。

　　自 19 世纪末起，脑生理学家、医学家、心理学家和哲学家便一直在大力研究人的大脑将形象转换成文学、将想象转换成言语的过程。赫尔姆霍尔茨学派的研究，埃米尔·杜·鲍伊斯-雷伊蒙德、施图姆普夫和威廉·冯特的研究，还有后来将心灵的"半明半暗"定格为艺术想象制造室的恩斯特·克雷奇默尔的《医学心理学》，也包括鲁道夫·施泰讷的《通神学》，它们都从不同的方法论角度研究这个卡夫卡的日记一再反映的问题：这个被心理分析忽略了的问题，即白日做梦的（睡眠的）视觉作为有益的大脑的功效，如何被转换成一种物质的符号生产的过程。威廉·冯特在受到卡夫卡的九年制高级中学教师克施温特特别赏识的《生理心理学概论》中写道："在正常情况下睡眠状态带有有助于幻觉的条件。这些幻觉有时在入睡前的一些时候就已经出现，或者人们从深睡中醒来之后它们还会延续一段时间。"在布罗德和韦尔奇合写的论文《观点和概念》中，模糊的"感觉内容"研究——18 世纪的开明心理学家说的"感知朦胧"——构成著作家们以幻想活动和梦为例进行探讨的一个中心题目。"非真实的知觉"的意义对于布罗德和韦尔奇来说，恰恰在于它所坚守的明净清澈和混乱模糊之间的这种矛盾心理（基于它的局部可控制性和弗洛伊德的下意识有明显区别）。该文也特别提到半睡半醒中的形象制造，说是它部分受控制、部分随意和联想，并有能力制造"最丰富的"现实。该文对清晰的、但不易理解的（并不合理创造出来的）"非真实的知觉"形象作出如下基本描述："作为内心感知对象的心理行为往往就是内心全部体验的非真实知觉部分。在内心体验中，未划分过的、前期想象的阶段，这个所有行为只是作为模糊资料存在的阶段，确实是比在外部体验中长久得多和有力得多的常规。"卡夫卡虽然被这本书的抽象内容吓住，不过他还是可能曾经把这样的观察理解为对自己的经验的认可，因为这样的观察确认了远离认知的内心感知、白日梦和半睡半醒的精神上的名单。

许多则日记片段显示：从一个想象中的形象到一个具体符号的转换过程随时都可能失败。卡夫卡把在幻想的对象必定会进入语言媒介的那个瞬间所产生的风险，阐述为一种令人痛苦的文学失灵体验的起因。看似准确的想象在各种不同的情况下导致一种无定型的、残缺不全或完全没有独特之处的说明功效。1911 年 12 月 17 日的日记这样写道："昨天入睡前，我对一个本身像山那样在空中被隔离的人群获得了图画式的想象，我觉得这种想象凭其全新和一度杜撰出来的绘画技术完全是可以实行的。"然而这种形象会轻易被转换成符号语言的这种期待却被证明是虚假的："由于对这幅美丽的图画感到惊奇，我便迫使自己摆脱这种半睡半醒状态，以便能够更好地思考这幅图画。这幅美丽的图画在我的脑海里产生一种急切心情，我确信它跟只要我愿意就会驱动手中的铅笔的那种急切心情是一码事，而且这还是一种持久的急切心情。不过不久便证明我所想到的不是别的什么，无非是一小批灰白瓷人物罢了。"

一种合适的技术有助于避免这种令人不悦的意想不到的事件，就是尽可能准确地把这些半睡半醒状态的印象记录下来，就好像它们都是夜晚的梦境似的。与这相关联的自我欺骗导致一种松弛形式，因为它撤除对写作力量的阻塞。1911 年 12 月 17 日卡夫卡在日记中猜想，他撰写一部自传的愿望源自这一预感："自传会轻而易举写成，犹如记述一个个梦境那样（……）。"记录梦境可以让人在一个实验的领域，在直接遭遇下意识语言中练习写作。它同时提供机会，从策略上克服那些卡夫卡在周期性的时期内一再体验到的巨大写作阻力和停顿（以后还将更详细地谈及它们）。在有利的情况下他觉得文学写作就像改造一份已经放在案头的梦幻报告，这改造工作进行得游戏似的，摆脱了强制成功的约束。写作本身就这样变为那种"远见卓识"的在似昏睡状态中发生的写作能力的形式，这正是卡夫卡在 1911 年 3 月向鲁道夫·施泰讷作为具体经验描写过的那种形式。梦幻式流动的、无阻力的想象的理想不仅支配着文学，而且也支配着一种看到自我的真正创造力在产生幻觉的半睡半醒状态中被释放出的自我感知的种种规则。卡夫卡一天下午访问马克斯·布罗德并在穿过起居室时惊醒了睡在沙发上的朋友的父亲时，他一边踮着脚继续行走，一边小声说："对不起，请您把我看作一个梦吧。"

充分敞开身体和心灵

卡夫卡本人如何看待自己的写作者角色？这符合他的从事写作的理想：没入一个形象流之中，以便在尽可能没有控制和规划的情况下，把摆放在他想象中的东西当作似乎自动形成的计划加以激活。这个过程对他来说达到一种具体的性爱的深度。1911 年 10 月 3 日他提到，创造力必须在他内心爆发，为了不致自身毁灭。在这一点上它们像他青春期时在与他的家庭女教师的关系上压制下去的那种"倾泻"，致使它们受到"反冲"而在他自己体内消散。一个月后他谈到了写作行为中的"振奋"。1912 年 1 月在一个写作失败、单调无聊的星期天之后，他在日记中写道，他曾经"想倾泻进"写作之中。1912 年 9 月25 日在文学创作毫无所获的一个夜晚之后，一则日记抱怨这时间"徒劳地流过"。"好朋友，倾泻出来吧。"1915 年 11 月初的绝对命令如是说，一次晚间散步越过卡尔桥想到写作时，他发出了这道命令。

认为他只由文学组成的这个独特观点方面，卡夫卡已略带几分自嘲地看透。它表现在这一尝试中：在涉及存在的写作深度时，自我陶醉式地培养孤寂者角色并通过孤独获得自我享受。1912 年 3 月 2 日他记下："谁向我证实我只是由于我的文学创作，而对别的事漠不关心，并因此而冷酷无情这件事的真实性或可能性。"他因写作而"消瘦了"，因为他没有空闲的力量去吃、喝、做哲学思考、性爱和欣赏音乐，1912 年 1 月 3 日他这样断言。这也是一种自我想象的形式，因为"自我"在实验的现场废除自己，以便单纯作为"作家自我"而存在，只要语言建造并同时严密地保护"自我"，那么对于卡夫卡而言，语言就仍然是超然社会的——交际的——规模之外的一种协调一致的媒质。这样的身份总是带有脆弱的特性，因为它只是一瞬间，在极度兴奋的写作体验的瞬间发展起来。语言正如《一场战斗的描写》已经显示的那样，拥有一种创造性的和一种破坏性的潜能。这种潜能产生一种也可以在身体上体验到的协调一致，但终究不能给予互相理解，因为它受到总是变化不定的分派的束缚。这种潜能的有效成果同时产生一种基本的忐忑不安：世界如何能够被说成是亲切友好的，如果语言以不断变化无常的形式产生并以这样的方式总是虚构这种潜能的话？每一个比喻——卡夫卡分明知道——在怀疑现实的客观意义之时便是。这件语言礼物是受到困难困扰的，因为它迫使人对自己的现实经验的统一性产生怀疑。

文学写作对于卡夫卡来说，仍然是具有犹如存在的特性的目的本身。不是对作品的喜爱，而是对写作的乐趣掌控着对作家角色的理解。这是不想生儿育女，却想实施同房的儿子的乐趣。"创作的甜蜜，"1911 年 12 月 9 日他引用画家卡尔·施陶费尔－伯恩的话，"你使你看不见它的绝对价值。"出版一本书的喜悦虽然自从开始和库尔特·沃尔夫合作以来他就一直有，然而这种喜悦并不处于中心地位。卡夫卡那尽人皆知的与文化企业的距离，他对出版社流言蜚语和对图书市场投机活动的冷淡均符合这一估量。马克斯·布罗德作为布拉格文化生活活跃的积极分子不断地从事公关活动，而卡夫卡却是个自我满足的夜间写作风云人物。在这后面的并不是苦行，而是经创作而得到的性爱满足，这显得比最终的（常常残缺不全的）产品更重要。虽然正如卡夫卡过了好些年后在日记中透露的那样，他了解阅读自己作品的校样带来的那种巨大享受。但是这难以掩盖真正的优先权：写作占有比公众效应优先的地位。他对文学写作的兴趣像许多则日记所透露的那样源自这种内心感受：要把自己的身体引进文字之中，让身体在一种使"自我"获得一种对其自身的综合体验的定义的游戏中定型。文字——远比印出来的作品强大——是一种满足的源泉，它使感官的和精神的体验相聚在一起。写作对于卡夫卡来说，意味着进入一种简直是开辟宗教能量的循环流动之中。格斯霍姆·绍莱姆在犹太教神秘教义及其象征性意义的研究论文中指明了这种传统观点：在图拉经文中"字母表现一种神性的神秘壳体"。在卡夫卡的自述中文字也显示出一种仿佛是宗教的深度。夜间的写作是向心神和感观的一种绝对关系的接近，这种接近在别处是不会有的。他对文学创作精神性质的认识在著名的 1920 年笔记直接表现出来了："写作作为祈祷的形式。"这一简单明了的表达形式是与犹太人的"造词神学"相吻合的，这种神学认为在原始的（人类始祖的）人类言语中语言和世界实现了统一。就像上帝通过命名创造事物，人类能够在提高了宗教虔诚的瞬间用其语言工具穿透现实的秘密（却不可以经久不变地领会这个秘密）。

卡夫卡的写作观很接近于这种语言神学。然而它的宗教性质却包含与一种感同身受的作品理解以及与计划的公开的作为作家的自画像保持距离。由于仅仅是写作过程的命名行为，而不是其结果使人有可能接近一种冥想状态，所以文学产品本身就退居次要地位。所以阿多诺的《美学理论》中的不容争辩的意见只说对了一半："艺术品的概念不适宜于卡夫卡，就像宗教的概念也向来不适宜于他那样。"看来恰恰正是写作那带有宗教色彩的力量，是它一开始就用它那诉讼上的逻辑排除了作品的僵化规章。它的诸多吸引人的方面中的一个，就是连卡夫卡的已完成的作品也都保持其暂时的性质：它们避开了一种单义意义的长久存在。按照德里达的思考，那些已完成的作品也是纯粹的"文字"，也就是一种通过阅读在一再翻新的形态中产生的开放结构的模式。

卡夫卡通常都未经仔细规划就着手写作。他通常会极其迂腐，可是在写作上他却讨厌循规蹈矩。托马斯·曼的小气的写作节俭作风——这在日记中有所反映——与这样一种写作方式形成鲜明对照。很能反映卡夫卡的性格特征的，不是创造性行为的节俭的自我限定，不是这种严格确定写作开始和写作中断的自我限定，而是这种自发的写作形式。属于这种写作形式的有一再重新做出的尝试：尽可能高度浓缩写完一件作品的一些文段，还有就是作为这种做法的反面的，这种患有中断病的行为。这种中断跟托马斯·曼的情况不一样，它们不是形成自我规定的写作策略的有机组成部分，而是对创造力的巨大干扰。与不受控制的写作相称的是，卡夫卡不习惯做分段要点和写作提纲。文学虚构必定由一种自发的联想游戏而产生。这种工作方式的一面镜子就是那张通常未经整理的写字台，它在一则 1910 年 12 月 25 日的日记中被描写为剧院舞台。在这个舞台上各种日常用品——直尺、信件、衣刷、小钱包、钥匙串、领带、刮须镜——扮演着在想象中的观众前登台演出的演员的角色。空间上的秩序成为作家迷宫似的创作活动的象征，这种创作活动像在高烧性谵妄中进行。它反映出幻想的一次次长途跋涉，为了找到他的作品的合适结构，他不得不进行长途跋涉。在这写字台舞台上他漫游一个想象的世界。"文字对于作家而言，"德里达这样写道，"是一次必不可少的和冷酷无情的航行。"

在 1912 年 9 月 22 日晚上很晚的时刻，在这个未来的妹夫约瑟夫·波拉克一家人到尼克拉斯街来做客的、经历贫乏的星期天行将结束的时候，卡夫卡着手写作短篇小说《判决》。那是赎罪日，犹太人的赎罪日，他在过去的几年里常常在犹太教会堂庆祝这个节日（约瑟夫·罗特后来强调，为了恰如其分地领会赎罪日的意义，人们就得先说说"和解日"）。他拘谨地坐在结下情同手足情谊的两家人之间，在度过了这个不能令他满意的庆典之后，卡夫卡急于坐到写字台前。晚上 10 点左右，他进入了他的故事之中，起先没有具体的设想。

在这一宿，他将他的故事快速向前推进。第二天清晨 6 点，当窗户前摩尔道桥上方渐渐泛白时，他已经完成初稿。小说透出一股强大的、简直可以通过形式上的节奏感觉得到的勃勃生气。这个在日记中流传下来的文本几乎没有任何改动，后来刊印时的校样极少有与手稿不一致之处。卡夫卡在最后一个段落下面记下了发表手稿预计所需的印张数：这是默认作品定会获得成功的意思。

读过第一遍后，《判决》中远近配置的协调和反映出夜间创作浓缩狂喜的推动活力风格便令卡夫卡感到满意。写作过程被体验为一种神秘行为，身体和精神聚集，致使"最陌生的想法"也在一种灵感之"火"中"消失并再生"："只有这样才能写作，只有在这样一种关联中，才能充分撒开身体和心灵。"这件已完成的作品，这件让外部的刺激——通过阅读和体验——变为特有之物的作品在回溯时作为"正规的诞生"出现，它在同"污秽和黏液"隔离的情况下从他之中"脱颖而出"。八年后他还在对米莱娜·波拉克解释，说是整个故事的"音乐"与"恐惧"有关联，这"恐惧"的"伤口"在"一个漫漫长夜中"第一次裂开了。这种令人诧异的音乐和恐惧之间的同盟对卡夫卡的文学自我认识一直具有典型意义。与此相应地，艺术只能来自精神疾病的宝库。他不见得是偶然地把产生《判决》的这个 9 月之夜看作他的真正的作家自我的"诞生日"。

在写下小说之后的次日早晨卡夫卡无法去公司上班并开始从事这一星期平淡乏味的公务活动，好像什么事也没发生似的。他在自己的名片上写了几句并不令人觉得可信的话，向自己的上司欧根·普福尔请假，这几句话读起来就像是对《判决》所做的第一篇短评："今天清晨我有点儿头晕，还有点儿发烧。所以我待在家里。但是这肯定没什么事，我今天一定还会来上班，不过也许要在 12 点以后才来。"在标志着狂喜的身体上的振奋之后，危机便随之而来：一道运动轨迹，它在作者的心理状态中反映出小说主人公格奥尔格·本德曼的命运。由于身体上的和心理上的原因他不能随时都重做类似的夜间值勤：这一点卡夫卡是清楚的。持续不断的关联中的写作往往也意味着在一个超然于社会的空间中的无条件孤独的压力：身体上的和心理上的接受状况。1913 年 7 月底他对决定他的文学写作的强制性禁锢做出说明："我必须经常一人独处。我已经做的，仅仅是一种一人独处的成果。"

在写下小说的次日卡夫卡就在奥斯卡·鲍姆的寓所朗读《判决》。他获得的巨大反响向他证实了"小说的毋庸置疑"。一如常有的那样，对他来说朗诵会才是检验作品质量的关键。1912 年 12 月 4 日晚上他应维利·哈斯的邀请，在两年前建立的赫德尔协会的一个布拉格作家晚会上，在文策尔广场旁边的青春艺术风格高级饭店"大公爵施特凡"的一座镜厅里给少量听众朗诵这篇小说。朗诵期间隔壁房间在举办室内音乐会，他这样向菲莉丝·鲍尔报告说，他没费什么力气稍稍提高一下嗓门就顶住了。他读到小说结尾时，情绪越来越激动，以致竟然压皱了一张印有一张菲莉丝的照片的风景明信片，他先前把手搁在这张明信片上了。最后，就像在鲍姆家第一次展示这件作品时那样，他眼里噙着泪水。这些泪水显示出一种基本情感，它一再决定卡夫卡与他的作品的关系。是那种自我享受，是他不无狂妄地因意识到自己可以在理想的情况下在文学创作上取得自己一直想取得的成就而被激发起来。这种解除一切阻塞，没有任何阻力的写作自《判决》起便比任何时候都更清晰地作为理想浮现在卡夫卡眼前。这使得他即便在对自己怒不可遏时也能控制住他的神秘自信。

在父亲面前

"你在《判决》中，"1913 年 6 月 3 日卡夫卡在致菲莉丝·鲍尔的信中这样写道，"发现任何一种意义吗，我指的是任何一种直爽的、有关联的、可谋求的意义？"这个问题是狡诈的，因为在这篇事态发展得"怪诞和毫无意义"的小说中没有一种这样的意义。菲莉丝再次成为一个巧妙计谋的牺牲品，这计谋诱使她中了圈套——一种小说本身对它的读者实施的方法。1913 年 2 月 11 日在读校样时卡夫卡自己对作品的评论典型地只吐露"关系"，却没展示"有关联的"意义。至少在形式上符合只以关系领域里的结构和解构为依据的故事的体系。不是一种固定的叙述规则的有约束力的意义，而是各人物形象之间那变化无常的、透视感上断裂的关系构成小说的中心。它们为渐渐改变着的、《判决》谈及的力量模式奠定基础。作品从而捡起了早期散文的基本模式，但对它进行了改变。小说所描写的父亲与儿子之间的冲突显示出一种丰硕的西方传统，它来源于古希腊罗马时期（人们只需想一想克罗诺斯和宙斯[1]），并且也包含基督教（比如以撒和雅各的故事）。这个经多方阐述过的概念在卡夫卡的以死亡结尾的家庭故事中受到创造性改编并有了变化。在他的作品吸取的一系列神话故事中，这一概念构成一个核心情结。像在早期散文中那样，卡夫卡在这里自然也使用倍增技术，它赋予各种关系以一种二元的结构。所以父亲在其作为现实的一家之主的角色上显得受到削弱，然而作为象征性的人物——它的阴影笼罩着儿子的恐惧幻想——却强大和有势力。文学作品——类似后来那封 1919 年的信——主要向我们揭示这位作为家庭内部权威化身的象征性父亲：一个纯粹杜撰的形象，按照雅克·拉康的观点，这种形象的塑造对于自我设计来说是典型的，必不可少的。

在刊印前不可缺少的审读作品校样之际，卡夫卡抱着对他来说异乎寻常的自我评论意愿，1913 年 2 月 11 日在日记中深入分析了《判决》。他做的破译在作用史本身的过程中获得了一种神秘的状态——获得了某种羊皮纸[2]的性质，每一则新的解释都试图写在这羊皮纸上，却并不能磨灭这些羊皮纸。格奥尔格的未婚妻弗丽达·勃兰登弗尔

1　克罗诺斯是前奥林匹斯的神祇之一，他推翻了自己的父亲，做了神王。克罗诺斯曾听到预言，说他也像他的父亲一样，将被他的一个孩子推翻。他的儿子宙斯长大后果然把父亲推翻。

2　指古时刮去旧字后重复使用的羊皮纸。

德——他这样简明扼要地指出——显示菲莉丝·鲍尔的首字母[1]，"本德曼"则在音序上与"卡夫卡"相符。"也许，"最后在谈及名字的符号游戏时他这样指出，"甚至之所以想到了柏林，也并非没有受到影响，对勃兰登堡行政区的记忆也许起了作用。"在此可以看得出来，卡夫卡的小说并不构成个人履历资料库，而是反过来，生活在模仿文学。1912年秋，菲莉丝·鲍尔才变为那个弗丽达·勃兰登弗尔德，变为在赎罪日后的9月夜晚在卡夫卡的头脑里诞生的那个人物。他的1913年2月11日短评事后把这个文学形象移进与他的柏林通信女伴的一种关系之中，人们必须把这一关系倒过来，如果人们想阐明种种真实的关系的话：并非弗丽达是菲莉丝，而是菲莉丝体现弗丽达，未婚妻的原型在逐渐变为现实之前来自幻想仓库。被误认为是现实的人按照文学形象的模式经书信媒介被勾画出轮廓。卡夫卡的传记所构造的基本人物形象随着《判决》而登上具有重要意义的舞台。生活构成一种文学模仿。前面已提到的那则日记，在这个背景下并不是一篇做解释的短文，而是用别的手段续写故事的尝试。"艺术家，"阿多诺用他特有的高傲口吻说道，"没有义务要懂得自己的作品，人们有特殊的理由怀疑卡夫卡是否有这能力。"这样一句名言忽略了这一事实：一位作者的自我说明绝不可能是"解释"，而是从它那方面来说是虚构作品的一个组成部分。从这个意义上来说，它不是注释学的行为，而是文学想象的一个中心要素。

卡夫卡的小说在其叙述速度、浓缩而迂回曲折的情节以及故事终了时的显著骤变上像一篇经典的中篇小说。中篇小说的中心，遵照歌德对这一文学类型的规定，是一个"闻所未闻的事件"，它似乎超越一切可理解的范围。故事情节以均匀的加速度漂向这个事件。小说的展示部分显示出格奥尔格·本德曼尚还是个恬适的、囿于白日梦幻的

1　弗丽达·勃兰登弗尔德（Frieda Brandenfeld）和菲莉丝·鲍尔（Felice Bauer）的首字母都是 F，B。

写信人，此人思考着他与那位生意场上失败、社会上孤立无援的彼得堡朋友的关系。末了是父亲对儿子的尖刻、激烈的谴责："你是一个无辜的孩子，但是其实你更是一个卑劣的人！""溺水身亡"的判决，格奥尔格对自己执行的这个判决，它结束了由这"闻所未闻的事件"引起的小说的灾难性逻辑。

　　《判决》有声有色地描写了一场战斗，一场由没有防护的身体转动加以典范说明的战斗。手势魔力在此时所获得的意义是显而易见的。通过身体的信号以及这些信号的——往往变化无常的——语言，作品勾画了一种特有的力量规章，瓦尔特·本雅明曾很中肯地描述过它："卡夫卡在一定程度上抽取这些过程的意义，以便更鲜明地凸显其手势的内涵。"在散文集《观察》如本雅明所说展示出一份一般性的、尚还很朦胧的"手势清单"之后，《判决》中作为权势和无权势的补充标记的表情便获得了一种确切的意义。如果说格奥尔格在用命令口气说话的父亲面前跪下的话，那么父亲便是在用他那观察的目光额外贬抑他，那目光使父亲变成看守人和情感密探。格奥尔格一用双手把父亲抱上床，父亲就翻转过来接近孩子的角色——雅各布·戈尔丁的意第绪语剧本《神、人和魔鬼》中的一个动机。1911 年 10 月底的一个下午勒维给卡夫卡朗读过这个剧本。注定是未成年的父亲玩弄起儿子的怀表链子并从而说明了依然未曾被评论过的权势关系的移动。黑格尔在这个意义上谈到：对于仆人来说主人的"独立存在"是即便"在战斗中"也依然是束缚住他手脚的链条。然而在《判决》中展开的家庭戏剧的本质却是，等级关系可以移动。在格奥尔格用被子"盖上"——埋葬了——父亲之后，父亲整个儿从床上耸立起来并像一个不知道羞耻的家庭暴君那样破口大骂起来。身材动机在这里不仅指向赫尔曼·卡夫卡，而且涉及一种家庭关系，还有一个文学上的榜样：罗伯特·瓦尔泽的长篇小说《雅各布·冯·贡腾》中的教育学院院长本亚门塔先生同样被描写为"巨人"，身材高出他的弟子们一大截。在《判决》之后 10 年问世的微型小说《夫妇》中，卡夫卡把与第一人称自叙者有一种业务联系的父亲描写为"高大、宽肩的人"，然而此人的"不知不觉恶化的疾病"却已经使身体强壮的印象有了局限性。当这位父亲最后在洽谈商务时睡着之后被抬到他儿子的床上时，这显然与中篇小说的状况遥相呼应。

格奥尔格与弗丽达·勃兰登弗尔德，与"一个富有家庭里的姑娘"的订婚，证实是在作品中笼罩在关系网之上的权势的象征（这与尼采作品中的权势结构分析相吻合）。在其妻子死后孤身一人的父亲随着儿子的订婚而失去了剩下来的最后一点点自己的特权。在争夺家庭权威地位的斗争中他起先失败了，因为儿子的结婚使他无可挽回地回归孩子阶段。商务上被剥夺行为能力和身体上的衰退，妻子的死和孤单寂寞构成他地位受削弱的外在征兆。这种状况又派生出争朋友的斗争，作为这一状况自我反映之传媒的父亲和儿子同样都想赢得这场斗争。未婚妻弗丽达·勃兰登弗尔德把这位朋友看作格奥尔格的订婚计划的对立面，因为她不把他视为真实的人，而是只视为表示增强的经结盟增加了一倍的独自地位的一个代号。格奥尔格却对她的顾虑做出闪烁其词的回答，以他特有的那种执拗。卡夫卡在致菲莉丝·鲍尔的信中惯于使用的雄辩术在这里就已经在受到检验：文学为现实做操练。

儿子的过错不是来源于他的行动，而是来源于他在家庭中的职能。这种过错不是道德上的，而是结构上的范畴，受到家庭秩序的制约。整个叙述结构遵循一种复杂的平衡体系，这种体系到最后也一直保持其内部的平衡。小说结尾描写作为一种坚定不移的本能意志之后果的主人公的死："格奥尔格觉得自己被赶出房间，父亲在他身后重重摔在床上的撞击声还在他耳边回荡。他像越过一个斜面那样急忙越过楼梯，他在楼梯上使他的女佣大为惊骇，这女佣正要上楼来打扫过夜后的住所。"小说结局的狡诈之处就在于格奥尔格本人接受从家庭的结构体系中落到他身上的罪责。它按照——弗洛伊德在《图腾和禁忌》中所描写的机制——被转化为一种内心的负罪感并最后在自我毁灭的行动中受到惩处。

结尾各句加快了的节奏，这一与引子的潮涌般使用的隐喻相呼应的节奏，拥有其独特的心灵影响力。卡夫卡用类似电影的加速手法描写，格奥尔格如何受一种有神秘吸引力的法则的强制去执行在父亲的言语行为中显得清晰明了的判决："他冲出大门，他越过车行道直奔河边，说时迟那时快，他一把抓住栏杆，像一个饥饿的人抓住食物。"这朝水深之处的骤然跌落让主人公从被他篡夺的父亲世界进入天然的河的领域。奥托·皮克的短篇小说《考验》跟《判决》一样描写了一种类似的自我毁灭行为，它 1911 年 12 月 15 日发表在因斯布鲁克的《吹管》上，这是格奥尔格·特拉克尔以及其他一些奥地利现代派代表人物的论坛。失神的主人公罗伯特虽然在生活中事事称心如意，却还是怀着朦胧的对死的渴望自杀身亡，他从窗口坠落下去："'我这就来啦。'他醉醺醺面带微笑小声说，向窗外温和的暖风探出身去并向下滑落。"

卡夫卡写小说的最后这一个场面时，正值太阳在尼克拉斯桥上空冉冉升起之际。他的日记用记录式的毫不夸张的笔触记下了太阳光在窗前显现出最初一抹浅蓝色晨曦的这个瞬间。四年前，当这座桥还正在建造时，他便在一封致黑德维希·魏勒的信中表示，他把这条从这里通往摩尔道河的街称为"自杀者的助跑地"。1912 年 12 月它成为想象中的格奥尔格·本德曼的自我惩处之地，这一自我惩处的舞台戏剧艺术带有一种富有表现力的象征性意义。按照弗洛伊德的《梦的解析》的说法，水代表诞生，代表在解放斗争中失败的儿子的最终回归。格奥尔格从桥上坠下时那"无穷尽的交通"显示生活的力量，即使个别人在消亡，这股力量也仍在继续发挥强有力的作用。据布罗德回忆，当卡夫卡写下小说最后这句话的时候，他本人曾想到"一次强烈的射精"。在另一层意义上，人们也不妨把它解释为是暗示那种意志的力量，叔本华认为实现了本能冲动原则的那种意志力。永远的——"无穷尽的"——生活流继续跃动，并没有因一个人的死而受到阻挡。跟它对立的是通过神思恍惚的写信者的动机描述了引子的那个想象王国。从这方面来看，这篇一气呵成的小说的弓形结构也在终曲中合上了。生活最后毁灭了软弱无力的、没有能力奠定自己的实力地位的个体，这种生活的威力迎向起初似乎保存在儿子想象行为中的只能靠理性了解之物的无能为力。托马斯·曼的早期中篇小说《矮个子弗里德曼先生》就是在这个意义上结束的，这篇小说卡夫卡肯定是读过的：主人公投水溺毙，而外部的生活却一成不变地在其天然魅力的驱动下继续进行。托马斯·曼效果显著的小说结尾像卡夫卡的小说的结尾，因为曼也是受过叔本华的熏陶，用一种增强为讽刺的清醒目光看到了生活对失败的个体的胜利："水啪嚓一声，蟋蟀寂静了片刻。随后它们又唧唧地叫了起来，公园里轻轻响起一阵沙沙声，压低的笑声从长长的林荫道传下来。"

要记录下来的是，在卡夫卡的中篇小说中，最后父亲走向毁灭，所以平衡原则还被保存在临终挣扎的恐怖影像之中。在格奥尔格冲出房间的瞬间，他瘫倒在床上。就像儿子对自己执行父亲的判决，这样的事也发生在老本德曼的身上，这正是格奥尔格在一种——按弗洛伊德带古风的说法——杀人欲的驱使下所期望过的："但愿他倒下并粉身碎骨"。斗争把各个人物如此拴在一起，以致各人物最后竟共有一种相似的命运。父与子在死亡中也像通过父亲的被抱上床时所玩弄的那条表链联结在一起。儿子中有父亲，父亲中有儿子。操纵着他们的权力斗争的对联盟的探求，源自他们需要互相取长补短。小说的主导性结构模式在这里依然是人物形象的内在联系，那种已经决定了《一场战斗的描写》的面貌酷似性的变种。如果说最后父亲似乎也和儿子一起死了，那么这之所以合乎逻辑，仅仅是因为在一种辩证权力秩序的领域里的这场神秘斗争中没有赢家。见诸 1913 年 2 月 11 日日记的卡夫卡对这篇小说的谜一般的评论，强调指出了这种相互依存的基本模式："格奥尔格独自坐在窗户旁，狂喜地翻寻着这种共同的特性，以为把父亲逮住了并认为除了一种短暂的忧伤的沉思神情以外一切全都宁静平和。"如果人们认真看待这段模糊的附言，那么就可以得出结论：格奥尔格最终对自己做了判决。按照卡夫卡的日记，父亲只是从这位"朋友"中走了出来并且作为对立面站到格奥尔格的对面。他显得像儿子的一种幻觉，这个儿子让自己的罪责感在一种惩处幻想中爆发。1913年6月10日卡夫卡在一封致菲莉丝的信中解释说，在据日记说以从前的中学同学奥托·施托尔为模特儿塑造的朋友形象中也只是显现出了"父子关系的远景更替"。这不见得一定跟2月的日记见解有矛盾，倒是可以清楚地看出，小说的全部形象都是从主体间的关系中诞生出来的。他们通过亲缘关系及其折射在变化无常的冲突状况中的波动而获得其叙事文学的生存权。尼采的僵硬观点解构的认识透镜被卡夫卡奇特而坚定地套用到这种叙述方法上。文学的语言被证实是《判决》所描写的斗争的现实的真实性，这种语言的文学让权势、身体和死亡变为它们的急剧运动的信号。

卡夫卡在"欧洲表现主义的开端年"写下了他的这篇小说。小说的主题将在那个时期的一系列作品中反复出现，不过都会遭受重大变形。赖因哈德·约翰内斯·佐尔格的剧本《乞丐》（1912）表现一个儿子——这位在框架情节内行动的年轻作家的镜子——同样将他的年老体衰的父亲抱上床并假惺惺地给父亲盖好被子，不一会儿他就将父亲毒死并从而实现了那个也在格奥尔格的脑海里一闪而过的、受到酒神颂歌般欢庆的谋杀愿望。哈森克勒弗尔的剧本《儿子》，1914年先刊印在席克勒的《白纸》上，后由库尔特·沃尔夫出版，它呈现一位以权威驯兽者身份出现的父亲的讽刺画像，此人最后在两代人之间的斗争中败下阵来并心脏病发作倒地而亡。而弗兰茨·韦弗尔则在1920年试图在篇幅较长的短篇小说《不是谋杀者，而是被谋杀者有罪》捡起这个主题：年轻的杜舍克，受到一个满脑子都是军队级别类型的父亲的折磨，不得不听命于一个阴谋小集团，他为这个小集团效力，接受了行刺俄国沙皇的委托。行刺计划在一次警察大搜捕中被挫败，这一政治行动便迅速演变为儿子的个人私事，儿子之所以没有杀害他的父亲，仅仅是因为他突然看到父亲呈现出年老体衰的症状。卡夫卡的小说同那些——有时脱离现实的——青年表现主义者的希望有着明显的差异。小说中弥漫着的那种恐怖幻觉产生自一种心灵的神秘形态，在心灵中进行的有古风的冲突是没有赢家的。在这种规章制度中并没有规定要为青年一代的酒神颂歌式庆典发出呼声。

1913 年 2 月 11 日卡夫卡就已经收到莱比锡寄来的小说校样。1913 年 5 月底《判决》刊登在马克斯·布罗德前不久创办的《乐土》上，人们要让这份刊物作为"文学创作年鉴"跃升为青年沃尔夫出版社的精品刊物。这本雄心勃勃的年鉴的第一期（同时也是最后一期）聚集了弗兰茨·布莱和弗兰茨·韦弗尔的戏剧评论，弗兰茨·耶诺维茨、海因里希·劳滕萨克和奥托·皮克的抒情诗，奥斯卡·鲍姆、莫里茨·海曼、奥托·施特斯尔和阿尔弗雷特·沃尔芬施泰因的散文作品。罗伯特·瓦尔泽在全部三个类别中都有作品发表，代表了这一期刊物的受人钦佩的主要人物。布罗德本人贡献了一个较好的中篇小说：《正当防卫》，讲述一个年轻的下级公务员的阴森故事，此人出于在他心头突然产生的杀害欲而谋杀了一个威胁他的刑事犯罪分子，最后在法庭上被宣布无罪释放并从此过着一个恪尽职守的小市民的生活。布罗德的中篇小说提供了与《判决》相反的象征：它描写了主人公对生活的平庸的适应，同样也描写了被正常状况的征兆遮蔽住的深渊。

一则令人恶心的故事

1912 年 11 月 17 日，星期天，卡夫卡久久地躺在床上。他没有睡好觉，做了不安宁的梦。他驰骋在自己的联想之中，一想到他同菲莉丝·鲍尔的关系就不明不白地"苦恼"，并陷入幻想之中数小时之久不能自拔。这样的赖床时刻，如他所述，是他文学创作极其有收益的时光。"我的写作能力的意识，"一年前他在日记中这样写道，"在晚上和在早晨是不可量度的。我觉得浑身放松，我要什么，都可以从我心中发掘出来。"一篇新小说的框架渐渐在他脑海里浮现。这篇小说写的也是不安稳的睡眠后的一个早晨，然而它所描写的，却特别需要超然于夜间幻象的实体地位。变成了巨大甲虫的格雷戈尔·萨姆萨的故事，有计划地把一切想将其打入想象王国并从而卸除其引信的解释排除在外："这不是梦"。在卡夫卡读过的陀思妥耶夫斯基的早期长篇小说《双重人格》（1864）中，小公务员戈尔耶特金在办公室邂逅他的有血有肉的"昔日的自我"之后，有相似的话："不，这不仅仅是一个梦。"这篇后来将会叫《变形记》的、在这个上午渐渐在卡夫卡的脑海里浮现的小说，其引子是按陀思妥耶夫斯基的样板塑造的。旅行推销员格雷戈尔·萨姆萨，像公务员戈尔耶特金那样清晨躺在床上并观察自己慢慢醒过来的过程，这一过程一步一步将他引入一种癫狂的现实之中。

在随后的一个星期里产生了小说的头几个章节，接近全部篇幅的三分之一。1912 年 11 月 24 日，星期天，卡夫卡把手稿念给奥斯卡·鲍姆、马克斯·布罗德以及布罗德的未婚妻艾尔莎·陶西希听。后面的两章在此后的两个星期内完成，中间因去克拉曹的区法院出了一回差而有所中断，卡夫卡必须在那里代表保险公司出席 11 月 26 日的一桩诉讼案。12 月 5 日夜晚，小说的结尾部分产生。"哭吧，亲爱的，"清晨他这样要求菲莉丝，"现在是哭泣的时候啦！我的小故事的主人公一会儿之前死了。"第二天夜晚，卡夫卡完成手稿，但结尾并不使他感到满意。1913 年 2 月 28 日，他在布罗德家朗读这篇小说，读着读着就"躁狂"起来。通过布罗德获悉此事的韦弗尔，他自年初起便在莱比锡的库尔特·沃尔夫那里正式当编辑，他当即把有一部激动人心的新文稿的事告诉了他的出版商，虽然他自己并不知晓这部文稿的内容。沃尔夫立刻产生了兴趣，并在 1913 年 3 月 20 日写信给卡夫卡："弗兰茨·韦弗尔先生给我讲了许多有关您的新中篇小说的事——它叫'臭虫'？——我很想一睹为快。"

卡夫卡却还在迟疑，没把副本给沃尔夫寄去，因为他显然不喜欢不协调一致的结尾。1913 年 10 月 20 日他再读了一遍《变形记》手稿，并做出一个不怎么令他满意的评价（"觉得它差劲"）。1914 年 1 月 23 日的另一次检验没有得出特别不一样的结果：现在他"怀着厌恶的心情"看待这件作品，他认为这结尾"不可卒读"。然而，1914 年年初卡夫卡似乎还曾认真盘算过发表这件作品。4 月 18 日他告诉菲莉丝·鲍尔，说是 S·费舍尔的《新周报》已经接受《变形记》。显然他违背了与沃尔夫达成的口头约定，把这份手稿寄给从年初起负责主编这份期刊的编辑罗伯特·穆齐尔。他改变主意可能有私人方面的原因，鉴于在与菲莉丝的关系中持续不断出现危机，卡夫卡在 1914 年 3 月打算搬迁到柏林去当自由作家，所以与有声誉的（并且有支付能力的）《新周报》合作似乎是一个令他高兴的序幕。何况穆齐尔已经于 1914 年 2 月底，在一封好几页长的信中提出紧密合作的设想招徕过他："请您把这份'期刊'看作可供您发表您想在艺术或与此有关的领域里实施的一切主张的个人阵地吧。"

《变形记》还是在别的刊物上发表了，因为强有力的出版商萨穆埃尔·费舍尔对刊印这件篇幅过于庞大的作品提出要拥有自己的表决权。勒内·席克勒最终在 1915 年夏以在经济上与沃尔夫出版社有密切联系的《白纸》编辑的身份，搞定了这份没着落的手稿，并在 10 月号上就刊印了《变形记》，这时的席克勒已经从《白纸》的创办人弗兰茨·布莱手上接过这份刊物。卡夫卡没收到校样，所以他未能对作品的最后定稿施加什么影响。不管怎么说，这总算是一个很具有吸引力的发表作品的场所。弗兰茨·布莱 1913 年创办了《白纸》之后，刊物便迅速跃升为一家表现主义的杰出的机关刊物。亚尔萨斯人席克勒在 1915 年年初重新推动事业向前发展并使其成为一份带有（反军国主义和国际主义的）强烈政治色彩的期刊，此后《白纸》在战争爆发之时暂时停刊。在卡夫卡的小说发表之前不久，这家刊物发表了布罗德的长篇小说《蒂尚·布拉的通神之路》、海因里希·曼的纲领性的

《左拉议》和哈森克勒弗尔的《儿子》。后来戈特弗里德·本、约翰内斯·R·贝歇尔和卡西米尔·埃德施米德也加入这家刊物的作家队伍，库尔特·平图斯把这家刊物和赫尔瓦斯·瓦尔登的《风暴》与弗兰茨·普弗姆费尔特的《行动》并列视为表现主义的最重要的纲领性刊物。在席克勒的期刊刊印后仅仅几个星期，沃尔夫便向卡夫卡提出重印建议。经快速排印后，1915 年 12 月初，《变形记》列入出版社的先锋派旗舰"美丽清晨"系列丛书，出版了单行本。

《变形记》像《判决》那样显示出一种经典的中篇小说结构，不过卡夫卡却以令人信服的方式对这一结构进行了改变。决定作品情节的"闻所未闻的事件"没有被讲述。未婚的、住在父母住所的旅行推销员格雷戈尔·萨姆萨变成一只棕色大甲虫，对此既没做详尽的描述也没做任何解释。在这里这难以置信的事完全是悄然无声地降临到日常生活中来的，发生在因果关系场区域之外。与这相符的是一种不加评论的叙述方法，它试图像用快镜头拍摄那样抓住格雷戈尔，却并没有因此就弄清他变形的神秘性质。表现手法往往局限于尽可能精准地复述格雷戈尔以人的身份在甲虫体内抱有的想法。但是叙述者也常常离开他的紧挨在主要人物身后的观察位置，于是他就用目光扫视一排排房间和门厅，沉入往事的时间层面，或者像最后在主人公死后，拓宽视野并跟随家人到室外，他就这样显出自己了解更深层次的情况。这种方法总是细致入微地注视着事件的总体，而叙述者却并不提高嗓门或自己走出来。应该说不是一种"单义的"原则，而是暗眼（Camera eye）的电影技术，是它使人们可以通过几乎察觉不到的透视变化来显示文学知识，在这方面卡夫卡也显示出自己是个向电影学习的作家。

拥有动物躯体的主人公由于什么原因具有人的智力和对自己从前的生活的强劲记忆力，对此作者没有做出进一步的说明。心理上的对人的认同和动物的表现形状一直有条不紊地分开着。在这方面具有典型意义的是，格雷戈尔虽然拥有智力上的但不拥有技术上的说话先决条件。他的才智系统是人的，身体的机械性质是动物的："这是一种动物叫声"，襄理听了格雷戈尔的早晨辩白后在紧闭的门后说。主人公自己承担由此而产生的后果并从此沉默不语。他只在一个精神上的腔内空间——在幻想和深思领域——显得是人，不过他这样做对外界却起不了什么作用。格雷戈尔·萨姆萨的悲剧由此而产生：他周围的人摒弃并否认他的精神状态。这使他的命运有别于玛丽·雪莱既平凡又完美地在她的 1818 年的著名长篇小说中所讲述的弗兰肯斯坦的命运。躯体令人厌恶的弗兰肯斯坦被认为是一个像人的怪物[1]，而格雷戈尔则再也不能使自己对其甲虫躯体的构造发挥作用，他萎缩为那个"它"，最后谴责他的妹妹格蕾特就是用这个"它"来称呼他的："我们必须想办法甩掉它。"在格雷戈尔最后一次呕吐后她在家庭会议上这样说。女佣用相似的口吻断言格雷戈尔已死："您看一看呀，它丧命了。"她冷冷地说。在一封 1912 年 11 月 1 日致菲莉丝·鲍尔的信中，卡夫卡声称，不写作他就觉得自己"只配被当作垃圾扫出去"。这个观念与《变形记》的结尾相吻合，这个结尾让女佣客观冷静地声言，说是她已经"将隔壁房间的那个玩意儿扔掉了"。

不只是格雷戈尔，而是他周围的所有人都在卡夫卡的小说中经受了一次全面变形。我们所获悉的变化过程涉及经济、躯体和空间规章领域，这些领域就它们那方面来说是通过权力指导观念联结在一起的（尼采曾谈及"权力思想"，它在古代罗马就已经规定了市民家庭的模式）。卡夫卡的作品揭示了个人私事领域里以死亡告终的权力关系变形。作品扩展了人员的范围并将各人员置入一张综合的网络之中，从而增强了此前《判决》所具有的检验结果。受到了格雷戈尔新的躯体的制约，萨姆萨家的经济状况最早发生变化。令从此一直在自己房间里亲耳聆听家庭会议的格雷戈尔大为惊讶，父亲拥有一笔迄今一直对

1　作品中的怪物原本没有名字，后来人们错误地以制造怪物的科学家名字"弗兰肯斯坦"指称怪物，是一种积非成是的现象。

他秘而不宣的财产，这是父亲从其崩溃的商号中拯救出来的，但是由于积蓄已经迅速花光，一家人最后被迫寻找固定的职位。现在父母赢回了他们昔日的自主，格雷戈尔担任关切的赡养者角色时，他们失去了这种自主。他们由于步入职业生涯而遭受到的社会约束因获得迄今没有过的抉择自由而被抵消。父亲同时又回归到了先前他已经失去了的昔日的一家之主的角色之中。市民私事领域好像是统治关系的象征性活动场所，像弗洛伊德在他的论文《论神经病患者的家庭兴衰小说》（1909）中简明扼要地描述的那样。

　　格雷戈尔的身体变形在家里释放出意想不到的能量。身体——作为"真实赌博中的赌注"（福柯）也是人类能够赢得或失去的权力的象征。在渐渐消失在昏暗洞穴里的甲虫的旁边，一种活力，一种像卡尔·施特恩海姆在他的喜剧丛书《市民英雄生活纪要》中嘲弄地作为中产阶级维护和经营意愿的标志所展示的那种活力，在起居室里得到了蓬勃发展。老萨姆萨就这样得到了用一个习俗化了的日常用具组装自己本体的特奥巴德·马斯克第二的特征。像在《判决》中那样，起先显得年老体衰的父亲在小说继续发展的过程中获得了惊人的力量。他身穿商号看门人号服，显得"精神相当振作"，腰板挺直，非常自信。他又打又骂，后来还扔苹果（最后致死的一招）把格雷戈尔赶进自己的房间（"我一直觉得父母是迫害者"，卡夫卡在1912年11月21日写道）。在最初的惊恐之后，父亲还双手掩面而泣——画家奥托马尔·施泰尔克在该书1915年版封面上表现了这个主题——而在后来的场合中，他却表明自己完全没有怜悯心且粗暴残酷。他气势汹汹地摇晃拳头（一种无声电影的手势），用散步用的手杖捅甲虫，踢它，在它前面抬起靴子的底，它们完全可以把它踩扁。在这里卡夫卡可能想起了他父亲在1911年11月把演员勒维比做臭虫的那件事。"臭虫"这个比喻让人想到人们"压死"虫豸时所用的那种暴力。卡夫卡1919年致父亲的信，将把孩子对父权权威的微弱反抗称之为"虫豸的斗争"，这虫豸"不仅螫人，而且同时也以吸血维持自己的生存"。

　　显示出同样旺盛的生命力的，有家人在几个月前雇来顶替胆小怕事的年轻女佣的"身材高大、瘦骨嶙峋的女佣"以及三个房客，这三个房客胃口大开，大口大口地吃着土豆烧肉，而格雷戈尔则在自己的房间里听着他们牙齿的咀嚼声，越来越没有胃口吃东西："这些房客吃得多开心，而我却要死了！"三个房客甩开腮帮子大口吃肉的那种贪欲不禁让人想起那只豹：在小说《饥饿艺术家》结尾那只豹可以进入腾空了的表演饥饿的艺术家的笼子了。作为本能欲望之原则的动物性的内心要求也在这里与拒绝进食的主题形成对照。歌德在《温克曼和他的世纪》（1805）中还称之为"回复的反印象"的，在卡夫卡这里有了高度讽刺性对比的虚妄。"反印象"在他的作品中产生的不是成功的平衡效果，而是不可消除并令人烦心地充满社会规章的紧张。使它们得以显示的合乎逻辑的形象是那个互换的形象，格雷戈尔受其法则的支配被生活的力量替代。

　　格雷戈尔的甲虫身体本身也在经历一种变形。如果说起初他还显得如此"巨大"和膨胀，以致盖在它身上的被子会隆起，那么随着小说的进展它便渐渐丧失身长和体积。在第二部分，格雷戈尔已然能够用它的身体遮住墙上那幅皮衣女人画，现在他父亲的鞋底与他的整个身体相比使他感到它们是如此强大，仿佛完全可以压死他似的。视力的日益丧失切断了他与外界的联系，而通常藏在沙发下面的（完全扁平和干涸的）身体的萎缩则表明取代过程将归属于一个毁灭的过程，归属于死亡。格蕾特对他做出的判决清楚地表达了这一结论："'它必须消失，'妹妹嚷嚷，'舍此没有别的办法，父亲。'"格雷戈尔用自己的愿望确认这一判决："他认为自己必须消失的这个看法可能比他妹妹的意见还要坚定。"甲虫的死亡确实像一种消失，因为它作为饿死和干涸的滑动过程进行，"躲在布和沙发下面"已经事先对这一过程做了铺垫。死亡符合讽刺的处理方法，这种方法，如同克尔凯郭尔卓越描写的，给予自己以诗意想象行为中摧毁现象的无限自由。死亡是一种湮灭过程，它让一个空位取代现在的实体。在这个意义上格蕾特的意见不仅意味着把格雷戈尔扫地出门的要求，而且也意味一种实际行动，一种具有悲剧性讽刺意味毁灭能量的行动：一种死刑判决，兄长像格奥尔格·本德曼那样不加反抗地接受了这一判决。

格雷戈尔的死为留下来的一家人扫清了障碍，通往一种象征新兴生活欲望的新生活的道路敞开了。可是，这种情况显露出一种主人公的过错吗？一种小说明显没谈及的过错？格雷戈尔·萨姆萨也像格奥尔格·本德曼一样既是孩子同时也是恶魔般的人吗？迹象把我们引回到《乡间婚事筹备》。那里的爱德华·拉班在去火车站途中陷入一场奇特的白日梦之中，他在梦中派遣自己的"穿上了衣服的身体"到乡下去见未婚妻，而他本人则待在家里："因为我，我这时躺在床上，用黄褐色被子平坦地盖住身体，任凭从微开的窗户进来的风吹拂。在床上躺着时我有一只大甲虫的形状，我认为那是一只鹿角甲虫或者一只金龟子。"人们有理由把拉班的甲虫梦称作《变形记》的蓝本。格雷戈尔·萨姆萨跟拉班一样是单身汉，此人的"自我"看来像是个空洞的形式上的外壳。卡夫卡是"没有自我的唯我论者"，阿多诺在他的《米尼马·莫拉里亚》（1951）中这样写道，并从而漫不经心地把适用于作家人物形象的东西套用到作家身上：这些人物形象试图捍卫一种既不显示出持久性也不显示出完整性的自身。格雷戈尔从前的人生计划显示出这种"自我"在职业身份中的扬弃：在时间的约束下，受到期限、责任和辩白的痛苦强迫，他作为旅行推销员一天天疲于奔命，没有出头之日。对于在其中看得见的"自我"的弥散有重要意义的是他的性爱经验世界，它局限于一种由异性衣物引起的病态性欲冲动的瞬间。穿皮衣的女人——他从一份画报上剪下了她的照片——这种代用品让人想起萨赫尔-马佐赫的长篇小说《穿皮衣的维纳斯》（1869），它的居支配地位的女主人公万达给她的性奴塞弗林取名为"格雷戈尔"，为了通过这一命名行动象征性地表现她对他拥有的权力（萨赫尔-马佐赫在创作这部小说期间与法妮·皮斯托尔保持着的那种事实上的恋爱关系的一种反映）。1907年9月卡夫卡就已经相当清楚地对黑德维希·魏勒声言，说是毛皮"希望受到欣赏并且会让人受痛苦"。1914年5月底他向格蕾特·布洛赫详细说明：初次见面时她的毛皮外衣曾让他感到"难堪"，这种衣服早年穿在她几个妹妹身上曾使他"备受折磨"。"小说-医学用词"马佐赫主义[1]——卡尔·克劳斯这样写道——不妨用在格雷戈尔的性爱素质上：这个词不仅说明支配他的那种潜在的屈服渴望，而且也解释了他的变形的实实在在的性方面的意义。这种变形源自这种强烈的欲望：对渴望的对象卑躬屈膝地在地面爬行——这是一种主题，它构成萨赫尔-马佐赫小说中幻想因素的一个重要组成部分。

令人恶心的大甲虫的形象成为格雷戈尔曾经有过的精神上蜕化的生活的有力表露。被局限于自己的职业义务上，惶恐不安地谋求着自己的进展，因害怕业务上出差错而惶惶不可终日，他简直是一种功能主义职业生涯的奴才：在这种职业生涯中，唯有通过适应社会获得的成功和用自动规律性取得的成绩才管用。格雷戈尔在开始时为了面对疏忽失职的指责，在内心为自己辩白而开动起来的反映链显示，他的"自我"在妄想狂和失灵恐惧的强制下正在解体。他那迟到的觉醒令他感到"为难和可疑"。不仅——如他所猜想的——家庭经济上的困境禁止他对他的上司采取强硬态度，而且他的柔弱的自信心也不容许他这样做。不是充满个人色彩的关系，而是一种"越来越变化无常的、从不连续的、从不变得真诚的人际交往"主宰着萨姆萨的生活。表明了他从前职业生涯的种种日常关系的荒芜，在他的肮脏房间里甲虫的艰苦度日仅仅是增强到极端罢了。所以变形并不意味着格雷戈尔·萨姆萨的处境的骤变，而是仅仅意味着他的空洞虚妄的单身汉生活的一种更为激进的表现形式。按照尼采的说法，变形符合"生存的透视性质"，只要它把格雷戈尔先前已经对他周围的人持有的立场

1　萨赫尔-马佐赫（Leopold Rittervon Sacher-Masoch，1836—1895）：奥地利小说家。马佐赫主义以他的名字命名，意为（色情）受虐狂。

解释清楚。一如长篇小说《诉讼》中约瑟夫·K的变穷了的生活将反映在他的惩罚幻想的立体相片中，甲虫形象体现格雷戈尔的心灵枯萎和他的"自我"缩减为没有本体的外壳。变形在其逻辑性上符合弗洛伊德1901年在他的《日常生活精神病理学》中所描写过的失误法则。他的内心具有的气质性的东西，通过主人公的甲虫形象不可操控地突然爆发了出来。甲虫的躯体像"口误"，这口误会不由自主地道出真情，只要在这口误中显示出一种无意识的条理，一种理性控制不了的条理。这里证实了阿多诺的观察：卡夫卡不是当作内心心理状态的隐喻，"而是具体地"本着一种心灵的有形现实的精神去理解心理分析的诊断。

　　具有独特矛盾心理的，还有格蕾特对她的兄长所保持的这种关系。一发现兄长变形后她就负责照顾"甲虫"，她用各种不同的食物喂兄长，以便猜中他的口味，供给他食物和饮料。然而格雷戈尔强加于她的"体贴入微"也许对她来说是厌恶。因为她离甲虫远远的，不和他说话（恐吓是例外），不是"光着手"而是由于厌恶"用一块破布裹着手"把格雷戈尔触摸过的碗拿走。格蕾特和父母一样不认为甲虫有人的思维和感觉，这一点可以从几个星期后她决心要清扫他的房间并清除他的纪念物件上看出。他想资助她上音乐学院，以便以这样的方式让她对他怀有感激之情，他的这一昔日的愿望显示出，反过来格雷戈尔与妹妹的关系多么强烈地带有血亲相奸的色彩。他的"亲吻她的脖子"的白日梦清楚地表明了这种幻想的性爱成分。它源自格雷戈尔的复归，随着他的变形格雷戈尔回到了"自我"成长的一个幼稚阶段。"人类的第一次对象选择，"弗洛伊德在他的《心理分析入门讲座》（1917）中对儿童般的和神经官能症的特性的关系这样说道，"经常是一种血亲相奸，就男人而言是指向母亲和姐妹的，而且需要有最严格的禁令方可阻止这具有长久影响的幼稚的倾向变为现实。""兄妹间的爱——父母间的爱的重复。"1912年9月15日，瓦丽订婚的这一天，卡夫卡记下了这样的话。有一次，格雷戈尔在格蕾特拉小提琴时像受到一种"渴盼的陌生的食物"吸引那样受到这音乐的吸引，情不自禁地快速向她趋近过去，在这之后她对他的日益冷漠便突然变为攻击和侵犯：这是很典型的。妹妹判处兄长死刑，这样她就在这一干预的印象下一劳永逸地废除了这种血亲相好的亲近。格雷戈尔必须死，因为在格蕾特身上，正如最后在电车里的那一场景所显示的，性的欲望在渐渐苏醒，"出落成一个体态丰满的美丽姑娘了"。妹妹最后在阳光下舒展"她的富有青春气息的身姿"，这是一种象征，它比喻贯穿全文的那种玩世不恭的意义反相：格雷戈尔的凹陷的身体被格蕾特的充满青春活力的身体取代，衰败没落被旺盛精力取代，丑被美取代。对卡夫卡的中篇小说依然具有重要意义的是，父亲和女儿共同造成了格雷戈尔的死亡：父亲扔苹果，使甲虫的身体受到致命伤，妹妹下判决，她像老本德曼那样用这判决剥夺了永远的儿子的生存权利。《变形记》从而也表明自己是弗洛伊德描写的神经官能症基本状况意义上的双重家庭兴衰戏剧：这出代沟剧表明青年一代在抗击旧秩序斗争中的失败，这出乱伦剧展现妹妹走出对她有性要求的兄长的禁区。策划的两场冲突以如同父亲和妹妹所体现的那种更富有生气的力量的胜利告终：这是在交换的经济图形中形象地想象出来的胜利。这也可以有另外一种结局：后来阿诺尔特·布洛嫩的沉闷的冲动剧《杀父》（1920）证明了这一点，这个剧赋予儿子胜利者的能量并让儿子作为新的统治者登上家庭神话的幽暗舞台。从布洛嫩的这样的胜利中自然是推导不出希望来的：他太过于迷恋那种非理想化的性欲，而这种性欲在卡夫卡那儿则仅仅是不引人注目地、几乎是虚幻地侵入意义游戏中。

　　11月24日卡夫卡把《变形记》叫作一个"极其令人恶心的故事"。"令人恶心的"也已经在《一场战斗的描写》中出现，比如在与胖子以及与打嗝儿的醉酒者的谈话中。后来日记记下了一连串令人厌恶的事情的描写，它们提供丑女人的画像，描绘大口吃肉的样子，刻画年老色衰妓女的带色情色彩的白日梦：冷酷无情的近景，用照相机镜头对准令人讨厌的东西。卡夫卡和同时代的布拉格文学一样有这样奇异的对丑陋事物的偏爱：里尔克的《勃拉哈夫人的女佣》（1899）讲述一起可怕的杀害儿童案；保尔·莱平的《达尼尔·耶稣》（1905）着眼于表面的震惊效应，描写伤风败俗的黑色弥撒；马克斯·布罗德的《诺尔纳皮格城堡》呈现放荡纵欲和性欲反常的恐怖场面；阿尔弗雷德·库宾的长篇小说《另一面》（1909）描写瘟疫、堕落和淫秽；胡戈·萨鲁斯的《触觉幻想》（1912）提供一篇细致入微的报道，论述一个倾心于可怕疾病研究的病理学家的工作；维克托·哈德维格尔的受过波德莱尔的《恶之花》熏陶的城市图（《我是》，1903）和他的短篇小说《巨人的棺材》及莱平的早期诗集《钟声在黑暗中响起》（1903）一样，都表现处在病态边缘的朦胧虚幻的人物形象，目的在于对读者产生轰动效应。

　　然而卡夫卡的玩恶心并非源自这一意图：有计划地使常规的审美趣味失效。这是他的一个特殊原则：它只是作为附带效应产生自塑造了《变形记》的那个完整的体系。格雷戈尔·萨姆萨的故事是一种没落的中篇小说，它比福楼拜或托马斯·曼的没落研究更具激进特色，因为他们的叙述技术在哪方面都不动用心理说明模式。卡夫卡的主人公——阿多诺这样认为——“得到指示，要将他们的灵魂留在更衣室”。卡夫卡对一种堕落过程的描写因其放弃分析性说明而显得比托马斯·曼的《托皮亚斯·明德尼克》《矮个子弗里德曼先生》或《特里斯坦》这类表现卷入人生厌恶和抉择恐惧中的市民人物形象的作品令人震惊得多。《变形记》以它们的诊断为出发点，但对格雷戈尔·萨姆萨遭到的灾难不做进一步的说明。托马斯·曼惯常提供的心灵社会问题剧在卡夫卡那里被一种古式的冲突安排取代，其人物则刻画了权势和无权势的配置。1912 年 12 月 7 日早晨，当他写完描写格雷戈尔之死的底稿时，他写信告诉菲莉丝·鲍尔，说是主人公“相当安详并且和所有人言归于好地死了”。这就是我们通过黑格尔或谢林从古希腊悲剧作用史及其解释中了解到的那种范畴。卡夫卡的评述再次不提供解释，而是继续写小说，他嘲弄地使自己适应格雷戈尔·萨姆萨的观点。"和解"像主人公的"消失"依然是一个概念，它掩饰已有的权力关系并遮盖在这出摆脱了羁绊的家庭剧里怒吼的野蛮。

1916 年 6 月 11 日，《布拉格日报》上发表了 1917 年 3 月 21 岁时死于肺结核的年轻的布拉格作家卡尔·勃兰德（即卡尔·米勒）撰写的题为《格雷戈尔·萨姆萨的返回变形》的一篇卡夫卡的中篇小说的"续集"（1923 年在路德维希·温德尔的《体操教师普拉芙达》中又有所反映）。勃兰德曾在 1913 年左右经韦弗尔介绍在阿尔科咖啡馆结识了卡夫卡本人。他对这一题材的解释可能并没总令这位被他尊奉为伟大榜样的作者感到满意，因为这一解释逾越了卡夫卡从不横越的与过度使用象征手法接壤的界线。当 1915 年 10 月底沃尔夫出版社筹划出版小说的单行本时，他让奥托马尔·施泰尔克转告出版社，说是他完全不想在书的封面上看到甲虫的图像："昆虫本身不能画出来。连从远处显示也不能。"卡夫卡没对这一禁令说明理由，致使这一命令具有一种甚至受法律保障的性质。他的目的是捍卫自己作品的独立自主地位，以抵御单义解释的虚假清澈。由于他的作品惯常将其故事移进说和不说之间的紧张状态领域，所以概念和形象都不可以说明，这些故事只是戏耍却不直接说出是什么。甲虫妄想，它从一种晨间半睡半醒状态幻想的阴霾区域渗入了文学的世界，它会因插图的精确而失去其震撼力的。

文思涌流和文思阻塞

1911 年 12 月中，卡尔·赫尔曼买了一家坐落在布拉格工人区齐茨科夫的石棉工厂，卡夫卡凭他父亲投入的一笔资金成为这家工厂不参与实际业务的股东。企业拥有 14 台机器，雇用了 25 名工人，其中也有好几个女工。1911 年 10 月他和赫尔曼·卡夫卡祖父的侄子的儿子、律师罗伯特·卡夫卡博士一起讨论公司的法律架构。家庭会议不顾他内心反抗要他将来负责处理企业规划的司法问题。1911 年 12 月 28 日他说了这样一句简明扼要的话："工厂让我心烦。"给他带来麻烦的不仅是占用了以往空闲的下午时间，而且还有这项新任务要求他的角色转换。卡夫卡作为保险公司雇员代表工人利益，而在齐茨科夫他却必须想到企业的经济利益。工厂里侮辱人格的生产关系反映出那种"兵营式纪律"，马克思曾认为这是一个统一的、由个体组成的劳动群体的技术组织的一个条件。做了一次较长时间的巡视之后，1912 年 2 月 4 日卡夫卡在日记中强调了机器刺耳的噪声、石棉灰尘和自动化生产过程的单调乏味，他似乎同时也观察到了穿衬裙系围裙干活的、不无性爱魅力的姑娘："可是 6 点啦，她们互相对着大声说，她们解下围住脖子和包住头发的布，用一把刷子刷掉身上的灰尘（……），她们终于是女人了，能够不顾苍白的脸色和满嘴坏牙微笑了（……）"。整篇报告显示出一种三重的角色分配，它们混合在一起颇耐人寻味：社会的目光看到工业劳动的悲惨，企业家的目光看到技术性生产过程的经济效益，男人的目光看到由于炎热几乎不穿衣服的女工们的女性魅力。

　　合股关系自 1912 年年初起便占去了卡夫卡的精力并从而明显地扰乱了他写作需要的平静。下午有时他必须代表被他认为是个空谈家的妹夫视察工厂，这种职责挤占了他的时间，令他心痛。1912 年 3 月他与父亲发生激烈争吵，父亲指责他为企业投入太少并一个劲儿嚷嚷，令他无比绝望："然后躺在沙发上就如何从窗户往外跳考虑了一个小时。"正当文学创作顺利进展之时他不得不在 1912 年 10 月履行他的股东职责并经常视察工厂，因为这位妹夫做了一趟为期 14 天的旅行。写作中止再次导致他产生自杀的念头。10 月 7 日夜他久久站立在四楼窗户前，考虑着要不要朝街上跳下去。说是他没敢跳是因为活着比死亡少中断写作，这一带讽刺意味的解释掩盖不了这一事实：此时，内心压抑的悖谬点已经达到，再也不能越过它了。被卡夫卡的呼救吓了一跳的马克斯·布罗德的坚决干预最终造成了一个既成事实。母亲表示同意蒙蔽父亲说儿子常去工厂视察，但是事实上卡尔·赫尔曼的胞弟保尔替代他承担了此项任务，这将使卡夫卡保住他渴盼的下午自由支配的时间。

　　卡夫卡在一封 1913 年 1 月 14—15 日致菲莉丝·鲍尔的信中描写了他理想的写作环境。他主动勾画了洞穴人的形象，此人"拿着书写工具就着一盏灯坐在一间宽敞的、隔离的地下室最里间，独自迈步，避开白日自然光线并完全听凭自己松弛、轻快的思绪驰骋"，这正是绝对的专心致志会产生的那种思绪。1913 年 8 月的日记引用了古斯塔夫·鲁斯科夫的《魔鬼的故事》中的指点：在加勒比人那儿，夜晚工作的人被认为是世界的创造者。然而躲避生活挑战的写作隐居者的这一模式遭受到众多危害。不只是外部的因素常常制造有可能让卡夫卡专注文学创作的意愿受挫的限度。他的创作有一个特色，这就是它有周期性，其基本模式就是文思涌流和中断的更替。在心醉神迷般经历的"升华"和振奋——这是他自己使用的概念——的时期之后，一种阻滞必定会自动地接踵而至，它阻断文思的涌流。于是就会察觉到"一种写作的完全停顿"，以及"我已经在最后的界限边上，我也许又要在这界限之前坐上若干年之久，然后也许才会重新开始写一个新的、又是结束不了的故事"。在这样的时期对成功写作的日子的回忆以双重负荷压在他心头，这也是潜伏在这种时期的一个隐患。"你明白吗，亲爱的，"1912 年 11 月 30 日早晨他告诉菲莉丝，"写得差劲可是还得写，如果人们不想完全沉湎于绝望之中的话。不得不如此可怕地为写得成功的幸福而遭罪！"有时这种让人看到弄掉了棱角的局部"幸福感"就已经会立刻引发一种新的阻碍，因为它中止文思涌流：这种自我品味的狂喜一直就是停顿和误入歧途的一个变种。

　　卡夫卡终生都不曾有过一种持续较长时间的均衡写作。把精力分配到一天的各个时段，这对他来说是不可能做到的事。歌德、冯塔诺或托马斯·曼的极其经济的作息时间安排绝对是他那不可控制的写作周期的反面。文学上的成功之作，全都只是在突然降临的高度集中的时期写就的。他的篇幅较大的作品往往也都是在一个紧密的时间段里写下，少有例外。而透视感的波动和内在的矛盾——人们不妨想一想《变形记》的结尾——则反映了外表的干扰或中断。卡夫卡的重大文学创作时期在完全无法估量的周期中进行。1912 年 9 月和 1913 年 2 月之间他似乎处在过度兴奋的写作状态之中。在这个阶段产生了将近 500 页：除了大量的致菲莉丝的信和已提及的短篇小说以外，主要还有长篇小说《失踪者》，关于这件作品下文还会谈到。1913 年 2 月以后他的写作停顿了将近一年半，1914 年 7 月他才又高度紧张地写了 6 个月。这种节奏在后来也保持下来了：1917 年春、1920 年秋以及 1922 年残冬是创作丰收时期，而在这之间的各个时期则往往为数月之久的无能力写作状态所主宰。

为了应对来自这种周期模式的困难，后来，1914 年年底，卡夫卡试图弄清楚自己的写作方式。他害怕开始一件新作品，他将构思写进日记，从而试图用巧计战胜它——对这种恐惧心理他清醒地作出解释，说"世界"是一种完美的"组织"，它力求尽量充分地把自己闭锁起来。但是鉴于这种认识，用一种还没成形的新东西补充圆满的旧东西的尝试就显得艰难了。而哪怕一件"还没有完全展开的"作品也"蕴涵"自己的"完善的"结构，这一点却又说明这样的怀疑没有正当理由。因此就有一种艺术自律性，它能够被写作行为开拓和展示出来。成功的文学创作活动，以作为可能情况之现实和一个虚构世界之允诺的对不完善事物之圆满实现的信任为先决条件。但是阻碍形式之自我圆满完成的现实的偶然性与这种信任相对立："我若不能一宵一宵猎取这些故事，它们就突围逃走并迷路（……）。猎手就这样自己变成被追猎者，这是显而易见的。"1912 年 2 月初卡夫卡在日记中引用了歌德论述在从塞森海姆返回后的这段时间里（1771 年仲夏）推动他的写作愉悦的话："我对创作的喜悦是无限的。"他对这句话怀有的钦佩之情也源自总是与他自己的写作活动相伴相随的停顿、误入歧途和迷失。

第十章

失踪者（1912—1914）

大型体裁的魔力

1909 年 7 月，卡夫卡放弃按原来拟订的完成长篇小说体裁《乡间婚事筹备》的计划。在此后的几年里他有意识地转而尝试短小作品，为了躲避在叙事文学样式的迷宫中失败的风险。在《观察》的练习形式实验中表现出来的那种对宏大布局的恐惧是清晰可见的。然而还在下定决心出版这一本集子之前，旧有的对长篇小说体裁的喜爱就已苏醒。现在一部美国题材长篇小说计划已经现出雏形，这是当初处于青春期的中学生就已经谋求过的一个计划。不过兄弟相争的主题发展成赶出家门的故事。卡尔·罗斯曼，跟卡夫卡斟酌过的书名《失踪者》所突出的情况不一样，他不是搁浅在新大陆的鲁滨孙第二，而是被自己的父母赶出家宅的、显然不受喜爱的儿子。"失踪者"概念不说主人公遭受到的完全有意的逐出家门，从而巧妙地掩盖了这一事件以前的情况。这个书名把读者引入歧途并使读者看不到真实情况。这样的策略将会对长篇小说情节的结构具有一种指导性的意义，因为卡尔·罗斯曼的故事也服从大量透视失真和滑动。而马克斯·布罗德1927 年将小说书名改为《美国》，则是受到商业利益方面考虑的制约，这一改名去除了卡夫卡的书名构思的双重价值性并用错误的单义性取代了它。

　　《失踪者》的一个早期文本是在 1912 年冬季和春季写下的。直至 3 月底之前写作一直顺利进行，4 月 1 日写作突然停顿下来，"写作失败"，日记记下了这句简明扼要的话。这时手稿已经写了将近 200 页。7 月中，在容博尔恩疗养院休假期间，卡夫卡认真考虑了整个规划并认识到结构的艰难之处："小说规模是如此宏大，就像勾画在整个天空上了"，可是从而也就——他这样觉得——令人忧虑地"不明确了"。1912 年 9 月 26 日他开始在日记中重新构思手稿。10 月初以前流畅草拟的开头一章便已经誊写清楚。这部长篇小说是"第一部大部头作品"，有了这部作品垫底儿，他在"15 年之久的、包括这一个半月在内的无望的劳累辛苦时刻之后感到心里踏实了"。头几天的一个晚上，写作成功所产生的激动情绪通过一阵痉挛性啼哭表现了出来，据他后来对菲莉丝所说，他曾担心"这一阵抑制不住的啜泣"会把睡在隔壁房间的父母吵醒。"狂喜中的卡夫卡，通宵达旦地写作。"9 月 29 日布罗德就已经在日记中这样写道。

　　不是为了"自夸"，而是作为"自我安慰"，卡夫卡在这几个星期里向这位朋友报告，说"什么也不能从外部干扰他写作"——这只是一种设想，1912 年 10 月初它就失效了，令人痛苦的工厂的职责妨碍了他从事长篇小说写作。在一封 10 月 7 日至 8 日的长信中他间接地请求布罗德帮助，他告诉布罗德由于他的写作计划面临夭折的危险，他起了自杀的念头。尽管是主观的激动情绪在激发他的积极性，信的全文还是带有法律论证的特色，然而这种论证的清醒冷静的逻辑以卡夫卡特有的方式被隐藏在悖理的下面："亲爱的马克斯，我向你呈上这一切，倒不是要你做出评判，因为你无法对此做出评判，但是由于我决心不留告别信就跳下去——说在临死前感到疲倦总是可以的吧——所以，既然要我又成为居民回到我的房间，我就打算给你写一封重逢的长信，这就是这封信。"

　　布罗德在他母亲处的外交使命，如同已经讲过的那样，导致卡夫卡摆脱了麻烦的工厂巡视之后，写作过程暂时顺利进行。11 月 11 日就已经写完了五章这个"没完没了的故事"，此刻卡夫卡正在写"鲁滨孙事件"一章。11 月 17 日至 12 月 6 日工程停顿，因为他要把自己的力量用在《变形记》上。12 月，在这个中篇小说完成之后，费了很大的劲总算又连接上了。年底时他正在撰写（没有标题的）第七章的结尾部分，这一章描写卡尔在妓女布鲁娜姐处的命运。然而这个阶段不再出现初秋的那种流畅写作节奏，致使每日的工作定额也大大缩减了。在岁序更新之后写作彻底停顿了下来："它向四处奔散、离我而去，我再也把握不住它（……）"。1913 年 1 月 24 日卡夫卡声言，这部长篇小说已经把他"战胜"，因为与它自身的"关联"不再看得见：形式的倾塌反映作者与手稿之间日益增长的距离。在这些越来越沮丧的日子里，他自以为在早晨走进办公楼大厅时出现了一个白日梦式的幻觉，看到"自己同时从楼上，在摇曳的灯光中颤动着，在急速运动中转动着，不耐烦地摇着脑袋，通过整个楼梯间摔下去"。

　　1913 年 3 月 8 日夜，他一反自己的习惯，先是勉强地、随后就怀着姑且一试的心态读了全文，并做出了这一令人沮丧的评估：只有第一章尚可一读。这个自成一体的展示部分在 1913 年 5 月底用《司炉》的标题单独发表。这本迅速制作而成的只有 47 页的书以 8 角钱的售价作为新系列丛书"新近"的第三册在库尔特·沃尔夫的出版社出版。卡夫卡在这里和一伙优秀人物聚在一起，因为这套丛书全用其便宜的小册子引起读者对计划出版的别的图书的注意，它不久便联合了年青一代表现主义作家中的代表性人物：约翰内斯·R·贝歇尔、戈特弗里德·本、奥斯卡尔·科科施卡、恩斯特·布拉斯、恩斯特·托勒、阿尔伯特·埃伦施泰因、瓦尔特·哈森克勒弗尔、弗兰茨·容格、恩斯特·施塔特勒、格奥尔格·特拉克尔、弗兰茨·韦弗尔。虽然这片段的出版令他感到不快，因为它暗示一种"并不存在的完整"，但是他却同时盘算着要在别的框架内再次发表它："《司炉》《变形记》（……）和《判决》"，1913 年 4 月 11 日他以并非特有的坚实口吻给沃尔夫写道，"表面形式上和精神气质上都属于一个整体，它们之间有一种显而易见的、甚至神秘的联系，我想它们完全可以以《儿子们》为书名结集出版。"出版商立刻对这一建议表现出兴趣，然而这个计划似乎很快就在视线中消失了，所以受处罚的和受摈斥的儿子本德曼、萨姆萨和罗斯曼的"显而易见的"和"神秘的"相似之处均未能被更为广泛的读者见到。尽管《司炉》在批评界获得好评，卡夫卡还是不想下定决心，如恩斯特·魏斯的评论文章所强烈要求的那样，以现有的形态发表其余各章，因为它们那未完成的、不怎么完整的形态同他的在《判决》上获得的自成一体的理想形式相矛盾。1914 年 10 月他再次努力续写文稿，但两个星期后就放弃了，因为他认识到，作品无法强扭成完整的统一体。马克斯·布罗德在 1927 年才发表了这部同样由于其内在气质而不得不保持未完成性质的"不幸的"长篇小说，作为重要遗作的最后一件作品。

精选的美国

卡夫卡的未完成稿描写了新的交通和通信技术、工业生产和资本主义的商品交换、大城市日常生活和广告——这广告体现了一种其要素处在不停运动中的各界社会生活的特征。货物和信号不断流通的唯一任务是制造等级制度，像示范性地在劳动过程中表现出来的那种等级制度。电报局、港口管理局和饭店官僚机构看来好像是怪诞的例证，显示一种从严格分工、淘汰和效益的视角出发进行的劳动组织。在任何别的作品里，卡夫卡都不曾以可比较的犀利笔触刻画过现代技术世界的漫无头绪和意义循环增长的紧张机制。按格斯霍姆·绍莱姆的说法，一切充满了的时间是神话式的，而卡夫卡却表现机械化进步思维的"同类的和空洞的时间"，瓦尔特·本雅明在他的第 13 条论纲《论历史的概念》中曾谈到过选择的时间。美国城市生活的活力，一如小说所阐明的，符合不由意志决定的自动发展。现代社会的机械流逝的时间构成神话的"满档时间"的对应模式，人类在这样的时间里邂逅一种有约束力的正常知觉。

卡夫卡将美国城市——先是纽约，后来是虚构的拉姆塞斯——当作同类的地方刻画，在这类地方笼罩着一片忙碌景象。"早晨、晚上以及在夜晚的梦里，这条街上永远交通拥挤，从上面看，那是一个由扭曲了的人的形象和各色各样车辆顶盖组成的、不断重新组合着的混合物，从中还升腾出一个新的、猛烈增加的、更狂乱的由喧闹声、尘土和各种气味组成的混合物，而这一切则被一束巨大的光线攫住，（……），对于受迷惑的眼睛来说它显得十分有质感，仿佛在这条街的上空，一块盖住一切的玻璃板每时每刻都一再被人用全力打碎。"色彩纷呈的声光魅力形成城市的特殊活力，但同时也为隐匿城市名字奠定了基础。路易-塞巴斯蒂安·梅尔西尔 18 世纪末就已经在他的《巴黎印象》中——在一种现代教养的文学现象学中——简直是带着预见未来的幻想描写了这种效果。在人声混杂、变化多端的城市里人只在群体中拥有一种（自然是专门化了的）功能。这种功能的经济对应物是交换逻辑的有力法则，格奥尔格·西默尔的《金钱哲学》（1900）在一种描写性现象学方法的基础上把这种法则称作现代世界"绝对运动性质"的象征。已经由马克思的《资本论》强调指出的"货币流通不同于所有别的物件所特有的速度"直接表现在大城市的交通中。美国大都会的街道也在卡夫卡的作品中反映出那种货币流动的活力，马克思把这种活力描写为"流通过程的自主"。《失踪者》中的交通和经济在其向运动形式机械化发展的趋势中造成两个有相似秩序结构的功能性意义领域。

小说描写的自动化的和空洞的劳动世界显示出保险公司职员卡夫卡在其自 1908 年以来所做的公务旅行框架内所获得的有关工业界的印象。他的木材加工企业、建筑行业和矿业安全标准年度报告含有有关北波希米亚工业区不人道生产关系的令人心情沉重的信息。在对内兄的石棉厂做了一次巡视后，卡夫卡在 1912 年 2 月大受震惊地描写了"传动装置的不停的噪声"和受制于"自动但不知什么时候就会停下来的"机器的女工们的脸部表情。《失踪者》描写的职业活动的异化与城市日常生活的失去个性有其相似之处。具有典型意义的是，长篇小说所描写的城市似乎没有身份、历史和容貌。由于城市的机械生活节奏毁掉了个性特征，所以城市就显得冷峻和无生气；希望和渴望，忧郁和悲伤都不能在它的无菌的空间繁衍滋长。地平线上出现弗里茨·朗的大都会电影《机器乌托邦》（1926），其中的人只代表一整套巨大的生产装置中的小齿轮。按照这幅图像，奥斯瓦尔德·施彭勒把大城市看作"石堆"，堆放在"每一种伟大文化履历的末端"，那里"纯粹的精神"、单纯的目标、绝对的经济和一种"准备好"的哲学占据统治地位。罗伯特·穆齐尔的《没有个性的人》以后将发现，现代大城市"由不规律、变化更替、预先滑动、跟不上步伐、事件的碰撞、穿插于其间的深不可测的寂静点，由道路和没有被开出的道路，由一种大的有节奏的搏动和全部节奏的永远的不和谐和相互位移组成"。卡夫卡的城市容貌与这些特征很贴近，它将一种连续不断的劳动过程的印象和集体人群的坚固巨大形象结合在一起。在卡夫卡那里也是一种连续不断的、几乎显得无定形的运动占主导地位，这种运动像一条有机的自然法则，支配着技术化的世界并将一种古老的力量搬上现代精神的舞台。

在大城市这个庞然大物内部也潜藏着不易看透的暴力行径：这一点可从小说的线条分明的展示部分看出，它提供了一种经验现实的独特构思。卡尔·罗斯曼从驶入港口的船上在"突然强烈起来的阳光中"看见自由女神雕像，"女神持剑的手臂像是猝然伸向天空，她的身躯周围吹拂着阵阵清风"。现实的象征——自由火炬——被作为暴力标志的剑取代。在卡夫卡后来写的一个片段中补充上了一句话，说是卡尔·罗斯曼在看见这个令人难忘的雕像时"摒弃学习过的有关她的知识"。起先——在弗洛伊德的意义上——看上去像一个失误的、一种颠覆性的象征意义纲领性地取代了熟悉的象征意义。美国形象立即因一个阴森森的图像世界而黯然失色，在这个图像世界里自主希望受到权力的手势语言的排挤。

劳动和流通代表美国城市生活的中心要素，一如长篇小说的头几章所描写的那样（一封致库尔特·沃尔夫的信在1913年5月25日明确表示有意要把握"最现代化的纽约"），在隶属舅父公司的巨大账房里工作着无数员工。公司所组织的商品流通的基础是借助于技术传媒的交往。无线电报在人际交流领域创造了与被格奥尔格·西默尔在世纪之交标明为货币的万有法则同样的抽象化形态，而卡夫卡则这样写道："这是一家不停歇地进行大规模购货、储存、运输和销售活动并必须与客户保持十分精确的不间断的电话和电报联系的商行。电话厅不是比故乡城市的电报局小，而是比它大，有一回，在一位在电报局有熟人的同学的带领下，卡尔曾参观过家乡的那家电报局。在电话厅里，一眼望去，只见电话亭的门开呀关的，电话铃声令人头晕目眩。舅舅就近打开一扇这样的门，人们看见那里灯光的闪耀下有一位职员，对门的任何响声都漠然处之，脑袋上夹上一副钢带，这钢带使听筒贴住他的耳朵。"商务活动中令人诧异的方面之一，就是始终不清楚这里正在发生什么事。受到传媒手段支持的交流，厂房建筑的大型化倾向以及庞大的员工数字体现一种现实经济情况的象征性意义，而这种情况的原因则似乎是不可探究的。带有零售、批发和居间贸易复杂结构的经济体系甚至已经具有马克思认为只有资本主义商品经济概念才有的那种崇拜物性质。1910年阿尔弗雷德·韦伯在一篇卡夫卡读过的为《新周报》撰写的短评中，将"已经不再是只停留在一种经济生活领域里的猛犸式统一组织"描写为现代生产和贸易事业的特征。

与商业活动的匿名相一致的是道路交通的集体力量。如果说《判决》在最后那句话中将大都会的交通提升为一种迸发出的生活流的象征的话，那么这符合卡尔在美国所得到的印象（罗伯特·穆齐尔将会在《没有个性的人》的引子中用讽刺和伤心的笔触继续描写这个主题）。当波伦德尔晚上让人驾车把他送往别墅的时候，主人公能够亲身感受到不会熄灭的交通能量。属于这类交通的不仅有生气勃勃的车辆流动，而且也有"每时每刻改变着方向的、像在一阵旋风中升起的嘈杂声"，而这嘈杂声则好像几乎不再由人引起。从步行者的角度来看，仿佛有一条不住流淌的河流在流经这些街道："自清晨起，整天里卡尔都不曾看见一辆车停住，一个乘客下来过。"交通也是一个抹杀一切个性的无名的领域。这些车辆给人以仿佛无人驾驶的印象：这些"通常硕大的车辆"轰隆隆从行人身旁驶过，就像来自技术世界的神秘使者。

卡尔一再用惊讶的欧洲人的眼光观察美国的生活。一场示威游行和一场竞选活动，劳动程序和交通形式被主人公用旅行者的惊异目光尽收眼底。生活就像在一面放大镜的下面，显得硕大无比而形象失真。人不是作为个人，而是只在群体中出现。规范的力量调节日常的工作和生活并监督个人。在这里，卡尔对美国饮食习惯的观察颇有代表性："一天里他们只在一家饮食店停留一次，并在店铺前面空地上一张卡尔觉得是铁制的桌旁吃几乎是生的肉，人们用刀和叉不能切开，而只能撕碎那肉。面包的形状像一个滚筒，每一个面包上都插着一把长长的刀。吃这种饭时还供应一种黑色的液体，它在喉咙里火辣辣地作痛。"不难看出，人们在这里边吃半生不熟的煎牛排边喝可乐，1914年前欧洲还几乎没人知道这种饮料。

人们不妨把阿图尔·霍里切尔的一篇旅行见闻报道看作小说多义的美国形象的源头，这篇报道刊印成书前，在1911年至1912年分四次发表在卡夫卡常常查阅的《新周报》上。霍里切尔1911年受S·费舍尔出版社之托在美国游历了八个月，他的报道中有许多题材显然是被卡夫卡采用了的。霍里切尔特别强调劳动的意义，它把1912年被瓦尔特·拉特瑙称之为"机械化精神"的东西推向前进。工业化、大城市活力和交通体系，它们的那种对于技术现代化而言靠不住的意义在这里被做了批判性的描写。1912年出版的霍里切尔的旅行见闻报道一再把日常生活的忙碌作为一种社会神话的要素加以强调，这位欧洲旅行家乐意让这一社会神话的作用力得到证实。"美国的匆忙"——对于尼采而言已经是"新大陆的固有恶习"——成为没有摆脱陈词滥调的描写的中心思想。这样的惯用语句跟霍里切尔关于旧金山的一次市长选举的报道以及与此相关的竞选描写同样都进入这部长篇小说之中，这部未完成长篇小说的自成一体的最后一章便是以上述报道的描写为依据的。卡夫卡在这方面也受到社会民主党议员弗兰蒂塞克·索科泼用捷克语做的一个幻灯片报告的启迪，此人在 1911 年秋受工人协会邀请游历了美国，并于 1912 年 6 月 2 日在布拉格议会大厦对自己的观感做了评判和报告（他的报告几个月后便由布拉格工人中心书屋出版社出版）。从对爱尔兰人的嘲笑中可以看出，小说有时以讥讽的态度对待其原始资料，在霍里切尔的报道中对爱尔兰人有这样的论述："这个种族在美国产生了高度发达和最有成就的政治精英、企业家、奴隶主和拉票人类型的人。"卡夫卡游戏似的采用自己的模型，却没说出其名字："卡尔不再确切地知道，他在家里在哪本书里曾读到过，说是在美国对爱尔兰人要提防着点。"小说的这种精确描绘的美国形象以非常独特的方式与一种类似电影的叙述方式结合，而小说最后三分之一部分中的显得怪诞的逃跑情景则示范性地展示了这种叙述方式。在一条陡峭的向下倾斜的街道上，卡尔连蹦带跳飞奔着，试图逃脱一个警察的追捕，这个警察要抓他是因为他没有身份证件。追捕先在平滑如镜的车行道上，后来在一再有障碍物堆放着的小路上进行。外部的刺激一再看似无序地向这位逃跑的主人公袭来，而他则借助依次串联起来的一张张快照领会他周围的人：他就这样看见了"人行道旁边"的工人、看上去好像无动于衷的行人、一个躲在一所房屋黑暗墙根准备猛扑过来的警察。叙述者把现实情况变成一组活动图像，从而从类似摄像机的角度描写了当时的情况。这个使人感到怪诞的段落显示出两部影片的影响，汉斯·齐施勒的文献资料汇编让人又回忆起这两部片子。1911 年 9 月 10 日，卡夫卡在造访巴黎期间和马克斯·布罗德一起在两位电影先驱领导的"奥姆尼亚·帕泰"布置华丽的电影放映厅里看了一部电影短片。这部 5 分钟长的片子表现了滑稽可笑的追捕《蒙娜丽莎》窃贼的过程，这幅画几个星期前确实在卢浮宫失窃了。马克斯·布罗德在一篇短评中提供的详尽内容提要引起这样的猜测：卡夫卡在描写卡尔的被抓获和逃跑曾受到过这部短片中的古怪可笑场景的启发。第二个模型是消闲电影《白人女奴》，1911 年 2 月卡夫卡在布拉格看了这部电影并对它留有深刻印象。在这部电影里激励了他的是飙车追踪，在追踪过程中未婚夫把被逼为娼的女主人公从老鸨的魔掌中解救了出来。小说试图用一种叙述透视法手段移置这一组连续镜头所突出表现的机械性运动逻辑，而外部的现实则像一台可改变方向的照相机捕捉住了这些手段。

　　布罗德的 1913 年的一篇探讨追踪场景速度的电影短评显示，运动过程加速这个主题对朋友们的电影审美起作用。布莱希特 1920 年 7 月 6 日在他的日记中记下，说是他特别喜欢电影院"侦探戏剧性场面"中的"体操动作"。"飙车和妓院经历"，也包括感同身受的可能性，1913 年被瓦尔特·哈森克勒弗尔称作电影效应的秘密。"电影放映机，"马里内蒂 1912 年 5 月说道，"给我们显示一个消散并在没有人干预的情况下又自行聚在一起的物件的舞蹈。它也倒退着让我们看一个游泳者的跳跃，此人的双脚露出水面并猛烈回弹到跳板上。"新的透视游戏产生自神经紧张的连环画中运动过程的操纵和整体自然景色的废除。早期电影偏爱动态的场景，因为它可以用它们显示技术的干预和组织的可能性。卡夫卡确切领会了这种修辞手段，他 1912 年 9 月 25 日的日记中对电影《狂暴追踪》的描写就证明了这一点。这是一部德意志国家疆界内的描写爱国者特奥多尔·克尔讷的作品，1911 年 9 月 1 日在色当战役纪念日这一天，这部副题为《从出生到英勇战死》的影片在各家影院正式公演。卡夫卡的电报式笔记像一架照相机那样记录下了这些电影镜头，它从副标题开始，最后越来越精确地聚焦观察的中心对象："克尔讷的一生。马匹。白马。硝烟。吕措夫的狂暴追踪。"这段记录复述了种种图像线形先后顺序，而他则通过个别笔记的不结合的结构，模仿这些图像的剪裁年月顺序。卡夫卡作为运动美学专家在他的长篇小说里使用同样的一种叙述式照相机眼光技术，这眼光让主人公周围的人显得好像是匆促间按先后顺序排列的孤立快照。

《失踪者》的群众场面也显示出一种看电影的人的训练有素的目光打上的烙印。第一章中司炉向船长提出请求时的那种像在法庭上的场合就已经带有电影审美情趣。街头情景描写、交叉驶过的汽车和卡尔在高处阳台上看到的竞选集会描绘，它们的情况亦然。一台照相机在这里似乎再次捕捉住了发生的事，并按蒙太奇原理把一个个图像连接起来。关于幻想和电影的关系，1921 年霍夫曼斯塔尔这样说道："（……）所有这些从事劳作的人在电影院里所寻找的是梦想的代用品。"电影使人们获得的图像是如此之强烈，以致人们在其中感到安全和舒适。按照霍夫曼斯塔尔的说法，这一过程看上去像是神秘的事件，这是进入电影院就会发生的事件。观看者如此注视电影：就仿佛他突然，在闪现认识的一个瞬间，回忆起一个被忘却的梦似的。电影院是下意识所撰写的故事的宝库。

小说的空间描绘也显示出梦一般扭曲的特征，它受到自己早期电影审美的影响。卡尔去波伦德尔的乡村别墅的行程使他看清楚了万花筒般堆在一起的街景，看清了"马路两边充满着望不到尽头的迈着细小步伐移动着的人群"。在小说情节展开的过程中空间一再改变其大小，并以这样的方式成为不可靠感觉的标记。波伦德尔的宫殿式别墅在深夜才展现出极大的面积，这么大的别墅人们一开始实在难以揣测得到。当卡尔在遭舅父驱逐之后摸黑离开这幢房屋时，他不得不因此下一道没有栏杆的陡峭楼梯，这道楼梯把他从位于高处的楼层引向底层，而他在较为愉快地到来时却是可以走一道舒适的露天台阶的。这里又出现了电影视线和梦幻视角的调和：空间图像的鲜明对照就像电影的反差强烈的剪辑——电影自身模仿跳跃的梦境舞台演出艺术。《西方饭店》——它的描写再次带有霍里切尔的美国报告的色彩——

也在小说情节展开过程中像在一种神秘魔力作用下不断增长（约瑟夫·罗特 1924 年将在他的长篇小说《萨瓦伊饭店》中采用这个童话般的主题）。饭店先有 5 层，后来有 8 层，30 部电梯，3 道中门和 10 道侧门。先说有 536 个房间，后来却说有 5000 个客人。远景的振动显示一种现实的不可靠性：这一现实不再能够被减少为唯一的一幅图像，而是在分散的快照中形成互不相称的形象。1934 年 12 月 17 日，阿多诺向瓦尔特·本雅明表示，说是"常常存在于卡夫卡的场景之中的经可怕地移动了的镜头恰恰正是'斜置了的照相机自身'的镜头"。"移动了的镜头"的摄影审美在《失踪者》中扩展为电影语言，这语言像一个梦的碎裂的图景。

卡尔·罗斯曼的兄弟们

还有家庭传说也是卡夫卡写作这部长篇小说时的消息来源之一。约瑟夫·罗特对异乎寻常地有规律地在美国寻求自己幸福的"东犹太人的叔伯姑表兄弟们"的讽刺评语也适用于卡夫卡一家人。父亲的好几个堂兄弟在世纪之交离开了欧洲并在美国安家落户。估计卡夫卡是通过口头报告和书信了解他们的命运的。埃米尔·卡夫卡，莱特梅里茨亲戚海因里希·卡夫卡和卡洛丽内·卡夫卡的二儿子，1904 年移居美国并定居芝加哥（他的父亲海因里希，赫尔曼的弟弟，已经在 1886 年去世）。1914 年 9 月 9 日卡夫卡才在布拉格结识他本人。堂兄说起了他在美国的商业生涯、电影娱乐、芝加哥的建筑。他先在那里的一家缝纫所需零星用品公司当职员，后来当一家函购商行的货物发送部主任。他所在的这家企业有一万名雇员，这些员工借助时新的销售手段——倚仗目录广告——获得巨大的日营业额。由于卡夫卡通过家人之间流传着的报告了解了这位堂兄事业有成的情况，人们可以相信，他的美国经验中的个别主题两年前就已经进入这部长篇小说之中。作者只是在 1914 年 12 月证实了《失踪者》已经用文字记录下来的东西。

　　另一条线索通向赫尔曼长兄的儿子奥托·卡夫卡。1897 年这个刚满 18 岁的人躲避自己的父母逃到了巴黎，并最终经由法国南部到了布宜诺斯艾利斯。几年后他去了巴拉圭并到了美国。1906 年 12 月卡夫卡显然在布拉格见过他几天，他在一封致马克斯·布罗德的信中谈过这件事。1911 年，就在《失踪者》开始产生之时，奥托已经在纽约安家落户，在那里他与一个并非不富有的美国女人——执拗的女画家艾丽斯·斯蒂克尼缔结了一门就社会地位而言也有好处的婚姻，并创办了一家业务还算兴旺的出口公司。由于他的业务（当然总是摇摆不定的）上的成就，他在纽约市郊紧挨着洛克菲勒别墅购置了一所大庄园。作为典型的白手起家者，他也可能是卡尔·罗斯曼的美国参议员舅舅爱德华·雅各布的原型，此人凭借干劲和毅力当上了一个连锁商行的大老板。而卡尔违背舅父的意愿应邀进入的、坐落在纽约市郊的银行家波伦德尔的乡间别墅，估计卡夫卡则是凭对家人谈话的回忆加以描写的。富有的堂兄的与传奇故事联系在一起的别墅是家人们谈话的一个话题。

　　出生于布拉格的主人公卡尔·罗斯曼的原型来自卡夫卡家的父亲。奥托·卡夫卡在 1909 年夏收留比自己年轻 14 岁的兄弟弗兰茨，弗兰茨 16 岁时下定决心移居美国。弗兰茨在美国称自己为弗兰克，他在纽约读完了一所商业学校，此后毕业于一所优秀寄宿学校并在后来进入他兄长的公司当职员。考虑到卡尔——虽然并非自愿——也是在将近 16 岁时到达美国，那么这种年龄上的相仿恐怕就不是什么偶然巧合。在另外一点上，罗伯特·卡夫卡，出生于科林的美国冒险家奥托的胞弟，是罗斯曼形象的一个原型。据说一个在家里

奥托·卡夫卡和他的妻子艾丽斯在他们的宅邸花园里，纽约，1937 年

干活的厨娘 1895 年引诱了后来成功学完法学课程的 14 岁的罗伯特并使自己怀了身孕。这件事在家庭圈子里迅速传播开来，卡夫卡无疑听说过这件事并在构思小说故事情节时采用了它。不排除《失踪者》利用了那部较旧的长篇小说草稿的素材，据卡夫卡在 1911 年 1 月回忆，这是他在青春期时写作的一部长篇小说。这里终究也涉及一次逃亡式的美国之旅，不过是以一场席勒的《强盗》模式的兄弟间的冲突为背景。从卡夫卡对名字的处置上也可以看出他的家庭传奇的影子。罗伯特·卡夫卡（Robert Kafka）和卡尔·罗斯曼（Karl Roßmann）显示出大写首字母的掉换，其隐蔽的含义是不容置疑的。因为要长大成人就移居美国的儿子们的家族史构成了小说的基础。

　　与卡夫卡家族传说宝库中的原型们相伴随的还有教育小说的文学原型，《失踪者》有这种原型的清晰烙印。卡尔·罗斯曼属于一批知名主人公之列，这条主人公弧线从歌德的威廉·迈斯特、诺瓦利斯的海因里希·冯·奥夫特丁根经凯勒的海因里希·莱和福楼拜的弗雷德里斯·莫雷奥一直延伸至狄更斯的大卫·科波菲尔和拉贝的汉斯·翁维施。卡夫卡的主人公属于天真烂漫的主人公之列，他们阅历浅陋，满怀幻想开始闯荡世界，便如黑格尔言简意赅所说，让它磨掉了"棱角"并适应了"现存的境况"。《失踪者》和怀疑且沮丧的 19 世纪教育小说看法一致：将自己的主人公送上一条适应和屈从之路，而他则在这个过程中不得不承认不能制服的社会状况的现实是支配他的规则。在卡夫卡那里，除了一个自歌德的《求学年代》（1795—1796）以来就为人们所熟悉的模式的文学传统以外，还有古希腊罗马的孤独漫游者的普通概念，这样的漫游者是阿耳戈船上人物的、伊菲革尼亚的或俄瑞斯忒斯的故事[1]中众所周知的人物。《失踪者》采用了这个旅行者题材：这个旅行者在遥远的地方面对意想不到的挑战。这样的经历处于这个神话式原型的中心地位。它构成一种普遍的要素，一种卡尔

1　伊菲革尼亚（Iphigenies）和俄瑞斯忒斯（Orestes）均是古希腊神话中人物。

经历的、被偶然事件控制的惊险奇遇的普遍要素。主人公在美国是典型的外国人，他惊讶不已地为自己开辟这个辽阔的国家，但最后失败了，没找到一个新的故乡。卡尔·罗斯曼仍然是一个失踪者，他的踪迹将会在某个时候消失在美国的辽阔大地上。他扎不了根，而是——作为被赶出家门的儿子——四处飘荡。

《失踪者》的叙述文体遵循卡夫卡赞赏的福楼拜的《情感教育》的模式，描述的口吻丝毫也不露出直接的、作者个人的惊愕之情。卡夫卡的小说从而也就继续了《乡间婚事筹备》的已经对准了福楼拜的风格。他和他的一再感到失望和受到损害的主人公保持着尽可能大的距离，描写了一个被赶出家门的儿子的故事。社会的制度反映在那种艺术的规则中：叙述者普遍保持的冷漠口吻与美国的无怜悯心相吻合。他像照相机的冰冷的镜头，跟踪一个个事件，并不对它们做进一步的评论。虽然多次闪现出一种从作者角度出发的风格的要素，透露出作者比他的主人公更知情，但是这种知情仅仅是用来把主人公一再误入歧途陷入的绝境解释清楚。

在情节展开的层面上，《失踪者》证明自己具有与经典教育小说相对应的结构。其基本模式像歌德的《求学年代》——不断变换着的指导人（从司炉经舅舅、鲁滨孙和德拉马什直到女厨师长、特蕾泽和布罗内尔达）给主人公留下的印痕。然而卡夫卡的主人公没有走完任何一个自成一体的教育过程，他一再以新的方式在不同的起始阶段便败下阵来。他的故事不服从内在的目标，而是遵循使幻想破灭的变体的原则。他的故事在这一点上也像福楼拜的《情感教育》，像这本没有教育意图的教育小说样板。格奥尔格·卢卡奇1914年给这个种类做出规定，说是它必须讲述"为了认识自己而脱去衣服的灵魂的故事"。卡夫卡的小说对这一要求是一种绝妙的讽刺，因为他的主人公既不向世人也不向自我倾诉衷情。他积累经验，却没有能力对它们进行反省。作为学生、谋求职业者、开电梯工和仆人，卡尔尝试着干了多种工作，均没成功。末了他（登记了一个假名）受雇于俄克拉荷马露天剧场当"技术工人"则来源于一种欺骗和偶然巧合的大杂烩，他根本就没有显示出能胜任此项新工作的必要的专业知识（作品的未完成性质使这一误解无法被揭示或者按照一种有益空想的规定被保留）。但是卡尔不是正面应对要他付出很多精力的现实，而是逃避它的种种令人不愉快的束缚。不是黑格尔所说与现实的摩擦，而是逃跑构成——除赶出家门之外——小说情节的一个主要结构模式。卡尔就像逃避门房班长、警察和他靠不住的朋友鲁滨孙和德拉马什那样逃避格雷恩和波伦德尔。他在美国的旅程像一个恐怖的梦：这个梦描绘了由于逃跑动机中的现实而失败的过程，《失踪者》显示了自由的变形，显示了用讽刺体裁改写了的那种自决：这是卡尔企盼，但从未找到的那种自决。

"自由"和"自决"的概念，这些支撑了威廉·埃姆里希的长时期内很有影响力的解释的概念，对于卡夫卡的小说来说不起什么作用。独立和自决全都不在卡尔·罗斯曼能实现的东西的范围内。不管他在哪里面对美国的世情，他都会遇到权势和胁迫。它们也像在《判决》中那样受到结构的制约，因为它们从主体间关系中显现出来并且仿佛默默地、用实际上的简练使自己发挥作用。"每一个物件都只是在自己位置上的那件，通过别的物件而存在"——诺瓦利斯的这个来源于费希特的主体哲学的看法表明了支撑卡夫卡小说进程结构的根基。这一看法显示受到一种他治的制度控制的人，这一制度的象征决定性地影响他，而他却不能摆脱它的影响。卡夫卡的主人公们虽然控制现实，可是他们作为典型的"儿子"过高估计他们拥有的力量，而他们的伪装的过错却是基于这一过高估计的。

主人公和他的教育者们

1915 年 9 月 30 日卡夫卡比较长篇小说《诉讼》，对他的主人公记下这样的话："罗斯曼和 R，无罪者和有罪者，最终两个人都无差别地被惩罚性地处死了，对无罪者没花多大力气，与其说击倒了，不如说推到一边了。"然而从这句评语中推导不出对卡尔的全面赦免来。他的一个特性就是，他将质朴和审慎的思考联系在一起。他体现出一种有缺陷的性格，既有投机取巧和不诚挚坦率的一面，也有心肠好和纯洁无邪的一面。无人身自由的儿子卡尔是他的严厉的父母的牺牲品，这一点在小说的引子部分就已清晰可见。但是卡尔有这样的特性：它们不允许只把他看作一种粗暴教育的无辜对象。开篇第一章就已经显示出主人公是个有心计的人，他试图独自维护自己的个人利益。在与军官们的交谈中他显露出"机灵"，他劝告为自己的权益而斗争的司炉举止要得体。主人公的利己主义一开始就已反映出美国的变粗野了的社会状况。人们在一个偷窃显然司空见惯的国家"也可以时不时撒个谎"，这成了他的坚实信念。因此卡尔代表被尼采称之为"无辜而又好说谎"的资产阶级时代的机灵原型。

　　主人公开始在美国居住时意识到自己受歧视，但雄心勃勃地想要提升自己的社会地位。他学英语，上骑术课，在一张大写字台前做作业，梦想着自己职业上的成就。这时他一再陷入奇异的白日幻觉之中，这些幻觉使他离开了自己真正的可能性和机会。他没保持对现实的清醒认识，而是失去了现实感。光怪陆离和陌生的美国所发出的色彩像在一个万花筒里发生的折射。他只是一个没有优异成绩和突出才干的欧洲中学生：这一点卡尔经常忘记。他希望能够通过自己那半瓶醋的钢琴技艺改善自己的生活状况，他的这种希望很能反映主人公过高估计了自己："卡尔对弹钢琴寄予厚望，并且不觉羞耻地至少要在入睡前想一想用这种弹钢琴的方式去直接影响美国境况的可能性。""半瓶醋知识"始终都是一种主导概念，这是一种可以用来记载卡尔·罗斯曼如何努力谋求提升和成功的概念。在尼采、博尔盖特、霍夫曼斯塔尔和托马斯·曼那儿，这种类型自19世纪末以来便获得一种特有的价值：作为一个无论在艺术上还是社会现实中都不处在暂时鼎盛期的有突出性格典型人物的基本特点。卡夫卡的主人公像霍夫曼斯塔尔的克劳迪奥（《傻瓜和死神》）或托马斯·曼的巴耶楚，是一个不成熟的人，没切中生活的神经要点。然而不是尼采诊断出里夏德·瓦格纳作品中有的那种典型唯美主义的"精神感受癖"，而是缺乏教育的人的自我高估限定了他。他的"半瓶醋知识"既不含没有生命力的颓废艺术家本性的高尚意义，也没有弗兰茨·布莱1905年在《新周报》上所描写的那种爱虚荣的纨绔子弟的特性。卡尔·罗斯曼始终都是一个天真无邪的孩子，由于社会既不能传授他知识也不能使他获得身份而失败了。

卡夫卡所讲述的这则消极教育故事的结论就是，主人公逐渐放弃自己的人生梦想。在这里起主导作用的逻辑是下降的逻辑：开始时有希望继承百万财产，结束时个性湮没在一个靠不住的理想国里。在舅舅把他赶出家门之后，卡尔仅仅试图找到一份可以过得去的工作。给他提供了第一份工作的西方饭店代表一个自成一体的世界，他无条件服从它的法则，并不用批判的目光审视它。饭店是一种短暂存在的象征，它像城市的交通，反映现代生活景况的短暂易逝。西格弗里德·克拉考尔曾指出，饭店是一个不断搏动着的交际的象征，饭店的大堂是一个信息转运站。在高高耸立的西方饭店里，卡夫卡的主人公遇见了现代美国社会现实的一个典型模式。在这里以准军事方式维护着的荒诞等级制度表明一种已变成偶像崇拜的制度幻景，它很能反映小说的整个劳动世界的特征。然而西方饭店的插曲也阐明了卡尔·罗斯曼的基本困境，他想听命于现行的情况并恰恰因为这一顺从的意愿而失败了。如果说卡尔在被解除电梯工职务后还试图使自己适应现行的情况（他会迅速和悄悄地适应随便哪一家企业）的话，那么这就表明一种似乎跟毁坏自我息息相关的屈从渴望。渴望成功的梦想在格雷戈尔·萨姆萨身上变成想尽可能使人无法认出自己和看见自己的愿望。

卡尔·罗斯曼像卡夫卡的所有主人公，是一个分离了的、正在碎裂的自我的代表。他在说明自己年龄时的动摇不定表明他的身份只以表面信心十足的行为为依据，是经不起推敲的，是对自己年龄的摇摆不定的陈述。引子说他"17岁"，而他自己却对女厨师长声言，"下个月他将满16岁"。卡夫卡虽然在《司炉》付印前消除了这个矛盾，他修正了这开篇第一句话，但是这句话对叙述方法的构思来说似乎完全是纲领性的。表现的矛盾性源自一种受过尼采熏陶的传授有关身份变化不定、角色和人物的知识的透视法主义。小说讲述主体的故事，而这个主体在任何一种情况下都顺应变化，成为一个没有不变轮廓的新的人物形象。与主人公的摇摆不定的"自我"特征相称的，是他闯荡美国一路上遇到的众多教育者形象。最终这些人物中没有哪一个能对他产生持久的影响，因为他像柏洛托士那样随着自己的外部生活境况的变化而变化。卡尔的精神结构以卡夫卡的人物特有的方式遵从一种多义性，一种已经不可以再用现实主义叙述艺术的技巧去理解的多义性。主人公是他的四分五裂的自我状况的总和，其人体结构在小说中通过与不同的生活原则的对抗而得到阐明和修改。

卡尔的第一个教育者是舅舅，舅舅帮他熟悉给人印象深刻、同时又令人毛骨悚然的美国商业活动。作为将自己的严厉隐藏在虚假的多愁善感后面的典型的白手起家者，他令人想起卡夫卡家族的传统。由于私人联系最终对他不再有任何意义，所以自从生活在美国以来，他就如他所强调的，和他的"欧洲亲戚完全隔开了"。跟司炉不一样，他不扮演替补父亲的角色，而是体现现代职业理解的无情和冷漠。他本着一种颇像马克斯·韦伯所分析的新教成绩伦理学理想的精神教育卡尔。按韦伯的说法，工作对于他这个自称"有原则的人"来说"根本就是目的本身"——卡夫卡在1919年4月发现的捷克语版本中本雅明·富兰克林的生平回忆录就反映了这样一种看法。所以舅舅真正的对手是按哈姆松的长篇小说《潘神》（1895）和《贝诺妮》（1908）中的一个人物塑造的商人马克，对于此人来说钱财之所以不是"一般的兴趣的中心"（西默尔），仅仅是因为他继承了大笔财产。

卡夫卡到达美国——舅舅这样强调——就像一次分娩（两部后来

的长篇小说也将把它们的主人公引向可比较的、激进的新开端形态）。作为助产士他想提供物质上的框架条件，以便帮助卡尔适应新制度。他送给外甥一张巨大的、"即使联邦总统的任何文件也摆放得了"的写字台：这是他的——又回溯到马克斯·韦伯的——成绩伦理学教育学的一个典型特征。要卡尔完成的学习定额所受到的任何干扰他都视为对自己的伤害。在波伦德尔邀请他去自己的偏远的乡间别墅做客一天之后舅舅就把他赶出家门：这符合这个令人诧异的观点。所以在他的行为中，像在父母的所作所为中那样，仅仅显示出权力的结构上的影响，这种影响不需要理由和辩白。作为资本主义美国新教成绩伦理学的代号，舅舅形象代表一种转型过程：在这一过程中商业活动的法则传播到了私人领域。格奥尔格·西默尔把金钱借以"摆脱每一个主体的不同忠诚"看作一种社会制度的标记，而这种社会制度则在现代交易业务的经济原则之外也调节人际关系。继被逐出家乡之后他第二次遭驱逐，此后卡尔便像女人照片事件中的格雷戈尔·萨姆萨，一直只是备用物件：他把自己的脸搁在他父母的照片上便睡着了，而这照片则相当典型地散发出一丝奇特的凉意。

而银行家波伦德尔则是一个虚伪的像父亲般的朋友，他使主人公离开正道。他以诱惑者的形象出现，对他怀有明显同性恋的情愫——他对卡尔，如婉转表达的那样，似乎"怀有一种特殊的兴趣"。他握住他的手和看着他的那副模样显露出一种性爱的成分。胖子波伦德尔像舅舅那样代表资本主义的美国及其无处不在的经济原则。他和他的商务伙伴格雷恩——经过伪装的两重人格——显示出一种被小说家——人们想起《判决》中的父亲来了——描写为"巨人般的"身高。西默尔就主观性和经济的关联一针见血地指出，财产占有导致"自我扩张"。与此相应，在卡夫卡那里身体形象表示银行家所代表的美国规模巨大的商业活动。波伦德尔的别墅则反映主人公的迷惘处境，他在别墅迷宫似的昏暗过道里彻底迷路，竟然不得不由一个仆人来帮他确定方向。波伦德尔的别墅作为不透光的洞穴象征没有温暖的财富：一种超然于个人联系之外的经济权力。

爱尔兰人鲁滨孙和法国人德拉马什迫使卡尔仓皇离开波伦德尔别墅后面对社会生活的阴暗面。他们是做散工的流浪者、好色之徒、碰运气的人，这些人生活在刑事犯罪的边缘。跟这个据说前途无量的国家里的许多人一样，他们也梦想一夜暴富的神话。鲁滨孙的天堂是加利福尼亚的淘金区（1913 年 7 月初卡夫卡将饶有兴趣地看故事情节发生在美国西部亡命徒氛围中的电影《黄金的奴隶》）。

所以鲁滨孙和德拉马什是既忧郁又奸诈的小丑［贝克特的《等候戈多》（1953）中的流浪者出生于一个世族］。他们的经常性的忍饥挨饿、半吊子式的实验欲和操纵他们的动物性冲动把他们定格在一个单纯和着魔之间的边境地区。卡尔从他们那儿得到的生存原理表明，现代资产阶级社会，一如黑格尔的哲学透彻而简洁地表述的那样，像一个个人的私人利益不受保护地碰撞的"战场"。小说家用优美的讽刺笔触报道了一家酒店里的一个事件，它证实了这一不抱幻想的论断："但是令人惊异的是，鲁滨孙和德拉马什都没为付款而发什么愁，他们反倒颇有闲情逸致，设法尽量频繁地和傲视阔步穿梭于各餐桌之间的女招待多搭讪几句（……）。最后，当人们也许正期待着她说出第一句友好的话语的时候，她走到桌子跟前，将双手放在桌子上，问：谁付钱？绝不会有谁的手比德拉马什和鲁滨孙的手举得更快的了，他们一齐飞快地举手直指卡尔。"

鲁滨孙和德拉马什遵循幸存斗争的法则，在这场斗争中顶事的不是道德，而仅仅是实力。在神秘的、给小说情节结构打上烙印的重复法则的作用下，卡尔一再重新落入他们的魔掌。如果说舅舅以父母来支持驱逐的话，那么鲁滨孙和德拉马什便是在复制低级的生活力量，这种力量使卡尔在受雇于西方饭店后遭到失败。最后他担任令人恶心的妓女布鲁娜姐的第二仆人角色，这些力量就取得了对——按照黑格尔的说法对于每一个年轻的小说主人公起主导作用的——"心灵的无限权力"的胜利。保住职位的赤裸裸的意愿最后，超然一切道德观念以外，依然是这位受折磨的主人公的最高原则："自我维护"，如叔本华所定的，作为"折磨致死的环节"。

西方饭店的女厨师长是唯一的一个照管情感事务的教育者人物形象。她在文学上源自19世纪的伦敦和查尔斯·狄更斯的小说世界。女厨师长看上去就像一个《大卫·科波菲尔》中忠诚的辟果提的继承人，卡夫卡怀着某种矛盾心理赞赏这部小说（1917年秋他把小说的无定形称之为"未开化的"）。起先仿佛卡尔按照变体的结构模式遇到了她就是遇到了第二个母亲，这个母亲可能会对他被赶出家门做出补偿。颇具特色的是，他在进入饭店前丢失了并再也没找到父母的照片，而雅各布·卡夫卡和弗兰齐丝卡·卡夫卡的肖像则是那张照片的蓝本。然而最后这位无私地试图提拔他的新的同盟者证明自己无能为力。她对付不了门房班长的影响力，不得不听任卡尔被解雇。女厨师长在讯问的关键时刻开始怀疑他的清白，这符合家庭内部权力的逻辑，卡夫卡小时候就曾对它有过亲身体验（1919年他还这样记得）。形势一危险，母亲就倒向父亲一边并从而撤除了儿子支持者的角色。被告只有垂死挣扎的份儿，因为原告方拥有双重优势，短篇小说《判决》中的情况在这里稍有变换地再现了出来。

女厨师长的女秘书特蕾泽也履行了无私援助者的职能。她对卡尔扮演着需要保护的妹妹的角色，而这个妹妹正在将失去了的儿子身份交还给他片刻。长篇小说在这里安排了一个决定性地影响了卡夫卡的传记的关键场景：这位被赶出家门的、将违背自己的意愿长大成人的主人公，对一位想象中的妹妹——跟他一样有失去双亲的经历——怀着美好的情意，躲进表面上好像信心十足的兄长角色之中。只是通过名字特蕾泽才令人想起歌德的《求学年代》中的重实际的母亲形象，在九年制高级中学倒数第二学年卡尔·维汉的德语课上卡夫卡曾结识过这个人物。作为无条件爱他的妹妹，她在道德的价值标准以外行动，一如她在讯问场面中的冷淡态度所显示的那样（在长篇小说《诉讼》中莱妮将担任此角色）。特蕾泽的功能仅仅是在家庭秩序的象征的性关系游戏中赋予卡尔兄长的身份，而这一点，如同床边谈话所显示的，可能会包含一个血亲相奸的层面。她的母亲的死亡故事，恰恰因为它几乎朴实无华地——用卡夫卡在工作中所熟悉的事故报告的风格——被讲述而具有一种沉闷的特色。它显示一个只信奉利己主义的社会的无人性，这个社会甚至不给人体面死亡的权利。这是很典型的：卡尔与特蕾泽的关系一直不带有性的含意，即便在有性爱暗示的段落也超然于情欲之外。性欲的世界在卡夫卡的小说中似乎只和奠定不自由和依赖性的权力区域联系在一起。

　　开头那一章就已经显示，在《失踪者》中性的体验与非对称的关系联系在一起。人们得知，原来卡尔受到一个女佣的"引诱"，这女佣竟然"有了一个他的孩子"。他像给别人发泄情欲的一个听人随意摆布的对象那样经历了这次性交：这一点由他的回忆做出了说明："他记得，那女人把他带到她的床跟前，把他抱到床上，将她那赤裸裸的肚皮压到他身上，用手在他裆部掏摸，摸得卡尔恶心得脑袋都晃离了枕头，然后她就拿肚皮对准他撞了几下，他就顿时觉得，仿佛她成了自身的一部分了，而也许正是由于这个原因他被一种可怕的急需救助的感觉所攫住。"值得注意的是，这个事件废除了性的常规角色分配，它让女人成为占主要地位的人，却——"双重'错派'"地——强制卡尔担任无辜的孩子和遭强奸的无可指责的维尔戈的角色。性交本身，如叔本华所说，在这里作为没有感情的生殖象征出现：在性欲中显示出按照生命的法则在妊娠和分娩中获得其自身客体化的意愿。而卡尔则在没有真正参与其中的情况下经历了性交，因为他不理解他出了什么事。舅舅已经在船上讲述他受引诱的事了，他还是不明白人们为什么试图将这件事"大肆渲染"。对曾是客体这一点缺乏认识，在这里也属于双重派给的客体——孩子和处女——的状态。如果说按叔本华的说法人的欲望排除通过判断力和理解力达到反射性自我谅解的话，那么它恰恰在强奸卡尔·罗斯曼中找到它的可怕的现实性：没有意识、不加掩饰的非理性事物的美杜莎脸[1]。

　　作品在回溯过去时讲述的可怕的引诱事件以性经验的基本模式出现。卡尔遭女佣强奸带有一种原始事件的性质，后来这一事件以不同的表达方式反复出现。《失踪者》是一部性的成年式礼俗小说，如福柯所阐述的，社会统治形式的意志便是经由这种礼俗被宣示的。人们一再纠缠、逼迫卡尔，不管男人还是女人都同样使用暴力：司炉把他摁回到自己坐着的床上，使他再也直不起腰来；银行家波伦德尔一边在自己的汽车里跟他说着话，一边紧紧抓住他的手并在后来将他"拽到自己身边两条大腿之间"；银行家的女儿克拉拉，如克拉考尔将会描写的 20 世纪 20 年代新现实派女性的先期人物，对他大肆宣泄她的暴虐狂淫威，她打他、揍他、掐住他的脖子；妓女布鲁娜妲——卡尔在她身上展示出对于他具有主要作用的厌恶和情欲的重合——用类似于波伦德尔的那种支配权力对待卡尔："瞧这个小家伙，布鲁娜妲说：'他光顾着看，忘记自己在哪儿了。'说着，她出其不意地用双手把卡尔的脸扭向自己，逼视着他的眼睛。"

　　如果说在这些场景中是一种粗暴的成分加在性接近中了，那么在别的情况下暴力就带上了性的色彩。如果说西方饭店里的门房班长虐待卡尔，抓住他，按、掐、打他的胳臂，那么这也表达出一种反自然的惩罚欲。给劳动阶层划定的压制性统治结构，如同阿多诺 1953 年的短评已经指出的那样，在性欲的象征中赤裸裸地表现出来了。恰恰是舅舅和门房班长所代表的禁欲戒律被起破坏作用的热望语言挫败，这种语言显示性和社会的力量有相似本源的特性。尼采对个人欲望和公共道德之间的关系所做的心理学分析在这一点上得到这部小说的有力支持。性欲在《失踪者》中往往受到社会从属性的约束，而这些从属性则从它们那方面被反映在主体的关系中。这尤其在鲁滨孙那一章带有无节制虐待狂色彩的讯问场景中表现了出来。总管和门房班长作

---

[1]　美杜莎（Meduse）：希腊神话中的蛇发女怪，被其目光触及者即化为石头。

为一个看不见的检察机关的代表行事，他们也在从身体方面危及主人公。卡尔在这次盘问中没有真正为自己辩护的机会，因为盘问他的人怀着一种带性的色彩的折磨欲干他们的这种勾当。控方的客观的受尊重的要求因其代表人物的强迫行为而受挫：一种两年后《诉讼》也做了探讨的状况。

讽刺的技巧

卡夫卡的小说将应用讽刺作为一种颠覆性的叙述方法的形式，这种叙述方法中掺和着怀疑、忧郁和破坏欲。讽刺按扭曲的方式反映社会现实的反常行为和强化这种反常行为的行政手段。它对等级制度采取一种险恶的适应环境行动，它在总体上质疑这种等级制度的明晰性。恰恰是它的极大的精确性来源于制度的变化无常。讽刺料到它感知的东西带有随意性；这为它的无政府主义的任意妄为奠定了基础，它正是用这种任意妄为瓦解社会制度的认真的受尊重要求的。它蔑视现实，因为它蕴涵对现实的偶然性的了解。在卡夫卡那里，讽刺与浪漫派诗歌的技巧惊人的一致，这种技巧使一种相互间的无止境反映各种现象成为可能——卡夫卡的这种讽刺经常充当分离和重组、扭曲和挪移的手段。克尔凯郭尔曾对此发表过自己的看法，认为讽刺风格的灵魂就是"持续不断地在漫游途中"。讽刺展示变化无常的社会关系中的力量条理，从而破坏了这种条理的有约束力的含义。它对社会等级制度的适应是欺骗雄辩术的基本特点，一如与克尔凯郭尔观点相似的苏格拉底的演讲所分析的那样。它通过对社会缩微结构的看似精确的描绘，毁坏了这些结构的严格的受尊重要求，但是讽刺的自我意识，如尼采所说，源自这忧伤的预感。现行知识、法律和宗教条理的崩溃立刻就会来临。讽刺的消遣技巧，它废除规则和定律，它暗示期待自己周围的现实灭亡的怀疑论者是了解情况的。

卡夫卡的讽刺用无差别的精确性观察官僚机构和划分成等级的日

常灾难结构。在一封1909年夏天的信中，卡夫卡在谈及他在保险公司的工作职责时，对事态跟人做了这样一番论述："我该干些什么事呀！在我的四个辖区的全体职工中——我其余的工作不计在内——人们像喝醉了酒似的从脚手架上摔下来，掉进机器中，所有的横梁都倒下，所有的斜坡都松动，所有的梯子都滑脱，往上递的东西，坠落下来，往下送东西，跟着人摔下来。人们对瓷器工厂里的这些年轻姑娘伤透脑筋，她们不住地捧着高高摞起的餐具冲向楼梯。"马克斯·布罗德就已经指出的这种场景的卓别林式效果产生自精确的观察。讽刺的写信人尽可能彻底地看清这种纪律缺失，从而增强它。卡夫卡对这样的场景的兴趣源自对顺利运行和礼仪敬畏受到扰乱所感到的喜悦。1910年4月因晋升为拟稿人而致谢时发出的那一阵咔哧笑声也来源于此，因为公司经理在他看来似乎在模仿"我们的皇帝的接见"仪式并以其不成功的威严上司的外表和举止制造出"相当多的笑料"。如果说卡夫卡在他的小说里一再描写维护秩序的机构，那么他遵循着这样的尝试：对通过精确而具荒谬形态的性格刻画艺术贯彻这些机构的程序化逻辑加以揭露。精确适应揭露对象是讽刺策略的一个要素，就像克尔凯郭尔在论述苏格拉底时所强调的那样。

卡夫卡的小说中有许多场景用简直是奸刁的精确描写了制度的结构。卡尔在西方饭店当开电梯工时从饭店裁缝那里收到的制服穿在身上让他简直憋闷得没法呼吸：美国劳动条件不人道的象征。饭店对开电梯工提出的要求显示出一种几近荒谬的维护纪律的幻想。没有哪个男孩可以在许多个小时之久的上班期间离开电梯。每一个人都要保持高度干净整洁，必须显示出绝对的礼貌。坐在大门口的门房班长期待着一再重新受到"每天成百次"从他身旁走过的开电梯工们的问候。类似荒谬的把教育方面的要求变成目的本身的礼仪在罗伯特·瓦尔泽的受到卡夫卡欣赏的长篇小说《雅各布·冯·贡滕》中被描写为"本亚门塔"教育学院的标志。在《失踪者》中有讽刺性单调笔触的叙述："过了第一个礼拜之后，卡尔便认识到，他完全可以胜任这项工作。他那部电梯里的黄铜部件擦得锃亮，其余的 30 部电梯中没有一部可以与之媲美。假如与卡尔同开这部电梯的那个男孩哪怕只是近似于这么勤奋并且并不因为卡尔勤奋就觉得自己可以心安理得地偷懒的话，那么，它们也许还会更加金光闪亮。"这样的描写表明讽刺家对这一点是知情的：正如克尔凯郭尔所说，每一种现实都有其内在的、只是表面上可以通过制度废除的偶然性。卡夫卡描写社会生活的等级制度所使用的拘泥细节的手法是一种变相否定，因为它仍然是假精确，仍然是颠覆性的。众所周知，托马斯·曼在《一个不问政治人的看法》（1918）中曾断言，讽刺是"向后翻转的怀疑"并从而就是一种类型的保守主义，它有保留地注意到了当下的社会结构的变化。可是卡夫卡的讽刺并不保守，而是无政府的，因为它来自破坏现行境况的乐趣。在这一点上它像浪漫派讽刺的混合组织力量，这种力量想在现实的毁坏和创造中实现其悖谬的同一性。

在美国步履踉跄地做其修学之旅期间，卡尔一再碰到这样的秩序体系：在它们面前他最终不得不认输。小说越向前进展，卡尔对这些体系的代表采取越不抱幻想的态度。旅程伊始他想赢得当权者的支持，末了他只试图尽量完好无损地保持自己在社会现实中的微弱地位。对那场审问的讽刺性描写是这一转变的典型特征，就是一个警察对他进行的那场审问，当时他已经离开西方饭店并发现自己卷入了与一个司机的一场争执之中——一个场景，它让人回想起 1911 年秋卡夫卡的旅行日记中对一次巴黎交通事故后警方做记录的描述："'出示你的证件。'警察说。这分明只是一个纯属形式上的问题，因为要是人家没穿上衣，也就不会带着什么证件的。所以卡尔也不吭声，以便详细回答下一个问题，这样就可以遮掩自己没证件。但是下一个问题是：'你没有证件？'卡尔不得不回答：'我身上没有。''这可就糟了。'警察边说边若有所思地往四下里看了看并用两个指头敲了敲他那本书的封面。"讽刺在这里，来源于一种如克尔凯郭尔所说的"静心养性的"态度，它进行观察，却不做评论。"'你没穿上衣就被解雇了?'警察问。'是呀。'卡尔说。原来在美国这也是一种当局的习惯做法：对眼睛看到的还要特意问一问。"当权者的权力是一种下定义的权力，连显然可以见到的东西它也试图特意加以规定。可以直接感觉得到的对秩序的了然于胸在这种荒谬的逻辑中表现了出来。像后来在《诉讼》中那样，卡夫卡十分详细地描写这样的明晰，致使它——如黑格尔一般指责讽刺的——在缜密的剖析的目光下间离为纯粹的假象。

可是恰恰就是这空洞的社会等级制度的世情在《失踪者》中对人施加一种压制性的影响。讽刺手法的奸刁就在于，它完全一样地展示权力的虚妄和威力。习俗、威望和机构的制度还在其无物质性中就证实是个体无条件服从的意志宣示。所以跟后来约瑟夫·K逃脱不了法院一样，卡尔也不能逃脱法律、准则和当局的束缚。然而在他的第二部长篇小说[1]中卡夫卡才将会施展这一本领：如此描写权力的结构规定，致使它作为主观恐惧状况的客观表现出现。讽刺从而也就，如克尔凯郭尔所写的，在制度的振荡中变成一个世事的一般原则，一种社会实体学。

世界剧院里的狂欢节

卡尔·罗斯曼有逃脱美国地狱的希望吗？他的旅行将在哪里终结？看来，卡夫卡试验了一个解决办法，但没详细将其拟定。他在这方面使用了一个源自一种丰富的文学传统的惯用词语，这一点由本雅明在他1934年的论文中第一次强调指出："卡夫卡的世界是一座世界剧院。在他看来人本来就站在舞台上。"这一论断可能是特别针对《俄克拉荷马露天剧场》的这一章而发的，《失踪者》残稿就中止在这一章。第一章在1914年10月5日和18日之间的一次两周休假期

---

[1] 《诉讼》是卡夫卡的第二部长篇小说。

间写成，而这一次假期原本是计划用来继续撰写《诉讼》的。在从事这一写作计划的过程中，卡夫卡一时冲动决定再次致力于已被搁置起来的美国小说手稿写作。这个未完成的文本现在要有一个结尾了，卡尔·罗斯曼的道路应该终止在一个新的层面上。

卡夫卡的原稿错误地把他将结尾幻景搁置其中的美国州叫作"俄克拉荷马"。这个错误源出于霍里切尔的美国书中的一张照片，在这一章节——这本书的强烈影响尤为明显。这张相关的照片，它属于书中论述霍里切尔的中西部经历的一个较长的篇章，它显示一群白人男子在一个被绞死的黑人身旁，照片下面冠上"俄克拉荷马的田园风光"这个恶意嘲弄的标题。霍里切尔在篇章本身中也用了这个错误的拼写，而卡夫卡则沿用了这一错误拼写[1]"俄克拉荷马"剧院表示卡尔旅程中的暂时性最后一站。在这里他似乎找到了自己的使命并终于更坚定地奠定了自己未来的人生旅途。但是末章幻象确实带有不可靠的特性，剧院成员为其计划做宣传的方式就已经显出江湖气和不正经："卡尔在一个街角上看见一张广告牌，上面写着：'今天从早晨 6 点至午夜在克莱顿赛马场为俄克拉荷马大剧场招聘职工！俄克拉荷马大剧场在呼唤你们！它只在今天呼唤，只呼唤一次！'"这张广告牌对卡尔的"诱惑"在于广告词不排除任何人："'每一个人都受欢迎'，广告说。每一个人，当然也包括卡尔。他迄今为止所做的一切都被忘却，没有人会因此而指责他什么。"新开端的希望暗示美国的成功神话。这种神话在最后一章的各场景中初露端倪，却没获得一种含"整体"要求恩斯特·布洛赫的应认真看待的乌托邦的形态。

卡尔乘坐"地铁"去克莱顿——一种与卡夫卡 1910 年巴黎之行最后一天参观朗夏泼赛马场颇为相似的情况，当初他就是坐地铁去的。罗斯曼在赛马场上看到一副奇特的景象，一种马戏团情调和宗教气氛混杂在一起的情景："赛马场入口处前搭了一个长而矮的平台，

---

[1] 《失踪者》中的《俄克拉荷马》（"Oklahama"）的正确拼写应是 Oklahoma。

有几个妇女装扮成天使模样，身上裹着白布，背上插着大翅膀，在平台上吹着长长的、闪着金光的喇叭。可是她们并不是直接站在平台上，而是每人站在一个脚踏上，而这个脚踏却是看不见的，因为天使服中那飘动的长袍把脚踏全裹住了。"1914 年 5 月 29 日的日记记下的一个半睡半醒状态的梦为这里所描写的情景做了铺垫。梦中出现"裸体的姑娘"，她们"像在来各个较好地方的狂欢节车上"驶过："玫瑰花枝条就在我身旁，香火缭绕，月桂花环放了下来，人们把花撒在我面前和我的头顶上，两个像是方石块做成的号手吹着喇叭（……）。"一种自我审查行为把裸体姑娘在写下来时变成天使，但是除此之外小说的这个情况与那个梦境惹人注目地相像。克莱顿的这种显得与现实相距甚远的剧场筹备氛围通过这样的基于卡夫卡的文学性半睡半醒状态幻想的细节描写而具有了它那似梦般的结构。罗伯特·瓦尔泽所写的论述舞台的话与这颇为相称：舞台是一件人的梦的对称物，是"它的张大的像在梦中说着话的嘴"。

剧场的提议对卡尔来说是孕育着希望的，因为它也向生活中的"半瓶醋"开放。天使们的长号乐队未经调谐吹出尖厉的不和谐号。吹喇叭者们虽然似乎干得蛮出色，但是被长号吹奏者们纯粹当作"制造噪声"的陪衬了。卡尔得知，这是世界上最大的剧场，是它在这里招募员工。企业的务实的行为准则就是："我们能够需要每一个人。"这有多种变体的短语像克拉考尔在他的《雇员论》（1929）中分析的现代保险公司的广告词，但是也像世界大战爆发后征兵体检的宣传口号；克拉考尔在撰写该篇文章时这场世界大战已经开打了两个月。卡尔在报名时能够用"Negro"这个假名，这象征整个程序的非个性化。如果说"Negro"在这里作为社会等级中最后一级的象征的话，那么，这无疑也很像卡夫卡读到的在霍里切尔作品中所描写的那种种族歧视形式。在消除不易混淆的名字中废除个体——后来的长篇小说的中心思想——标示出主人公在走下坡的人生道路上目前到了最后一站。重复的基本人物形象一再形成中心的结构模式：在遭遇一种既冷漠且机械化的官僚主义和工作领域的降级——从"工程师"降至"技术工人"——的过程中，卡尔再次体验到了漂泊异乡一事无成的儿子的社会地位在下降。克莱顿的赛马场与此相应地像一个毫无指望者的避难所："何等可疑的无产者在这里汇集在一起并受到了如此好的款待和照管呀！"如果说卡夫卡在1915年9月谈及此事，说是主人公最后将"被惩罚性地处死"，然而"与其说是被击毙，不如说是被推到一边，那么，这种说法表明了剧场主题的自相矛盾的特性。对克莱顿的录用同时也是一种对主人公的'推开'，它迫使他永远担任没有个人名字和人格身份的下级听差的角色。不是新开端的神话，而是按一定仪式程序进行的重复行动决定了不良的露天剧场乌托邦"。卡尔显然将无法挽救地在辽阔的美国走向毁灭，犹如后来会唱歌的耗子约瑟菲妮在其民族的历史上沉没那样。

　　未完成稿在写到驶往遥远的俄克拉荷马时便中断了。小说结尾的短缺使得人们能够从各种不同的视角解释剧场。它被解释为末日审判的变种，也被解释为继莫洛斯、坎帕内拉、培根之后的早期近代乌托邦的翻版，世界剧场的形态，心理治疗的过程或主人公的死亡之梦。这些解释都起因于这一错误看法：卡夫卡在这里使用了一种传统的比喻手法，一种与精确标明的背景知觉有关的手法。但是比喻只有在它们能够动用一种精确勾勒出来的超感觉的理解力时才能当一种先于它们存在的概念的形象。中世纪和早期近代的比喻，通过完整无损的统一的基督教宇宙观而听从这样一种归属。当这种心灵的框架在18世纪的进程中虚脱、文学保住其自主的影响力的时候，比喻就合乎逻辑地陷于身份证明的压力之下。它的审美纲领似乎只从一个外部的意义世界获取为自己辩解的理由，而随着现代主义的开始，这个意义世界也就岌岌可危了。卡夫卡对比喻的富有诗意的功绩发表了批评的意见。他认为，只要没有作为艺术形式存在的自身价值，比喻就"哪儿也不会有较深刻的影响力和吸引力"。比喻的纠缠不休的手势语言通过它那持续不断的揭露要求而破坏审美效果。只有作为不用密码密写的工具，作为超然清晰感性归属的文学的自我表现的媒介，它才能在卡夫卡的眼里有说服力。但是这恰恰正是现代比喻的功绩，一如瓦尔特·本雅明和保尔·德·曼在涉及波德莱尔和里尔克时所突出表达的那样。用比喻方法写作在尼采的关于上帝死亡的公告之后只是表现一种差异，因为在这一表现中符号和含义之间的距离显示为不可逾越的裂缝，再也没有什么超感觉的清晰认识弥合得了的裂缝。使这种裂缝不断清晰可见的语言游戏取代一种正常知觉。比喻的隐蔽言语，被本雅明在关于波德莱尔的研究中描写为"现代派的配件"，它阐明的不是超感觉的真实，而是把符号同事物分开的深渊。只有在这样的意义上《失踪者》的最后一章才可以被理解为比喻，因为它说明了主人公的具体经验和一个向公众普遍开放的社会团体的感应作用之间的差异，这就是剧场项目所传达的那种差异。然而这样一种不同说法，它在一种超感觉说明的那一边活动，必定也包括那怀疑的目光，它投向在剧场行动中被描述的"诱惑"的特殊现实。阿多诺就已经——间接针对本雅明的一种解释——表述过《失踪者》结尾所传达出来的对希望的合理性的怀疑。主体的降级在比喻性的"俄克拉荷马"剧场之梦中只是表面上取消了。这最后一章没有提供与一个异化的社会相反的形象，而是显示出一个乌托邦，一个用别的手段更新其制度结构的乌托邦。针对一种一切变得无关紧要的现实的梦幻，这一章展现出一座世界剧场的幻影，在这座世界剧场中一切显得无关紧要，但从而又显得可以替换。现代美国所标明的人道内涵的抹去，是这个梦废除不掉的。早期近代的各种乌托邦——恩斯特·布洛赫这样宣告——勾画"抽象和爱情的岛屿"。露天剧场是这样的指示剂指示不出来的，因为它的出现既不是摆脱社会束缚媒介，也不是一种带情感色彩的个人幸福预兆的实现。由于它"需要每一个人"，所以它恰恰也就不能满足每一个人的要求，而是只能永远复制永远有效的东西。决定其单调地上演节目的导演是偶然巧合，所以是主宰大都会的生活的同一个主管机关。发生在长篇小说中的美国的个体毁灭在这里用别的方法继续进行。剧场只是无名劳动世界的、混乱而滑稽的交通的、大城市生活和广告的又一变种。在剧场里个人受到检验看其是否可用，但就这样被藏了起来并像一个号码那样被抹去。绝对的新开端的幻想让卡尔受到吸引，它又仅仅归于一个美国式噩梦：归于作为狂欢节的乌托邦。

1914 年 6 月底记在日记中的这一章的第一稿还让主人公充当一个演员角色的替补。然后在秋天卡夫卡将计划中的结尾向前推进，却未能写完俄克拉荷马章节。恰恰是乌托邦的偶然性显然活动在可叙述之外，谁若觉得在偶然巧合之中看到一线希望，这偶然性便是做了错误导向。这种完全毫无指望的东西对于卡夫卡来说也是再也无法描写的了。只有在未完稿中，在对失败的阴郁预感中它才有它自己的真实。

第十一章

诉讼（1914—1915）

订婚和柏林开庭日

1914 年 2 月底，卡夫卡在经过了三个月的间歇之后又去了普鲁士的首都。这是一次一时冲动做出的访问，他事先没通知。2 月 28 日，星期六，他出其不意地出现在菲莉丝在法兰克福大街的办公室里，并和她一起在一家糕点甜食店度过午休时光，随后陪伴她做了一次较长距离的散步，他们臂挽臂像一对夫妇那样漫步在大街上。晚上她独自参加了一场舞会，她态度生硬地声言，这场舞会她"出于商务上的原因不可以错过"。不知所措的卡夫卡害怕这空落、寂寥的黄昏时刻，便决定去马丁·布贝尔的私人寓所做一次短暂拜访。此前，在 1913 年 1 月 16 日他在布拉格听过布贝尔的一个报告，听他讲《犹太教的神话》。两天后在一次鲍姆、布罗德、皮克和韦弗尔也参加的咖啡馆交谈中显示他对布贝尔的印象和从前相反，觉得他"清新、朴素、优秀"，但是对菲莉丝他特别强调，说是他认为发表他的文化政策方面的作品是"温暾之谈"。当他现在再次遇见布贝尔时，两人陷入一场宗教辩论之中，他们辩论《圣经·旧约》中《诗篇》解释和不信神的法官主题，这场辩论为他的 1914 年的重大文学课题——没有具有约束力的法律基础的司法权——做了铺垫。这场相互怀着敬意进行的交谈，如他 1915 年 11 月底所写的，将创造"最纯洁的回忆"，他"对柏林"拥有的回忆。

　　这个夜晚他独自在这座大城市里度过，心里想着，恰恰在他空间上接近菲莉丝之时，他离她有多远。第二天上午他们会面后在动物园做长距离散步，以便在沉默了几个月之后有机会做一次中期结算，接着便进了一家咖啡馆并在那里邂逅恩斯特·魏斯。下午菲莉丝要进行家庭访问，这些访问卡夫卡不需要参加。又是外部的钟表走不同的拍子，生活节奏阴差阳错（后来她写到动物园里的商谈，说她"没有把什么话"都说了）。两人在这个交流失败的瞬间可能思考过，为了排除一再使人六神无主的现实幻象，是否还是只求助于文字的好。下午卡夫卡垂头丧气地返回布拉格，菲莉丝没到车站来送行。卡夫卡觉得她的冷淡、保留态度像一种刑罚，"真是糟透了。简直是雪上加霜"。

　　这种人际关系上的戏剧性行为在其周期性发展方面像卡夫卡的文学创作。它的内在法则受到扩张和退却的摇摆波动支配，这种法则模仿写作过程的纷乱逻辑。在成功阶段之后，随之而来的是阻滞、抗阻和中止，在它们之后接踵而至的又是总结盘点和做新的投入。狂喜和清醒、感应作用和失望之间的摇摆在两种情况下都是占统治地位的原则。危机时期因基准目标的更换而得以克服：定格在格蕾特·布洛赫身上，这符合卡夫卡在写作停滞阶段所采取的改而撰写另一则故事的做法。两种策略遥相呼应，一如对恋人的女友的爱慕之情在私人危机的阴影下能够不受期望的压力而松弛地展开，回避绕行性作品——《判决》《变形记》——在摆脱了失败恐惧的情况下产生。但是卡夫卡像处理他的长篇小说那样处理与菲莉丝的关系：这是一部无法完成的手稿，它先是在心醉神迷中产生，然而随后，在次要舞台上的几次尝试之后——不妨想一想格蕾特·布洛赫和瑞士女子——便不容变更地停顿了下来。爱情故事只得依然残缺不全，就像这件作品，这件不久将在其阴影下成长的作品——《诉讼》。

　　尽管突然造访以失败告终，3 月他们还是计划复活节在柏林再次会面。先在德累斯顿——在中立的土地上——会晤，卡夫卡的这个建议被菲莉丝不客气地拒绝了。她退回去，一味地影射，不理睬他提的问题，接连几天不写信。她在 1913 年秋就已经采取过的这种态度再次奏效。3 月 21 日卡夫卡克服了自己的电话恐惧症，给她往柏林打电话。在同一天他还给她写了一封信，人们可以把这封信视为再次提出的求婚，尽管他颇能说明问题地给自己留出一条退路："所以说你为什么要做出牺牲，为什么？不要老是问，我是否要你！"不久就有了这散文体的说法："我必须要么通过和你结婚，要么通过辞职和出远门摆脱我现在的生活困境。"仅仅在这之前八天他向格蕾特·布洛赫提出和他一起去捷克-奥地利边境的格米德过周末这个清楚无误的建议，这是菲莉丝简直想象不到的。

菲莉丝立即做出回答，先是拍电报，随后，1914 年 3 月 23 日，发了一封较长的信。对他的半遮半掩的求婚提议她回答说，尽管"提心吊胆"，她还是可以设想与他结婚。4 月初他们通电话决定复活节时在柏林会面并将非正式订婚告知父母。卡夫卡以典型的方式仿佛象征性地撤回了这一在一个次要舞台上的通过一种礼俗仪式的接近。4 月 7 日他寄给格蕾特·布洛赫一个装着格里尔帕策的《穷乐师》的包裹：一个显而易见的独来独往人和单身汉的故事是反对即将结婚的根由的文学表述。儿子反抗面临的角色转换，它危及他的艺术家身份，格里尔帕策的小说指引通向内心世界的道路：在那里，一切力量都在抗拒实施外来的生活信条。

4 月 12 日——这是复活节的星期日——卡夫卡中午乘车去柏林，并在晚上 7 点半左右在阿斯卡尼饭店与菲莉丝会面。第二天，在与菲莉丝的父亲谈过一次话之后，他们决定订婚，正式的订婚典礼定在圣灵降临节。未来的妻子将迁往布拉格，按照习俗这是不言而喻的事。他们首先想租一个三居室寓所，要在 5 月一起去找。菲莉丝计划在 8 月 1 日之前辞去她在公司里的工作。4 月 13 日晚上卡夫卡乘晚班车返回布拉格：做完这一番平淡乏味的安排，他显然并没有兴高采烈的心绪。4月21日《柏林日报》、4月24日《布拉格日报》分别刊登了订婚启事。从柏林返回后不久卡夫卡就用含有深意的口吻声言:"可以肯定,F[1],我以往做任何事都不曾像我们订婚以及现在这样明确而肯定地怀有这种感觉:我做了某种好事和无论如何必须做的事了。"这句话的赌咒发誓形式不禁让人对其真实性心生疑窦。"他若是要描写海市蜃楼,那他是不会用别的措辞的",后来在《诉讼》中有这样的话。

自我指责的说辞现在似乎沉寂了。怀疑退让给乐观的官方公告的一种显得机械的修辞艺术,而那种公告则颇像言之凿凿的事故统计报告。卡夫卡更换了对象,在订婚日之后他显然不敢再对与菲莉丝共同做出的决定的明确可靠表示怀疑。在众多致格蕾特·布洛赫的信中他压低嗓子对此说出了反对的意见,那些信小声和拘谨地对他在自己内心进行的陶片放逐法[2]做了评论。这是我们拥有的卡夫卡的写于订婚那年夏天的信,是仅有的涉及个人私事的信。他在1914年5月底到7月中之间寄给菲莉丝·鲍尔的信没有保存下来,它们不在菲莉丝1955年卖给纽约出版商萨尔曼·绍肯的卷帙中,因为持有人认为它们过于涉及隐私而将其剔除出去并销毁了。

这时鲍尔家又发生了一起很糟糕的事。菲莉丝的兄弟费迪南德在1914年年初侵吞了公司里的钱款之后又犯了新的舞弊行为,如今已引起了刑事警察的注意。费迪南德·鲍尔在1914年3月逃离柏林去了汉堡,并立刻乘船前往美国,以便在那里另起炉灶谋生。菲莉丝从未向卡夫卡提及她兄弟的欺骗行径。其中不仅有涉及有关公民荣誉不成文规定的动机,而且也有很具体的原因:菲莉丝必须和她父亲一起偿还兄弟欠下的债务。然而卡夫卡并非蒙在鼓里:众所周知,1913年10月底格蕾特·布洛赫向他披露了解除与吕迪娅·海尔博恩的婚约的真正原因,所以他知道幕后秘密。1913年11月他带着一丝讽刺给格蕾

---

1 "F"是 Felice(菲莉丝)的首字母。

2 陶片放逐法:古希腊由每个公民将他认为对国家有危害的人的名字记于陶片上进行投票,逾半数者则被放逐国外5年或10年。这里有进行严厉谴责之意。

特·布洛赫写信，说是关于费迪南德·鲍尔的违法行为的报告使他对
她的整个家庭有了"极生动的认识"。他当然没让菲莉丝知道他通过
她的这位女友了解到的情况比她猜想的多，这也是他围绕着结婚安排
的一种权力游戏。1914 年 3 月菲莉丝告诉了他兄弟出国的事，但没向
他说明具体因由，随后他语义双关地向格蕾特·布洛赫声言："这是
否是一个秘密，我不知道，对您来说肯定不是的。"不管他了解到了
这个"秘密"中的什么，在这个秘密逐渐向他显示出来之前，文学就
已经知道这个秘密了。《失踪者》讲述了鲍尔家 1912 年和 1913 年遭受
到的这两场家庭大灾难——未婚先孕和流亡。

　　1914 年 5 月 1 日，菲莉丝·鲍尔自他们 20 个月以前在布罗德寓
所里的会晤以来第一次重访布拉格。卡夫卡预订了一套位于市郊的有
三个房间两个阳台的住所并一起去看房，可是菲莉丝不喜欢这套房
子，因为它太暗了。找房子这一套程序令他烦恼不堪，因为这使他想
起在孤寂的地下室里写作的幻影，现在他不得不把这些幻影压下去。
他可能像爱德华·拉班那样瞬间梦见只是把自己"穿上了衣服的躯
体"遣送上街，自己却隐匿着姓名身份躺在床上。在 5 月这几天里他
表面上没有情绪波动地履行着他作为未婚夫的职责，内心对菲莉丝在
规划共同的未来时所表现出来的凡俗情趣颇为反感。1914 年 5 月 16
日他在市中心泰因教堂附近的朗格街 923/5 号租了一套三居室住所供
结婚后居住。在这一正式的接近步骤之后，随之而来的又是一种颠覆
性的评论：仅仅在两天后他就给在维也纳的格蕾特·布洛赫寄去一本
有题词的《观察》，永远的儿子平淡无奇的单身汉生活好像就是对婚
姻旁敲侧击的批评，作品就是对生活的驳斥。

　　5 月 30 日，圣灵降临节的星期天，卡夫卡在他父亲的陪同下乘火
车去柏林。在火车里他默默坐着并凝视从一旁掠过的景色。母亲和奥
特拉四天前就已经动身，以便为庆典做准备。1914 年 6 月 1 日正式典
礼在夏洛滕堡鲍尔家举行。卡夫卡怀着掺和着憋闷和恶心感觉的内心
疏远情绪观察了整个仪式。"像一个罪犯那样被捆住"，短短一个星期

后日记中便有自怨自艾的记载。大家在一起吃了一顿饭，随后便是一个扩大了的家庭圈子里的喜庆的晚会，格蕾特·布洛赫也应邀参加。跳舞的菲莉丝引起他的深深"厌恶"，一如他在四个月后所承认的那样。"无数彻底生疏的时刻"无法抵消，更无法从记忆中抹去。圣灵降临节后的星期二，在他起程前几个小时，他们一起去了一家家具商店。卡夫卡未能使自己的建议获得通过：按自己的图样让赫勒劳的"德意志工场"定做家具。面对菲莉丝选中的那些坚实的橡木餐具柜，他觉得仿佛"远处的家具仓库里响起了丧钟声"。后来对贯穿他柏林之行始终的那种陌生感的回忆沉重地压在他的心头。在这些情绪极为消沉的日子里，日记中充斥着新小说的开端提纲。

返回正经历着20世纪最热夏季的布拉格之后，他的心头便持续不断地为自我怀疑的情绪所笼罩。他觉得自己"不合群得失常了"，并且越来越强烈地产生破坏性的幻觉，觉得一场灾难将降临，这些幻觉给他带来肉体上的痛苦。自己的作家和儿子身份被勾销的可怕景象一再在他眼前浮现。婚姻又被估价为对只有通过孤独才可保持的艺术家本性的危害。做了"某种好事和无论如何也必须做的事"的这一公然炫示的印象已是荡然无存。说他不是菲莉丝的"未婚夫"而是她的"灾祸"，这一论断仅仅是用惯用的自怨自艾手法掩饰对下一步行动的恐惧而已。

情况变得严重了：因为现在这两个订了婚的人在寻找同盟者，寻找在今后的事态进程中时像诉讼代理人那样出现在法庭上的同盟者。菲莉丝争取到了格蕾特·布洛赫这个态度暧昧的辩护人，可是她的动机简直让人看不透。她先是敦促两人互相接近，随后她似乎看到卡夫卡抱着阴郁、怀疑态度，便对即将来临的婚姻感到前景不妙。在1914年6月初开始形成的矛盾境地中格蕾特·布洛赫始终是个最让人捉摸不透的人物。她不可以听凭自己对卡夫卡的爱慕之情任意滋长，这一事实引起一种独特形式的失意，而这种失意则通过加强对女友的忠诚表现为神经官能症的坚毅顽强。

　　受卡夫卡信任的人又是恩斯特·魏斯，他也是一个怀着并非完全纯洁动机的同盟者。1913年冬他第一次担当律师角色，他，像稍晚些时候产生的长篇小说《诉讼》里被告的诉讼代理人，撰写呈文，以便促使法院——菲莉丝——做出让步。虽然他已经出色地证明自己是卡夫卡利益的传声筒，但是如今，由于已经订了婚，他再也不想抑制自己对这位庸俗小市民新娘的疑虑。1914年6月中，他显然忧心忡忡地拜访了在布拉格的卡夫卡，又讨论了这门婚事的不可思量和共同生活的种种拘束，这时失败了的订婚庆典像一种阴暗未来的征象那样已经清晰地显示了的。神经高度紧张的卡夫卡感到魏斯的冷静沉着是一方镇静剂。同时他也认识到，不能总是指望自己的爱情诉讼律师来担当自己的重担："他为我担着多少忧愁。今早4点，当我沉睡后醒来时，这些忧愁便迁移到我心中。"

　　1914年6月27日，奥地利皇太子在萨拉热窝被谋杀之前一天，卡夫卡和奥托·皮克一起冒着酷暑去赫勒劳和莱比锡。这个周末有人在柏林等候过他，他没去柏林，而是从莱比锡——他在那里错过了与他的出版商的会面——返回后一封接着一封连续不断地给格蕾特·布洛赫写信，他试图在这些信中使她相信他有结婚恐惧症。他为了争取她的谅解而想出的这些措辞听起来简直像是在策划阴谋："不要打电话，而是盯着眼睛看。"格蕾特·布洛赫对卡夫卡把订婚看作严重错误的这种冷静、严肃的态度感到震惊。"我一下子看得如此清楚并完全绝望了，"7月3日，在他31岁生日这一天，她在信中给他写道，"以前我强行希望把订婚看作你们俩的一种幸福并这样影响过您：这在现在——这是确定无疑的——创造出一种无限的责任，一种我感到几乎承担不了的责任。"然而格蕾特·布洛赫感觉到的压力遁入一个窘迫的方向：6月底她让菲莉丝看了卡夫卡信中的有关段落，从而引发了一场灾难。

　　1914年7月初，卡夫卡对即将来临的纠葛毫无预感。他计划去波罗的海边上卢卑克附近的格雷申村避暑度假，相当值得注意的是，他居然打算在没有他的未婚妻陪同的情况下独自去度假。7月11日，星期六，他从布拉格起程。菲莉丝要求他在去波罗的海的途中在柏林逗留，他们好乘此机会进行一次交谈。由于深夜到达中央火车站，他在第二天即7月12日才和菲莉丝见面。谈话于11点左右在阿斯卡尼饭店进行——这是一个对于这一对新人来说充满回忆的场所，一个失败的接近、误解和摒弃的场所。令他感到不胜惊讶的是，他的未婚妻居然在格蕾特·布洛赫和艾尔娜·鲍尔的陪同下前来会面，这使事件具有了公开的性质。出现了一种类似法庭的情况，菲莉丝是原告，卡夫卡是被告，女友和姐姐是陪审员（恩斯特·魏斯跟一般传记作家的说法不一样，并没有出席这一棘手的会见）。跟通信相比，新娘的角色变了。现在她不再是卡夫卡的辩护人，而是已经转人检察官的角色。控告的确凿证据就在她的手提包里：卡夫卡的致格蕾特·布洛赫的信，它们经女友审查后——她剪掉了过分亲密的段落——被交给了她。

对会晤做了充分准备的菲莉丝说起话来措辞尖刻而精确，所用的诡辩术显示出她从她的未婚夫身上学了许多东西。作为控告人，她工作起来准确得像一台加足了润滑油的机器，显然她只是表面上显得心不在焉、神情疲倦。她读卡夫卡写给格蕾特·布洛赫的信，也读过去的几个星期里他写给她本人的信。他在期间显然显出是个反复无常的人：对格蕾特·布洛赫，他以受到结婚恐惧魔力吸引的怀疑者身份出现；而在菲莉丝面前，他却扮演终于走上了正确的道路、对自己的幸福表示赞同的新郎官的角色。控告者觉得这一事实尤其伤人感情：他用讲究修辞的走钢丝演员般的技巧向女友陈述自己的怀疑。他在里瓦就已经耍过的礼俗仪式次要舞台上的把戏在订婚之后对她来说不再是可接受的了。材料确凿，证据无可辩驳。卡夫卡就像《判决》中的格奥尔格·本德曼那样，使自己遭受指控。最后他接受菲莉丝的建议：为双方的利益考虑解除婚约。1914年7月12日午后他们是如何分手的？没有哪个在场的人会详细叙述这次令人痛苦的会谈及其具体过程。

　　冒着7月天里的湿闷和炎热，卡夫卡把格蕾特·布洛赫送往她的住地。虽然他可能对她的泄密行为感到不知所措，他却没法责备她，因为他知道控告是不可避免的。后来日记中有"饭店里的法庭"的说法——一种惯用语，它也指向为"西方饭店"中的卡尔·罗斯曼举办的法庭并从而指向文学领域。下午卡夫卡拜访了菲莉丝的父母，将分手的事正式告知他们。父亲头天夜晚才结束一趟商务旅行自马尔摩返回，他表示可以理解，母亲则哭泣。卡夫卡为引起菲莉丝父母失望而请求原谅，他机械刻板地讲话，仿佛在背诵一篇"课文"。日记为此记下了《判决》中父亲用来刻画格奥尔格·本德曼的那句话："恶鬼般的毫无恶意。"又是文学在帮助理解生活，这生活还没发生，文学就已经在描写它了。

　　晚上卡夫卡独自坐在饭店花园里的一把椅子上观察着客人们。天气一直很热，远处传来大城市的嘈杂声。卡夫卡像受到催眠似的变成一种纯粹的、似乎没有心灵的媒质。一个半星期后做回顾时记下的几则日记将这些印象做记录似的一一列出：那是几张快照，由交通声响、各种气味、片言只语、种种容貌、身体反射、一种隐痛组成。夜晚他无法入睡，竭力搜索记忆，思索谈话内容。他脑海里浮现出菲莉丝，她担任精心准备好的控告者的角色，说着"经过深思熟虑的、长久郁积在心头的、怀有敌意的话"。第二天早晨他给她的父母写了一封致歉的信，信中他请求他们不要对他怀有不好的想法，这是他的"刑场致词"。

　　7月13日卡夫卡在施普雷河河岸不远处施特雷劳桥边的一家饭店遇见了艾尔娜·鲍尔。他们一起饮酒，装作若无其事的样子谈些日常琐细敷衍了事。也许是艾尔娜·鲍尔比控告代理人格蕾特·布洛赫更了解卡夫卡的处境，因为她自从两年前那次后果严重的德累斯顿桃色事件以来便懂得一种不对称恋爱关系的特有法则了。她试图鼓励他，虽然他，如他不得不承认的，"并不伤心"，而仅仅是对自己感到"完全绝望"。其余的下午时光他在施特雷劳桥近旁的河滨浴场度过，这浴场可能像布拉格游泳学校吧。傍晚他乘晚班火车从柏林去卢卑克，像是头昏脑涨，没有能力做清醒的思考了。这段突发旅程的表面因由是一个与恩斯特·魏斯的含糊约定，此人想如卡夫卡那样在波罗的海边度过自己的假期。到达后卡夫卡便在第二天顶着酷暑"伤心和犹豫不决地"到特拉沃明德去游玩，他光着脚在那里的海滩上散步（"不正经、引人注目"）。晚上他在卢卑克与魏斯见面，这之前的几个小时魏斯在他的女友约翰娜·布莱施克的陪同下从柏林抵达此地。

　　7月16日，打电话退了格雷申村的房间之后，卡夫卡就和魏斯及魏斯的女友一起去南法斯特尔地区丹麦的马里吕斯特波罗的海浴场。他怀着某种得到解脱的感觉把对柏林、饭店法庭和无情的女控告人的印象甩在后面。大海的自然节奏应该可以使他受到损害的神经镇静，却在他心中引起混合的情绪。他天天游泳，在空荡荡的海滩上感到无聊，吃肉并因此内心深感愧疚。他看不出德国陆地景色的高高弧形地平线下汹涌的波涛有什么魅力。还在1920年春天他就向费利克斯·韦尔奇坦言，说是他觉得大海像大山那样太"有英雄气概"了。一张照片显示他盘腿坐在海滩上，面带微笑且带着孩子气，表面上根本看不出夜晚失眠的迹象。恩斯特·魏斯将他的第二部长篇小说的长条校样带到丹麦来了，在做校勘。5月就已经获准读了原稿的卡夫卡和他讨论某些文体问题和措辞细节——一种他在布拉格朋友圈里在布罗德、韦尔奇和鲍姆身边也常常乐意担当的角色。书名叫《战斗》的这部小说讲述年轻女钢琴家弗兰齐丝卡的故事，她眼看就要在艺术和私生活之间被撕裂。她的生活伴侣埃尔温处于一种两难处境的压力之下，因为他不仅爱着弗兰齐丝卡，而且也爱着年轻的办公室女职员海迪。与低级趣味读物式情节的平庸结构相对的，是一种灵活机智和简直是铿锵有力的语言。卡夫卡在1914年5月就声言，说作品"像帆桨大战船[1]那样有激情和漂亮"，然而在叙事上比第一部小说更紧凑。不

1　帆桨大战船：指中世纪让奴隶、战俘等做划手的战船。

过，1916 年 4 月中，在这部小说因战争而推迟了两年后以《弗兰齐丝卡》之名在 S·费舍尔出版社出版时，他却拒绝为席克勒的《白纸》写一篇书评（这时候他原则上不再撰写评论，因为害怕公开的艺术评论员角色会给他带来不愉快）。在一封 1916 年 5 月 28 日的信中他强调，埃尔温类型的人和他自己有相似的属性：说是在他的犹豫观望中反映出西犹太人的痛苦，而这个西犹太人之所以不是"尽善尽美的魔鬼"，仅仅是因为他的冷漠与软弱无力相伴相随。现在对小说审美价值的评价，鉴于它的常规的题材，比 1914 年更带有批评性。

在马里吕斯特，卡夫卡试图为一个没有菲莉丝的未来作出规划。在一封没有寄出的致他的父母的信中，他用不同往常的乐观口吻声言，他将辞去保险公司的工作并在此后带着他总计 5000 克朗的积蓄迁往柏林或慕尼黑当专职作家。现在他终于觉得相当地无拘无束，可以摆脱职业束缚的羁绊了。私人的危机处境使他产生错觉，以为自己可以找到坚决改造自己的生活的必要勇气了。然而这个从事专职文学创作的梦想他不必到现实中去检验了。战争的乌云已经笼罩欧洲。在军事冲突发生之前各国先在外交战线上进行了激烈交火，奥地利、德国和英国政府之间频频互换满怀敌意、讹诈和攻击的照会。7 月 23 日奥匈帝国向塞尔维亚发出最后通牒。三天后卡夫卡取道卢卑克去柏林，在那里与艾尔娜·鲍尔会见了几个小时，她不想放弃希望，愿意看到他和菲莉丝言归于好。但是想出一种解决办法的全部尝试像谈话那样搁浅了：在温和的晚上他们一声不吭地从电车走向莱尔特火车站。在驶往布拉格的火车里坐满了返回奥地利和波希米亚的夏季休假者，在车厢里卡夫卡观察了一位年轻的瑞士女子，她让他回想起在里瓦时的桃色事件（"许多个月以来我的内心对人产生的最初的生机"）。两天后古老欧洲的世界崩坍：7 月 28 日，萨拉热窝行刺之后一个月，奥地利正式宣战，7 月 31 日开始全面总动员。

夜间的极度兴奋

　　卡夫卡将战争爆发视为一个与他私人的经验世界严格区分开来的事件。1914 年 8 月 2 日的日记对这种现实领域的客观分裂具有典型意义：“德国已经向俄国宣战。——下午游泳学校。”这则日记并不表明卡夫卡不领会这一事件意味着政治上的重大转折，它只是显示在当代史上的对时代的摒弃之外，一种私人生活在正常延续。在大街上，卡夫卡看到郑重其事组织好的炮兵开拔仪式。他承认，他“热切”祝愿这些军队“万事不如意”。几天后他怀着复杂的心情观看由市长主持的群众集会，集会结束时全场爆发热情赞颂弗兰茨·约瑟夫一世皇帝的欢呼：“我流露出邪恶的目光站在一旁。”这样一种情绪并非源自激进的和平主义，而是来源于因集体热情激烈迸发而产生的陌生感。但这种态度中还是混杂着一种模棱两可的情况。由于卡夫卡并不是在原则上——出于政治的和人道的原因——拒绝战争，所以他表现出易于接受神话式的传奇塑造。全面总动员使他对含糊盼望的集体体验产生一种不明确的幻想，它让他暂时看不到军国主义的令人讨厌的特征："对战斗者的忌妒和憎恨"。卡夫卡同时也意识到，将来他将只为自己的文学创作而生存。1914 年 8 月 6 日，在欧洲严重危机的背景下，日记写道："描绘我的梦幻般的内心活动的意识已经使一切别的东西变得无关紧要，它们以一种可怕的方式失去了活力并正在不住地失去活力。"读一下旧有的日记，发现 1913 年 11 月 21 日就已经有这样的话："我还在追求结构形式。""生活的强制力"仅仅是摸不透的事实根基的感性象征，而这种事实根基则超然于种种现象的物质放射之外。只有夜间工作才能够阐明这种事实根基：在一种将全部想象力动员起来的、梦幻般幻想的恰当时刻。

　　马克斯·布罗德在他的回忆录中写道，在奥地利发布动员令的那一天，他在过于紧张的神经的驱动下听见了“布拉格前方小山下的地下击鼓声”。不过对作为世界末日象征的战争的恐惧在 1914 年炎热的夏季依然是一种例外。波希米亚犹太人，像他们的奥地利和德国教友中的大多数人，对国家的宣传在广泛程度上表示顺从。对采取反犹太主义态度的皇太子弗兰茨·费迪南德的逝世人们并不悼念，然而对这条官方的路线却很少有批评的声音。俄国沙皇的攻击性的反犹政策恰恰在犹太复国主义的圈子里被认为是支持奥地利战争的主要原因。在君主国的犹太知识分子和艺术家中，起先只有西格蒙德·弗洛伊德、阿图尔·施尼茨勒和卡尔·克劳斯谴责政府的重军事对抗政策。而布拉格的犹太复国主义者们则在动员令后的头几个月里采取一种对国家友好的方针。1914 年 8 月他们坚定地表现出亲奥地利的思想意识和对皇帝的几乎无限的忠诚。他们也利用展现民族特色的机会，与捷克人划清界限，人们怀疑捷克人在军事上的可靠性，因为在这爱国主义宣传盛行的时刻他们被认为是俄国的潜在同盟者。犹太人志愿军的人数恰恰在布拉格是极其多的。"自卫军"赞美动员令是国家的事件。它把战争和改善在俄国受屠杀和封锁的东犹太人的处境联系在一起。在布拉格犹太复国主义者的圈子里暂且感觉不到丝毫和平主义思潮的气息。只有托马斯·马萨吕克摆脱爱国主义狂热，捷克现实主义者党的首领 1915 年流亡法国，在大众传播活动的范围内，在后来的岁月里通过建立一个捷克国民流亡政府在那里继续从事他的政治活动。

　　战争爆发的后果对于卡夫卡来说暂且停留在私人层面上。由于卡尔·赫尔曼在 8 月 1 日就已经被征召——卡夫卡和艾丽一起送他上火车——从此他不得不更多地为工厂的利益操劳，考虑到总动员后的经济形势，工厂在夏末便停产了。虽然妹夫的兄弟保尔·赫尔曼接管了停产工厂的监管工作并负责照管债权人，然而这种新的情况对于卡夫卡来说至少意味着下午要值班，这就限制了惯常的自由。在奥佩尔特屋的寓所里，他立刻腾出自己的房间，因为艾丽要带着孩子迁居到父母这儿来。8 月 3 日他先是搬进比莱克街 10 号瓦丽的住所，她在丈夫约瑟夫被征召后于 8 月 1 日到蔡斯基布罗德她的公婆家暂住了（后来她也安身在卡夫卡家）。从 1914 年 9 月初至 1915 年 2 月 9 日他住在新扩建的、从前带乡村风味的布拉格葡萄园区内罗达街 48 号的艾丽和卡尔的寓所。这是 31 岁的卡夫卡生平第一次生活在他父母的势力范围以外。但这一晚到的变更是一种战争状态的产物；永远的儿子只是在局势的压力下才离开父母的家——并且将比他此时此刻所预期的更早返回。

在战争开始后的头几个月里，卡夫卡的写作能量像在 1912 年秋天那样猛烈爆发出来。1914 年 2 月他还只能向要他为《新周报》供稿的罗伯特·穆齐尔提供已经完稿了 15 个月的《变形记》（在 8 月份的一期上穆齐尔不无批评口气地评论了《观察》和《司炉》），但与菲莉丝关系破裂后卡夫卡全力以赴从事写作。现在内心的约束又大于持续不断的、源自害怕中断的阻滞。摆脱办公室的羁绊，这个仍是不明确的计划说明分离释放出新的能量：这种能量产生于对自我毁灭的悲痛和日益增长的、深奥莫测的孤独之境。"如果我不在一项工作中找到解脱，那我就完了"，从丹麦返回后的日记作如是说。

1914 年 7 月 29 日，战争爆发前两天，卡夫卡像在神志昏迷状态下接近一个新的题材。日记显示出曲折的联想途径的踪迹。首先描写的是一次晚间散步的情景，它引领"一位富商的儿子"约瑟夫·K 从一家商行旁边走过，商行前站着一个"看门人"。同一天写下了一种罪责幻想的简要提纲，一个职员被他的上司控告行窃并被解雇了。一则判决和惩罚故事的一个个情节油然而生。它们积聚在想象中，但还没整理好。两个星期后，1914 年 8 月 11 日，星期二，卡夫卡才开始聚精会神地拟稿。他似乎很早就意识到，此故事会径直向一种长篇小说结构奔去。书名——《诉讼》——比较快地找到了，后来的篇章标题有时记在《司炉》的打字稿页上，它们只显示出简略记号"P"。在构想文段时卡夫卡试图从《失踪者》提供的经验中尽可能果断地吸取教训。现在他一反自己往常的习惯制订了一个计划，以免再次误入杂乱叙事幻想的朦胧地带。他的目标是将如他所钦佩的克莱斯特和施蒂弗特作品中的那种自我一体形式套用于自己的作品，但在自己的小

说的内部空间防止限制性确定一种详细布局。所以第一章和最后一章
在 8 月上半月几乎同步，经几乎平行的写作进程写成，它们给手稿画
定了一个精确的框架。因此跟《失踪者》（以及后来的长篇小说《城
堡》）中的情况不一样，我们知道卡夫卡自己想怎样结束他的故事。
《诉讼》并不向外飘至自由联想的真空地带，而是在它的主人公的临
终挣扎状态中找到一个清晰勾勒的悲惨结局。

　　几天后卡夫卡就加快了他的写作速度，因为他两年来第一次觉得
自己又"沉浸在写作中了"。这种越来越专注的状态使他得以通过故
事进展与自己进行一场"对话"。他的"无聊的、疯疯癫癫的、单身
汉式的生活"就这样，如他感觉到的，找到了一种内心的真实。10 月
中旬之前在写成了将近 200 页稿纸，起先用向外远伸的、笔势流畅的，
后来用紧密压缩的、常常挤作一堆的字体。经过了 10 月下旬的一次中
断，在写成了中篇小说《在流放地》和《失踪者》最后一章之后，这
部新长篇小说的写作便只能断断续续地进行下去。1915 年 1 月 20 日
之前，卡夫卡又写了 80 页，然后他就让手稿搁在抽屉里。它始终是
一件有开头和结尾的未完成作品：在其结构上就已经是一种悖谬的
产物。

罪责的辩术

　　"一定有人诬告了约瑟夫·K，因为一天早晨他没干什么坏事就被
捕了。"一部大概是现代德语长篇小说的最著名的引子以一个谜的设
定开场。不仅 K 为什么没做什么坏事就被捕是个谜，"坏事"是什么
事以及它是否可能超然"做"之外，也不清楚。"做坏事，这是什么
意思呀？"克莱斯特在 1801 年 8 月 15 日的一封信中问他的未婚妻威
廉明妮·冯·岑格。"你告诉我，在这个世界上谁没做过什么坏事？"
如果 K "没做什么坏事"，他一定想过或想象过它。或许这导致他被捕
的坏事仅仅是他的特定的生活方式而已？ K 是另一个格奥尔格·本德

曼，格雷戈尔·萨姆萨的一个兄弟——一个不能完成委托给他的人生规划的有罪过的儿子？人们若回想起卡夫卡1914年8月6日的日记提供给我们的战争开始时布拉格庆祝活动的描写——"我流露出邪恶的目光站在一旁"——那么就可以想象到，小说所说的坏事是在犯罪行为层面之外的。它通过其心理上的现实以及相当令人诧异地来源于这一现实的司法制裁而获得明晰性。巴塔耶写道，坏事"永远不会比受到惩罚时的坏事更清楚"。

小说手稿本的第一句中原本是说，K"被拘禁了"，在最后的文本中一个看守使用了这同一种说法。这一方法唤起了一种人们逃不脱的网络的形象。看来，K似乎受到一种暴力的控制，这股暴力剥夺了他的自由。这是哪种暴力以及它起因于谁，这个问题起先没解决。在通读了一遍校样后卡夫卡改变了引子中的这一说法，他用"逮捕"取代了"拘禁"。这个新词提出了法律上的尺度，但也让人想到一种官僚主义的制度维护机构，是它在操控发生的事。叔本华的生活即"监狱"的观念所触及的不明确的拘禁尺度有了一种司法上有效的逮捕的、以为是客观的意义。这两种含义层面上的对立将使小说所讲述的故事获得其独特的重要意义。

卡夫卡的几句开篇语，一如托马斯·安茨已经指出的，并不是凭空想象的产物。它们可在一篇报刊文章中找到其蓝本，该文在1913年秋曾引起过轰动：11月中，弗兰茨·普费姆费尔特在《行动》上报道了精神病科医生奥托·格鲁斯被拘留的事，拘留是根据他的父亲、犯罪学专家汉斯·格鲁斯的提议进行的。"11月9日，星期天中午，著名的学者奥托·格鲁斯医生在自己的维尔默斯多夫寓所受到三个据说有合法刑事警察身份的身强力壮的男子的造访并于晚上在那里被强行拘留。"还在被捕的当天奥托·格鲁斯就被送进一家精神病医院，他的情况与约瑟夫·K的情况惊人地相似。卡夫卡作为《行动》的读者之所以对这一案件感兴趣，可能也是因为汉斯·格鲁斯曾是他的刑法教师吧。在文章寥寥数语的后面显现出来的父亲／儿子悲剧是用跟

《判决》一样的织物编结起来的：这一悲剧以其真实性证明了在文学的传媒中像一种夸张、怪诞的形态出现的东西。

长篇小说《诉讼》处理罪责与司法的神话，该神话的传统根源在于夏西派的传说之中。东犹太民族中流传着许多讲述告状人和被告人、上天的法庭和惩罚、讳莫如深的当局和令人费解的控告的故事。这样的动机在艾里亚斯贝格1915年刊出的现代化版本的波兰民间传说中出现得尤多。苏哈尔书，这部早期犹太教神秘教义基本读本（13世纪），勾画出一种等级森严的天国法庭的样子，它对于人类来说是不可见的，却极大地影响着人类的生活。意第绪语——希伯来语"民间话本"如1705年初版的波兰犹太教经师茨维·希尔施·凯达诺弗的《卡夫·哈–耶沙尔》都有一个神的法庭的理念，这个法庭在梦中审讯人。而卡夫卡十分熟悉的夏西派传奇文学则又以这样的构想为依据。这里也有突然侵入人的生活中的法庭的故事，然而这样的法庭的危险设置在机敏的律师的干预下被挫败了。个人——夏西派的教义这样说——受到连续不断开庭的法庭的审讯，他的全部存在都受到控告和指责的支配，他可以以自己虔诚的行动为依据进行自我辩护，驳斥这些指控。辩护，像在约瑟夫·K的案件中那样，是使人们得以维护自己生存的唯一适当的做法。

尽管有这些情况——揭示它们是犹太学家卡尔·埃里希·格勒青厄的功绩——若把犹太人的法庭故事的移植看作卡夫卡的长篇小说的阿基米德支点，那就错了。宗教传统范畴的神话题材只是作为发酵酶进入作品。小说将它们重新编排和解释，从而获得了它自己的秩序结构，而这种结构的含义体系则具有独立自在的性质。由于罪与罚的范畴在卡夫卡那里有了新的定义，所以它们也不能按一种宗教的或法律的理解来进行评价。在《判决》中就已暴露出：常规的法律概念在卡夫卡的世界中不管用。人们不应该一再把他的叙述的构思跟历史上或当代的名义上存在的法制联系在一起，而是应该试着从其内在的系统中去理解它们。卡夫卡已经将规范知识的范畴纳入他的虚构的现实模式之中，这些范畴在那里获得了一个纯粹想象中的作用空间。所以按照法律判定它们，在宗教上超越它们或者将它们跟一种现实历史的根基，如 20 世纪的极权主义联系在一起，任何一种这样的尝试均未切中它们的意义。跟阿多诺所说的不一样，决定卡夫卡的审美特征的，不是"所叙述的东西明显的、以经验为依据的不可能性"，而是那种独一无二的细心缜密，他描写一种纯粹虚构的秩序及作为密封的意识体系加以捍卫的那种细心缜密。

卡夫卡是一个善于施以心灵上强烈影响的概念魔术师。他的艺术被证实是重新评价的艺术，来源于对存在的现实的不信任；在这一点上它与尼采的以解构的自由精神对抗 19 世纪末僵硬的规范 / 历史思维的"怀疑学派"相似。卡夫卡当然不像尼采那样运用这种心理揭露的方法，而是把概念引进他的作品的区域并在那里将一种特有的——用一种系统论术语（自我塑造）——超然外部影响之外的意义硬加给这些概念。虽然有可能在这些概念的文学外的环境中存在类似的甚至一致的范畴，但是这些范畴不决定这些概念在小说叙述的内部的特定意义。不管把卡夫卡的法律和制度的观念跟 20 世纪的社会现实联系在一起多么有诱惑力，考虑到这些观念的特殊的逻辑含义，这种做法便是不合法的了。K 的罪责、法院的安排和法院各机构的工作只能从小说内部结构去理解。

长篇小说《诉讼》最给人以深刻印象的标志之一是它的这种技巧：一种主观的惩罚想象的一个个情景如此连接起来，致使它们呈现出一种客观的性质。K 的罪责起先是一种有罪的感觉，这种罪责感在法律当局的种种活动中有相应的表现。而这些活动虽然通过审判、立法和行政权力不分离而显示出一种极权主义的特色，然而我们应该顶住这种诱惑：由于这个原因而将它们理解为文学证书，证明这是一种对不民主的司法观念的批评。K 的故事是罪责之梦——一场恐惧之梦，它发生在令人感到惊讶的司法制度的虚构的区域，是心理状态的反射。所以人们不妨把这部小说读成对这种罪责的反射，但同时也可以读成对司法机构的令人毛骨悚然的描写——这是由个人的罪责意识想象出来的司法机构。而与此相关联的对受到惩罚的恐惧则又在卡夫卡的主人公心中产生表现为狂妄和骄横的压抑机制。一如看守在逮捕时所说的，K"不懂法律，同时却断言自己无罪"。在《一场战斗的描写》的第二稿中，祈祷者在讲述者把他推出教堂时就已经声言："我不知道您怀疑我什么，但我是无罪的。"弗洛伊德在他的论文《图腾和禁忌》中——该文的一些段落1912年和1913年发表在杂志《伊玛戈》上——拿神经症压抑的基本形式与原始民族习俗化的抗拒比较。被列为禁忌的东西在两种情况下均遭排斥，却按这种方式配备了一种表彰它并在质上突出它的法典。K就是这样处理罪责情结的，他把这视为禁忌，他不允许自己思虑它。然而这种被压抑的东西在负罪感的幻象中又强有力地浮现出来。好奇的邻居、好窥探别人隐私的银行职员和经理代理人跟法院的一个个迷宫似的房间或先前被K忽视的银行的"废物间"——鞭笞手在这里鞭打看守弗兰茨和维莱姆——一样，在小说的发展过程中体现了这种被压抑的东西。

　　小说的开局就已经显示出下意识的戏剧艺术所具有的力量。决定了主人公的生活的深刻变化再次在半睡半醒状态中发生。就像格雷戈尔·萨姆萨做了一夜"不安稳的梦"之后发生变形那样，在《诉讼》的引言部分睡眠和清醒阶段的过渡似乎因那种糟糕的紧张心情而显得突出，这正是卡夫卡的日记所记载的能产生下意识的幻想的那种紧张心情。可以作为对比的是，古斯塔夫·迈林克的著名的《假人[1]》（1915）谈到的"似梦非梦"，认为这是日益增长的经验的储藏室。在小说第一章的最初的稿本中，K向他的看守们解释说："人们在睡眠中和在梦中至少表面上是在一种与醒着根本不一样的状态之中（……）。"说是所以醒过来的那个瞬间是"一天之中最有风险的时

1　假人（Golem）：犹太民间传说中用黏土烧成的会变成活人的假人，也译作"黏土人像"。

刻”，因为它突然使人意识到了梦境和现实之间的具有深一层含义的关联。后来卡夫卡删去了这两句过于直白的话，没有补上别的替代的话。约瑟夫·K的故事在这两句话的背景下可以被认为是真正苏醒开端时的梦幻，是一种被压抑的负罪感的叙述图谜语：为表现自己，这种负罪感在白日意识的前期阶段找到了文学的模式。

　　K的被捕的外部情况就已经表明，这事与一个犯罪想象有关，事态在其法则支配下机械而合乎逻辑地展开。主人公拉铃把对他实施逮捕的两个看守和监督员叫来。对“他是谁”这个问题，他居然别出心裁地报之以反问：“你拉铃了吗？”是K，是他引起法院代理人的争吵并主动招致所有随后发生的事。人的内心在一种负罪感的指使下动员起种种法律规章。看守向K做出相应的解释：“我们的机关，据我所知，不过我只知道级别最低的，我们的机关不是到老百姓中去寻找罪责，而是如法律所说的被罪责所吸引并且不得不派我们看守外出执行勤务。这就是法律。”所以不可能是一个“错误”，不可能是像K猜想的那样搞错了，因为法院当局以几乎机械的逻辑性找到有罪过的人。只是他的内心的力量强制法院到来，主人公的“自我”就构成事件的中心舞台。当他晚上再次向他的女邻居比尔斯特纳小姐描绘被捕的情景时，他担任监督员的角色并大声喊“约瑟夫·K”。这种在一个类似戏剧的场景中的“自我”重叠阐明被捕是主观想象。K游戏似的回忆此事，从而表明这件事是“自我”的一种想象：这个“自我”通过标记——活动范围和人物形象——使其受压抑的恐惧产生直观形象。在1916—1917年发表的《心理分析入门讲座》的第三部分中，弗洛伊德认为：“我们把下意识体系与一个大的前厅等量齐观：激动的心情像个体那样在这个前厅嬉戏。与这个前厅连接的第二个较小的前厅是客厅，其中也停留着意识。但是两个厅之间的门槛上有一个看守在行使他的职责，他观察、审查一个个激动心情，如果它们不合他的心意，他就不让它们进入客厅。”显然，这一描写也可以用在小说中被捕的上演上，它把房间、行动者和看守形象作为人的“激动心情”的象征附加于这个心理上的事件。

但是 K 的示威行动的表演通过一种整个司法程序特有的公共因素补充了被捕作为幻觉的私人性质。看守、监督员、邻居，还有不请自来的银行职员——《变形记》中三个房客的接替人——在被捕场景中就已经构成一个牢固的旁观者群体，他们像古希腊罗马悲剧的合唱队一样紧张地注视着事态的发展（布罗德五年前发表的短篇小说《一个捷克女佣》提供了一幅有类似窥探别人隐私癖的景象）。K 的诉讼是一件众所周知的事，许多人——法院勤杂工的和银行助理办事员的妻子、律师胡尔德、工厂主和布洛克似乎都知道这件事。私人的和公共的基准领域就像精神和法律那样相互对待，只要它们形成互补的规章，把约瑟夫·K 的故事编排在罪责幻想和权力象征的紧张关系之中的规章。卡夫卡的独特的艺术恰恰就在于他不是在一个较高的层面上保存，而是始终在心头牢牢记住两个要素。作为一块精神上的分散农田的写照，银行职员 K 被卷入的这场诉讼案既是一种司法讨论，也是一种诉讼结构力量的模式。小说所描写的心理活动使用了法学上的注释学，它试图把人的内心活动作为案件对象去理解。这符合卡夫卡特有的爱好：观察司法观点反射镜下的心理过程。"你来吧，看不见的法庭！"1910 年 12 月 20 日就有这样一句对一个白日幻想的简短总结。说是在一次春意情调的散步之后——1915 年 3 月初他这样写他的心境——"法院的规定"变了。"法院有许多法官，"后来日记这样写道，"他们像一大群鸟，蹲在一棵树上。"在这里观察自己的"自我"受到连续不断的控告，因为它不能持续忘记它所压抑的东西。在这样的小说中经常荡漾着的概念形象中同时显示出弗洛伊德只是附带探讨过的潜意识的类似语言的结构，自 20 世纪 30 年代末开始雅克·拉康的心理分析著作探讨的就是这种结构的建造和符号编制。

所以如马丁·布贝尔所建议的把 K 的诉讼看作对一种一般性的生存罪责的审判，是错误的。正是逮捕和控告的内在深度不允许读者赋予小说一种形而上学的背景。虽然卡夫卡使在基督教和犹太教、新约和犹太教神秘教义方面存在着的紧张状态中的许多诠释模式多样化，但是他的作品只有在消除了在神话上增强了的模型并将其转运进一个戏剧性场面的时候才有了自己独特的轮廓（德洛伊策和古阿塔里已经在论述卡夫卡的长篇小说的法制时驳斥了一种"超越感官直觉的"和不可认识的法律的存在）。K 所遭遇的外部现实的实际形态就像小说中展示的注释学，同样是主人公主观恐惧的一面镜子。而这种情况则由《诉讼》和一个梦的制度共有：梦中所发生的一切构成客观上增强了的、无从解释的主体内心状态的反光。正是这一点为小说的作用奠定了基础，而小说的意志移植力则驱使读者进入有罪的被告的角色：这个被告用可怕的目光凝视着这纷乱的心灵活动场所。

小说所利用的法律概念有一种隐喻的意义，这种意义排除了小说的规范的——可到处套用的——功能。黑格尔说："在法庭上法律得到这样的规定：必须是一种可以证明的法律。诉讼程序使当事人有可能提出证据的诉因，使法官有可能了解案情。这些步骤本身就是法，所以它们的进程必须是法定的（……）。"若是用这些标准来衡量卡夫卡所描写的程序，那么事实表明，这种程序粗暴违反这里被阐明的西方法律理解的最简单基础。支撑这种程序的法制思想的特点不是"规定"，而是完全不确定性的因素。"诉讼程序"并不使当事人有可能"提出证据和诉因"，其实仅仅是不遵循被告知道的任何一种规章，因此在黑格尔的意义上也不是受法律制约的讯问。对于法院的典籍被告一直是不清楚的，因为"法律，"律师胡尔德这样解释说，"不规定公众。"被告所研读的法学文献对于一个外行来说实际上是读不懂的，并且它主要用来让人切记法官和律师的特殊地位。这里也显示出，K 虽然生活在一个"法治国家"，但是他必须遭受的这场官司置身在它的势力范围之外。小说所描写的法标明隐喻代号，代表一种不再被完全有意操控的、被不可驾驭的精神力量推动的自我观察形式。

法院在卡夫卡的小说中获得其特殊的作为潜意识传媒的功能，让·保尔把这种传媒叫作人的"内心的非洲"。这种传媒贮存"自我"

排除或忘却的东西："没有卷宗丢失，法院里没有忘却。"《诉讼》在K与法院当局之间的对垒中描写意识和潜意识、压抑和罪责感之间的艰难关系。所以它是很精准地照着弗洛伊德的术语表述的——弗洛伊德曾用一个容易记住的图像解释过这种关系本身："潜意识前厅里的情绪波动是处在另一室里的意识看不到的，它们必须首先保持潜意识状态不变。如果它们已经往前挤到门槛上并且看守已经让它们返回原地，那么它们就是没有意识能力，我们把它们叫作受压抑。"K受到"自我"的法庭的审判，这个法庭对正在产生的、先前受压抑的潜意识的内容进行一种在小说的进程中越来越软弱无力的反抗。K的诉讼是一种自我控告的过程，他不可能逃脱这一过程。K无法逃避法庭，因为这个法庭就是他本人。

小说由此而获得它的特殊的冲突结构：约瑟夫·K对他的潜意识贮存了的罪责感采取强烈抗拒的态度。按照弗洛伊德的模式，他的意识以看守的身份出现，而这意识试图将这些正在逼近的、恐惧的图像驱回到门槛的后面。所以他傲慢地对待全体法院特派代表，"逮捕场景中的监督员和看守、预审法官（这被认为对他不利）、法院杂役和官方的讯息提供员"，他对被告和他的律师采取相似的居高临下的态度。他从襄理职位给予他的角色认同中获取这种表面上的自信。"在银行里，"他这样向他的女房东解释被捕，"我就有思想准备，在那儿这样的事是不可能发生在我身上的，我在那儿有一个自己的听差，电话分机和直线电话就放在我面前的写字台上，不断有人来，有客户和职员。况且主要因为我总是有公务在身，所以就专心致志，在那儿碰上一桩这样的事，这简直会让我感到愉快的。"这位银行职员——西格弗里德·克拉考尔曾这样写道——认为自己是"职员世界的万物之灵"。K的自信与他的社会地位有关，但是如果他在角色身份的受保护地区以外活动，这种自信就会瓦解。逮捕是一个典型的事件，它发生在私人的氛围中并因此对赤裸裸的个体、但不对躲在自己的案卷后面的职场上的人起作用。

K 没有能力对自己的罪责感进行真正的探讨。他没有从他获得的有关这场诉讼的五花八门的信息中得出结论，所以直到最后他在所进行的所有的谈话中一直都是一头雾水。他对自我观察的爱好停留在形式的层面上，这种爱好帮助评论思维过程和判断行为，却没导致对自己的立场提出质疑（这种态度让人想起布伦塔诺提出的假设：有知觉和会反射的人在不停地观察着自己的活动）。在他起先试图排除这场官司之后，K 就把它看作进行"奋斗"的挑战，他想接受这场挑战，仿佛这是"一大笔生意"。小说始终不渝地坚持：检察机关从不迫使主人公面对指责，而是不加干涉地听任他自便。审讯场景中的预审法官甘愿听取 K 对诉讼公程序进行的猛烈指责，并没有独立操纵谈话。卡夫卡大学期间读过的汉斯·格鲁斯的《预审法官手册》要求官员与被告打交道时要"果断有魄力"，如果人们将这一规定和《诉讼》中法院代表的态度加以比较，那么，这些人的消极状态就特别引人注目。法院往往只是对主人公的主动行为做出反应，但并不给诉讼程序指明清晰勾画出的道路。这也显示出，这是 K 的潜意识的一种反映：这潜意识本身行使着事件的秘密导演的职权。

主人公全然没有去仔细探究诉讼的内在逻辑。时刻准备着进行辩护的人的内心紧张，K 和早期作品中的主人公们共有的这种基本心理素质，取代了对迫害他的法院的本质的深入研究。偏执狂和狂妄自大、压抑和自我辩白在不祥的心理活动坐标系统中标上了记号，这种心理活动正是小说分派给它的主人公的那种（阿多诺曾谈到卡夫卡的作品所展示的"遭毁灭的人"）。卡夫卡不抱幻想地描写的一种衰退的人生计划表明是这一紧张的基本素质的结果。受到了虚荣心的腐蚀，孜孜以求自己的利益，K 显示出自己是个按自私的推动力行事的冷漠的职业人。K 和把他看作"银行经理"的母亲，和叔父、堂妹以及和情人都没保持比较亲密的关系。家庭在这里看来好像是一种无生气的结构，家庭，如尼采所说，在一个资产阶级的时代行将结束之时变得"越来越苍白和软弱无力"。私有制度——在这种制度下 19 世纪能够容许个人私事——的衰败在卡夫卡那里尤为明显地通过性爱关系的刻画而显现出来。小说所讲述的爱情是现代性欲知识的讽刺画：一种冷静的追求游戏，按照弗洛伊德的说法。

男人的幻象——女人的身体

小说《诉讼》中的女人们表示种种诱惑，约瑟夫·K 在他坎坷的诉讼的道路上不加反抗地沉迷于其中的诱惑。不是作为性格，而是作为在男性占据的制度内部的负性爱责任的典型人物，她们扮演由她们精确勾画出来的角色。比尔斯特纳小姐的不道德的私生活闪现在女房东的暗示后面，并且体现在她的猥亵的名字中 [1]（在手稿中，卡夫卡，这个玩家，通常将这个名字缩略为 "F. B." 的大写花体字）；莱妮的淫乱源自她对被告们的兴趣；法院杂役的妻子作为看似没有自己意愿的客体听凭预审法官的情欲的摆布；小酒店女招待埃尔莎白天卖淫并且用公事公办、实事求是的态度处理着她那些不正当男女关系方面的事务；海伦妮，检察官哈斯特勒的情妇，整天躺在床上，摆着"相当不顾廉耻的"姿势读通俗小说；法院画家蒂托雷里所居住的屋子过道里那些样子粗俗的姑娘，她们将围裙——在《失踪者》中就已经是含有淫秽内涵的象征——相当惹眼地抚平，她们以"一种孩子气和放荡的混合物"诱惑着 K。甚至在上了岁数的女房东格鲁巴赫太太身上，K 也觉得那"厚实的身子"是性吸引力的信号。唯独 K 的堂妹，一个配角，似乎摆脱了性欲循环。是她让叔父关心 K 的诉讼并从而促成了叔父的介入以及律师的干预。堂妹取了菲莉丝·鲍尔的姐姐的名字：艾尔娜在小说中跟在现实中一样都是诉讼观察者，既不属于控方也不属于辩方，作为一个远离权力行动的人物，她一直没有性的特征。

K 和女人们的关系首先受到性欲冲动的支配，这种性欲冲动并非

1　比尔斯特纳（Bürstner）：在德语中是一个意为"性交"的粗野词儿。

主要针对身体，而是针对引起病态性欲冲动的代用物件（就其直率来说，卡夫卡的描写就像是借用了克拉夫特–艾宾的《性心理学概论》）。多次谈到的衬衫，K看见在比尔斯特纳小姐的房间里挂着的那件白衬衫在格鲁巴赫太太身上，他不由自主地注意到那条"围裙带"，它"不必要地深深切入"肉体。在晚上进行的谈话期间——他要为因逮捕而引起的不愉快进行道歉——他将自己的双手埋在她正在编结的袜子里。当法院杂役的妻子让他看预审法官送给她的内衣时，她激起他的渴慕之情。K的情人埃尔莎，像莱妮从她的照片上看出的，"腰束得很紧"，在跳了一支"旋转舞"之后向观看者展示她的显然无拘无束的身子的"褶裈"。鞭笞手的皮制服，通往法院各室楼梯上姑娘们的围裙和蒂托雷里的画室前半大孩子们的"小短裙"也都是性爱的象征，对K似乎有吸引力。一看见法院杂役老婆，他心中突然产生这样的想法："穿着厚实粗布深色连衣裙的这个丰满、灵活、热乎乎的身体完全只该归属于他。"

一种完全不经济的性挥霍形式的可疑允诺是卡夫卡的女人们做出的。作为男人想象力的产品，她们表示不受条件限制地绝对委身，超然于社会习俗的支配之上。具有典型意义的是：跟在施尼茨勒、霍夫曼斯塔尔、施特林贝格、王尔德和于斯曼斯那儿不一样，歇斯底里，1900年前后的这个强有力的女性病象，在卡夫卡那儿不起什么作用。性生活在这里以不伪装的、纯正的形式出现，没有从自己那方面阐述歇斯底里病理学的文化的压抑功效和文明的狭隘之处。卡夫卡的几部长篇小说中的妇女像尼采所描写的古希腊罗马悲剧中的那种色情狂，她们构成一个"自然人合唱队"，这些自然人仿佛不可扑灭地生活在各种文明的后面，并且不管时代和民族史如何更迭都一成不变。与世纪之交文学作品中的妇女形象进行比较，那么人们就会发觉，在卡夫卡的人物形象中不仅没有歇斯底里，也没有妖艳妩媚。他的小说所展现的女人身体是一个没有精神象征的身体，它超然于性爱规则，全然没有多变化的精神的影响。它的功能仅限于纯粹的性，完全没有什么深邃的心理的动机。小说的妇女形象中所显现出来的，是一种古风时期的性欲之底，它变成感官上可查看到的表面了。她们身上的诱惑力具有一种几乎是强暴的能量，在这一点上她们至少像韦德金德的《土地神》中男人想象力制造出来的或艾韦尔斯的幻想小说《阿劳讷》（1911）中的与书名同名的女主人公。

奥托·魏宁格尔的《性别和性格》（1903）一文，既见证了犹太人的自我憎恨，也见证了在强迫观念中日益增强的对女人性行为的恐惧，它勾画出一幅女人图像，这一图像在许多方面接近小说《诉讼》中的那幅。卡夫卡至少了解这部作品的基本特征：人们不妨做出这样的推测，虽然他自己并不拥有这部作品。尤其是妓女类型的人，如同魏宁格尔作为与"母亲身份"形成对照的女性角色构思所描写的，与小说的形象颇为相像。魏宁格尔的妓女，体现纯粹的、未经高尚的品性思想化了的欲望。基于她的特殊角色，她能够行使对男人的控制，这种控制在社会的调节区域的另一边"从体操协会移向国家"。就其权势盛大而言，在他那儿的妓女们像征服者和政治家，只要两者因为对此感兴趣而同群众相好，他们就和公众舆论保持一种相似的关系。魏宁格尔的令人不愉快的心理、人格描写对卡夫卡的小说具有一定的意义，因为它展示男人观看女人的症状特征。卡夫卡也将女人看作可供支配的对象，看作他在肉体上占有她们后瞬间将其摒弃的对象。一旦她们委身于他，她们在他心中唤起的那种渴慕就突然变为厌恶。所以 K 让女人把自己从自己的道路上引开了的这个流行的——以为是得到大教堂场景中牧师的名言支撑的——论断应该加以修改。K 闪烁其词地对牧师的这一指责回答说，女人"很有权力"。对女人特性的这一含糊暧昧的刻画证实，这部小说描绘了一个由男人的镜头塑造的女人角色模型。K 的这句名言并非偶然地令人想起魏宁格尔将妓女作为男人主宰的强制描写，说是妓女表现了"与征服者相似"的形象。但是这样的过失归咎行为同时显示出，卡夫卡并非主动复制一种受意识形态影响的性构思规定，而是仔细研究这些规定的标记记载和解释策略，小说在它的妇女人物的老一套形象中显示出男人对女性的知识的强迫观念和摒弃。

莱妮，律师的女管家和情妇，独具一格地集具男人幻想色彩的角色模型于一身。K 的叔父称她为"女巫"和"下流的小东西"，而主人公自己则觉得她像玩具娃娃。莱妮在一个他有可能获得诉讼消息的关键时刻引诱 K，从而使他脱离司法制度的圈子，她将他向下拽入情欲的范围。这一运动形态很能反映浪漫派文学女引诱者们的性格特征，她们作为美杜莎或女巫迷惑男人并最终诱使男人坠入情欲深渊。性交动作落到向一个混乱的黑社会的坠落之中，在那里起作用的是独特的法则："这时她的膝头滑脱，她轻轻喊了一声几乎摔到地毯上，K 一把将她抓住，想及时扶住她，却被向她那边拽下去。'现在你属于我啦。'她说。"由于莱妮只在情欲的冥冥之中起着主宰的作用，所以 K 在她跌倒的瞬间才能和她发生性关系并按一种经济的象征、逻辑的说法，拿她来"换取"他的情人埃尔莎。

莱妮属于卡夫卡的后期作品一再呈现的那种塞壬式人物[1]。这一层关系表面上从她身体上的"缺陷"中就已经显现出来："'是呀，'莱妮说，'我就有一个这样的小缺陷，您瞧。'她张开她右手的食指和中指，它们之间的那层薄皮几乎一直延伸到短指头最上面的那个关节。"这只"漂亮的爪子"对 K 意味着的这种奇妙的"自然景观"强调莱妮和塞壬、和那些古希腊罗马富有诱惑力的诱鸟的相似，1917 年 10 月底卡夫卡将会在他的一篇神话改写作品中以很执拗的方式描写这些塞壬。这一神话式的范围反过来表明远古的价值等级，由小说中的性交行为标上记号的价值等级。像在克莱斯特的《彭特西丽亚》中那样，宗教上的攻击礼拜式和暴力属于性行为的范围（"她将他的脑袋挪近身边，向它弯下身去，咬并吻他的颈项，甚至咬他的头发"）。不过莱妮却是蓄意杀人的阿玛宗人女王的一个比较温和的亲戚，也比对不够

---

[1] 塞壬（Sirene）：希腊神话中半人半鸟的女海妖，以美妙歌声诱杀经过的海员。

开放的罗斯曼施行性侵犯的暴虐狂的克拉拉·波伦德尔温柔：一门语言的一种可交换的信号，而这偏门语言只有在肉体的活动场所才能使别人听懂。莱妮——这件事胡尔德知道——觉得"大多数被告好看"，"依恋所有的人，爱所有的人"。她的这种被错当作不加选择乱搞对象的行为，源自一种从被告身上发出的神秘吸引力（一如被捕场景的看守们也强调的）。在这一点上卡夫卡用略带嘲弄的口吻将他与厄洛斯[1]打交道的经验嵌入充满神秘色彩的小说情节之中：女人们爱他，爱这个想象中的有罪过的人，因为他身上散发出无心引诱者的神秘气息。

连接莱妮手指的奇异蹼膜不仅令人想起神秘的塞壬，而且也令人想起一种水中或沼泽地生物。瓦尔特·本雅明曾就此指出过巴赫奥芬的《母权》（1861）和卡夫卡的一种女性行为神话的诱逼性图像之间的才智方面的相似性。把妇女描写为用情欲的统治地位征服男人的宠妃式的夜和月的宠儿，这确实刻画出了一种母系氏族制度结构的特点，而巴赫奥芬则精确描写了这种结构的象征的、社会的和文化的解剖学。但是这种神话式的量度同时说明，卡夫卡的女性形象置身在心理差异另一边的一个区域里。她们性冲动起来显得像无个人特色的幻想中的形象，凭远古的魔力体现着非理性的世界。在厄洛斯和逻各斯的紧张关系中发展起来的性别对立似乎是不可弥合的。在写于1917—1918年冬的一句警句中卡夫卡这样写道："最有效的恶魔诱惑之一是挑起战斗。这种战斗像和女人的战斗，它结束在床上。"然而，跟19世纪末把性别间的争执作为存在的冲突描写的易卜生、施特林贝格、左拉和韦德金德不一样，卡夫卡从未在自己的作品中让男人和女人产生真正的争斗。在他那里，斗争只表现在身体的语言和那种隐蔽的强制的语言中，而机械进行的性行为则存在于那种强制之中。

性行为以值得注意的方式与 K 的诉讼结合。猥亵的法典、预审法官的好色以及施虐淫的鞭笞手场景就已经显示出法院和性欲之间的关

---

[1]　厄洛斯（Eros）：这里比喻性爱。

系。米歇尔·福柯曾指出，现代的、在心理分析中一目了然地展示出来的对性的理解受这一要求的支配：了解身体的秘密渴求的真相。性行为——19世纪末著名的夏尔科特的癔病治疗就已经这样表明——在学术研究中变为一种诉讼程序的，一种想将性生活的神秘力量强行揭示为肉体招认的诉讼程序对象。卡夫卡在《诉讼》中讲述的性的真相就是：它属于潜意识变态心理，小说陈述的正是这种变态心理情结。在这种背景下，作品使性的主题在法院的核心区域繁衍滋生，这只不过是一贯的做法罢了。处在对K提出的诉讼的中心的，是主人公所过的生活是否可靠的问题。他不能听凭自己受到这种质疑，而不一再冲向厄洛斯的区域。所以，敦促禁欲的要求也并非如较早的解释所估计的，是法院提出的。其实倒不如说，是法院必然地把人世间的情欲锁在它那些征服和权力、性反常行为和解除限制之间的各种色彩之中了。法院的秘密，"这种几乎纯粹由好色之徒组成的秘密"，似乎从总体上看与性的神秘吸引力结合在一起。在这个意义上，莱妮对K的提议不妨被理解为一种知情意愿的镜子，这种意愿想迫使肉体去揭示他的真实情况："下一次有机会您就认罪吧。只有这样，您才有可能溜脱，只有这样才行。"性行为真相，如福柯所说，通过身体的招认而被强求所得。通过法院这个媒介物，莱妮试图作为厄洛斯的代理人诱出的奇特情欲的神秘力量也用它的种种潜意识的征候对付K。弗洛伊德1906年在维也纳大学做的一个报告中——该报告同年刊登在汉斯·格鲁斯的《刑事犯罪人类学和犯罪侦查学档案》上——曾指出过心理分析既往症和预审法官的工作之间有相似之处。心理分析和"事实构成诊断学"在这一意图上互相相似：经由受性制约的神经官能症或作为反常行为变种的刑事犯罪——通过语言的传媒——强行获得招认的形态。卡夫卡的小说用简练和自然的笔触使两个范畴聚集在一起，它把性行为在法院中，把情欲在公共机构的象征结构中确定了下来。

K在对他的诉讼中的性消息上保持着跟在罪责指责事件上同样的

抗拒态度。他以进行占有的勾引者的风貌出现，却又作为一种包括暴力在内的角色的代表看妇女："他吻比尔斯特纳小姐脖子上咽喉所在的部位，他让自己的双唇久久地停留在那里。"在一个未完成的章节里有这样的话："（……）他知道，比尔斯特纳小姐是个小打字员，不会长久抗拒他的。"K经由战斗模式途径拟定和异性的关系，从而也就避开了对自己的性生活作更深入的探讨。自压抑中产生后，他的态度更新了女性性爱的男性形象，这正是19世纪末的典型特征。卡夫卡的主人公处在毫无顾忌的勾引者的地位，重现了女性的强制拒绝态度，这种态度在魏宁格尔的文章中有其对于整个时代具有典型意义的表露。这也就显示出，《诉讼》不仅论及性，而且也论及后期资产阶级的性知识。在这部小说虚幻世界的图像符号中，这一知识表现为男人眼里的情欲及情欲诠释的文学现象学。

法官、律师和被告

官僚制度在小说中构成一股独特的推理的同时具有象征性的力量。它形成一张独立的关系网，而K则似乎无可挽救地被这张网缠住了。官僚机构，如同小说在卡夫卡的工作经验的补充下所描写的那样，制造作为复杂网络的权力，这种网络，按照福柯的一个论点，遵从一种特有的内部的、有力制约着人类的真实性和逻辑性。不管K在哪里与法院发生关系，他都一定会获悉，法院有严格的等级制度，但最终还是让人捉摸不透。凡俗和尊严，象征手法和平庸在这里紧挨在一起。"象征的严肃态度"在后期资产阶级时代"成为低俗文化的标志"，尼采恰如其分地说。关注着K受预审法官审讯的来访者们在大衣翻领上别着"大小、颜色各异"的证章；法院杂役们可从一件"有两颗镀金纽扣"的上衣上认出；官方的"消息发布员"以穿着讲究出名，在其他官员的灰蒙蒙群体中他显得尤为突出。在律师胡尔德的办公室里挂着一幅硕大的画像，上面画着一个穿"法官袍"的人，端坐在一把饰以金边的"高大的安乐椅"上。卡夫卡在这里讽刺影射安东·冯·维尔纳和汉斯·马克尔特这两位画家的突出敬意的浮华风格，这种风格已遭受《艺术卫士》的猛烈攻击。精确划分的等级制度，诉讼程序的潜规则，复杂的法典，呈文和动议的严格标准，这些都加深了这样的印象：法院是一个极其精密的机构，它虽然为多数民众所不知，但是仍然拥有其自己的作为制度维护力量的现实性。另一方面，体制的暂时的特色几乎无法认清。与显得寒酸的官员的制服相称的是，法院星期天在市郊出租公寓的居所里办公并将其办事处安置在阁楼间里用木板隔出的房间的后面〔赫尔曼·布洛赫显然借鉴了卡夫卡的手法，在他的长篇小说《无辜的人》（1950）中描写了类似的沉闷的氛围〕。除了阴森可怕的因素，还有一种简直平庸的尺度：看到这些屋顶下设备简陋的办公室时 K 惊讶地补充说，"可供这家法院支配的资金多么少呀"。然而，当局的真正的权力在于它的无处不在；正是由于法院控制着 K 的完整的生活，所以它才必须保持灵活机动：它的临时的表现形状是它的无处不在的另一面。

　　法院体制的一个显著特征就是，下级官员们只了解他们自己审理的那些诉讼阶段。"可是一般来说，"胡尔德这样解释说，"法院的诉讼程序对低级官员也是保密的，因此他们几乎无法完全摸清他们所经办的案件的今后的程序，他们接触到一个案件时，往往既不知道它的来龙，也不了解它的去脉。"在这样的——完全讥讽的——描写中融入了卡夫卡对官僚机构的深入认识。行政行为的匿名含有抽走个人责任和抹杀个性的意思，个性像号数一样消失在文件夹里。卡夫卡在1920 年 7 月底的一封致米莱娜的信中谈及这样的效果时说，保险公司"与其说是愚蠢不如说是离奇"。这种离奇机构的一个要素是它的异化的结构，每逢卡夫卡为 45000 家在公司投保的企业中的一家建档时，他便会天天遇到这种结构，而对企业的特殊的现实状况却没有生动的直观印象。在《诉讼》中，官员们也只是作为一个只知道一点皮毛的大机构里的轮子工作着。与此形成奇特对照的是诉讼程序本身："每一个案件都单独审理，这是最认真仔细的法院。"与行政的匿名相对立的，是单个诉讼案的个人尺度，因为潜意识不是集体的，而是一种个人的尺码。主观逻辑和制度的讽刺性过分限定也就在卡夫卡的小说中引人入胜地相聚在一起了。

如果说法官们的地位列在一个不可企及的层面上，那么，律师们便是一个中介机关，它在法院和被告之间建立起联系。律师的任务是，定期撰写申请，它们加工一种含糊其词的法律知识并对诉讼施加有利于当事人的影响。许多实例表明，律师即便对被告提出自己的权力要求，对法院却只扮演一个从属的角色。他们惯常在自己的申请书里"简直是奴性十足地"低声下气并对官员们竭尽"谄媚之能事"。他们并不希望"改善"现存的司法，他们只是坚定不移地坚守现状。如果人们把这种态度同小说的隐蔽的心理氛围联系起来，那么这种态度便是令人信服的了。律师相当于看守——按照弗洛伊德的说法，这些看守们站在通往意识的房门口并试图将潜意识的权力——作为检察机关的代表——挤回去。但是由于他们属于一个其组成成分在功能上相互依存的体系，所以他们就不可以改变这个体系的结构。法院、被告和律师形成一个心理制度内部的互补的组成部分，卡夫卡的小说就是通过对该心理制度的描写对尼采曾要求过的那种意志心理学实施一种重新估定：不是权力的心理上的基础，而是人的内部系统中的权力结构小说的主题。

被告们处在法院结构底层的等级上。K起先只是在群体中遇见他们，当时他第二次造访审讯机关的各个场所。被告们坐在公事房过道里的一长溜木椅子上。他们把自己的帽子放到长椅的下面——一种谦卑的表示，卡夫卡以相似的方式报告了1911年3月他对鲁道夫·施泰讷的访问。被告们都是上层社会的男人。女人不在其中，因为她们在小说中代表一个从男人想象的观点中感知到的相反世界：在这个世界里没有意识，因此也没有罪责。与这个形象相符的是传统的犹太人的规定：按此规定，女人不可以学习犹太教法典（1911年冬，卡夫卡和勒维讨论过这一规定对家庭内部男女间关系造成的后果）。男性被告试图竭力领悟艰涩难懂的法律条款，而女人们则兴味索然地置身在文件的规章之外。所以 K 的女房东就已经觉得他的被捕像"某种高深莫测的东西"，这种东西她不懂，"但也不必懂"。

　　法院画家蒂托雷利是介于当局和被告之间的一个中间人物。这个放荡不羁的艺人式的人物似乎是按照 1891 年死于神经错乱的画家卡尔·施陶费尔-伯恩的原型塑造的，1911 年 12 月初卡夫卡读过奥托·勃拉姆的遗作版中该画家的自传记述。蒂托雷利受法院委托画的画像反映法院象征性的无所不在，它也映现在小说的空间模式和看门人传说的逻辑之中。作为向 K 说明诉讼程序惯例的消息提供者，他，一如人们所说，既饶舌又好说谎。但是之所以对他提供的援助建议进行评判时必须当心，也是因为它们只以 K 的他是"无罪的"这个自信的声明为依据。蒂托雷利的乐观承诺——"我一个人救您出来"——始终都是一个虚假的救援信号，因为它的先决条件靠不住。K 就断定，他向画家做出自己的无罪声明是不承担任何责任的。不管此人向他建议什么，都听从一个未经检验过的假设，因此这在逻辑上是靠不住的。

　　蒂托雷利向 K 列举了三种可能的解脱途径，说是凭借它们的帮助他可摆脱诉讼的压力，"真正的无罪开释"，这意味着一种仅仅是暂时的逮捕令的撤销以及"拖延"，这就是将诉讼程序"长久保持在最低级阶段"。即便是在最有利的情况下控告过程也停留在潜伏状态，不会有什么结果。走向有利时，它就可能，如同胡尔德也知道的那样，成为"一个干净的伤口"：彻底治愈不可想象，经久自由不可企及。雅克·德里达 1967 年在他那篇著名的弗洛伊德论文中将推迟的思想图形解读为一种"死亡经济"的变种，它试图中止自己存在的有限性意识。然而，在推迟中死神的到场只是像心理问题在神经病中或恐惧在死者中那样转移了。所以即便是蒂托雷利的起初显得富有希望的建议也只是为被告的尴尬处境提供了证据，这位被告像逃不脱自己的潜意识那样逃不脱这场诉讼。卡夫卡在这里再次把自己在法和行政方面的经验套用于崎岖坎坷的心路历程。许多 1914 年以前的材料证明，官僚机构的种种策略对他来说也表明一种痛苦的心理上的现实。"（……）那儿，办公室里是真正的地狱，"1913 年 4 月 7 日他这样写道，"我不再惧怕另一个了。"

　　小说的情节显示，K 越来越受他的这场官司控制。他几乎再也无法专心致志地工作了，因为他持续不断地受到考虑如何为自己做辩护的掣肘："要打官司的这个念头他再也挥之不去。"不久小说家解释说："从前他对这场官司抱有的那种蔑视不复存在了。"卡夫卡在这样的议题上玩弄概念的双重含义，即既表示 K 的诉讼程序，同时也是小说的标题：这是显而易见的。作品中各个不同的段落都可以读作对自己的写作及其影响的隐蔽反映，比如这段话："（……）他的职位不再完全不依赖诉讼的进程，他自己就曾不谨慎地怀着某种莫名其妙的满意心情在熟人面前提及这桩诉讼案，其他人则不知通过什么途径知晓了这件事，与比尔斯特纳小姐的关系似乎随着诉讼的进程做相应摆动——总之，他几乎不再有接受还是拒绝这场官司的选择余地了，他身处其中并不得不保护自己。"整段话用一种讽喻的方式表述了卡夫卡对自己作家地位几个重要方面的认识：对写作过程的依赖，近来烦扰他的纯粹为自我享受而谈现实计划的爱好，恋爱关系（比尔斯特纳小姐作为菲莉丝·鲍尔）和文学写作——在其法则支配下，厄洛斯和艺术按同样规则发展——之间摇摆不定的相互关系。K 的诉讼始终也是小说的以及它那吸收着卡夫卡的整个生活的力量的一种反光——就犹如这一项文学创作规划是不可领会的，在记述的瞬间就已经在滑脱的潜意识恐惧的一种产品。原稿写作遵循那种悖谬的不可支配性的活力——德里达觉得说明了有争议人物特性的那种活力，就是这种活力"在人们心中分裂和推迟现行状况并就这样在同一列火车里使其受到最初的分割和最初的推迟"。写小说创造出一种中间状态，它不祛除恐惧，而是在"背叛"生活中持续不断地向它实施接近。它从而就像将约瑟夫·K引向内心审判的这场官司的蜿蜒曲折的运动。

如果说K筹划着要制作一篇呈文，呈文要包含"一篇个人简历"，那么，这清楚地显示出，他已经领会到，这场官司和他的个人履历多么紧密地联系在一起。在与律师的最后一次交谈中，K本人指出这种日益强烈的对诉讼的认同所遵循的内在逻辑性。从前他"完完全全地"、一点儿记忆也不剩地把这场官司给忘记了，如果人们不提及它的话，可现在他却不受局限地注意到了这场对他进行的诉讼程序的"重担"。忘却表现一种在作用上像抑制的失误，弗洛伊德将它称作一种潜意识反意愿的流露。所以诉讼越向前进展，K就越难以调动起可以让他固守正常状态的、防御正在心中牢牢扎下根来的罪责感的必要能量。时间在小说的进展中表现为走向死亡的时间，表现为超然于经验法则的象征代号。

但是在K感觉到诉讼重担的场合，他也不能认真研究自己的消息。虽然潜意识从朦胧区域突然冲出，但它不可以进入被弗洛伊德称之为潜意识与意识之间状态的客厅（心理分析模型描写再次充当叙述过程结构的样本）。在这一点上，面对诉讼对他提出的种种要求K失灵了——就像卡夫卡在自己面对"饭店里的审判"时感到自己失灵那样。在小说的最令人神往的那个场景中，自己的失败被展现在了K的眼前。一个阴沉沉的上午他正在黑乎乎的教堂里等候一个意大利生意伙伴，牧师出现在一个小布道坛上，喊他到自己身边去并使他陷入一场交谈之中。作为监狱神父，他也知道K的诉讼程序，他认为这场官司的前景不容乐观。他解释说，眼看就会有一个不利的结局："你知道吗，你的案子情况不妙？"由于K，如神父所说，错误判断法院的本质并且冥顽不化"看不到两步远"，他就给他讲一则故事作为说明。"人们用童话，"莱辛的纳旦就已经这样声言，"不光打发孩子。"

传　奇

格斯霍姆·绍莱姆曾认为看门人故事的逻辑表示一种追求，一种对失去的上帝启示之神秘认识的追求，一如犹太教的神秘教义所展示的那种追求。这则故事和卡夫卡本人可能并不怎么熟悉的中世纪犹太神秘教经文一样都有这种倾向：通过一个清楚勾勒的故事的媒介展示无限多的诠释前景。粗粗一看，神父使用的法的主题和犹太教法典的解释决疑论就已经显示出犹太人对宗教的理解。卡夫卡考虑到了这一层外在的关系并将此短文交由布拉格的《自卫》发表，此文刊登在该刊 1915 年新年号的第二页上（三个月后又出了库尔特·沃尔夫的《青春活力丛刊》的单行本）。然而，首先从宗教的眼界推导这则故事的做法恐怕仍然还是有问题的。故事通过一种受榜样启示但不受其控制的独立叙述形式获得其内在的完整性。这件作品不是寓言或一个像人们常常断言的譬喻，确切地说是一则源自"法律书籍的序文"的传奇：一种丰富的传统的题目，似乎来源于一种显然已失传的知识并因此而需要进行解释。1914 年 12 月中，卡夫卡在日记中谈到"传奇"，那篇日记谈到"满足感和幸福感"，说这种感觉是作品赐予他的，不过对他的继续写作却有妨碍作用。

神父在教堂里给 K 讲了守门人的故事，为了向他说明法院的性质，说是据说他现在就是把法院"估计错"了。作为属于法的范畴的传奇，这则故事本身是一种潜在的进行解读的对象。随后进行的神父和 K 之间的谈话，涉及对故事内容的评价，所以我们必须予以重视。神父特意指出，对这则故事流传着不同的看法。这一谈话也属于那一系列结束不了的评论之列。在这一席谈话中反映出由这则供解读的故事引发的、任何一种从注疏学上把握多义作品的困难。由于没有哪种解释能够证明其诠注的权威性，所以无法对这场有关这则传奇的争论做出裁决。卡夫卡在这里，眼明而又讥讽地，为他自己作品的作用史提供了一种评论。"没有事实情况，"尼采声言，"一切都流动而把握不住，朝后退缩着；经久不变的还是我们的看法。"

故事提供的第一件使人惊奇的事经由对法的描写而获得。这不代表其信条记在一块文字板或一件装订好的作品的字母中的那种抽象类别。其实传奇的法倒不如说是一座大楼，它由无数大厅组成，每个大厅前都有守门人把守。是否整排房间都通向法或者与法息息相关，这一点始终不清楚。这幢大楼的内部状况似乎模糊不清、捉摸不透和神秘莫测。它与一座迷宫相符，与 K 在诉讼过程中见到过的阁楼间的布局相似。所以在大楼的结构中显现出小说所讲述的法院的格局。传奇和《诉讼》故事本身一样，有不做说明性解读的倾向。传奇只描写法的大门前的情景，并且，如德里达的一则评论所说，远离法的内部厅堂，并没有充分揭示它们的面目。叙述的过程反映传奇所描绘的无法实现的接近意图，它做出佯谬的尝试：退到它自己的起源的后面。它的对象是一种法，这法在它之前存在，但只有通过由它夹带出来的种种解读才能持久：全部文化中介工作的一种反映，这种工作不可逆转地由于难以想到一种绝对的开端而与它的对象联系在一起。

传奇的主人公，那个乡下人，体现犹太人宗教史中固定的典型人物。他的后面隐藏着在希伯来人的传说中常常作为头脑简单的乡村人出现的人物形象。卡夫卡在 1911 年年底与吉茨夏克·勒维的谈话中深入探讨过犹太教法典中的这个乡下人形象。弗罗默尔在提供了一种广泛的宗教和非宗教态度现象学的《犹太教机制研究》一文中认为，他多半是个没有受到教育的人，他不"按规章"做祷告，不佩戴"腰带"，而且研读犹太教图拉经文，却不征求犹太教经师的建议。在虔诚的犹太教学者圈里，人们用这句粗俗不堪的话来刻画尊严的缺失：人们可以"像撕一条鱼"那样撕碎他。火冒三丈的赫尔曼·卡夫卡在儿子不听话的时候也用这个比喻。不过，很显然，这个传奇故事的宗教观对它所提供的信息并非具有决定性的意义。传奇的一个特殊策略就是，卡夫卡按哈罗德·布鲁姆的一个观点，让它成为一个具有特殊的辩证逻辑色彩的文段，证明了人类的意义探求是一个没有清晰勾勒出目标的、终止不了的过程："图拉经文不是法律，这跟犹太教不是宗教完全一样。图拉经文是关于神和有神性的事物的传说，是渐渐重新找到事实真相的原则：这种真相在文字记载中有暗示，但如今人们却读不懂了。"人们若记住了这一情况，那么就不可能把这则传奇解读为表现对一种犹太人信仰启示的探求；它的犹太教法典的性质仅仅由于其决疑论的形式而并非由于其信息的基本内容而产生——这种基本内容的辩证法不允许做出清晰的宗教意义上的陈述。

　　故事的中心是一个显而易见的矛盾，还是这个矛盾后来也激起了 K 和神父之间的争执。一方面有人这样说，另一方面我们从暂且不让那个人进去的守门人那儿得知："法的大门"一直敞开着（"但现在不了"）。这个守门人，这个蓄着他那部"稀疏黑色鞑靼胡子"、穿"毛皮大衣"、看上去像一个犹太教夏西派信徒的人，始终是一个可疑人物。他把自己描写为"有威力"，可是他不能证明这一特性。既然他一遇到第三个守门人就会由于其威力强大而不敢正眼瞧人家，人们也就完全有理由认为他的这一番话有自我标榜之虞。法的内部统治制度他也不甚了了，这很像检察机关的官员们，他们，如同胡尔德律师所阐述的，只知道"法律为他们划定的那部分审判程序"。但还是要指出：倘若乡下人不分青红皂白一律接受的话，守门人行使的权力就会有客观的作用。法律得不到进一步的说明，而法律的权威却通过禁止和拒绝的言语行为让人具体感受到了，它构成作品唯一的含义范围，似乎被描述得精确而毫无疑问。在最初的原稿稿本中卡夫卡给守门人配备了一根"棍子"，让他可以把乡下人从紧挨着大门的区域赶出去。后来他删掉了这一提示，否则他就是用一种太过于缠人的象征强调了由语言的传媒引起的守门人权力。这则传奇是一出教育剧，讲的是等级制度和规章，只是通过被福柯说成是推理统治实践指示器的那种自我描写的形式确立的等级制度和规章。

　　最后，乡下人的视力几乎完全丧失，他才看到了那"光亮"，"永不熄灭地"从法的大门里"射"出来。随着他的精力的衰退，想一睹这幢神秘大楼内部情况的愿望越来越强烈，这幢大楼的吸引力也越来越强。1920 年 8 月底写成的《法律问题》一文将描写一种相似的却导致别样后果的情况：对司法制度的无知在这里导致对司法制度的蔑视。最后乡下人临死前请求守门人解释这一奇怪状况：虽然所有的人都在追求法，可是只有他在这里"要求进入"。守门人首先说了一句责备的话来评论这个问题，"你真不知足"，他颇不以为然地说。格斯霍姆·绍莱姆讲了一个故事，说是一个犹太教神秘教义学者向一个年轻小伙子传授神秘教的秘密教义，条件仅仅是他不提问题。上帝会显灵的宗教法的内在真相不是通过提问的途径获得的。提问不会导致更深刻的理解，因为提问妨碍那种是进入聪明才智境界的条件的默想。守门人的回答便是遵循了这一观点，它向乡下人说明，他的境况毫无希望，他的行为是错误的："这儿这道门别人谁也进不了，因为它是专为你开的。现在我去把它关上。"

不过认为每个人都有一个进入法的独特的通道的这种观念按西方人的理解使人觉得荒唐可笑。它违背法律的基本定义，这法律的本质就是，它通过统一的途径是能够达到的。在卡夫卡 1904 年夏通过汉斯·格鲁斯的讲座了解到的黑格尔的《法的哲学的基本方针》中有这样的话："法的东西因其属于法律才不仅获得其普遍性的形式，而且也获得其真正的明确性。"譬喻的结尾显然违反这一规范的尺度，这种尺度除了司法的法律概念以外也影响着宗教的——比如犹太教法典的——法律概念。法律在这里获得了一种独特的标志，它将每一个公众的要求包括在内。不是一般的调节功能，其实是有私人效应的吸引对于被传奇绕过的法律观念具有重要意义。法律像守门人的权力那样，通过一个纯粹重实效的、标准关系以外的层面而获得其意义：施以吸引力并使人入迷的东西成为法律。所以追求法律的动机是一种超然于合理情况的推动力。卡夫卡的作品这样描写这种追求：仿佛它有一种不可欺骗的实际情况。在故事的结构中人的心灵的考古学又显示为在潜意识中起作用的要求的综合关系规章，正是这种要求克服了——弗洛伊德不断重新采用的——因果关系模式，维护了自己的神秘现实。

随后就这则传奇故事进行的争论阐述了这种观点的特性。牧师把故事原文的"明确性"看作原文的超然于论证境况的象征。而 K 则想理解——在这一点上可与一般读者做比较——发生了什么事，并且想从逻辑和道德的角度对人物的行动做出评价。两种立场显然无法协调一致，因为它们以对传说的不同的评价为出发点。牧师以文本规章整体不可分来应 K 对蒙骗了等候者的守门人态度的批评："文本是恒定不变的，种种看法往往只是绝望情绪的一种流露。"这种观点令人想起犹太人宗教法的一项重要规定——"格马拉"[1] 对巴比伦犹太教法典做的解读，就是这"格马拉"评论了记录在口头传说（"米施纳"[2]）中的知识（63 本小册子中的 36 本在这里都有详尽注释）。牧师所说的文本的恒定不变与文本所记录下来的宗教法相符。然而它还不表明，文本也评论了一种明确的含义。与文本的恒定不变相对立的，正是种种注释在为澄清一种有约束力的见解的争吵中所进行的竞争，如同在"格马拉"对"米施纳"所做的宗教注释中那样。由于"米施纳"的文本是在公元 2 世纪以来的口头传说的基础上分批次形成的，所以宗教的真言一直都是可做几种解释的：它是刮去旧字后重复使用的羊皮纸和看得见的符号，也是隐藏的信息和天启的认识。

卡夫卡在好几个层面上再现了在犹太人宗教法中显现出来的文本外在形态。如果说传奇故事本身符合犹太教法典叙述的表现形式，一如它们在"阿加达"中流传下来的那样，那么随后进行的争论便使人想起"格马拉"的注释工作。这是一种传统：这一注释工作一直并非没有矛盾地记录下了不同的看法。16 世纪的巴比伦犹太教法典版本刊印了"米施纳"文本，该文本充斥着据说按顺序连续被纳入神圣教

1　格马拉（Gemara）：犹太教法典的第二部分。

2　米施纳（Mischna）：产生自公元 2 世纪的犹太法义集。

义读物的评论。长篇小说中所提供的关于这则传奇的谈话显然模仿了这样的注释的论据使用方式——这样的注释通过解释将宗教法付诸实践，从而增强了宗教法的威力。"正确理解一件事情和误解这同一件事情，"牧师这样说道，"并不完全互相排斥。"然而引人注目的是，卡夫卡用强调文本作为传奇自我传导的传媒阻断了犹太人传统的一个重要领域。像马丁·布贝尔和弗兰茨·罗森茨威格这样的犹太复国主义者曾提醒人们记住，希伯来语圣经（Mikra）-（Geruf）的意思是：最初的口头传说所描述的东西。在犹太教经师的传统中存在着死板的禁止写作令，这种禁令将有助于把注意力集中在神圣字眼的声调上。文本的重读使一种仅仅是通过神的语言在口头传送中得以实现的最初的宗教内涵有局限性。卡夫卡的传奇故事具有一种法律文段的性质，可人们并没有把它解读为具有强烈宗教色彩的纲领。这则传奇主要是通过其形式——"阿加达"的生动的叙述技巧——参与了犹太信仰文化的流传。然而它的引起矛盾感情的信息也包括力量心理学的原则问题，而这些问题则是远离宗教的视野的。

K立刻就将有关这则传奇故事的交谈引向由欺骗和不忠于职守的概念表示其特性的道德领域。但是比乡下人是否受了守门人的欺骗这个问题更具重要意义的，仍然是对驱使他对法律进行探访的动机的思考。他显然被守门人所代表的陌生制度迷住了（这种吸引力传染给了K，而K则感受到这故事"非常强烈的吸引"）。看守代表一种自成一体的制度逻辑，对它，K在与牧师的谈话中也没做深入探讨。权力——尼采就已经知道是这样——之所以吸引人，是因为它有其独特的明晰的诱逼性。乡下人不是受到法律的迫害，而是受到法律的代表的吸引。这把他的命运和K的道路联结起来，正是这个K，早晨自己拉铃叫来了逮捕他的看守。

法律就像图拉经文的宗教内涵那样形成其自身的内在的制度，它，按照一句格斯霍姆·绍莱姆的话，只有通过它的内部形态才能真正被阐明。然而这则传奇并没有显示，如何才能进入这一制度。它只讲述渴望和权力，却没讲述如何达到一个目标。它就这样成为一则讲述希望和徒劳的故事。乡下人只限于等候者的角色，他无条件地接受权威的禁令，从不违背要他遵守的规则。正是这种态度与卡夫卡对宗教的理解有一种令人惊异的联系：这一点可从1917年12月4日的一句警句上看出。该警句这样写道："弥赛亚在不再不可缺少之时才会到来，他将会在他到达之后一天到来，他将不会在最后一天，而是在最后一天的次日到来。"拯救总是带有迟到的色彩，归因于迟到的时间角度是期望和事后补充那一类。在法的大门前的这个人的态度符合这一带讥讽色彩的诊断。由于拯救总是来得太晚，所以人们永远也得不到拯救。想强行得到它，就意味着对转世论重要性的一种蔑视。谁等候它，谁就——按照卡夫卡的理解——是在尽可能地接近它。

神父给K讲这则传奇故事是为了向他说明他对法院抱有的错觉。传奇的"空洞教训"——作为一种否定教育学的核心——当然只有绕过形而上学、宗教或法律才可以领悟。由于故事按德里达的观点停留在"法的大门前"，所以它没有让人看到法的内部结构。只有传奇传授的关于权力和渴求的认识是清楚明了的。就像法的领域仍然只由法所制造的吸引力规定那样，权力由权力所引起的屈从释义。这两个领域的不加掩饰的实际情况通过乡下人和守门人的举止而获得相当清晰的说明。但是传奇超然于渴求和权力，既不提供行动指南也不作解释。所以K对法院抱有的错觉只可能是：他对自己闯入法的努力和他所面对的权力的秘密同样做了错误的评价。这场诉讼是受他自己抑制的愿望的一种流露，这个愿望就是：他想踏进潜意识的迷宫。法律和权力都没有客观的价值，而只有反映个人精神结构的主观决定的性质。神父考虑到了这一情况，他最后终结性地对K解释说："你来法院就接待你，你走它就让你走。"法律在它显得陌生的地方也来源于主观的创造性想象。然而这一事实情况恰恰不是表明了人的自由，而是人的不自由。K和传奇的主人公都不拥有自主做出决断的许可。其实，还不如说逮捕和对法的追求说明了外在依赖性的形式，即来自主观的惩罚和恐惧幻想的权力象征所形象表达的那些形式。似乎看不见现存的形象会有什么变化，可以导致摆脱看不见的枷锁。1918年初卡夫卡在一本八开本笔记本中写道："有一个目的地，但没有路。我们称之为路的，是犹豫不决。"只是在这个意义上乡下人也正在进入这法的大门。

刽子手作为男高音

小说的结局虽然1914年8月就已经敲定，但是它并不使卡夫卡感到满意。1916年7月他还在试验新的结局异文。"奇怪的法院习俗，"一处异文这样写道，"没有别人获准在场，被判刑者就在自己的囚室里被死刑执行官刺死。"远古的处死仪式令人想起一种较古老的法制，它惯常举行令人恐惧的"刑讯拷问庆祝活动"（福柯），而行刑不公开却颇像现代的行刑方法，20世纪就有这样的方法。K的诉讼会以死罪告终，这一点仅在小说不多几处作了暗示。到银行来探望他的叔父对侄儿的消极状态大惊失色："你想输掉这场官司吗？你知道这意味着什么吗？这意味着你的彻底完蛋。"K在大教堂里看到一幅圣坛画像，一幅普通的基督入墓图，这不妨读作一种讽刺提示，点明他的死期快到了。神父过了一会儿便在交谈中勾勒出一种糟糕结局的凶险的可能性："人们认为你有罪。你的案子也许根本不会超越一个低级法庭。人们至少暂时认为你的罪行已经得到证实。"

小说临近结尾时围绕着主人公的圆圈越画越小。"判决，"神父曾这样解释，"不是突然来的，诉讼程序渐渐变为判决。"K越来越强烈地感到自己被有罪的感觉包围，这是通过法院的种种规章被描绘出来的那种感觉。临死挣扎如同神父宣告过的那样合乎逻辑地出现。在K34岁生日的前夜两个男人出现在他的寓所。他们"苍白和肥胖"，穿深色男式小礼服，戴"礼帽"：它们好像不可移动地戴在他们的脑袋上。"一看见他们那沉甸甸的双下巴"便以为他们是"男高音"的主人公对他们的登场并不感到惊讶："虽然没有被通知这些客人要来拜访他，K 还是同样身穿黑礼服坐在房门口的一把椅子上并慢慢戴上紧紧裹着手指的新手套，一副等待客人来访的神态。"约瑟夫·K 料想到，现在将会发生什么事："'你们是来找我的？'他问。来人点点头，一个用手中的礼帽指指另一个。"在众多日记幻象中卡夫卡已经对小说结尾勾勒的这个场景着了先鞭。《观察》中的散文《不幸》中的一段异文，用深不可测的讽刺手法描写了阴森可怕的人侵入与世隔绝的单身汉的生活，它也同时塑造了这一场景。

　　K 用按尼采的说法增强世界审美尺度意识的第三只眼睛观察刽子手们的沉默登场。他觉得整个场面变成一个想象中的画面，一个在梦中被精确勾勒出来的画面。他的口气强硬的问题——"你们在哪家剧院演戏"说出了整部小说的一个主导隐喻。K 觉得逮捕就已经是"表演"，在与比尔斯特纳小姐的谈话中他像一个舞台演员那样模仿早晨的情景。一再谈到，K 自始至终是在表演情势和论据。用这种没有剧场的戏剧表演所描述说明的，一如克尔凯郭尔描述为宗教仪式重复行为标志的那样，是借助想象力在一个虚构的舞台上使自己发挥作用的心理体验的优先权。刽子手们也在已经由瓦尔特·本雅明注意到的手势语言的支持下，在一个 K 的潜意识创办的虚幻剧场登台表演。在1914 年 7 月 29 日的日记记下的一个早期守门人故事的文本中，对一个看守的角色是这样说的："人家要他们干什么，这些缄默不语的下级人员就干什么，他暗自思忖。"结尾场景中的刽子手，与此颇有相似之处，是储藏在心灵中的形象，它们圆满完成了主人公的惩罚幻想。卡夫卡在早先写下最后一章的时候也反映了文学上的写作过程，这一点可从 K 的一个想法上看出："会不会让人背后说我在诉讼开始时想结束它，现在就要结案时又想启动它。"这无疑可以与写作者的情况联系在一起，作者通过这最后一章表面上已经完成这部小说，但现在又重新启动它，以便填补引子与结尾之间的空隙。

　　跟他的案件开始时不同的是，约瑟夫·K 现在明白，所发生的一切全都源自他的"自我"。由于他知道自己临近旅途的终端并认识到自己已在反对罪责感的斗争中失败，所以刽子手们不必使用暴力强行把他押走。1914年10月中他写信给格蕾特·布洛赫，说是在阿斯卡尼饭店里与菲莉丝·鲍尔交换意见时她似乎当了审判他的"法官"："（……）但是这只不过是给人以这样的印象而已，其实是我坐在您的位置上，直至今天我还没离开这个位置。"莱妮的"法院在追赶他"的提示不标示受一种陌生势力威胁的情况，而是标示一种内心的惩罚幻想。K在蒂托雷利的正义女神画像上看到的"狩猎女神"在这个意义上作为法院的客体化同时也是一个自我联系的人物形象，一个神话式显现心理活动过程的形象。当刽子手们架着K并使劲把他押往刑场时，神秘的惩罚形式便引人注目地显现出来（一个卡夫卡从1913年3月的一个梦中摘引出来的情景）：K直挺挺地在他们之间行走，他们三个人现在结成这样一个统一体："假如有人打了他们之中的一个，就是他们全都挨了打。这是一个只有无生命的东西才能构成的统一体。"如果K的身体和刽子手的身躯互相结合在一起，那么这就意味着，法院的代表也有形地在他身上显示出来了。然而K如同情况表明的那样不能用适当的方式利用卡夫卡惯常作为最后的特权赋予他的主人公的做自我惩罚的自由。他的最后的一段路程成为一次获得自知之明的旅程，可是他却没有从中得出说明自己行为的结论。

在夜幕下的城市穿行的途中，被刽子手架着的K再次邂逅比尔斯特纳小姐，邂逅这位未经委托的女帮手。一看见她——他现在觉得她就像一个"告诫"——他脑海里就突然闪过一个念头："我总想长出两只手来抓住这个世界，而且是为了一个无法让人赞同的目标。"此刻K意识到，由于心绪不宁和草率肤浅他错失了进入自己的生活中枢的机会（"人犯的全部错误都是焦灼，对有计划的事物的一种过早的结算，对虚假的事情的一种虚假的介绍。"这是1917年卡夫卡记下的话）。因缺乏决断力而失败了的这个认识对K来说来得太晚了。他的自我维护意愿是一种假象，这假象废除了理性的秩序："逻辑虽然牢不可破，可是一个想活着的人它却抵挡不住。"在这里再次显现出对一种有活力的信奉现实的渴望：决定了卡夫卡早期作品的那种渴望。这是一种恰恰摆脱了被尼采称作"存在的概念明晰"的保证人的逻辑的那种渴望。

刑场是市郊的一个采石场。1914 年年度报告称，卡夫卡 1915 年夏撰写了一份论述波希米亚采石场安全措施的长篇报告，并从而描绘了那个一年前被他选作他的长篇小说结局发生地的地形地貌。K 不得不脱光上衣并靠在一块采下来的石头上。他一边等候着死亡来临，一边看着一所"临近房屋"窗口的一个人。这位没有被进一步描写的观察者令人想起从窗口观看 K 被捕的那些老人。在这一点上小说的描写与守门人传奇的那种描写相似，它最后迫使乡下人面对从法的大门里射出来的一束"光亮"："黑暗中灯光一闪处，只见那儿一扇窗户的两个窗扇突然分开，又高又远处一个身材瘦小的人猛的一下探出窗外并远远地伸出双臂。这是谁？一个朋友？一个好人？一个有同情心的人？一个愿意帮助的人？是单独一个人？是所有的人？还有救吗？"一连声的问题全部扑了空。它们没有得到回答，因为语言再也不能领会正在发生的事。K（在原稿中卡夫卡在这里突然用了第一人称形式）"举起双手并叉开十指"。这个姿势，它表示对获救的一种最后的向往，它取代了言语。K 已经明白，他的有力的自我辩护词再也保护不了他了。"他从未见过的高等法院在哪里？"对 K 的问题的回答只能是，他在这里，在市郊的采石场，在一个凉飕飕的晚上，受到这个法庭的审判了。"只不过是我们的时间概念让我们这样说出末日审判罢了，"1917 年秋他这样写道，"其实这是一种紧急状态法。"

处决本身在讽刺的法则之下像一种古怪的礼俗那样进行，迟疑的刽子手做着谦卑的手势交替着互相递交杀人凶器。"现在 K 分明知道，当这把刀在他头顶上飘来荡去的时候，他应该自己抓住它，将它刺进自己的身体。"一个刽子手终于用双手"扼住主人公的咽喉"，这令人想起 K 吸血鬼般袭击比斯特纳尔小姐的情景，另一个将刀刺进他的心脏，刀在心口转了"两下"（"想象一把在我的心口转动的刀"，1911年11月2日的日记这样写道）。如果谈到行刑者们在"观察这决断"，那么，这说明了笼罩在K的死亡上的自由预感。然而他觉得这一杀害过程侮辱人格，因为它虽然由他决定，但不由他实施。"像一条狗！他说，就好像，他人虽死羞耻感却犹存。"K唯有按他自己的想象，不受外界影响做了自我了断，他才会像一个人那样死去。他的结局仅仅通过在他死后作为情感存在的羞耻感而具有一种更重要的意义。在青年卡夫卡喜爱的尼采的《查拉图斯特拉如是说》中有这样的话："认知者这样说：羞耻感，羞耻感，羞耻感——这就是人类的历史！"如果说K死得也像一条狗，可是羞耻感却留下来了，这是只有人类才能感受到的羞耻感。但是众所周知，它是——作为被逐出天堂的结果——知道区分善和恶的结果。使人不同于动物的东西，同时也是人的罪责的标志。

第十二章

没有决断的战争年代（1915—1917）

和菲莉丝一起在布登巴赫和卡尔斯巴德

1914 年 10 月中，卡夫卡像受到了他控制不了的吸力吸引再次陷入一个深度沮丧的时期。他的两周假期快要结束，《诉讼》写作停滞不前，文本本身似乎越来越理不出头绪了。日记显示出自杀计划，他给马克斯·布罗德写了一封信"委托了许多事"，这些事估计和后来处置他的手稿有关。格蕾特·布洛赫的一条消息使他从严重抑郁状态中惊醒，她偏离了她从前表述的信念，殷切地请求他对菲莉丝·鲍尔做出一个和解的姿态。后者几个星期前曾直接给他写信，要求他对他在柏林的态度做出解释，可是她的信丢失了——一种奇特的，与 1912 年秋停滞的、因邮局失误而造成的通信开端相似的情况。10 月底卡夫卡在梦见菲莉丝"像一个死人"之后就下定决心写了一封详尽的回信，信中对改变现状几乎不抱任何希望，而且愤懑地断言"信件"的"毫无价值"。仅仅在几天之后，1914 年 11 月 5 日，58 岁的卡尔·鲍尔突然死于心肌梗死。菲莉丝可能在此刻产生了自卡夫卡进入她的生活以来，不幸就不再离开她的这种感觉：她姐姐的未婚先孕，父母的不断争吵，兄长的商业欺诈和订婚失败，与现在父亲的死，构成一条个人灾难的链条，这些灾难都发生在 1912 年秋（这条灾难链 1919 年以小妹托妮的自杀告终——她用煤气了结了自己的生命）。卡夫卡，虚构家庭灾难的专家，似乎对鲍尔一家施加着带来祸害的影响。

对父亲逝世的哀悼还是激起菲莉丝与卡夫卡交谈一次的需求。在一封1914年12月2日的信中，艾尔娜·鲍尔用几乎是固执己见的措辞请求他把话说清楚。她的带有个人情绪色彩的信显示出，菲莉丝对阿斯卡尼饭店里的生硬对峙感到遗憾并希望进行澄清。1915年1月初，与马克斯·布罗德和艾尔莎·布罗德一起在东波希米亚的库腾贝格度假四天返回后，卡夫卡开始为柏林之行做准备，根据现行的战时条例此行必须办签证。保尔·赫尔曼的突然应征入伍（然而一个月后他就驻扎在布拉格了）再次迫使他将自己的空闲时间用在管理空置的工厂上。1915年1月23日至24日周末，在格蕾特·布洛赫的催促下，在奥地利和德国之间的布登巴赫边境车站上卡夫卡会见了菲莉丝。卡夫卡知道这个地方，1908年9月初，他第一次为保险公司出差时去过北波希米亚。

在这个充满象征的地方、在这个在战争中结盟的国家之间的交会点上的会面成为一次失败的经历，此次会面令这一对从前的未婚夫妻灰心丧气。卡夫卡洞若观火，看清了把他同菲莉丝分开的内心的距离，却不敢从中得出应有的结论。主宰着她的传统的思维风格，她的狭隘的审美情趣和普鲁士的秩序观念使他反感。她将他自1914年7月柏林之行以来就走慢一个半小时的钟表调准到分秒不差，她坚持一种有条不紊的作息制度，她想教育他严格履行公务方面和工厂方面的职责。当他在饭店房间里把《诉讼》念给她听时，她因旅途劳顿，闭上双眼躺在沙发上，显得心不在焉。只有守门人传奇她聚精会神地注意到了，显出"好的观察"并引领他本人对所写的东西获得更深刻的理解："我现在才明白这则故事的意义（……）"。当然最后两人破坏了文本的气氛，他们"用粗俗的评论"闯入文本，从而令人毛骨悚然地重述了神父和约瑟夫·K的谈话，而这一谈话则通过不间断的解读尝试使这则"简单的"传奇变得"面目全非"。如果说卡夫卡受到折磨，他无法相信他的朗读的直接效果，而且还不得不为每一句话做出解释，那么菲莉丝却是大失所望了，因为她曾期望这第一次在一个柏林以外的隐藏场所——远离家庭和家庭的监管体系——的约会可以产生一种肌肤上的亲近，现在这种亲近却没出现。她希望有肌肤之亲，可他却给她朗读他的小说的片段并从而又把她诱入文字的领域，在那里他获得了真正的满足。甚至在她用特有的讽刺口吻评说当时的情况的时候（"我们在这儿一块儿待着多正派多规矩呀"），卡夫卡还是不能强迫自己放弃保留态度："我不吭声，仿佛在她叫喊时我突然失去听觉了。"

这简直是一个奇迹：在这不成功的布登巴赫会晤之后，柏林和布拉格之间的联系不是停顿下来，而是加强了。当然通信又按熟悉的轨道进行，重新开始了信件往来，一种以卡夫卡的自责、花言巧语辩解和回避躲闪为主调的信件往来。"我已经觉得，"从布登巴赫返回后不久他便这样写道，"我们彼此对对方冷酷无情，并不是因为一个人不在乎另一个人，但是我们冷酷无情。"成为卡夫卡信件主旋律的，是他的居住情况，自战争爆发以来它便受到时好时差的临时住所、搬迁和失望的支配。1914年夏他由于妹妹们的回来而迁走之前一直和父母住在一起，除了使他丧失活力的懒散和抉择恐惧以外，这也是由他的吝啬引起的。1916年8月底他还在谈论"节约"这个"公职人员的坏习惯"，说他受到这一恶习的支配。如果说他在1914年7月攒了一笔5000克朗——多于他当时一年的薪水——的私人积蓄，那么这也要归功于这一事实：他从来就不必自己料理家务。1915年年初，他在比莱克街48号赫尔曼家的住处居住了5个月之后，这种状况才结束。1915年2月10日卡夫卡在比莱克街10号转租了自己的房间，1914年8月他所居住的瓦丽的住所也在这条街上。第一夜一位邻居与女房东的闲谈便使他不胜烦恼："每一个寓所里都是这样的吗？"3月1日他因房子不隔音使他无法安下心来写作而解除租约。月中他迁入朗格街105/18"金梭子鱼"公寓的一个房间。由于房间在6楼，他可以一览无余地看到泰因教堂：房间格局可能使他想起采特纳尔街的住所，在上大学的几年里他和父母一起住在那里。几天后他就抱怨这里不安静，这不安静不仅由邻居，同时也由星期天的弥撒触发。尽管不断诉说，他在那里居住的时间还是比可能原计划的要长。过了两年，他才离开这个可恨的、不适合写作的住所。

　　1915 年 5 月 23 日至 24 日，卡夫卡和菲莉丝、格蕾特·布洛赫以及后者的女友艾尔娜·施泰因尼茨一起在瑞士的波希米亚过圣灵降临节。菲莉丝带了一架照相机，却在做准备时误把涂盖纸当作胶卷了，结果照片没拍成，没留下"一丝儿活气"：还一直笼罩在往日阴影中的接近的昏暗地带拍摄不下来。1916 年 6 月底他们再次相聚，在卡尔斯巴德度了几天假，她在那里送给他一册珍藏版的陀思妥耶夫斯基的《卡拉玛佐夫兄弟》。卡夫卡似乎在 1913 年 12 月底就已经读过他的这位"近亲"的这部长篇小说。一年后他和马克斯·布罗德就陀思妥耶夫斯基笔下的人物进行一场辩论，这场辩论表明，这本书仍然使他着迷。1914 年 11 月，由于这位作家多舛命运的吸引，他研读了 1899 年出版的尼娜·霍夫曼的《陀思妥耶夫斯基传》。另外，大家一起在卡尔斯巴德庆贺他 32 岁生日时，他得到菲莉丝所赠施特林贝格的带神秘主义色彩的危机日记《地狱篇》，在这之前她已经在 1915 年 5 月初把这位瑞典戏剧家的回忆录寄给他阅读。她知道他爱好施特林贝格，1912 年 12 月 9 日他就已经写信告诉过她，说他欣赏施特林贝格的中篇小说和肖像集《哥特式房间》里的几件作品。1915 年 5 月他评论施特林贝格的回忆录说："我不是为了读它而读它，而是为了躺在他的怀里。"

　　与菲莉丝的关系表面上好像巩固了，不过他们却没谈下一步怎么办，没制订什么计划。日益增长的接近在卡夫卡心中同时引起那种已经在 1914 年夏迫使他们分手的抗拒反应。1915 年 7 月 20 日他独自去北波希米亚鲁姆堡附近弗兰肯斯坦疗养院待了 10 天，他在那里享受一片"朴素的、丘陵起伏但还不是多山的土地"的美景。他的原来的目的地是奥地利湖畔的沃尔夫冈，可是他觉得这个地方离布拉格太远。使他痛苦有加的真正错误是"无耐心或耐心"，在到达那一天他自嘲而一语双关地说。菲莉丝在 7 月在卡尔斯巴德送给他的那一册《卡拉玛佐夫兄弟》中还满怀希望地写道："也许我们不久就会一起读它。"当初卡夫卡好像又有点儿怀疑这是否也是他的希望。

犹太复国主义政治

在与勒维会面后，自 1912 年初以来，卡夫卡便在"巴尔—科赫巴"的活动的激励下比较深入地研究了犹太复国主义的具体纲领。在他的周围熟人圈里那些造访迦南的人的数量明显增加了。"所有这些巴勒斯坦造访者，"1912 年 9 月 12 日他写道，"垂下目光，觉得自己受到听众的激励，伸出指头在桌上来回滑动，顿时变了声，微微一笑并露出几分讥讽神色。"通过战争第一年里军事方面的进展，犹太传统研究对于布拉格知识分子来说获得了一种新的性质，它和 1914 年以前的学院式讨论几乎没有任何相似之处。由于俄国的攻势——1916 年 6 月在布鲁西洛夫将军统率下，在莱姆贝格前方正面地段，奥地利丧失大片领土而使俄国攻势达到顶点——许多加里西亚犹太人被迫逃亡。到处抢劫的哥萨克人在已经变得不安全了的边境地区进行的大屠杀、强奸、掠夺和洗劫，在 1914 年 10 月就已经达到了危险的程度。1914 年深秋，在俄国军队推进至加里西亚和布科维纳之后，西部出现了第一次难民潮。1915 年初在已经聚集了 16000 名被逐出家园者的布拉格，人们建立了各种委员会，帮助新来的人融入当地社会。1914 年 11 月底卡夫卡在图赫马赫街目睹了犹太堂区在马克斯·布罗德领导下组织的一次对加里西亚流亡者的救助行动。心头笼罩着染上瘟疫恐惧的衣衫褴褛的逃亡者景象让他感到不知所措，但同时在他心中激起这样的感觉：他们的真正的家乡是不会丢失的，因为它超然于一切摒弃和动荡，由宗教身份做担保。1920 年 9 月初他还在向米莱娜·波拉克坦言，说俄罗斯犹太流亡者——约瑟夫·罗特证明他们有"悲伤的美"——的表现吸引他，因为他在他们的苦难中同时看到了自信、起源，而且也看到了未来。

马克斯·布罗德参与犹太堂区的救助措施，直至1916年初他一直担任一个女学生班文学史课程的负责人。卡夫卡有时和韦尔奇一起去听课并结识了年轻的东犹太女人凡妮·莱斯，她是布罗德学生圈里的人。1915年1月6日的日记中这样写到她："想到了莱姆贝格女人。渴望某种幸福，类似对一种永恒的生活的希望。"卡夫卡又躲进一种远距离爱情之中：在其中，年轻姑娘的性爱魅力与真实的东犹太教的梦结合，而引诱这个姑娘则是为礼俗所不容的。1915年11月他记下了对凡妮的姐妹艾斯特尔和蒂尔卡的评语，说她们"就像闪耀和消失的对立面"。他添上一句："蒂尔卡尤其美丽：橄榄棕色、隆起而下倾的眼睑，亚洲人的美。"然而父母没许可卡夫卡做出超出看一场戏、偶尔的咖啡馆会晤和文策尔广场散步之外的事。与加里西亚犹太人会晤一直是一个柏拉图式的事件。

自1914年深秋起，他便跟比自己年轻5岁的弗里德里希·蒂贝格尔学希伯来语，1912年底他曾和此人在一家书店里谈过话。父亲是犹太教经师的蒂贝格尔曾在大学跟奥古斯特·绍尔学过日耳曼语语言文学并在获得博士学位后在一所布拉格九年制高级中学教书。他是"巴尔-科赫巴"的一个很活跃的成员，并积极参加布拉格的犹太人活动；他的两个妹妹内丽和科特鲁德，如同人们能够从她们后来的回忆中得知的那样，无比仰慕她们的兄长的这位举止优雅的学生，他有时赠给她们书籍并在信中就她们的人生规划给她们出主意。蒂贝格尔教授的希伯来语课延续至1917年秋，此后便由卡夫卡和布罗德及韦尔奇就读于吉里（格奥尔格·朗格）的第二个教程所取代（年轻的伊尔玛·辛格尔也是学生之一，她在1920年移民巴勒斯坦，去一个集体农庄工作），朗格是布罗德的一个熟人，一个虔诚的东犹太人。1894年出生的朗格，在一个已经被同化了的家庭里长大，1913年他完成了向夏西派的靠拢。他坐了将近30个小时的火车去东加里西亚的贝尔茨，以便在那里了解一种原汁原味的虔敬。不顾他的家人的嘲笑——儿子的"宗教自我表现狂"给家人留下不愉快的印象——19岁的朗格毅然决然地改信正统的犹太教，穿长袖长袍，蓄胡子和鬓角卷发，遵循一种沉默誓言——只有在人家和他攀谈时他才说话——研究图拉经文，丰富自己的希伯来语知识并开始钻研犹太教神秘教义经文。

　　卡夫卡通过朗格的兄长弗兰蒂塞克结识了他，弗兰蒂塞克作为月刊《艺术月刊》的编辑，在1913年底就已经在这家刊物中促使人们注意《司炉》。1914年4月他主动找卡夫卡，因为他打算发表《观察》中几件作品的译文（该计划从未实现）。在卡夫卡上吉里·朗格的希伯来语课之前，1915年他们就已经建立起一种私人关系。朗格用捷克语给他讲有关夏西派风俗习惯的轶事和故事，给他讲解图拉经文并解释犹太教法典第二部分中对图拉经文的评论。1915年6月，在朗格的推动下，卡夫卡在新、旧犹太教会堂听了一个讲米施纳的报告，并在回家路上和犹太教法典学者伊西多尔·耶泰莱斯谈宗教诠注问题（"对一些有争议的问题很感兴趣。"日记中说得简明扼要）。在还停留在表面的与东犹太人逃亡者的第一次会面之后，现在卡夫卡对真实的信仰及其规范有了较深的印象，不了解这些情况时他觉得犹太复国誓言空洞无物、纯属表面形式。1915年9月11日他和布罗德及朗格一起在布拉格市郊兹科夫拜访以难民身份来到布拉格的犹太教经师格鲁德克，一位"神奇经师"。卡夫卡虽然把经师在住在他窄小居室里的他的追随者中间做的礼拜仪式，向朋友们描述为令人想起一个"野蛮的非洲部落"的"迷信"，然而他无法完全摆脱这一惊人事件的影响力。"肮脏和干净，努力思考的人的特性"，日记小心谨慎地记下这样的话。

　　1915年2月，犹太人"民众联合会"在布拉格举办一系列论述东、西犹太教的，以正教和犹太复国主义之间紧张关系问题为题目的报告会。西奥多·赫茨尔的国家理念不仅在已被同化了的人当中，也在虔诚的犹太人当中引起反抗。分离的正统观念虽然注重把犹太教区和基督教区严格隔开，但是它并不维护国家政治的目标。另一方面，马丁·布贝尔的文化革新幻想又受到虔诚的东犹太人的冷遇，因为这被他们看作西方同化思想的人造产品。"一个基督徒比一个犹太复国主义者，"加里西亚人约瑟夫·罗特这样声言，"更亲近一个东犹太的夏西派教徒和正教徒。"用现代思想浪潮革新夏西派传统对于东犹太人来说一直就是一件棘手的事，这件事基于其把信仰用作文化政策工具而具有非宗教的特性。赞同天主教教义的弗兰茨·韦弗尔 1920 年在他的短篇小说《有罪的不是谋杀者，而是被谋杀者》中，既和"具有浪漫色彩的犹太人"，同样也和"使犹太人贬值者"进行论战并在对被同化者的世俗化做有效的批评的同时，对文化犹太复国主义进行攻击，这种情况表明，布贝尔的见解很有受到全面夹击的危险。青年格斯霍姆·绍莱姆，起先是个新道路的热情追随者，1915 年 12 月 24 日他在日记中写道："布贝尔想改善差劲的种族理论，其办法就是：用种族神秘主义取代它。"

卡夫卡密切关注"民众联合会"的各种活动，但抱着他特有的那种既感兴趣又敬而远之的态度。1915 年 3 月 24 日，马克斯·布罗德在这里做了一个备受重视的论述"宗教和民族"的报告，他在报告中表白了自己的犹太复国主义信仰。自 1910 年 4 月布贝尔在布拉格亮相以来，布罗德越来越强烈地感到自己受到此人的学说的吸引。长篇小说《犹太女人》（1911）还曾介绍了种种受同化者生活方式的情况，但并没有明确表明自己的态度，这给布罗德招来了《自卫》及其出版者赫尔曼的批评。主人公阿尔弗雷德体现摆脱传统的犹太人类型的人，他从他最喜爱的作家奥托·魏宁格尔那儿吸取了狂热增强的自我憎恨。而《阿诺尔德·贝尔》（1912）则勾画出一种认同犹太人身份方方面面的新的感知能力，自 1913 年以来布罗德的这种感知能力也在——起先受卡夫卡用怀疑态度观察的——"巴尔-科赫巴"的活动中表现出来。他投给《自卫》和布贝尔新创办的刊物《犹太人》

的、最早于 1916 年 4 月刊出的文章越来越带有一种宗教犹太复国主义的色彩。它们与像贝格曼和韦尔奇这样的民族意识的热心代表一致行动，坚决反对正在延续下去的同化实践活动，而许多奥地利和波希米亚知识分子却在战争开始后还在参与这样的活动。它们集中批评了维也纳的文学活动，那里的犹太人代表通常试图系统地抹去自己的宗教归属。西格蒙德·卡茨纳尔松，1913 年至 1918 年间《自卫》的发行人，1916 年 2 月骂被同化了的批评家马克西米利安·哈尔登、阿尔弗雷德·凯尔和卡尔·克劳斯是"这个时代的婊子"。战争年代里布罗德的期刊文章怀有类似的论战热情，攻击了在《诺内皮格宫》中还受到自己呵护的、在《阿诺尔德·贝尔》中已经是较有保留地被描写了的无犹太复国主义意识的犹太作家的审美个人主义（在这里他认为克劳斯具有代表性），而他则对一种文化活动伦理自律提出僵硬要求，以对抗这种审美个人主义。布罗德的文章的尖锐语调自然受到布拉格圈外的许多知识分子——譬如维也纳的斯蒂芬·茨威格和弗兰茨·韦弗尔，柏林的瓦尔特·本雅明和格斯霍姆·绍莱姆——相当冷淡的对待。

在他的 1916 年 9 月发表在布贝尔的《犹太人》上的短评《我们的文学家和团体》中，布罗德强烈谴责犹太人的自我否认，但认为卡夫卡是例外，说是因为即便在寻找孤独，寻找他的文学创作个性的条件之时，卡夫卡也总是以一个团体的崇高理想为指导。这虽然是意在把朋友牢固拴在犹太复国主义意识上，遣词用语夸张了些，但是同时也说中了一种易传染的事实真相。卡夫卡 1911 年后建立起来的藏书中有许多作品深入探讨主观和宗教集体的关系，其中有一部由"巴尔-科赫巴"1913 年发表的《犹太教简编》、马克斯·曼德尔施塔姆的《犹太人居住区里的犹太复国主义呼声》(1901)、阿道尔夫·伯姆的《犹太复国主义的巴勒斯坦工作》(1909)、一种犹太人学生社团组织联合会出版物（《犹太复国主义大学生》，约 1912 年）和一册有作者题词的亚伯拉罕·格林贝格的纪念 1906 年西德塞大屠杀的文章，文章作者，一位加里齐流亡者，1916 年 10 月底在此文中记入这样的话："不做国家犹太人，就是只想回想二三代。"1916 年秋，卡夫卡和他通过难民委员会结识的格林贝格详尽谈论多瑙河国家和沙皇俄国反犹势力扩大的严重状况。与此同时他读了阿诺尔德·茨威格的获克莱斯特奖的悲剧《匈牙利的人祭》，该剧讲述 1882 年一桩真实的诉讼案件，在该案中一位犹太人在蒂察-埃茨拉因据称杀害了一名年轻的女基督徒，便基于假的证词而被告上法庭，并在多年的诉讼程序后才被宣告无罪。茨威格描述的这桩诉讼案，它那受反犹仇恨支配的审讯，审讯中预先定好的诋毁和怀疑的基调，这些都曾给卡夫卡留下深刻的印象："在读到一个段落时我不得不停下来，坐到沙发上并大声哭泣。"

经布罗德的介绍，1915 年 11 月中，布贝尔请求卡夫卡今后为他的期刊《犹太人》投稿。这份刊物是具政治色彩的文化犹太复国主义的机关刊物，这种文化犹太复国主义以一种犹太人的民族认同观念为出发点，而这一观念则又建立在超然于只有传统根据的宗教自律形式的世俗基础之上。跟自 1898 年便存在的《犹太人周报》和由赫茨尔 1897 年创办的《世界》（1914 年不得不停刊）不一样，布贝尔的刊物维护一种自由主义的犹太复国主义，它希望看到自己的文化纲领与现代派展开论战。所以这家刊物也和同时创办的《新犹太人月刊》展开竞争，它的出版者中有受人尊敬的新康德主义者赫尔曼·科恩、中央协会主席欧根·福克斯和翻译家亚历山大·艾里亚斯贝格。

卡夫卡在 1915 年 11 月 29 日直截了当地拒绝了布贝尔的友好的进行合作的建议，理由是他在团体中立场不稳，他没有在团体中"用最微弱的声音"说话的权利。相反，布罗德不久就成为《犹太人》最积极的供稿者之一。在第一个年度中（1916—1917）刊出了 7 篇出自他手笔的文章，其中有一篇谈东犹太人难民儿童上学的经验报告，一篇写犹太人民歌的随笔，一篇奥斯卡·鲍姆传略，已经提到过的谈作家与犹太复国主义集体身份艰难关系的论文和一篇对韦弗尔接近基督教的批判性评价（一篇挑起往日朋友反目的文字），后来还有一些谈泰勒[1]主义、教育哲学问题、政治和伦理的文章。布贝尔初创阶段的合作者中有犹太人知识界的杰出代表，如赫尔曼·科恩、古斯塔夫·朗道尔、弗兰茨·罗森茨威格和阿诺尔德·茨威格。胡戈·贝格曼在初创时期提交了一篇论犹太人民族主义的文章，费利克斯·韦尔奇发表了一系列谈宗教理论问题的文章。回忆一下这种独特的工作状况，人们就会看出，卡夫卡毅然决然地远离此刊物意味着什么。令布罗德感到无比失望的是，他未能争取到这位备受怀疑折磨的朋友积极投身到传播文化犹太复国主义的工作中来，而他自己则十分热衷于此项工作。

　　1916 年夏末，卡夫卡总算给了布贝尔短文《一场梦》供发表，虽然没怀着什么大的热情。布罗德表示希望该文刊印在他的短评《我们的文学家和团体》的后面，然而出版者觉得这两篇文章放在一起不合适并请求卡夫卡谅解。这篇随笔经布贝尔推荐，1916 年底刊登在期刊《犹太人的布拉格》上，这是《自卫》的一家姐妹刊物。1917年春天才和《犹太人》合作。4 月 22 日卡夫卡寄出 12 篇散文供挑选，布贝尔在 10 月号上刊出了《豺狗和阿拉伯人》和《为一个研究院做的报告》。然而合作无法继续进行下去了，尽管布罗德做出很多努力。布贝尔的近作——《达尼尔》《关于实现的谈话》（1913）、《犹太人的运动》（1916）——1918 年 1 月底被卡夫卡称作"令人厌恶的书"，说只有在人们对它们有一点儿实实在在的优越感的时候才忍受得了它们："但是对它的厌恶之情就这样在我心中悄悄滋生。"这位受到痛斥的人同情社会主义思想——他在慕尼黑参议政府时期（1918—1919）是艾斯讷和朗道尔的一个亲信——这可能并不曾使卡夫卡感到不快，可是卡夫卡不喜欢他的思维中的宗教和政治动机的结合，他认为这种结合终究是不干净的合成，它既对犹太复国主义不公正，也对虔诚的东方的信仰不公正。一帮忠诚追随布贝尔的年轻人对他们的大师的个人崇拜他也看不惯。据格斯霍姆·绍莱姆回忆，在战

1　泰勒（Frederick Winslow Taylor，1856—1915）：美国工业家，创造科学管理方法者。

争之前人们就已经在讽刺这样的神化做法，说这是他的追随者们搞的"布贝尔崇拜"。

在战争年代里，卡夫卡与那种对犹太人传统的，1911年莱姆贝格的演员们曾向他介绍过的这种犹太人传统的一时冲动的喜爱有多么疏远，这一点人们可以从他在评论1916年7月中他和朗格一起拜访一位马林巴德的神奇犹太教经师时抱的那种怀疑态度上看出。他认为决定性地影响着与这位神圣的人的交往的宗教仪式程序是他无法接受的形式，它一直难以接近，因为传统的去路被堵住了。相反，他倒是以为感觉到了一种权力结构，它像现代官僚政治——这种官僚政治的控制机制《诉讼》曾描写过——显得极具威胁性。卡夫卡对从宗教体验的集体要求中派生出来的犹太复国主义的集体身份理想不知所措，因为他觉得自己对此不堪重负。1914年1月8日的日记中就已经有这样的话："我和犹太人有什么共同之处吗？我和我几乎没什么共同之处，我要悄没声儿地、满足于我能呼吸地站到一个角落里去。"这是一种不断反复出现的自我评价惯用语句，据此光是力量就足以组织主观的人生规则，即便没有为个人和团体之间关系的一个一般使命留下余地。但是卡夫卡也不相信犹太复国主义文化纲领的幸福论[1]，这些纲领的带精神色彩的历史性期待对他而言不可能是宗教或政治思想体系的题目，而可能是一个遥远的、只有通过个体才能达到的目标。愿意行动的，但只由否定、缺席和缺乏来规定的虔诚，自1914年起控制了卡夫卡的态度的这种虔诚，对这种虔诚的佯谬形式，绍莱姆报告的一则关于老赫尔曼·科恩的轶事做了探讨。对他的门徒弗兰茨·罗森茨威格的问题：他由于什么原因在内心拒绝犹太复国主义者？据说这位1912年用他的马尔堡正教授职位来换取"犹太教学术大学"一个讲师职务的哲学家曾回答说："这些家伙想过幸福生活！"

1　幸福论：一种哲学概念，认为一切行为的目的是为了幸福，方法是通过道德行为。

想当兵

卡夫卡怀着紧张的心情通过《布拉格日报》和《自卫》关注着战争的进程。奥地利在加里西亚的失败，处于俄国军队压力下的皇家军队被驱赶回喀尔巴阡山脉，使他心里充满"忧伤"。塞尔维亚攻势1914 年 12 月中停顿，这使他感到恼火并使他更加怀疑奥匈帝国参谋本部的威望："愚蠢的领导。"卡夫卡对战争的态度跟他对犹太复国主义的政治可能性的评价一样，一直是自相矛盾的。欣喜若狂的民族意识使他反感，然而这不可以被评价为一种和平主义基本态度的标志。大多数波希米亚犹太人像他们的德意志教友那样将战争爆发当作一种解脱，因为它减轻反犹太主义对他们的压力。国家统一的呼声暂时掩盖了多民族国家所遭受的内部紧张关系：已经在伸向火药桶的导火线被切断了。然而，事实表明这只是一个小插曲。1914 年年底，在奥地利军队节节败退之后，反犹太主义的呼声甚嚣尘上，它们把塞尔维亚攻势失败的罪责推给犹太人军官。

对于菲莉丝·鲍尔的"战争对他来说意味着什么"这个问题，卡夫卡在 1915 年 4 月 5 日用令人诧异的简洁的口气回答说："表面上我因战争而受损害，因为他们的工厂给毁掉了（……）。"他言简意赅地添上一句："此外我在战争中遭受的最大痛苦是，我还没有身历其境。但是这样直截了当地写下，这几乎只是显得愚蠢而已。"对平民身份的不满，一如"但是"所表示的，仅仅是卡夫卡对一种解脱性实际行动普遍渴望的代号。而实际情况则必定是让这将战争重新解释为迸发象征的模型结构形式显得可疑。卡夫卡吃惊地获悉了他的表兄约瑟夫·波拉克所做的描写，此人在 1914 年 11 月初的一次短期休假期间报告了他的前线阅历。波拉克讲述了一种他自己坚信的由于上帝的保佑在战壕里逃脱死神的情形，他让人感受到的这种心理迷惘的印象使卡夫卡非常惊恐："闻所未闻，无比激动，无法控制。"

截至到 1915 年夏，大多数卡夫卡的朋友、熟人、亲戚被征召入伍：胡戈·贝格曼、奥托·布罗德、维利·哈斯、卡尔·赫尔曼、埃贡·埃尔温·基施、奥托·皮克、恩斯特·魏斯、弗兰茨·韦弗尔，只有马克斯·布罗德由于身体残疾而长期免服兵役。奥特拉的生活伴侣约瑟夫·大卫不得不在 1915 年 3 月底上前线。1915 年 6 月 11 日，在伊桑措河畔，奥斯卡·波拉克在两个半星期前向奥地利宣战的意大利人的枪林弹雨中丧生。库尔特·沃尔夫 1914 年 8 月 2 日就已经在莱比锡被征召入伍，并在自己作为少尉驻扎东西线期间委托自己的代理人格奥尔格·海因里希·迈尔领导出版社。而卡夫卡则由于他在保险公司担任的职务被评级为对国家重要而暂时免除做服兵役体检，对此他采取一种奇怪的观望态度。"妨碍我自愿报名服兵役的，"1915 年 4 月 5 日的日记这样写道，"是某些重大的因素，当然部分也是那种处处对我掣肘的东西。"

挤满了的来往于波希米亚和东部战区的火车里的平民百姓是战争混乱状况的见证。1915 年 4 月底，卡夫卡陪同他胆小怕事的妹妹艾丽乘坐火车经布达佩斯去匈牙利东北地区的纳吉·米哈里，她去那儿探望她的丈夫，她丈夫在离前线 80 公里的那儿的一支后勤部队里当少尉。他本人在抵达后只在这座被军队占领的城市里待了一天，晚上在妹妹和她丈夫喜庆相逢之时进了一家挤满了人的咖啡馆，并在 4 月 26 日独自返回布拉格，在维也纳做了短暂的中途停留。在日记中他出色地描写了火车站情景、月台气氛、车厢印象和奥地利军官，这些军官用自鸣得意的手势语言表明他们将自己视作时代的主宰。日记中勾勒的"身材魁梧、威风凛凛的"的下级军官的形象让人想起雅洛斯拉夫·哈赛克的长篇小说《施维伊克》中的描写，小说把战争描写为好大喜功的指挥官们举办的乱七八糟的游戏，净是误打误撞的规划和策略。

1915 年 5 月初，卡夫卡在布拉格接到指挥部的通知，要他做准备在四周内接受服兵役体检。"你应该希望，"他在给菲莉丝的信中写道，"我被接受，这正是我之所愿。"他担心自己会"因为心脏瓣膜病而不宜服兵役"，他的这一担心没得到证实。一份1915年6月3日——波拉克阵亡前8天——做出的医院检查报告证明，卡夫卡非常适合在步兵部队服役。然而征召令还未下达，保险公司董事会便进行干预并以他有丰富的行政经验而"离不开"为由申请免除在"战时后备军"服役的义务。虽然已经有了分配至第28步兵团第三后备连的文件，奥匈帝国指挥部还是"无一定期限地"批准了这一申请（而卡夫卡的同事阿洛伊斯·居特林却只被免除了不多几个月）。应征入伍在他看来是个"好办法"，他的这个"好办法"就这样"落空了"，和自己的平民生活彻底决裂的希望泡了汤。卡夫卡不仅把战争视为一种个人逃避桎梏和决断恐惧的机会，而且——尽管有种种使幻想破灭的报刊消息——也视为一个政治上有正当理由的事件：1915年11月初他认购了2000克朗的奥地利战时公债——自1914年起的第三期——便是证明。通过这一犹太人报刊尽责地加以宣传的经济资助行动，他便在"激动状态"渐渐消退后越来越欣喜地觉得自己"直接参加了战争"。1915年深秋他所阅读的书籍中有一本费舍尔出版社的年鉴，它收集了著名作家——包括里夏德·德默尔、韦德金德、格哈德·霍普特曼、阿尔弗雷德·凯尔、托马斯·曼——的带宣传鼓动色彩的文章，在这些文章中前线经历被誉为"神圣的体验"（在这样一种战斗旋涡中死去是壮丽的）。

　　"在战场上情况就会好转"——就是这迷蒙的惯用语，卡夫卡在此后的12个月里便是用它把必不可少的神经衰弱性焦急心情——如头疼——诠释为没有经受战争考验的结果。从1916年4月14日身穿步兵上尉制服访问他的罗伯特·穆齐尔身上，他以为认识到了，身体衰弱的症状是可以通过服兵役得到控制的："有点儿病，但根本没什么问题。"如果说他仍然没有迈出向军事当局自愿报名这一步的话，那么这表明，他至少隐约意识到他的期望带有幻想性。1916年5月8日他给上司马施纳尔写了一封措辞模棱两可的信，信中他请求在战争不久就要结束的情况下给他提供较长的"不带薪"假期，如果战争行动继续进行就取消他的豁免。三天后与经理进行的一次谈话具有一种卡夫卡早期短篇小说中对话的荒谬特性：马施纳尔不理睬下属的参军计划，立刻提供给他三周带薪假期，并认为事情就此了结了。1916 年 6 月 21 日卡夫卡再接受体检，又被宣告适合服兵役，然而再次凭保险公司的提议：因从事为战争服务的工作而被免除征召。他将这视作失败，因为这就使他没有机会去考验他对军人集体的不明确的渴望了。1917 年 2 月 19 日的日记这样写道："脚蹬这双沉甸甸的今天我第一次穿上的靴子（它们原本为服兵役穿的），我成了另外一个人。"

即使战争结束的前一年里，卡夫卡也没在原则上拒绝国家的宣传，虽然这种宣传的后果越来越使他感到震惊。1917 年 12 月 17 日，维也纳文学史家约瑟夫·克尔讷邀请他协办得到布罗德、霍夫曼斯塔尔、里尔克和萨鲁斯支持的爱国主义期刊《多瑙河区域》，他负责编辑这份期刊以顶替服兵役，他找到小心谨慎的话语来表述对时局的看法。一方面他拒绝合作，因为他觉得"这种拼凑起来的大杂烩"令人讨厌（这样的话他难以说出口，因为克尔讷两个月前在其《布拉格的德语作家和文学创作》一文中对他大加称赞，致使他"简直要沾沾自喜得飘飘然了"）；另一方面，虽然他知道克尔讷对这份委托给他的刊物的宣传方针持保留态度，他还是急忙添上一句："我说这话丝毫也没有反对奥地利、反对军国主义、反对战争（……）的意思。"是卡夫卡对一种废除个人主义束缚的集体的想法，在这里左右了种种政治判断。已经是 1922 年 2 月，战争结束三年多了，他还认为"全心全意服役的机会"是一种检验，个人可以在其中逐渐消失，随后便在集体中复活。1912 年 12 月初的一封致菲莉丝的信勾勒出相反的观点，信中谈到了发号施令的身体上的乐趣："你知道吗，指挥人或者至少相信自己的指挥权——对于身体来说没有比这更惬意的了。"和这样的幻想相呼应的是，我们还记得，自 1911 年访问巴黎时起，他便一直觉得自己受到拿破仑·波拿巴这个人的吸引，1915 年 10 月初在读了 1907 年出版的马塞兰·德·马尔博将军的回忆录译文后，他在日记中列出一份表格，列出了这位法国皇帝在进军俄罗斯期间犯下的 18 个错误。1917 年 11 月 10 日他在日记中详细记述泰克里亚门托河畔意大利–奥地利前线一个战役的梦境，一个个精确复述出来的事件排列有序，再现一种"自然而然的死亡进程"，这在醒来时令他"感动、振奋并有了必胜的信心"，但最终让他产生解脱的感觉：逃脱者的夜间幻想，这个逃脱者可以幸免，因为别人不得不牺牲自己的性命。

将战争理解为集体经历，这也表明，卡夫卡自 1912 年起便受到犹太复国主义民族性思想意识的吸引，在国家驱动模式之外，这种思想意识还试图加强巴勒斯坦概念的集体主义要求。对于移民运动来说，社会主义的主导思想，尤其是在古斯塔夫·朗道尔的著作中颇有分量的这些主导思想的含义是经济自我组织的一个基本要素。1893 年 1 月，西奥多·赫茨尔就已经在一封致维也纳国会议员弗里德里希·莱滕贝格的信中声言，只有"社会主义"才能对反犹太主义做出回答。剥夺财产，放弃私人财产，生活和工作的集体形式，废除资产阶级的个人主义和培养集体意识是犹太复国主义纲领的重要组成部分。在布贝尔的刊物《犹太人》第一个发行年度的许多文章中——其中有俄罗斯犹太复国主义者和托尔斯泰门徒阿哈龙·大卫·戈尔东的两篇短评——对这一新的集体理想的探讨扮演着一个重要的角色。戈尔东强调，在巴勒斯坦的犹太复国主义建设工作不可以具有谋生的性质，而必须是一桩心愿，但是这不允许把技术生产的中欧水准视作标准，因为只有当资本主义的劳动结构经历过要导向一个新的积极性和职责的集体的转型过程时，与个人的工作的关系才会发生变化。"我们在巴勒斯坦所要的一切，就是我们用我们自己的双手创造生活。我们亲手完成各项工作、事业，从最深奥的、最精细和最轻微的到最粗笨、最可鄙视和最繁重的，我们感觉、思考和经历一切做这些工作的工人所感觉、思考和经历的，然后我们就将会有一种文化，因为以后我们将会有生活。"马克斯·布罗德在他的 1920 年发表的短评《社会主义中的犹太复国主义》中，着手研究朗道尔和戈尔东所倡导的集体主义组织形式的构思。卡夫卡的1918年春撰写的短文《无财产的工人阶级》把这样的纲领的激进要求压缩成一种带政治动机的守独身的苦行主义计划。与其内部的经济结构相称的，除了在"最贫穷者营地"里的简朴生活方式，放弃工资、金钱往来、获得财产和专家治国之外，还有就是原则上"排除自由职业者、已婚者和妇女"，这可以"防止家庭等级制度的建立并把劳动生活塑造为一种心安理得的事"。社会制度应该按照这一模式被引回它的存在的基础上，以便在一种彻底的道德净化中得以实现，这种道德净化会像通过寒热颤抖祛除一个病体的病毒那样把资产阶级占有思维和由此衍生出的等级划分的全部要素驱除。

有可能是卡夫卡的战时反家长制社会集体幻象源出于在这里勾勒的集体主义思想，这正是几乎全部1918年前后先锋运动政治和文化纲领中出现的那种思想。戈尔东在1917年2月出版的第11期《犹太人》上写道："在心灵中某处存在着某种东西，它在一定程度上赞赏战争的了不起的力量。那是某种像一座火山或诸如此类巨大的世界力量那样对我们产生影响的东西。"军事对峙在这里被美化为一个神话式的事件，它让各种自然力无掩护地互相碰撞并最终导致一个病态的、显出特有颓废状态的社会的净化。拿前线发生的事与一出最终导致道德净化的希腊悲剧比较的涤净隐喻出现在这些年里的众多作品中。由于战争似乎使得令人憎恨的资产阶级家庭秩序得以废除，所以它也被卡夫卡美化为通过抹杀个体招致一种社会集体的新使命的脱离经历：美化为一种象征性杀父行动，然而该行动的可怕现实却有使儿子们陷于绝境的不利情况。

对服役、集体和指挥条理的憧憬并不妨碍卡夫卡怀着他特有的那种敏感关注战争技术装备战的不人道后果。看来，随着1916年夏最后的免除服役使他彻底不用上前线，好像他对从而逃脱的危险和深渊的意识也增强了。1916年9月25日，他在一封致菲莉丝的信中写了能够从历史事件中获得的认识："把历史说成是'世界史是末日审判'这一定理的证明材料，这种通常的尝试是错误的、危险的。人们其实是应该放弃不可能的历史的论证，只限于对案犯和遭暴力压制者心灵中暴力造成的破坏做心理描写。"对牺牲品所受痛苦的理解阻止卡夫卡长期被自己的虚假的士兵梦想压倒。一个了解心灵痛苦的人也不能驱散战争的残忍。他毕竟将其驱散了一些时候，这一点显示出，自1914 年夏起卡夫卡的内心世界被一片怎样的黑暗所笼罩。

面临现实

　　在战争的最初几年里，卡夫卡的文学创作几乎完全停顿，到了1917 年他的文学创作才提速——像 1912 年在先前的写作危机之后那样——急剧增强。在 1914 年 12 月至 1917 年 1 月的这段时间里只产生了四件较重要的文学作品，其中三件为未完成作品：两篇未完成中篇小说《乡村教师》（1914 年 12 月—1915 年 1 月）和《布鲁姆费尔德，一个上了岁数的单身汉》（1915 年 2—4 月），同样未完成的短剧《守墓人》（1917 年年初）和卡夫卡作为这一时期唯一发表的作品短篇小说《骑桶者》（1916 年年底）。这几件形式上差异很大的作品的共同之处是，它们描写远离真实可理解的离奇古怪事件，却同时与战争年月的政治和社会现实有一种隐蔽的关系，而这一层关系则在看第二眼时显现出来。

　　未完成小说《乡村教师》，1914 年 12 月 18 日动笔（"几乎是在昏迷状态中写的"），完成时正处于约瑟夫·波拉克的战争描写的印象之中，后者于 1914 年 11 月初在一次短暂的布拉格度假期间，报告了前线日常发生的一件件可怕事件："鼹鼠的故事，这只鼹鼠在战壕里在他身子下面钻孔，他把它看作一个神的信号，这是上帝要他从那儿挪开。他刚挪移走，一颗子弹便击中在他之后爬过来、现在正处于鼹鼠上方的那个士兵。"卡夫卡飞快地用电报文体记下了波拉克的描述，六个星期后在《乡村教师》中加工处理了这一主题。第一人称讲述者，一个"商人"（第一稿中是一个"公职人员"用不加修饰的措辞报告，说是他要考察是否存在一只巨鼹，可是他却并不拥有以经验为依据的直观资料。他的唯一的原始资料是一位老乡村教师的文章，该文试图证明让人颇感离奇的存在着一只约两米长的巨鼹。故事在学术性讽刺作品的层面上展开，它所展示的一种远离一切经验，堕落为插科打诨的认识探求，多么令人难以置信（一件 1914 年 12 月底动笔的未完成作品所描写的《有虚荣心的年轻大学生》负责一项类似的含糊不清的动物生活研究项目）。使人发笑的效果源自这一情况：科学分析在作品中不被展示，而仅仅是自身受到检查和评论。知识变成一种观察实践的对象，这种观察实践取代一令人信服的认识论方法，并设法使"真实"和"虚假"之间的主要差异萎缩。

卡夫卡的未完成小说所描写的知识，没有像尼采对一种会在生活中有其一席之地的有学术水平的文化所要求的那样让人弄明白，而是僵化在拘泥形式的似乎失去了任何思想的抽象概念中。这里在文字介质中进行的这种意见争论，这种讽刺滑稽作品在其是非鉴别法上颇像长篇小说《诉讼》所展示的迷宫式是非讨论结构。动物主题同时与战争形势含有一种潜在的关系。在战争的头几个月里，士兵们像鼹鼠那样在阵地上挖壕沟，致使卡夫卡可能不仅通过他的妹夫的讲述，也通过报刊上的前线战况报道撷取了自己独特的素材。九年后他在短篇小说《地洞》中更强烈地影射阵地战的情况，并将其写在一种带有被追踪恐惧的惊恐幻象里。

关于 1915 年 2 月搬迁至比莱克街时期动笔并在两个月后中断的短篇小说《布鲁姆费尔德》，卡夫卡说它是福楼拜的未完成长篇小说《布瓦尔和佩居榭》（1881）在一个早期阶段的一个变体。共同点则是作品描写一个怪人与现实的冲突时采用的那种讽刺态度。故事的核心由两个令人想起卡夫卡早期作品的中心思想组成：一个现实世界的现象学，展现了一种令人惊异的个人生活（人们不妨想一想《一场战斗的描写》）以及单身汉题材，这个题材可以追溯到《观察》的散文作品。怪人布鲁姆费尔德有一天在自己的房间里发现"两个白底蓝条纹小赛璐珞球"，它们由于自身的力量（"完全独立地"）运动着并且似乎在追踪他。他夜晚躺下睡觉时，它们跳到他的床下，早晨它们和他一同醒来，显然恢复了精神。卡夫卡的作品在描写单身汉跟球的怪诞斗争时遵从一部影片的滑稽戏机制："它们立刻避开，但布鲁姆费尔德叉开两条腿将它们逼进一个墙角，在墙角的那只箱子跟前，他成功地逮住了一个球。"放弃任何形式的心理分析，并不试图去领会这两个奇怪的闯入者的来历和性质，这也是滑稽戏的一种经济法则。主人公接受这一离奇古怪的现象，就好像这是某种不言而喻的事："可惜，布鲁姆费尔德不是小孩，否则看到两个这样的球他一定会喜出望外的。而眼下，这件事却给他留下不愉快的印象。"最后布鲁姆费尔德虽然成功地将这两个捣蛋鬼关进衣箱，他总算可以看似平和地从事他日常的业务工作了，然而小东西们的动乱所惹起的恼怒，却比这一个潜伏着危险的抚慰的瞬间更经久。

　　未完成小说的第二部分提供了一种对现代职业生涯的同样带讽刺色彩的描写。布鲁姆费尔德的工作是在一家内衣厂"负责处理与在家干活的女工之间的全部货款往来"——正如小说中所说，只有对工厂的全部情况有深入了解，人们才能胜利完成此项工作。像在《失踪者》中那样，在小说《布鲁姆费尔德》中金钱主题也作为现代交际过程的要素出现，它的流通逻辑，马克思和西默尔从不同的方法论的角度用相似的诊断术描写过。在卡夫卡那里，经济现代化的后果也是商务关系的抽象化和劳动过程的无个性化，因为这些劳动过程再也没有哪个人能一览无余了。所以小说《布鲁姆费尔德》是一面镜子，它照出了人际关系在一种到处生长的经济的强制下陷入的那种毫无生气的僵化状态。如果说来源于无机现实事物的球展现了它们的独立自主的生活的话，那么，这已经是已变成偶像的商品和商务现实危险自立的一个象征，而小说第二部分则正是向布鲁姆费尔德显示了这种现实的魔力。卡夫卡本人强调指出与《布瓦尔和佩居榭》的关系不仅是指单身汉主题，也是指一种物质化生活内容的形式，这种生活内容不是通过人，而是通过微缩逻辑上有效的普通事物力量的网络施加其压力。像因继承了一笔遗产而富裕起来的福楼拜笔下的下级公职人员那样，布鲁姆费尔德是一个有怪癖的人。此人令人不解地遭到现实，遭到他在一个自动化的生活过程中似乎已经在表面上出色处置并潜藏了的现实的突然袭击。

独立跳跃的球这个主题最后由对布鲁姆费尔德的无能的实习生的描写继续进行下去。他们来源于卡夫卡式的愚人人物形象家族，《观察》《失踪者》和《诉讼》就已经展示了这样的人物（他们将在《城堡》中作为土地丈量员 K 的助手再次出现）。他们就像球那样通过其无济于事、令人讨厌的举止行为缠磨布鲁姆费尔德："差实习生挪挪身子去办点事，是要担风险的。有一回，他差一个实习生去办事，那家伙才挪动几步路，不料由于热心过了头，跑过去时撞在斜面桌上把膝盖都磕破了。"这里再度显示了事物的无限威力，是它在嘲笑人类，是它用犀利的笔触评论着人类空洞的行动。实习生的力不能及，再现着球的主题，反映出布鲁姆费尔德误以为表面现象是可以掌控的。在谈到《布瓦尔和佩居榭》计划中的进展时，福楼拜对他的主人公们的命运这样总结道："这一切就这样在他们的手下毁掉了。"布鲁姆费尔德，此人的故事按照卡夫卡的信念代表福楼拜的小说的"一个很早期的阶段"，这个布鲁姆费尔德也体现了一个现代商界的堂·吉诃德，"在让他承担的大量工作中走向毁灭"。

战争第三年里的两件作品比这篇办公室工作插科打诨讽刺小说更清楚地指向政治的和社会的时代背景。1916 年 12 月，卡夫卡写作一篇戏剧式对话，马克斯·布罗德给它取名为"守墓人"，奥斯卡·鲍姆记得，这篇作品叫"洞穴"或"墓穴"。这个小剧本——卡夫卡在这一类型中的唯一一次尝试——的灵感显然来自莎士比亚的《哈姆雷特》的第一幕第一场，守夜的军官们向霍拉旭报告巡逻队夜间受到鬼怪的搅扰。在写作期间，卡夫卡几乎天天在布拉格克拉尔广场边上一家书店的陈列橱窗前，读一本打开的《哈姆雷特》中的这段著名的开场对话。未完成作品《守墓人》继承了莎士比亚的这一意向：表现受到权力交替和不连续性影响的政治上的不稳定。作品通过王侯这个人物展示一个统治者，他执政才一年，还得为巩固自己的权威而搏斗。这毫无疑问令人想起 1916 年 11 月 21 日弗兰茨·约瑟夫一世逝世后的历史局面，他结束了一个延续 68 年的时代，并使被公认为政治上软弱的皇帝的大侄子卡尔一世登基即位。剧本的第一句话读起来就已经像一种宫廷发号施令机制的讽刺体裁的改写，侍从官解释说："殿下指示的当然全都要执行，即使指令的必要性并不被人理解。"舞台形式上并不存在的想象中的剧本的中心是作为"人的本性和另样本性之间界限"的象征性地点的墓穴，一个老年看守，夜晚在此地和已故王侯们的鬼魂搏斗。他们在黑暗中趋近看守，用挖苦人的话故意激怒他并迫使他进行公开对峙，这场对峙的结局由战士们的"呼吸力"决定。卡夫卡在这里抓住了早期作品提供的那种题材范围，并且将它和皇朝思维的模式联系在一起，而这种模式则被转换为与权力的幽灵的一场夜间决斗的荒诞场景。

众所周知，在弗兰茨·约瑟夫逝世前，人们在奥地利就已经就君主顺序问题进行了一场激烈的讨论，这是一场因害怕国家陷于危机而进行的讨论。跟在 1917 年以前的众多作品一样，卡夫卡在《守墓人》中探讨权力及其与时代的生动逻辑关系的有形代表问题。每一位当时的君主都代表一种王朝特色权力传承的血统，君主不能离开这一血统，因为他的地位和与此联系着的权力全得仰仗于它。在守墓人的斗争中，君主职权持续多久通过一种制度化连续性的形象显现出来，这一形象仅仅是将不断更迭的人作为工具使用，以达到鲜明的效果。守墓人再也没有能力恰当估计时间的变迁，他对年轻的君王说："我给你当了 30 年的守墓人。"后者当即纠正他："不是给我，我执政还不到一年。"然而守墓人的这句看似违背事实的话却与剧本通过与幽灵世界斗争这个主题所显示的情况是一致的。统治者的权力证实是不受时间影响的，因为它比代理机构方面的种种表面上的变化更经久，一如它通过墓穴幽灵荒诞不经地被展现的那样。卡夫卡从而对那种学说做了一种讽刺改写：这就是恩斯特·H·康托罗维茨在他的指导性论文中，根据中世纪晚期政治神学追求的那种君主的两个身体的学说。康托罗维茨称之为"自然体"和"政治体"的两个身体，在卡夫卡那儿分开了：自然的身体受制于标志人皆有一死的尘世衰落原则，而机构的身体则变为幽灵，它显现出一种职务权威的瓦解。对政治神学有约束力的、会死的人和不死的机构之间的统一，在这里，在一种令人感到危险的情况的强制下被解除了。所以《守墓人》不妨当作表现约瑟夫时代没落和皇权尊严贬黜的剧本来读。在1914年年底写就的未完稿《副检察官》中，卡夫卡就已经着手研究国家权威侵蚀这个问题。他描写了一桩审理君王亵渎事实构成的案子。在审理过程中检察机关的代表证明自己是个无能的傀儡，他过高估计自己的力量并假托一种他不再拥有的权威。这也是一种富有寓意的形态，象征奥匈帝国君主政体在其历史长河最后阶段的衰败。

1917年年初，短篇小说《骑桶者》产生，它从不只是笼罩在波希米亚的战时冬季燃料紧缺的印象中汲取灵感。卡夫卡原本计划将《骑桶者》收入1917年7月他和沃尔夫商量好的新小说集《乡村医生》中。在1917年8月20日他寄给出版商的篇目上，这个短篇还是《乡村医生》集子的第三篇。1917年年底，他将此篇和短篇《往事一页》一起给了保尔·科恩费尔德，供他的月刊《青年德意志》发表，可是作品没刊登。1921年12月25日，小说集出版后的一年半，这件作品第一次在《布拉格报》的圣诞节附刊上发表。作品没有收入《乡村医生》集子的原因不清楚，是出版社的一个技术上的疏忽，还是卡夫卡觉得这个直接影射饥饿的冬天的题材有问题，这就难以搞清楚了。画家弗里德里希·法伊格尔做的一幅画，描写《骑桶者》朗诵会的情景，估计这是作者战后在私人圈子里举行的一次朗诵会。法伊格尔曾在旧城高级中学上过比卡夫卡低的班级，他的兄长卡尔直至1896年前一直是卡夫卡的同班同学，后来他才不得不离开学校（"老是倒数第几名的无能儿"）。自 1912 年起卡夫卡对法伊格尔（"我高度评价此人"）的作品表现出越来越强的兴趣，虽然他觉得他的艺术理论"虚弱无力"。

这篇写骑桶人徒劳找煤的小说，不仅可以读作对战争倒数第二个冬天里的燃料短缺的探讨，也可以读作反省文学写作的隐蔽形式。骑桶人代表寻觅给人以温暖的灵感，这是作者在"不幸时代的严寒中"所需要的那种灵感。在做进一步观察时，作品所描写的独特的骑行运动显示出寓意写作的意思："我骑着桶，手放在上面的桶把上，放在这最简单的辔头上，吃力地从楼梯上转下去，可是一到楼下，我的桶就向上升，真棒，真棒，趴在地上的骆驼在驼工的棍下抖动着身子站起来时，也不见得更好看。"当作"最简单的辔头"的"桶把"就像写石板的"石笔"[1]，它一行一行"吃力地"急速向下，写到底边时它轻快地升起，在下一块石板上继续干它的活儿。因此骑桶就像经常停滞的写作进程和划分写作过程的波浪形节奏。

在这背景下很能说明问题：准备好了必要的给炉子生火燃煤的煤店老板娘不理睬骑桶人："她什么也没看见，什么也没听见，但她却还是解下围裙，试图用围裙把我扇走。"老板虽然发现了在他上方转圈子的骑桶人，但受到他妻子的阻拦，没法用煤接济。按常规行事（"钟敲 6 点了"）的老板娘对于骑桶人来说成了一个"恶"的形象，这个"恶人"把他驱赶进"冰山地区"，让他"永远消失"在那里。如果说老板娘试图用她的围裙驱赶骑桶人的话，那么这令人想起长篇小说《诉讼》中的题材的性爱意义。尘世间的性爱的力量（煤店老板和他的妻子住在一个"下面很深的"地窖里）与骑桶人的轻扬飘忽和他奇特的飞行器具形成对照，就像一种地上的力量与想象力的轻飘性质形成对照那样。卡夫卡处在不成功的布登巴赫会面的印象中，在日记中提到菲莉丝·鲍尔，对他的写作"几乎没有任何问题，看不出有

---

[1] 德语中"桶把"（Griff）和"石笔"（Griffel）在字形上很相似。

什么理解"。从这个角度看，她就像煤店老板的妻子，她不了解骑桶人的困难，因为她对他的处理缺乏敏感（"我什么也没看见，我什么也没听见"）。

卡夫卡按照一个夜间幻想的模式描写了骑桶人去见煤店老板时骑坐的那个器具，1913 年 7 月 21 日的一则日记记下了这个幻想："今天我在梦中发明了一件新的交通工具，可用在一个坡度大的公园里。你拿一根树枝，不必很粗大，用它斜撑住地面，将其一端握在手中，尽可能轻地坐在这上面，像坐在女式鞍座上，然后整根树枝自然就顺坡飞驰下去，由于你骑坐在树枝上，你就搭乘着它，骑着这有弹性的木坐骑摇晃着惬意地奔驰起来。"在 1913 年 11 月致菲莉丝·鲍尔和1919 年 1 月致马克斯·布罗德的信中卡夫卡描写了类似的有关技术发明的梦。作为文字比喻，骑桶人同时也是为文学作品提供图片资料的梦境储藏室里的一个人物形象。在两种情况下，占支配地位的是一种自我推荐模式，它对卡夫卡的写作具有典型意义。如果说故事的比喻意义指向写作活动，那么这种写作的飞行器图解便预示着这种写作在下意识的语言中所找到的来源地。这样的自我介绍同时表露了卡夫卡对激进的社会隔离条件下的写作活动的观点。对于其呼声——像骑桶人的命运那样——在正常的日常生活中无人予以理睬的作家来说，只有退出一切形式的社会团体这一条路可走了，如同卡夫卡在 1914 年12 月 5 日的一则日记中所记述的那样："一幅我在这方面的生活图像，画着一个黑暗的冬夜，一大片平原边上一块深翻的田地上，有一根无用的、覆盖着一层雪和霜的、斜着轻轻钻入地面的木棍。"

再一次制订婚姻计划

显而易见的失眠和严重的神经衰弱病痛，决定了卡夫卡自 1915 年秋以后的健康状况。1916 年 4 月卡夫卡被一位神经病学家诊断为神经性心脏功能紊乱并建议电疗，可是由于对疗效持怀疑态度，病人不想做电疗。1916年8月家庭医生在给他做了一次详细检查后建议他戒烟、戒酒和不吃肉———一个他作为经年的坚定的戒酒会会员和素食主义者觉得"很滑稽可笑"的建议。卡夫卡感觉到的紧张心情之所以日益增长，也是因为自1915年2月起，当《诉讼》手稿最终中断时，他几乎停止了文学创作。未加利用的力量积聚的一个结果便是，如他1916年6月所记述的，性爱敏感性增强了。卡夫卡像经常所做的那样，不让———被认为是"内心的愧疚"的———对异性的渴望去满足苦行主义的要求："不管怎么头痛、失眠、头发花白、绝望还是频频和姑娘误入歧途。我数了数：自夏天以来至少有六个。我真受不了，要我不为一种情绪驱使，去赞赏一个值得赞赏的女人并且爱她直至赞赏耗尽，这一点我简直难以做到。"

1916年5月卡夫卡和菲莉丝·鲍尔重新一致决定一起去马林巴德度假。跟1914年夏不一样，这一回他们不借助信使和中间人，因为他们知道，这解决不了问题。这也许并不是偶然的事：1916年4月初卡夫卡和恩斯特·魏斯关系破裂，后者在一次访问布拉格时告诫他不要与菲莉丝和解，但遭到拒绝。"只要我的情况没改善，我们就再也不想有什么来往。"几天后他这样写道。1916年5月11日他向菲莉丝解释与魏斯的友谊如何破裂："我们的分手，先由我，后来由他引起，最终由我引起，我们的分手是很对的，并且基于一个完全没有疑问的决定，这是一种我确实并非经常做出的决定。"与魏斯的频繁通信联系现在也停顿了，他们的来往信件已经丢失：卡夫卡像约瑟夫·K那样辞退了他的律师，因为他希望独自找到去法院的路。

1916年5月中，卡夫卡在一次出差途中在马林巴德考察了符合他的素食主义生活方式的住处和饭店。1916年7月2日，上午在布拉格还庆祝了他的堂兄罗伯特·卡夫卡———他的叔父菲利普的儿子———的婚礼之后（"整个仪式无非是一种童话复制品"），他便在马林巴德火车站被先期到达的菲莉丝接走。7月3日———在卡夫卡33岁生日这一天———他们从尼普顿饭店迁移至巴莫拉尔和奥斯博纳饭店，他们在那

里租了两个互相挨着的房间。"共同生活的艰难"还在 1916 年 7 月 5
日，在马林巴德的第三天就有了这样的记述。在他朗读小说《布鲁姆
费尔德》的时候，菲莉丝由于忙不迭地改变意见和乏味的插话而惹恼
他。躯体的接近他几乎无法忍受，因为它产生一种掺和着"陌生、同
情、肉欲、胆怯、自负"的感觉。"不幸的夜晚"，7 月 6 日他记述说，
估计是指一次亲密接近的失败。五年半以后，1922 年冬，他还在回忆
与菲莉丝的相爱之路所要求付出的"痛苦万分的突破界限"的艰辛。
然而随后紧张情绪奇迹般地消除，他都不明白，这是怎么回事，7 月
12 日他不无感伤地记下："以前我一直与菲莉丝只在信中相识，两天
前才了解了人性的一面。并不十分清晰，有疑惑。但她那双宁静的眼
睛，目光美丽，女人的特质在深处敞开。"

　　1916 年 7 月 13 日菲莉丝动身回去了，而卡夫卡则还在马林巴德
待了 11 天。在她迁出后他就迁进她的房间，因为饭店在他送她去车站
时已将他的住所重新出租。他忍受着其余客人强烈的嘈杂声之苦，觉
得自己是"一切喧闹声的窃听者"并忧伤地沉浸于昔日出人意料、协
调一致的回忆之中。致菲莉丝的信中的语气使人想起 1912 年深秋的书
信往来：以后它再也没有这样恳挚亲切了。但是同时他的日记在回顾
这段往事时也把发生性爱关系的亲密瞬间描写为他——像约瑟夫·K
被莱妮那样——被拽进一个诱惑和忘记自我的黑暗深渊的原始场景：
"我一心只想逃脱 / 那伸出的深渊的手 / 它要拿下我这昏厥的人。""深
渊"和"拿下"这样的措辞像一个主导动机，贯穿有关马林巴德这几
天的日记。作为"愚笨和痛苦编织成的网"，性爱情欲意味着一种卷
入的形式，它在自相矛盾的意义上废除自我：它增强和消灭自我。

　　1916 年 8 月，菲莉丝谋求柏林夏洛滕堡这"犹太人人民之家"的
一份义务工作，该机构在犹太复国主义的基础上革新了从 19 世纪中期
就存在于奥地利和德国的犹太人慈善协会的传统。这个慈善机构——
它的支持者中有布罗德·布贝尔和古斯塔夫·朗道尔——是 1916 年
5 月，24 岁的医科大学生西格弗里德·莱曼创办的。除法兰克福以

外，帝国首都是居民中犹太人所占比例最大的德国大都会，这个比例
在 1910 年已经达到 4.3 个百分点，并且跟在布拉格一样，在战争的头
几年里，由于从加里西亚前线地区拥入大量流亡者而急剧增长。犹太
人移民的孩子们在"人民之家"受到关怀和照料并接受犹太复国主义
思想授课。菲莉丝在 1916 年 9 月担任兼职教师，主要负责阅读课程。
卡夫卡坚决支持她的积极性，给她寄去许多供课堂教学用的推荐书籍
并深入探讨她在教育方法方面的经验。他很感兴趣地读在维也纳从教
的哲学家和教育家弗里德里希·威廉·弗尔斯特的青年规范，人们
在"人民之家"试图将它应用于犹太人问题上——纯洁戒律、理解自
然、俭朴生活理想、两性关系。9 月中菲莉丝报告了莱曼和年轻的格
斯霍姆·绍莱姆之间的一场激烈争论，后者在一场隆重的韦弗尔作品
朗诵会上，抱怨人们营造一种"审美心醉神迷的氛围"，却不去竭力
争取解决希伯来语课和移民计划中文化政策方面更为重要的问题。卡
夫卡仔细阅读了菲莉丝的描述，并支持他个人并不认识的绍莱姆的干
预（此人在他逝世后，成为从一种犹太人宗教哲学角度解读他的作品
的坚定维护者），不过他支持这位年轻犹太复国主义者的务实言论所
用的语气却透着那种深不可测的逻辑，那种令人想起《观察》的否定
的辩证法的逻辑："（……）我在想象中总是喜欢要求极端并除此之外
什么也不要求的建议。"

　　现实的政治形势也渐渐开始影响卡夫卡的职业工作。1915 年刊印
的 1914 年年度报告，他撰写了其中的 70 页，这期年刊第一次论述了
考虑到受战争制约工厂里使用非技术工人的情况。它包含一批细致入
微的统计文献资料，有 106 个被新纳入波希米亚管辖区的企业，有与
此相关的工业家们的申诉，有公司的司法反应以及在个别情况下进行
的诉讼，此外还有一份保险费的清单和劳动保护技术问题陈述，特别
是在采矿方面。卡夫卡在这里证明自己是个有独立判断能力的专家，
拥有将近 10 年的行政法学家的经验。但是这也值得注意：正是这份
报告，恰恰就是这份不得不记下一种由于人员短缺而造成的事故率增

长的报告，封住三个人的嘴巴，甚至在字里行间人们也揣摩不出这些"平日保险活动中篇小说"里的个人意见，因为专业术语充斥其间。估计文学创作之所以从1915年年初起便搁置了下来，也是因为在公司里卡夫卡除了通常的咨询工作以外，还要做大量文案工作。他无法从他办公桌上堆积如山的案卷走进他的故事世界。虽然他往往觉得，如他1913年4月初在给菲莉丝的信中所写的那样，业务工作是一种"鬼怪般的工作"，可是与保险公司的鬼怪建立不起有创造性的联系。鬼怪们依然阴森，并不诱使人写作——"真正的地狱"。

　　卡夫卡的工作负担在1915年加重了，因为保险公司从此以后要用其组织上的和财政上的资源对战争蒙难者及死者家属进行理赔。因此工作量增加了，直至1916年1月1日之前他的办公时间增加了从16点到18点的两小时。除了工厂事故保险以外，如今从法律上审查残废军人的供应要求也是卡夫卡的一项工作职责。曾经梦想过士兵团体和集体履行义务的他，在这里第一次见识到了技术装备战令人毛骨悚然的后果，断肢人和破相人、伤残人和心理上受到创伤的人的大军，这些人在社会深渊的边缘苦苦挣扎，过着一种困苦不堪的生活。由于直接体会到了战争后果，由于天天研读案卷认识到了战争后果，他在1916年10月为官方财政支持"建立一个布拉格德语波希米亚区士兵和民众精神病医院"而出力。他撰写的捐款呼吁书——它的语言修辞方面的良好效果人们几乎无法摆脱——在谈到战争蹂躏后显现出来的这场"神经战争"时声言："将从俘虏营里回来多少个患神经病的人？大量悲惨的人在这里等待援助。我们城市街道上的患神经性震颤和跳动的人只是苦难大军的一个比较和善的特使。"将近100个公众人物，其中包括罗伯特·马施纳尔和奥托·普里布拉姆，在卡夫卡的呼吁书上签了名。1916年10月30日他写信告诉菲莉丝，说他原本是筹备委员会成员，但后来宁可只出现在签名者行列里。怕担具体责任，怕担像在犹太复国主义中会承担的责任，是他的社会良知的特殊形式。对于这个永远的儿子来说，行为观察在采取慈善措施的情况下，也依然是可以使他忍受摒弃生活的唯一可能的策略。

卡夫卡在 1917 年头八个月里寄给菲莉丝的信件已经丢失。估计在这些信件中缭绕着在马林巴德共同生活情意缠绵的余音，致使菲莉丝将这些信件，就像 1914 年夏的那些信件，从 1955 年卖给绍肯出版社的卷帙中抽出，不将它们公之于世。从尤丽叶·卡夫卡 1916 年 8 月 6 日寄往柏林给安娜·鲍尔的信中可以看出，新的接近没有瞒着父母。这两个人在这几个星期里对家人表明了想在战争结束后结婚并在布拉格定居的意图。考虑到这样的未来规划，卡夫卡试图改善自己的职位并因此而在 1917 年 2 月 5 日申请晋升秘书，这一晋升可以使他增加一大笔薪酬。然而由于受战争影响，医院治疗和疗养方面保险附加费使公司经费普遍十分吃紧，1917 年 5 月 4 日董事会拒绝了这一申请，只同意少量加薪。卡夫卡，在这之前的提职申请从未遭拒绝过，这一回他不得不鉴于战争倒数第二年的危急状况而暂缓实现自己的愿望。不过这时候他倒也卸下了另外一副重担：1917 年 3 月，已经停产了 30 个月的破败的齐茨科夫石棉厂最终彻底关闭，并于 12 月从商业登记册上注销。

1917 年春，卡夫卡和菲莉丝感觉互相已加强信任，便再次决定结婚，却由于前车之鉴，同意采取一种务实的方法。人们偏离了早先几个月里的考虑，计划让卡夫卡在战争结束时迁往柏林，在那里当专业作家，而菲莉丝则跟 1914 年考虑的不一样，仍然在职。订婚礼于 7 月初在布拉格举行，为了不让人回想起 1914 年的圣灵降临节，没举办什么大的庆典活动。不过这一对订了婚的人在 1917 年 7 月 9 日对朋友布罗德和韦尔奇所做的登门拜访几乎带有正式宣告订婚的性质。布罗德后来回忆"这两个相当尴尬的人的模样"和卡夫卡的"异常高的衬衫硬领"，说是这个硬领使形势有了一种"感人的"，但同时也"令人战栗的"性质。7 月 11 日两个订了婚的人取道布达佩斯——卡夫卡在那里重逢老朋友吉茨夏克·勒维——赴位于东南地区的阿拉德，去看望菲莉丝的已结婚的姐姐艾尔娜。1917 年 7 月 12 日午后在一家布

和菲莉丝·鲍尔在一起，布达佩斯，1917 年 7 月 12 日（订婚照）

达佩斯照相馆里照了那幅著名的订婚照，它显示出这一对订婚人的常规姿势——她坐着，佩戴圆形首饰，他站着，但略微弯腰穿浅色夏季西装。菲莉丝的外表形象完全吻合卡夫卡五年前的日记描绘，在 1912 年 8 月 20 日，根据初次会面印象所描绘的那幅画像："骨头凸出的、无表情的脸，公然显示出它的空洞。光着脖子。裹着衬衣。"

在匈牙利没有时间进行大量共同活动。7 月 16 日他们在阿拉德就已经又分手了。卡夫卡独自取道维也纳返回布拉格，而菲莉丝则还在她姐姐家待几天。在韦弗尔的阿尔科小圈子里认识了卡夫卡的布拉格作家鲁道夫·福克斯，在维也纳的饭店里为他订了一个房间。夜晚他们一起去了颇显孤寂的"中央咖啡馆"。第二天晚上友好的福克斯将卡夫卡送至西北火车站。由于战时列车不定时发车，夜间特快车里挤满了人，致使卡夫卡不得不落座在车厢分隔间前的过道上。带着一个小孩的一家人坐在他身旁，小孩被安置在行李搭成的一个临时铺位上。卡夫卡与这几位旅客攀谈并很快发现，他面前是什么人。原来这是精神分析学家奥托·格鲁斯，他从前的刑法教师的儿子。卡夫卡是通过他在《行动》上发表的作品认识他的，还有就是此人的妻子玛丽安妮·库，与她同行的还有她的兄长、维也纳艺人圈里的作家安东·库。好饮酒的库吵吵嚷嚷唱起歌来（"拘束－不拘束"），才几个月大的女儿由母亲照料着，而格鲁斯则在因熬夜而显得精神疲倦的卡夫卡面前无休止地做着长篇独白，填满了抵达目的地前的几个小时的时光。对他的口若悬河的独裁国家心理结构和家长制专政的论述——他只是在要去盥洗间给自己"注射"时才中断这种论述——如卡夫卡后来所承认的，"丝毫也听不懂"。然而清晨在火车站上分手的人们却约定在此后的几个星期里继续保持联系。

　　1917年7月23日，卡夫卡在一个包括韦弗尔和音乐家阿道夫·施莱贝尔在内的较大的圈子里，在马克斯·布罗德的布拉格寓所又遇见了格鲁斯。格鲁斯计划创办一份名叫《克服权力意志》的刊物，作为宣传用一种革命性手段消除家长制的统治形式的平台。1913年他就已经在他的短评《克服文化危机》中说明："现在人们才认识到，家庭是一切权威的发源地。性欲和权威的结合，如同在父权制还在起作用的家庭中所显示出的，给每一种个性戴上镣铐。"这样的话卡夫卡想必一听就明白，他对格鲁斯的规划兴致留有深刻印象，虽然他迅速便能断定，这一办期刊的规划没有超出构思阶段。西格蒙德·弗洛伊德曾在1908年为格鲁斯出具证明，说是除荣格之外，跟他接近的分析学家中格鲁斯是唯一的一个对共同的治疗工作计划"也能提出某些自己的主见"的人：一种预测，它倒是在世界大战时期在一个不怎么令这位老师感到鼓舞的方面得到证实了。格鲁斯死后——1920年2月11日，他的43岁生日前一个月，他死于自己滥用毒品的恶果——卡夫卡言简意赅地回忆说："（……）我曾注意到，这里是某种本质的东西，是它至少将手从'可笑的事物'中伸将出去。"

第十三章

疾病和新的逃跑之路（1917—1918）

头和肺的谋反

按照福柯的观点，疾病是社会标记——这种标记的特色以时代本身特有的方式变化着。在害了病的状态中不仅显示出人类创造中的缺陷，而且同时也显示出塑造人的肉体和灵魂的社会因子。就像近代早期的性病反映了缺乏性保健知识，18 世纪的中风表明错误的饮食习惯，1900 年前后的歇斯底里清楚地说明了女人的束腰那样，广为蔓延的肺结核也是 19 世纪和 20 世纪初社会上的世纪之病。结核病的社会症状特征显示出工业化和官僚机构化的时代，这个时代驱使个人进入一种与本性和体质不断发生异化的过程。像一个对这个时代的技术性和行政性强制比喻，在这个时代里人类在工厂尘埃和行政机关污浊空气的侵蚀下几乎透不过气来，结核病像这个比喻那样成为现代化过程的标记：一种增强为争斗性的身体体验的象征，托马斯·曼的长篇小说《魔山》，这部在卡夫卡的卒年 1924 年面世的小说，作为疾病教育小说示范性地讲述了这种身体体验的深渊和最高魅力。

19 世纪末死于结核病的人不断增长。1910 年光是在德意志帝国就有 9 万人死于此病。在战争的最后两年里这一比率受到流行病、营养不良和燃料紧缺的制约而再次急剧增长。20 世纪 20 年代初结核病

死亡人数占全部死亡人数的百分之十以上。1928 年亚历山大·弗雷
明发现了盘尼西林的抗菌作用，基于恩斯特·博里斯·夏恩和霍华
德·弗洛赖的研究，40 年代初能够从盘尼西林中提炼出一种杀死细菌
的物质，这使有效的抗击结核病成为可能。1921 年 4 月卡夫卡用预言
的、怀疑的口吻给马克斯·布罗德写道："这也是可信的：结核病会
被人控制，任何疾病最终都会被人控制。这就像战争，每一场战争都
会结束，但没有一场战争会停下来。"他简洁地添上一句："只有一种
疾病，没有第二种，这一种疾病受到医学盲目追捕，就像一头动物在
没有尽头的森林里受到追捕那样。"卡夫卡在这里所暗示的致死的疾
病，现代的实验室研究和自然疗法都不能卓有成效地克服。他觉得医
学的治疗活动陷入了类似心理分析那样的错误境地，因为医学有忽视
人的终极限定的危险。

　　1917 年 8 月初，第二次订婚后一个月，卡夫卡身上出现这种严重
疾病的征兆。这几天里他在平民游泳学校咯血，这样的咯血现象多次
重复发生，他都没有给予重视。据他后来回忆，他"看了看那咳出物
并立刻把这件事忘了"，一向训练有素的监督机器，在客观形势上具
有危险性的时候几乎并非偶然地失灵了。事实上的危险似乎没有被患
疑病的自我观察察觉，因为这种自我观察的保险系统只擅长于表示出
想象，而这种想象的表示则无非是暗示了这种恐惧：它正是来源于这
种恐惧。1917 年 8 月 13 日凌晨 4 点到 5 点之间，卡夫卡在自己的舍
恩博恩宫寓所里遭到一次肺部大咯血，咯血延续了 10 分钟。当这种
"从喉咙里涌出"减退时，他就像在一种内心净化后的轻松心情影响
下那样沉沉入睡。早晨女佣罗森卡大惊失色，因为被子和地毯都染成
深红色了。她毫不留情地向这位病人预言，说是估计他活不长了。仅
仅是在这个事件之前两天，卡夫卡在自己的日记中描写了一个头脑清
醒时的幻象，它似乎令人毛骨悚然地勾画出咯血的景象："'不，放开
我，不，放开我！'我这样不住地沿着一条条街道喊着，她一再抓住
我，妖精的爪子一再从身体的一侧或越过我的肩膀抓我的胸膛。"还

在伤口散布其可以看得见的标记之前，卡夫卡在这里写下的文学就已经知道将会落到他头上的这厄运了。这种疾病还没发作，日记幻象就把它的凶兆记录下来了。从此以后用爪子挖胸膛的妖精就再也不离开他的生活。

卡夫卡立刻在下午找家庭医生古斯塔夫·米尔施泰因看病，医生诊断为支气管炎，但在第二天夜晚再次咯血之后，医生纠正了自己的诊断。现在诊断书上写着：卡他性肺尖炎。尽管米尔施泰因说了许多安慰的话，卡夫卡还是不放心，一个星期后他拍了X光照片，它们倒是暂时证实了医生的诊断。对综合医学检查结果持怀疑态度的马克斯·布罗德建议对症状做进一步检查。所以9月4日，做出X光鉴定后一天，卡夫卡在布罗德的陪同下请教肺病专家戈特弗里德·皮克教授，教授的明确判断——两肺尖结核——证实了朋友的阴郁预感。卡夫卡起先只将检查结果告知他的公务上的上司、费利克斯·韦尔奇、奥斯卡·鲍姆和奥特拉。经皮克诊断后五天他才告诉未婚妻（"现在事情麻烦了"）"可怜的亲爱的菲莉丝——我最后写道，这应该成为我的信的常用结束语吗？这不是只向前刺的刀，它旋转并且也向后刺。"

在此后的几个星期里，卡夫卡，这位训练有素的自我观察者，开始从心理学的角度来解释自己的症状。"我不断寻找着一种疾病解释，因为这不是我自己追求到的呀。"这结核病成了他大脑负担过重的标志，为心身医学进程的逻辑所认证的精神上要求过高的象征。"大脑说过这样下去不行，五年后肺表示愿意帮忙。"卡夫卡认为这种情况下的结核病是一种他早就熟悉的力量，它产生自往日的内心斗争，是看得见的受到伤害的标记。"一种疾病暴发，这没有使我吃惊——咯血也没有，若干年来我就一直在用失眠和头痛招引这了不起的病，于是这受虐待的血就冲了出去（……）。"X线检查结果向他显示出具有一种看似具体身体特色的他的精神状态的图像，使他感到惊奇的仅仅是，不是如他一直以为的是他的心脏，而是他的肺不中用了，这"在家庭内部没有丝毫先例"。由于结核病直观地向他说明了自己的心理状态，所以他对待此病就"像一个孩子对待母亲裙子上的褶子，孩子抓住这些褶子不放手"。疾病是一个危急状态持续不断的象征——是一个亲密的不眠长夜陪伴者，据他后来回忆，他的两鬓就是在这样的长夜中变白的。

皮克的预后诊断听起来比较乐观（"右边和左边结核"，但是"不久就可以完全治愈"，不必更换地方），而1917年9月底米尔施泰因却在看了提供给他的专家的检查结果后表示，病人只能有望获得间歇性短暂好转。前景变得暗淡了，但是恰恰是这一点卡夫卡怀着自怨自艾的轻松心情注意到了。如果说疾病是一个比喻，那么它的手势语不容对其传达的含义产生任何怀疑。医生证明自己是个虚幻人物，他离开现场，从而使人有望看到结局。"这情形，"1917年9月22日卡夫卡给布罗德写道，"就好像他曾经想用他那硕大的后背，遮住站在他身后的死亡天使，就好像现在他正在把这死亡天使慢慢移向一边。（可惜？）两个人我都不怕。"

一个乡间冬季

1917年9月1日卡夫卡退掉舍恩博恩宫里的寒冷住所，搬进旧城环城路边上父母的住处，他住进了那儿的奥特拉的房间。突围失败了，不肖子回来了：从此以后他也将住在这里，其间有几次中断，外出旅行了。9月6日他和他的上司欧根·普福尔讨论了他根据皮克的诊断而认真提出的退休提议。第二天经理马施纳尔约见他，经理告诉他，公司不可能让他退休，因为他的工作在公司不可或缺。马施纳尔只批准他做较长时间的休假，公司低估了他罹病的严重程度。这一点被卡夫卡归因于自己的戏剧性的态度："（……）有一点儿感伤的告别喜剧，这是我按旧习惯无法回避的，这也有些不利于我的请求，于是我仍还是现役公职人员，我去休假。"他对父母隐瞒了自己的病情——9月底他们才通过奥特拉知道了真相——对他们只说由于失眠而引起神经衰弱，他现在需要好好休息，待在乡下休养一段时间。

1917年9月12日乘快车去离布拉格两小时车程的、位于赴卡尔斯巴德途中的曲劳。自4月中奥特拉便在这里经管一家规模较小的农场，农场主就是妹夫卡尔·赫尔曼。卡夫卡得乘坐到车站来接他的马车再行驶30分钟，这才到达奥特拉的庄园。6月初的一个星期天他就曾去她的新住所看望过她，这回他来是为了在她这里度三个月的休养假。驱使奥特拉去曲劳的，是对家庭圈子的一种逃避。自17岁起她就得连续不断地在父亲的商号里干活，一周只歇一个下午和星期天，早晨7点一刻开商店的门并放员工进来，午休期间，在父母用餐的时候监督员工，常常为商品存货编制目录直至深夜。在战争倒数第二年里奥特拉寻求那种卡夫卡不曾能够为自己争得的与父母的家的距离。她抛开了她在商号里的职位，经管她姐夫的负债累累的庄园，并且学着当起农场主来了。这项自己确立的任务符合她的勤勉好动的秉性，和她的活力和能量是相称的（她没有能力安静地阅读，也做不了持久的文案工作）。1917年年初奥特拉在一个速成班上将就着学必须具备的知识。1918年初冬，在卡夫卡坚定支持下，她在弗里德兰特的"农业冬季学校"进修。妹妹显然通过从事她的新的工作以执行一个挑衅性的计划，对应父母的狭隘世界。关于在同化者圈里流行的对"替三人"吃饭并"替四人"干活的吃得好的"犹太乡下姑娘"的偏见，布罗德的长篇小说《犹太女人》中有一些颇有启发性的章节，它们显示，奥特拉的躲进曲劳的决定与一般准则多么格格不入。

对于这个年轻的没有经验的女人来说，在曲劳的生活是极其困苦和艰难的。面积达20公顷的庄园由划分成25个小块的农田和几个啤酒花苗圃组成。奥特拉扩大牲畜存栏数，弄来一头猪，几只山羊和一匹比较强壮的马（产奶的牲畜她买不起）。尽管如此，雇了三个农业工人的庄园还是收益微薄。在1917年至1918年的寒冬季节里他们不得不为活命而奋斗，因为自己产出的食品储备快要用尽。他们还是离不开父母从布拉格寄来的包裹，即便是在第三个战时冬季，尽管实施配给，父母还是过着比较舒适的生活。1918年年初，奥特拉得到她的堂妹伊尔玛的支持，伊尔玛跟她一样退出了她自1911年便受雇于其中的赫尔曼·卡夫卡的商号，以逃脱家庭暴君的刁难。哪怕在岁序更新之时极端恶劣的气候条件下这两个女人也试图共同完成艰苦的农业活儿。

　　卡夫卡在到达后住在妹妹的那间在底层的幽暗房间里。从装有栅栏的窗户里几乎透不进什么光亮来，房间里的陈设让人感到斯巴达式的简朴，灰泥从墙上剥落。通常天空云层密布天气阴沉，在秋季开始时就已经让人预感到这里面临着的漫长冬季。卡夫卡很晚起床，在床上吃早饭，然后躺在窗口，或者裹着毯子，坐在屋前椅子上读书。他会在有些单调、略显丘陵起伏的地区做定期散步，傍晚时分他顺着一条弯曲蜿蜒的道路走进邻近的奥贝尔克雷村或往来于歇洛泼。在这几个星期里他对疾病少有感觉：偶尔有些咳嗽，体温略微有些升高，较长时间的劳累会气喘，然而他睡得比平时好了，几乎不再遭受平时备受折磨的头痛之苦了。在奥特拉及其助手们的一片繁忙活动中，他有时觉得自己的静心养性态度"颇具侮辱性"，但同时也享受着孤独地生活在一个团体中的可能性。

　　随着与布拉格日常生活的日益疏远，卡夫卡日渐认识到，鉴于对他做出的医学诊断，他必须解除与菲莉丝·鲍尔的婚约。虽然他几乎不怎么在肉体上遭受到自己所患疾病的痛苦，但是他将这病理解为一种信号，这信号向他宣告了他的"总体破产"。9月中菲莉丝通知说要来曲劳。他随即给她写了一封告别信，此信"却是含糊不清"，所以没寄出。9月20日，菲莉丝坐火车艰辛旅行了30多个小时之后到达他那儿。他冷淡且"完全无感觉"地接待她，可是他也没向她披露自己想分手的意图。他不向她吐露真情，而是把自己的想法藏在心里，通常都沉默不语并把每一种形式的礼貌交谈看作"是在演戏"。他称菲莉丝是"一个被无辜判处受严刑拷打的人"，他作为案犯和牺牲品站在她的对面："（……）我做出了这不公正的事，使她因此而受到拷打，而且是我在使用这刑具。"当她晚上和奥特拉一起乘坐马车去火车站时，他走到屋前的池塘边并"再一次接近"她，但是这是一个疲倦的告别的姿态，它宣告了这个失败的日子的结束。

尽管心情沉重地认识到自己的个人前途比以往任何时候都更渺茫，卡夫卡还是在曲劳展现出一种令他自己惊讶不已的满意心情。还在 1914 年 4 月他就曾向格蕾特·布洛赫解释说，他"在乡下总是悲伤"，因为他无法立刻接受跟一条大城市的街道截然相反的广袤而无人居住的大自然。这是他妹妹的功劳：现在他失去了对荒芜的恐惧并且学会了适应乡村生活拘谨的节奏。他和奥特拉，据 9 月中旬他在给布罗德的信中所写，过着"小小的美满的婚姻生活"，不是"在通常汹涌的洪流，而是在稍有弯曲而方向不变的河流的基础上"。与未婚妻的联系引起全部冲动的停顿，它阻塞自我感觉并且迫使在性爱的次要领域进行演习，而"和妹妹的小小婚姻生活"则是一个可以让生命力像自然界的河流那样"弯曲"而自由滑动的空间。卡夫卡没有负罪感地享受了这种血亲相好的爱好，这跟同菲莉丝的关系不一样，因为这种爱好使他可以把儿子的角色冻结在那种兄长的角色中。在同妹妹的关系中他是情人，却无须抹杀在他无条件遵循其规则的家庭戏剧内部的自己的真实身份。

为了摆脱头几个星期后突然袭上他心头的无所事事的羞耻感，卡夫卡像从前在特里施做乡村度假时所做的那样，帮助喂牲口、修篱笆和种菜园子。"没有比这更舒适，尤其是更自由的乡间生活了。"1917年 10 月初他向费利克斯·韦尔奇担保说。他对体力劳动的渴望与许多犹太人知识分子的梦想相符，这些人希望用他们的中欧的书桌生涯换取一种户外的生活。新巴勒斯坦需要"热衷于工作的人"，1916 年阿哈龙·大卫·戈尔东曾在他给布贝尔的《犹太人》的第一篇文章中提出这样的要求。在享受着不习惯的体力上的劳顿的同时，卡夫卡鉴于这新的生活境况避开文学方面的规划，因为他怕它们可能会危及他内心的平静。他试图压制自己的写作欲望，这也是在随后的这几年里患病的后果之一：他曾为之斗争过的最极端的苦行形式——同时也是一个从长远看不成功的计划。

曲劳日子里表面上的单调至少为有规律的阅读创造了所需要的宁静。在头几个星期里他分别读了法文和捷克文原文的司汤达和博采娜·内姆科瓦的通信集，此外还读了他自上大学以来便一直喜爱的狄更斯的《大卫·科波菲尔》。在曲劳逗留得越长久，从事系统性脑力劳动的愿望便越强烈。现在，文学作品被他在容博尔恩就已经从事过的圣经研究，被现实科普问题探讨（台奥多尔·塔格尔和汉斯·布吕厄尔）以及哲学著作（叔本华和克尔凯郭尔）所取代。塔格尔的论战文章《新的一代》提供了一种对时代的诊断，它被卡尔·施特恩海姆的论文《比喻的斗争》所挑起，觉察到了一种生命世界真实性的基本丧失和一种给现实分析去魔的倾向——人们也能在青年瓦尔特·本雅明那里又碰到的思想素材。施特恩海姆宣告从比喻、神化和空想的原始森林中汲取这"人的事实的光"，而塔格尔则追随这一目标：使土生土长的个体的力量发挥作用抗击一种受过心理分析训练的时代精神的颓废和困惑。这位作家，这位在此后的几年里叫作费迪南德·布鲁克纳的剧作家，将以《青年时代病》（1924）和《英格兰的伊丽莎白》（1930）这样的作品轰动一时的作家，他特别和居支配地位的心理学展开论战，他用老一套的词语谴责这种心理学的分析要求（"不干净的计算的样子"）。卡夫卡觉得这篇文章"低劣，大言不惭"，但部分段落写得好，他面对这篇提供了发出铿锵声的、军事隐喻的、主张一种新的直接经验的宣言，恼怒地问："他有什么权利夸夸其谈？他基本上和我及所有人一样可怜。"

弗洛伊德学说的信徒布吕厄尔——布罗德促使卡夫卡注意此人的作品——则传授了有关同性恋性欲的认识，但也传授了对性欲和恐惧相互联系的认识，对这种联系他是有亲身体验的。具有青年运动思想的将童奸美化为社会团体新形式基本要素——布罗德不准确地谈到一种"童奸颂"——可能不怎么使他对布吕厄尔的书产生什么兴趣。"此外，"1917 年 11 月中他给布罗德写道，"所有心理分析的东西有一个共同点，这就是最初它让人感到无比满足，但是此后不久人们又同样地觉得跟原先一样饿了。""最后一次心理学！"卡夫卡写进他的曲劳八开本笔记本里的这句名言，可能也是针对布吕厄尔的，他孜孜研读布吕厄尔直至进入自己的梦境。1917 年 10 月他告诉费利克斯·韦尔奇，说是他们俩对"该死的心理学理论圈子着了魔了"，虽然他们并不觉得它有吸引力。尽管有这样的异议，布吕厄尔后来似乎也曾吸引住了他。1922 年 5 月他还计划为布吕厄尔的《犹太教的分裂》（1922）——他作为犹太教历史分析家在其中试图接受名声不好的"没有仇恨的反犹太主义者"的角色——写一篇评论，可是他在日记中只勾勒了该文的一些片段，没有完成此文。1922 年 6 月 30 日他写信给罗伯特·克洛普施托克，说是面对布吕厄尔的陈词滥调他的手落下了，虽然他认为有必要作出明确的反应。

　　卡夫卡在曲劳过的苦行生活，单调且常常无聊的日子只因有时有客人来访——马克斯和艾尔莎·布罗德、他的上司欧根·普福尔或他的女秘书尤丽叶·凯泽——才会变得轻松愉快些。1917 年 12 月 22 日他暂时返回布拉格，三天后他在那里见到了菲莉丝。现在他终于敢于说一句坦率的话，请求她顾及他的健康状况不允许成婚，同意解除婚约。三个月以前他就已经向她做出预测，说是这场病的坎儿他再也过不了了，"因为这不是让人们放在躺椅里、好好护理的结核病，而是一件武器，只要我活着，这件武器就极有存在的必要"。1917 年 12 月 25 日晚上他们按事先约定拜访了布罗德及其妻子。据布罗德的日记所记载的，这一对已决定分手的人看上去好像僵化麻木了，仿佛处在一种休克状态下。第二天下午，在鲍姆、布罗德和韦尔奇夫妇的陪同下，卡夫卡和菲莉丝到——学生社团成员特别喜欢经常光顾的——"谢普卡山口"去游玩，这是布拉格西城区一家最受人们喜爱的场所。这一对已经决定解除婚约的人在这里为一对对夫妇所包围，这也许几

在曲劳，1917 年 11 月初（左边第二个伊尔玛·卡夫卡，此后是奥特拉和卡夫卡的女秘书尤丽叶·凯泽）

乎没怎么使这最后几个共同度过的钟点放松。1917 年 12 月 27 日早晨，卡夫卡送菲莉丝去火车站并眼睁睁看着她登上开往柏林的火车。他永远也不会再见到她了。上午他去布拉格邮政管理处马克斯·布罗德的办公室看望他，一向极有自制力的卡夫卡在那里泣不成声。1920 年 5 月 31 日在一封致米莱娜·波拉克的信中他对自己破灭的恋爱关系做了听起来无情的总结："我几乎砍了她五年（或者，如果您愿意，就说砍我），所幸，她是打不碎的，普鲁士和犹太人杂烩。我没有这么健壮，不过我击打和受苦，而她却只有受苦的份儿。"在艾里亚斯贝格的波兰童话集中，卡夫卡可能会读到《受鄙弃的新娘》中这样一个推理："所以人们不应该认为解除一桩婚约是微不足道的。"

克尔凯郭尔研究

1917 年 10 月 27 日马克斯·布罗德在离曲劳不远的科莫陶为犹太复国主义者协会做一个报告，卡夫卡并非真的感兴趣，但在他催促下还是去听了这报告。第二天，两位朋友心情紧张和抑郁地一起返回奥特拉的庄园。布罗德指责卡夫卡，说他在欣赏自己的不幸，无所事事、陷于绝望。他觉得在他自己的文化政策责任心背景下的这种自律的形态令人忧虑：这一点他10月初就已经写信告诉过他。卡夫卡断然做出回答，不无诡辩之术："如果一个人在不幸中感到幸运，那么这首先是说，他已经失去与世界齐步行进的一致步调，但这也意味着，对他来说一切已经倾塌或者正在倾塌，他再也不会听到未被削弱的声音了，所以他无法真诚地听从任何声音了。"谁与现实处在一种不再同步的关系之中，谁就可以不相信现实提供的援助报价。疾病在卡夫卡的眼中已经再次使这种在第一次婚约破裂后清晰显现出来的情况尖锐化了。

　　然而面对受到扰乱的与外界的关系却获得了一种限期延缓清偿知识债务的机会。肺病如托马斯·曼将会在《魔山》中所描述的那样，增强了一种大概也十分明显的与生活隔离的意识。1918年年初，卡夫卡在曲劳开始精心阅读克尔凯郭尔的著作《非此即彼》和《重复》（1843），他针对自己的不稳定的状况从这些作品中找到了在审美经验、道德、自我责任和宗教限定问题上采取怀疑态度的认识。1913年8月他第一次研究了克尔凯郭尔的1833—1855年里的日记，他读的是一卷赫尔曼·戈特谢特翻译的选集《法官集》（1905）。克尔凯郭尔身上吸引他的，起先是个人经历上的共同点。在克尔凯郭尔与年轻的雷吉娜·奥尔生冲突迭起的订婚中——他在关系建立一年后，在1841年10月，由于害怕长久自我背弃而违背未婚妻的意愿解除了这一婚约——卡夫卡找到与他自己的情况的相似之处。"如我所料想的，"1913年8月2日他写道，"尽管有本质的不同，他的情况跟我的还是很相似，至少它在世界的同一个方面。他像一个朋友那样认可我。"《恐惧和颤抖》（1843）卡夫卡也已经在1918年冬以前研读过。1917年秋他向奥斯卡·鲍姆解释说，克尔凯郭尔的主要作品中他只了解这一篇。从他的藏书可以猜想到，除了《非此即彼》，他在稍后的岁月里也读了《恐惧概念》（1844）、《生活道路上的阶段》（1845）、《疾病引向死亡》（1849）和《训世说教》中的《肉中刺》（祈祷书）（1844）。

　　克尔凯郭尔用叙述的、包括悖论的语言结构论述理论问题的倾向，迎合卡夫卡对抽象概念的恐惧，虽然他可能已经认识到，要比较深入地研究他的思想，自己缺乏扎实的哲学史传统方面的知识——尤其缺乏德国唯心主义方面的知识（"一颗星星，但在一个我无法到达的地区的上空"）。所以传记式的连接也在曲劳处于中心地位：通过克尔凯郭尔对《非此即彼》所反映的审美和伦理生活方式对比的思考，卡夫卡偶然发现了自己的人生规划的基本对立面，而这种规划则是有在因性爱而增强的放弃欲望中取消苦行的危险。克尔凯郭尔的对艺术家是骗子和现代伪君子的代表的无情揭露，证实了一种他熟悉的对文学创作自我陶醉的不舒服感，在潜伏着危险的时刻，由于这种文学创作能引起自己的兴趣，他曾认为它是在道德上靠不住的、自我享受氛围中的一种人生牺牲的形式。审美经验引起的乐趣对于克尔凯郭尔来说，始终是与一种消遣心理学联结在一起的："伦理上的东西在学术上跟在生活中一样无聊。"但是审美的存在也似乎依赖陌生的力量，没有这种力量它自己不自由，且受外部推动的限制，否则它就不能存在。由于审美家，如克尔凯郭尔的《引诱者日记》所显示的，固着在观察上，所以他仍然不依赖于外部的、归根结底不能接近的生命实体。这位丹麦哲学家的小说清楚地描绘了约翰内斯作为审美自我欺骗代表的轮廓，而卡夫卡则在约翰内斯这种类型的人的身上注意到了自己固着在写作上的阴暗面，注意到了自己必须像吸血鬼那样靠别人的力量维持生存，如果自己不想在自我陶醉中患上不断自我相遇的精神病的话。

　　在一封1918年3月19日写给卡夫卡的信中，马克斯·布罗德把克尔凯郭尔说成是一个仅仅是通过体验痛苦和放弃就能找到上帝的信基督教的哲学家。他迫使犹太人的耶和华面对这个消极的上帝概念，犹太人的耶和华不禁止享受，但是另一方面，由于人们不能把他和舍弃的道德原则视为相同，因而也具有分辨不清的、讳莫如深的特征：

"我的一边是上帝和自然（感性生活），另一边是人的职责。"——克尔
凯郭尔的一边是上帝，另一边是人的职责和感情生活。卡夫卡加倍反
对这种见解，他一方面怀疑这一见解在有关这位丹麦哲学家的思想方
面的注释学能力，另一方面从他自己人生规划的观点出发质疑这一见
解。克尔凯郭尔一再提出的认识上帝的真正轨迹之寻觅，骤变为一种
形式上的、带有自我享受特征的姿态，一则在 1918 年 2 月底再次读了
《恐惧和颤抖》后写下的日记作如是说。说是由于反省变为训练卓越
头脑的练习，而这卓越头脑在追求苦行中确保自己的知识自由，所以
它就被一种秘密的亵渎神灵倾向所战胜："他有太多的精神，他驾驭
着他的精神犹如骑在一辆魔车上驶过大地，行驶在没有道路的地方。
他无法从自己那儿获悉那儿没有路。这就使得他的恳切的仿效请求变
为专横，使他的诚实的、以为在路上的信念变为高傲。"与此同时卡
夫卡坚持认为，就他自己的情况而言只有一种严格苦行的（在这方面
是基督教的）观点才能提供解决问题的可能性，而他是不想把这种观
点和布罗德建议的消极事物概念视为相同的。不管人在感官世界中的
什么地方行动，他都会受到一种罪责的制约，这种罪责在一种只受内
心体验操控的信仰中才能被消除。他通过解除婚约而犯下的对菲莉丝
的背叛，按照卡夫卡的理解只有在苦行中才能得到抵偿。只有这种苦
行才使他能够说"自我"：这种苦行符合纯洁的理想，这正是他不断
追求并一直在一点一点吐露的理想。在佯谬的雄辩术中——他用它评
论这样的失败——他似乎又比他自己承认的更像克尔凯郭尔，即使他
不具有显示有智力的"高傲"的才华。

自相矛盾的拯救幻想

　　虽然卡夫卡决心在曲劳不从事文学写作，但是自 1917 年 10 月
起还是产生了众多的笔记，常常具有警句的格式，有时甚至有较短的
故事开端，诗行断片和譬喻。日记在 1917 年 11 月中断，两年后，即

1919年6月他才又开始写日记。现在的日记记在八开本笔记本上，然而从记入的内容看，个人私事方面的内容退居次要地位了。卡夫卡从这些笔记本的笔记中收集了109则逐一编号的警句，后来他又删去了其中的8则。这些浓缩成警句式用语的反省，构成病人在乡间孤独生活中所进行的严格思维训练的全部内容，马克斯·布罗德和汉斯－约阿希姆·舍普斯在1931年首次用醒目的标题《对罪恶、希望、苦难和真正的道路的思考》将这些反省结集发表。

看上去就好像酷爱身体观察的卡夫卡几乎因意识到病而失去了自己的本性了。在1917年至1918年的冬季撰写的警句中，严格的形而上学课题反思代替了对外部状况的细微观察，正是这种外部状况把身子变为一座虚构的自我观察剧院的舞台。这些笔记围绕着罪责、认识、死亡、真实和解救这些概念转却游戏似的试验着这些概念的含义。它们把一种教条主义对待末世的界限标出，从而与所有西方形而上学的正统变体保持距离。这些警句在这里显示出具有尼采的视域的特色，正是尼采的解构技术决定了这些警句对待犹太教的和基督教的拯救动机的态度。但是这种方法受上升为主导主题的死亡深入研究和如叔本华强调过的没有这种方法搞不了哲学这一猜想的操纵：曲劳转世论。

卡夫卡的基本想法就是：恶能独自获得对自身的意识，而善却不领会将它与它的反面隔开的差异。只有恶有一种自我认识的形式，因为它能够与应该被认识的东西保持必要的距离。而善却安逸恬适，它意识不到自己并且一直为自己所看不透——一个被卡夫卡比作原罪前状态的阶段。"真实，"在一篇后来撰写的文章中有这样的表述，"无法认识自我，谁想认识它，就必须是谎言。"这首先就意味着，只有当人们在它的规章以外活动，即是非真实的一分子时，真实的获得才是可能的。有鉴于此，只存在观察的办法，像文学所做的那种观察的办法。这种观察采取一种保持距离的态度，并不力求得到认识，它在真实和谎言的差异之外繁殖起来——一种功能描写，它令人想起尼采的道德批判以及其将自由精神的神化，但并不重复其激进的个人主义。卡夫卡将在四年后用"行为观察"作为"写作的解脱慰藉"这一简单明了的表达形式来加强这一信念：艺术使得与世间的纠葛保持距离成为可能。

曲劳的圣经阅读归结于对原罪的思考，而这种思考似乎受到了克尔凯郭尔的宗教心理学观点的启示。"焦躁和懒散"，第三则警句这样说道，是人类的"主要罪恶"："因为焦躁人类被逐出天堂，因为懒散他们不返回。""焦躁"是那种渴望的一种变种：这是挑起但不断创造人类心中《创世记》故事之蛇的那种渴望。在这焦躁的后面就是，克尔凯郭尔在他的《恐惧概念》一文中就时间体验与恶的关系所做的表述："在罪确定下来的瞬间，尘世就是罪恶。"被卡夫卡称之为"焦躁"的渴望构成一种时间原动力的表达形式，而这种时间原动力则来自对自身不足的了解。这种渴望并不表示蛇干预成功的解释动机，而是表示一种人对恶的素质敏感性。然而卡夫卡所做的这种归纳却混淆了因果关系，这种混淆始终反映了恶的原始场景的特点。如果说天堂作为永生之地恰恰是永恒的，那么"焦躁"就要求一种世俗体验，这种世俗似乎在原罪之后才有可能。就这样，恶的根源被证实是第二级次的根源，是一个开端的审美价值的文化促成过程，这一过程是不堪设想的，因为思维永远不会退居到这一过程造成的结果的后面。卡夫卡在一个根源的展示中取得原罪的逻辑的尝试，固执于一种不能领会绝对起源的文化反省的矛盾之中。

"没有拥有，"1917 年至 1918 年冬的八开本笔记本作如是说，"只有一种存在，只有一种盼望断气、盼望窒息而死的存在。"人的生命是一种通向死亡的生存，这种生始终打上必死的印记，这是终极目标。构成这种悲观主义哲学的出发点的，是对原罪说的一种解释，位于这一解释的中心的，不是认识问题，而是那个天堂的生命之树的问题。曲劳思考第 82 则警句这样写道："我们为什么因原罪而抱怨？我们不是因为它而被逐出天堂，而是因为这生命之树，免得我们吃它的果实。"非永生的人的柔弱状况按卡夫卡的观点由两个失误造成，这两个失误似乎互相直接紧密相连："我们之所以有罪，不仅是因为我们已经吃了生命之树的果实，而也是因为我们还不曾吃过生命之树的果实。"具有了认识能力，人就渴望吃到生命之树的果实，因为他试图通过它们获得在原罪之前就已经给予他的那种永生。他拥有的认识能力一再重新激起对生命之树的思念之情，但也使他经久不变地与它分离，只要这种思念是作为被逐出天堂的代价而被赋予的。他的尘世的生活他不能享受，因为他追求永生，他的认识能力帮不了他的忙，因为它煽起对生活的渴望，而渴望得到的对象却同时注重保持距离。卡夫卡的警句用不断变化的变体，从原罪传说中推导出来的这种存在主义的循环论证，为一种模糊的生命哲学奠定了基础——这种哲学的逻辑上的主要人物形象似乎是无出路的主要人物形象。这种哲学始终受到充当神话根源的下意识含义的束缚：从这种原罪神话的根源中升起的无间歇的渴望是人类行动的发动机。卡夫卡的曲劳转世论从而证实是永远的儿子的信条——这个儿子受到对一种绝对的东西的不断渴求的驱动，因为他和生活的中心很疏远。

　　激进的生活消极面观点，正如哈罗德·布鲁姆已指出的那样，使卡夫卡与诺斯替派[1]和犹太教神秘教义的思维模式产生尖锐矛盾。在这里也可以看出，犹太教传统虽然将提问技术形式结构和论证样式供他支配，但是并不对抱怀疑态度评价形而上学的拯救提议施加影响。通过这种怀疑态度，曲劳警句也成为同时代文学的生活激情的对立面，这正是青年卡夫卡在《艺术卫士》文笔巧妙的生机论作品中已经能够研读到的那种生活激情。就像霍普特曼、里夏德·德默尔·韦德金德、霍夫曼斯塔尔和里尔克这样的作家，在一种摆脱感伤局限的自然概念的庇护下，在他们的作品中发出一种部分忧伤、部分充满激情色彩的赞美生活的声音的时候，卡夫卡却断然怀疑，人在原罪的条件下是否能够找到一种超然于恐惧、忧虑和自我欺骗的尘世生活。他的

1　诺斯替派：早期基督教的宗教哲学派别之一。

立场从而就和一种消极神学的信念——它们摒弃不久前无法用同一标准来比较的神性的每一种具体概念，但也和犹太教神秘教义的思想及其灵魂转世说坚决划清了界限。布罗德的总标题错误暗指的"真正的路"跟个人要追求的目标一样，都显得模糊不清。

在这一点上叔本华的观念世界对曲劳警句的抱怀疑态度的生命概念起着兴奋作用。在大学学习时期，卡夫卡还没有深入研究叔本华的思想，尽管被以一种悲观主义哲学的坚定维护者身份出现的布罗德施加过个人影响。1916 年夏才开始较为深入地阅读，卡夫卡买到了科塔出版社的 12 卷版本，是鲁道夫·施泰纳在 1894 年和 1896 年之间出版的，他和奥特拉一起读《作为意志和概念的世界》中的一些段落。对曲劳的旧约《创世记》诠注产生决定性影响的，是 1851 年出版的《附录和补充集》中的《人世苦难说补遗》。卡夫卡之所以在研究叔本华时也读这些补遗，是因为它们的警句式样符合他自己的思维风格。在这些可以被读作叔本华主要作品评注的补遗中，有一个论述原罪的段落，这段文字想必他一定是注意到了的。文中写道："生命，作为持续不断的受难和痛苦的过程，作为'地狱'和'监狱'是一种原罪显示。相反的，原罪却只是——叔本华作如是说——生命的'比喻'，是一种'形而上学的'举例说明，说明被逐出天堂折射出来的我们的此岸的痛苦。"卡夫卡在他的警句里接纳了这一生命的天职作为受难体验的延伸，但是用一种对原罪动机的解释充实它，而这一解释则似乎受过克尔凯郭尔的有心理学牢固基础的存在哲学的熏陶。

克尔凯郭尔从对恐惧的基本感觉中引出的原罪解释，这正是在被逐出天堂之前和之后完全一样主宰着人类的那种感觉。他把原罪解释为在亚当的脑子里——在上帝的不许吃知识树果实的禁令的推动下——发生的心理上的事件。克尔凯郭尔的按一定方法进行的规定就是，他将亚当的思想描写为虽然能经历天堂的平安，但同时也制造内心的不宁和紧张的媒介物。克尔凯郭尔把思想的自由和由于上帝的禁令而产生的制约性之间的对立称之为"恐惧"。这种恐惧来自梦幻的、还没意识到自身的思想的活动，这思想体验到天堂的宁静是"虚无"。引诱吃禁果的行动在一个紧急的过程中进行，这个过程起源于恐惧的不宁并归属于行动意愿。恶来源于亚当的自言自语，上帝并没有参与其中，跟在那种形而上学的或者道德哲学的解释中不一样——这种解释把恶理解为在蛇身上表现出来的力量或被错误理解的自由的结果——恶在这里看来好像局限于人的内心世界。克尔凯郭尔试图描写在原罪之前的那几分钟里亚当的思想活动，他从而也就提供了一种《创世记》史的心理学解释，它论述上帝权力的终结。在他那里提供拯救的仅仅是信仰，这信仰在一个积极的信任仲裁中抵消恐惧，而这种恐惧则又把自由只看作是背弃上帝的结果。卡夫卡和克尔凯郭尔一起把原罪解释为通往人的尘世生活状况并释放控制这一状况的基本恐惧感的心理过程。与这个事件联系在一起的认识之获得被证实是累赘，因为只要人类害怕获得这一认识的后果——害怕知道要长期失去永恒的生命，人类就不敢利用获得的这一认识。在这种恐惧的直接影响下，如卡夫卡所指出的，他竭力"试图伪造认识的事实，先把认识变为目标"。人类依照原罪的法则故意力求蔑视他自己的认识能力，以便能够保持对自己的永生的误信。这里也显示出卡夫卡的生命观念的消极范围，它依然为这一观点所支撑：如果个体谋求改善自己的尘世的处境，势必会陷于自我欺骗、谎言和欺诈。

返回天堂，被克莱斯特的《论木偶剧》一文称作世界历史最后一章，对于卡夫卡来说，是一个世界历史结束后的事件："对于我们来说有两类真实，如同它们通过知识之树和生命之树被描述的那样。行动的真实和静止的真实，在第一种真实中善从恶中分开，第二种真实无非就是善本身，它既不懂得善也不懂得恶。第一种真实对于我们来说是实际上存在的，第二种在想象中存在。这是一幅悲哀的景象。令人高兴的是，第一种真实属于瞬间，第二种属于永恒，所以第一种真实也逐渐熄灭在第二种的光芒中。"这则警句重了熟悉的夏西派信念：作为神的媒介物的生命，取消在一个高级统一体中的个体。依卡夫卡看来很有才智的认识正在变为恶的动因，因为这种认识起到了新产品开发工具的作用，这工具还在破坏上帝身上存在着的人的身份。只有一种宗教信赖的耐心才有助于消除原罪之后的认识所造成的严重破坏："相信进步就是不相信一种进步已经产生。这就不是相信了。"救世期望从而也就始终受到悖论形式的束缚，克尔凯郭尔在论述上帝对亚伯拉罕的考验时也表明这种形式是人的信仰情况的基本要素，这种救世期望要以一种对世界缺陷的了解为前提，但同时要求愿意在对上帝的责任中躲避世俗的影响。

　　卡夫卡对宗教释义的着迷源自他的隐晦的对集体的向往，他知道，在文学写作的条件下这种向往永远兑现不了。1918 年 2 月他写下关于自己没扎根一种坚定信仰的话，说他"既没有像克尔凯郭尔那样让已经在沉重垂下的基督教之手引进生活之中"，他也没有"像犹太复国主义者们那样抓住飞离而去的犹太人祈祷袍的最后一个尖角"。对他来说，宗教体验意味着在一个通过约束和协定划定的空间范围内"自我"孤立状况的一种实现不了的扬弃。如果说乔治·巴塔耶指出，卡夫卡没有试图逃避现实，而是试图过离群索居的生活，那么，这跟这种认识并不矛盾。对集体的需要以及开除出社会联系，构成他对自己作家地位认识的对立统一，而他的这种自我认识则受到写作意味着"包括排除"这一意识的操控：与世隔绝的生活和这种病痛。

　　在曲劳警句的智力共决中，卡夫卡运用一种没有自信和没有未来的、不加掩饰的生活的思维。因为他觉得只有这样才可能认识绝对的事物，反映一种超越恐惧的不可分割的真实。台奥多尔·塔格尔曾用一句话开始他的"新家族"辩护词，这句话可能在这个意义上曾使卡夫卡信服了的，虽然他对作者的日令 [1] 式的公告风格颇有微词："关键不是要有见识，而是要有决心。"曲劳思考的不容争辩的语气没有为思想上的妥协、方法上的斡旋或知识综合标志下的解决办法留下

---

[1]　日令：军中术语，指一日内有效的指令。

空间。奥斯卡·鲍姆谈到一种"痛苦的和回避生活的精神状态"的情景，1918年正月的第二周，他在曲劳与卡夫卡做伴，并和卡夫卡合写了一篇不打算公开发表的书评，评论了马克斯·布罗德的幻想小说《大胆冒险》。与这严格的思维形式相称的，是独身禁欲的坚定决心，这种想法在已经提及的《无财产的工人阶级》模式中以及在论述作为"生命代表"的妇女之作用的速写中初露端倪。然而近来有关社会福利方面的计划和形而上学的研究却不断地受到对自己的艺术家自我形象的深入探讨的激励。在他纲领性地放弃文学写作的这段时期，卡夫卡也多么强烈地以作家身份思考问题，这一点可以从一段曲劳时期发表的富有启发性的言论中看出。

1917年10月，《新周报》刊出了托马斯·曼的《论帕莱斯特里纳》（后来收进《一个不问政治的人的思考》），此文为唯美主义提供了一种常规的辩护。卡夫卡对马克斯·布罗德明确地称赞曼的这篇文章是"珍馐美味"，而马克斯·布罗德则在1916年就已经在他的短评《我们的文学家和团体》中，从犹太复国主义的观点出发，痛斥这样的自恋式艺术家形象的形态为道德败坏。虽然卡夫卡从托马斯·曼的滑动的新浪漫主义中所能得到的东西颇少，这种新浪漫主义从"赞同死亡"中推导出具有一种来源于《魔山》的表达形式的艺术的本质，但是卡夫卡发现，在曼的唯美主义比布罗德的文化犹太复国主义中，更清晰地反映出了他自己的立场。他分明知道，他无法从伦理学的角度描写自己的艺术创作，因为恰恰是与集体的距离的这种意识构成了艺术创作的有效的前提。反过来，对于卡夫卡来说，曼的死亡魔力安逸并入作为文化现象是不可想象的，因为在他眼里，审美生产率的强制性质永远也不会失去为它划定的超自然的力量。"我们的艺术，"1917年11月他这样写道，"被真实照得眼花缭乱：照在这张畏缩的丑脸上的光是真实的，如此而已。"

有关这个时期的政治事件——彼得堡布尔什维克的起义、伊桑措战线奥地利的最后攻势、美国加强战争投入、1918年正月的威尔逊和

平计划的消息只是零零星星偶尔渗入冬日的曲劳，这些消息显示出一
个遥远的外部世界的轮廓，人们在阅读这几个月的笔记的时候只能隐
约预感到这个外部世界的痕迹。这是一种与世隔绝的状况，是卡夫卡
在这里有意招来的，要寻觅的是进入那种明确的决断区域的道路，对
他来说那些决断只有在孤寂生活的空间的条件下才可能做出。当 11
月严寒开始时，由于提前到来的冬季的压抑情绪孤独再次增强。像一
条抑制噪声的厚被子那样，早下的雪似乎把一切裹住了。"给俄国和
平"，1917 年 12 月初的口号简明扼要，像 1914 年 8 月战争爆发时那
样冷静客观，当时世界政治似乎几乎没怎么妨碍这位游泳学校造访
者。但是墙上的阴影不容忽视，来年将受到深刻变化的影响，这些变
化没有人能够躲避。

1918：大变革

卡夫卡的休养假期起先只安排了三个月，1918 年 1 月 2 日再一次
被延长，他再次提出的退休提议被拒绝了。4 月 30 日他才从曲劳返回
布拉格，两天后又去公司上班。初夏，他与布拉格北面的特洛亚果树
栽培所建立联系，自 5 月起他下班后便在那里干活，以便可以至少间
或继续从事在曲劳做惯了的体力活儿（"乡村对城市"，1918 年 7 月 1
日布罗德在自己的日记中这样评论）。与此同时，家里发生了一些重
大事件，它们向儿子表明，他已经进入自己的下半辈子了。父亲 9 月
满 66 周岁，1918 年 7 月初他把自己的商号卖给尤丽叶·卡夫卡的堂
弟贝德里希·勒维并过上了退休生活。在已获得的利润的帮助下，他
能够在 13 年余生中过上虽谈不上奢华却倒也舒适安逸的生活。6 个月
以前他就已经花费 50 万克朗买到了比莱克街上一所世纪之交建造的多
层房屋，却并没有放弃旧城环城路上的那处住所——一个标志，表明
赫尔曼·卡夫卡作为工于计算的商人，在 35 年的经商活动中赚得了不
菲的资产。

1918 年春，卡夫卡返回正酝酿着政治动荡的布拉格。在波希米亚许多地区，工人集会纷纷提出决议案，要求建立一个捷克单一民族国家。1918 年 7 月，在青年捷克人居于领导地位的代表卡雷尔·克拉马尔的领导下，成立了一个民族委员会，其宗旨就是建立一个资产阶级的自治国家。9 月 6 日成立了主要由工人党成员支撑的"社会主义参议会"，将准备一场民族革命视为己任。在此后的几个星期里，流亡政治家和西方协约国各政府之间进行了非正式外交谈判，目标就是推进一个摆脱了君主政体的捷克国家的建立。在国内也有愈来愈多的迹象表明，波希米亚王国打算摆脱奥地利王室，特别是连教会党派——天主教徒和基督教民主党人——这样的保守势力也赞成建立一个"独立民族国家"自治联盟。卡夫卡似乎丝毫也没注意到这些戏剧性的事件，信件和日记都没对 1918 年夏末的这种种政治事态做出反应，从这些事态人们分明可以看出，君主国在丧失权威，旧的国家在不断衰败。

1918 年 9 月的下半个月，卡夫卡在伊赛尔山南部边缘的图尔瑙的一家饭店里度过，以便在紧张的办公室工作后好好休养。然而当他返回布拉格时，他的健康状况却并不令人满意。由于在战争最后一年，他的营养状况不佳，并为体重大大减轻而苦恼，这反过来又削弱了他的免疫系统。1918 年 10 月中旬他被传染上西班牙流感，这场流感是在这之前一个月，由美国的军队运送引发的，第一个流行病浪潮平息下来之后，经法国蔓延至整个欧洲。当体温在几天内急剧上升到 41 度时，鉴于卡夫卡的糟糕的整体身体状况，全家人陷于极度忧愁之中。家人把病人安置在父母的卧室里并守护在他的身旁。10 月 14 日，奥特拉在替兄长在保险公司告了病假之后，写信给她的朋友约瑟夫·大卫："母亲整天哭泣，我尽量安慰她，但是我自己没这么担忧，我总是在我离得远的时候为某个人担忧，但是只要我在他身边，我就总有某种信心，相信情况会好起来的。"卡夫卡因这次患病而生命垂危，奥特拉恐怕也是心中有数的。将近半年之前，1918 年 5 月 29 日，卡夫卡的堂妹伊尔玛刚满 30 岁就死于西班牙流感。这场病疫一年内在全世界夺去了 2100 万人的生命——其中光在德国就有 22.5 万人——直到 1919 年冬季快结束时，它才突然消失，像它来时一样突然。

就在卡夫卡同发烧做斗争的时候，布拉格政治事件纷至沓来。在 1918 年秋季，法国、英国、意大利、俄国和美国相继承认民族委员会为新的捷克政府。10 月中，波希米亚工人阶级社会主义中央委员会宣告总罢工。作为罢工的后果，好几个省城——比尔森、梅里希-奥斯特劳、比塞克和斯特拉科尼茨——宣告成立共和国。10 月 17 日，皇帝发表了一篇精心准备好的《致他的忠诚的奥地利各族人民》的宣言，宣言同意给予捷克人原则上的政治自决权，但不触及君主国旧有的领土秩序，从而也就做出了联邦制让步。被奥地利政府要求接受该草案（并从而被正式承认为公共机构）的国民议会，两天后拒绝了这份维也纳宣言，并采取对策要求拥有无限权力的国家自治，从奥匈帝国陆军中撤回捷克军人和积极参与全欧洲的和平谈判。1918 年 10 月 14 日，社会民主党人爱德华德·贝内斯，托马斯·马萨吕克的一个亲信，在巴黎组成了一个临时流亡政府，由该政府制定新的捷克国家内部组织的基础，并充当西方同盟国的外交事务会谈伙伴。与此同时，布拉格在马克斯·布罗德的协助下成立了"犹太人国民议会"，它处在已经起了变化的力量对比之中，试图与进步的捷克各界人士，尤其是社会民主党人的代表进行合作，为其铺平道路。1918 年 8 月 16 日，《自卫》就已经发出过一篇绝望的呼吁书，它在其中控告了在民族解放斗争阴影下日益增长的反犹太主义情绪。如同布拉格犹太复国主义者们迅速认识到的那样，隐约显现出的一个捷克国家的新秩序，还没能为确保犹太市民融入社会提供保证。

在 10 月的最后一周，奥地利军队在短时期获得领土好处之后，在意大利战线再次遭到惨重失败。这时维也纳政府意识到，君主政体的崩溃势不可挡。对波希米亚各省的罢工运动和布拉格的街头骚乱——在骚乱过程中皇帝的徽章被人从公共建筑物上拆下——政府不加控制，"实施紧急状态法"在"这种情况下"是不可能的，布拉格市警备司令官爱德华·察南托尼将军这样向维也纳报告，说尤其是因为实行紧急状态会导致暴力行为升级至一场内战。10 月 26 日，捷克语被宣布为正式的官方语言（却是一项迟迟疑疑才开始实施的决定），一天后，海因里希·拉马被任命为奥地利庇护下的最后一位正式的总理。然而拉马施想本着皇帝宣言的精神，建立一个独立自治单个国家联邦君主政体铺平道路的尝试，却因现在异乎寻常地作为整体出现的捷克民族运动的顺畅行动而失败了。当奥地利 10 月 27 日在一份致美国总统威尔逊的照会中请求与协约国进行意味着无条件投降的单独媾和时，国民议会的议员们把这视为君主政体解体的最终信号。10 月 28日，卡雷尔·克拉马尔与从巴黎前来的贝内斯在日内瓦会面，筹备作为新型国家政局内部最强大力量的青年捷克人和社会民主党人之间的未来合作事宜。同一天布拉格国民议会的一位代表，在文策尔广场上宣告独立的捷克共和国成立，傍晚宣读了一份致居民的呼吁书。10 月30 日成立了一个国民委员会主席团，负责协调国家的行政事务，并在今后监督主管食品和燃料供应的为战争服务的后勤供应机构。在维也纳的政府没有采取军事措施干预这一即便在它看来也势不可挡的分离过程。1918 年 11 月 11 日皇帝卡尔免除他属下各国的效忠誓约并宣布退位——奥匈帝国从此成为历史。

　　1918 年 11 月 14 日，捷克国民大会在布拉格举行第一次会议。新总理克拉马尔在一篇纲领演说中宣告哈布斯堡王朝政治上的终结，并使共和国宣誓效忠临时宪法基础，法学家阿尔弗雷德·迈斯讷在这之前的几个小时内敲定了这部宪法的文本。一个星期后才从流亡地返回的马萨吕克被缺席选为总统，他的同盟伙伴贝内斯担任外交部长一职。如果说这种向一个独立国家的和平过渡令大多数捷克人感到意外的话，那么 1918 年 11 月共和国成立后弥漫在布拉格的一派宁静却是迷惑人的。仅仅在首都以北 40 公里处便是德意志波希米亚势力的中心，这股势力拒绝接受这个新国家并要求获得自身独立的合法地位，斯洛伐克的匈牙利居民也对——由马萨吕克和贝内斯使用军事外交的手段大力推进的——将其划入捷克国家进行激烈抵抗。八个月后虽然斯洛伐克各州归布拉格所有，德意志波希米亚获得在法律形式上有保障的地位，但是今后种族冲突仍怒号不息。咎由自取的年轻的共和国在这一时刻要担当的重担并没有随着岁月的推移而减轻。

在布拉格和波希米亚发生革命性变化的这四个星期里，卡夫卡发着烧躺在床上。在这场10月中旬落到他头上的严重危机后，他好不容易才恢复健康，他扛住了这场感染，这是一个迹象，它表明，尽管身患结核病，他总的身体状况在他的生命的这个阶段还是比较稳定的。当他1918年11月19日在中断了一个月之后重新开始上班的时候，他周围的政治态势已经发生了根本性的变化。他现在不再是一种已经变得名声不好的德奥文化主权社会结构中一个皇帝的臣仆，而是一个捷克语被看作是正式官方语言的共和国的公民。国家的这一深刻变更在保险公司很快便显现出来了，因为新秩序的代表要尽可能顺利地控制行政部门的关键职位。卡夫卡的顶头上司，处长欧根·普福尔，被认为是德意志波希米亚的典型代表人物，不得不跟1919年3月申请退休的罗伯特·马施纳尔一样辞去职务。为了重新组建公司，成立了一个由20人组成的捷克行政委员会，审查公职人员对新国家潜在的忠诚程度。这个委员会在1919年3月14日推举国家总统马萨吕克的亲信贝德里希·奥德施特里尔为新的经理，阿尔伯特·霍赛克为行政委员会主席。

在奥德施特里尔任上，许多德意志公职人员提早退休，因为他们被认为政治上不可靠。德意志人一齐退出领导层。有谁不是必须离开公司，就得至少要考虑掉换职务，而这种掉换则往往等同于降职。卡夫卡没有受到这样的清洗行动的伤害，可以继续在技术处担任自己的职务，这一点他首先要归功于这一情况：他跟大多数德意志波希米亚公职人员不同，他精通这门新的国语。由于人们能证明他并不对捷克人同事抱记恨的态度，为审查个人人事档案而设立的委员会一致赞成今后也仍然雇他任副秘书。卡夫卡似乎不间断地进入新国家的秩序之中，他仍将不熟悉这个新国家，就像不熟悉这个已沉没的帝国那样。

第十四章

恐怖的记录（1914—1919）

带"血腥味"的朗诵晚会

在战争的头两年里，卡夫卡的文学创作似乎与精确勾画的早期作品小画像——如同在《观察》的印象主义风格中找到其完美形式的那些——相距甚远。是当代史的种种灾难赋予他自1914年夏以后的作品一种增强了的明显性和坚定性。1915年2月，一则日记谈到中断了的《布鲁姆费尔德》小说时这样写道："如果这两个要素——在《司炉》和《在流放地》最为明显——不结合，我就束手无策。有希望实现这种结合吗？"卡夫卡在这里没说明，"这两个要素"表示什么。如果人们把这个概念追溯到已列举出来的例子上，那么《司炉》就可能体现讽刺的迷惑手段和看似质朴的描写的组织功效，而小说《在流放地》则可能体现一种恐怖幻想的语言，一如《变形记》已经开了先河的那种。这则日记反映的、谋求这两种形式倾向达到一种合成的愿望在战争年里通常没有实现：讽刺之光只能罕见地渗入在这个时期产生的散文的昏暗领域。

在1914年10月5日和10月18日之间，卡夫卡度了两周的假，原本打算利用这假期续写《诉讼》。然而他没有推进这部长篇小说的写作，却在这些日子里以极度兴奋的速度、几乎没有中断地，也未受多大干扰地写下了中篇小说《在流放地》这件作品。一如在写作《变形记》时就已经显示的那样，能够在一项需要做一定组织和规划工作的大工程的庇荫下，摆脱了长远规划的必要性从事写作的这种感觉减轻了他的负担。1914 年 12 月 2 日，他在弗兰茨·韦弗尔家当着奥托·皮克和马克斯·布罗德的面朗读这篇小说，然而小说的写作手法却并不完全令他信服。他尤其不喜欢结局（"非常清楚的、抹不掉的败笔"），因为它通过一种视角转换——就像《变形记》的结尾——伤害了浮现在他眼前的精练形式的理想。在以后的岁月里他曾多次重新思考和变动结尾的最后几段文字，但均未找到一种令他满意的表达形式。小说推迟发表，因为卡夫卡起先希望有机会更改，但最终却察觉到自己的创作能力在"衰退"并不得不将此件作品搁置一边。1915 年 4 月 7 日他才将未经改变的《在流放地》手稿提供给勒内·席克勒的《白纸》，作为《变形记》篇幅太长时的他选。尽管总页数相当多，席克勒还是刊出了这篇早先的中篇小说。卡夫卡在 1915 年 10 月 15 日建议库尔特·沃尔夫的代理人格奥尔格·海因里希·迈尔将当前的这篇小说跟《判决》和《变形记》结集出版，取名《罚》。这个计划是富有启发性的，因为它表明卡夫卡对自己在文学创作中的地位的认识在战争的影响下已经起了变化。据他本人回忆，还在 1913 年 4 月他就已经有这样的想法：出一本冠上纲领性书名《儿子们》的书。如果说如今将他为这个集子拟定的作品中的两件从家庭历史的总体上剥离出来，并且将其放进新的类别《罚》之中，那么这就显示出他的兴趣的一种转移。几乎是强制的对私人活动场所的专注让位给一种对公共的权力场所的关心，它们在以后的岁月里不断地吸引住了卡夫卡。在战争的影响下，这样的意识似乎增强了：家庭只是代表一种特殊形式，它体现出自 1914 年夏起在欧洲政治的阴暗领域无比清晰地显现出来的那种权力结构。

然而这个新的结集出书计划却未得以实现，因为外部状况对他不利。通过沃尔夫的代理人迈尔，卡夫卡在 1916 年 8 月获悉，人们认为一本书名叫《罚》的书卖不出去。1916 年 5 月在黑森大公的干预下免除兵役做无限制休假以继续从事其出版工作的沃尔夫本人，也未能在《世界末日》系列中出版《在流放地》小说的单行本。几乎无法排除这样的可能性：对官方检查的顾忌在拒绝发表方面起了作用。沃尔夫大概担心，这件作品可能会被读作比喻战争和战争的野蛮技术化。1916 年秋在一封致卡夫卡的信中他指出，他把小说理解为探讨特殊时期无节制杀戮的具有煽动性而又令人痛苦的形式，并且恰恰由于这个原因而害怕发表这件作品。

1916 年 11 月 10 日，应书商和艺术品商人汉斯·戈尔茨邀请——此人在过去的几个月里曾举办过萨洛莫·弗里德伦德尔、埃尔泽·拉斯克尔-许勒和阿尔弗雷特·沃尔芬施泰因的作品朗诵会——卡夫卡去慕尼黑参加一个朗诵晚会。在乘坐火车期间他也许曾想到过他 13 年前的那次访问，当初他坐在慕尼黑咖啡馆里，消磨时光，随意翻阅着报纸并最后一次盘算着不学不喜欢的法律改学日耳曼语言文学。他现在把这座城市称作"糟透了的青年时代的回忆"：通过那种卡夫卡偏爱的用以观察自己个人经历的心灰意冷姿态，歪曲了这个 20 岁的人亲历慕尼黑时的心境。11 月 10 日傍晚，他遇见菲莉丝·鲍尔，她特意从柏林前来看望他。他们下榻在林荫道广场旁边的豪华饭店"马伐利亚旅馆"，估计分开住在各自的房间，如习俗所要求的那样。从晚上 8 点开始，卡夫卡便在歌舞剧院广场旁边卢伊特普尔德咖啡馆附近的"新艺术"美术馆——汉斯·戈尔茨已将它变成表现主义先锋派的一个论坛——朗读马克斯·布罗德还未出版的诗集《乐土》中的几首诗，随后就朗读《在流放地》小说（按照战时限制性惯例，选出的作品必须提前数天送交内政部

慕尼黑朗诵会期间

审批，所以人们就在报刊通知中用"热带的痴儿铁木"这个古怪词语取代了小说的泄露真情的标题）。在一个没生火的天花板照明设备投下惨淡光线的房间里聚集了将近 30 个听众。里尔克也在其中，一年前他作为《白纸》的读者偶然读到了《变形记》，现在想亲眼见一见这位作者。卡夫卡在慕尼黑"新脱离派"[1]画家的大尺寸、多色油画之间落座并"斜对着讲台坐着"开始按计划朗诵。在《在流放地》展示的震惊冲击及其难以忍受的刑讯描写的刺激下，好几个女听众在朗诵会中途退出会场，不过一个听众声称三个妇女由于朗诵会散发出的"霉烂的血腥味"而中途退场，这种说法恐怕是过甚其词了——这一回忆没有得到当时报刊对这个晚会所做报道的证实。批评家们的反映主要都是负面的，叙述的内容被斥责为低级庸俗，所选择的形式散漫放纵。汉斯·拜尔哈克在《慕尼黑报》上称卡夫卡是一个"对恐惧情绪情有独钟的人"，"甚至对令人作呕和令人厌恶的东西"也无所顾忌。《最新消息》上的措辞尖锐的批评把整个朗诵会描述为一个"并不怎么令人振奋的"、没有使人获得"艺术印象"的有天赋人的不佳"排练"。在这次慕尼黑登场之后——这是他 1912 年 12 月布拉格作品朗诵会后的第二次公开亮相，卡夫卡被这样的评论弄得心烦意乱，就再也没有给陌生听众朗诵过什么作品。

在不成功的朗诵会之后，卡夫卡和菲莉丝还去了一家附近的餐馆。几个听众陪同他们，其中有作家戈特弗里德·柯韦尔、记者欧根·蒙特和瑞士笔迹学研究者马克斯·普尔韦尔，后者坐到卡夫卡身旁，用纠缠不休的问题占去了卡夫卡的大量时间。第二天他在咖啡馆里和柯韦尔会面，1914 年柯韦尔曾带着他受到韦弗尔的模式启迪的诗集《反死亡之歌》在沃尔夫那儿初次露面。他让柯韦尔给自己诵读了他的几件近作，但以惯常的方式没说出确切的看法。个人会晤几个星期后他才向作者承认："这些诗简直一行行地向我的额头敲击。它

---

[1]　脱离派：19 世纪末德国的一个艺术流派。

们全部都那样纯洁，非常纯洁，它们来自纯洁的气息。我真想用它们来洗涤我在慕尼黑做过的一切事。"当柯韦尔几个星期之后给他向布拉格寄来好几首抒情诗新作抄件，卡夫卡再次表现出受到这些诗传递感觉的文体的感动，这种文体避免与表现主义的炫耀口吻有任何近似之处："它们的王国多么大！"虽然他向菲莉丝·鲍尔承认，这些来自一颗"纯洁的心"的诗的文字文本——它们将收进诗集《升华》（1918）——不如咖啡馆里柯韦尔的私人朗诵那样令他感动。然而这对他在以后的几年里对诗人的作品所做的评价却丝毫也没有改变——这种评价显示出已经众所周知的卡夫卡对一种不狂妄自大、简单朴素风格的喜爱（只有他的韦弗尔热似乎是一个例外）。

尤利乌斯·康斯坦丁·冯·黑斯林在他的慕尼黑朗诵会评论文章中进行挑剔，说是《在流放地》小说需要有一个更紧张一些的结局，好让故事"不致如此无限缓慢地逐渐停息"。不成功的朗诵会后九个月，1917 年 8 月，或许也是受到这种批评的影响吧，卡夫卡试写了好几个小说结尾稿文本，却没找到一个令他满意的文本。1917 年 9 月 4 日他恼怒和无可奈何地向库尔特·沃尔夫解释说，《在流放地》的最后这三页是"拙劣的作品"，因为缺乏各部分的有机联系："（……）不知什么地方有一个蠕虫，它把故事的丰满部分都给蛀空了"。对作品结构的不满导致卡夫卡考虑好几个发表作品的选择方案。1917 年春他似乎把小说提供给了——大概由于出版者的一个询问——台奥多尔·塔格尔的新双月刊《马西亚斯》。稍晚些时候印在塔格尔的小册子《新的一代》附录中的撰稿人目录把卡夫卡的名字跟布罗德、德布林、爱因斯坦、霍夫曼斯塔尔、施特恩海姆、魏斯和韦弗尔这样的作家列在一起。但是该作品没有在塔格尔的期刊上发表，因为于《马西亚斯》来说这篇稿子篇幅太长，库尔特·沃尔夫已经放弃自己从前这件作品的保留条件并在 1917 年夏末提出刊印小说单行本的建议，可是卡夫卡此时又拒绝让库尔特·沃尔夫来发表该小说，因为他希望还会有机会对结尾做彻底的修改。

　　直至 1918 年 11 月，卡夫卡放弃了修改计划之后，他才与出版社取得一致，同意以单行本形式发表小说。1919 年 5 月，向作者坦陈了自己"对可怕题材之惊人强度的惊恐和畏惧"的沃尔夫，刊印了《在流放地》，印了 1000 册装帧精致的手工纸本，配有漂亮的版心和对照样鲜明的字母像。出版时机的拖延不但是战后纸张紧张造成的后果，而且也是代理人格奥尔格·海因里希·迈尔采取的经营策略的结果，这种策略虽然同意精美装帧卡夫卡的作品，但是在内部价值分级中把它挤到出版计划的边缘。这位临时老板，1868 年出生，比沃尔夫年长了将近 20 岁，他采取一种保守的方针，尤其注重销售份额。迈尔自己的出版社战前在莱比锡和柏林失败了，所以如今一种强烈的经济上的安全需求对他产生决定性的影响。由于他首先看重的是新书的销路，所以在 1914 年以后的几年里，他无法下定决心为卡夫卡的一部未完成长篇小说腾出一席之地，或者实现依他看有风险的《儿子们》一书的出版计划。但是这里显而易见的：1916 年返回出版社领导岗位后，沃尔夫也开始建立一种可感觉得到的与卡夫卡的距离。后来他直言不讳地勾画他与这位作家所保持着的艰难关系：说是他"在卡夫卡面前感到拘束"，"不愿意进入他的天地"。

　　除了这样的内心顾虑，还有外部原因，说明有理由保持在这里尽管对个人的敬重还是存在着的距离。虽然沃尔夫一再向卡夫卡保证，他并不介意表面上的、可以用销售数量衡量的成功，但是这话只说对了一半。正是在战争的最后几年里以及在通货膨胀时期，他不得不精打细算，为价格上涨的装帧和纸张筹措经费。沃尔夫说他不顾出版社经济效益而完全支持卡夫卡，他的这种说法是一种没有具体实质内容的说辞，因为即便是青年先锋派的赞助人在投资新的图书时也要顾及无情的市场法则。沃尔夫大力支持销路好的作者，如海因里希·曼——他的 10 卷本全集自 1918 年起开始发行——和古斯塔夫·迈林克——1915 年他在沃尔夫那儿发表了他的成功的《假人》。1916 年创立的《新小说》丛书，其中也包括战后发表的《臣仆》，在这种背景下便是一种主要以经济利益为目的的商业活动。沃尔夫大力紧缩与他的出版社的作家们的个人交往，这当然也是更注重经济效益的出版方针的一个难以解决的后果。1918 年 1 月底卡夫卡写信给谋求建立私人联系的约瑟夫·克尔讷表示道歉，说他是一个"被掩埋在作家们中间的人"。1917 年 11 月马克斯·布罗德就已经向他的这位朋友抱怨沃尔夫卖掉了 25000 册他在两年前出版的长篇小说《蒂尚·布拉的通神之路》，可是只给他结算了 8000 册的稿酬："那儿似乎凌乱草率到了极点，可倒是决不会危害出版社的利益的。"鉴于这一层关系日益变得冷淡，在这种关系的商业性质中显示出越来越注重是否有利可图的经营方针，马克斯·布罗德和卡夫卡可能会渴慕 1912 年的情形，当初这些联系具有友好的私人交往的性质。1912 年夏末大家在莱比锡制订计划、规划光辉的文学前程时的振奋情绪早已沉没在平淡无奇的情趣中了。

法律的机器

　　小说《在流放地》的第一句话直言不讳地表明，不是人，而是"一台奇特的机器"——用弗洛伊德 1923 年的概念来说就是一个限定"自我"的"本我"——是注意力的中心。在这台"机器"的周围——这个概念同时让人想起一种行政体制——聚集着各个人物：带着并不完全清楚的视察意向造访显然坐落在一个亚洲岛屿上的流放地的欧洲旅行家，以已故前司令员追随者的身份出现的军官，一个顺从的士兵和一个他看守的被判刑的人。人们获悉，要在一个偏远的山谷中顶着酷暑处决一个犯人，处决将由机器来执行，这台机器按老司令员的一份详细图样设计而成。军官虽然详细解释了机器的机械装置，然而在这之前进行的法律程序的基础和准则却一直模糊不清和神秘莫测。机器由一张床、一只把钉子钻入罪犯后背的"耙子"和一架驱动这些钉子的绘图仪组成。处决同时也是一种最厉害的刑讯，它持续 12 小时。

犯人在这段时间里被捆绑住，躺在床上，这时耙子把一段文字刻凿进他的后背，这段文字说明他所犯的罪行。因此耙子既是杀人的器具，同时也是书写的工具：一种残忍的发明，连军官的婉转描述也不能把人们的注意力从这一发明的不人道上引开。此人怀着令人诧异的激情解释说，受刑人在 6 小时以后知道了凿刻在他身上的判决词的内容："最痴呆的人开了窍了"，后来甚至谈到一种向垂死者显示的"神化"的形式。不过旅行者却没读懂这围着装饰物的刻板文字，致使判决的媒介立刻移进一个朦胧区域：理解和不理解进入一种极大的紧张关系之中，因为可以不负责任地对军官描写的司法程序所提出的理解要求的清楚明确做出一种决断。

老司令员的量刑制度有其密闭的规章，因为它是排他的，与别的刑罚形式没有什么关联。人们只能以其内心的对自己地位的认识描述它，因为允诺的认识是否会真的传导给濒死的人这个问题，就已经表示一种在制度之外的立场。而这种结构形式的狡诈性则在于，刑罚程序的不人道性使得绕开作为道德判决表露的疏远立场几乎成为不可能的事。然而考虑到卡夫卡爱好严密的概念使用，似乎首先需要不做任何评价地阐明军官所解释的行刑实践活动的意义。1873 年尼采在巴塞尔修辞学讲座框架内简明扼要地把"真实"的本质确定为"活动的隐喻大军"，这支大军避开了分析术语的适用范围。按照这样的观点，小说所阐明的法律观念的真实就在作品的隐喻的规则中，超越一种清晰勾勒出来的司法的和政治的立场。虽然卡夫卡为了用中篇小说表现这里描述的"案例"而借用了殖民主义时代刑罚实践史中的个别要素，但却独立自主地阐明它的各个主要范畴，没有历史的或社会的沉淀，是在语言领域和文字结构的范围内的。

被判刑者——人们这样获悉——已经被认为有罪，因为他违反了自己的工作职责。他得到了一个谈不上有什么重要意义的任务：夜间每一小时在他的上司的门前敬一次礼。有人发现他凌晨在睡觉，并向军官报告了这件事，军官不问青红皂白就宣布判决：将"尊敬你的上司"这句话刻在罪犯的身体上。这里描述的这种审理程序在好几个方面违反现代文明的原则。它与三权分立的思想有矛盾，因为军官——作为老司令员的最后的忠诚追随者——既是审判者同时也是执行者，它根据原则不允许辩护，它总是以死刑而告终，因为连续12小时的"刻写"判决词必然会杀死罪犯。然而这种司法程序的一个特点却是：杀害不是判决的目的，而是判决的结果，它表明一种绝对命令[1]，而将其刻入身体则总是以致死告终。依控告者看，这样一种审理程序始终都是合法的，因为罪行不需要审核，倘若它"总是肯定无疑"的。这句套语在小说后来的两个段落以引人注目的变体出现：旅行者认为这种司法程序不公正和处决的不人道是"肯定无疑"的，所以对他来说这似乎也是"肯定无疑"的：他不想使自己成为军官的帮手，虽然他模模糊糊地觉得自己受到此人的机器的吸引。

军官在他如实做出的报告中提醒人们记住，过去有大批观众来看处决，而且观众中还有儿童。这种展示的形式显示出这是具有中世纪和近代早期特色的公开处决的司法程序，福柯曾对此有所评述："这种难堪的处罚并不满足随便哪一种对身体的惩处。它是一种有细微差别的痛苦制作，一种围绕着揭露牺牲和表明惩罚力量组织起来的宗教仪式——并不是一种司法的失去自制，这司法忘掉了自己的原则并失去了一切节制了。"然而现在这种戏剧性质，这种在流放地是宗教仪式杀害级次的戏剧性质。如同军官竭力控告的那样，已经消失，取而代之的是一种行动，一种在没有公众参与下进行的行动。新司令员让一群多愁善感的女人包围住自己，从显然像戏耍似的兴趣出发从事港口建设，拒绝旧有处决方式并且明显地不出席行刑，却不对这种致死的程序采取断然措施。拥有主权的力量——罪犯以它的名义被处死——如此听任处决的宗教仪式发生，致使它并不因这种仪式而显得浅薄，而是仅仅通过判决的执行而显示自己的存在。

---

1 绝对命令：康德唯心主义哲学的伦理原则。

　　旅行者扮演着一个类似新司令员那样的引起矛盾感情的角色。他是一个起先感到无聊，但逐渐被机器吸引住了的，不打算采取什么行动的观察者。虽然他摒弃这不人道的司法程序，但是他不敢插手现有的情况。这个有问题的人物形象原型，如同瓦尔特·米勒·赛特尔所指出的，是两个同时代的犯罪学专家，他们通过其作品而为广大公众所熟知：罗伯特·海因德尔，1912年他在柏林乌尔施泰因出版社刊印一篇题为《我的流放地之行》的报告，报道了他视察澳大利亚、中国和新喀里多尼亚岛的牢房营的经历，还有一个就是汉斯·格鲁斯，卡夫卡在1903年至1904年间的刑法教师，他在1909年发表了一篇论述流放地司法实践活动的文章（这样一种刑罚的最著名案例是被控告叛国的犹太人军官阿尔弗雷德·德雷福斯，1895年他被一家巴黎法院错判流放法属圭亚那海岸前的魔鬼岛）。海因德尔和格鲁斯的文章描写了殖民地现行的法律状况并试图阐明它们与欧洲刑法的关系：文章纲领性表现出观察者的姿态，这位观察者超然于道德的标准，在犯罪学实践的各个重点中搜索具有充分约束性的方法。尤其是在格鲁斯那儿，技术至上论者的冷冷的目光起着主导作用，这种技术至上论者光考虑评价他所分析的法制的功能标准，并不以道义上的要求为准则。放弃一种合乎伦理道德的判决颇像旅行者的态度，这位旅行者只是形式上，但几乎不是道德上令人信服地并从而在行动上有效地代表一个信基督教的开明的中欧人道价值标准。

　　而被判刑者则在叙述者看来，在展示部分就已经显示出自己是一个"根本不会让人产生同情的人"，一个被降低到动物的生存阶段的人，他被拴在链条上看上去十分"卑躬屈膝，看起来简直就好像人们完全可以让他在山坡上自由走动，只需在执行判决时吹个哨子他准保会走过来"。按乔治·阿甘本的意思，卡夫卡的犯罪者体现了在古希腊罗马奴隶社会中出名的不受法律保护被逐出社会的被判刑者这种类型的人，杀害这种人并不意味着神的牺牲，而是仅仅意味着杀死一个人的生命，为维护拥有主权的国家政权服务。通过被判刑者这个人物形象，小说表现了老司令员所体现的体系——这体系试图借助排除和杀害的生物的政治行动使自己稳定。"卑躬屈膝"的被判刑者阐明一种统治结构：这种结构的暴力垄断包含为保存自己而消灭性命——一种从古希腊罗马时代就熟悉的实践，它在帝国主义时代的殖民制度中得以在机械的基础上以时新的方式继续进行。作为把法律当作生物政治的行刑工具展示的作品，小说描写了一种杀人的技术性体制，这种体制预示着纳粹主义的罪行。

　　小说的意外转折出现在旅行者在讨好他的、试图攻击新司令员为旧有的处决方式辩护的军官面前，显示自己是"这一审理程序的反对者"的那个时刻。作品像《判决》和《变形记》那样服从悲剧的逻辑：这一点可以从"预感到某种大转变"的说法上看出，这种预感使被判刑者"咧开嘴无声地笑了起来"。就在他和先前看守他的士兵更换为那种用手势评论事态的愚人的角色之时，认识到自己为这台"机器"所做的辩护词没起什么作用的军官便担任罪犯的角色。在宣判被判刑者无罪之后（"你自由了"），他就自己脱下自己的衣服，折断自己的剑使自己降了级并躺到耙子下面，作为新的被判刑者听任自己的生命遭受折磨。军官亲手操作的机器的传动装置均匀地、以极大的加速度工作，因为耙子快速划破他的躯体。漠然看着这一自杀行动的旅行者仅仅对机器"显然会散架"表现出"忐忑不安"。恰似他观察被判刑者时的情况，这种冷漠无情表明自己捉住事件、自己却没被它们抓住的冷峻目光的记号。感觉着的人，阿多诺和霍克海默在谈到纳粹主义的大肆杀戮时这样写道，"在感觉的过程中不再在场"。

　　军官在解释机器时曾显然暗示耶稣受难的故事，并声言在6小时不断受刑之后被判刑者脸上呈现出认知的迹象："起初在眼睛四周。从这里扩散开去。"后来的话内容基本相似："我们大家都看到这张受折磨的脸上流露出喜悦幸福的表情，我们将我们的面颊贴近这终于实现并已经在消逝的公正之光中。"如果说结尾时读到死去的军官的脸上没显示出"得到解脱"，那么这始终都是模棱两可的，因为他自己没说过"得到解脱",而是说过"认识"和"美化"。不过连这些标记也没有:死者的脸显露出这张脸"生时"显示过的一样的容貌。卡夫卡的小说最终坚决撤去了对处决过程做形而上学解读的旁证。军官的死不是殉道者之死,而是一种自我毁灭的行为,在这之前已经有了自我降级为不受法律保护的被判刑者的行动。机器在这里不再经受考验,而是经受破坏,因为它只蓄意杀人,不书写。在被卡尔·海因茨·博勒尔解释为在一个"暴虐狂幻想聚积"过程里暴力增强的作品的最后场景中,机器起到跟在军官的解释中不一样的作用。机器不是12小时连续不断地把一个判决刻在身体上,而是它立刻把人杀死,在不多几分钟之内。小说提示一种法律体系的灭亡,我们不了解这种灭亡意味着什么,因为我们只获悉,它如何自己——依军官看来——做自我描写,我们不能客观评价它所做的工作。这表现出这台机器——它体现一种有问题的、只有在刑讯的条件下才答应给予认识的程序——与为了确保统治而操纵这台机器的那些人之间的差异。人在小说中被定格在两种角色上,他们要么可以行使政权,要么必须忍受政权,而"机器"的地位却似乎模糊不清。现在要审查的是,对机器的功能是否可以得到一种清楚的陈述,对这机器的程序,卡夫卡的小说是用充满矛盾的折射做了描写的。

文字留下致命的痕迹

"尽可能增强令人痛心的东西,这样的兴趣您没有吗?"1913年11月18日卡夫卡问格蕾特·布洛赫。1920年11月中他给米莱娜·波拉克写道:"是呀,施刑对我来说极其重要,我研究的无非就是被施刑和施刑。"从前的一封信里画着一台机器,有捆绑手和腿的皮带,罪犯被皮带勒紧,一个两臂交叉着靠在一个柱子上的看守看着罪犯。1914年12月卡夫卡就已经在内心默认,他喜欢刻画死亡情景,说是由于消灭"自我"的想法带来一种对自己的死心满意足的期待,所以他把这种死亡情景视作"游戏"。说是读者一般来说必然会觉得他的人物的死亡——这种通常受令人惊异的伴随现象支配的死亡——令人震惊，这使他"颇有感触"，而他自己则感到一种内心的乐趣，一种为用文学手法表演死亡而感到的高兴。小说《在流放地》像《诉讼》一样来源于一个痛苦幻想：这个幻想中始终铭刻着对想象中的逾越存在的界限的兴趣。

作品描写的这台机器体现文学和死亡、狂喜和求死的统一——在这方面它像弗洛伊德的"本我"：时间作为推动，它的静止和消耗在这个"本我"中共同起着作用。把被判刑者所违反的准则的文字刻在他的身体上是一种拖延动作。在这个动作中，知觉没充分显现，而是一直不在场（旅行者，很典型地，不能读懂这些成规）。按照雅克·德里达的文字作为"差异"的、不断延缓的图形的概念，书写在卡夫卡的小说中进行得像一种拖延行动。被判刑者学会在自己的身体上费力地拼读的意义由文字一步一步地制作出来。"它创造知觉，"德里达这样论述文字道，"它记下知觉，它把知觉交给一种雕刻、一种沟痕、一个平面的浮雕：人们要这浮雕使文字可以无止境地用于其他方面。"倘若人们相信军官所做的说明的话，那么临死前被判刑者才准确读懂刻在他身上的是什么。判决的含义，它中断推迟并克服延缓，它只有超然于生命才可以被理解。可能是卡夫卡在这里也把自己的写作经历理解为接近一种绝对的东西，一种似乎只有在死亡中才可以达到的东西。每一种文字，如德里达所说，都仅仅是延缓、拖延，但从来也不是一种体现在它之中的知觉的充分披露。这个推迟了的、总是暂时的代表的过程，在这里一直都和暴力因素联系在一起，一如 1920 年 8 月 13 日的一封致米莱娜·波拉克的信，在明显谈到《在流放地》小说的人物形象时强调的："你知道吗，如果我想写以下这些东西，那么这一把把剑——它们的尖端把我团团围住——就已经在慢慢接近身体，这是最卓越的刑讯：如果它们开始刻凿我，我不说切割，就是说如果它们只是开始凿刻我，这就已经如此可怕，以致我就会立刻，在第一声喊叫声中，暴露一切，你，我，一切。"在"喊叫"时发出的声音泄露出纸上的符号没说的话。它说出真情，这真情总是只作为德里达谈到过的那种"记录"存在于文字之中。

　　然而只把处决机器看作一种写作比喻，这就错了，因为这会使作品的挑衅性的法律批评和与此相关联的社会历史方面渐渐消失。1916年10月11日，在一封致库尔特·沃尔夫的信中卡夫卡承认，小说并非"没有让人觉得难堪的东西"，但恰恰在这一点上符合当前的时代。针对他不怎么赏识的、在和平主义和死亡美化之间变幻不定的表现主义战争文学的激情，他做出一种独特的尝试：掌握时代的政治上的暴力性质。另一方面，旅行者表现出一种像卡夫卡本人在写下这篇小说前几个星期战争爆发那些日子里，对群众爱国游行的那种冷眼旁观的倾向。1914年8月他曾写下，说是他露出"凶恶的目光"站在路边，满怀着对人们的激情的蔑视，同时他预感到，不是道德上的因由，而是被排除在外和生疏的感觉促使他采取这种保留态度。旅行者对流放地的行刑实践的态度也类似地在厌恶和入迷之间摇摆，然而总是没有一种道德上的推动力，可以促使人出于伦理的动机采取有力措施进行干预。

　　这一立场受到激励并不是通过奥克塔夫·米拉博——此人的为卡夫卡所熟悉的长篇小说《痛苦之园》（1899）怀着观阴癖式的乐趣描写一个色情受虐狂被折磨的场景——而是通过一件最不起眼的作品。1914年夏，《新周报》发表了一篇诺贝特·雅克维斯的题为《太平洋》的旅行见闻报道，篇幅颇长，由两部分组成。描写德国军官们的一次太平洋考察行程。雅克维斯，一个原籍是卢森堡的人，在世纪之交后曾远涉重洋去东南亚地区旅行并且被看作是出色地了解那里的群岛的专家。在后来的年月里，他因弗里茨·朗把他的由乌尔施泰因出版社出版的侦探小说《赌徒马布塞博士》（1921）搬上银幕而声誉鹊起（和阿劳纳、卡里加利和诺斯费拉图一起，马布塞也体现了早期电影典型的恐怖形象）。这篇报道的观点符合卡夫卡作品中旅行者的那些观点，而卡夫卡作为《新周报》的定期读者是了解这篇《太平洋》报道的（他的藏书也有一册1917年费舍尔出版社出版的雅克维斯的畅销长篇小说《海盗岛》）。在两种情况下都从殖民主义的傲慢角度描绘了异国风情，在这方面占主导地位的是一种感情上漠然无动于衷的眼光，它把陌生的东西再次移进一种冷淡的观察者态度的距离。在雅克维斯的文章中读者了解到有关偏僻岛屿上移民、指导性任务的组织和规划参谋部的军事建制方面的详细情况。在这里，如同被描写的那样，司令官的职务由被惩罚性调职至太平洋的遭贬谪的军官担任。雅克维斯报道了一个在某个原先废弃不用的岛上干了12年多的上尉，他以有专门知识的"农场主、军官、自由意志者、哲学家"的身份对待德国考察旅行者——所以具有类似卡夫卡小说中前司令官那样的多种角色，该司令官集"士兵、法官、设计师、化学家、绘图者"于一身。显然小说在这方面受到雅克维斯的精神报道的启示。

卡夫卡的作品提供的不是恶的形而上学，而是一种客观的记录，它把恐怖记录下来，却并不美化这恐怖或者用社会控告的激情掩盖这恐怖。施刑的机器实施"一种刑讯典礼"，福柯认为这种典礼表明了一种老欧洲行刑方式的特点。这机器公开运行，执行死刑判决并在惩罚的物质形体中塑造罪责。尼采在他的论文《道德的谱系》（1887）中指出，在近代早期尚不能想象"大规模的庆典没有处决、刑讯或者比如一种火刑"。然而这种体系的古风却已经在两个方面混杂着现代的痕迹。机器写在罪犯身体上的符号处在文字的形成概念阶段，不是罪责的直接映像（像窃贼的被砍下的手这样的情况）。而且这些符号在一种教育的境界里行动，因为它们应该给受处罚的人提供机会，去读懂为他准备的文字的本质。这符合卡夫卡的信仰：宗教的真实情况只有通过痛苦才能得到，如同1917年的曲劳警句所表述的那样。

旅行者与新司令员意见一致，觉得应该按司法准则行事，拟定更详尽的司法程序和较宽厚的处罚。又是在《道德的谱系》中，尼采提出了这一论断：刑法的减轻表明社会的自信心增强了，因为它使一种社会结构上的政权超然于法制的完整性发挥作用。然而在卡夫卡那里，值得注意的，恰恰是更人道的诉讼形式显出自己没有说服力。司令员从远处看去显得像一个追求享乐的颓废派，而旅行者则满足于对事件几乎只是单纯做司法评价，而这种评价则又责成他对这陌生的制度采取严格保留的态度。虽然他觉得这种"审理程序的不公正和行刑的不人道"完全"毫无疑问"，但是他同时紧紧抓住这一原则不放："恣意干涉别人的事务"是"不恰当"的。旅行者严格的法律思想在这里导致极端的流于形式，道德拘泥于这种形式而失去其重要意义，因为它们并不引导人采取行动。被降格为一种抽象模式的中欧法律理解的人性显现出启蒙幽灵的面目。

起初对军官的讲述似乎根本不怎么感兴趣的旅行者越来越被这台机器吸引住了。讲述者言简意赅地指出，说是他在听了初步说明之后"就已经有点儿对这台机器产生兴趣了"。就像约瑟夫·K感到自己受法庭（以及后来K受城堡当局）的吸引，旅行者也感到自己受到一种让他觉得陌生的力量有磁性的吸引。最终不是军官的自杀，而是机器的毁坏令他"感到不安"，这并不是偶然的事。他向士兵和被判刑者发出的呼救不是为了救（早已被杀死的）军官，而是为了试图关掉这套正在自行毁灭的装置，以防止它彻底瓦解。旅行者在这里显示出自己是一种显得虚弱和无力的人道要求的代表，他躲在法制模式后面，仅仅是不充分地抵御着远古时代暴力的诱惑。

"在我们的民族的历史上，"1920年8月31日卡夫卡这样写道，"有恐怖处罚的报道。不过这并不是什么可以为现在的惩罚制度辩护的理由。"在自由主义的法律思想内部潜藏着道德上的冷漠，而这种冷漠则显现出暴力和人性的辩证联系。像在《判决》中那样，经仔细观察便可发现，不同的价值观的代表人物之间的界限正在变得渐渐模糊起来。旅行者用一种既吃惊又着迷的态度对待这刑讯体系，这一态度使他的立场陷入模棱两可的境地。如果说小说在临近结尾时，在军官已经采取三种自杀措施之后表明，来访者已经"决心坚持到底"，那么这就明白无误地证实了这一印象。这套暴力装置发出的吸引力看来是有魔力的，是不可克服的：这就是这则来自幽暗痛苦区域的故事的"不愉快"的信息。

炼丹术士街上的安静写作

在 1915 年的头几个星期，卡夫卡徒劳费心想使又枯竭的文思重新涌动起来。1915 年 1 月 18 日他在日记中记下，开始写作一篇篇幅较长的短篇小说，然而这件作品却迫使他把别的东西，如《诉讼》和《乡村教师》搁置起来："现在我面前竖立着四五个故事，它们就像在演出开始时站立在马戏团经理舒曼面前的马匹。"然而他代替被派往俄罗斯前线的妹夫经管石棉厂，而这石棉厂的职责不久便使他不得不中断自己的计划。1914 年 12 月父亲就已经怒声责备他，说是他要为在战争中企业几乎没有任何收益负全部责任（"你把我给坑了"）。而且仅仅在这之前几个月卡夫卡便查明，他的这位妹夫的兄弟保尔·赫尔曼显然为自己所做的监管工作领取了大笔酬金并且私吞了钱箱里的 1500 克朗，他指责他这种做法，用温和而讥讽的口吻责备了他。通过受战争制约的新任务在保险体制内部产生的工作上的压力，外加一次次令人心烦的住所变动，使他在 1915 年整整一年里一直处于"惶恐不安"之中。开始了一个持续长久的文学创作停滞时期，1916 年秋这个时期才结束。

但是同时在这个时期表明公共影响力的征兆愈来愈多，在此影响下也建立了新的与出版社的联系渠道。1915 年 10 月卡尔·施特恩海姆决定将不久前颁发给他的点额为 800 德国马克的冯塔诺奖奖金转让给卡夫卡，以表示他对卡夫卡的赞赏。这个奖项奖励杰出的散文作品，1913 年由奥托·弗拉克建立并得到——也为沃尔夫工作的——赞助者恩斯特·施瓦巴赫的资助。在前几年里人们奖励了慕尼黑女作家安内特·科尔布和莱昂哈德·弗兰克。施特恩海姆 1907 年 7 月和上百万资产继承人特亚·勒文施泰因结婚之后景况极好，住在布鲁塞尔附近一幢宫殿式的乡村别墅里，他自己并不在乎他因自己的三本在库尔特·沃尔夫出版社出版的中篇小说《布塞柯夫》《拿破仑》和《舒林》而获得的这笔资金。在挑选合适的被提携人时，在这一年当评奖委员会委员的弗兰茨·布莱向他提供了意见，自从卡夫卡在《许培里昂》上发表最初几件作品以来，布莱就一直极其赏识卡夫卡。施特恩海姆本人大概曾读过沃尔夫出版的《司炉》和《变形记》——新闻界报道奖项转让时都提到这两件作品。

　　1915 年 12 月 6 日，《布拉格日报》报道了施特恩海姆的决定，在这七个星期之前，出版社的一则非正式消息就已经把这一决定告诉了卡夫卡（"您是最纯洁的幸运儿"）。10 月 15 日他有点儿不知所措地写信给沃尔夫的代理人迈尔："不管这个奖或者分摊到一份这个奖对我来说有多么重要的意义——可是这钱，恐怕我这个跟这奖毫不沾边的人是万万不可以接受的，我想我没有这个权利，因为眼下我也根本没有那种迫切的需要呀。"在出版社催逼下卡夫卡才勉强同意接受这笔钱，现在的这种状况下，出版社很高兴能够看到它的两位作家得奖。他是否特别赏识施特恩海姆的活力论哲学和此人的剧本的错综复杂的市民神化，这恐怕就不好说了。最后可以确定的是，施特恩海姆的作品中他只读过 1915 年出版的中篇小说《拿破仑》，这可以从一封致库尔特·沃尔夫的信中看出，他在信中提到奥托马尔·施泰尔克为《拿破仑》做插图，而《变形记》的封面也正是施泰尔克设计的。通过奖的转让他在公众中的声望增长了，这一点卡夫卡在此后的几年里才有所体会，好几家刊物纷纷向他提出询问，都想争取他当撰稿人。现在他面前广泛展现出新的发表作品的可能性：1918 年 2 月底，柏林出版商埃里希·莱斯恳求他和自己建立更紧密的联系。仅仅在一个月之后，保尔·卡西勒尔便向他提议和他的享有盛誉的出版社合作。然而鉴于因战争后果而绷紧的市场情况，马克斯·布罗德却劝朋友不要取消与库尔特·沃尔夫的合作，虽然他自己对出版的工作满腹牢骚。

有谣传说卡夫卡是一个没有同时代人的影响的作家。这种说法很容易被驳倒，人们不妨想一想，他生前发表的文学作品清单上总共有57件（公事方面的文章不计在内）。虽然应该考虑到，这份清单有时有同一件作品多次发表的情况，然而必须同时考虑到比较一目了然的16年的时段，这份清单就局限于这一时段。给卡夫卡发表作品的刊物有像《许培里昂》和《新周刊》这样获得好评的杂志，丛刊如《朝阳》和《白纸》。在他的出版人中间，除库尔特·沃尔夫以外，还有恩斯特·罗沃尔特和萨穆埃尔·费舍尔，在他们的麾下聚集了德语现代派最重要的角色。他的评论家圈子里有著名作家如库尔特·图霍尔斯基、罗伯特·穆齐尔、恩斯特·魏斯、卡西米尔·埃德施米德、罗伯特·米勒和库尔特·平图斯。他的作品不仅在评论的范围内被评论，而且自1916年起也在论文和杂文中被讨论。所以认为卡夫卡没出席同时代人的文学活动的说法是没有事实根据的。

在1915年3月和1917年3月之间，卡夫卡住在长街18号的一个房间里。对变化了的生活处境他再次感到不满，因为街道交通的喧嚣声分散了他写作的注意力。1916年秋，他的精力受到了日常生活中的干扰的极大消耗，他加紧寻觅一个比较安静的住所。1916年11月，奥特拉主动租了炼丹术士街上的一所小房子，这条街美丽如画地坐落在布拉格堡上。城市在这里与其传统的高墙靠拢在一起，并用这些往日的石头象征为其身份奠定基础。交通喧嚣声在大教堂边上的蜿蜒小胡同里逐渐平息，偶尔石子路传来散步者脚步的回响，他们消失在摩尔道河上方弯弯曲曲的小巷里。马克斯·布罗德谈到"小街像童话里一样的安静"，说是这安静把每天的生活柔和、松弛地包裹起来。这宁静显得像保存在这里的过去的世纪的象征。仿佛时钟停住了似的，赫拉德欣堡四周的这一条条狭窄街道留住了以前几个世纪的未受过损伤的痕迹。布拉格在这里不是大都会，而是一个中世纪的堡垒，试图把自己与外界隔离开，抵御时间及其遗忘逻辑的侵袭。谁住在这个地点，谁就是进入隐藏在紧挨着的房屋石头门面后面的记忆规章之中。

城市在这里使人感到像一张羊皮纸[1]，像一种压缩了的结构，一个由一些多次转让过户的地层组成的地面上，新的象征伸展其中。

　　由于奥特拉暂且不打算入住这个由一个房间和一个小厨房组成的新住所，卡夫卡下午和晚上便在这里安安静静地伏案写作。1916年11月26日他第一次在22号屋里写作，直至1917年5月以前，他一直坚持定期造访热闹城市上方的这间安静小室。1917年3月的头几天里，他退掉了长街上的寓所。他在市场街旁边雅致的舍恩博恩宫里租了两个备有家具的房间，他从离此不远的炼丹术士街经由宫殿窄梯到达这两个房间。这个位于三楼的住所——一个变穷了的伯爵小姐曾在这里住过——冷且有穿堂风。所以卡夫卡只在这里睡觉，却仍在奥特拉的寓所里写作，后来他深信，舍恩博恩宫里的冷空气促成了他的肺病。

1917年前后

新的生活境况使卡夫卡获得了他在家人们中间一直未曾有过的一种孤独。但是现在这种孤独不仅引起极度兴奋，而且也引起恐惧的一面。他曾对喧嚷吵闹的亲人们的骚扰竭力表示过不满，可是现在他却为这种状况所产生的孤寂而苦恼。这种情况就像他的苦行主义倾向，每逢他试图惩罚自己的感官享受，他就总是喜欢谈论它们。一人独处是一种保留权益，当他没有它，他就希望得到它，一旦它毫不抗拒地向他敞开自己的胸怀，他又害怕它。这种意义模糊的生活的两面性，对于卡夫卡来说在1916年秋天比先前任何时候都显现得清晰，它将在他此生的最后八年里陪伴他左右。作家的孤独像疾病那样在阴暗的时刻证明自己是鬼魂：魔术师学徒自己把这鬼魂召来后就再也摆脱不掉他。

***

[1]　羊皮纸，指古时刮去旧字后重复使用的羊皮纸。

直到 1917 年 5 月初，卡夫卡一直都按一种严格安排好的日程作息：两点下班后在炼丹术士街接着上班，夜晚，通常在父母那儿吃过晚饭后，他再返回舍恩博恩宫自己的寓所去睡觉。平日里，奥特拉按惯常的方式热心地陪伴他。中午她给炼丹术士街小寓所里通风差劲的炉子生火，并且只要他不想见到父母她就在很晚的时刻给他送饭。在冬天刺骨的寒冷中，在炉子里必须添加燃料时，卡夫卡有时也用旧手稿勉强应付。这样的"焚烧禁书"不仅是自己的写作要求没有得到满足的象征，同时也是傲慢的迹象。它们表示他预感到，他可以思想高度集中地进行写作，而这种思想高度集中的境界是任何一个别的作家都难以达到的。没有夜晚极度兴奋中创作力的增强，在断断续续的节奏中写出来的东西因此就付之一炬，因为这不符合他从罕见成功一览表中引出的标准。

在长时间停滞之后，卡夫卡在炼丹术士街开始了一个极其多产的时期——在 1912 年深秋和 1914 年夏以后的第三个"欲望旺盛"的写作时期。在 1916 年 11 月和 1917 年 6 月之间，一篇紧跟着一篇地产生了构成《乡村医生》集的短篇小说和短文。它们属于卡夫卡写过的最有深远意义的散文作品的一部分。一种类似的叙述作品主题和形式交织的密度，证明了遗传过程的一种不寻常的连贯性，这样一种密度他将再也不会成功地获得。所创作的东西的质量他似乎是意识到的，因为 1917 年 2 月他就已经在一个不寻常的好做计划的时刻制作了第一份——后来多次修订过的——表格，列出了可能收进一册小说集的各个单篇。夏末，其中的三篇小小说——《新律师》《杀兄》《往事一页》——在塔格尔的双月刊《马西亚斯》上发表，《在流放地》也是在这之前发表在该刊物上的。1917 年 7 月 7 日，他应沃尔夫强烈请求给他寄去了 13 篇散文作品手稿（其中包括后来抽回的短篇小说《骑桶者》），月底出版商就表示同意刊印。然而 1918 年 1 月 7 日这家莱比锡出版社却通知卡夫卡，说是由于受战争制约纸张紧缺，原计划的出版日期不得不推迟至 1918 年春。沃尔夫在此后的几个星期里不再发表什么意见，于是卡夫卡便在 1918 年 3 月临时考虑改由柏林的埃里希·莱斯或保尔·卡西勒尔出版此书。虽然马克斯·布罗德亲自为加快出版该书出力，出版工作还是在 1919 年夏之前一直停滞不前，因为印刷厂没有规定的版心所必需的铅字，只能在较长的时间间隔内排版。这就使得这本书推迟了一年半多于 1920 年 4 月底才出版。

原本由出版社计划来用的可以让人想起 1912 年第一本散文集的副标题《新观察》，被卡夫卡在看长条校样时用《小小说》取代。这一本集子是献给父亲的——一种姿态，据说卡夫卡曾对弗里德里希·蒂贝格尔说这是讽刺。赫尔曼·卡夫卡并不怎么在意这本书，他的这种不友好的反应深深伤害了卡夫卡的感情，虽然卡夫卡在往日里已经领教过类似的行为方式。文学，卡夫卡做预言的场所，也已经预先为这种被拒绝的苦楚做了铺垫。在《乡村医生》小说集所讲述的令人悲伤的故事中，一再通过一种最后失败的接近的无止境过程的主题，对受接纳要求未得到满足的预感做了描述。小说的主人公们迷失在荒野雪地、皇家宫廷或夜晚的街道，从未到达他们的目的地。永远的儿子，永远到不了父亲的身边，已经在这本小说集的浓缩了的故事中预先推定了赫尔曼·卡夫卡的拒绝的姿态。

梦和电影

对于 1900 年前后的布拉格德语文学来说，梦是一个模棱两可的夜神，主宰着欲望和恐怖的世界。保尔·莱平的模糊幻象（《达尼尔·耶稣》，1905），古斯塔夫·迈林克的在环境现实主义和新浪漫主义的象征手法之间繁殖的恐怖景象（如《紫色死亡》，1903），还有阿尔弗雷德·库宾的超过工艺美术中等水平的长篇小说《另一面》（1909）使用离奇古怪的梦的动机，以显露一种只是表面上客观的真实感觉的不可靠。马克斯·布罗德在他的长篇小说《大冒险行动》（1918）中让主人公做一趟梦中旅行，把主人公从战争的现实引进乌托邦式的国家"吕贝吕亚"，他采用的就是这种手法。弗兰茨·韦弗尔的第一本诗集《世界之友》，1911 年的畅销书，则又提供了一系列紧凑的梦动机，它们具有常规形态，服务于一种印象主义情调气氛的塑造。夜晚和睡眠、幻想和幻觉也是韦弗尔第二本抒情诗集《我和你》（1915）的主旋律，这本诗集展现出梦是增强了的、联觉组织起来的感觉的媒介物。在处于白昼和夜晚之间的朦胧状态中，做着梦的"自我"在这里惊异地走过一个自由勾画出来的现实：平时丧失活力的感官在这个现实世界中受到一种新视觉和新感觉的引导。谁只要做梦——韦弗尔这样认为——谁就能很好地体验到特殊的想象中的现实，因为他像一个孩子那样无先入之见地、惊异地领会这一现实。里尔克在 1895 年出版的第一本抒情诗集《守护神祭》中就已经认为梦有一种秘密的力量，而且这力量具有神秘的强度。诗《做梦的人》解释说，睡眠把生命能量与巨大树干中挤出的液汁捆扎在一起，致使一种有宇宙规模的世界法律在睡眠中展开，这是人类在清醒状态中从来也不会得以一见的。青年霍夫曼斯塔尔以相似的方式在他的《有神奇魔力的梦》中勾画了一种恣意而又美好的生活景象的幻影：在这种生活景象中，所有自然现象的细微联系都变得可以体验了。积聚在这个生命之梦中的人物和形态的轮舞显示出自我意识形成的取消，而这却是只有超越理性的规章在一种浓缩各现象的认识方式的媒介中才能进行：霍夫曼斯塔尔像青年里尔克那样从叔本华那儿采用了这个动机。

　　似乎卡夫卡的作品也受到这些梦的范例的影响，这一点早期读者如库尔特·图霍尔斯基、奥斯卡尔·瓦尔策、贝托尔德·布莱希特和特奥多尔·阿多诺就已经注意到了。然而他的作品却不限于召来一个神话式充满神秘的想象世界，而是服从梦的形态的法则：它们模仿梦的联合的画面顺序。在这个意义上人们可以用维利·哈斯的话来证明一种独特的"梦密度"和"梦逻辑"，这跟迈林克或库宾的情况不一样，这种"梦密度"和"梦逻辑"不是来源于幻想的材料的选择，而是来源于梦本身的塑造形态的创造力。喜欢混淆诗意和心理的弗洛伊德在 1907 年指出，诗人在"心理学"方面"比寻常人强多了，因为他们从我们还不曾为科学开发出来的泉眼里汲取知识"。"梦和文学创作是几乎相同的心理机制"，弗洛伊德的弟子威廉·施泰克尔在一篇阐述神经官能症造就文化功绩的论文中这样不容争辩地声言。这句话提出的绝对的结论以及所宣告的内容均与卡夫卡的作品相称。

《乡村医生》集中的许多作品都受到卡夫卡的梦的激励或者至少是通过它们有了雏形的。1911 年 11 月 9 日的一则日记提供了一个典型的例子，1917 年年初出版的散文《在剧院顶层楼座》便是对这则日记的梦境描写的改编。卡夫卡在梦中看到自己当上了剧院观察者，交替着坐在"上面剧院顶层楼座"和舞台上。一个他认识的姑娘登台表演，她演马戏似的绷紧和伸展她的"柔软的身体"：后来在文学作品中有相似的描写，说是女骑术表演者在马转圈子的时候摆动着臀部。这里的观察者也像在梦中那样不仅仅是观众。在第一部分结尾，他冲进马戏场，终止演出，因为他怜悯女骑术表演者，她在独自充当观众情欲的对象。此外还有两个相关的层面，它们影响了这位女马戏演员的肖像，却并不使其作为梦的产品的特性成为问题。作品所勾勒的细长的、孩子般的身材，让人感到颇像里瓦年轻瑞士女子的身段，一如卡夫卡的回忆 1913 年秋的相会的日记描写她的那样。而罗伯特·瓦尔泽的描写一个陶醉在掌声中的女演员的短文《喝彩》则明确地强调指出，儿童特性是马戏演员界的体征。可以很肯定地说卡夫卡知道 1913 年由沃尔夫出版的《论文》集中的这篇作品。通向瓦尔泽的读物痕迹和对瑞士女人的回忆，都对明确强调马戏团女骑术表演者形象中的天真且少女式的特性做出了解释。然而瓦尔泽的场景在一个"四周暗下来的、观众密集的顶层楼座"高处俯瞰下被描写出来，而在卡夫卡那里观察者的孤独是这样的注目点——各种不同版本的现实都必须经受住它的考验。

这篇短文的最后一句说，这个观众在乐队最后行进时，"像沉浸在一场悲伤的梦中似的"哭了，"自己竟没意识到"。卡夫卡的小小说就这样重新找到了通往无意识规则的道路，而这件作品则正是来源于这一规则的叙述结构。作品《在剧院顶层楼座》勾勒的视角与梦中观众的那个视角相称，这位梦中观众跟不同的生活景象保持距离，以便从远处——从"剧院顶层楼座"——去观察它们。所以这件作品提供了一种感觉游戏，它归结于对现实的不同版本的一种文学实验。结尾所说的"悲伤的梦"同时表示与生活的距离，这距离——作为每一种观察活动的条件——表示作家的态度，作家只有在对经验世界保持必要的距离时才能从事写作。作品的结局，让人预感到静心养性的生活，它可能曾受到韦弗尔的《世界之友》（1911）中《儿童星期日出游》这首诗的启迪，诗中有这样多愁善感的描写："我走到岸边，迈着细小、极不稳的步伐像在梦中那样听见从餐厅花园传来的隆隆军乐。"

卡夫卡的作品——被库尔特·沃尔夫称之为一颗"散文明珠"——因其句法而获得它的特殊的艺术品性，这种句法的"神奇结构"1929 年受到奥斯卡·鲍姆的赞颂。这种句法的结构在许多方面很像属于一个整体的作品《希望成为印第安人》和《观察》集中的《树》，它们的内在的一致性只有深入观察后才能领悟。在第一部分用虚拟式描写使人幻想破灭的马戏团平凡一日的场景之后，对观众的一种在因果关系上可信的反应的描写随之而来。这位观众果断地进行干预，从而结束了"体弱的马戏团女骑术表演者"的痛苦。而与用直陈式写的下半部分相对应的则又是观察者的使人迷惑不解的反应，这位观察者因女马戏演员的巨大成功伏在顶层楼座栏杆上哭晕过去了。若是依照较早期的评论，认为作品的艺术诀窍就是在一种形式对照结构基础上可能与现实的掉换，这恐怕就错了。两个段落显示马戏团现实的竞争形式，它们抬高这一现实当时的性质：首先显示出一个使幻想破灭的世界的画像，这是一个不由自主的、近乎机械的运动世界，汽锤的喝彩声以及"均匀和空洞地"（瓦尔特·本雅明）在一个一个的连续统一体中流逝的时间都属于这个世界（"不断继续张开的灰溜溜

的未来")。紧接着人们看到了充满激情且自恋的马戏团导演的作品的
极端情况，它使人们了解到一幅显得可笑的、表现美、优雅、马戏演
员荣誉和观众狂喜的情景画。叙述者在这里提供了两种类型的现实，
虚构的观察者可以对它们采取不同的——干预的或观望的——态度。
第一个和第二个类型都不提供较高程度的现实的明显性，因为两者都
过分提高了马戏团世界里存在着的情况。属于艺术生产的痛苦和成功
的庄严肃穆在两类现实中同样都受到讽刺体裁的嘲弄。虽然单个的类
型作为艺术的光明面（直陈式）和阴暗面（虚拟式）被展示，但是这
并不说明它们对现实权力有一种渐次不同的权益。

　　卡夫卡以其对马戏团世界的描写贴近了一个由波德莱尔（可收买
的缪斯，老江湖骗子）和马拉美开创的文学传统。在绘画方面这个题
材自法国印象主义以来一直很走俏：德加和托罗塞-劳特雷斯，后来
主要是青年毕加索曾受马戏团氛围的吸引和激励。1911 年卡夫卡在
卢浮宫看到乔治·修拉的画《马戏团》（1890，现藏于奥尔塞伊博物
馆），画上一位女舞蹈家，骑着一匹疾驰的白马，在穿燕尾服经理的
鞭子的驱赶下看似轻盈地奔跑在马戏场上。格奥尔格·海姆则有十四
行诗《走索演员》（1911）："马戏场里人头攒动，/ 高空中细绳嘎嘎
作响 / 一片寂静中人人屏住呼吸。"几年后克拉邦德将重新拾起这个
题材。然而卡夫卡的作品却只是表面上做艺术超越市民生活的角色构
思，如同马戏团氛围所反映的那样。卖弄风情地玩弄可疑的氛围，在
卡夫卡那里不像在欧洲晚期浪漫主义中、在象征主义中那样受到对深
不可测、非资产阶级情调的兴趣的激励，而低俗文化则与自 19 世纪初
便一直通用的一种摩登的——无目的的、同时意义饱和的美学准则背
道而驰。确切地说，马戏团速写提供了一篇关于感觉的疑难问题的短
篇论文，它展现了不同的现实草图，迫使观察者做出有分歧的反应。
在这些反应中不是某一种现实模式的优先，而是对个体施加心理上
的力量的权力得到了证实。如果说观察者最后哭了，"自己却没意识
到"，那么，他这是回归想象中的、无意识的世界。存在一个客观现

实的这种看法纯粹是幻想，因为只有存在于人的脑子里的它的种种主观说法才获得意义。

《一场梦》也将探讨不真实事物的力量，它在一个原型的场景中把书写行动描写为拒绝生命的坚定性。用他的笔费力地凿刻一块墓碑的艺术家，在看他工作的 K，这个似乎使他这个人物形象加倍的人一头栽下深渊之时才酣畅淋漓地完成了自己的工作。写作需要一种"向黑暗势力的坠落"，一如 1922 年 7 月 5 日卡夫卡在一封致马克斯·布罗德的信中所断言的那样。仅仅是他的不断地怀着极大的好奇心观察他的"旧日的自我"之死，才使他的工作摆脱停顿不前的困境。K 在墓中沉没之后，碑文便似乎"带着厚实的装饰物"，做着看上去是自动的运动向墓碑上方奔跑过去。K 在这里梦见一个卡夫卡熟悉的写作情景：艺术家的工作要求一种彻底的始终不渝的对生活的逃避，因为只有对自己进行观察的"自我"，割断与现实的全部联系并渐渐死去，以便使"内心的人"进行审美创作，只有这样，艺术家的工作才会成功。《一场梦》以强烈的形态说明，单是众多则日记所召唤的作家的极端的现实距离构成他的艺术的条件。小小说《桥》，1916 年 12 月中写成的炼丹术士街第一批作品中的一篇，也以类似的手法显示，认识行为与人世间的自信的消除多么紧密地联系在一起。1920 年 2 月有日记称："死亡之后，人们孤单了，这时人们才以自己的方式展现自己。"

在梦的逻辑之外，像《失踪者》那样，还可以有电影的戏剧学。短篇小说《杀兄》从这个角度来看，可以读作一部无声影片的分镜头剧本，表情和行为、事件发生地点和事件过程的描写取决于电影制片技术中导演说明的结构。人物的台词像影片无声图像之间牌子上暗示性的简短对话。他们的手势与演员的表现力丰富的身体语言一致，小说中描写的物件——刀、门铃、睡衣和皮大衣——获得典型的剧院道具的性质，这些道具应该着重显示出事件的意义。1914 年 2 月 2日，在认定将电影镜头"记录下来"是文学写作练习的几个月后，卡夫卡在日记中写道："房门开一条缝。一把手枪出现，有一条伸出的胳膊。"我们在这里见到一部想象中的无声影片电影脚本，如同《电影放映机》这首诗描写的那样，这就是雅各布·范·霍迪斯 1913 年在《行动》中发表的那首诗："一场无声怒吼的家庭戏剧 / 有花花公子还有化装舞会。/ 有人拔出手枪，妒意陡生（……）。"瓦尔特·本雅明曾经针对《杀兄》解释说："卡夫卡——像格雷科——在每一个手势后面撕裂天空，但是像在格雷科那里——此人是表现主义者的守护神——决定性的东西，事件的中心仍然是手势。"卡夫卡依着手势的主线用像记录般客观的、只是间或透出嘲弄的激情的风格讲述了他紧凑的故事。像一个戏剧舞台上的人物那样，小说中的诸人物形象用身体语言的手段表达出他们的内心活动。施马尔，凶手，在铺石路面的石头上，磨他的匕首，磨到火花迸发。后来他在同样的石头上凉了一凉他那张因犯罪而炽热的脸，注定了当牺牲品的韦塞犹豫不决地走进夜晚寂静的街道，作案人正在那儿等着他呢。他"懵然无知地"向蓝蓝的天空望去，可是天空中没有出现任何征兆："一切都依然那样毫无意义，玄妙莫测。"靠私产生活者帕拉斯和韦塞的妻子则作为沉默的剧场观众在窗口观察事态的发展，一只门铃发出的清脆响亮的声音向他们宣告戏的开演。最后妻子扑倒在躺在地上的牺牲者的身上，这时她的皮大衣覆盖在她的身上。像在早期的拜古希腊罗马悲剧为师的电影中那样，最后形成一个"群体"，这群人默默注视着事态的发展。最后一个场景，又是集中在身体语言上：凶手将自己的嘴贴在一个警察的肩上，他对血淋淋的尸体厌恶得发抖，在众目睽睽下被押走。

作为在沃尔夫的《电影作品》论文集范例之后的电影脚本，《杀兄》是一篇侦探故事，带有罪与罚的基本要素，但同时也是对一出古典悲剧的滑稽模仿，这出悲剧的崇高色调在这里找到了一种讽刺性对抗结构。就这样，凶杀在主要人物身上释放出道德净化的情感，它们可以在一段热情奔放的独白中表现出来："谋杀的快乐！看到别人鲜血流淌而感到如释重负、深受鼓舞！"这种激情与毫不掩饰的对谋杀本身的描写——其中掺和着惊骇审美和记录式的客观叙述——形成对照："施马尔从右给韦塞的爱子一刀，从左给脖子一刀，再给肚子深深地戳了一刀。韦塞顿时发出一种类似被剖开肚子的水耗子发出的声音。"在一封1913年1月20日至21日致菲莉丝·鲍尔的信中，卡夫卡解释他对布拉格的"看上去像水鼠的犹太香肠"的反感，这种香肠的绷紧的肠衣"在切开时咔嚓"一响，说是他自儿时起耳朵中便一直有这种响声。1915年9月16日的日记简明扼要地记下："最佳的刺入部位似乎在脖子和下巴之间。抬起下巴并把刀刺进紧绷的肌肉中即可。"

雄心勃勃的悲剧激情，在小说最后，在令人毛骨悚然的凶杀情节高潮之后，只剩下演员们在舞台上的前后议论和那一群像一个合唱队般聚集在犯罪现场的人无声的力量。戏剧被电影改编了，故事以悲戚的连环画和放慢了的节奏在电影的手势语言中结束。所以问出场人物的动机是什么，这纯属多余，因为这些人物仅仅是在一种富有表现力的手势戏剧中登台表演，并不拥有心理学的深层结构。道德的、罪与罚的形而上学割让给了表面的对预兆的合理使用。观察者帕拉斯提出了这些预兆，他满意地告诉凶手："全都察觉到了，没有任何疏漏。"天空不再向蒙在鼓里的受害者发警告信号，作为判断体系的道德范畴也完全告吹。这里在有高度艺术性的激情和自然主义的残忍的交替中，被描写的凶杀既不能从形而上学的也不能从伦理的或心理学的角度做出解释。犯罪已经被限制在身体语言游戏上，从而也就被限制在一个用自然而然的合乎逻辑的考虑描写的以文学为媒介的电影事件上了。

夜间铃声的误响

1917年2月写成的短篇小说《乡村医生》，是卡夫卡写过的最令人难忘的作品之一。在其严格的节奏感、描写的流畅、素描式人物手势游戏和迷蒙的情节跳跃方面它很像《判决》。卡夫卡再次改变了一个神话，基督教的关于永远流浪的犹太人[1]阿赫斯维的传说——他受到严厉谴责，被罚流荡异国他乡，永远得不到解救。叔本华称他为"整个犹太民族的化身"，这个犹太民族在大约 2000 年前被驱逐出其居住地，如今还一直继续无家可归地四处流浪"。小说以对产生十字军东征时期的阿赫斯维神话的一个暗示告终："赤裸着身体，顶着这个不幸的时代的凌厉寒风，坐着尘世间的车子，驾着非人间的马，我这个老头儿四处流浪。"几个星期前写成的短篇小说《骑桶者》从付印稿中剔去几句结尾的话，勾画了一个相同的场景："在高山上不到一英寸宽的下陷的雪地上，我循着北极地区小狗的足迹行走。我的骑桶已经失去意义，我已经下桶并把桶扛在肩上。"这里一个神话模式得到更新，卡夫卡未来的作品直至长篇小说《城堡》，将多次使用这个神话模式。在这个模式中旅行的惯用形象，像我们知道的《失踪者》中的那种，和圆形的时间体验的动机联系在一起，而个体则在那种时间体验中遇到一个既奇形怪状又模糊不清的现实的表面上的冷淡。联合这两个层面的共同的第三者是性欲冲动的力量，短篇小说《乡村医生》用一种明确而又带讽刺意味的隐喻性语言描写了这股力量。

1917 年 9 月 15 日，卡夫卡在日记中记下："如果如你所断言的，肺部伤口只是一个象征，伤口的象征，这个伤口的发炎叫菲莉丝，如果是这样，那么，医生的建议（光、空气、太阳、安静）就也是象征。抓住这个象征吧。"一封 1921 年 4 月致马克斯·布罗德的信阐明了肺部伤口隐蔽的、超越任何身体症状特征的意义。信中有这样的话："结核病病灶不在肺部，就像世界大战原因不在最后通牒。"这一简明扼要的论断让人得出结论：短篇小说《乡村医生》不容许人们对它做单义的归类，还在伤口题材控制卡夫卡的有意识的生活之前，这

---

1 永世流浪的犹太人：传说中因把耶稣钉死在十字架上或嘲弄了受难的耶稣，被罚永远流浪的人。

篇小说就已经吸取了这一题材。更确切地说，作品安排的信号仍然是引起矛盾感情的，因为这些信号经历过某些滑动，而这些滑动则总是向它们展示新的、有时也显得矛盾的感官上的可能性。

"我处境很窘迫"这是小说的第一句话，这句话既紧凑又多声部地说出了主人公的内心紧张的心情。"窘迫"不仅针对这一事实：这位被叫去诊治一个"在10英里外的一个村庄里"的病人的医生没有拉雪橇的马，而他是能够驾驭马拉雪橇穿越这被积雪覆盖的地方的。这个概念同时阐明作品从此一再触及的羞耻、苦恼和情欲压抑这个领域。中篇小说《在流放地》用同样的措辞表明了旅行者对军官所做的狂热的处决机器描写的——隐藏着潜在吸引力的——反映（"很窘迫"）。在找马的过程中医生有一项惊人发现，这一发现纯属偶然，并非受意识控制："我又在院子里走来走去，我想不出办法。我心烦意乱、心不在焉地朝多年来一直不用的猪圈破门踢了一脚。"当这间屋子开启时，他看见了没有料想到的东西："两匹马，强壮膘肥的马"，还有一个男人，此人，"蜷曲着在低矮的棚屋里"蹲着，显示自己是"马夫"。女佣用耐人寻味的话解释这一让人感到滑稽可笑的情况："'人往往不知道自己家里还会有些什么东西。'她说。我们俩笑了。"这个句子的语法结构给那种规定卡夫卡小说的神秘事件的准则添上了一丝痕迹。这句话阐明了这间猪圈的实情，这几年里乡村医生已把这猪圈里放着的东西忘得一干二净了。这全部情况很像约瑟夫·K与银行大楼里"放破烂小房间"的关系，鞭笞手就是在那里做他的施虐淫的工作。一件由马克斯·布罗德1917年3月写成冠以《叩击庄园大门》标题的散文作品把类似的进入一个神秘区域的过程描写为非法超越权限、最终受到惩罚的行为。这样的隐蔽事物风貌揭示属于卡夫卡的他在日常生活中记住想象中事物的思维世界。1912年12月底，他针对自己作为保险公司公职人员的那种松懈的秩序观向菲莉丝·鲍尔打听他的写字台的情况："有没有保密抽屉，旧的未处理公文像令人恶心的动物在那里挤动？"而卡夫卡却惯常将自己的作品吸纳进自己的以经验为依据的现实之中，这一点可以从1922年1月27日的一则日记中看出，那则日记说是，人们一再经历"意想不到的事"，如果人们感到自己境况凄凉，因为根据经验从虚无中会生出什么事来，从破败的猪圈里会爬出牵着马匹的马车夫。

与卡夫卡的小说在同一年发表的论文《心理分析的一个难处》中，弗洛伊德用一句出了名的用语说明，"'自我'不是他自己家里的主人"的这一认识算是他的学说中伤害人的信息。小说的引子，这个突然使乡村医生面对他的"家"的他迄今模糊不清的引子——非常清楚地、因此不无讽刺地——与弗洛伊德的这一鉴定相称。这个引子中有马匹，它们立刻"笔挺地"站着，而那马车夫，他则用"喂，兄弟，喂，姐妹"这样的话呼唤它们。马夫像一头"牲畜"那样袭击帮助套马的女佣并"把自己的脸紧紧贴在她的脸上"，致使"姑娘的面颊上出现两排牙齿印"，这时通过马匹的动作被勾画出来的性行为便充分显现了出来。作品的休克式的梦幻-戏剧手法把一个迄今受控制的情欲世界的猛烈爆发解释清楚，这种情欲在作为潜意识的象征的猪圈开启的瞬间以不可控制的强大威力显露出来。

在作品中女佣在她将要落入马夫的手中的那个时刻才得到她的名字"罗莎"（这个名字可是受到了哈姆松的长篇小说《罗莎》的启迪，卡夫卡有这部小说1909年版的第一个德文译本）。与这相称的是这一事实：只有在这姑娘作为男人性欲牺牲品出现的时候，医生才真正注意到她。先前他似乎对她毫不在意（"我几乎没理会"），如今她却对他来说有了特殊的吸引力。罗莎将会陷于失去控制的情欲的强暴之中，这是显而易见的，因为就在起程的时刻医生还听到，"我的屋门在马夫的冲击下爆裂成碎片的声音"。性欲冲动在这里呈现出一种直观的形象，这位——属于"自己家里的"——马夫就代表了这一形象。这些记忆——医生试图从此以后凭它们来具体想象"这个美丽的姑娘"罗莎——表明他已怀鬼胎，揭穿了他内心的想法并揭露他的想象中的作案人的真面目。就在医生以超凡的速度奔向病人的时候，在一所他现在不再拥有其主权的房屋里，他"自我"的那个阴暗面在肆虐，按照弗洛伊德的说法这个阴暗面就叫"它或她"。

本着一种适用于许多卡夫卡作品的节俭思维逻辑，医生用马匹作为"买价"来换取女佣。把交换和情欲联系在一起的是：它们来源于一种不足，节俭和情欲在这里遵循一种平行的规律性，这规律性使小说的进程具有一种结构。起先是不情愿地，在马夫的一声令下，但同时也受到强烈的马匹的吸引，医生开始乘坐雪橇出诊。马匹用奇异的速度拉着他——一个来源于亚历山大·艾里亚斯贝格的夏西派传说集的动机——越过夜色笼罩的地区，这时他的"眼睛和耳朵里充满了一种均匀地向全部感官渗透的嗖嗖声"。在一则 1917 年 12 月 1 日的日记中有这样的话："你套的马越多，奔驰得越快——倒不会散了架子，这是不可能的，但是皮带扯断，从而也就是空着的欢乐的行驶了。""空着和欢乐"也是乡村医生的行驶，因为这行驶扯断了皮带，这正是理性试图用来牵制情欲的皮带。

人们可能会在这里想起柏拉图的《斐多》中的那个著名的比喻：拿两匹马和一个车夫来比人的灵魂。然而跟在卡夫卡的作品中不一样——卡夫卡有一册鲁道夫·卡斯纳尔弄来的耶拿迪德里希出版社的《斐多》译本——柏拉图的对话中的马有严格区别：一匹马白色、高大、纯种且愿意受驾驭，而另一匹马则显得体态丑陋、黑色、矮壮且野性，只有"挨了鞭打和刺棒"才驯服。在柏拉图那里马匹代表理性和情欲，在卡夫卡那里却没有可对比的界限。要补充那种解释，那种认为马匹是一种公然男性的生殖器想象的象征的解释，就须要精确理解马匹的自相矛盾的角色。马匹受马夫的指挥，它们像"兄弟"和"姐妹"那样从属于他，并似乎须在这一层面上与情欲领域息息相关。如果说医生在行驶途中"像急流中的木头"那样被它们裹挟，那么，这便是强调了这种情欲的、非理性的控制的程度。然而它们同时也显示出一种"非人间的"性质，在小说的第二部分这一性质才展示开来。马匹在医生到达病人家里后也仍然是事件中的不说话的目睹者，从躺着病人的农舍的一扇窗户伸进它们的脑袋并在医生问诊期间"嘶鸣"（据说这喧闹声有助于医生检查）。在这嘶鸣声的推动下，乡村医生强制自己仔细检查病人，可以看得出来，病人的伤口是一种受拘束的情欲，从而也是不成功的生活的象征。马匹不仅代表一种迸发出来的男性生殖崇拜的性的特征，而且也代表可以导致一种虽然不祥但必不可少的认识的力量。它们体现了对生活的渴望，同时也体现了生活中的过错。

对最初的误诊后医生在其病人身上发现的伤口的描写，使人产生一种带有明显的性色彩的印象："在他身体的右侧靠近胯骨的地方，有个手掌那么大的溃烂伤口。玫瑰红色，但各处深浅不一，中间底下颜色最深，四周边上颜色较浅，呈微小颗粒状，伤口里不时出现凝结的血块，像露天矿。"1911 年 10 月 9 日卡夫卡记入日记中的一则详细的梦境报道了小说的这个主要象征的先鞭。卡夫卡描写，他正迈步通过一排房屋，一溜儿房间经由连接各楼层的通道通到一所妓院，他在那里看到好几个妓女躺在地板上。他向一个妓女转过身去，这个妓女显示出背上一个伤口，伤口净是"封蜡红色的圆圈，圈边呈苍白色，各圆圈间是溃散的红色污迹"，他"愉快地"触摸污迹上"像来自一个打碎的封蜡的小颗粒"。现在，在这篇梦境报道五年多之后，小说《乡村医生》用相似的话（"边缘变成淡色"带有不均匀积聚起来的血"）描写男孩的伤口。两种情况都显示出一种性的意义，作为女人生殖器象征的伤口动机使这一意义可以为人们所认识。梦——按照弗洛伊德——通过挪移制造其内容，而小说则使用讲究修辞的换喻[1]修辞手段。卡夫卡的伤口描写借助于句法上不寻常的定语起始位置（"淡红色，有许多色调上的细微差别，深处深色"）建立了一种明显的与女性有性状态的联系，正如在作为情欲对象的女佣身上所体现出来的那样。伤口代表被追求的女人——罗莎——医生想和她上床，但是同

---

[1] 换喻：如用"房屋"代表"房屋的居民"，用"面包"代表"食物"。

时也代表一种毕生的愿望：渴望分享一种远离压抑、严寒的充满活力的制度。

　　因其无距离而使人惘然的伤口内部描写，它产生了那种令人恶心事物的美学，如同戈特弗里德·本的《验尸房》诗集中也展示的那种，这种描写合乎逻辑地把目光引向性行为的征兆："和我的小手指一样粗一样长的蛆虫，它们自己的身子是玫瑰红色，同时又沾上了血污，正用它们白色的小头和许多小脚从伤口深处蠕动着爬向亮处。"在伤口中漂流的蠕虫的形象——有人曾这样猜想——可能"暗示男人的精子"。在这里，内部以卡夫卡的叙事风格的典型方式到达外部，无意识的东西通过言辞的形象在文学作品中有了它的一席之地。梦——弗洛伊德在他的1917年发表的《心理分析入门讲座》中这样认为——使用一种使人感到是在古代的表现性语言，这种语言有时如此表现被误认的对立，致使这种对立的结构上的统一显现了出来。按照这种卡夫卡的小说所利用的梦逻辑，伤口这个形象是一种受到乡村医生抑制的情欲的迹象，它能够以综合的方式描绘女性的和男性的性欲。如果说医生最后赤身裸体躺到床上病人的身边，那么，这并不如某些评论家猜想的，显示了同性恋的冲动，而是显示了这一愿望：履行体现在伤口中的、指向罗莎的性诺言。

　　作品要求阐明性要求的标记信守诺言，这样作品就进行了一场分解运动：在这场运动中无意识的语言进行自我揭示和解构。所以若是想把显示在这种语言中的性态势看作故事的唯一中心，那就错了。卡夫卡用讽刺强求的手法建立了与情欲世界的形象化的联系，所以人们必须谨慎，千万不可认为这种联系就是作品的明白无误的最终意义。"揭示"他的评论家们便是进了作家的圈套，如果他们认为，这里可以抓住小说的最深邃的秘密。他们采取像那些托马斯·曼诠释者那样的态度，阿多诺曾讥刺过这些人，说是他们"同义反复地"从这些作品中将"事先塞进去的东西抽出来"。医生觉得自己处于一种两难困境，这种被详细描述的角色两难选择表明作品的性密码语言说到底是同一种心理分析不再解释得了的生活的艰难性联系在一起的。主人公的治疗眼光似乎一开始就看不清了，在马匹的嘶鸣把他的注意力转向这一显而易见之事之前，他就认为男孩是在装病。假如他在自己内心建立了意识和无意识之间的平衡，那么他就只能是个治病救人的医生了。由于他将性生活藏在一个阴暗的地方，而这个地方之所以成为"猪圈"，仅仅是因为它不受重视，这样，他必然会错失这个平衡。他所受到的角色压力来源于被夹入机械束缚之中的人的内心不和谐。从"居住区"得到低报酬的医生"竭尽全力"履行自己的职责，却帮不了忙，因为他自己精神上患有疾病，显得拘束和压抑。他的病人的"搭救"——这个概念多次出现——他必然会耽误，因为他不是自己家里的主人。1912 年 3 月 5 日的日记带着后来的小说的语气："这些令人气愤的医生！在生意经上果敢坚毅，在治疗上却十分无知，那种生意经上的果敢坚毅一旦离开他们，他们站在病床前就像学童。"

第一人称叙述者的感伤的自我辩护，掩饰他在客观上没有把事做好："总是要求医生做办不到的事。昔日的信仰他们已经丢失。神父坐在家里，撕碎弥撒法衣，一件又一件，可是却要医生用他的细嫩的外科的手干所有的事。"说是人家对他要求过分、期望过高，这一指责只是掩盖了他没找对自己的终生目标。如果说医生最后让人给脱了衣服并放到床上病人的身边，那么这借助于伤口动机不仅说明了无意识控制他的欲念的力量，而且也说明了由自己的治疗需要而产生的、他的医学上的软弱无能。在这里人们不妨想一想卡夫卡在 1920 年年底写下的证明心理分析的"治疗部分"是"无可奈何的错误"。在这个意义上医生的误诊获得了独自的重要性，只要医生的误诊可以被看作是对心理分析活动无效的讽刺提示。医生帮不了忙，因为他自己被这个错误的幽灵和将愤怒的马夫逐进猪圈的压抑的力量所左右。

引人注目的是，伤口的性含义在小说的结尾部分再次出现变体。"我带着一个美丽的伤口来到这个世上，这是我的全部装潢"，病人声言，而这个定语则又是指这个"美丽的姑娘"罗莎。医生的解释强调指出这个先天伤口的突出的意义：它"不是那么糟糕"，因为许多人提供他们的侧身并且几乎听不到林中的斧子声，更不用说斧子靠近他们了。情欲——可以这样得出结论——通过人的生物性的存在而为人所固有。它并不在年龄增长过程中成长，而与男孩伤口相符的一直都是与生俱来的，是一个持续不断的生命征象。1922 年 1 月，写下《乡村医生》后的第五年，卡夫卡将谈到他无法接受的"性的礼物"。一种类似的拒绝形式显示在小说将近结尾之处，这时医生没把向男孩表述的对情欲规律的认识跟自己的境况联系起来，而是试图逃避其现实："可是现在是时候了，该想想我如何得救。"

1917 年 10 月 20 日，在一个他直至天黑一直在床上度过的日子，卡夫卡在曲劳记下了这句已引用过的话："人类有两个主要罪过，它们派生出所有别的罪过，急躁和懒散。医生在对待伤口表示的性感觉上同样显示出这两个'主要罪过'。他追求的'得救'是'急躁'的代号，他就是怀着这种'急躁'的心情来压抑控制住他的情欲冲动的，但是这'得救'也是'懒散'的标志，他就是试图用这种'懒散'态度'心不在焉地'使自己摆脱情欲冲动的。"1917 年 9 月 5 日，卡夫卡在一封致马克斯·布罗德的信中就小说和他的病史之间的关系做出解释："我自己也预言过这件事。你记得《乡村医生》中的伤口吗？"疾病是生活距离的一种形式，它必定会引向灾难，因为它拒绝接受"性的礼物"并且压抑起因于这"性的礼物"的情欲冲动。小说文字的字母顺序所提供的心理分析虽然有助于冲突的判断，却不能实际上克服它。医生的性欲抑制说到底是一种终身疾病，没有什么方法治得了这病，因为它像一种原始罪责压在人的身上。

小说结尾用对心灵起强烈作用的幻象描写了产生于卷入抑制网络之中的后果。医生虽然躲进他的雪橇逃生了，但却不能回家，因为马匹不肯效劳。光着身子，没穿皮大衣，他冒着严寒吃力地走着："'振作起来！'我说，可是振作不起来，渐渐地我们像老人那样行走在荒野雪地上（……）。"在这篇小说之后五年写成的、被马克斯·布罗德冠以《起程》标题的未完成作品中，我们遇到了一个乡村医生命运的第二版本。这件梦幻式作品的第一人称叙述者骑上一匹马，上了一条没有进一步描述的路。仆人问他去哪儿，他回答："不断地离开这儿，只有这样我才能到达我的目的地。"这趟"真正非同寻常的旅行"同时也是一次奔向一个把握不定的未来的"起程"，卡夫卡想象逃出布拉格，在幻想中梦寐以求的正是这一"起程"。乡村医生最后也被迫去做这趟结束不了的终生之旅，"夜间铃声的误响"驱使他做这趟旅行，他没能逃脱它的法则。他的命运再现了永世流浪的犹太人阿赫斯维的命运，中世纪的传说讲述的那个命运。

神话式的结尾场景用讽刺的笔触再次表现了性欲这个中心思想。在一封 1920 年 8 月 9 日致米莱娜·波拉克的信中，卡夫卡建立了阿赫斯维传说与性欲领域之间的联系："这种性欲带有某种永世流浪的犹太人的特性，在一个无意义污秽的世界上，无意义迁移，无意义漫游。"现代人经历的性欲命运在小说中似乎体现在梦魇式缓慢行驶在空荡的荒野雪地上。医生"光着身"遭受"这个最不幸的时代的严寒"的侵袭，寸步难行。"夜间铃声误响"不是错觉的记号，而是一个把他引上先前被压抑的性欲邪路的信号。如果说他受到惩罚，必须永远行驶在一个不友好的世界的冬季，那么这反映了受压抑情欲的循环合理使用，这种情欲在死亡中才会走到自己的尽头。他之所以是"受骗了"，是因为他忽视了自己的性欲要求的标志并且沉迷于自我欺骗之中。变成阿赫斯维的医生的终身行驶意味着一次性欲重复约束之旅，这性欲可以受压抑，但不可以长久被关在牲口圈里。

1917 年 9 月 25 日的日记做了总结："我暂时尚还可以从像《乡村医生》这样的作品中得到满足，就是说，要是我还能成功地写出某种这样的作品的话（非常难以相信）。但是如果我把世界抬进纯洁、真实、不变之中，那么这只是幸运而已。"很少有卡夫卡的话像这句话如此频频被人误解的。人们在这句话中辨认出了一种让人想到 1800 年前后时期审美构思和艺术虔敬的后理想主义诗意的痕迹。这样一种解释会把人引入歧途，因为它无视这句话在语法上精辟地规定要把这些领域分开。文学和受到一种道德层面约束的幸运没有任何关系。并不是要文学自身使世界处于一种真的、纯洁的状态。这样一项会使文学变成教育手段的任务在这里并没有谈到。成功的文学作品能够不与一种道德的意义联系在一起，就提供满足。更确切地说，文学始终都被归入社会行动的区域，如同它似乎通过"抬进"这个说法所表述的那样。"艺术品上的幸运是突然流逝，不是流出艺术的片言只语"，阿多诺这样论述审美经验的特点，谁把卡夫卡的说法看作将文学和世界观相提并论，谁就是低估了这种审美经验的特点。在一封1917年10月1日的致菲莉丝·鲍尔的信中，卡夫卡以隐蔽的方式对六天前写的这则日记做了解释。卡夫卡解释说，"当一个好人"，这不是他的目标，他其实是力求"全面掌握整个人类和兽类社会"，以便根据由此推导出的认识和他以观察者的身份所履行的角色，作为罪人摆脱自己的罪恶，而不必放弃"存在于这个罪人之中的卑劣行径"。审美享受在这里取代道德的责任，这审美享受是一种"没有欺骗"的欺骗，因为它包括与生活的距离，但也包括纯真无心。这种纯真无心体现了艺术的秘密，这艺术在学习了在法律、信仰和道德的概念之上浮动后才是在实现其固有的使命。

文学猜谜游戏

"顺便提一下，从字里行间揣摩在你们现代派那里是一种必然"，1913年12月20日阿尔弗雷德·勒维在致布拉格他的外甥的信中写道。这听起来像是为《乡村医生》集中的许多件作品做的一段题词，这些作品往往都含有这样的倾向：以写成密码的形式评论和反映自己。作品《十一个儿子》和《视察矿山》在这方面提供了一个特别引人注目的范例。这两件作品，正如马尔科尔姆·帕斯莱伊令人信服地证明了的那样，是自我介绍性质的"文学神秘化"：矿山的十一个工程师，受到了1917年出版的出版社年鉴《新长篇小说》的启迪，表现了库尔特·沃尔夫的不同的作家们的形象——其中有海因里希·曼、卡尔·施特恩海姆、马克西姆·高尔基和胡戈·冯·霍夫曼斯塔尔，而在《十一个儿子》的后面，按照卡夫卡的一个暗示，却隐藏着在1917年2月的名单上原本供《乡村医生》集用的短篇小说：它们的审美的长处和短处在这里均具有人神同形同性论的特征。尤其是第二个例子卡夫卡的爱好从一种心理物理学的角度观察文学写作颇有启发性。文学作品在这里移进那个对他来说是写作条件的角色：儿子的角色。各篇论述儿子形象的短篇小说获得身体上的形态，它们同时获得一种存在的形式，卡夫卡在理想的写作过程中把这种形式当作极度兴奋的"身心开启"记录了下来。不仅这些作品，而且它们的形成状况也通过人神同形同性论的说明而获得一种有形的回想。它包括成功所做的反省（"俊俏，修长，身材匀称"，这是对第二个儿子的评语，传奇《在法的大门前》与这相称），但是同时也包括对布局上的缺陷和毛病的批评意见（第八个儿子被称作"令人忧虑的孩子"，这个儿子指向小说《骑桶者》，这篇小说后来被卡夫卡从集子中剔除）。身体在《十一个儿子》中成为文学作品的比喻，这种文学作品的意义由一种自我反省的形式制造，德里达曾把这种形式描述为文字媒介的特殊标志："写作就是知道还没有用文字生产出来的东西没有别的落脚的地方并且并不作为准则（……）用神性的理解力款待我们，感官必须等候，一直等到它被命名和被写下，以便能够自成一体并且成为它拖住自己的东西：感官。"

卡夫卡的《乡村医生》集受到一种特定的非心理叙述主导结构的支配。集子在譬喻倾向上示范性地显示出对一种分析现实主义的放弃，《家长的忧虑》《新律师》和《一道圣旨》尤为显著地显示了这种譬喻倾向。《家长的忧虑》一开头就表达了一种坚决禁止解释的意思，这遭到大多数评论家的忽视。奥德拉代克，这个奇特地在物和人之间摇摆的、像一个"线轴"的小说主人公的名字是一个尽人皆知的学术争论的课题，然而它的"意义"却是斯拉夫语和德语的词源学都无法加以阐明的。尽管有如此清楚的指示，文学研究家们还是一再重新试图通过词源的途径来探究和澄清这个奥德拉代克形象的秘密。他们从而复制了作品本身所说的那场争论并以悲喜剧的方式反映了卡夫卡的叙述者用寥寥数语勾勒出来的疑难之处。原来奥德拉代克是一种本质，它显示一种形式，却不指出一种意义："（……）整个东西看上去虽然毫无意义，但就其风格来说是自成一体的。"

作品的五个段落反映了一种剧本做法，它从一般引向特殊，从学术争论的"某人"引向一种个人忧虑的"我"。头四段从词源学的、表面的、经济–功能的和个人的角度描写了奥德拉代克之后，最后一段让现在用第一人称形式说话的叙述者参与进来。他是家长，他的忧虑在于，奥德拉代克可能是不死的，并且由于他从不追求一个目标，所以也就可能以其一成不变的相同式样比他本人"活得长久"。故事提供了视察奥德拉代克的五种说法，它们相互抵消并逐条逐项相互驳斥。奥德拉代克首先作为名字出现，这个名字只存在于逻各斯的世界中，但没有明确的意义。他的外观，如下一段文中所称，显示出他是两个木支柱上的星形轴，那两个木支柱使他有可能做运动。他似乎仍然不是一个物件，因为他以自己的力量做运动。认为他表示一个被丢失的或被忘却的生物的目，这种想法在第三段中被驳回：说他不是碎块，而是"在其风格上自成一体"。第四段变更视角并把"它"掉换成"他"。与这从语法上使奥德拉代克人格化相称的，是情节层面，如今他被描写为带孩子气的人，习惯简要地回答简单的问题，因此拥有熟练使用语言的能力（他当然很少使用这种能力）。最后这种关于奥德拉代克的说法产生一种关系意识：最后是家长，是这位家长对他进行思考并觉察到，他的生命没有终极目标，但同时也就不受限制。

瓦尔特·本雅明曾把奥德拉代克称作"事物在被忘却中所采取的形式"。不过下述情况却对这一假设不利：小说本身明确否认奥德拉代克的"形式"有一种动态而可变的性质。倘若奥德拉代克描写轮廓和特征逐渐消失的破灭过程，那么作品就得强调人物的别的特性。这一猜想看来好像比较可信：家长和奥德拉代克之间的关系是按卡夫卡跟他的作品的关系仿造的。证明这一点的是这句评语："整个东西"看上去"虽然毫无意义，但就其风格来说是自成一体的"。与被形式控制对峙的，是丢失的对意义的确定——作为随意性的特征。小说描写了卡夫卡作品的结构和接受的特征：丢失的意义可靠性，语义学上没有解决的但还是构成一个整体的形式的游戏，解释们的意见争论。在这种情况下，对奥德拉代克在"家长"死后的"长存"的提示带有几分讽刺意味。卡夫卡像玩耍一样清晰地勾画出他的作品的未来的作用，勾画出他的作品的解释史：解释者们一再重新试图领悟和评论这个无意义形式的事件。因此奥德拉代克一文开启的不是形而上学的视野，而只是一种清晰勾勒出来的、缺少信息层面的结构（除非人们把这理解为文学的自我体现）。1917 年 12 月卡夫卡在曲劳记下这样的话：语言只是表达感官上能感觉到的东西的一件工具，却不能"相对地说"对一种超越感官直觉的意义做出提示。这也适用于《家长的忧虑》，它在其描写措辞形式中重说了所有卡夫卡作品的不可结束的话语。

集子开卷第一篇散文作品《新律师》提供了——在这一点上与论述学术争论的奥德拉代克的引言颇为相似——对在一个亚历山大大帝时代的条件下有学术水平的研究的一种讽刺描绘。作品以毫不耸人听闻的方式描写了卡夫卡在这个时期的散文一再惯于描述的那些变形中的一种。布塞法鲁斯，亚历山大大帝经过考验的坐骑，根据历史记载它死于公元前许达斯佩斯战役之后，它在一个并不崇高的时代的条件下成了法兰西律师协会的一个会员。这匹马，没了主人和管教几乎再也没有昔日战马的影儿了，如今它在夜晚专心致志地读法律文本和"故书"。这个传奇式神话只还在研究中，在文化回忆的行为中幸存，因为通往非凡行动的道路似乎已被堵住。在阅读行动中英雄和英雄彼此相遇，因为这匹战马势必会在这些"故书中"读到自己的成就和功绩。

1910 年卡夫卡曾研究过米夏埃尔·库斯明的有现实意义的长篇小说《亚历山大大帝的业绩》，小说中的大量细节描写促使他在日记中列表——记录了古希腊神话中让人感到怪僻的自然哲学方面的传说。而对亚历山大形象的分析却又把注意力引到拿破仑·波拿巴这个人物的身上，此人在这个时期强烈地吸引着他。1911 年秋他读《拿破仑从科西嘉到圣·海伦娜的名言录》，这是一个莱比锡版本，1906 年编辑出版。1911 年 11 月 12 日他在鲁道菲浓听了法国作家让·吕歇平的一个报告，这位法国作家谈了《拿破仑传奇》。1914 年 1 月他研究了伯爵夫人蒂尔海姆的生平回忆录，这部回忆录展现出一幅拿破仑时期奥地利的全景并显示了波拿巴这个人物的风貌。1915 年 10 月 1 日，在读了新出版的研究滑铁卢失败的马塞兰·德·马尔博将军的回忆录后，他在日记中制作了一个表，列举了拿破仑在军事上的失误。波拿巴本人，如同他的好几处自述所显示的，把自己看作亚历山大大帝的历史性的继任者。雅克维斯-路易·大卫的著名油画《波拿巴在蒙特桑贝拿特》（1800）画了这位征服者骑在马上，摆出一种象征性的姿势，用食指指着路，就像黑格尔 1806 年 10 月 13 日致尼特哈默尔的信中的那句名言：在这里可以看出骑马的"世界级人物"。这仿佛是卡夫卡的故事的原型，逝去的时代的形象化描写：在这个时代里这匹军马尚听命于它的决心要指挥军队的主人。新的角色虽然使这匹马摆脱了缰绳的束缚，但同时也迫使它去适应一个没有英雄的时代。这个角色表示一种好处，布塞法鲁斯现在只要能够不依赖于一个主人的意志活着并且能够一页一页翻阅图书，就可以得到这个好处，然而它也表示缺乏明确的意念（"没有人指明方向"），这迫使他囿于现代的中庸之道。

卡夫卡的作品描写了只被观察却没被评价的掉换过程（抱怨失去方向的叙述者语声中的忧郁的加重语气显然是精心安排的）。法律代替行动。阅读古书代替国王宝剑的指明方向的功能。如果说规定使社会行动统一规格的规则是法律思维的事，那么储存对往事的认识便是记忆的任务。所以《乡村医生》开卷第一篇是一件把构成记忆的阅读描写为一个无英雄时代的产物，这个时代再也没有历史性的主导人物。大人物的干预行动已经被文件研究取代——一种主题，它颇像自晚期人道主义以来为人们所熟悉、18世纪末重新活跃起来并且在尼采的作品中再次达到高潮的学术批判普通概念。曲劳观察集中的一则写自1917年至1918年冬的笔记给这增添了一种治疗的尺度："死神在我们面前，像教室里墙上一幅亚历山大战役画。现在关键是要用我们的行动来遮蔽或者甚至抹去这幅画。"这一场景规定了布塞法鲁斯一文所描写的疑难问题的情况：在一个没有演员的世界上，在油画中流逝的往日的遗产是一笔抵押资金，必须偿还，假如要促成新的含义的话。不是记忆，而是记忆的抹掉使得克服那种当今已经把我们置入的致命的僵硬状态成为可能。卡夫卡的格言，它解决布塞法鲁斯故事的反命题，它把这个反命题引回到作品的批判时代的出发点上，从而提供了一种来源于尼采思想的评论。是这光是阐明次要事实的"古书"研究，给我们堵住了进入一个英雄时代的道路，因为它怀着古物收藏癖而否定当代的生活。但是这则曲劳笔记提出了一种办法，它使人有可能摆脱虚假的认识：在这里，废除致命的记忆麻木的行动与将英雄主义围住的象征的力量发生碰撞。

　　短文《最近的村庄》仿佛是带譬喻色彩的故事《一道圣旨》的预备性习作。在两处情况下我们都面对一个异国色彩的世界，这个世界似乎属于很久很久以前的时代。《最近的村庄》画了一张空间和时间主观、扭曲体验速写，这正是梦中特有的那种景象。该文所报道的那位老人觉得骑马去最近的村庄的这段路程无比遥远，以致他竟获得这样的印象：仿佛"寻常的、安逸幸福的生活的时光远远不够用来做这样一次骑行"。卡夫卡的比喻读起来像是一则表达爱因斯坦相对论的寓言，按照这一理论，空间和时间的测量受到人们利用的外部参变量的约束。对看似不变的物理值局限性的认识所释放出来的麻痹效应，在 1917 年 10 月 21 日的短文《一件平凡事》中有相似的探讨，在该文中，两个经营合伙人在他们相向而去的路途上总是相遇不着，因为距离、身体上的努力、抗阻和支持无法受到外部情况或陌生人的合理控制。

《一道圣旨》原本是 1917 年撰写的短篇小说《中国长城建造时》的一个片段，它写的是传统习俗问题和与受扰乱的时空关系有关联的对传统的危害。生命垂危的皇帝把旨意告知一个被挑选出来的使节——一种像克莱斯特的《琐罗亚斯德的祈祷》的情况——要按照一种文化上有保障的、建立在重复基础上的严格程序送达权力中心边陲的"微小"臣仆那里："他让这位使节在床前跪下并咬着耳朵低声把旨意说给他听。他非常看重这道旨意，他还让使节给自己小声复述一遍。"在夏西派的一些故事中有时也有以特殊方式传送消息的故事。譬如人们读到圣巴尔-舍姆的信，他在自己死后像上帝那样注视人类的活动并用令人惊异的预言宣告他的超世俗的认识，那些预言通过迂回曲折的途径到达信教者那里。然而在卡夫卡的散文作品中这个主题却变了形，因为皇帝的旨意永远到不了它的预定的目的地。信使跑过的弯弯曲曲的路上布满了官僚体系的犬牙交错的渠道，卡夫卡从保险公司的工作实践中对这种官僚体系深有了解。就像行政事务公文横越曲里拐弯的道路那样。信使带着口信穿越显得没完没了的一个个庭院，一座座宫殿（一种情形，它使人想起《诉讼》中的法律结构），永远也到达不了自己的目的地。卡夫卡的故事直到最后也没告诉我们这道圣旨的内容是什么，它只是再现了作品似梦一般的进程所安排的失误形象。只要旨意的收受者和寓言的接受者始终都是不知情者，是永远也不可以推断出信息的秘密的人，他们在这里就相互结合在一起。最后那句话描写延续逻辑，它也就提供了一个精确的卡夫卡读者的形象，这位卡夫卡读者徒劳地等候作品信息的提示："可是你坐在你的窗口，在天色暗下来时梦想着信息的提示。"

卡夫卡的故事在第一个层面上提供对那种皇帝崇拜的一种反映：

许多君主国的犹太臣民习惯这样做，因为他们将弗兰茨·约瑟夫一世视为他们的利益的维护者（其实1849年废除国家结婚禁令的约瑟夫的立法曾大大促进了犹太人解放）。1916年11月21日86岁的皇帝在维也纳去世，4个月后，卡夫卡于1917年3月发表作品。关于他的继承人卡尔一世，人们虽然知道他不同于被杀害的弗兰茨·费迪南德，不持有反犹太主义的立场，然而他却试图和自1910年以来越来越受人欢迎的各民族保守的党派合作，以便使他的政府获得必不可少的群众基础，这就势必损及国家保护犹太公民的承诺。信使受皇帝委派传递一个始终不知其内容的信息，小说在描写这位信使的迷途时影射了奥地利的情况："在这里没有什么人传递得了什么消息，更不用说一个死人的旨意了。"作品从而在一个心理学的层面上谈到了一个像弗兰茨·约瑟夫一世曾试图在他的家长式的自我导演下体现的那种君主式父亲人物的"严重缺席"。卡夫卡的寓言跟许多表现主义作品不一样——人们不妨想一想佐尔格和布洛嫩——父亲并非一定得被杀害，因为他仿佛自然地陷于忘却的旋涡，这旋涡毁掉了他的权力并让他的旨意搁浅了。

在第二个层面上，寓言说的是在一个显得像迷宫的世界的条件下信息传递有多么困难。关于口头的传说对文字传媒结构的意义，扬·阿斯曼曾有过评论，说是"篇章的原始场景是信差制度"。然而卡夫卡的小说讲的却不是成功的信息交流，而是交际的失败。在这一点上，寓言揭示一种同战事的关系，如同在1914年至1915年间的未完成小说《乡村教师》中也显现出来的那样。电报和电话的技术性通信方法导致自1914年起特别是在西线的一场信息战的激烈进行，在这场信息战中不断监听对方的信使和前线通信兵是军事战略计划的一个组成部分。由于军队，如同恩斯特·荣格尔的战争日记《钢铁雷雨》（1920）有力描写的那样，在战壕中窄小的空间里能够互相监听，所以就盛行一种不断展开监听和间谍活动的情况。所以这则信息没送达的故事也是在西线爆发的信息战的一种反映；另一方面，被"大量"

人群堵住了去目的地的道路的信使，他白费的气力则比喻奥地利军队1917 年年初在取得了第二个战争夏季的短暂成功之后陷入的那种军事上无法挽回的境地。

然而卡夫卡暗示信息传递失败不仅触及了战争形势，而且也涉及他的文学写作的一些方面。信使想顶住外部的压力给自己开辟出一条穿越庭院和宫殿迷宫的道路，他相当于在杂乱无序的手稿中寻觅一条成功之道的作家。就像信使"无谓地"同他任务意料不到的困难搏斗，作家在创造性减弱的时期徒劳地等待文思涌动，带着他克服种种逆境完成的作品的写作。《一道圣旨》讲述种种阻塞，它们能够在写作之船"无仁慈之心的航行"期间设法使目的地永远到达不了，虽然媒介手段本身运转顺利：一则描写不神圣的时期中的——不只是文学方面的——失败。

虚幻犹太教

在《不合时宜的观察》（1873）的第二篇中，尼采把忘却称作一个仿佛是动物的存在阶段的特征：对这个阶段是可以用作为文明指示剂的高尚记忆文化来对抗的。动物过着"无历史性"的生活，而人则在"往日的负担下"行事，这个负担压在他身上，他无法逃脱它。按照尼采的鉴定，记忆工作的约束就像睡不了觉，由于回忆的压力负担而心情沉重的人在头脑清醒的夜晚醒着，因为他不能脱离过去的象征。所以尼采的受到一种历史主义纲领性批判约束的氛围包括这样的认识：恰恰是消除、撤销和忘却属于人类发展的推动力。只有在一个物种选择自己的知识的时候，它才能改善自己的外部的生活环境。只有分离出过去的东西才促成建立新的社会形式和生活方式的条件。每一种文化都可以被准备忘却的决心承受，没有这种决心文化就会被自己的进化逻辑压垮。如同尼采所强调指出的，每一种文化的历史不是单义的记忆形成过程，这也是物种选择行为的有力实施。所以它代表一种文字，这种文字不断地被写在一层层旧的字母上，它们在这种文字发展的过程中像羊皮纸那样被保存下来了。

《乡村医生》集的两篇动物故事——《豺狗和阿拉伯人》《为一个研究院做的报告》——就是关于忘却的，但是同时也是关于犹太人人世生活矛盾的小说。1917 年 4 月 22 日卡夫卡给黑彭海姆的马丁·布贝尔寄去 12 件散文作品，布贝尔 1915 年年底就曾在布罗德的建议下邀请过卡夫卡合作编辑他的期刊《犹太人》。根据布贝尔的挑选，刊物最终在 1917 年 10 月发表了《为一个研究院做的报告》和《豺狗和阿拉伯人》。虽然布贝尔总是否认这样的看法：他只发表同犹太人的世界有清楚关系的稿子，但是人们几乎无法否认，两篇小说比寄去的稿件中别的作品都更紧密地同犹太教问题有关联。卡夫卡本人，如他在一封 1917 年 5 月 12 日致布贝尔的信中所说，可能认为这些作品不是"譬喻"，而只是"动物故事"而已（毕竟上方通栏标题也是这样的）。两篇小说的校样在 1917 年秋被寄往曲劳他孤寂的乡村生活之中。1917 年 10 月 19 日他怀着一种令他恐惧的自我陶醉的心情（"笼子里的松鼠"）研读《豺狗和阿拉伯人》并谈到一种"阅读小说时的疯狂"。

豺狗们向来自北方的旅行者诉说其在喂它们的阿拉伯人中间的悲惨命运，它们的故事是一则动物寓言，作品从好几个视角讲述了这个寓言。豺狗们指责阿拉伯人宰杀动物并且生活得不洁净，而阿拉伯人则认为豺狗们是一窝贪婪的食尸动物，寄生虫似的以吃人们转让给它们的开始腐烂的兽类尸体为生。豺狗们抱怨阿拉伯人"刺杀"阉羊，而按照它们自己的观念"一切动物"都应该"平静死亡"。这种观点像犹太人的屠宰法，它规定被杀死的动物必须先流尽血，然后才可以被食用。这一规定源出于摩西第三经，其中有这样的话："以色列人中或你们这些外来人中谁狩猎时抓捕了可以吃的一头动物或一只鸟，你们就应该让其血流尽并用土掩埋其血。"

小说通过其对豺狗的特性的描述也在其他方面涉及犹太教的问

题。譬如这些豺狗随从着阿拉伯人活着，这一情况就暗示犹太人的历时几百年之久的流亡处境，这种境况使犹太人注定依附一个"寄生民族"。而且卡夫卡将胆小而又阴险的、偷偷要求叙述者杀死阿拉伯人的豺狗们的"奴性十足的"生活方式与犹太人的纯净法联系起来，他这样做也就是使用了反犹太人主义的普通概念。从施蒂弗特的《阿布迪亚斯》（1843—1847）到海涅的《希伯来歌》（1851）（这里指《争论》这首诗）直至阿尔弗雷德·德布林，这些作家都在其作品中将犹太人比作寄生虫似的以吸别人的血为生的豺狗。雅各布·瓦塞尔曼1921年在他的自传中说，基督徒将与自己同时活着的犹太人当作"老鼠和寄生虫"看待，但是同时出于同化的意愿要求犹太民族和它的"寄生民族"联合起来（自1914年起在犹太复国主义的出版物中便出现某些惯用语，它们反过来在同化[1]与鬣狗[2]或吸血蝠的寄生生活之间建立一种联系）。反犹太主义者如奥托·魏宁格尔和奥斯瓦尔德·施彭勒就使用了在叔本华作品中就已经出现的"宿主民族"这个隐喻，他们把欧洲犹太民族的生存方式描述为战略性的环境适应状态。后来，在希特勒的《我的奋斗》中"寄生性"这个概念被进一步发展成为狂热仇恨犹太人的单一主导动机。然而这样的比较，在文学中不是以肯定的方式，而是——像海涅这个典型例子那样——在角色虚构的范围内被利用：这一情况指点通往卡夫卡的故事的路。他也使用反犹太主义的解释范例，在独具特色的动物寓言实验吻合范围内仔细设想它们。这在心理学上是很典型的：恰恰是德国的战后日耳曼学者不愿意看到或者排挤掉了这种水准的作品。

　　小说的真正的高潮是洁净戒律和贪婪间矛盾的显露，这个矛盾最后决定了豺狗们的态度。在一个阿拉伯人向它们扔过一块死骆驼肉的瞬间，豺狗们顿时露出了它们真实的本性。事实证明，它们的纯洁主

1　同化：这里指犹太人被同化，融入别的民族，所以反同化的人说这些人是寄生虫，犹如吸血蝠等。

2　鬣狗：哺乳动物，外形略像狗，吃兽类尸体腐烂的肉。

义是自我欺骗，掀开这层面纱，无节制的爱吃死动物的嗜好便显现了出来。这也反映出一种反犹太主义的偏见，尼采就用了这一偏见，他在 1887 年写道："当犹太人以纯洁本身的面目出现时，危险就变大了（……）。"卡夫卡的豺狗们的好说谎习性就是爱好欺骗，然而它们的这种不顾廉耻的行骗，阿拉伯人完全了然于胸："这些动物有一个荒唐的希望，它们是傻瓜，真正的傻瓜。所以我们喜欢它们。这是我们的狗，比你们的漂亮。"这"寄生民族"在这里用讥刺的口吻表达了自己对豺狗的优势，这些豺狗一直保持着从属状态并且即便在暗中制订谋杀计划时也不构成危险，因为它们忍气吞声、胆小怯懦地对待阿拉伯人："一看到他们那活的躯体我们就走开了（……）。"

在洁净要求和贪婪之间是自我欺骗的深渊。在一种自我憎恨的典型的文学版本所代表的对犹太人的机会主义和寄生性的反犹太主义偏见的戏弄中，这里显露出一种心理学的成分。卡夫卡在他的故事中也触及自己的问题：寻找一种自由的、涤除了情欲痕迹的生活方式。在这种寻找的后面——他这样猜想——是感官性所做的无法取消的界定，而这种感官性则不可摆脱，只可确定。"我是肮脏的，" 1920 年 8 月底他告诉米莱娜·波拉克，"肮脏极了，所以我这样大声呼喊干净。"《乡村医生》集中的《往事一页》通过对游牧民的描写反映肮脏这个主题，那些游牧民侵袭皇城并以其对肉食的消解不了的贪欲使皇城惊恐。对卖肉者有这样的描述："他刚刚运来一些货，就被一抢而空。被这些游牧民吞食下肚。"游牧民们相互之间"像穴鸟那样"沟通：这也许是对"Kafka"（卡夫卡）这个名字的捷克语含义的一种暗示并且是一种象征，表示作者在这里用隐蔽的形式反射了自己的"肮脏极了"的自画像。

在小说中的豺狗一见到兽类尸体而突然感到的真正的欲念的影响下，洁净狂露出了自己的欺骗性。现在一种受贪婪控制的、无意识的东西在其中占上风的生存方式显现了出来。被双重使用的信号词"忘却"以独特的方式表明这个过程："它们忘却了阿拉伯人，忘却了仇恨。散发出强烈气味的尸体使它们陶醉，让它们把一切抛到脑后。"哪里赤裸裸的欲念横行，哪里记忆就不再有什么作用。肮脏战胜洁净意愿，无意识战胜意识。最后也就出现一种心理氛围，它反过来显示出卡夫卡的不干净的禁欲者的形象。作品的结尾阐明了一种失败的自我人生规划的熟悉场景：令人不愉快的隐居修道者人生计划的不成功，在低微的性行为中沉沦，追求干净者的自我玷污。有鉴于这种揭露的氛围，小说在其结束句中提供了一个意外的高潮，它把认识的过程倒转向相反的说法。谎言、欺骗和蒙蔽意图丝毫改变不了豺狗们具有一种特殊的吸引力的这个事实："神奇的动物，对不对？"这是被控告者的美，是这种美在这里显现出来：然而在它的后面却是，像在豺狗们的歌唱后面，是一种深深扎根在内心的罪责。

《为一个研究院做的报告》也是一篇讲忘却的小说，不过小说却显示出丧失记忆是扛住约束的法律活下来的条件。只有当文明制度边界以外的东西在新生活的影响下又陷入黑暗之中时，进入文明制度的行动方可实施。但是像在卡夫卡的故事中常有的那样，这里也显示出：忘却的辩证法导致记忆形成的行为。在适应的过程中被现代的力量排挤掉的，转弯抹角地又显露了。这只猿猴，它假托已经忘记自己的"过去的经历"，它回想它在转变为人的过程中所遭受的痛苦。小说以这样的方式阐述了适应文明所释放出来的苦楚的痕迹中那忘却的文化含义。

在艾尔莎·布罗德1917年12月19日——违背卡夫卡的愿望——在布拉格"犹太人妇女和姑娘俱乐部"效果显著地公开朗诵了这篇两个月前发表的小说之后，马克斯·布罗德在一篇为《自卫》撰写的文章中说，这是"迄今所有作品中最天才的对同化的讽刺"。艾尔莎·布罗德在12月20日告诉曲劳的卡夫卡："猿猴是一篇杰作。——效果好，真好！"认识卡夫卡本人的朗诵家路德维希·哈尔特经常把《为一个研究院做的报告》列入他的朗诵篇目之中。出色的卖座率由作品笔墨文才和非凡的角色虚构效果而产生。自1963年至今，克劳斯·卡默尔的与原著精神风格相符的改编，这种角色虚构曾激起过许多演员进行表演。由于艾尔茨·布罗德和路德维希·哈尔特公开表演，故事重又返回到那个启示了它的演艺界。战争以前，卡夫卡在布拉格不仅常看卡巴莱小品剧，而且有时也去杂耍剧院看舞蹈以及杂耍艺人演出或带被驯服动物的马戏幕间表演。据日记显示，估计在1909年11月底他在位于东北近郊区加洛里嫩塔的杂耍剧院看了一场日本走钢丝演员的表演，"演员们在一架梯子上攀登，梯子不是平放在地上，而是搁在一个半躺着的人高高举起的脚掌上"。在同一座剧院，分别在1908年9月和1909年4月，有一只经驯服、名字叫"执政官彼得"的黑猩猩表演节目，这些节目受到布拉格媒体热烈追捧。不仅猿猴的名字（"红彼得"），而且他故事里杂耍剧院的氛围也引起这样的猜想：卡夫卡看过其中的一场演出。

红彼得猴的报告是作为学术讲演构思的，讲演始终贯穿着冷静客观的语气，只是偶尔对报界的假情报政策有一些攻击性言论。然而构成报告题目的，不是——如研究院所希望的——红彼得对自己"过去的猴经历"的回忆——这种经历作为本能生存的形式必须让人看不透——而是对一种适应过程的描写——这一过程使他成为人类社会的一员。成为这一过程的引起矛盾感情的标志的，是让哈根贝克公司狩猎考察队"罪恶的"一枪所落下的"在臀部下方的"伤口，这只猴子常常毫不害臊地让他的观众看这个伤口："一切全部明摆着，没有什么要掩盖的。每当涉及真理，任何谦谦君子都会抛弃各种最文雅的举止。"伤口所显示的伤害象征猴的生命安全受到震撼和他的动物的自由受到损伤。如果他在自己刚被俘获后要对自己未来的生活做出抉择，那么他知道，这不是重新获得这种"自由"的问题，而仅仅是一种"出路"的问题。自由——他这样强调——在人类中间反正就是一个自我欺骗的对象，而它在猴类的拥有无限权力的天性中却是理所当然地已经存在的。弗洛伊德1930年认为："个人的自由不是文化财产。在每一种文化的面前它都是最伟大的，不过当初通常没有价值，因为个体几乎没有什么能力去保卫它。"阿多诺另有别的视角，但带有相似的倾向："（……）假如自由是资产原则的自由，那么这自由就不会被享有。"卡夫卡的故事坚持这一观点：自由对于人类来说是自我欺骗或者不明确的希望的对象，但绝不是人类文明生活的结果。

猴子知道，他不可以选择自主，而是在最好的情况下选择一种妥协，以便从将他从黄金海岸送往欧洲的船上的牢笼中逃脱。学习在这里是一种活下来的策略，文明是适应的约束的结果，一如卡夫卡在高中时期读过的达尔文在其划时代的论述物种起源的著作中所描写的那样。这一策略的一个结果就是认识到语言能力来自适应环境，猴子间接地通过喝烧酒才学会说话，这喝烧酒他是顶着自己内心深深的厌恶通过一个水手学的。在这里，卡夫卡用简练的短篇小说形式所提供的教育小说的讽刺性滑稽模仿，不允许谈什么"进步"。猴子在自己的适应过程结束时分享到的"满足"诱发"要是在从前他会觉得无关紧要的'诺言'"。不管是私人经历还是一般的文化史都不服从那种目的论的原动力——来源于类型学的圣经注疏学的概念"诺言"和"满足"似乎预兆的那种原动力。在进步乐观主义的思维形象的后面露出了诓骗和自我欺骗，因为既不是自由也不是完美，而是寻找出路的受折磨生物的适应的约束构成这里所描写的故事内在的经济结构。它虽然在一种似乎使格雷戈尔·萨姆萨的命运倒转的变形中达到顶峰，但是几乎不可以被读作解放的比喻。只要没有做出自由决断的自主权，即便会找到务实的解决办法，但还是无法确立可靠的自决。就这点来说，猴子的道路和萨姆萨的道路的区别仅仅在于：它不受无意识的约束，而是受到意志的影响。在两种情况下目标都是适应一种冷淡的社会制度，它提供壁龛，但不提供活动余地。在这种背景下，卡夫卡的故事用尖刻的讽刺间离文明的人要求作为至高无上的财富归还给自己的价值：自由在它的世界里只作为假象存在，语言是一种仿佛在生理学上有根据的模糊从属关系的反映，进步仅仅是不住地适应外部强制的结果。

　　"猴子对于人类来说是什么？一阵哄堂大笑或者一种痛苦的羞耻心"，尼采在《查拉图斯特拉如是说》如此说道。羞耻心与每逢猴子试图回忆自己的动物本性时都怀有的那种情感相伴随，但是羞耻心同时也刹住可以使这种回忆具有创造性的过程，因为厌恶之心被释放了出来。具有典型意义的是，猴子白天"无法忍受"那只在一种庸俗小市民气的人生计划框架内作为女性伴侣在晚上供他用的猩猩，因为她的"目光中流露出迷惘、驯服的动物的疯癫"。新的身份盼望建立一种有差别的规章，负责对动物界确定必不可少的界限。这只母猴，她来自红彼得寻找出路时不得不留下的那个领域，她是他经历过的压抑过程的活标志。

　　所以红彼得也是被似乎忘却所控制的那些卡夫卡的人物形象中的一个。记忆力的丧失构成汲取起始于旧身份被驱除之时的人类文化的前提。当猴子的本性从他体内"滚动而出"的时候，他才能够获得一个新的"自我"的角色。在他的奇特的教育之旅结束之时，猴子必须在拟定自己未来生活的两种可能性之间做出选择。进入动物园这个途径他不采纳，因为他在动物园里将不得不重新体验被关入栅栏的滋味，一如里尔克1907年的《新诗集》第一部分中的《豹》所描写的那样。所以他宁愿去杂耍剧院，在这里他可以公开表演他的新的人生计划的技艺，以愉悦感兴趣的观众。这里可以看出，猴故事，如布罗德认为的，标明那种犹太人的同化的内在逻辑，这正是被尼采刻毒地称之为一种近乎做戏的"卓越的适应艺术"的那种逻辑。盖哈尔德·诺伊曼的一个贴切的词来说，让红彼得在他的学徒时期结束时大获成功的杂耍剧院是"半上流社会的犹太人居住区"。它表明一种中间环境，它把猴子作为处于社会制度边缘的陌生人加以接纳。如果说卡夫卡后来的艺术家故事一再将它们的读者引回到杂耍剧院和马戏团的氛围中，那么这显示了这个特殊的犹太人居住区对他具有强烈的吸引力。艺术家们在这里作为不受欢迎的资产阶级社会孤僻人出现，他们的好处就是，他们公开展示他们的异国色彩而又以陌生少见的角色存在。如果说猴子最终到了杂耍剧院，那么这表明同化了的犹太人的不稳定的中间状态，这个犹太人找到了出路，但是没找到自由。伴随着卡夫卡的故事的辛辣讽刺难以将注意力从忘记自己的起源所带来的悲哀上引开。这种讽刺中含有痛苦的成分：即使适应成功，记忆被抹去，旧有的身份被废除，这种痛苦也不消失。在这个意义上，卡夫卡的《为一个研究院做的报告》不仅是对同化过程的一种讽刺改写，而且也是对作为不可逆的摒弃和破坏行动的活动场所的西方文明史的一种讽刺。

第十五章

尤丽叶·沃吕察克和米莱娜·波拉克
（1919—1921）

一个教堂杂役的女儿

1918 年 11 月 30 日，因得了西班牙流感而身体虚弱不堪，因不断反复发烧而十分疲惫的卡夫卡在他母亲的陪同下到谢莱森去疗养。他住在施蒂德尔膳宿公寓，这时——度假季节早已过了——这家公寓里几乎没住什么别的客人。在岁序更新之时他返回布拉格，这时他的身体一直还很虚弱。1919 年 1 月 12 日保险公司根据他的——三个月前提出的——申请延长假期三个星期，2 月 7 日又批准延长四个星期。虽然由于司法方面的原因董事对长期请假感到不安，然而人们考虑到申请的期限较短，而且也记得那些出色的工作评价，人们还是表现出了热情周到和宽宏大量。贝德里希·奥德施特里尔，管理委员会主任，以及卡夫卡的新上任的科长金德里希·瓦伦泰很看重他们的这位副秘书，认为他是可信赖的公职人员，他们不想长久放弃他的经验。所以他的康复，如正式的批准函所显示的，关系到"公司方面的利益"并由各位上司全力予以支持。

1919 年 1 月 22 日卡夫卡再次单独去谢莱森，又住进施蒂德尔膳宿公寓。他不写作，少阅读，散步，试图使一向向外摆到最大幅度的内心传动装置停顿下来。日记的自我观察实践——蛇一样的乖巧艺术——他已经放弃。旅行日记他已经六年没记了，八开本笔记本几乎不打开了。卡夫卡的文学创作在这个人生阶段陷于停顿，在 1917 年的大繁荣之后只零星地产生了几件较短小的作品。1920 年秋的一个短期阶段不计在内的话，那么这个写作节制时期一直延续至 1922 年，将近五年之久。卡夫卡是一位自己判处自己过一种没有文字生活的作家，因为文学创作的极度兴奋和突然坠落、幸福和恐惧他同样害怕。

在这荒凉的膳宿公寓里这位孤独的客人结识了同样患肺病的尤丽叶·沃吕察克。她将近 28 岁，是一个捷克犹太人，父亲是一个虔诚的教堂管理员，曾作为熟练的屠夫在科林附近的察耶茨迪克经营过一家肉铺，1888 年去了布拉格，现在在市郊魏因贝格区犹太教会堂当教堂杂役。像赫尔曼·卡夫卡那样，爱德华·沃吕察克起先选择了走独立经营的道路，然而随后便做出决定反对从事这一受同化影响下的营生。一家人过着贫穷的生活，因为父亲当犹太教会堂杂役收入微薄。尤丽叶毕业于一所经贸学校，当办公室职员并在后来像菲莉丝·鲍尔那样升为代理人。她在战争中失去了她的未婚夫，一个直言不讳的犹太复国主义者。她自己虽然并不深入研究政治问题，却也赞同犹太复国主义观念。我们看到的仅有的一张她的照片显示出一位目光中露出一种既嘲讽又忧伤神色的少妇，留着向两边严格分开梳的头发，穿一身黑色丧服。卡夫卡在致布罗德的信中写到她："一个既普普通通而又令人惊讶的人。既不是犹太人也不是非犹太人，既不是德国人也不是非德国人，喜欢电影、轻歌剧和喜剧、香粉和面纱，会无休无止、连续不断地讲一大堆最粗俗的俚语，总的来说很没有经验，说她悲伤，倒不如说她快乐——她就是这么一个人。"

在第一周里这两位客人之间产生了一种哑剧式的接近，这使卡夫卡心情沉重，因为这带有模棱两可的性质："我们笑了几天之久，我们相遇时笑，吃饭时不住地笑，散步时笑，面对面坐着时笑。这笑总的说来并非令人愉快，这笑没有明显的理由，这笑是折磨人的，使人感到羞愧的。"由于这些会见越来越让人感到尴尬，卡夫卡终于下定决心和这位少妇攀谈。虽然起先只是一次拘谨的对话，但是性爱吸引的迹象对于两个人来说都是可以明显感觉得到的。使卡夫卡迷惘的欢乐情绪（"粗粗算来在最近五年里我不曾像在最近这几周里笑得这么多"）现在获得了一种溶解的性质并且失去了它的痛苦的方面。他表现出被尤丽叶·沃吕察克的自发性行为、被她明显的幽默和在她身上笼罩着的那种轻微忧郁吸引住了。她像他那样了解日常生活中偶有的诙谐：这制造了一种亲近的感觉。和菲莉丝·鲍尔在一起时没有出现过这样协调一致的时刻，因为这一对在文字的阴影中，在种种现实体验之前发生的通信的重压下从来都不能彼此无拘无束地对待。然而卡夫卡却在书写划定的魔圈以外结识尤丽叶·沃吕察克（他们在公寓餐桌旁偷偷交换的小字条是小小的例外）。她在 1920 年初夏收到的他从梅兰寄出的信今天已丢失，就仿佛他们的相会所遵循的无文字法则必定会远离一切可流传的标记延续下去。

　　他们冒着严寒去没什么吸引人之处的冬季北波希米亚地区做较短途的郊游。他们很快便公开交谈起私人经历来了：卡夫卡谈他的两次解除婚约，尤丽叶谈她的未婚夫的死。两个人似乎一致认为，有鉴于这些以前的经历他们再也不想结婚了。不过很快就谈及这个棘手题目的事实却有某种此地无银三百两的意思。1919 年 11 月底卡夫卡回忆起，说是他在同尤丽叶会面——"第一次恰到好处的接触"——之后他曾在一个他熟悉的"创口渠道"中感到一阵疼痛，痛得他无法入睡。性爱的吸引力，它迫使这两个客人在偏僻的疗养院里相聚在一起，它取决于一种特有的逻辑性：迫使人向内心退却的冬日天气，严密封锁的处境，与外界隔离，那种——像托马

尤丽叶·沃吕察克

斯·曼的《魔山》的——激动不安和寂寞烦闷的心绪简直驱使他们相向而迎。虽然接近是柏拉图式的，但是好感的迹象却是不容忽视的：毕竟我们还根本没互相改称表示亲近的"你"，而我在这六周期间偶尔把这只小手不必要地长久地握在我的手中。这件事，就我记忆所及，可能是除了一次小小的疗养院内函件往来以外最重要的事件了。

　　跟菲莉丝·鲍尔不一样，尤丽叶·沃吕察克似乎对文学不怎么感兴趣。从传统意义上来说她是缺乏教育的，虽然对犹太复国主义和当代史的问题持开放态度，但是在智力上没受过训练，致使她阅读较长的作品颇感吃力。卡夫卡困惑地发现，她全神贯注地阅读报刊上辩论布贝尔的文化思想的文章，却不能系统地理解它们。她以"一种特殊的少女似的理解方式"——他狂妄而嘲讽地这样记下——2月在谢莱森读了马克斯·布罗德的《犹太复国主义的第三阶段》一文。尤丽叶·沃吕察克的内心生活比她的无拘束的态度所显示出来的更复杂：这一点卡夫卡在相识的第一阶段可能几乎不曾料想到。人们诧异地注意到他在他的 1919 年 2 月 5 日致马克斯·布罗德的信中把她描述为妖媚动人、没有思想的昆虫时持有的那种冷漠而疏远的态度："此外她内心勇敢、诚实、忘记自己存在——如此重要的个性集于一身，身体上当然并非没有妖媚动人之处，但如此微不足道，就像对着我的灯光飞来的蚊子。"尤丽叶显然也是几部长篇小说所刻画的那个卡夫卡式女人圈里的人：她被降格为可供男人支配的对象，被限制在单纯的性生活上，被认为仅仅是肉体的却不是精神上有细微差别的个体。卡夫卡像约瑟夫·K 接近女佣莱妮那样接近她。对他来说，尤丽叶是一个陌生的来自巴赫奥芬的《母权》深处的"沼泽地人"，一个没有心灵的塞壬，因此同时也是一个超然于个人特征的男人幻象。他在这方面的看法多么流于俗套，这一点他自己似乎并没有意识到。他依然"毫无恶意地卑劣"，依照儿子的自画像，这个儿子每逢玩世不恭时就希望获得宽恕。

　　3月初，尤丽叶·沃吕察克带着再次会面的含糊允诺返回布拉格。

卡夫卡再次获准延长假期，条件是一有需要应立即回公司上班，他在三个星期后便紧跟她而去。再次见面的欢乐带有一种由内心紧张引起的火山爆发的性质。1919 年 11 月底卡夫卡在一封致尤丽叶·沃吕察克的姐姐的信中回忆说，他们怀着对于两人来说显然意想不到的激烈情感"急如星火般"向对方"飞奔"而去："没有别的办法，我们谁都没辙。当然是我有表面的领先地位。"在布拉格才发生了向一种恋爱关系的过渡，在谢莱森这还让卡夫卡吓得后退呢。又是日记（因此也就是文学）比生活早知道现在正在发生什么事，生活的时钟走得慢嘛。1912 年 3 月 10 日的一则构成一个小说开端的尝试性虚构速写这样写道："他在伊塞山诱骗一个女孩，他在那里逗留一个夏天，以康复他的受损伤的肺。"1919 年 12 月 11 日，卡夫卡与这一想象中的情景协调一致地谈到"在格拉本广场的引诱"并从而标明了一种情况：这一情况再现了 3 月底在从里格尔公园至布拉格游乐场的一次较长距离散步时发生的谨慎的恋爱接近。"既是骗人的也是真实的，唉声叹气是骗人的，限制、信任、安全是真实的。"1919 年 6 月 30 日，在他中断了 20 个月后开始重新记日记后的几天，一则日记记下了这样的话。堤坝一冲毁、性挑逗行为的界限一被越过，卡夫卡自从第一个风流夜起便知道的那种昔日的状况便出现了："总是同一个想法，渴望、恐惧。"在一封 1919 年春致马克斯·布罗德的信中他抱怨："一切我占有的东西都对准我，对准我的东西不再是我的占有物。"但是同时放松的征兆愈来愈多，这种放松的情绪中就有对一种没有负疚感被享受到的性的满足的预感，而这种性的满足正是他不怎么熟悉的。布拉格的夏日有利于与情人的约会。人们在郊区的树林里相会，在林中小湖中游泳，晚上在城市冷僻的处所闲逛。尤丽叶·沃吕察克显然在仅仅几个月内成功地使卡夫卡得以与自己的性感觉建立起一种不拘束的关系。日记出人意料地记下了一种内心的转变："可是确实比平时平静，就仿佛一种重大的发展正在进行。我感觉到这一发展的颤动。"然而这样的减负形式可能同时意味着自我欺骗，这一点他似乎是意识到了的，他言简意赅地添上一句："说得太多了。"

1919年夏卡夫卡没向父母和有醋意的奥特拉报告任何有关尤丽叶·沃吕察克的详情。看上去几乎就好像他想将一切形式的解释、评论和说明从他与尤丽叶的关系上抹去，就像他试图祛除文字，因为文字在一种超然于语言的性爱体验的可能性闪现时起干扰的作用。这可能并不是偶然的事：这新的恋爱关系的肉欲强度在一个卡夫卡可以自以为已经甩掉了过去年月的幽灵的瞬间增强了。1919年4月30日，布罗德告诉他菲莉丝·鲍尔已经在3月25日和年长她14岁的柏林银行襄理莫里茨·马拉塞结婚（婚后不久就生了两个孩子）。据布罗德在日记中记载，卡夫卡对这个消息表现出如释重负的样子，因为它解除了他内心的恐惧，因为他生怕自己由于1917年12月违约而长期扰乱了她的平静的生活："这姑娘孤身一人了吗？不，另一男人找到她了，轻松了、自由了。"所以即使疾病投下阴影，1919年春通往一个新开端的道路也似乎铺平了：曲劳禁欲取消了，加工制作在解除婚约中积累起的罪责不再必要，向一种没有通信误解的亲密联系的过渡以及远程爱情的投影已经出人意料地轻易完成。

甚至连办公室——1919年4月1日卡夫卡又开始上班——在这几个相对喜气的月份里也不是使人害怕的地方了。新来的上司们跟他们被免职的前任们一样平日对他显得彬彬有礼、平易近人。捷克语自1918年11月起便是内部的工作语言，然而在对外文函中1919年才开始使用。自1919年4月起卡夫卡便用捷克语口授他的许多信函，尤其是在处理董事会事务的时候。他几乎再也不读德语专业文献。成为他的榜样的是有着"简直是创造性语言力量"的经理奥德施特里尔，他试图模仿此人的"生动的"捷克语（在后来的年月里他抱怨，说是奥德施特里尔的这种杰出才干因"文牍主义"式的陈词滥调而湮灭了）。虽然在卡夫卡的行文中有时也会有差错，然而他和捷克同事们的口头交流显然是无懈可击的。作为适应的高手，卡夫卡也在这一点上没有明显的冲突，极其自然地顺应了这新的情况。

第三次尝试

　　1919 年 9 月中，卡夫卡在布拉格和尤丽叶·沃吕察克订婚。春季他们还一致认为结婚是不可能的，后来在夏季期间，由于关系越来越亲密，情况似乎有了变化。卡夫卡将订婚看作一种形式，它确认一种不合法的性爱关系为合法，他这是一种普通的一时冲动："（……）因为我按我的追求婚姻的本性认为当时那种相对平和的好景是不合理的，并以为至少能够通过婚姻给予它一种事后的合理性或者至少可以通过极端的、不惜一切代价的努力结婚。"在这里跟在头两次订婚的情况不一样，结婚的决断显得并非道义上的责任——履行这种责任就可以把孤独地生活的单身汉艺术家引回生活的中心，而是对一种先前非法享受过的亲密关系形式上的辩白。在做出订婚决定时，卡夫卡和尤丽叶在才智上的差距对他来说并不是障碍。她，如同他 2 月自谢莱森所写的，"出身微贱"，因此受教育程度明显不如他：这也许增强了她对他的吸引力。然而如果人们同意卡夫卡 1919 年 11 月回溯往事解释决定和尤丽叶结婚所说的理由，那么厄洛斯和订婚便是两个领域，它们似乎只是形式上并非在内在逻辑性上互相有关联。性爱经验，相当的不寻常，被当作"平和的幸福"，它必须导致结婚，因为它没有法定的联系是"不合法"的。卡夫卡以法学家的身份陈述理由，他把婚姻机制称作性共同体的最后一着："依我看这虽然将是一种恋爱婚姻，但是说得更确切些这应是一种崇高意义上的理性婚姻。"

　　马克斯·布罗德在 1919 年 9 月 11 日才了解到卡夫卡的结婚计划："沃吕察克小姐，很穷，一个教堂杂役的女儿"，他在自己的日记中不加评论地记下这样的话。1919 年 9 月 23 日布罗德在日记中说，一个共同相识的熟人传播了对贫穷的尤丽叶家不利的看法："该怎么把这个情况告诉他呢——也许他的父母知道这一情况？"布罗德是不会去向赫尔曼·卡夫卡指出这婚约有问题的。对沃吕察克家不利的谣传显然没有布罗德介入也传到父亲的耳朵里了。他用侮辱人的、因其冷酷无情而让儿子想起从前的受贬抑和受耻辱经历的口吻把即将来临的结婚称作严重的错误。促使他做出这一粗暴评价的主要因素——沃吕察克家的贫穷，这势必会使他对儿子结婚抱有的物质上的期望落空。在中产阶级平步青云者赫尔曼·卡夫卡的眼里，尤丽叶代表一个下层姑娘，在寻找一门比较有利可图的亲事："她可能穿了一件挖空心思挑选出来的衬衫，这是布拉格犹太女人惯用的伎俩，你随后自然也就打定主意要她。"说是她提供给儿子的那些魅力，儿子在妓院里也可以找到："要是你怕去那儿，我自己陪你去好啦。"赫尔曼·卡夫卡对儿子的结婚计划的粗俗反应仅仅是重复了文学已经表现过的而已。在七年前发表的《判决》中老本德曼对格奥尔格大发雷霆说过类似的粗野的话，话是这么说的："'因为她撩起了裙子，'父亲开始用柔顺的声音说话，'因为她这样、这样和这样撩起了裙子，所以你就黏合上了她了（……）。'"小说描写了同样的"深深的屈辱"：父亲把他的订婚说成是他没有能力以经济的形式满足性欲的标志之后，儿子在1919年感受到的就是这种屈辱。卡夫卡在受到这种形式的质问时，他几乎不可能看不到文学与生活之间的这种相似的情况。赫尔曼·卡夫卡的态度使他遭受到的伤害反映在一件作品中，这件作品作为起诉词甚至带有一种虚构结构形式的特性：致父亲的信，他将在1919年11月中写的这封信。

虽然卡夫卡成功地在内心战胜父亲评判的粗野形式，但是这抵消不了所受到的严重伤害。他在回忆这件事时无比直白地认为，赫尔曼·卡夫卡对订婚的"抗拒"证明了他计划要做的事的正确无误。这是一句恐怕既没有让作为心理学家的他，也没有让作为作家的他感到信服的用语吧。不同于从前的年月，如今卡夫卡至少在短时间内找到了反对父亲的抗议的力量：1919年10月底在布拉格户籍登记处申请了教堂的结婚预告，拟定了11月的第一周举行婚礼。令人感到意外的是，在战后的艰难时势中，迁入洛朔维茨新建住宅区一所小小的、比较昂贵的寓所，这样罕见的可能性居然出现了。这个住宅区坐落在布拉格东南边缘，尤丽叶的父母也住在那一带。然而 10 月 31 日这一对新人得知，这套住房——其房租 3400 克朗要吞掉他近一半的年收入——已经租出去了。现在这位永远的单身汉有了逃避他的结婚决定的最后机会："这是转折点，此后就势不可当了，这一回给我定下的期限已经过了，迄今一直从远处警告过我的，现在日夜在我耳际轰鸣（……）。"走回头路的这一步，它在这里作为一个以内在的逻辑性展开的自然过程的结果出现，它说到底带有有意识、自日益增长的怀疑中产生的决定的性质。卡夫卡向尤丽叶承认自己害怕长期受约束而取消了婚礼，可是起先只把这一决定透露给奥特拉。1919 年 11 月他至少会描述他在订婚后的心情。像在与菲莉丝结婚的事件中那样，他现在也不得不认识到，在计划结婚的那一刻他"再也不能睡觉，白天黑夜头脑都在发热，再也没法正常生活"。做出决定后的恐惧似乎只有通过修正决定本身才可消除。

1919 年 11 月 4 日卡夫卡和布罗德一起再次去了谢莱森的施蒂德尔膳宿公寓。尤丽叶留在布拉格：这是破裂的最初标志，它发生在找房子失败之后，而这一失败已经升格为一种征兆。卡夫卡在寻找一个明显的失败的象征，这个象征会给他以独自继续走自己的路的权力。现实就这样变成一种媒质，它在一些紧要关头机械地继续产生内心冲动，在他心中对婚姻产生影响：心理上的反抗在谬误人生规划的象征中找到其外部的、表面上客观的形态。布罗德在不多几天后又动身回去了，卡夫卡则在谢莱森待了两个半星期。朋友间的关系在这个阶段因积极性上的极大差异而受到损害。卡夫卡在疾病的影响下越来越退出社会生活，而布罗德却在 1918 年以后的几年里怀着永不停歇的急切心情加强了自己的社会活动。自捷克共和国建立以来，在他不断的写作活动之外，他承担了许多新的社会工作，担任犹太人国民议会主席团成员从事政治活动，继续撰稿在布贝尔的刊物上宣扬犹太复国主义以及为现在由费利克斯·韦尔奇出版的《自卫》撰稿。加剧了布罗德的紧张不安的是一场潜在的婚姻危机，它只是在表面上与卡夫卡对自己建立固定关系的能力的怀疑有一种相似性，因为它并不来源于向孤独退却的思念，而是来源于一种狂热的乱交。布罗德在寻找外部刺激的持续吸引力，而卡夫卡却听命于一种拒斥运动，任由它把他引进"自我的深处"。1919 年年底空前清楚地显示出，这两位朋友的生活时钟不按同样的节拍走动。

　　卡夫卡和尤丽叶·沃吕察克之间的关系在形式上的模式再次由文学写作形成。熟悉的写作节奏又给他的恋爱关系规定了内在的戏剧性，即使他这一回吸取了与菲莉丝·鲍尔交往的教训，不让文字的媒质充当厄洛斯的活动场所。像重大的文学写作规划那样，犹犹豫豫、游戏逗弄似的序曲（不妨想想在谢莱森的那轻微折磨人的笑）经由上升至陶醉的强烈阶段（"让我们彼此相向疾飞"）发展至接近的停顿（"我内心的抗拒"）和中断（"当初这是转折点"）。卡夫卡从写作活动中所了解到的回避绕行策略也显现出来，这一策略是应该可以排除使人喘不过气来的紧张急切心情的。在施蒂德尔膳宿公寓中他在布罗德离去后在一个犹太病人小圈子里结识了 18 岁的明策·艾斯讷，她现在可以履行里瓦插曲中那个瑞士女人的角色。她是一个泰普利茨犹太人，家庭经济状况良好，深受"一个不幸的青年时代的癔病"的折磨，受一种"无聊的生活"驱使得了肺病。这个姑娘要在施蒂德尔膳宿公寓结束她的康复期，她哀悼她的不久前去世的父亲并且怕自己前途渺茫、没有具体的人生目标。二人通过每天在谢莱森的接触渐渐产生了一种更为紧密的信任关系，卡夫卡在其中担任父亲般的顾问的角色。他试图使这位年轻女士相信有必要去做具体的工作并增强她的决心：离开预先规定好的、乖乖地等着和一个富有的年轻男子结婚的贤惠女儿的道路。明策·艾斯讷将把他的建议付诸实施：1921 年她去波莫瑞的一所庄园当学徒，接受当商贸园艺师的培训。卡夫卡曾在曲劳和特洛亚积累了一些农业方面的经验，他就请求她经常提供有关她的工作进程的情况，检查她的雇用合同在司法上是否可靠并用一些略带嘲讽的建议评论她的有时听起来客观冷静的报告（"我总是宁可伤害树也不伤害我"）。卡夫卡同策·艾斯讷的关系带有一种明显感情上的色彩：这一点从他的信中——即使是在他转而解释生活中实际存在的问题时——可以看出，几乎总是有一种调情、影射或暗示的成分渗入员他的劝告之中，不过他的语言却没有模棱两可的味道。明策·艾斯讷公然回报他的爱慕，她把自己的照片从波莫瑞寄给他，照片上的性感魅力让他想起一幅幼年时代就熟悉的莎士比亚的《威尼斯商人》中鲍西娅的肖像。类似这样的关系在此后的几年时有发生——比如和普阿·本-托维姆，蒂勒·勒斯莱尔和多拉·迪阿曼特。全都是很年轻的妇女，她们对他怀有一种夹杂着钦佩和性爱的情感。然而若是以为在这样的情况下会产生一种永远的儿子的角色的更迭，那就错了。卡夫卡知道，为什么从中了邪的自我构思圈里的各次爆发必然会失败：摆脱继承下来的生活样式，它原本是会"涂抹掉"熟识的身份的，如今却隐藏着"某种疯狂并且每一次尝试几乎都会受到这样的惩罚"。如果说较年轻的人在越来越强烈的程度上敬重卡夫卡为顾问，那么这并不说明儿子担任了父亲的角色了，而是说明儿子的身份在延续，这儿子了解来自权威世界的危险。

1919年11月20日卡夫卡从谢莱森返回布拉格，他在布拉格恢复了同尤丽叶·沃吕察克的老关系。有鉴于种种关系不明不白，尤丽叶的已婚的姐姐克特·内特尔要求他对他从前的结婚意图做出明确的表态。卡夫卡在1919年11月24日给她写了一封有些语句含意不明的信，他在信中试图为自己的行为辩解并求得对方理解。他用诡辩式的论据说明，他废除了与尤丽叶的婚约，是因为这婚约产生自一种错误的强制性抉择，但是他不能取消同她的恋爱关系，因为它"越过我的所有弱点"来源于一种内心的休戚相关的感觉。人们不妨回想一下1913年8月底他寄给卡尔·鲍尔的那封模棱两可的信，他在这封信中既辩解又驳斥了自己的求婚。当初这封信的这句格言——"我归根到底无怨无悔，这是更高的必然性的尘世反光"——现在也决定了卡夫卡的意图：和尤丽叶生活在一种类似婚姻的没有结婚证书的关系之中。这个计划很快就被打乱：这是他在 1919 年深秋还不能料到的。

米莱娜，一个有夫之妇

1920 年年初，保险公司领导部门让卡夫卡升任秘书。通过这一升迁——它标志着捷克董事会赏识这位有病公职人员训练有素的忠诚——他当上了科长，他的权限扩大了，他有了相当于一个襄理的权限。而且公司还在 1919 年 4 月 10 日给他加薪，工资加到 4900 克朗，每年还有 1600 克朗住房补助和 1625 克朗物价补助。虽然 1919 年 4 月 10 日按照 2 月 25 日一个议会决议进行了由奥地利克朗改为捷克克朗的币制转换，可是卡夫卡拿到的薪水起先还是旧币，这旧币作为支付手段继续通用。1920 年 5 月他的公务表上才——回溯至 3 月 1 日——进行了调整，这一调整之所以必要，主要是因为新货币在不多几个月内大大提高了它对奥地利克朗的价值，经换算后卡夫卡的收入按票面价值达 18802 捷克克朗。这位新任命的秘书的主要职权范围是建立一个公函草拟业务部门，协调公司的全部司法信件往来，审查、编辑法律上的表态和鉴定并将其转交给各专业科室。这个业务部门对公司的总共 20 个科室具有一种显要的监督功能，旨在提高内部的工作组织效率。在他的最后一段被几次长期休假隔断的职业生涯中，卡夫卡比以前任何时候都更彻底地了解到一种网络式发展起来的行政机构的控制密度。1922 年长篇小说《城堡》提供了官僚机构监督机制的一个讽刺影像，而他自己的这个部门就是确保这种机制的正常运转。长篇小说《城堡》使人感觉像迷宫的各级行政机关是保险公司内部官僚主义行政管理状况的一幅讽刺漫画。

1920 年 2 月底，一份专科医生科迪姆博士的鉴定中称，卡夫卡的肺部浸润处在继续蔓延阶段，需要在一家疗养院进行三个月的治疗。在董事会批给他八周假期之后，卡夫卡便在 1920 年 4 月初去梅兰，以便在那里比较暖和的气候条件下进行疗养。起先他在豪华饭店"爱玛"租了一间房间，但是一个星期后他又离开了这家饭店，因为它超出了他的支付能力。在随后的几个星期里他也用悭吝人的那种心疼不寻常的支出的苦涩口吻抱怨梅兰的高昂生活费用。4月10日他迁入膳宿公寓"奥托堡"，将近30个房间分布在它的5个楼层上。这里提供的素食不合口味，餐厅低矮，餐巾在餐后不更换（"白雪公主不会喜欢在这里玩耍的"）。但是卡夫卡宁愿选择比较简朴的生活条件，因为公寓租金比较低，他就可以在此逗留长久一些。"父亲，"他用讽刺的口吻对奥特拉评论说，"会说：'人家不痛打他一顿并把他赶出去，那就是一所了不起的膳宿公寓了。'"1920年5月15日，在奥特拉向经理奥德施特里尔请求准假以后，疗养期再次延长了五周。他事先得到他兄长有关他必须在董事会如何行事的精确指示："（……）行一个屈膝礼，把申请递给他（这样的屈膝礼我多次做给你看过）并说，我向他亲切地致意（……）。"在翁特梅斯新结识的熟人中有来自欧洲各地的犹太人疗养客，卡夫卡在用餐时作为训练有素的单独旅行者和他们迅速交谈起来。他们的个人命运也是一面镜子，反映了犹太民族由于战后改变了的政治情况而遭受的适应压力。他不无讽刺地评论一个布拉格犹太人的情况，此人在共和国宣告成立的那一天注销了儿子在德语九年制高级中学的学籍，并让儿子上了捷克语的八年制完全中学，宣布废除自己的德意志俱乐部会籍，并通过行贿让人把自己的名字从协会花名册上删去，以便显得自己不是战前制度及其明白无误的国家等级制度的拥护者。这样形式的机会主义恐怕就要证实说犹太人有所谓的变色龙倾向的这种反犹情绪。而《自卫》的布拉格犹太复国主义者们则认为这种形式的机会主义是丧失立场，他们把这视为老一代同化了的西犹太人的典型特征。

　　在梅兰膳宿公寓的餐厅里卡夫卡遭遇了一种不加掩饰的反犹太主义，其程度之强烈使他深深感到惊恐。关于犹太人的失败主义、破坏活动和在世界各地搞阴谋活动的疯狂谣言不胫而走——自战争结束以来成为右派报刊上盛极一时的话题。雅各布·瓦塞尔曼1921年回顾由

1920 年

反动报纸煽动起来的对一场犹太复国主义革命的期望时说，犹太人是"新时代的雅各宾党人"。梅兰的疗养客们，其中有退休的奥地利和德国军官，热烈讨论犹太民族的政治观念，人们认为有犹太复国主义思想的社会主义者们积极支持慕尼黑苏维埃共和国[1]便是极端荒唐地体现了这样的政治观念。人们"什么时候也不原谅"他们，卡夫卡 1920 年 5 月初言简意赅地报告，"人们在喝汤时溺毙他们，在吃烤肉时切开他们"。"反犹太主义在用餐时显示出它的典型的无辜"，针对同桌吃饭客人的攻击性报复幻想，卡夫卡用尖刻的语气做出这样的评论。

1920 年 4 月初，卡夫卡在翁特梅斯开始和住在维也纳的 23 岁女记者米莱娜·波拉克通信。她在 2 月就已给他写过信并请求允许将《司炉》翻译成捷克文。卡夫卡动身去梅兰之前一个月他们在布拉格的阿尔科咖啡馆第一次会面，不多几个星期以后他对这次会面便已经淡忘了。米莱娜迄今为止的生活颇有些冒险经历，有才智有自信，追求自由以及心理上有维权能力。她于 1896 年 8 月 10 日在布拉格出生，父亲扬·耶森斯卡是颌骨整形外科医生，除了自己开一个卓有成效的诊所外，还在卡尔斯大学担任教授职位。兄长早年夭亡（卡夫卡后来受她委托在奥尔舍纳公墓寻找他的墓）的米莱娜·耶森斯卡在 1907 年至 1915 年间就读于 1890 年建立的布拉格"米内尔瓦"九年制女子高级中学，并在那里受到良好的自由主义思想的教育。母亲，深受她丈夫的自我中心的折磨，还在女儿中学毕业之前便死于无法医治的贫血。聪明的女学生，她满怀激情地阅读从哈姆松到陀思妥耶夫斯基的

1　指 1919 年建立的、历时两周的巴伐利亚苏维埃共和国。

欧洲现代作家的作品，爱做些离经叛道的事，她也以此反抗她自以为是、喜欢采用独裁教育方法的父亲。她很早就有性方面的经验，还在开始上大学之前就不得不做了一次堕胎手术，试用过父亲诊所里的吗啡，在商店行窃时被当场逮住，挑衅性地按艺术家的流行式样穿长衣服，围围巾，戴帽子。16 岁时她就在她的（也在与卡夫卡的通信中多次提及的）女友施塔萨·普鲁夏茨科娃和娅尔米拉·安布罗若娃的陪同下，在着迷的大学生和惊恐的上了岁数的妇女面前扭动着腰肢招摇过市。在这样的活动中不时还掺杂着进两性同体化装舞会和与女友们玩同性恋游戏，公然向公众进行挑衅。

高级中学毕业后米莱娜·耶森斯卡先是学了两个学期的医学，但是随后改学文艺学和新闻学。她和她的女友们一起走遍布拉格的艺术家酒馆，埃尔泽·拉斯克尔-许勒为模特儿穿长衣服，装出追求时髦的、具有一种新的放荡不羁思想的知识分子的样子。1914 年她就已经在"阿尔科"咖啡馆里结识了比她年长 10 岁、在一家银行当外语书信工作人员的恩斯特·波拉克，并且和他一起激烈坠入爱河之中。她的父亲不同意这种关系，不仅因为米莱娜为了能在经济上接济这位朋友，在这一阶段多次进行贪污，更主要的还因为他作为捷克民族主义者和反犹太主义者对这位同化了的犹太人波拉克抱有强烈的偏见。他试图用严酷无情的手段——它们就像汉斯·格鲁斯使用暴力的教育方法——阻止他女儿的这种关系。1917 年 6 月，冲突达到顶点，他让人把米莱娜送进布拉格附近韦莱斯拉文的一所精神病医院，以便使她摆脱波拉克的影响。她在这所疗养院总共度过了九个月，然后她到了法定年龄，便在 1918 年 3 月，违背父亲的强烈意愿，嫁给了波拉克。1918 年初夏，这一对夫妇便在耶森斯卡的催逼下迁往维也纳，波拉克在他那家银行的本部受雇当文书。然而在婚姻生活中却经常出现紧张气氛：波拉克在咖啡馆里度过他的下午和晚上，并不断和别的女人有染，他欺骗米莱娜并要求感到孤独的她务必宽恕他的放荡行为。还在波拉克结识米莱娜之前，卡夫卡便在"勒夫雷咖啡馆"和"联合咖啡馆"里觉得他是个好装腔作势的花花公子，摆出一副事务忙碌的样子："在一段时间里，我觉得他在每一家咖啡馆里晚上有几次他接听电话的那种独特的样子特别好看。那里有人不睡觉，而是坐在电话机旁，半醒半睡地度过时光，脑袋靠在靠背上，时不时地惊跳起来打电话。"

这个奥地利的大都会1919年还明显地笼罩在战争和社会变革所带来的经济上的后果的阴影里。1919年12月30日，米莱娜·波拉克写到了当时的现实形势："维也纳穷奢极欲，维也纳跳舞，维也纳玩耍，维也纳歌唱和演奏圆舞曲并演出空前荒唐的轻歌剧。同一个维也纳一病不起，失去生机，充斥着赔偿委员会，它的政治领导们在全世界来回奔波，请求帮助。火车不行驶，居民没有面包，没有面粉，没有土豆，没有邮件、电话、电报，一切勉勉强强地运转，慢得令人难以置信（……）。"有鉴于物质生活方面的艰难时势，一个银行职员的收入不够日常生活开销，米莱娜放弃了自我陶醉的缪斯的角色并力求经济上不依赖她的出了名的不可靠的丈夫。她担任一个家务女帮工的职位（不久便因偷首饰而被解雇），在西火车站当行李搬运工，当家庭教师教捷克语。1919年年底她开始写些小文章，向布拉格报刊投稿。自1919年12月起，雅洛斯拉夫·哈赛克和埃贡·埃尔温·基施也为

米莱娜·波拉克

其撰稿的《论坛》定期刊登米莱娜的杂文，从而为她提供了初步的经济上自由发展的余地。到1944年5月去世之前，她总共撰写了400多篇报刊文章，内容涉及文学、戏剧、建筑和艺术，直到时装、电影和舞蹈的广阔领域。1922年年底她从《论坛》跳槽至经济状况较好的民族保守党的报纸《民族报》，从此以后她在该报刊上发表文章，虽然她不赞成该报的政治路线。

　　卡夫卡和米莱娜之间通信的实际上的起始点是在文学问题上的沟通。卡夫卡审阅米莱娜的译文，有时建议另选别的词语，但原则上对她的译文表示绝对"信任"。1920年4月22日她的《司炉》译文在《树干》杂志上刊出，随后在7月16日捷克文《不幸》刊出，9月9日《观察》中的6件作品的译文发表（其中有《单身汉的不幸》和《商人》），最后是9月底捷克文《为一个研究院做的报告》发表在《论坛》上。1923年，期刊 *Cesta* 将刊登米莱娜·波拉克译的中篇小说《判决》。除了一篇未经授权的《变形记》匈牙利文译文——由年轻的桑多尔·马兰、后来的《火焰》作者——1922年发表在两家卡绍报刊上，这些便是卡夫卡逝世前他的作品的仅有的外语译本了。

　　在不多几个星期内通信的语气便有了一种亲密、恳切的性质，虽然他们在布拉格仅是一面之交而已："您从咖啡馆桌子之间离去的情景，您的身形，您的衣服，这些我至今还历历在目。"应卡夫卡的强烈请求，自4月底起米莱娜便用她熟悉的语言（"请用捷克文吧"）给他写信，而他自己则用德文写回信。捷克文对他来说自童年时代起便产生一种感官上和情感上的气氛，这种气氛在日常生活中也不失去其既让人感到陌生又感到吸引力的魅力。他一再检查致米莱娜·波拉克的信中一些捷克文短语的语音效应或象声的效果，以便探索这门语言的灵魂。6月初，通信还不满两个月，米莱娜就主动更改称呼，称他为"你"———种推进，这恐怕是菲莉丝·鲍尔难以大胆做出的。这里所进行的这种接近的过程是令人惊异的：两个人，在咖啡馆里会见了短短数小时，在不多几天通信之后便相互陈述各自对生存的恐惧和对未来的担心，陈述各自的身体状况，对孤独和集体、爱和性、婚姻和婚外情的想法，仿佛对他们来说不存在亲切交流以外的别的沟通形式。卡夫卡似乎清楚地意识到，这种使两个对话者可以进行如此无保留的倾心交谈的令人激动的势态必然是短暂的、非永恒的："——这当然只是一个瞬间的，一个幸福和痛苦得发抖的瞬间的真实（……）。"他在梅兰同时表现出决心留住并享受这种短暂的绝对协调一致的状况的样子，即使他为恐惧所攫住，害怕这种状况会突然消失："你必须在这样的信中有美杜莎的了不起的脑袋，这样恐怖之蛇就会因你的脑袋而怕得发抖，恐惧之蛇则为我的脑袋更疯狂地发抖。"这起码稍微减轻一些忧愁，这种忧愁干扰他的情书的极度兴奋之情：他及早地向米莱娜·波拉克讲述他的几次订婚的故事并且与此相关地也谈到了他和尤丽叶·沃吕察克的事，这一关系——他向维也纳报告说——还存在，但是没有任何结婚的希望，所以其实并不存在或者不如说过着一种有损于人的独立的生活。

卡夫卡用"克拉默尔"的假名在维也纳贝诺街的一个邮政专用信箱给米莱娜寄信，以免让恩斯特·波拉克截获这些信件（然而这位显然以自我为中心的花花公子是否根本就知道他妻子的桃色事件，这还是颇成问题的）。他的致米莱娜的信件明显不同于和菲莉丝·鲍尔的通信，它们比较简洁，少有重复、说明、辩白：它们比之于 1912 年至 1913 年冬的通信犹如一篇表现主义的中篇小说比之于一部 19 世纪现实主义的长篇小说。自我表白的因素在这些信中退居次要位置，自我谴责风格更具讽刺意味，论证的笔触使人感到更率直——在这里书写的笔者如此信心十足地拥有自己的自我写照的技术，以致他能够将其保持在暗示和速写上。不同于菲莉丝·鲍尔，看来米莱娜·波拉克在这些信中不是虚构的，而是直接受到招呼了；卡夫卡放弃暗示、旁敲侧击和转弯抹角的修辞手法。米莱娜可以扮演绝对存在的角色，虽然她肉体上不在场并且只能经由粗浅的记忆给人以一个不完整的印象。延缓的基本修辞手段，它曾将与菲莉丝的通信驱进一个持续不断推迟和拖延的过程，这种修辞手段如今没出现。致米莱娜的信其实是在唤起经由含有象征意义的细节和暗号促成的——感官经验、印象和感觉的——具体的瞬间。像在以前的致马克斯·布罗德的信中那样，卡夫卡在发表意见时顺便对自己的现实生活状况做袖珍快照式简洁的描绘；恰恰是梅兰的初夏印象简直颤动着感官上近在咫尺的热情，闪现着南方的光芒。对于写信人的炽热感情具有启示性的是，他在 1920 年

6月13日信中的一段上气不接下气的附言中所提供的带性爱色彩的练习曲："今天写了一些也许可以说明某些情况的话，米莱娜（一个多么丰富、有分量的名字，重得几乎举不起来，一开始我并不很喜欢，我觉得是一个古希腊人或古罗马人迷路来到波希米亚，这个名字遭捷克语强暴了，重音错位了，可是色彩和形态极美，一个妇人，有人抱着她，把她从世间、从烈火中抱出，我不知道怎么回事，她顺从、信任地依在你怀里，可是 'i' 上的强音不好，这个名字不正在从你身边跳离而去吗？抑或这只是你自己带着重荷的幸福的一跳？）。"[1]

　　爱情在这样的片段中虽仍是一种想象的产物，但是它比在致菲莉丝·鲍尔的信中更清晰地有了感官上的和肉体上的深度。反过来可以猜想得到，这一通信中的第二——沉寂的——声部听起来比柏林的订了婚的人的第二声部更带有复调的特性。对于米莱娜的火山爆发似的信件，卡夫卡有时在信件收到后过了几天才敢于阅读，因为它们像一只"警钟"那样惊扰他并且还会用其挑战的口吻在无法入睡的夜晚纠缠他。面对这位感情强烈的写信伙伴，他扮演了孩子的角色：这个孩子必须受她这位"女教师"和"母亲"的教育。他叫她，叫这个23岁的女人"米莱娜妈妈"，也是受到她的感性语言的影响吧，这门语言中浸透了诱人的爱意。这种将感性的东西尊奉为神的做法的对立面是"污秽"的隐喻，这一隐喻贯穿着卡夫卡致米莱娜的信件，它有时和他的柔弱的犹太人身份的一种讽刺反射联系在一起。这个"污秽"惯用词很早就已经表示因希望在身体上更亲近米莱娜而做自我指控的意思："（……）我将不敢把手递给你，姑娘，这只污秽的、颤动的、爪状的、毛躁的、缺乏自信的、又冷又热的手。"这是很典型的："母亲"在引诱者的惩罚想象中不得不突变为作为不加反抗的牺牲者出现的"姑娘"。七年前卡夫卡曾用极相似的话对菲莉丝描绘过他的纯洁

1　米莱娜（Milena）：像古希腊、古罗马人的名字，"i"是 Milena 中的第一个元音，这个名字的重音本来在"i"上，成为捷克名字后，重音在第二个元音"e"上。

和污秽之间结合的恐怖景象，他看到他的订婚计划后面闪现的景象：
"你还记得我的那只长着孩子和猴子指头的、瘦骨嶙峋的长手吗？"

在6月的头几周里，在米莱娜的教促下，卡夫卡一再考虑，在他
的假期的最后几天去维也纳。求爱（"你会有什么让我难以忍受的"）
和想象（"你属于我，即使我永远也见不到你"），施行决心（"那我
就来"）和更正（"但是我以为，我不会来"）的变化交替虽然受到和
菲莉丝的通信那样类似的机制的支配，但却遵循一种更为严格的戏剧
性。当疗养逗留时间行将结束时，卡夫卡知道，他再也不能采取策略
性的行动了。现在全部力量把他拉向米莱娜，而当初他是不敢将手递
给她的。1920年6月28日，他乘坐夜班车从梅兰到维也纳并在早晨
到达后在南站边上的"里瓦"旅馆里租了一个房间。6月29日，由于
米莱娜显然因与她的丈夫的一个约定而不能前来，他就"尽可能隐蔽
地"在第八区莱尔兴费尔德街她的住所周围一带漫游。6月30日10
点左右，她到旅馆门前来接他（"别突然从侧面或后面出现在我面前，
我也不会这样做的"），由于怕被恩斯特·波拉克发现，她和他一起冒
着似地中海地区的夏日天气在市郊做远距离的漫游。这一对儿避开市
内各区，随后的几天也在市郊度过。真正的亲昵行为在远离市中心的
城市边缘地区产生——"小型文学作品"模式1911年12月唤起过的，
如今在这里爱情的田野上成为现实了："愉快的生活"，它来源于自我
满足的效果。7月3日，这一对儿去维也纳森林游玩，庆祝卡夫卡的
37岁生日，这次出游使他们得以实现那种性爱上的接近，先前的信
件往来没有弥补而是最先刺激了这一接近："所以你说我们已经是一
体了，你这话说得对，我根本不怕，这是我唯一的幸福、我唯一的骄
傲，我根本就不把这种幸福限制在森林里。"

在维也纳，通信的亲昵语气似乎毫不费劲地传布到身体的层面
上。"作为受难的爱情"——这是尼采的用语——现在包含性行为，然
而它并非在"床上的那半小时内"进行，米莱娜·波拉克曾在她的一
封信中轻蔑地把这称为"男人的事"，而是作为一种共同特征的加强

形式发生，卡夫卡用"幸福"这个概念来表明这种共同特征，而这个概念则一向在他的描写性行为的语汇中是用不着的。身体的层面，在与菲莉丝的关系中总是充斥着恐惧而现在形成了一个经验领域，它使忘我和自信协调一致起来："所以我十分感激（你和一切），所以这就是不言而喻的了：我在你身边既极其安静又极其不安静，既极其拘谨又极其无拘无束，因此我也就按照这一认识放弃了一些别样的生活。看着我的眼睛！"卡夫卡作为情人可以无保留地对待米莱娜，因为他无法在他自己的作品中为她找到样板人物。米莱娜既不像菲莉丝·鲍尔那样是弗丽达·勃兰登弗尔德，也不像尤丽叶·沃吕察克那样是莱妮。她不来源于文学想象——在这种想象的强制下她会变成一种幻觉，相反，她维护自己才智方面和感性方面的权利，她独立而坚定地使它们发挥作用。

　　1920 年 7 月 4 日，当卡夫卡和米莱娜度过了四天后迷迷糊糊乘坐早班火车从维也纳返回布拉格时（"可是这会儿你突然不在了"），他下定决心承担新的恋爱关系给他带来的后果。还在他抵达当天的晚上（抵达延迟了，因为他的签证已经到期，人们在格明德不许他入境），他就和尤丽叶·沃吕察克会面，以便告知她有关米莱娜的情况并建议分手。然而由于他在谈话过程中不信守自己的原则，使用了模棱两可的词语，问题没有得到澄清。第二天晚上他再次和她谈话，希望现在能把问题说清楚，可是这一回也绕开了那个决定性的词儿。1920 年 7 月 5 日他又开始上班了，这时他痛苦地意识到米莱娜不在身边："（……）不管遇到什么情况，耳际都有一只小铃在响：'她不在你身边了'，不过空中某个地方也还有一只大钟，它在鸣响：'她不会离开你的'，但是小铃的声音就是不绝于耳。"

　　1920 年 7 月 7 日，卡夫卡不得不搬进出门旅行去了的妹妹艾丽在马内斯街的寓所，因为从巴黎来访的阿尔弗雷德·勒维要在旧城环城路旁父母家他的房间里住两个星期。一向害怕生活节奏被打断的他这一回并未对更换住所感到不痛快。在"充满了回忆并为另样的生活做好了准备"的寓所里，如两年后他向马克斯·布罗德解释的，他感到像在家里一样，因为这些寓所使他可以参加别人的团体。卡夫卡在这些日子里又见了一次尤丽叶·沃吕察克，面对他表面上的犹豫不决她做出自愿从属的姿态逼迫他，她宣称："我不能离去，可是你若是要我走人，那我就走。"在她强有力的敦促下，无可奈何的卡夫卡允许尤丽叶和米莱娜建立通信联系——一种不谨慎的做法，它让人想起1913年夏的那个令人不愉快的事件，当初他允许他的母亲请人暗中打探菲莉丝·鲍尔的家庭情况。尤丽叶·沃吕察克的信——她已经把此信交给布拉格邮政总局，后来她又将它要回让她的前未婚夫将它寄给米莱娜——在维也纳受到冷淡的、倨傲中带着友善的回应，是卡夫卡本人建议米莱娜做出既友好又严厉的答复。2020年7月6日，他最后一次和尤丽叶见面。当天晚上，在一次较长距离的散步途中，他结束了一段恋爱关系，一段并不可以算作他一生中最光彩的事件之一的恋爱关系。它显示出他是个以自我为中心的人，这个人奉行利己主义，没有远离仪式化了的、讲究修辞的套话去顾及他的女伴的情感。

尤丽叶·沃吕察克在1921年11月嫁给年龄较大的襄理约瑟夫·维尔纳，他是工人区齐茨科夫布拉格贷款银行一家分行的行长。他们婚后没有孩子，夫妇俩在布加勒斯特度过好几个年头，约瑟夫·维尔纳在那里当他的捷克雇主们的代理人，但在20世纪30年代返回捷克共和国。1943年11月19日，尤丽叶·沃吕察克在布拉格被党卫队逮捕，1944年4月19日被押往奥斯维辛，四个月后，1944年8月26日在那里被杀害。米莱娜·耶森斯卡，在和恩斯特·波拉克离婚后她又改用此名，她在尤丽叶之前三个月不堪折磨死在拉芬斯布吕克集中营，盖世太保把她作为抵抗运动女战士关进该集中营，进行"政治再教育"。弗兰茨·卡夫卡的这两个情人最后就是这样遭遇了同样的命运。

在爱情之后

1920 年 7 月 15 日，奥特拉·卡夫卡嫁给捷克天主教徒约瑟夫·大卫。她的丈夫，比她年长一岁，和她一样也是个乐观开朗、精力充沛的人。1913 年中学毕业后，他身无分文去了英格兰好几个月，他在那里当饭店服务员——维持生计。1914 年 6 月，他在布拉格城市储蓄银行当实习生。战后，1919 年，他才完成他的大学法学学业，他不得不自己为这一学业承担费用。大卫亲英国，对体育——尤其是对足球——感兴趣，以有沙文主义思想的捷克人身份出现，在家庭圈子里不容许别人讲德语。奥特拉的与一个信天主教的、读沙文主义刊物和蔑视自由主义的《论坛》的民族民主主义者的结合被赫尔曼·卡夫卡认为是侮辱。她显然必须摆脱父母的束缚，但也必须借助一个反计划摆脱与她兄长的紧密关系的约束。还在 1920 年 5 月卡夫卡就从梅兰写信告诉她，说是他把她的结婚理解为犹如一种象征性血亲相奸意义上的代理行为："我们俩都不应该结婚，这是令人厌恶的，由于我们俩之中你是更合适这样做的人，你替我们俩做了这件事。这很简单嘛，全世界都知道它，所以又是我替我们俩保持单身。"他在评论即将来临的婚礼时用的讽刺口吻掩盖了这一事实：他把这件事理解为影响深远的行动，它使他正式摆脱奥特拉。格蕾特·萨姆萨已长大成人并过上婚姻生活，而兄长却孤独地留下。在布拉格市政厅户籍登记处的仪式上以及在随后的宴席上——席间他坐在大卫的妹妹的身旁——卡夫卡像在艾丽和瓦丽的婚礼上那样感到心情压抑，他有一种若有所失的感觉："下午。扣眼里插着爱神木花，尽管头脑僵硬还算理智（分离，分离！）。"

在 7 月的这几个星期里，探望米莱娜所创造的共同点像一个逐渐淡薄的传说那样被唤起。然而再度在维也纳幽会的提议被卡夫卡拒绝了，因为在这期间她已经将她的桃色事件告知波拉克，他怕和她丈夫见面。他的恐惧反映在一种与此同时产生的极滑稽可笑的怪诞描写中，他用这种手法写了一出古典嫉妒剧，该剧描写一个丈夫和他的山羊胡子情敌在一座剧院的包厢的争斗（"到我这儿来吧，小宝贝"）。为了起码可在短时间内再见一面，卡夫卡在 8 月 1 日建议米莱娜，说是他们可以在布拉格和维也纳之间铁路线中段的边境格明德地区见面。"快点吧，"他在一封信中这样写道，"这是个机会，我们每个礼拜都有；我怎么没早点想起来，不过我先得办护照（……）。"他没有早一点想到这个建议，这确实令人感到奇怪，因为他对过去年月里的一次捷克-奥地利幽会的这一变种是很熟悉的："我已经查阅过行车时刻表。您不想看一看格明德吗？它正好位于路程的中间，火车简直是迎面相向而驶，您和我，大约 4 点从家里出发，7 点到格明德，我大约 7 点半才到。第二天晚上我们乘同样的、只不过是已经更换了的火车又回家。"1914 年 3 月 13 日，和菲莉丝·鲍尔订婚之前不多几个星期，卡夫卡便是这样给维也纳的格蕾特·布洛赫写信的。假如米莱娜以为他是特意为她想出了这个在边境秘密幽会的计划，那么她就弄错了。它来源于一个引诱者的幽会，这个引诱者像是无心地——"火车简直是迎面相向而驶"——能够驶向自己的目的地。如果说格蕾特·布洛赫当初拒绝了他的建议，那这表明，她是意识到这样一次会面会给她带来什么后果的。

1920 年 8 月 14—15 日的周末卡夫卡在格明德见到了听从他的建议前来赴约的米莱娜。甚至连旅行日期都和他那张旧的 1914 年 3 月的行车时刻表上的日期吻合：由于他出发前还得在办公室办完公务，所以 4 点过后他才离开布拉格并在 7 点半到达边境车站，而米莱娜则已在半小时前到达那里。格明德是个象征性映现出自战争结束以来存在着的政治状况的地方：火车站属于捷克共和国的地域，而城市则归奥地利管辖。两个国家的交会点就是这一对情人相会的地方，所以他们——在火车车厢平台门口"理所当然地进行悲伤和美好"的欢迎后——下榻在火车站旅馆是合乎逻辑的，因为它是一个模棱两可的地方，在这里捷克和奥地利几乎无法分开，它既归属于车站也归属于城市。星期天下午 4 点半卡夫卡又返回布拉格；而米莱娜则独自，没有她的丈夫在身边，去沃尔夫冈湖畔的圣吉尔根度 10 天假。跟维也纳会面的情况不一样，关于这个共同度过的晚上以及随后的这个夜晚，卡夫卡在信中几乎只字未提。在此后的几个星期里，他的信几乎一直情不自禁地围绕着一个亲昵经验打转儿，而这一经验是无法用语言的手段表现的，所以对他来说一直阴森森、深不可测。"恰恰是现在我觉得，"1920 年 8 月 17 日他说，"仿佛我有一些说不出来的、写不出来的话要对你说，不是为了要补救我在格明德搞坏了的什么事，不是为了挽救淹没了的什么东西，而是为了使你对我的状况有深切了解，使你不致被我给吓住了，不管怎么说，这种事在一般人中间毕竟都是可能发生的。"不多几天后的口气冷淡了："是呀，这是大谎言，我也说了这谎言，但是还有更糟糕的，在隐蔽处，为了我，充当无辜者。"在这里出现了自与黑德维希·魏勒通信以来便出名的生花妙笔的撤退手法，提出预示不祥的警告，做些过于琐细的分析，幸福经它们的洗涤变成一种对忘我和自我享受进行惩罚的象征。一个最初的预示凶险的信号从地平线上升起，它显示，格明德的精辟时机将永远是一个独一无二的事件。

在随后的几个星期里，发生了先前的生活规律奇特地重复出现的现象。像在与菲莉丝·鲍尔的纠葛中那样，如今也有情人的一位女友闯入卡夫卡的男女关系之中：娅尔米拉·赖内罗娃（安布罗若娃），自从一起在米内尔瓦上学以来便一直和米莱娜相好的朋友。卡夫卡应米莱娜的请求——这也是一种相似的情况——在 8 月 16 日，从格明德返回的后一天，去娅尔米拉的住所第一次拜访她。她正处在一种严重的精神上的危机之中，内心充满负疚感，情绪极为消沉：她那在《论坛》当编辑的丈夫约瑟夫·莱纳尔，在得知娅尔米拉与维利·哈斯的恋爱关系之后，于 1920 年 2 月年方 22 岁便服毒自尽。卡夫卡称这个他通过马克斯·布罗德的一份报告了解到的事件为一则不会让他感到"害羞"的"故事"——一种说法，它也与他的在此刻开始的和米莱娜的桃色事件及其面临的与莱纳尔事件的类似后果有关系。在1920年秋季之前，他多次会见娅尔米拉。她在家里或办公室里见他，怀着往往不清楚的使命。"我不太知道，她为什么来，"8月底她来保险公司访问过他以后，他解释说，"她靠近我的写字台坐着，我们东拉西扯地谈了几句，后来我们靠窗站着，随后站在桌旁，后来她又坐下，后来她就走了。"娅尔米拉，被维利·哈斯在他的回忆录里称作"奇怪的"女人，是个没有受到委托要传送什么信息的信使——一个人物，一年半后将会在长篇小说《城堡》中以雌雄同体的巴尔纳巴的形象再次出现。她像格蕾特·布洛赫那样扮演怀有讳莫如深动机的亲密顾问的角色，这位顾问本人把用在情妇身上的性爱能量的一部分吸引到自己身上，但是同时——这是新的成分——怀着"嫉妒心"观察着这一对情人的关系。在会晤过几次卡夫卡之后她给米莱娜发去信件和电报，她在其中对这样一起桃色事件表示不赞同，因为对她来说这一桃色事件也反映出使她丈夫死于非命的悲剧。另一方面，娅尔米拉的罪责投影又必定会增强卡夫卡对自己和米莱娜的关系的后果感到的恐惧：这是显而易见的。他从1914年初夏的经验中得出教训：在正在出现的三角恋爱关系中必须谨慎从事。跟对格蕾特·布洛赫不一样，他对娅尔米拉没有采取任何一种追求的策略。米莱娜的女友尽管其外貌显得并不引人注目（"其实不怎么漂亮"），却还是对他有吸引力，这一点可以从一封谈到一次登门拜访娅尔米拉的1920年9月6日的信中看出。信中有一段评论，说是谈话僵化在生硬、死板的客套上了："但是主要的事情是，我（不过倒是很违背我的意愿）极其无聊，沉闷得像一个棺材盖，而她，娅尔米拉，当我离去时，她如释重负。"这句话具有双重含义，因为它表面上——为了安慰米莱娜——描写一次个人亲近努力的失败，但是却隐晦地承认，这一失败不是存心的（"违背我的意愿"）。在长篇小说《城堡》中出现一种类似的情况：K，他和情妇弗丽达分手了，他抵抗她的竞争对手佩皮的爱情表示，但是他抵抗的那种方式却同时泄露出她对他是有吸引力的。

　　认为他"靠不住"，所以想插手的米莱娜的女友施塔莎的附加干预之所以遭到卡夫卡的阻止，是因为他的恋爱关系的不正经性质使他再也忍受不了其他的困惑了。在一封 1920 年 9 月 6 日的信中他第一次考虑，是否还是完全停止和米莱娜通信的好。他用了一种诱逼性的措辞，不难看出他在用词上的良苦用心："可是一般来说，你很久以来就一直和我一致认为，现在我们互相不应该再写信了。我刚才说了这话，这纯属偶然，这话我不说你同样也会说的。"9 月底他固执地问："为什么，米莱娜，你写到了共同的未来，这决不会有的嘛，或许你是因此才写到它？"卡夫卡的"我们决不会、决不能共同生活"的认识主要来源于因一种道义上的自我评价而增强了的负疚感，而这种自我评价则随着对在维也纳和格明德的相会越来越敬而远之而呈现出更激进的特性。他和米莱娜犯的通奸在他看来即便有这样的情况也是不正当的：波拉克尽人皆知不忠于他的妻子。10 月中，他虽然考虑在格里门施泰因进行较长时间的疗养，这本可以使他有机会去访问位于 80 公里以北的维也纳，但是几个星期以后他又摒弃了这个计划。奥地利抒情诗人阿尔贝特·埃伦施泰因，1913 年 3 月底他和此人的兄弟卡尔一起在柏林"约斯蒂咖啡馆"，并由此结识了此人，此人在 1920 年 11 月初的一个布拉格朗诵晚会后劝告他下定决心和米莱娜一起生活，说是因为只有她有祛除他的疾病的力量。然而在这个阶段这样的劝告他再也听不进去，因为他已经成竹在胸，他的理由几乎都是不容反驳的。这头"林中兽"——这是他对自己的描绘——离开了他的"肮脏的洞穴"，因为它怀着可以在异地他乡"安家"的希望，可是现在它不得不返回它的孤独的"起源"，那里才是它的"真正的家乡"。像是为了告诫别做其他的尝试，冒逃出"林中"生活的危险，他用无可争辩的口吻写道："（……）在我的四周不可能过有人性的生活。你看到的，你还不愿意相信吗？"他似乎在 10 月就已经做出决定，坚决避免再和米莱娜见面。"在这期间卡夫卡又舍弃了自己的爱情"，布罗德用一种既客观又感情洋溢的笔触在日记中写下了这样的话。1920 年 12

月底，他寄给她一封权充最后的信，该信只求"行行好"："别再写信了，我们别见面啦。"

米莱娜本人在她的六个月的恋爱关系的各个不同阶段是如何感受卡夫卡的，这一点我们只能推测了。1920 年 8 月 15 日——她在格明德和他相会的这一天——《论坛》中发表了一篇她写的文章，其中有这样的话："我们不期望信中有艺术，我们期望信中有通情达理的东西。"这种"通情达理的东西"在米莱娜和卡夫卡的关系中有一种自相矛盾的东西，因为它含有这一事实：她既想接受又想质疑他心理上的人生计划的"梦幻恐怖"。1920 年 8 月 9 日，他给她写道："你的信中最美好的信（这是过甚其词了，因为它们全部，几乎每一行，都是我一生中遇到的最美好的东西），是你同意我的'恐惧'并同时试图说明我不必有这种'恐惧'的那些信。"米莱娜在卡夫卡身上十分精准地感觉到了这股退却的力量，感觉到了也属于这股力量的遮掩自我和深藏不露，这可以从她的悼词中看出，她将在 1924 年 6 月 6 日将这篇悼词发表在《民族报》上："他太有先见之明，太有智慧，他没法活着，他太衰弱，没法同高尚的、美好的人的衰弱做斗争。这些人并不因害怕误解、无情和精神的谎言而回避斗争，虽然他们预先就知道他们无能为力。这些人失败了，他们就使胜利者丢人现眼。"

米莱娜无法长久对卡夫卡坚持儿子角色、不积极操控自己的人生轨迹感到满足，因为她最后，像菲莉丝·鲍尔那样，认为他的宗教仪式般的自我惩罚实践是蔑视他们自己的表现。如果说她试图用乐观主义去克服他的负疚感的话，那么这无疑没切中他的负疚感的核心——要求确认那种通过禁锢确保身份的"林中"生活。爱情对于卡夫卡来说也仍然是，1904 年开始写作的《一场战斗的描写》的一则题词所已经表达的："不可能活着的证明。"在增强了的性爱接近的片刻，米莱娜能够使他脱离他的灾难等待循环规章。但是在遥远的布拉格的每一次延期清偿却使他在内心与她越来越疏远，因为他知道，一个确切的瞬间不足以永久祛除这种规章。儿子坚持他的权利：在极度兴奋之后他寻找孤独，这孤独是他的固有的本体的活动范围，厄洛斯在这里消失不见了。

在马特里亚吕疗养

　　1920 年的布拉格之秋展现一副恼人的面孔，上面刻着仇恨、侵略和愤懑之情。11 月 16 日和 19 日之间，街上发生了严重的反犹太主义的暴力侵犯事件，在宪兵和骑警不顶事之后，当局投入了 10 月新组建的军队事态才得以平息。由捷克民族主义者们煽动起来的骚乱不只是针对犹太市政府，掠夺并毁坏了其中收藏的贵重的图拉经卷，而且也针对德语的报刊和剧院。布拉格市长为这种摧残文化、艺术的行为辩护，他公开宣扬捷克民族主义思想并否认卷入这场有政治动机的暴力行为。犹太人在捷克斯洛伐克共和国的领土上享有正式被承认的有受保护权的少数民族的合法地位，在街头恐怖的压力浪潮下，这一点不再起作用。"现在我一整个一整个下午都待在街上，"11 月中卡夫卡给米莱娜写道，"四周是一片对犹太人的憎恨声。"他毅然决然地添上一句，说是从这一周的反犹太主义的侵略行为中得出的结论——阿多诺和霍克海默将冷嘲热讽地谈到一场"文明的洗礼"——只能是决心流亡："这不是不言而喻的事情吗：人们离开受到如此憎恨的地方（受憎恨的理由根本就不必是犹太复国主义或民族感情）？"作为犹太人，为了不落入反犹太主义狂热分子的手中而不得不一直生活在别人的保护之下，这对他来说意味着"令人厌恶的丢脸的事"，这增强了他迅速离开布拉格的愿望。这时移居到捷克斯洛伐克国土上的犹太人的比例在反犹太主义的压力下已经大大缩小了。1921 年年初，受到 1919 年开始的流亡潮的制约，犹太居民还只有 12.5 万人——占总人口的 1.2%。其中的 28%，将近 3.2 万个犹太人住在布拉格。布拉格即便在战后也有大的吸引力，因为它给自由职业者——手工业者、商人、医生、律师——提供职业上的方便。

1920 年 8 月底，医生对卡夫卡又做了一次检查，检查结果令人失望。梅兰疗养显然效果甚微，他的体重又损耗了。10 月 14 日经公司医生检查确诊为两个肺尖结核浸润加重。疾病摆脱不掉：X 线照片成为幽灵名片，它们让人预感到死亡。11 月在不断更换旅行计划中度过，然而这些计划全被卡夫卡摒弃了，因为拟议中的奥地利疗养院的费用超出了他的承受能力。1920 年 12 月 13 日，公司董事会批准给他一个延续至 1921 年 3 月 19 日的假期。在这一决定产生的时间压力下，卡夫卡终于选定了一个具体的旅行目的地。选中的是匈牙利塔特拉高地马特里亚吕地区的一座现代化肺病疗养院，它坐落在海拔 900 米高之处。还在秋天，他就曾向米莱娜表示了他对在这样一所疗养院里疗养的反感："我要在那儿干什么？让医生用两膝头夹住并让大肉块噎住，他用苯酚手指将那些大肉块塞进我的嘴里，然后将它们顺着咽喉往下压。"这家预订好的疗养院在布局和组织上有一种战后时代的典型特征。大多数病人住在集中供暖的"主别墅"内，餐厅及台球室和音乐室也在那里（"简直高雅至极"，卡夫卡如是说）。旁边是一幢陈设简朴的夏季住所，它为疗养院职工和重病人提供住宿。主楼里有一个给卧疗提供新鲜空气的公用阳台，还有医生检查室和客人住房；实验室和 X 线检查室设在宽敞的地下室。1898 年在奥地利建立了第一批这样的疗养所，从一座豪华饭店到一所典型中产阶级的住宿公寓，各种价格标准的都有。然而卡夫卡却知道，即便是较好的疗养院的高雅设备也阻止不了病人凄凉的日常生活氛围："这都是些专治肺病的疗养所，整座房屋的人日夜咳嗽和发烧，这些人都必须吃肉，若是有人抗拒注射，从前的刽子手就会使此人的胳臂关节脱臼，那儿的犹太人医生将着胡子在一旁看着，对犹太人冷酷得像基督徒。"

1920 年 12 月 18 日，卡夫卡在大雪纷飞中到达马特里亚吕。跟长篇小说《城堡》中的土地丈量员 K 不一样，这里已经有人在等候他。一部雪橇已准备好，它"在月光下"将他和他的行李穿越过山地森林送进疗养院。他用人们给他预订好的没生火的房间换了隔壁那间比较宜人的房间，那本来是留给奥特拉住的（即将分娩的妹妹本想陪伴他一周，考虑到自己的身体状况突然取消了这趟旅行）。当他第二天早晨动身去相邻的主楼里的餐厅时，这个在夜晚令人心情沉重的地方便已经使他感到愉快一些了。从滑道传来雪橇的铃铛声，阳光照进阳台，晚间的风已经停息，疗养院显示出保养照管得很好和宽敞的特性。此时此刻他还料想不到，他将会在塔特拉高地待八个月零八天——比他先前任何一次离开布拉格的时间都长。

马特里亚吕，正如朱利亚诺·巴约尼所说，是卡夫卡的"魔山"：超然"平原"摒弃之外，给时间筑篱笆的合适地点。托马斯·曼的汉斯·卡斯托尔普将会遭遇到的事，如今卡夫卡也经历了，他迅速认识到，平时的感知习惯做法在疗养院的封闭世界里暂时中止了："午饭钟声已经响了！日子真短。一天测七次温度，几乎还没来得及将结果登记入册，日子就已经结束了。""伙食，"他作为训练有素的旅行家满意地断言，"相当富有创意，菜肴的组成成分我根本分辨不出来。有些菜是专门为我做的，虽然有大约 30 位客人用餐。"疗养的有形效果迅速显现出来：他在 3 月就已经能够向布拉格报告体重增加 6 公斤，6 月增加 8 公斤。然而，医学上预期的治疗效果却是用背离严格素食的生活计划换来的，并且——按他的自我诊断——出现了令人不快的并发症（"这种肉又引起痔了"）。有时那种贪欲使他惊恐，他居然像一只"饿狼"那样贪婪地窥视着每日三餐，并"迫不及待地"吃掉贮存在罐头里的"尸体"：痊愈的反面是厌恶这种使人有可能痊愈的欲望。

疗养院在 1921 年冬季聚集起来的这 30 个病人来自东欧的各个不同地区——主要是匈牙利人、斯洛伐克人、捷克人、俄罗斯人和奥地利人。起先卡夫卡以为他们之中绝大多数人是基督徒（人们居然一直这么受蒙蔽），然而稍晚一些他便纠正了自己的看法，说是住宿在这里的，"多数人是犹太人"。主治医生莱奥波德·施特莱林也是犹太教信徒，他对犹太复国主义问题感兴趣，卡夫卡争取让他订阅了布拉格的《自卫》。而匈牙利客人们则往往显示出反犹太主义的观念，卡夫卡觉得这些人的语言"带甜味但坚硬"。一个被卡夫卡认为是基督徒的单身的女病人直言不讳地表示她对犹太人的憎恨，据她所说，犹太人都必须被"彻底消灭"。当他向她公开了自己的身份的时候，她对外表现得"友好了一点儿"，但仍无法消除那种已经"几乎在身体上"将她控制住的不舒服感觉。在这样冷冰冰的时刻，卡夫卡觉得疗养院就像变成石头的标志，它象征他1920年秋在布拉格大街上惊恐地看到的那种时代疾病。然而他觉得别的疗养地完全不合适："巴伐利亚吗？还没有哪个医生给我提这个建议（尽管也会出现一个这样的医生），而且他们在那儿很不情愿接纳外地人，而他们接纳犹太人，仅仅是为了打死他们。"

不光是反犹太主义激起他的忧郁情绪。由于他周围那些垂死的病人，他在马特里亚吕，如他在一封致奥德施特里尔的信中所写的那样，第一次对他的病的"真正含义"有了印象。他也告诉奥特拉，说他由于天天面对重病患者而认识到，他的状况实际上是多么危险。卡夫卡隔壁住着一位年近50、患喉头结核的病人，此人晚上让他对着一面镜子看他红肿的咽峡溃疡却因此而使他几乎晕厥过去。1921年4月，此人跳下复活节送他去布拉格逗留一周的一列快车自杀身亡。虽然卡夫卡1917年9月就已经谈到过死亡天使，说是随着第一个诊断的做出他就已经出现了，但这仍然是一种修辞上的惯用语：一种用文字祛除危险的手段，众所周知的经由言语媒介的经验幻想。在马特里亚吕他第一次认识到了这深渊的全貌：疾病正在把他引向这深渊的边沿。

开给卡夫卡的治疗方法中，有自春天起他便裸体完成的每天在阳台上做数小时的新鲜空气卧疗、高山太阳照射、在新鲜空气中散步以增强呼吸道功能以及吃营养丰富的一日三餐。负责治疗的医生有时考虑使用咽峡注射消毒法，但是最后还是放弃了这一痛苦的治疗方法（1924年在奥尔特曼卡夫卡才不得不忍受它）。他给马克斯·布罗德这样写道，他的状况"有点儿像旧奥地利。有时境况相当好，晚上躺在沙发上，房间里供暖很好，嘴里含着温度计，奶罐放在身边，享受着某种平和，但是这是某种不确定的平和，这不是固有的平和"。当他于 3 月假期行将结束之前不久想起程回乡时，主治医生施特莱林威胁他，说若是他"现在去布拉格"，他将会虚脱，但是允诺他只要"待到秋天"便可"接近康复"。在这一点上，人们可能也会想到曼的《魔山》，那里的枢密官贝伦斯向病人卡斯托尔普预测："但是这一点我立刻告诉您：像您这样的病不会在一夜之间就康复，在这方面是不会有神奇效果和神奇疗法的。"3 月底，在卡夫卡请求马克斯·布罗德向奥德施特里尔当面递交了一份申请书之后，保险公司批准卡夫卡延长假期两个月。5 月，基于施特莱林的另一份鉴定再次延长假期至 8 月中。面对他的上司们的体贴照顾他感到羞愧难言，因为在这样的时刻，如他所说的，经理"变成一个天使，人们情不自禁地垂下眼帘（……）"。夏天期间他的身体状况改善了，很少咳嗽，体温正常，"咳痰、呼吸急促减轻了"。然而，他持怀疑态度地添上一句，这"与其说是肺改善还不如说是天气改善"。他的睡眠障碍状况依然没有变化，它们源于他久已熟知的噪声敏感。1920 年 5 月他以挖苦的口吻写道，说他是"马特里亚吕的老大爷，只有当最后一个发出尖锐刺耳声音的打扫房间的女工已经睡下时，他才能入睡"。喀尔巴阡山典型的、极端寒冷的冬季限制了他的活动半径，如今天气开始变暖和，卡夫卡便扩大了自己的徒步行走定额。6 月，他壮着胆子做了一次塔莱卡一日游，他在那里的一家位于 1300 米高处的酒店里中途休息。尽管有"旅游者们"和预订好的"吉卜赛人音乐"，他还是很喜欢那儿，因为他觉得这地方"未开化和美好"。

卡夫卡在接触马特里亚吕大多很年轻的女病人时有意识地采取生硬和保留的态度。"根据你的建议，"2 月他给奥特拉写道，"我没和这样的女人来往，这没让我费什么劲（……）。"5 月初他尚在声言，说是在这里"没有哪个姑娘"把他拴住。后来他对此流露出某种惋惜：虽然"情况很有利"，他却不得不遵循自己内心的责任感并保持清心

在马特里亚吕，1921 年初夏，左外侧是罗伯特·克洛普施托克，旁边是格劳伯尔

寡欲。他只对两位疗养院主人中的一位的女儿伊雷妮·布格施显示出一种比较亲密的关系，不过他却并没有越过自己划定的界限。卡夫卡与医科大学生罗伯特·克洛普施托克结下比较深厚的友谊，他是在 1921 年 2 月初进一步结识此人的。克洛普施托克是一个 "21 岁的年轻人，高个头，宽肩膀，强壮，面色红润"，一个 "布达佩斯犹太人，有进取心，聪明，也很喜爱文学，尽管整个相貌比较粗犷，看上去还是像韦弗尔，像一个天生的医生那样需要人类，反对犹太复国主义，耶稣和陀思妥耶夫斯基是他的领路人"。后来他们更亲近了，因为克洛普施托克在读克尔凯郭尔的《恐惧和颤抖》一文，而卡夫卡曾在曲劳仔细研读过该文。在早春的几个月里，他们在一起散步、交谈，共同度过了许多时光，他们谈到了道义伦理学和宗教方面的问题。有时牙医格劳伯尔加入这个小组，他是克洛普施托克的一个朋友，以后卡夫卡将对此人在 1923 年 8 月的早亡表示极度震惊。克洛普施托克拒绝犹太复国主义，因为他把这视为一种纯粹政治性的纲领，针对这种纲领他提出了一种从基督教的道德概念发展而来的、合乎道德的人类自我约束义务观念。辩论的中心是如何看待克尔凯郭尔对上帝让亚伯拉罕承担的信仰考验所做的解释，卡夫卡和克洛普施托克就对这一信仰考验的各种不同的说法阐述各自对一种个人的宗教责任的看法。卡夫卡担任怀疑论者角色，把上帝施加的考试局面的过分要求理解为人生迷宫的结构的象征，而

克洛普施托克则从它们之中推导出这样的结果：只要尘世的纠结最终得到形而上学的解决，对一个精神主管部门的信任就是正确的。卡夫卡表现出被克洛普施托克的坚定的宗教虔敬心吸引住了的样子，但是有时也感到迷惘："人们不知道，是善的还是恶的力量在起作用，反正这些力量无比强大。在中世纪人们会以为他着了魔。"

罗伯特·克洛普施托克

为了医治好轻度的结核病而中断了自己医科学业的克洛普施托克证明自己同时也是个具体施助的帮手。1921 年 3 月，初次相识后不多几个星期，卡夫卡就把他描述为"极其聪明，真诚、无私、体贴"。克洛普施托克在卧疗时内行地为他做湿热敷，"不显丝毫强人所难地"帮他和医生建立更紧密的联系，并向厨房工作人员转达他的请求。6 月初，这位新朋友起程去布达佩斯，他在那里继续他的医科学业。现在卡夫卡开始和他通信，他在信中将在马特里亚吕做的克尔凯郭尔认为的亚伯拉罕与上帝关系的讨论继续进行下去，并用他的源于心理学的解释加以补充。从他后来的信件的风格中可以看出，这两个人于春天这几个月里在疗养院里建立起来的亲密关系达到了什么样的程度。在卡夫卡生命的最后阶段，既能满怀热情也能患难与共的克洛普施托克将会证明自己是个大好人，哪儿需要他相助，哪儿就有他的身影。

夏季期间，经较长时间的停歇后，卡夫卡又读了卡尔·克劳斯的一篇戏剧性讽刺作品《文学或拭目以待》（1921）。克劳斯对弗兰茨·韦弗尔充满激情、振荡极大风格的戏剧作品提供了一种刻毒的讽刺滑稽模仿，而卡夫卡却，如他 1920 年 10 月还给米莱娜·波拉克所写的那样，很欣赏韦弗尔的戏剧作品。尤其受到攻击的是，表现主义的反对旧风俗斗士的姿态，这位表现主义者试图以一种公然展示出来的现代风格的名义摧毁旧有的传统："我们的时代 / 在暴风雨中摧毁 /

形式要干什么 / 创造新人，强人。"克劳斯认为这一纲领表现出了具有
时代典型特征的预感：艺术家已经摆脱了语言和文化的传统束缚，迷
失方向了，孤立了。卡夫卡只对这一论断感兴趣，而该文详细的文风
批语则似乎没怎么触动他，因为他恰恰欣赏韦弗尔的表现主义剧本中
的那种——在这里受到嘲讽的——宣布者口吻。皮埃·克劳斯的文章
促使他在 1921 年 6 月做出思考，这些思考涉及这位犹太作家在西方世
界的位置。正如一封致布罗德的信中所说，他觉得他是"说犹太德语
的人"，说一种"有机"生长起来的"文牍德语和手势语言的结合语
言"。犹太作家们的重大问题在于，他们得掌握一门独特的语言，这
门语言必须从一种无传统状况的"灰烬"中产生，因为它既追溯不到
流传下来的方言也追溯不到高度繁荣的文学和文化。所以，据称，犹
太作家们活动在一种三重紧张状态之间："不可能不写作，不可能用
德语写作，不可能用别的方式写作。"远离了布拉格，卡夫卡的目光
投向犹太作家们忍受的摒弃、侮辱和伤害，想占领，但是按他的理解
却不能长久占有的德语语言的舞台。"我们生活的摇摆不定，"阿哈
龙·大卫·戈尔东 1917 年同化的文化后果写道，"导致我们是空气人，
不仅在经济上，而且也在精神上。"

　　卡夫卡作为疗养者在马特里亚吕一直待到 1921 年 8 月 25 日。他
的日子"在疲惫中，在无所事事中，在观看云彩中，也在更恶劣的情
况中"度过。看来他的内心的传动机构如同在曲劳那样听从一种比较
平静的进程，没有什么文学写作计划流传下来，没有保存下来什么手
稿。若是在这里写过什么作品的话，后来卡夫卡恐怕也已将它们烧
毁了。他的遗物中有"十本大四开本笔记本"，里面的"内容完全销
毁"。不完全排除这种可能性：马特里亚吕时期的作品成了在布拉格
进行自我检查行动的牺牲品了。认为卡夫卡完全放弃了文学创作的这
种猜测是不可信的，但是同时还应该考虑到，在疗养期间，就像从前
在度假时那样，他通常都不怎么写东西，虽然适用于布拉格的外部阻
力——上班和夜间睡眠义务——在这里失效了。所以这一猜测比较接

近实际情况：卡夫卡在马特里亚吕就像在梅兰那样，在很大程度上停止写作了。在 1917 年春产生出《乡村医生》卷的极度兴奋状态之后，随之而来的是他所熟悉的创作力凝固状态。所以，1920 年至 1922 年间的极度寂静显然是典型的征候，它象征写作运动的停顿，它的法则有一种独特的力量，是无法驾驭的。

1921 年 4 月 14 日，米莱娜在一封长信中告知卡夫卡，说她发作了一次——与早年一次受传染有关的——肺病。同时她含糊其词地通知说要去布拉格，可又没具体说明自己的行程。就在当天，卡夫卡请求马克斯·布罗德将米莱娜到达的日期及时间通知他，以便他推迟归期，避开和她见面："因为一次会面，它将不再意味着让人绝望得紧抓自己的头发，而是意味着让人在自己的脑壳和脑门中抓出累累伤痕。"对米莱娜在过去已出现过最初症状的结核病卡夫卡没有表现出明显的情绪波动，他几乎没有什么怜悯心："现在据说情况比较严重，她有病了，她的生命是强大的，我的想象力不够丰富，想象不出米莱娜生病的样子。"在此后的几年里，经几次较短期的疗养院疗养后，她的结核病治好了。在这方面，卡夫卡的判断是对的，然而这改变不了它所表现出来的那种毁灭性的内心冷漠。

卡夫卡在喀尔巴阡山建立起来的这种严密封闭的生活状况，使他有可能对自己失败的恋爱关系做出总结。与他的挚友布罗德、韦尔奇和鲍姆相比，他觉得自己所做出的成绩微乎其微。布罗德作为坚定的犹太复国主义者已经在犹太人共同体中找到了自己的一席之地，并拥有文化政治家、作家、批评家、作曲家的声望。韦尔奇作为犹太复国主义的《自卫》的出版者，遵循一种卓有成效的大众传媒的方针，使这份期刊的名声远播布拉格以外，他在从事图书馆管理工作之余还对哲学和宗教学产生兴趣。鲍姆尽管有残疾，却还是在布拉格文学生活中占有了一个固定的位置，并且作为同时也写音乐评论的专业作家，有能力不从事谋生的职业也可养活自己的一家人。而且这三个朋友都已经结婚成家，这在卡夫卡眼里意味着他们的社会地位得到了加强。

而他自己和女人的种种关系的结果都令人心情沉重：只有在他所追
求的对象——在马特里亚吕便是这样——对他来说"不可企及"的时
候，他才会爱。一旦一种性爱关系获得特殊的力量，它就会毁灭他。
1921 年 4 月中他做出解释，说是他面对自己的"蔓延至全身的病态性
忧郁症"还在为这个生命希冀的，是大体上康复，在一个南方国家逗
留（"不一定是巴勒斯坦"）以及一种"小手艺"："这些希望不算多
吧，连女人和孩子都不在其中呀。"

旧有的负担和几乎没有消除的烦恼

　　1921 年 8 月 26 日，卡夫卡乘坐一列挤满了夏季度假者和退休人
员的火车返回布拉格。三天后他怀着自己的健康状况显著稳定的信念
开始上班。然而董事会指定的体检却在此后两个星期产生了一份令人
不愉快的检查结果：9 月 13 日鉴定诊断为肺部浸润加重并建议继续疗
养。9 月底卡夫卡就不得不辞去职务，因为一阵阵猛烈的咳嗽使他痛
苦不堪。10 月初，马特里亚吕疗养院所有者的女儿伊雷妮·布格施来
看望他，在布拉格逗留了一个下午。一封致克洛普施托克的信——他
在该信中说她"可爱且温柔"——透露出，仅仅是对以前桃色事件种
种纠葛的记忆才使他没加深接触。

　　1921 年 10 月 8 日，卡夫卡在 14 个月之后再次见到了米莱娜·波
拉克，她来布拉格探望她的父亲，在此逗留几个星期。他显然违背
了自己在马特里亚吕定下的初衷，还是按捺不住激动，与她重温了
旧情，当初在与菲莉丝·鲍尔的关系上他就曾不得不向这种心情屈
服：回忆昔日经验所释放出来的痛苦无法阻止按一定程序更新这种经
验。鉴于这种周而复始的自我矛盾，他试图抹掉自己的"变得鲜活的
记忆"，好不至于总是想起控制他的行为的种种旧情：他把自己以往
的日记，总共 11 本，以及从第 12 本里撕下来的十几页一起交给米莱
娜（1920 年 7 月他就已经把那封在"施蒂德尔"膳宿公寓写的致父亲

的信交给了她）。表面看来，这件事是一种深挚信任的表示，因为他让米莱娜了解他的日记惯于在介于传记和文学之间那难以确定的领域里制造那种想象中的亲密行为的种种形态（一种诚挚坦率的姿态，除此之外他只敢对马克斯·布罗德这样坦诚以待）。但是这同时也是一个减负过程，它将控告者这个角色从"我"的身上转到女友的身上："你在这些日记中找到了那些反对我的十分重要的东西了吗？"他用这个问题让出了检察官的角色并行使公正的法官的职能。他泄漏私人札记的这一行为，可能被米莱娜理解为绝对信任之证明，其实仍然是一种模棱两可的行为，它把控告的中心从自我观察转移到观察他人：一种导致力量关系移动的"拖延"过程，被控告者在这一过程中能够得到的最大限度的自由，正如长篇小说《诉讼》中约瑟夫·K通过画家蒂托雷利所获悉的那样。还有，卡夫卡在旧日记离开了他的写字台抽屉的那个时刻，在停顿了20个月之后继续记日记，这也是很有典型意义的。第一则日记，在第12本笔记本的最后一面上，这则日记的日期是1921年10月15日，是在交出整捆日记的一个星期之后：这是一个开端，它欺蒙了自己的来历。

1921年秋，卡夫卡不顾自己糟糕的健康状况，试图重新参与布拉格文化生活，这种文化生活在战后时期不同于处于衰落之中的维也纳情景，带有生动吸纳国际先锋派艺术潮流的特色。1921年10月初，他进一步了解了朗诵家路德维希·哈尔特，此人已经多次在"爱迪生"咖啡馆（自从1911年这位美国发明家访问布拉格以来，这家咖啡馆便一直叫这个名字）朗诵过他的内容丰富的节目单上的部分作品。哈尔特所朗诵的作品作者包括路德维希·伯尔纳、约翰·彼得·黑贝尔、罗伯特·瓦尔泽和卡夫卡自己（其中有《十一个儿子》）。对据马克斯·布罗德所说的1921年10月1日在莫扎特礼堂博得听众满堂彩的朗诵晚会，布拉格各家报刊均交口称赞。哈尔特，他在自己的朗诵会上不同于亚历山大·穆西、恩斯特·杜奇或弗里茨·科尔特讷这样的演员，他完全放弃一种纯属技巧性的声音调整，从而使卡夫卡的"水晶般清澈的散文"产生出极其密集的效果，一如布罗德和奥托·皮克在他们的评论文章中所称赞的那样。10月4日，卡夫卡去蓝星饭店拜访了这位朗诵家，这就是九年前菲莉丝·鲍尔在赴布达佩斯的途中住过的那家饭店。两人就朗诵文学作品做了一次引人入胜的谈话，但是后来他没敢接起话头继续交谈下去，虽然这次交谈曾引起他"相当认真的思考"。他在日记中阐明自己描写不了一种他仿佛"不再活着"的感觉帮助他建立起来的人际关系。在第一个朗诵晚会之后，他送给哈尔特一册《乡村医生》，上面写着"我为这几个令人心跳的钟点感谢您"。

　　1921年10月23日，星期天，卡夫卡在哈夫里赛克街上的"里都比奥"看了一部讲巴勒斯坦的电影，该电影介绍了阿科和耶发附近的风光以及对耶路撒冷各圣地的观感，也讲了定居移民生活印象。由于害怕反犹太主义者捣乱，电影院接连两个下午不对外开放，只在内部放映这部影片。卡夫卡的日记只记下星期天去"里都比奥"看电影，没对电影本身发表什么看法。1921年11月3日，在很久没音信后，库尔特·沃尔夫又来信了，在与路德维希·哈尔特的一席谈话的推动下，他在一封征稿函件中向卡夫卡征稿："我真心诚意地向您担保，在两三个我们可持有并可以向公众推出的作家中，我个人对谁也没有像对您和您的创作那样在内心保持一种如此感情强烈的关系。"沃尔夫，他明确表示的忠诚将并不如他在这里声言的那样无限，他在做此询问时想到的主要是两部长篇小说未完稿，布罗德曾告知他存在这两部书稿。他在这封信里所做的表彰被他内心向卡夫卡施加的压力削减了。因为卡夫卡预感到这件作品将无法完成，这件在他看来不成功的作品无法修改，所以他沃尔夫的征稿要求避而不答。他并不放弃，在安静的日日夜夜里连续不断地写出一部长篇小说的梦想，但是他知道，即便是一个健康的体魄也不会允许他实现这个梦想。1921年深秋他至少对这位出版商的征稿做出了间接的回应，他草拟了一则笔记留给马克斯·布罗德，这则笔记包含他的"最后的请求"："将所有写下来的或者画下来的东西"无保留地"完全彻底且不加阅读地烧毁"。

18 岁的古斯塔夫·耶诺赫也是令人悲伤的秋天里的对话者之一，估计卡夫卡 1919 年 4 月初在他从谢莱森返回后，在保险公司结识了此人。耶诺赫是一位同事的儿子，这位同事在四楼办公，比卡夫卡矮一层。这个年轻的小伙子，一个生来热情奔放的高中学生，正处在青春期危机时期，这种危机来自他父母遭到破坏的婚姻和他沮丧的学校经历。他不去上课，躲进市立图书馆，在那里贪婪且疯狂地阅读长篇小说。由于他写诗，讲求实际的、在文学问题上一窍不通的父亲便在 1919 年春介绍儿子和卡夫卡相识，卡夫卡友好地接待了这位年轻人并在此后的几个星期里常常在下班后让他陪伴自己去旧城环城路。耶诺赫渴望获得艺术上的成功，虚荣心极强，既不听劝告又迷失方向。他有时来办公室造访卡夫卡却不顾对方正忙于工作，所以卡夫卡在致米莱娜的信中不无讽刺地称他为"诗人"。从马特里亚吕返回后他继续与耶诺赫交往，虽然他的夸张的情绪转变（"哭，笑，喊叫"）使他反感并让他不知所措："哪个魔鬼在煽风点火？"卡夫卡的教育家式的厄洛斯，随着年龄的日益增长渐渐有了长者的特性，想必对耶诺赫施加了强烈的心理影响。后来——1951 年——他在一本取名《卡夫卡谈话录》的纪念图书中描述了他对卡夫卡的印象，然而这本书的原始资料却颇为可疑。耶诺赫不是"卡夫卡的艾克曼"，而是一个靠不住的见证人，此人的回忆在许多事情上始终不可靠，所以不能考虑用作学术研究的文献。

1921 年 10 月 22 日，保险公司收到科迪姆博士的一份官方医生证明，该证明建议让卡夫卡提前退休，说是他恐怕无法康复了，然而董事会害怕迈出这决定性的一步。10 月 29 日，又是只给了他三个月假期。考虑到自己的经济状况，他起先没去疗养院，而是在布拉格进行了一次疗养：放松练习，散步，饮食调理和做体操。他又展开了一种"自我"感知，认为这样的举动是恶性循环："无法摆脱的自我观察义务。我被别人观察，我当然也就不得不观察自己，我不被别人观察，我就不得不更加认真地观察自己。"不过卡夫卡在做这种形式的指控的同时也意识到，一旦他隐退并与世隔绝，他就只能在有限的意义上采取道德的行动。不管与人的接触什么时候停止，道德上的自我约束都会出现松动："一切有道德的行为都是个人行为，一切不道德的行为都是社会行为。"1920 年 2 月他就已经有这样的看法。卡夫卡用这种观点翻转了本纳德·德·曼德维勒的著名的公式。此人的《蜜蜂的寓言》(1705) 的副标题曾发布过一种双重道德的纲领：私人的恶德，公众的利益。对于卡夫卡来说，有道德的行为是不道德行为的倒转，是集体罪责的内面，就像 1920 年 11 月他在布拉格街头突然遭遇的"犹太人仇恨"以其丑陋的形式所显示的那样。

1921 年 10 月 29 日，卡夫卡上完了重新获得病假前的最后一天班，他从此将再也不会来上班了，这一点他此刻是料想不到的。11 月，米莱娜多次来他父母旧城环城路边上的寓所看望他，但是 1920 年 7 月里亲近时刻的那种亲昵（森林里我面上的你那张脸）是再也强制不来的了。看来卡夫卡好像已经关上了他在维也纳和格明德打开过一个短暂瞬间的大门。然而在米莱娜因第二天要离开布拉格而来向他辞行时，他却觉得自己若有所失，他注意到了这种循环式的运动："路漫漫兮，从我对她的离去不悲伤，不真正悲伤，到我因她的离去而无限悲伤。"1920 年 4 月底他就已经写道，说是对一种分离总是意味着的"罪责"的"思考"是"无用的"："这就像人们想使劲砸碎地狱里唯一的一口锅，首先这做不到，其次如果这做到了，那么人们虽然在流出来的一团烈焰中烧毁，但是地狱依然保持着其全部壮丽景象。人们必须另想别法。"

第十六章

自我勾画和譬喻（1917—1922）

童年幻觉

"孩子的过高评价父母，"1909 年弗洛伊德这样写道，"也保存在正常成年人的梦中。"对于卡夫卡来说，这种过高评价是他坚决维护的身份形成的一个要素。1914 年 3 月 7 日他给格蕾特·布洛赫写道："被错误判断的父母多于被错误判断的孩子，或者至少父母被错误判断持续的时间更长久。"想象中的对父母力量的过高估计从性成熟期起便是他的心理经验的固定组成部分之一。它也对自己在文学上的地位的认识提出了根据，这一点他无疑是意识到了的。永远的儿子的角色，如卡夫卡自己预感到的，使他获得对精细感知有权势和无权势的敏感，这种有力和无力的变化交替贯穿着他的作品。对父母权威的过高估计在这里证实是令人痛苦的，但同时也是真有创造性的心灵创伤，它使卡夫卡有可能成为作家："谁要工作，"克尔凯郭尔就已经这样说过，"谁就生出他自己的父亲。"

后来用打字机打成 43 页长的致赫尔曼·卡夫卡的信，这封 1919 年 11 月他在谢莱森写下的信是一种尝试：用法学形式逻辑和文学技巧阐明一种负荷过重的解不开的紧张关系。武器的选择已经决定了策略：攻击在司法言语的领域里进行，然而这却包括了富有诗意的艺手法的使用。可能在写作阶段卡夫卡就已经料想到，他永远也不会将这份手稿送达收信人手中。1920年7月初他通知米莱娜·波拉克已寄发这一封信件时，说这封信是充满"诀窍"的"诉状"。该信的决疑论[1]的修辞和论证不允许将它看作未经过滤的传记体描述的原始资料。他的习以为常的"自我谴责"策略，一如他示范性地在致菲莉丝·鲍尔的信中所使用的那样，既是——1922年7月他向马克斯·布罗德承认——"实情"又是"方法"。实情不需要评论，因为它本身就能说明问题，而以形式上的技巧为依据的方法则必然迫使对方反对。在致父亲的信中，卡夫卡的论证体系也在真实性和策略、显而易见和意志移植、证明和实验之间的一个狭窄山脊上活动。它的基本模式是想象中的交换意见，一种本身很有策略的对话的变种，控告和辩护的声音在其中难分难解地混杂在一起。这种明显的文学性质限制了此信在传记上的可使用性，然而同时也展示了一种虚构的条理，它显示出一位带作者眼光的讲述者在进行导演，这位讲述者绝对精通他所讲述的材料：儿子掌控着自己的生活，如果他可以通过写作虚构它的话。

　　致父亲的信同样涉及卡夫卡的文学作品勾画的三个基本领域：恐惧、斗争和交换。恐惧一再被描写为孩子的典型的基本经历。他的梦境记录显示，已经是成年人的卡夫卡尚还多么强烈地感受到恐惧。1916年4月19日的日记记下了一个梦，梦中他抓住他那同时也具有他外甥费利克斯容貌的父亲，抓住父亲睡衣上的经纱，把他像一个孩子那样举过阳台栏杆，以便让他更好地观看在街上举行的一场阅兵仪式。致赫尔曼·卡夫卡的信在三年半之后阐明了这一明显的《判决》变体的转换，它来源于对3岁时的一件事的梦幻般的回忆：夜晚哭泣的孩子被父亲抱到阳台上，孩子终于安静下来并不再干扰父亲的睡眠。这个梦用拐弯抹角的角色互换的方法刻画了一个亲历过的原始场景，致父亲的信用文学的手段将它改编成一篇描写19世纪末日常市民

1　决疑论：引述理论、社会习俗惯例等进行判断的理论，贬称诡辩论。

生活的短篇小说。梦和短篇小说阐明了回忆的特征，这回忆用不会失去的恐怖景象记录下童年的印痕。儿子长不大，因为恐惧控制住他，这恐惧作为他的身份的象征始终与他相伴相随。这恐惧显示出早期童年体验的心灵创伤，这创伤通过卡夫卡的信——通过这份估计是最重要的"20世纪主体强制特性的文学文献"——被反映出来。

对于卡夫卡来说恐惧一再是一种存在的代号，因为它构成使他可以体验现实和自我的接触媒介。它并不由具体的事件引起，而是标出了他的一种基本状况——社会交流便是在这种基本状况中进行。此信勾画出一系列对于孩子来说似乎是恐惧不安的印象：恐吓的厨娘，学校的铃声，骂人的父亲，数学考试。成为这些经验的原型比较模式的，是一个处决的场景，这就是那个被判刑者不得不作为加强暴虐狂的折磨人的形式共同经历的那场处决。卡夫卡的自我感受确定的不是具体的童年时代的受惩处经历，而是它们所释放出来的那些束手无策、无可奈何的感觉。他在恐惧中遇到一个没有防护的、去除了一切角色伪装的"自我"，在这个"自我"的后面站着那个赤裸裸的没有权利、财产和发言权的人。夜间，在无法入睡的时候，在旅途中，在办公室里，这种恐惧都会在卡夫卡心中油然而生。它甚至在被判决者的镜像中将他显示了出来，那个被判决者作为独行者不适宜于当牺牲品，因为他生活在一切秩序之外。

信的文学手段之一是台词散文，它使卡夫卡可以采取父亲的立场，随后又驳斥父亲的观点。这种方法的典型特征是，通过斗争的形态刻画父亲和儿子的关系。卡夫卡使用他的作品中的一个重要的神话，他在想象中对父亲说："我承认，我们互相在争斗，但是有两种争斗。一种是骑士式的争斗，两个独立的对手进行着力量的较量，胜败存亡都是个人的事。一种是虫豸的争斗，虫豸不但螫刺，而且还吸血以维持自己的生存。这才是地道的职业军人，而你便是这样的职业军人。"虫豸的形象再现了《变形记》中的视角，《变形记》的惩处幻想特性在这里通过台词散文的因素而得到加强。文本用地道文学的手法安排父亲当想象中的控告者，他规定斗争的规则并制裁儿子的犯规行为。由于父子之间的这种疏远，卡夫卡这样做引导性解释说，争斗者之间的"一种和平"便是他的信的一个重要目标。人们可能会怀疑，这一说法是否不只是一种讲究修辞的姿态，因为他的论证不仅提供了对一场——从前的——战斗的描写，而且也提供了这场战斗不可避免的现实证据。

　　文本的第三个基本领域由交换模式加以说明。人们忘记不了，这一基本领域在《变形记》中就已经出现过，格雷戈尔·萨姆萨在《变形记》中拿自己的活力换取父亲的久病不愈，父亲获得了儿子从前的力量。《判决》和《失踪者》也形成类似的有力和无力往复循环的结构，它们把等级制度规则的转变归因于体力、身高和体貌的变化。信中写道："我在你面前失去了自信，却换得了一种无限的罪责感。"卡夫卡在这里——随意地、并非逐字逐句地——引用了长篇小说《诉讼》里的结尾语句："怀着对这种无限性的记忆，我有一次正确地写到了某个人：'他担心，这种羞耻感在他死后犹存。'"只是在第一眼看上去，这一情况表明一种明白无误的、有力和无力的角色分配得清清楚楚的等级制度。可是仔细一看，人们便可以看清楚：这"无限的罪责感"——儿子在与父亲的斗争中拿它"换取"了自己的自信——是他的身份的条件，因此是他的不会失去的财产。这种财产在使儿子能在恐惧和自我憎恨的阴影中培养自己的作者身份时变为力量的媒介物。因为写作意味着在家庭内部的权力斗争中处于劣势者的迟到的胜利，是失败者的特殊光芒，是被告的美。卡夫卡在文字中的新生使他不仅获得一种特殊的身份，而且也获得他的迟到的胜利的媒介物。今天，父亲的形象——该信从战略的角度谈到父亲的权威受这件作品的影响而被校准了：在布拉格旧城环城路边上的这间延伸很长的营业厅里——直至1918年前赫尔曼·卡夫卡的时髦服饰用品商店就安置在这里——现在正正在销售几近全世界全部语言的卡夫卡的书（而且销售额比以往任何时候都大）。儿子虽然死了，没有留下一儿半女，但是他通过作品留下了持久的疤痕，并把父亲对他写作的冷漠变成一个特有的接受史的讽刺性脚注。

儿子在写作舞台上的胜利是一封信的真正的核心内容：这封信的调解争执的意愿纯粹是花言巧语。卡夫卡自己供认不讳的诡辩式论证技巧映照在棋手的王车易位中：这位棋手不进行公开的斗争，而是试图通过自我责备拐弯抹角地证明对手的过错。所以此信只是在表面上实现了一次供认的意图：这一供认可以使父与子"略微安心"，并使父与子"活得和死得轻松些"。这句充满激情的结束语的文学重要性在于其临时性的基本特质之中，搁置了父子间的争斗。这一供认在《一场战斗的描写》中有所表现，而这场战斗的后果则在谈到生与死——儿子的优先权和父亲的命运——的时候逐渐被意识到。

在意义的旋涡中

在《善与恶的彼岸》（1886）中尼采写道："一切深奥的东西都喜欢面具，最最深奥的事物甚至憎恨形象和比喻。"这一有双重意义的用语适用于卡夫卡自曲劳时期起在他的八开本笔记本里记下的许多散文速写和短文。它们的秘密显而易见地非常离奇，因为它们使用掩饰技巧，但不用严密的密码书写。这些作品的奥秘通过它们在陈述其自相矛盾的言论时的那种像玩耍一样的、认为理所当然的心理而产生。在直率的伪装的后面显现出那种"深不可测的深奥思想"的表现形式，而就是这种"深奥思想"曾被瓦尔特·本雅明认为是一个比喻的特殊记号。在这里，卡夫卡的视角像勒内·马格里特的著名画像《镜像》（1937）里的镜子观察者，这个观察者看不见他自己的面庞，而是作为背面中的形象重复出现。卡夫卡的审美的外罩——作为"最最深奥的事物"的记号——与这样的重复现象的结构相称：这种重复现象飘进深不可测之中，不知道起源和终端。

很能反映这一情况的是未完成小说《猎人格拉胡斯》，估计是在

1916 年年底开始撰写的。作品中融进了——1909 年和 1913 年——两次逗留里瓦地区的印象。1913 年 10 月底，从疗养院返回后，卡夫卡就已经记下了一篇小说的开端，它描写一个小渔村的码头，它的舒适而安静的氛围可能来源于对这个意大利度假地的回忆——可能受到了《观点和概念》（1913）中一段出自布罗德笔端的引文的推动，这段引文以一篇纪念里瓦的短文为例，阐述了"记忆中的模糊印象"的结构。三年多以后动笔的《猎人格拉胡斯》使用日记速写的特征，它也在一种几乎是悠闲的平静氛围中开始，这种平静的静心养性效应因同样形式的、排比的句子结构而得到加强。随着颇像古希腊罗马神话中的死人筏的到达，篇章的活力增长了。船主、抬担架的人和船主的妻子从小船里走出来，一群鹤子飞舞到楼房大门前，一群男孩组成夹道欢迎的行列，新到达的人和担架一起进入楼房。整个场景带有一种宗教欢迎仪式的性质，它在中间部分的结尾处变成一场丧礼，这时黑暗房间里担架旁正在竖起并点燃长蜡烛。格拉胡斯，如同与村长的谈话所透露的，是一次双重坠落的牺牲品。作为山里的猎狼人，有一天他紧追一只羚羊，坠进深谷身亡。稍晚些时候出现的谈话中的一种补充说法在这里含有一种较清晰的措辞："倘若不是羚羊引诱了我——噢，现在你知道啦——我就过上长久而美好的猎人生活了，但是一只羚羊引诱了我，我坠落下去并撞击在石头上而身亡。"卡夫卡也在别的场合使用"引诱"这个词儿表示一种性爱方面的吸引力（"村里的诱惑"是一个记在 1914 年 6 月 21 日日记中的片段的标题，约瑟夫·K 觉得法院杂役的妻子"有诱惑力"）。考虑到"羚羊"在当时的维也纳俚语中是妓女的同义词，那么这种背景便完全清楚了：格拉胡斯，像克尔凯郭尔的亚当，由于在精神恍惚中怀着热望而犯了一桩原罪，在这里受到死刑的惩处。女性的吸引成为坠崖的起因，这一点由格拉胡斯称船主的妻子是"我从前的死亡的根本性错误"这一含糊的说辞得到证明。

不过坠崖人不可以进入彼岸，因为小船的驾驶员夏龙在关键时刻不顶事了："我的死神之舟迷航了，转错了舵，驾驶员一时心不在焉，被我家乡的美景转移了注意力，我不知道这是怎么回事，我只知道我留在世上了，我的小船从此航行在尘世的河流上。"这一种失败的说法——三年后在散文《舵手》中有所反映——提供了一种古希腊罗马传说的解构，它使神话式的条理带上心理色彩，它让夏龙成为一次失误的牺牲品，这一失误由于不专心——由于卡夫卡的许多主人公一遭到强烈的内心激动便会表现出来的那种态度而产生。转错了舵的不专心的夏龙的失误迫使人做一种永久的旅行，这种旅行废除了时间的连续性。格拉胡斯成为一个过渡时期的人物，他暂时的存在表现为：他连续不断地走向死亡之路，却又无法找到死神。小说的第二种情景与《圣旨》的基本模式相似，格拉胡斯作为永远到不了自己目的地的旅行者，用这第二幅图像进一步勾勒出自己的身份："'我永远，'猎人回答说，'处在通向上面的大阶梯上。我在这漫无边际的露天台阶上游荡，忽上忽下，忽左忽右。'"露天台阶的主题令人想起罗斯曼夜间逃出波伦多家宅的情景，"游荡"则令人想起《乡村医生》的结尾。虽然存在一座"大门"，在远处闪亮着——又是一个与看门人传奇的相似之处——可是格拉胡斯到不了那儿。他像一个受别人操纵的棋子在阶梯上踯躅，这道阶梯不仅向高处和低处伸展，而且也向边上分岔：象征运动的弥散特性，这种运动显示出格拉胡斯命中注定要做的不断的航行。与向来世无法完结的接近这一形式相符的，是卡夫卡的徒劳尝试：自己来结束这故事。在这里所探讨的《猎人格拉胡斯》主要章节之后，是四个小段，他试图在这四个小段中继续展开小说的线索，他先是独白式，后来在与市民对话中增补猎人的生活经历。这无法完结性的法则在复述这个神话，它也在文学作品中留下痕迹，但这文学作品再也无法完成，因为它所讲述的东西在无止境中消失。

　　如果说文本不作声了，并且以"小船"这个词儿宣告结束，那么言语的中断不仅遵循了未完成作品的原则，而且也遵循了判处猎人长久过渡的新神话的内部结构。格拉胡斯做一次欲望海之旅，一如叔本华将其定义为"坚持一个永远的开始和不得安宁的进程"那样："每一个已经达到的目标是一种新的生涯的重新开始，如此往复永无止境。"卡夫卡用"gracchio"[1]这个在意大利语中意为"寒鸦"的词儿暗示他的姓的词源：这重申了将欲望约束评价为惩罚和罪责的特征。这个暗号将1920年8月卡夫卡致米莱娜·波拉克的信中所做的那种对性欲的解释勾画为恐惧和渴望的根源。格拉胡斯作为死者，不是被迫永远活着的吸血鬼，而是比喻永不完结的意志循环。一种认为散的单件产生出来的、没有固定轮廓的叙述结构符合这一论断。这种叙述结构的要素上下重叠在一起，结果便产生羊皮纸的形式：一幅凝固了的不安宁的画像，格拉胡斯也体现了这种不安宁。

"悖论"——卢曼这样写道——"无非就是以观察的自我封闭形式表现世态人情"，因为它的意义依然在于象征性地表现现实的"不可观察性"。在这一形式中，《猎人格拉胡斯》像卡夫卡的许多故事一样，符合悖理的结构模式。文本所讲述的，并不导致明确的结论，因为他，像他的主人公本身，经久不变地处在运动状态，却找不到一个坚定的目标。他的世界观似乎打上了这种意识的烙印：始终存在着好几种感知的类型，它们相互限制或消除。观察的过程在他身上有了一种循环的性质，再也没有什么拦阻的、构造的分段能力能够挡住这种循环的性质。《猎人格拉胡斯》在一种——按词义——无止境的生活的旋涡中，描绘了不断骤变的文本的视角所塑造的条理失落的混乱局面。

从梅兰返回后，在1920年夏末和秋天产生了许多短小的散文，这些散文卡夫卡从未发表。在遗作版本中公之于众的这些散文的篇目大多出自马克斯·布罗德。这些散文包括《市徽》《集体》《夜晚》《拒绝》《关于法律问题》《征兵》《考试》《兀鹰》《舵手》《陀螺》和《小寓言》。1918年10月，库尔特·沃尔夫再次建议与卡夫卡加强合作，

1　"gracchio"和"gmcchus"（格拉胡斯）谐音。

因为他策划在德鲁古林印刷厂刊印一套精装单行本作品，出版社现在已经自己承担了此项出版计划。不排除卡夫卡计划发表以上几篇提及的作品。然而在编撰了《乡村医生》集以后，他没再做出努力去迎合沃尔夫的愿望，致使 1920 年秋的短篇作品一直没公开发表。

在两则 1920 年年底写成的寓言式的故事中，卡夫卡阐述了人的认识能力在与它自己的规律性和生命的力量的关系中所遭受的种种逆境。1920 年 11 月底撰写的《陀螺》，把《一场战斗的描写》中已经谈到的那种"陆地上的晕船病"描述为迷失的追求真实的标志。哲学家想研究一只转动的陀螺，因为他认识到，个人的认识不应该从一般而应该从特殊始始。陀螺的形象来自克尔凯郭尔《非此即彼》第一卷卷首的格言集。陀螺在那里像在卡夫卡这里那样成为知识寻求者的化身，但是同时也成为寻求者遭受拒绝的代号。哲学家在窥伺着陀螺的时候，能够不在乎他四周的孩子们的吵闹，可是他在抓住这个物件的瞬间愈加强烈地听到了孩子们的"叫喊"。就这样，对认识的追求结束在一桩怪异行为中。哲学家把陀螺扔到地上，走开了："（……）他就像一只被鞭子抽打着的笨拙的陀螺，跟跟跄跄地走了。"寻求者学会了，原来他抓住的物件跟他先前想研究的物件不是一码事。旋转陀螺一旦作为"木块"放在他的手心，它的吸引力顿时就没了。但是这则寓言因此阐明了一种认识要求的两难选择：它不向前推进至现象本身，而是在茫然的适应行动中模仿这些现象。卡夫卡在 1917 年冬记下的一句话适用于这位哲学家："他死皮赖脸地追求事实，就像一个滑冰初学者，而且这个初学者在某个禁止滑冰的地方练习。"

1887 年，尼采曾在《道德的谱系》前言中写道："我们不认识我们，我们这些在认识的人，我们不认识我们自己：这是有其正当理由的。我们从未探索过我们——我们怎么会在某一天发现我们的呢？"而认识自我则又是每一次更深刻地理解超越主体的世情的条件。这位哲学家想了解自身和外界，可是他却不得不走新路。在一篇陀螺寓言之前不久撰写的短文中，卡夫卡用几近犹太教法典式的论证解释说：

"谁不回答这些问题，谁就是通过了考试。"如果说哲学家受到他想理解的东西的侵袭，那么这首先符合浮现在卡夫卡眼前的那个理想认识形象。在曲劳，他遵照图拉释义的犹太教经师形式解释说："没有拥有，只有存在，只有一种渴望咽气、渴望窒息的存在。"宗教的真实构成一种绝对真理，只有当人们钻研这种真实，与它取得一致，这种绝对真理才会被领悟。然而寓言中的哲学家却成为安逸宁静精神状态的讽刺画，因为他"不是"陀螺却"像一只陀螺"那样跌跌撞撞。这里发生的不是神话式的与犹太教神秘教义召来的认识对象的融合，而是对沉浸于神圣事物的一种讽刺改写。在一篇 1922 年年底撰写的论比喻的短文中，卡夫卡用嘲弄的笔触阐述了存在和表象、相等和占有的差别。只有那个能够"明白"这些比喻的人，才是在探究这些比喻的特有真实性，并且可以抛弃"日常艰辛"的负担。谁反过来又试图去理解这一定理的逻辑性，谁就只是"在现实中"，但不是在比喻的精神世界中获得了认识的胜利。这里也勾勒出了小说《陀螺》的情形，该小说让其读者记住接近真实和与真实融合的差别。解释比喻的那个人与比喻的更深层的意义彼此分离，因为他胸中没有它。因此思想必须实施对事物的充分转入，因为"精神在停止当支撑时才有了自由"。就像美妙的语言那样——按照格斯霍姆·绍莱姆的说法，对于这样的语言来说，标记和事情是一致的——认识始终依赖于消除差异，消除把它和它的对象分开的差异。

　　卡夫卡讲述的深不可测的猫和老鼠的故事遵循可比较的逻辑。老鼠，它抱怨世界越来越狭小和自己处于走投无路的境地，不管在什么情况下，它都注定要当牺牲者的角色。它继续走自己的路，它就进了人的圈套，它改变自己的"奔走方向"，猫就会吃了它。然而文本并不提供"悲剧性、讽刺性生活的例子"，而是再度提供了现实和虚幻之间有差别的证据，因此也提供了对认识的神秘特性的一种反诗意的反映。谁把它读作一种总是飘向死亡的抉择局面的毫无指望、极为严重的阴郁实例，谁就是在它的世界以外。在解释的领域里活动，众所周知，这类解释在卡夫卡那里从不导致规律、真实和解脱的内在奥秘。所以这个故事，跟布罗德后来增补上去的标题显示的含义不一样，也不是传统意义上的"寓言"，而是一篇小说，它向读者展现种种解释的欺骗性。对这则故事的解释只会引起对生命的昏暗含义的悲叹，从而重述了老鼠的见解，这只老鼠发现自己被关押在自己的死亡的各个不同变体的夹缝里了。该文的评论家不可避免地像那位哲学家，他模仿陀螺的运动，却没有和它完全融合。这篇微型小说隐蔽的核心问题，通过犹如神话式的冥想行动，但不是通过注释学的接近过程显现出来。只有体验到知识不是占有而是状态的人，才能够向前推进到这个核心。这种浸淹和尼采的《查拉图斯特拉如是说》一起包含了适合于认识的人的最后的、同时也是最危险的认识形式："但是你能够遇到的最糟糕的敌人对你来说将永远是你自己，你在洞穴和森林里暗中守候你自己。"

神话的滑稽模仿

帕斯卡尔的《思想录》（1670）中有这样的话："两个错误：一、一切按字面意义理解；二、一切按宗教意义理解。"卡夫卡的反映在1917年产生的好几件散文作品中，对神话的研究也源自这一在这里所描述的困境。他的复述神话题材的作品，用有高度艺术性的双重手法不仅研究了流传下来的东西的方方面面，而且也研究了它们的解释史。由于既不可从词义上也不可用讽喻方法对神话做出解释，卡夫卡的作品就尝试走神话材料新解的道路。在叙事中表现出了这样的意图：把神话从传统的监狱里解放出来，并把它从西方文化史的呆板状态中救出。

一件1917年10月21日产生的谈塞万提斯的桑丘·潘沙的作品，提供了这种方法的第一个例子，这件作品，就像《新律师》，体现了一种对神话的古籍研究式幻想。卡夫卡拥有后来的希特勒附庸和纳粹国家诗人维利·费斯佩尔的 1912 年版本的《堂吉诃德》。他对已经成为现代传奇和悲惨骑士的故事所做的解释将塞万提斯的文本倒了过来，它宣布桑丘·潘沙是个起支配作用的人物，说是此人用计谋和技巧使"后来被他取名堂·吉诃德的魔鬼""毫无理由地做了这些最荒诞不经的事"。如果说具有悲惨骑士形象的桑丘·潘沙生了他的有魔鬼特征的"另一个我"，那么这显示了在塞万提斯的小说中潜藏在一种讽刺结构表面下的道德没落状态。在卡夫卡那里，从读物误导将人引上迷途的故事中产生出一篇关于恶是平日疯狂根源的速写。他的《堂吉诃德》文本把原件缩减到一个基本特征——一种恶鬼似的"癫狂"的产生、形成过程——上，并以这样的方式获得了"诠释"的性质，这一"诠释"把塞万提斯的长篇小说概括为一幅形式完美的袖珍画。从而它就按照哈罗德·布鲁姆的一个解释模式，实际应用了"禁欲"的方法，在这种方法的帮助下，原始资料——"亚文本"被紧缩、被削减了。按照布鲁姆的观点，文学作品显示其创造力之日，它们试图给其典范加上标题，致使这些典范最终成为一张羊皮纸，而这张羊皮纸上的文字则在结构上还存在于新的叙述规章之中。这一技巧也为神话革新的讽刺性质量奠定基础，而卡夫卡就是用超越其被信以为真的、早已确定了的界限的方式展示了这种神话革新。

　　自 1917 年秋起卡夫卡就曾多次研究过古希腊罗马时代的希腊神话。他执拗地对古典时期贮藏物所做的改变提供了革新僵化传统的例子。语言的规章在这里描述了一种只还稀稀拉拉存在的知识。可接通的符号和传统的对象之间的相互联系断了，致使只有旧传统的残余要素保存了下来。不能被保存在语言介质中的东西，反过来又会——福柯如是说——失去自己的意义并退回忘却的河流中。卡夫卡的神话探讨考虑到了事情的这一发展过程，它将一种古老知识的断简残编从文化史的忘却河中捡起并试图——作为最后储存的保存下来的题材——重新构思。但是新的组成产生另一种含义，它跟逐渐淡薄的传统的那种含义有明显的区别。卡夫卡在这里所做的，与"干另活"的方法相

符，这正是克洛德·列维-施特劳斯在他的《结构人类学》（1958）中
对作为一种把神话的螺旋形组织形式包括进去的解释实践的标记加以
描述的那种方法。类似的新叙述方法的尝试在卡夫卡之后，如布莱希
特、卡莫斯或海纳尔·米勒这样的作家也做过。他的真正的先驱者可
能是克尔凯郭尔，此人在《恐惧和颤抖》（1843）中讲述了亚伯拉罕
接受上帝考验的四种说法，阐明了这一考验的宗教思想对个人和信仰
史的意义。

　　卡夫卡并不拿纲领性的内容增加神话题材的负担。他不想用它们
来证明政治或哲学思想，而是局限于重新编排它们的组成部分。他所
做的最后尝试是一个新的故事，这则故事的含义读者乍看是看不出来
的。在这方面很典型的是，卡夫卡不理睬德语现代派的神话的主要形
象：他的作品中没有一篇研究陶醉、分割和再生之神狄俄尼索斯，自
黑格尔和赫尔德林以来的无数作家都在这个形象上看到了一种基督教
的或者人生哲学的革新思想的蛛丝马迹。像尼采、霍夫曼斯塔尔、托
马斯·曼和里尔克从不同的视角所处理的狄俄尼索斯式的再生主题，
卡夫卡并不熟悉。尽管他受到过人文主义的学校教育，但是作为犹太
作家，他还是与古希腊的神话世界有一种引起矛盾心理的关系，这种
关系使他不能对古希腊神话做出文化纲领性的解释，而只能对其做出
讽刺体裁改写。中世纪犹太宗教哲学的重要意向之一就是，促进一种
隐藏着对古老神话和象征世界的"拒绝"的"无偶像敬神"。格斯霍
姆·绍莱姆谈到的"清理神话"发生在一种新的虔诚开始之时，而这
种虔诚则在研究性质的文本评论、忠实于原字句的书面流传和静心阅
读之中显示出来。所以对于卡夫卡来说，神话式的传统代表一座形象
的宝库，这些形象的模糊含义不能像在其基督教的教区归并纲领中那
样，毫无顾虑地被更新，而是只能被解构和被改造。

　　1917年10月23日在曲劳写下的散文作品《塞壬的沉默》——
标题为布罗德所加——改写了荷马的《奥德赛》第12卷中的著名情
景：俄底修斯在听了女神基尔凯的指导后，驱导着他的船未受搅扰地

通过了塞壬的岩壁。卡夫卡在三个方面改编了原作：俄底修斯现在是孤身一人，没有同伙陪伴。他不仅让人用链子把自己捆牢在桅杆上，而且还用蜡塞住自己的耳朵（在荷马那儿只有同伴们这样做了）。在卡夫卡那里塞壬们最终拥有一件比她们的歌唱更可怕的武器，即她们的沉默。坚定的俄底修斯战胜塞壬们并不是因为他拥有借助器具的才智——按阿尔多诺和霍克海默的解释，这种才智映现出宣传教育向控制技术的突变——而是因为他是个质朴的英雄，他从容且不理睬自己面临的危险。因为他对塞壬们的沉默一无所知，所以他就"怀着对自己的小小计谋的纯洁的喜悦"，驱船去冒这个险并信心十足地克服了危险。只有短文的这条格言适用于这一文本，这格言说，这里是一个证明：即便是欠缺的，甚至幼稚可笑的方法也可以用来救人。

忘却不是抑制和由此而导致的失误的标志，这犹如格奥尔格·本德曼的情况，他的减弱的注意力是他那没有保障的心理状态的象征。更确切地说，在俄底修斯身上，忘却是一个生命意志的标记，它让他战胜了进行引诱的自然神。由于他在通过的时刻忘记了塞壬们，所以他就能够独自想起自己的任务并凝聚起必要的自信，去完成自己的任务。尼采在《不合时宜的思考》（1874）的第二篇中写道："（……）像动物所显示的那样，几乎没有回忆甚至是幸福地活着，这是有可能的，但是没有忘却地活着，这根本就是完全不可能的事。"尼采对成为现代形而上学批评基础的忘却的称赞，具有一种也可以为卡夫卡的俄底修斯提出的人生哲学的选择可能性。忘却才使这位英雄有可能信赖自己的方法，从而得到拯救。乡村医生没做到的，神话中的神人俄底修斯做到了：逃避自我观察的塞壬们。就这样，神话改写证明自己是关于幼稚的力量和合理感受风险的故事。很典型的是，被俄底修斯的沉着自信迷惑的塞壬们，她们在一种对于卡夫卡来说有代表性的权力交替的影响下在英雄面前愣住了，她们之所以没有因自己的失败而毁灭，仅仅是因为她们没有"意识"。

不过卡夫卡的作品并未停留在单纯表现战胜众神这一点上。有一段"附言"为此"作证"。这段附言跟理解力所招致的不一样，它不提供对事的单纯评论，而是使人对自信的个人的胜利产生疑惑。"附言"中说，俄底修斯只是为了装装样子才策划了整个事件，目的是掩盖他的真正的理性（一种布莱希特在他的《古老神话纠正》中采纳的说法）。说是"用正常人的理解力再也理解不了"这一计谋的这个令人不安的消息，几乎没怎么消除读者的这一要求：更详尽地说明和解释这一计谋。在卡夫卡的作品中发生的事符合一种对本身已经以诗文形式流传下来的神话的文学调整和推动。在第一个层面上，他通过改变矛盾的境地改正了荷马史诗原来的安排；塞壬们的极其强有力的威胁就这样变为一种相互迷惑的逗弄游戏。在第二个层面上，他更正了这种叙述的含义，他把这一叙述冒充为俄底修斯的计谋的产物，神的威力和以理性为依据的人的有理智的反抗之间的古老神话式紧张关系就这样被更新了。第一种和第二种说法同样把文学通过改造神话而研究神话的种种自由说清楚了。诗艺与神话的原件相比，按照罗兰德·巴尔泰斯的一个论点，恰如神话与语言相比。在两种情况下一个原件的含义变成产生第二种意义的新形式。但是文学作品将神话转换成另一种文本，从而同时也就说明了神话的结构上的开放。神话传说转变为这样一种叙述的形式：神话传说赋予这一叙述一种修改过的意义，从而继续进行这种叙述。但是如同卡夫卡的"附言"所表明的，这种意义也不是精确的，而是可以改变的。文学就这样将神话驱入一个望不到尽头的镜像系列之中，却并没有使神话停顿下来。

一封1921年11月的致罗伯特·克洛普施托克的信，提供了对《塞壬的沉默》的一种隐蔽的评论。它阐明了塞壬们的动机，如他所写下的，"如果人们以为她们想诱骗人，那就是冤枉她们了，她们知道她们有钩爪、没有生育能力，她们为此大声悲叹，她们对这悲叹如此悦耳动听是无能为力的"。按照这一解读，不是对美的死亡的具有浪漫色彩的悲痛，而是对丑的存在的伤感，是审美实践的诞生地。但是只有装作一副天真模样的人的计谋才对付得了这歌唱声，这个人逃脱歌声的魔力，因为他头脑冷静。谁不做好准备，谁就会成为一种技艺的牺牲品：这种技艺诱骗人，但并非有意为之。卡夫卡的后期短篇小说将在阴郁忧伤的场景中重现这一情形。谁总是在这里以艺术家的身份出现，谁就是在不情愿的蒙蔽、无意识的欺骗和出乎意料的背叛的强制下行动。

1918 年 1 月 16 日产生的小说《普罗米修斯》提供了这个神话的四种说法。流传下来的说法实际上是摇摆不定的。有许多种普罗米修斯故事的说法，它们在古希腊罗马时代就已经在竞相争斗。对这个题材所做的诠释似乎一开始就受到注释学的临时决定所规定，这些临时决定涉及普罗米修斯的形象特征和此形象所受惩罚的意义。卡夫卡从这一点上切入，具有讽刺意味地将口头流传下来的材料限定在四个模式上，以便在其中将神话——作为一个综合性流传事件的对象——用汉斯·布鲁门贝格的话来说加以"解决"。神话的叙述与神话的解释是一致的，而这一解释又遵循卡夫卡的注释学工作一直服从的斗争逻辑。"其实诠释，"1886 年尼采认为，"是一种手段本身，以达到能驾驭什么的目的。"然而卡夫卡重复了神话解释的顺序，并将其放入一种打上日益缩减口头流传材料烙印的时间结构之中，从而也就用文学的手段缓和了这种诠释的男式话语。神话显示出自己是解释史：这解释史必须用叙述的方法加以表现，因为它的时间体验，如同博勒尔在谈及格斯霍姆·绍莱姆的犹太教神秘教义诠注时所说，不是在概念中能找出答案的。

卡夫卡谈到四个级，从这四个级上可以看出，为什么这个"传说"，如开头所说的，"来自一个真实情况的底层"，并且又必然"以不可解释而告终"。第一级描述读者熟悉的神话的原始场景，它谈到胆大妄为的宙斯的对手普罗米修斯，他把众神"出卖给了人类"，他不得不因自己的奸计而受惩罚，被绑在高加索的一座悬崖上让鹰鹫啄食自己的肝脏，备受折磨。第二种说法讲述普罗米修斯的痛楚，他陷进岩石，最终与岩石融为"一体"。这里第一次让人觉察到时间范畴对卡夫卡的神话理解所具有的意义：时间的力度才使普罗米修斯能够进入岩石并和岩石融合。第三级描述一个异化的时刻，一个普罗米修斯和他的故事随着时光的流逝而被遗忘的时刻。传说变得疲乏，如同第四种说法所透露的，也属于这种遗忘之列：神话作为已经变为"无因由"的东西，作为人们将其从记忆中抹掉而不再有什么根由的现象出现。在 1920 年秋季，卡夫卡将在速记式短小故事《兀鹰》中将这样的无因由归因于死亡体验。在兀鹰"像一个标枪投手"那样用它的嘴刺穿讲述者之后，它自己也不得不毁灭："在向后倒下时我如得到解脱地感觉到，它无可挽救地淹死在我那填满一切低洼之处、淹没一切河岸的血泊之中。"死亡是"解脱性"熄灭最后记忆的场所，这最后记忆也消灭了自然力。

在卡夫卡的普罗米修斯寓言中情况就不一样了，这个寓言最后断言："留下的是那不可解释的山崖。"这个结论把传说缩减为一个最后的见解，它有三层意思。第一，这里显示出，这个神话在历史的进程中没有像恩斯特·卡西勒尔在他的《象征形式哲学》（1923—1929）中所认为的那样，进入逻各斯，而是进入了一个超然一切可解释性之外的世界。所以普罗米修斯进入自然界最后证实是原始作用范围，再也没有什么理解力能对它弄清。第二，这一结论表明起始句中被描述的从真实情况的底层向不可解释的运动平静下来了。第三，事实表明这篇神话小说是这一过程的映像，因为它也从"真实"的、熟悉的说法返回到难以到达的最后一级。只要神话接近我们，它便是可以领悟的。随同遗忘一起，不可理解的程度在增长，神话的模糊不清在加强。

"这个传说试图解释不可解释的东西"：卡夫卡先把这一传说易懂好读的提示放在文本的结尾处了。马克斯·布罗德的较旧的版本也被放在那里，这篇短小说在这里以"告终"这个词儿结尾。这句惯用语——按照这一说法，这"传说"试图阐明一种不可理解的东西，所以在被遗忘前从一个"真实情况的底层"升起——改写了文本本身的运动。它是一种叙述过程的纯反射形式，这一叙述过程的有关普罗米修斯神话的四种说法所展示的，并非如布鲁门贝格所认为的，是一种"接受史"的"神话化"，而是——从身体向岩崖、从因由向无因由、从可解释向不可解释——消失的异文。与这几段异文相比，神话是阻止遗忘和消失的尝试。这篇文学的神话小说使岩崖变为可解释的，因为它使人回忆起，这岩崖是展现普罗米修斯痛苦的场所。如果说卡夫卡在手稿的最后一种说法中，用一个明确的信号将他的故事的最初的附录移至开头——校勘版重版本与这相符——那么，这一挪动留住了文本的噱头。放在"传说"结尾的那部分，现在构成了"传说"的开头。文本领悟了"传说"所描写的运动，当然其结果是，不可解释的东西如今变得可以理解了。虽然神话在岩石中告终，但是神话的各要素恰恰没被忘记。因为文学能够克服遗忘并为神话形成一种记忆。文学将神话的诠释史当作消失的历史叙述，从而也就考虑到了"已形成的事物"的原因：这种"已形成的事物"并不因文学而显得"无因由"，而是成为一种传说历史运动的组成部分。"转世论的忧郁"，它曾被布鲁门贝格发现是该作品的特殊氛围，它为这预感所掩盖：文学能释放出来的悲伤是文学的记忆力的效果。

1920 年 9 月产生的论波塞冬的短小散文作品终止了这一神话故事系列。就像坐骑布赛法鲁斯那样，波塞冬已经被解除了原来的职务。他作为受冷遇的神出现，担任海洋会计职务却朝思暮想着从前拥有的权力。权力在这里取代自然界，它试图通过组织强有力的机构克服自然界的威胁性力量。波塞冬不再主宰海洋，而只经管海洋的秩序。他虽然坐在海底，却只是通过每天处理的公文了解这片祖传给他的海域。"世界末日"会提供再次"巡视"大海的唯一机会，它会给波塞冬一个安静的"时刻"，使他可以横越他的海洋帝国。神话的旧有情况，已经被一种经管的现实所取代，只能由关于世界末日的预言书来恢复。阿多诺在《启蒙辩证法》的一则按语中曾指出："荷马的史诗就已经受到分层次'理性'的'成绩'的支撑，而这种'理性'则恰恰由于使它得以反映神话的合理秩序而摧毁这神话。"卡夫卡的波塞冬故事把这种毁坏套用到这个不统治自己的帝国、而只是管理它的神的世界上。从神话的变形中生出的伤感同时构成他富有诗意的新小说的特征。产生这种伤感的伤口是回忆的伤口——不能够遗忘的征象，这是文学语言本身具有的征象。

异国色彩的面具

未完成小说《中国长城建造时》估计产生于 1917 年春，该小说的一个重要片段被卡夫卡冠以《一道圣旨》的标题发表在 1919 年 9 月 14 日的《自卫》上，并在此后不久收进《乡村医生》集子。瓦尔特·本雅明在谈到这里出现的对社会团体引起矛盾感情的描写时曾提出，卡夫卡的作品——并非按那句拿破仑的著名的话——给政治，而是给人类的"作为命运的组织"释义。事实上，这则具有异国色彩的故事确实是在描述集体生活中的诱惑和危险，这个集体使人聚集在一起，但是同时也使人远离只有在孤独中才体验到的上帝。未完成的短小散文作品《拒绝》《关于法律问题》和《征兵》，是 1920 年秋在梅兰阅读西藏游记影响下撰写的。这几件作品中，卡夫卡再次将个人和个人从属一个权力机构的社会适应状况移植在异国情调的氛围中。这里出现了一个远离财产和财富的贫穷和简朴的世界，它受看似神秘的贵族阶层的控制。在这个被卡夫卡本人称作"绝望而孤寂"的陌生的现实中，没有为追求个人发展的人预先规定活动的范围，因为有深刻影响力的章程迫使他返回集体的机构之中。卡夫卡在曲劳赞同一种苦行主义集体生活的幻景，而在这里却显现出一种批评保留的观点，这种观点也在将来决定了他与巴勒斯坦和以色列移民区集体农庄生活的关系。然而，另一方面却仍然值得注意：自 1917 年起他加强使用军人情结比喻，它们着重强调了曲劳警句的智力共决思维模式。它们所阐明的生活受到不断的判定强制、极限保护和防御必要性的先兆的影响。

早期作品的战斗描写已经变成一个集体世界的幻象，这些幻象反映出卡夫卡在希望和憎恶之间摇摆不定的观点，反映出卡夫卡对自成一体的社会制度体系的理解。

这篇讲建造长城的中国题材的小说很能反映卡夫卡对亚洲文化史的兴趣。他的藏书中有一册《中国民间童话集》，1914 年由耶拿的迪德里希斯出版社出版。1917 年他曾将此书赠给奥特拉，内有赠书者的题词："喧喧嚷嚷跳上自己小船的船员"。在这里，中国为作品提供了破译描述关于创建民族国家和丧失传统虔诚的犹太复国主义讨论的密码。东犹太文化的根在欧洲以外，这一点马丁·布贝尔曾多次强调过。卡夫卡的描写建造中国长城的小说阐述了这一命题，却没有严格运用它，因为作品写的不是东犹太民族，而是整个犹太民族。如果说以历史学家身份出现的叙述者在开头就声言"两支劳动大军，在东路和西路大军内部都遵循这分段建造制"，那么这清楚地显示出一项社会任务的联系纽带的作用：这项社会任务确立了一种不同少数民族先前为人所不知的团结精神。作为宏伟的教育工程项目拟定的、规划了几十年之久的、着眼于持续极长时间的长城建造孕育了集体思想，酿成了让单个的人进入一个躯干的有形而清晰的事件："团结一致！团结一致！心贴着心，结成民众的连环，热血，不再被拘禁在微弱的身体循环之中，而是欢畅地奔腾，通过无限辽阔的中国返回。"

这一工程同时将开辟通往上帝的道路，它使一种纯粹的、带有自由良知和深切虔敬色彩的重建巴别塔成为可能（"长城才将会在人类历史上第一次为一座新巴别塔奠定牢固的基础"）。在一篇显然纲领性的文章中——作品这样报告说——一位"学者"曾明确提出把长城和造塔联系在一起的想法——对赫茨尔犹太国家及其综合民族观念和信仰本体要求的一种影射。如果说叙述者用讽刺的口吻评论该文作者，说是他不理解，"此人是怎样设想这座塔的"，那么卡夫卡的故事便是反映了对移民运动及其宗教实践观的讨论。建造长城作为自身充满矛盾的事业出现，它陷在孤立的分段设计之中，它原来的"抵御北方部

落入侵"的功能没有实现，它与上帝的关系依然不清楚。卡夫卡就这
样在他的故事中隐藏了自己对犹太复国主义运动宗教上的明确性的怀
疑，这场运动作为集体的事业，目的在于要生活在信仰中，而这一点
只有孤独者才能做到。三年后，他将在速记式短小故事《市徽》中举
巴比伦造塔为例，提供一个可以比较的、做办不到的事情的比喻。这
里的民众几代人都在其高层人士不断变更指标的情况下从事一项建筑
学上的工程，一项完结不了的工程，他们的勤勉和忙碌显示出这项活
动既傲慢又荒唐。谁想接近上帝，谁就必须——卡夫卡这样坚信——
沉入世界的深处，而不是试图通过轻浮的途径逃脱它："我们挖巴别
井道。"

　　除了宗教，还有一个社会政治的思想标准，它也让写中国长城建
造的这篇作品像未完成作品《守墓人》那样，成为没落的奥匈帝国君
主政体的镜子。国家的辽阔幅员和失神的皇帝那几乎显得不真实的形
象明显地显示出这样的时间关系。这个帝国—— 一种既精辟又具讽
刺意味的说法称——是我们的最最模糊不清的机构中的一个。它的疑
难问题显然是由公共机构和人之间的紧张关系引起的，这种紧张关系
使职务和人的统一成为虚妄之说："帝国是不朽的，但是一个个皇帝
却倒下，坠落，连整个王朝也最后倒下，气息奄奄。"统治者的两个
躯体，它们确保政治制度的稳定和王位继承权的不可侵犯，像《守墓
人》剧本所做的鉴定，这两个躯体分开了。而这一没落景象鉴于世界
大战结束前不久，因君主制度的危机而势必释放出来的政治组合，又
受到一种与东犹太教的关系的充实。1915 年初秋，在吉里·朗格的劝
导下，卡夫卡研究了夏西教派的思维规章中宗教统治制度的作用。当
时在布拉格市郊齐茨科夫区边上一所破旧的房屋里住着从加里西亚逃
亡来的犹太教经师冯·格鲁代克，他被公认为智者和神医，周围有一
批追随者。在造访这位犹太教经师一个月后，卡夫卡在 1915 年 10 月
6 日的日记中诧异地记下了夏西教派专制独裁的原则："人们应该服从
经师甚于上帝。"

在这种背景下，圣旨的迷失和皇帝的失神形成一种异化过程的标志，这一异化过程已经把民众驱入与其首脑无法克服的距离之中。如果说老百姓"不会生气勃勃地将帝国从中国北京的沉思中拽向自己的臣民怀抱"，那么这显露出一种固定关系丧失的形态，这一形态反映出既期盼又害怕依仗一种权威的西犹太教的状况。弗洛伊德在他的《神经病患者的家庭小说》一文中认为，梦是"被皇帝"移植的父亲梦。在卡夫卡的作品中，父亲形象作为这样一个人物出现：这个人物不断逃避并让想与之接近的人做一次永不停歇的旅行，过一种阿赫斯维式的生活，这也正是格拉胡斯不得不过的那种生活。

东犹太人的灵感

1920 年，卡夫卡的藏书中有许多书和小册子是讲犹太人的宗教历史和观念的。它们之中有亚伯拉罕·盖格尔的《穆哈默德从犹太教中吸取了什么？》（1902）、莫里茨·弗里德兰德勒的《耶稣时代犹太教内部的宗教运动》（1905）、阿德尔贝特·梅尔克斯的《摩西五经和约书亚》（1907）、威廉·诺瓦克的《阿摩司和何西阿》（1908）、格奥尔格·霍尔曼的《耶稣出现时犹太人有什么宗教？》（1910）、保尔·托尔格的《以色列的预言家们》（1914）、奥托·艾斯费尔特的《以色列史》（1914）和保尔·菲比希的《从耶稣到当代的犹太教》（1916）。直至进入战争年月，卡夫卡对犹太人问题的兴趣开始触及文化政策层面。在这里，东、西犹太教接近问题是一个重要题材，这个问题在布拉格自布贝尔最初几次公开露面以来便引起激烈辩论。1915 年 3 月 9 日在布里斯托尔饭店里举行了一场"犹太人民协会"讨论会，讨论会上人们讨论了夏西教派和犹太复国主义的艰难关系。五天后，卡夫卡记下了他的印象并强调了夏西教派对西犹太人的蔑视，西犹太人的文化政策纲领在他们看来是非有机的并且说到底是非宗教的。跟马克斯·布罗德不一样，他把确证了的宗教的义务和现代的犹太人的浪漫色彩的对立视为不可弥合的差异。他认为对这一差异的任何异议都是自我欺骗，因为一种纲领性结合各营垒的尝试是无视这一差异的历史形成本体。1915 年 3 月的日记用"确有希望"这句简短的惯用语做结尾，却没有进一步注明这一断言的由来。使卡夫卡能够从现代犹太复国主义的角度体验东西犹太教的交叉口是由叙述的世界获得的：他在自 18 世纪开始流传的童话和传奇故事中接触到夏西教派。

1913 年 1 月 8 日卡夫卡就已经在日记中记下，说是费利克斯·韦尔奇的父亲给他讲了一个半小时之久的关于古老的布拉格犹太人城市的故事。在与吉里·朗格会面的影响下，他在 1916 年秋读了夏西教派传奇故事，那是慕尼黑米勒出版社出版的亚历山大·艾里亚斯贝格的改编本。这些"波兰犹太人的传说"为《乡村医生》卷的散文作品提供了一系列激励，它们影响了这些散文作品的题材、节奏和音域。像童话里一样的快速旅行，人接受一个神的法庭的审查，控告和辩护，监督和惩罚，猜忌和怀疑，凡此种种全都是艾里亚斯贝格版本的重要题材，他的主人公通常都是圣巴尔-谢姆，夏西教派的创始人。吉茨夏克·莱布·佩莱茨的文集《这个和那个世界》，是一部犹太人故事集，德文译本 1919 年出版，也是卡夫卡的藏书。不同于艾里亚斯贝格，佩莱茨努力谋求在美学上有抱负的阐述，这包括了一种更富有活力和变异的语言，但也包括了与犹太教法典联系的明显反映。佩莱茨的人物中有犹太教神秘教教徒、犹太教经师和虔诚的犹太教学者，他们的可作为榜样的生活实践在有时逸事化了的故事中得到阐述。通过明白无误地向犹太教法典的原理和准则看齐，佩莱茨代表一种传说传统，它与艾里亚斯贝格的通俗风格疏远，即使在他那里有东犹太人的动机要素流入。此外，卡夫卡还有一套米夏·约瑟夫·宾-戈里昂的犹太人传说，1913 年至 1919 年间由岛出版社分三卷出版，以及一本沃尔夫·帕谢莱斯版的犹太民间传说集。

鉴于这些藏书，人们有理由认为，卡夫卡的散文所显示的童话影响并不带有偶然的性质。然而夏西教派的文化传统却像微量元素那样被补上，却没在纲领上被标出、被规定。瓦尔特·本雅明1936年就已经指出，卡夫卡的作品虽然以阿加达的形式显示是关于——传统上保存在哈拉哈中的——宗教真实性的比喻，但自身不再含有这种真实性。即使人们不想领会本雅明的读物的抽象推论的历史哲学结论，他的观察在其核心内容上仍然是正确的。尤其是战后年代的速记式短小故事传递了没有知识的知识形式，没有教导的比喻，因为它们往往已经逾越了所描述的东西并将其抛在后面。所以信仰，像古希腊罗马的神话，也变成一种空虚的特征，文学的记忆让人记起这种空虚，为的是使人牢记人类为了进入现代，将宗教作为一种负担而加以抛弃时所遭受的损失。

1922年2月卡夫卡记下："我写不下去了。所以计划做自传性的检查。不是作传，而是检查和找到尽可能小的要素。然后我就要用它们来营造我自身，就像这样一个人：这个人的房子不稳当了，想在旁边造一所稳当的房子，尽可能用旧房子的材料。"自20世纪20年代初起，卡夫卡的作品按照这里勾勒出来的纲领，就写时代的社会、宗教和政治体制，它们把这些体制的要素移调进"自传性检查"的做法之中，并用此来充实自己。自1920年1月中起，日记中便出现一组较短小的作品，它们用第三人称形式写成，把曲劳观察风格的紧凑的警句式元素和显得像一种夏西教派传说片段的叙述特色联结在一起。卡夫卡在这里着手研究熟悉的主题：战斗、惩罚和法庭，生存恐惧和对生命的渴望构成这些速记式短小作品的中心题材。那个人误以为自己是在监狱里，虽然他"其实是自由的"，将他围住的"栅栏"开着"几米宽"的口子，那个人的形象具有代表性。"他有很多法官，"稍后他这样写道，"他们像一群蹲在一棵树上的鸟。"一种类似的看法出现在艾里亚斯贝格和佩莱茨的作品中，在那里描写了一个上天的、有着变化无常的密探和使者的法庭对人的监督。卡夫卡不仅通过阅读，也通过和朗格交谈了解了这些很能反映东犹太人特征的题材。"口口相传的经验，"本雅明1936年写道，"是所有小说家汲取题材的源泉。"

　　然而这依然是很典型的：卡夫卡高度艺术性地改编了浸透了宗教色彩的惩罚和孤独、罪责和法庭的故事，他展示的不是个人而是典型形象的艾里亚斯贝格的传说，将这些传说的无个人特色的用词风格转化为一种带警句式的、简洁的、优美轻快的散文。由一种上天的威权进行监督的主题就这样变为表示观察者立场的标志，而卡夫卡正是在这一立场中看到了自己。孤立和不自由说明的不是神的惩罚，而是一种主体招致的生存罪责的元素。生活提供看似无尽的参与的可能性，而"他"，这个人物形象却只能履行远离集体的旁观者的职务。这样的重新评价显现出马丁·布贝尔的影响，此人在战争前的布拉格讲演中就已经要求犹太人摆脱同化的束缚。卡夫卡虽然不赞同布贝尔的文化哲学乐观主义，但是他采用了布贝尔的将宗教题材转换到心理学领域的技巧。同化问题对他来说也含有个人的孤寂和远离真实信仰的隔绝。西犹太人，如同1920丛书中所说，生活在"精神涣散"之中，因为他的精神世界在丧失信仰后就站不住脚了。"自我"的弥散，卡夫卡的作品自《一场战斗的描写》起便总是用新的形象表现，在这里证明自己是一种世俗的人生规划的结果。

　　笔记卷帙多次反映标志在虔敬时期形成西犹太教的社会状况，这标志宗教传统被取代，而这些宗教传统则在虔敬时期形成一个也是社会同一性的神经中心。"从前他就是一个巨大群体中的一分子了。在某一个提高的中心的四周经精心安排摆放着士兵阶层、各门艺术、各门科学、各种手艺的象征。他是这许多人中的一个。如今这个群体早已解散或者至少是他已经离开它并且独自为生活而挣扎。"对通过犹太宗教团体建立起来的统一特色身份的回忆，对卡夫卡的晚期作品有重大影响。对这样一个集体的想象一再在这些作品中盘旋：这个集体能够使不稳定的、残缺不全的"我"有一个家乡，并从而有了远离自我观察狂的精神轮廓。人唯有通过社会制度才能成为自我，而在这个社会制度中，他通过区分的形式形成自己的本体。还能反映东犹太人性格特征的信仰联系建立起一个"家庭"，没有这个"家庭"，"自我"

就不能获得鲜明的特色："他不是为了他个人的生活而生活，他不是为了他个人的思想而思想。现代个体的固有罪孽就在于，个体在一个如恩斯特·布洛赫所写的'不懂神秘教义的市民时代'，失去了对自己的群体属性的意识并玩丢了自己的康复机会。"

1922 年 2 月完成的短小故事《说情者》，用典型的卡夫卡式法律隐喻描写失去依靠的情况。第一人称叙述者置身于一座像法院的楼房里，并希望被询问的"亲戚和陌生人"在审判期间为他提供正面证词："这里迫切须要有说情者，大量说情者，最好说情者一个紧挨着一个，一道活生生的墙（……）。""自我"一边攀登台阶走在去法院的路上，一边却在脱离周围的世界。他没有在一个社会团体中争取到认证自己的人生规划的证人，倒是离开了集体的保护区。"我必须到一个地方去，"文中写道，"各色各样的人聚集在那里，他们来自不同的地区，来自各个阶层、各种职业、各个年龄段，我得有机会，慎重地挑选出合适的人、友好的人、理解我的人。"作品在这里反映犹太复国主义追求集体生活的理想，犹太复国主义就是想使来自世界各地的犹太人聚集"在一个地方"。然而叙述者却认识到，他不属于哪个社会制度，他感觉到，他的道路的"台阶"在他的"攀登的脚"下不停地"向上"增长，而有可能是他的"说情者"的证人们却落在他身后。

由于失去了信仰集体，写作对于卡夫卡来说就意味着一种——当然并非不成问题的——宗教经验的补偿。写作时感受到的那种孤独通过想象行为所实施的摆脱限制而被消除了。写作的人通过会见他在自己头脑中建立起来的"非同寻常的世界"，经由一种虚构的现实关系结构而感知自己。这种代偿物的风险卡夫卡当然是很清楚的。风险就在于，幻想的"自我"会闯入一种循环的自我观察之中，这种自我观察仅仅把自己的世界结构形式的反映经由外部印象传递给他。经历这种循环的作家不得不像卡夫卡的长篇小说中的主人公们那样认识到，他生活在这样一个现实之中：这个现实是一种虚构，是从无意识的深奥莫测之境产生出来的。

"写作作为祈祷的形式"，还记得，这是一则 1920 年年底写下的日记中的话。这里所采取的立场，与往常卡夫卡体验到的写作行为的性爱情愫并不矛盾，它阐明对声音和文学之间的界限的神话式超越。一篇 1920 年 10 月初撰写的短小故事，把夜的宁静描写为适当的背景，衬托出卡夫卡在文学创作时进行的那种犹如宗教上的冥想行为："你为什么醒着？据说是，必须有一个人醒着，必须有一个人在场（……）。"在写作过程中一个声音响起，它通过祈祷的特性变成一个信号，这个信号踏上旅途，去探求言语启示的真实，却绝不会经久地得到它。考虑到卡夫卡对电话机和留声机的响声所怀有的恐惧，那么这就可以理解了：为了使他和这声音的现象——和这"在场的特权"（德里达）和解，需要有这种试探性的特征。在祈祷的声音中隐藏着一种接近过程中的理念，这理念符合文字的缓期特性。就这样，在祈祷者那里，这悄声说出的话语，这起初导致镇定心神的话语，在作家卡夫卡的理想的自画像中变为文字，变为在纸上滑行的文字。祈祷和写作经由一条道路追求真实：这条道路走不到尽头，并且不是在到达一个目的地时就算走完的。唯有有活力的写作活动——不隐蔽的性质才使卡夫卡能够获得向下走进深处的宗教体验，而这种体验则补偿了"他"——卷帙所痛惜的精神上的"家庭"的丧失。一旦写作变为文字，已经消失在想象世界中的祈祷者的声音自然也就沉寂了。我们不能使它重新响起来，而是只能想象，卡夫卡在写我们现在读到的东西的时候，这声音是怎样发出来的。

第十七章

城堡（1922）

赴锭子磨坊

"夜间的决定"，1922年1月22日卡夫卡没做进一步解释地在日记中记下。这短短几个字指的是做一次长途旅行的决断，这次旅行应该使他在一个意志消沉时期从单调的布拉格日常生活中摆脱出来。唯有挪一挪窝似乎在1922年年初提供了一个机会：筑一道堤坝阻挡过去几个月里严重的精神烦躁。整个冬季卡夫卡都处于一种灾难性的状态之中。日记谈到"崩溃""失眠""内心活动的野性"。做总结是常有的事，现在是抢在到达一个新的人生阶段之前行动了："你要知足，此刻你要（40岁的人，你要）学会休息（可是，从前你是会休息的呀）。"对这个活跃内心活动重大例外时刻的回忆与在格明德会见米莱娜有关，这次会面使他能够"此刻休息"些许时光。但这样的经验的特殊性质须要承认全部恋爱关系的失败："你拿这样的礼物怎么着了？事情失败了，人们最终会这样说，就是这么回事。"1922年1月17日，根据马克斯·布罗德的建议，为做报告逗留布拉格的剧作家格奥尔格·凯泽来卡夫卡父母的寓所拜访他，可是卡夫卡没有能力和这位不速之客全神贯注地进行交谈："这样看到他在自己面前感到奇怪并且无法完全适意，半拉柏林商人，毛毛躁躁且兴高采烈，半拉疯子。"一个星期后，根据10月底科迪姆开具的证明，卡夫卡的假期延长了三个月。忧郁的日子没有头绪、单调乏味地延伸，就像已经侵袭这个病人的死亡悲痛的无声信号。

1月底，卡夫卡在建议他做改变气候疗养的家庭医生奥托·赫尔曼的陪同下去巨人山山区的锭子磨坊。这个离布拉格半天旅程的地方海拔1430米，紧挨着易北河。卡夫卡在皇冠饭店租了一个房间，这家饭店坐落在易北河右岸的弗里德里希施塔尔区里。他用"约瑟夫·卡夫卡"的名字在旅客登记簿上做了登记。日记写得简明扼要："是我应该向他们讲清还是我应该让他们向我讲清呢？"在随后的几天里，卡夫卡乘坐雪橇做较长途的散步并观看了跳台滑雪，他对运动员控制身体的能力印象深刻。日记中一再谈到"攻击""逃跑""战斗"，但与现实生活状况的联系却不那么明白易懂。相当明显，这是内心分析写作的一种反光。从1917年春起，除了产生如《关于法律问题》和《征兵》等作品的1920年夏末和冬季这两个较短的时期以外，卡夫卡没再从事过文学创作活动：这是他在自己的写作生涯中经历过的最长的写作节制时期。他对这场"战斗"忍着痛做出了决定，他意识到，"消极面可能的最大优点"决定了他的"疯狂和保障之间"的生存：写作和不写作在1922年冬还只构成不同的表达方式，它们表达的是不幸，是那种不管做事还是无所事事都同样会出现的失败的逻辑。在锭子磨坊，有感于为雪覆盖的山区景色，卡夫卡在写下了一篇三页长的讲一次晚间抵达场景的短小故事后，开始了长篇小说《城堡》的写作："夜间的决定"从而就经由曲里拐弯的途径会合成一个新的长篇小说写作计划，这同时也将是他的最后一个计划。持续好几年没动笔写东西致使压在他身上的负担非常沉重，因此进入一项新的规划只能在自传式虚构的阴影中进行。他借口要描写几天前经历的到达冬日里大雪覆盖的锭子磨坊时的情景："我到达时天色已晚。"

又是这冬日情调把卡夫卡的写作能量调动了起来，虽然在几个月前他还曾抱怨过："写作的不独立性，对生火的女佣的依赖性。"现在他周围的天气越冷，想象力的机器就运转得越暖和。小说集《乡村医生》就是 1917 年在跟这件新作品相似的冬天孤独的条件下产生的。1922 年 1 月 27 日，在动笔前不久，日记写道："奇怪的，神秘的，也许是危险的，也许是解救的写作慰藉，从一系列消磨时间的行为观察中跳出去（……）。"这又是"观察"的照相机焦距调准，如同在 1920 年 2 月中记下的对高中学生的劳伦齐山经历中就已经被激活的那样。处在化解了的写作欲印象中的卡夫卡同时用《乡村医生》的比喻记下了"新的力量的引导"："不过这里却有使人惊异的事，这一点最绝望的人必须承认，根据经验从虚无中会产生出什么东西来，马夫会带着马从破败的猪圈里爬出来。"成功的写作促使陌生能量的迸发，这就是那个被尼采认为使自由思想得以显现的增强了的事件。然而这也包含对中断的恐惧，卡夫卡如此害怕这种中断，致使他自发病以来便越来越频繁地试图躲进一种自己规定的无所事事状态之中。文学写作是乘雪橇行驶在"这个最不幸的时代的严寒"之中，这趟行驶由来自猪圈的马承担，自己的赤裸和道路的难以捉摸并没有使这趟行驶变得更舒适一些。

　　1922 年 1 月 16 日的一则日记，勾勒出一幅补充了行为观察这一惯用语的图画。"这全部文学是对界限的冲击，若不是犹太复国主义横加干涉，它原本可以轻易发展成为一种新的神秘教义，一种犹太教的神秘教义。存在着这样的萌芽。"写作不仅有质疑社会行动的下意识动作的功能，一如"跳出杀人犯行列"这一图像所勾画的。作为对标记和壕沟的"冲击"，文学同时也获得了一种准宗教力量的意义：这种力量废除旧的习俗，确立新的义务。文学就在抹掉独特个性、将它作为各种历史和社会的决定体的关系的产品展示的时候，展现出自己的种种真实的可能性。布贝尔的布拉格演讲勾勒出的犹太人行动意志幻象令卡夫卡神往，但是，一如他那句对犹太复国主义的干预表示怀疑的话所透露的，同时也一直让他感到陌生。它对于文学写作并不合适，因为写作只能通过远景的重新组合才能改变被观察到的东西，自己却没有全面了解社会的实际情况：这是一种行动，它不冲破通往现实的封锁墙，然而可以加深这一怀疑：这种现实是否像日常知识所断言的那样是物质性的。

卡夫卡用铅笔开始写《城堡》手稿，因为他在锭子磨坊显然没带上足够的书写用具。像在《诉讼》中那样，他也使用了一本大开本的纸稿，一页页纸上写得密密麻麻。原稿只有少数几处改动。"K"的符号出现得相当晚，在第三章中间描写 K 和弗丽达进行性行为之前不久，才替换了原先选定的第一人称形式。1922 年 2 月底，卡夫卡从仍天寒地冻的锭子磨坊返回布拉格。遁入隐士生活之后，他试图继续留住迫切的写作能量。1922 年 3 月中和末他给马克斯·布罗德朗读小说片段，不过日记却没对效果做详尽记述。到了 1922 年 6 月底，16 章——我们得到的原稿的一半多——已完成。几乎始终不变的紧密的字体在本子的开头和结尾处显示出一种显然由于更换书写工具而造成的动摇不定的节奏。

1922 年 7 月 31 日，比尔格尔插曲——第 23 章——的结尾写完。在 8 月的最后一周，卡夫卡却中断了小说写作，因为情节的线索已经从他的手中滑落。作品显示出一种奇特的非对称性，这让原本"简单"的故事，像在《诉讼》中对传奇故事的诠注那样，变得"奇形怪状"。小说越向前发展，它的对话就越泛滥、琐屑和肿胀。小说的一些人物——如伯爵或城堡总管的儿子——在写作原稿的过程中被忘却了。由于卡夫卡没对框形结构做出精心安排，对渴望在村里被接纳的 K 的命运的叙述便继续驶向一种想象中的无止境状态。跟《诉讼》中的情况不一样的是，作者显然不知道，他的小说会漂向何处。内在的结构断裂最终被证实是不可克服的，致使卡夫卡在 1922 年 9 月中无可奈何地声称，他"显然已经不得不把城堡故事永远搁置起来"。

波希米亚的黑色浪漫主义

开场安排得既紧凑又富有艺术性：一个孤寂和有雾的冬日夜晚，一座笼罩在黑暗中的城堡，一座通往村庄的木桥，一个疲倦的步行人，在寻找一个可以睡觉的铺位。有人曾谈到，说是这个开头似乎采纳了 18 世纪和 19 世纪晚期欧洲恐怖小说的动机。卡夫卡的阴森森的开头确实让人想起霍勒斯的《奥特兰托城堡》（1765）、安·莱德克利夫的《奥多芙的神秘》（1794）、马修·格雷戈里·刘易斯的《修道士》（1796）、E. T. A. 霍夫曼的《魔鬼的迷魂汤》（1815—1816）、布拉姆·斯托克的《吸血鬼伯爵德古拉》（1897）。然而作品开场的场景跟容易被看透的恐怖文学样式还是有区别的，这区别就在于，它只是让人预感到这个黑暗的吸引和威胁之地："城堡山踪影皆无，雾霭和夜色笼罩住它，也没有一丝灯光显示出这座大城堡来。"这个开局的中心是一片空白，从此以后主人公的思想将绕着这片空白旋转——一个隐约揣测到的中心，人们可以想象这个中心，但却几乎无法直接感受得到。

到达后的第二天，K 才能够看清高耸在一座山上的城堡。它由"许多互相紧挨着的建筑物"组成，一座尖塔的"雉堞"在这些建筑物的中央，像"被胆战心惊或马马虎虎的孩童之手画出来的那般"戳向冬日的天空。这座城堡像一个"寒酸的小城镇"，作为没有建筑艺术光彩的"开阔的"建筑群向远处伸展开去：这加深了陌生人在见到它时所受的刺激。如果说叙述者在这一描写之后说到一座"所谓的城堡"，那么这证实了感觉的模棱两可，它在变化无常的印象——"小城镇""村舍"群——之间摇摆不定。中心已经有了一种形态，然而这一形态像在城堡里下榻的官员们那样反复无常。整座设施不可捉摸的印象（"观看者的目光停留不住，滑脱了"）以后将在其行政机构漫无头绪的征兆中重复出现。有鉴于此，这个问题便是第二位的了：卡夫卡的描写是否受到赫尔曼·卡夫卡的出生地沃塞克的小城堡或阿尔布莱希特·瓦伦施泰因的官邸的印象的启迪，他在1911年年初的弗里特兰德之旅期间见过这处官邸的冬日雪景（"攀满常春藤"）。小说的城堡显示出模糊不清的轮廓，它起先不形成现实的地方，而仅仅是一个遥远的供观察的注目点。如同K在到达的那个夜晚抬眼看到的那一片空虚是一种"假象"，远处的这幢房屋只是一座"所谓的"城堡。既然连对看得见的世界所做的陈述都显得如此没有把握，经验和判断也就势必会动摇。

像在《诉讼》中那样，《城堡》中的时间、空间和物体服从陌生化法则。卡夫卡再次显示出自己是把外部世界的元素变为心理状态信号的能手。作品展现的时间是一种持续停滞的时间，单调和静止是这期间的主调。雪像一个凝固的象征裹住这个地区，并在阴沉的天空下让村庄笼罩在经久不变的晨昏蒙影中。村民的房舍，还有村长的办公室，都显得像是阴森的洞穴，时间停顿下来了。1921年10月16日，卡夫卡在日记中对使人迷惑不解的停滞印象写道："一个持续不断的开端的不幸，一切只是一个开端并且连个开端也不是的这一错觉的缺失。别人的愚蠢——这些人不知道这一点，还踢足球为了可以终于'前进一下'，并将自己的愚蠢像埋在一口棺材里那样埋在自己心中；别人的愚蠢——这些人自以为在这里看见了一口真实的棺材，一口人们可以搬运、打开、毁坏、更换的棺材。"看来K也遭受了"一个持续不断的开端的不幸"，因为他注定要多次经历他抵达的情景。不管他在哪里出现，他一直都是从寒冷的冰雪天地闯入暖和房间的陌生人。没有人认识他。跟不超越一个开端的模糊猜想的永远的开始的这种单调相配的，是令K感到迷惑不解的笼罩在村子里——像在阿尔弗雷德·库宾的梦中城市珍珠（《另一面》，1909）——的漫漫长夜，"不一会儿前天还亮着呢，现在已黑下来。'日头短，日头短。'他心里说着，轻轻走下雪橇并向酒店走去"。女佣佩皮告诉K，说在村里冬天一直都是占主导地位的季节："（……）在记忆中，现在，春天和夏天短极了，就好像才两三天，即使在这些日子里，哪怕风和日丽的，有时也会下起雪来。"

　　这幅单调景象促使人产生那种似乎作为神话式的时间法则掌控整部小说重复原则占主导地位的想法。然而在它的后面却隐藏着一种叙述过程的自我反射，这种自我反射符合卡夫卡称作意识的表露的东西："一切只是一个开端，连一个开端都不是。"按德里达的观点，重复的结构模式证实是纯粹的虚构，因为这一模式受到形象地想象一个起源的要求的支撑，而这一起源则构成一个形而上学的神话。如果说卡夫卡的《城堡》用各种变体重现它的引子，它一再让它的主人公在村子的房舍里重新——在拉泽曼那里，在巴纳巴斯家，在绅士大院，在村长那儿以及在男教师那儿——作为陌生人抵达和造访，那么它因此而描写的不是简单且失败的接近努力的翻版，而是一种支撑它的虚构原则、反映并从而描写了它的艺术品性的一种反射。在构造土地丈量员到达过程的虚假重复的行动中，小说掌握了叙述方法的规则：这种方法返回指向对一种起源的徒劳寻找。

　　时间表现的各种叙述形式为一种不再准许做精确测试的主观秩序所决定。信使巴纳巴斯的父亲据说在最近三年里由于他的女儿阿玛丽娅受到公众唾弃而迅速地变成白发老人，虽然他在这之前看上去还像一个"年轻男子"。而巴纳巴斯则在一家人受尽苦难煎熬的这段时间里，一下子从孩子变为成年人。时间成为一种被扰乱的、不再理解得了的制度的象征，在这种秩序中的变化似乎只有在由一种状态向另一种状态的突变中，在动态的静止的佯谬中才可以体验得到。小说的未完成性质，形成表现一种不停开始的时间结构的唯一适当形式，这种开始永远也不会结束，因为它停滞不前。它的生命是一种"静止的行进"，这是 1922 年 1 月 23 日赴锭子磨坊之前不久卡夫卡记下的话，他对 10 年前的一句话稍做改变，那句话谈到精神钟"静止的冲锋前进"，说这是一种具有紧张平静特色的思维力学放出的精神钟。小说的时间模式——按照米农·冯·艾莱阿的警句，运动和静止状态在其中显得不可区分——又采纳了这一断语。时间只可以被理解为自相矛盾的东西，它以令人感到奇怪的方式让静态和动态互相重叠，一如尼采在《人性，太有人性》中所强调的，他声言，时间的流逝只可经由数字辅助结构但不可通过感觉的下意识动作实现客体化。

在村庄和城堡的坐标系统中，人的身体也摆脱了日常生活法则的支配。K 多次被村民拽着在雪地里行走，那样子就好像他无重力似的。手艺人拉泽曼和布隆斯维克一声不坑地把他提溜着送出自己的房舍，因为他是一个陌生的、不受欢迎的客人。巴纳巴斯，后来是奥尔嘉，使出强劲的力气像拽一个任人摆布的孩子那样拽着他穿越难以行走的雪地。助手耶雷米亚斯，辞去职务后身边没有了他的同事阿尔图尔，当他独自一人遇见 K 的时候（他与自己的形象形成对照，现在似乎更加信心十足），他显得体貌变了，明显衰老了。身子，主管身份的最高机关，像无生命的世界，不再是可靠的标志，而是判断目光分离的标记。

冬日的严寒景色成为 K 误入的无定形制度的象征。主人公穿越的空间没有清晰的线条轮廓和分段划分。在大雪纷飞中，他跟跟跄跄在街道上行走，显出"单纯行走给他造成的疲倦"神态。晕头晕脑是表示贯穿他的整个逗留时期的滑落状态的代号。主人公想步行到达城堡的这一失败尝试显示：一种扭曲的、不再客观化的空间感觉便来源于这种状态："因为这条街，这条村子的主街不通往城堡山，只通到城堡山近处，随后它就拐弯，即使它不远离城堡而去，但也不趋近城堡。"从地貌地形上看，村庄和城堡不好严格区分，因为两者互相融合渗入。融合交错的线条不仅决定了雪景，而且也决定了 K 进入的社会各界内部的层层关系。等级制度只是一张这个新来的人几乎无法理出头绪的、很难看透的关系网的反面。K 的错误就在于，他坚持认为村子和城堡的现实情况是可以分开的。然而现实证明自己是"马虎的孩子之手"画出来的形体，其结构变成"文学的对象本身"，而按德里达的看法，这种对象一直都是纯正的没有意义的构思。在将各种现象区分开来的虚假差异的后面，显示出一个滑动和变模糊的过程，在这一过程的强制束缚下，界限便不可能划定了。施瓦尔策，主管的儿子，在到达后不多几个小时就向他解释了后来男教师也向他证实了的事："这个村庄是城堡的产业，谁在这居住或者过夜，某种程度上就是在城堡里居住或者过夜。"

一个陌生人

一张照片记录了卡夫卡 1922 年 1 月 27 日在大雪纷飞中到达锭子磨坊的情景，在一部大雪橇旁，他倚在一边，有点儿斜着站在镜头前：一个外地人，打算更仔细地观察一个陌生的冬意浓重的地方。稍后人们将在饭店里分配给他一个房间并在旅客登记簿上把他的名字登记错。小说《城堡》的开场显然与此有关联：K 也是在厚厚的积雪中作为陌生的客人抵达村子，并在回答主管儿子的询问时接受了一种显然不对的身份，但这却出于他自己的决断。卡夫卡开始时先用了第一人称形式，在润笔过程中——在写主人公和弗丽达之间的爱情场景期间——才使用"K"这个代号：这一事实确证了种种类似的情况。

外地人在一个自成一体的社会里没有个人特征。在这里只有属于一个群体，并在其中担任一个明确安排好的职务的人才成为个体。个

到达锭子磨坊，1922 年 1 月 27 日

人特征受包含形式的束缚，这些形式，如尼克拉斯·卢曼所指出的，产生那种"复杂性"的结构——没有那种"复杂性"，自我在社会上就不能存在。1922 年 1 月 29 日卡夫卡在锭子磨坊谈到自己的社会地位。说他把一个"阴影"投进世界，但是似乎并不直接和这个世界有联系。由于人们已经把他"逐出"，所以他就不得不让他的"代理人，可怜的、不能令人满意的戏子"来滋补他拥有的根。卡夫卡在这里把自己描写为这样的一个外地人——用源出于莫里斯·布朗绍的阿甘本的一种说法——是被锁住了的被关在门外者：他的社会功能在于标出社会的另一面，以使社会的独特方面能得以巩固。K 也踏上他的这条丧失自我特色的长篇小说的道路，而这一丧失自我是在他到达以前就已经发生了的：因为没有人认识他，所以他先验地不拥有使他适应和承担责任的社会的"自我"。K 是一个独行者，夜晚出现在通往村子的桥上，无目的地在夜色中瞎跑。彼得·魏斯在他的自传体小说《没影点》（1962）中，就卡夫卡作品中脆弱的主体结构表示看法："在这里一切外壳都已去掉，'自我'无人保护且脱掉了衣服站在那儿。"

K 从一种模糊不清的过去走上事件发生的舞台，跟来历有详尽交代的卡尔·罗斯曼不一样，我们对他的过去经历知之甚少。K 是一个现代的阿赫斯维——他，与卡夫卡的乡村医生有可比性，穿行在冬日的异乡。他像看门人传奇中的头脑简单的乡下人那样离开了自己的家乡，而我们却不知道他此行的原因。可是跟他的各位前任不一样，他精力充沛，性格刚毅。卡夫卡的主人公中没有哪个像 K 这样积极主动和起劲卖力，但是也没有哪个像他这样不择手段。K 对承认和认可的奋力追求源于他的外地人身份。1920 年年底，显然是在谈到曲劳警句时，卡夫卡对真实情况的可判断性记下这样的话："你是什么人，这个你说不出来，因为你就是这么一个人，你只能说出你不是什么人，也就是说你只能说谎。"在这个意义上，K 说他是城堡伯爵聘任的土地丈量员，他的这种说法是一句应付人的谎言，他撒这个谎，是试图通过一个职务在村里显示自己的身份，以便作为外地人有一个清晰明确的地位。在这之前不久，K 就已经显示出对当地等级制度的无知，当时他对施瓦尔茨报告说，他必须让城堡开具一张过夜许可证做出这样回答："我迷路走到哪个村里啦？难道这里是一座城堡？"所以 K 紧接着就声称是伯爵让他来当土地丈量员的，这就给人以极其不可信的印象。在 K 会晤了禁止他当着"天真的孩子们"的面直呼其名的男教师之后，在小说里就再也没有谈及伯爵。所以始终不清楚，K 是否试图诉诸一个只是虚构的人来说明自己的身份（"我怎么会认识他呢？"男教师回答对伯爵的询问）。如果说 K 举出城堡主人作为他臆想的土地丈量员身份的证明人，那么他以这样的方式只是支持了自己的外地人角色，这个外地人一说到自己便撒谎。因为伯爵不是集体的一方，而是——不受他的现实存在问题的影响——一个原则上不可能存在的主管机关，谈论它是禁止的。K 将自己的身份跟伯爵的身份联系在一起，从而也就不知不觉地证实了自己被关在门外者、不被吸纳者的地位。作为外地人，如酒店老板娘所说，他"多余且处处碍手碍脚"，况且"在待人接物方面惊人地无知"。他想获取伯爵当局宠信的那种坚毅只是对一个公共世界的无知的一个变种，这个公共世界，如本雅明说过的，在卡夫卡的小说中比神话还古老，因为它的源头在人类记忆的另一边。

办事处主任克拉姆的一封信令 K 不胜惊讶地向他证实，他已经为城堡所雇用，但是起先没用"土地丈量员"这个身份。当局使用文字做媒介，将自己的意志告知 K，这一点颇能说明问题。文字建立起一种距离，这距离使 K 不可能真正接近信的发送者，而是只制造这种接近的假象。按照德里达引用的经师艾里塞尔的话，文字媒介永远达不到口头流传下来的图拉经的智慧。声音在瞬息间制造出思想的"亲临现场"，而文字却只是在符号的海洋里做一次无止境的旅行，并不能够记录下它想传达的意义。所以办事处的信不是表示承认 K 是土地丈量员，而是反映了他那些远谈不上具体实现的渴望。富有启发性的依然是，只有当局与 K 做书面交往，而后者则恰恰被要求将自己的愿望口头告知信使巴纳巴斯，以便信使可以将它们转告克拉姆。如果说当局听到话语声也听到形式奇特的言语，那么剩下给 K 的就只是言语的代替物——一封没有清楚可读的签字的信。

K 用一个受过训练的法学家的迂腐来解读这份公函，却误解了它的内容，他以为自己现在已经无异议地被接纳进这个社会团体了。注释学又作为自我反映的基本模式并且同时作为权力的媒介出现，而这权力则正是像被解释的世界的结构形式中的一个网络那样形成的。此信在强制诠注下获得一种独特的现实性，其明晰性虽然在村长阅读后受到怀疑，但是没有被撤除。K 在这一点上是从前的小说主人公的典型继承人，他不断对发生的事做出解释并由此赋予它一种意义，一种其异律性限制"自我"自由的意义。这种用强制命令、压力和抑制而占了主导地位的不同一性是意义添补的结果，而 K 做这种添补则是为了能够适应环境：力量从诠释中产生并像在半睡半醒中召来的法庭那样在虚构的图像中表现出来。主人公借助语言把围在他四周的空洞、白色的空间分成部分——冬天就这样变成绝对开端的符号——但却以这样的方式建立起一种制约他本人的意义关联。他构思城堡和城堡当局如同一台机器，随后他就把这台机器视为客观事实。这就是一种想象确立世事的原始场景，一如卢曼将其描写为人类创造性想象力的成就那样。在虚假现实的变化过程中——"被马马虎虎的孩童之手画出来的"——卡夫卡反映出文学表现体系的各种功能形态，这种表现体系不代表而是按特有的标准建造世界。令人毛骨悚然地吸引着人的城堡和当局的图像，K 在自己的头脑上产生的这些图像，反映出卡夫卡对文学想象的理解力，这是能够同时产生出自由和强制来的理解力。

寻找进入城堡途径的外地人的处境，颇具讽刺意味地像带着注释学方面的要求接近这部作品的读者的情况。误打误撞地接近小说在开场部分以不同的变体多次展现过的当局，就像看门人传奇那样，反映出解读者的悲剧，这个解读者在寻找一条通往目的地的道路，但必然失败，因为这条路不是明确地向前伸展，而是曲里拐弯迷宫般的走向。奥尔嘉用含蓄的讽刺口吻告诉 K："有好几条进城堡的通道。一会儿时行这一条，于是大多数人都走这条，一会儿是另一条，于是大家一窝蜂走那条。这种交替按什么规律进行，这个还一直没发现。"卡夫卡的作品对其读者的态度跟似乎在阴森的远处注视着观察者的城堡有异曲同工之妙：它们从不同的视角盯着他们（"我在注意观察着您"），克拉姆的第二封致 K 的信这样写道。像保尔·德·曼为里尔克的诗《古代裸体躯干雕像阿波罗》鸣不平时所说的那样，小说在揣摩它的读者的心思，它从不同的视角观察他们。城堡不是有清晰含义的代号，而是一张不断移动和变化的意义之网，它是一个指示器，指示那种卡夫卡的作品善于不断保持其运行的解构运动。

在一份当局的秘密卷宗中对这位被信以为真的土地丈量员有这样的记述："只有循着我们从到达开始揭示的他的踪迹，一直跟踪至与弗丽达的结合，我们才会了解到真实情况。了解到了这骇人听闻的真实情况之后，我们还得养成习惯去相信它，没有别的办法。"卡夫卡因语言过分清晰而在手稿中删去了的这段话，样板式地重复了小说的运动。从 K 的到达直至与弗丽达结合的故事显示了一种神秘的真实，这一真实几乎不只是在于：一个外地人在为让一个拒绝他的社会接纳他而战斗。这一真实可以在小说所描写的现实最后显现为反映 K 的心理的信号结构时被推测到。像在《诉讼》中那样，这种情况的特殊性就在于，心灵的迷宫作为一种社会体制出现，等级制度、交际组织和象征的代码及其详尽勾画出的功能就在这一体制中显露出来。

村庄作密封的守秩序之地

自《一场战斗的描写》以来，卡夫卡的小说就一直使用使内部状态表面化的这种方法。村庄和城堡形成一种充满紧张的精神上的布局的对外信号。超验论地、宗教地或社会历史地解释它们的每一次尝试都必然失败，因为这种尝试忽略了这种信号性质。就像乡下人渴望进入法的大门那样，K 渴望进入城堡，因为城堡有一种神秘的吸引力。然而在他心灵感应的、瞄准了合理解释的思维中，却未切中他的新的、还陌生的环境所形成的结构。城堡和村庄代表一种制度，其中没有因果关系，而只有二元的关系领域——男人和女人之间，公职人员和农民之间，父亲和儿子之间。这反过来又符合梦的逻辑，这种逻辑以一种信号联系和象征移动的活动为基础，而这种活动并没有受到以外来的观察者立场所做的阐释或说明。K 早早便陷入的这种奇特的冲突境况由此而产生：他自己坚持把村庄和城堡断然分开的观点。不过从小说所做的描述来看，这样一种分离客观上是不存在的，因为村庄根本就属于城堡。被准许进入那里，这虽然一直是一些被挑选出来的人的特权，但是这并不意味着两个范畴之间存在一种原则上的区别。所以对于 K 来说，成为村庄这个集体的一个成员是回避不开的了，因为他唯有如此才可找到进入城堡的途径。

在城堡的官员们离不开村庄、向它的代理人表示臣服意愿这一点上，村庄和城堡形成的内在关系是辩证的。承认——黑格尔曾这样解释过——是有权势者自信的前提。"主人与奴仆有关联，"黑格尔写道，"是间接通过独立的存在发生的，因为奴仆正是在这儿被拴住的，那是他的链条，他在战斗中无法脱离这条链条并且因此证明自己是不自主的，不能在现实中拥有自己的独立性。"但是在村庄对城堡的无条件的承认中，不仅高一级主管部门，而且低一级主管部门也找到了自我。按照黑格尔的辩证体系，村庄和城堡的差异是两者身份的阐释，而这种身份在这样一个关系领域形成：它将这两者的身份联合成一个功能上的统一体。村庄和城堡各自构成密封的权力体制内部互补的一面："一面是独立性，独立存在是其本质，另一面是不独立性，生活或者为另一种生活而存在是其本质。那个是主人，这个是奴仆。"

绅士大院成为这样一种辩证法的活动场所，它的名字与那家维也纳咖啡馆的名字暗合：米莱娜的丈夫恩斯特·波拉克就是在那家咖啡馆里和罗伯特·穆齐尔、约瑟夫·罗特和弗兰茨·韦弗尔交往的。绅士大院，城堡的秘书们在那里过夜，它带有乡村妓院的性质，权力分配在那里清楚地存在着。奥尔嘉在那里为克拉姆的秘书们卖身，而弗丽达则担任酒吧女侍的角色。外地人是不许住客房的，因为秘书们"极其敏感"，受不了"意外地"看到外地人——一种说法，它让人猜想到对卖春的需求。奥尔嘉自己说，"恰恰是不体面的人"被接纳去给城堡当差，从而确认了在这里把情欲世界和行政管理连接起来的这种令人惊讶的关联。后来才描写的秘书们在绅士大院里研读公文至深夜的状况并没取消事情模棱两可的性质，而仅仅证实了卡夫卡的这种技巧：证明性欲是不同生活方式的意志宣示。绅士大院情景的描写似乎受到恩斯特·魏斯的长篇小说《戴链条的动物》（1918）的启示，该小说的情节在一种用客观、缜密的手法描写的妓院氛围中展开。该小说讲述妓女奥尔嘉的故事，她徒劳地试图摆脱皮条客弗兰茨的魔掌，最后，在她开枪打死情敌米齐之后，"神经错乱"地死在一所疯人院里。魏斯的现实主义细节描写——它很有把握地把低级趣味读物的元素溶解在材料里——以及无拘无束和直白客观相称的引人入胜的叙事方式影响了小说《城堡》中绅士大院的布局。卡夫卡在描写乡村小酒店和可以回溯到魏斯的女主人公的卖淫女奥尔嘉时，采纳了魏斯描写的同时充当妓院的卖啤酒柜台的一些重要特征。他读过这部小说，这一点可从1923年秋的一封致卡尔·塞利希的信中得知，信中他特别强调指出这部小说是魏斯的带有"不可思议地浓烈，即使难以理解的"特性的近作中的典范。

奥尔嘉的屈服意愿只是一种使人感到诧异的、城堡当局的服务意志的最极端变种，小说认为这种服务意志是村民们普遍都有的。女人们甘愿听从秘书们的"召唤"，而男人们则保持着一种卑下和尊敬的态度。手艺人、男教师和村长体现一种对当局的绝对忠诚，具体表现为他们拒绝用怀疑的态度去审查当局应受尊重的权利。村庄代表一个团体，这个团体勾销团体里的个人的人生要求，同时认同服务于城堡。这里清晰地反映出了西犹太教视角下的东犹太教形象，人们从同化的角度感觉到这个形象严密封闭且令人眼花缭乱。K 所代表的个人好说谎和群体形成强烈对照，这个群体不必为自己的存在辩解，因为它代表一个不可探究的整体。"某种真实，"1920 年年底卡夫卡写道，"也许只存在于合唱中。"1921 年 10 月 29 日，他在日记中记下他自己立场的两难处境："我只是极其罕见地逾越过孤独和团体之间的这个边区，我在这边区甚至比在孤独本身中定居得更久。和鲁滨孙的荒岛相比这是一个多么生动、美丽的地区呀。"1922 年 2 月 2 日在锭子磨坊看过一场滑雪比赛后，他同时记下这样的话："有幸和人在一起。"卡夫卡在这样一个时刻开始创作他的最后一部长篇小说，这时他虽然和犹太复国主义产生了某种距离，但同时通过他的希伯来语和对犹太教法典的研究再次靠近了犹太教的宗教上的根。这种接近的痕迹也间接地渗入未完成的长篇小说《城堡》之中，小说中犹太认同首先经由叙述的结构和插入其中的倒叙反映出来。

村庄和城堡都有自己的发展史，K 逐渐地，但往往只是一点一点地了解到它。这种情形自 1917 年起便在卡夫卡的众多作品中出现：在表面的社会秩序后面有第二个过去年月的世界，谁想理解第一个世界，就必须对第二个世界做考古开发。《守墓人》《一条狗的研究》《中国长城建造时》和《猎人格拉胡斯》便是这样谈以几近标准的方式影响现实事件的神话——历史性的传统的。小说《城堡》里的情况也与此相似，提供大量回顾，显现出一种特有的社会的乡村神话，小说的现实富有错综复杂的事态，它们导致社会的扭曲、联盟或对抗。村长对当局以前的规定所做的报告、阿玛丽娅拒绝为官员索尔蒂尼提供性服务的故事（他的信的"粗俗用语"表明要求提供这种服务）以及酒店老板娘加尔德娜对她当初做克拉姆情妇的回忆阐明了一种对社会制度的认识，K 之所以不熟悉这种社会制度，也是因为他不了解它的历史渊源。

与已经忘了自己民族传统的西犹太人的情况的联想在这里简直是油然而生。但是 K，他初来乍到不了解情况，渐渐对自己"迷途误入"

的这个团体有了新的认识。在这件未完成稿的后三分之一部分中，奥尔嘉、佩皮和老板娘具体和详尽地给 K 讲述了村子较近和较远过去岁月里的故事。是叙述和它的简直无止境的自我解释的力量在推动小说向前发展。作品就这样构成一种媒介，一种用来使 K 获得社会认同的叙述行为的媒介。如果说他最后去掉自己的高傲、狂妄的特性，那么这也是基于叙述使他获得的认识。像通过教徒的口头报告接近他先前不可理解的、他的宗教的传说的西犹太人那样，K 随着对村庄过去的逐步了解进入了村庄的团体之中。像变得虔诚了的被同化者那样，他有了希望，他可以得到一种临时的身份，这一身份虽然不完全撤销他现在的状况，但是有助于克服他作为被关在门外者所遭受的那份孤独。

无意识的喜剧

卡夫卡的长篇小说加工处理了他对 19 世纪的认识，这些小说从尼采观察他那个时代的学院式丰富学识时的同样视角观察 19 世纪。官僚政治制度，公民权利的作用力量，对历史内在结构的信任，犹太人同化的世界以及本能经济的语言构成卡夫卡小说中在一种非常快的漫射节奏的强制下不停进行的讽刺性解构的对象。福柯断定的 19 世纪初的社交活动危机在惯于展示权势和无权势的象征性统治制度的衰败中表现出来。一种隐身过程现在把权威迁移进新的官僚机构纷繁复杂的结构之中，这正是阿尔弗雷德·韦伯 1910 年在他的《评论，杂谈》中称之为现代主义记号的新的纷繁复杂的官僚机构。卡夫卡因为日常业务工作和惯常的业务交流，对这一过程的征兆是很熟悉的。据统计，光是 1913 年，布拉格工伤事故保险公司就处理了 314269 份文件：这样的数字显示出行政程序的规模，这种规模一经转化为文学的规章便势必会显得很可笑。

卡夫卡在长篇小说《城堡》中对自己的和无名的行政机构及其

纷乱的运作打交道的经验最后一次做了文学加工，他用讽刺的手法进行解构。卡夫卡所讲述的权势表现在城堡行政机构网络中。这一城堡行政机构形成一台巨大的机器，由它确定的种种规范规定了联系的规则。这一官僚体系建立起来的组织形式形成怪诞迷宫的特征，在这座迷宫的过道里笼罩着一片漆黑。然而卡夫卡并不停留在这一判断上，而是赋予这台官僚机器人的属性，这些属性让这台机器不是——依一种受过马克思培训的官僚异化批判的观点看来——作为主体的完全不一样的东西，而是作为主体的特定反映出现。他描写行政机构纷乱的讽刺笔触把权力体系变为一部《人间喜剧》，在这《人间喜剧》的描写中加入了心理分析的成分："K 在哪儿也没见过公务和生活像在这里这样交织在一起的，交织得如此紧密，以致有时竟会显得，公务和生活换了位置。"

　　首先让 K 与城堡当局建立起联系的媒介是电话。然而事实表明建立联系不容易，因为电话机里只传出来一阵混乱的沙沙声："就好像是无数儿童发出的嗡嗡声——但是这种嗡嗡声也不是什么嗡嗡声，而是遥远的、很遥远的歌唱声——就像是这嗡嗡声以一种简直莫名其妙的方式产生出唯一一种高亢而洪亮的声音，这声音撞击他的耳鼓（……）。"瓦尔特·本雅明 1932 年回顾说，电话在其早期阶段传送的声音十分奇特，听起来像是来自一个遥远世界的响声："传来这些声音的那个夜晚就是每一个新生事物产生的同一个前夜。"1913 年 1 月22 日至 23 日卡夫卡给菲莉丝·鲍尔描述了一个梦，梦中他站立在一座桥上打电话。这一组连续镜头的出人意料的高潮在于，他虽然把听筒贴近耳朵，但是只听见混乱的声音：他"从电话里"听到"一种悲伤的、有力的、无词的歌唱声和大海的轰鸣声"。在梦中通过电话建立联系的尝试像在小说中那样因受到一种平庸的音响方面的阻抗而失败了。现代的媒介和远古的响声构成特有的紧张关系，妨碍了任何一种交流行动。这种紧张关系表明对于小说一再具有典型意义的冲突状态：卡夫卡的主人公恰恰在他不理解为什么在周围的人当中遇到自我形态之时不顶事了。

城堡的行政机构跟小说《诉讼》中的检察机关一样，没对 K 设置什么阻力。城堡官员的名字——比尔格尔、埃尔朗格、加拉特尔——构成部分带宗教色彩的满足愿望的象征，据说这些官员是这样的人："他们简直担负每一个重担，人家什么都让他们承担，自己却一直无动于衷、自由自在。"行政部门像一个精神体系，处理但不解释提供给它的经验。在 K 证明了自己是土地丈量员之后，当局便认真看待他的——显然不真实的——解释并批准他担任一个职务，这个职务，如同村长承认的，始终无济于事、纯属多余。克拉姆后来发出的那封信对他所做的工作表示"赞赏"并要求他继续干下去。当 K 向官员奥斯瓦尔德称自己是"老助手约瑟夫"时（在锭子磨坊旅客登记簿上登记错名字的反映），这位官员在电话里重复了一遍："你是老助手。"K 的谎言成为客观现实，因为他向之伪装自己的这个主管机关是他自己心理上的机器的一个共鸣室。在这里，富有启发性的仍然是官员们的严重胆怯心态，这些官员像弗洛伊德所说的梦幻想法，躲躲闪闪，怕见缠人的陌生人——K 到了视野以外，克拉姆才敢从乡村客栈里走出来，陌生的闯入者走出了绅士大院过道并返回酒吧之后，秘书们才可以打开他们的房门。在这一点上，整个当局可以与一个敏感的心理上的体系相比，这个体系对其周围世界极有细微差别地，但也极其易受干扰和神经官能症式地做出反应。

在村长向 K 阐明行政机构的种种机制的时候，这种类似便清晰地显现出来。村长并不向主人公传送"来自一个被管理的世界的信息"，而是对有精细工作功能元素的无定性而又活跃的状况向他做出指示，正是这种状况像一台心灵的机器。就这样，如同村长所报告的，在城堡里只存在"考查当局"，"根本不考虑有可能出差错"，就跟一式的卷宗循环周转一样——一份卷宗从来不会丢失，这是对小说《诉讼》的法院行政机构的说辞——表明信息交流的循环运动。就像一种心理体系那样，城堡行政机构拥有记忆能力，它使自己的故事在记忆中保持可供使用的状态。但同时总是有新任务设法强行挤掉过去的事，致使几乎没有中断和停歇的时间。阿尔弗雷德·韦伯解释说，现代劳动世界实施一种当局的"神权政治化"，它造成"精神上的使化体[1]"并诱发"对公职人员身份的盲目崇拜"。而卡夫卡的小说显示的却不是韦伯指出的行政管理的"神秘主义"，而是行政结构在精神上的深度。纵使 K 谈到"值得钦佩的工作的统一性"——这又改变了韦伯的机构的"统一幻想"说法——但也难以迷惑这一事实：城堡行政机构的各个部门仍然像一个看不见的精神上的系统那样不透明、不清楚。这里所描写的制度像人的心理释放出效应，却没让人了解它的核心。韦伯把帝国的行政机构描写为现代精神的神，这个神在卡夫卡那里，就像在小说《诉讼》中已经显现的那样，已经具有一种深奥莫测的精神风貌的特征，其迷宫式的结构既令人喜爱又令人惊骇。

村庄和城堡通过信使这个人物联系在一起，这个人物在卡夫卡自《乡村医生》以后的作品中扮演一个重要角色。作为介入人物，信使体现像一种媒介那样采取行动的第三者身份。看上去像二尾子的巴纳巴斯，他的两性人身份让人想到中介人（"男人却温柔"），他的这个角色是犹太人童话宝库中一个有同性恋色彩的人物。在佩莱茨那儿——卡夫卡有他的《犹太人故事集》（1919）——信使体现一种典型的中间人物形象，不谋求自己的意图，而是只形成委托他传送的信息的共鸣场。故事《送信人》将这一形象描写为尽职的仆人，尽管年事已高却还在冬日的严寒中艰难行进，去完成他的使命，但最后在暴风雪中殒命。不容忽略的是，长篇小说《城堡》的情调带上了佩莱茨的短篇小说氛围的色彩。巴纳巴斯是佩莱茨小说中老信使的一个晚辈亲戚：一种媒介，一种似乎不遵循自己意愿的媒介。他的身份由委托他办的事来确定，这些事他要去办，可是他却无法探究出办这些事情有什么意义。所以 K 过高估计巴纳巴斯，他竟然将他美化为救星，使他

1　使化体：使圣餐面包和酒变成耶稣的血和肉。

看上去像富有希望的未来的阳光，其实他只是被卡夫卡投到一堵白墙上的图像的阴影：一个空洞的信号，没有意义的信息。

在《波兰犹太人的传说》中，村长这个人物已经有其文学上的深度。艾里亚斯贝格的改编中就已经有日常生活和梦境、现实和童话的叠化[1]。官僚习气的各个社会领域紧挨着神的法庭——圣巴尔-谢姆[2]被认为就是这个法庭的直接特使。村长那里的卷宗的杂乱无章和绅士大院里分发印刷品时的糟透的混乱无序显示卡夫卡把控制不住的下意识能量描绘为行政机构的因子。艾里亚斯贝格的神的法庭变为心理领域，它驱使行政事件受到梦幻、睡眠和昏迷的法则的支配。K 清晨未经许可在绅士大院里看到的卷宗分发过程具有象征意义。办公室勤杂工，他们推着一辆小车把卷宗送上门并将其一摞摞堆放在秘书们的房门口，他们必须进行一场彻头彻尾的战斗，才可到达目的地。尚睡眼惺忪的官员们拒不接受文件，有时只是中了"奸计"才被迫接受分给他们的文件。有些人遭到勤杂工突袭后像孩子那样抽抽搭搭地哭了起来，另一些人从"盥洗盆里"舀水朝搅了他们好梦的城堡信使兜头浇去。弗洛伊德在他的《心理分析入门讲座》（1917）中为了说明心理抑制过程而动用了一种在他之前颇受重视的局部的解释，这一解释提供类似的图片陈述：被抑制的东西"在门口"就将检查员拒斥在大门之外，不让进入前意识[3]的系统之中。按弗洛伊德的意思，卡夫卡的场景中的官员充当检查员，他们像看守者那样守在"关闭的大门"的门口，防止有人不经检查进入大门。这种努力的失败在闹剧行动中达到顶点，它又表明卡夫卡在描写心理和行政机制的相似性时的那种具有讽刺意味的坚定性。小说《诉讼》就已经把心理机器的可比较的局部特色作为官僚制度描写的基础。

就像克拉姆在 K 已经从他的视野中消失之后才能乘坐马车离开

1　叠化：通过一景渐隐一景渐显使两个场面过渡的一种电影技术。

2　巴尔-谢姆：原名以色列·本·艾里泽尔（约1700—1760），夏西教派的创始人。

3　前意识（vorbewuβt）：心理学术语，指无意识与意识之间的一种状态。

绅士大院，官员们也只有在他们知道自己没有被人看到时才壮着胆子这样做。连稍后将向阿玛丽娅发出一份明白无误、带性要求色彩的邀请的索尔蒂尼也在村民们密切注视他们的追求时显得窘迫，并用眼睛示意他们退回去。羞耻和局促不安，怕与人接触和恐惧，沉默不语和捉迷藏游戏，凡此种种决定官员们对村民们的态度。它们在这一点上像小说《诉讼》的当局，他们奇怪的无抵抗显示出其反映约瑟夫·K的"自我"功能。这再次表明，城堡当局的代表以一种心理体制的要素出现：K拥抱这一心理体制，自己却并不活泼好动。所以他不管在哪里遇到这个体制，都不会听到反对意见，而只会得到对他的手腕的确认。对于当局来说，K是他所假托的——土地丈量员或助手约瑟夫——因为在心理机制中不存在超验的、道德的或司法的判决机构，它允许把真的和假的分开。根据弗洛伊德的说法，各行行政管理室像"一个心理的场所"，但是如同保尔·里克尔所说，这个场所的特性"不可以与解剖的地方混为一谈"。这种地方作为加工处理记忆残余部分并将其送入梦中印象的机器，在弗洛伊德那里作为没有自治权、因此必须由经验宝库的数据供给的机制出现。

在城堡制度的内在联系中一再出现睡眠主题，它表示城堡制度和下意识的天地的关联。K在克拉姆的马拉雪橇里，让甜烧酒弄得醉意蒙眬，渐渐陷入神志昏迷状态。克拉姆本人——瓦尔特·本雅明已经强调指出过他的梦游特性——通常都是半睡半醒、闭着眼睛坐在他的卷宗前，像"在梦中"似的擦拭夹鼻眼镜并须要做长期休息，他似睡非睡地在一个与外界隔绝的客栈房间里面对着一杯啤酒度过这些时光。与这一神志昏迷的景象相配的是，人们在公事房里只是"轻声低语"口授，为了不扰乱那里的寂静。让K了解如何进行盘问的联络秘书比尔格尔谈到高一级官员的困倦："'当然啦，'比尔格尔笑道，'这里的每一个人都疲倦。'"疲倦、打瞌睡和睡眠就是K在与当局接触时合乎逻辑地陷入的状态。谁想与当局阐明的无意识交往，就必须处在一个超然于理性监督的阶段。只有在从醒着和梦幻中进行调和的段落中——只有在小说《诉讼》已经作为感觉敏感性增长的特征描写过的有代表性的过渡时刻中，向这个机构的接近才获得成功。

鉴于心理和行政管理的相似点，秘书克拉姆——小说展示的级别最高的当局代表——证明自己是 K 的影像，就不足为奇了。克拉姆让巴纳巴斯交给 K 的第一封信中说，他克拉姆"决不会与他失去联系"，这一宣示似乎已经勾勒出了对于这部小说有着举足轻重意义的观察者功能。克拉姆像柏洛托士那样变化多端，他呈现一种变化无常的形象，从而反映了村子里的人与当局所保持的关系。"'据说，'奥尔嘉这样说道，'他到村里来时模样完全不一样，并且离开村庄时模样也不一样。喝啤酒前不一样，喝过后不一样，醒着不一样，睡着不一样，一人独处时不一样，谈话时不一样，据此也就完全可以理解，在山上城堡里几乎完全不一样。'"克拉姆说明了卡夫卡的作品惯常展示的关系意识的含义，他不是任何代表自身的东西，而是仅仅由于别人为他安排好的关系而存在。所以他体现一个第三者的人物形象，此人物把小说的二元情况扩大为一种三段式。老板娘声称 K "不能够" "真正见到"克拉姆，这符合秘书的反复无常特性，这位秘书不具有亲切有礼且可以理解的形象，但是这也符合他在小说中所履行的功能：K 不能把克拉姆看透彻，因为他作为第三者表明他自己与其他人物所保持的关系。可比较的变形决定了作品的许多人物：起先显得信心十足的弗丽达在与 K 结合后呈现出平常的、拘束的、几乎胆怯的年轻姑娘的特性；两个助手一被 K 解雇就明显衰老；巴纳巴斯递交具有易被误解特性的信息，也就失去了自己的雌雄同体的魅力并变为一个脑筋迟钝的手艺人的儿子。小说在这里把潜意识中的偶像的成就——心理分析强调过它对自叙体创作的意义——传到人的身体现象领域：人的外观形象随着他的社会状况和这一状况可能使他获得权势的机会的变化而改变。

卡夫卡的小说变成喜剧：他让社会制度体系的标准价值和个人的无权势在其中碰撞。阿多诺曾对现代派的——特别是韦德金德的和贝克特的"激进的艺术品"中的诙谐做出说明，称这种诙谐来自"主观要求"的毁灭。这样一种形式的毁灭也是卡夫卡的小说通过人物的解构引来的滑稽效果的生殖细胞。这种情况在助手阿图尔和耶雷米亚斯的身上表现得颇为典型，这两个助手作为城堡的特派代表表示城堡的行政部门及其组织工作中心理方面的种种问题。助手们体现用讽刺体裁改写的颠覆性力量，这股力量在这两个助手的举止行为中清晰显现出来。他们像一部无声电影的人物登台表演，在无声电影中，这些人物的诙谐因其过分生硬的手势而产生。他们的先驱是短篇小说《布鲁姆费尔德》（1915）中成事不足败事有余的实习生，他们不干自己的活儿，在整个办公室里一味地惹祸。对他们有这样的评语："但实习生们的这种热心也只是表面文章，他们就像真正的孩子，有时想出风头，但他们想得更多的是，或者说得确切点，他们几乎总是一味地想迷惑上司的注意力，欺骗上司。"助手们的行为同样幼稚可笑：他们经常"胡闹"，有时还得让弗丽达和 K 给自己穿衣并——像《诉讼》中三个下级银行员工拉本施泰格、库里希和卡米纳——代表那种不倦的、显示出一种狂放不羁的性能量的观察乐趣。作为狂热的观淫癖者，他们观看 K 和弗丽达如何做爱，他们毫无拘束地用手捋胡子并让弗丽达估计他们的胡子有多长——一种在《诉讼》中就已经具有男性生殖器意义的动机。阿图尔和耶雷米亚斯主要通过手势沟通，他们只拥有有限的言语手段。他们的激烈的手势语言指向关于东犹太人的陈旧用语，这些用语受到同化了的西犹太人的培植，但也被像约瑟夫·罗特这样的熟悉夏西教派的行家流传。吸引 K 的当局的异样特性在助手身上表现为下意识的滑稽可笑和东犹太人身份的变种，这一变种的荒诞效果不能掩盖它隐藏着的一个更深邃的秘密。在小说的一个删掉的段落中，官员向埃尔胡格尔解释行政部门中的"混乱"："其中都是些最可笑的事，这根本就没什么好奇怪的，因为极端可笑和极端严肃相距不远。"在这个意义上，K 就必须学会懂得接近陌生事物，不先入为主地低估它。然而他在逐步取得这一认识之前却受到了厄洛斯的引诱，他沉溺于厄洛斯之中，因为他误以为这是进入城堡的媒介。

女人的学识

　　像在《诉讼》中那样，在卡夫卡的最后一部长篇小说中，妇女起先也作为权势的从属帮手出现。弗丽达是克拉姆的"情妇"，巴纳巴斯的姐姐奥尔嘉是克拉姆的仆人的婊子，年轻的吧台女侍佩皮争强好胜，一味地想博取官员们的欢心，大桥酒店半老的老板娘主要从回忆中获取对自己身份的认同，当初克拉姆召唤她去幽会并用礼物讨她欢心。阿玛丽娅是村子里甘愿屈从的女人当中的例外，她不停地试图抗拒男人的情欲。当官员索尔蒂尼用猥亵的话命令她就范时，她拒绝了这一无理要求，这使她一家人遭受社会唾弃。奥尔嘉所描述的让她进入索尔蒂尼视线的消防庆典上的情景像小说《乡村医生》中的伤口描写那样，具有一种对男性生殖器幻觉高度讽刺性改写的特性。支撑这一效果的是对一家之主弄来的消防喷射器不厌其烦的描写，说是这喷射器曾使他"感到幸福"，致使他在庆典期间不停地试图去"抚摸"它。关于她的妹妹奥尔嘉则说道："只有阿玛丽娅不关心喷射器，身穿漂亮的连衣裙笔挺地站着，谁也不敢对她说什么，有时我向她走过去并挽着她的胳膊，可是她不吭声。"在这里隐喻男性生殖器再清楚不过了，就像《乡村医生》中伤口上的蠕虫所显示的那样。如果说阿玛丽娅"不关心"喷射器，那么这就已经是在为她稍晚些向索尔蒂尼表示她的拒绝态度做铺垫了。贯穿奥尔嘉讲述的形象语言的性含义释放出一系列联想，其讽刺的性质是明摆着的。在这里跟在《诉讼》中不一样，身体的秘密不必通过"坦白承认"被挤逼出来，因为这秘密是显而易见的。

　　奥尔嘉将性欲当作商品和交换物品用，她反衬着阿玛丽娅。她委身于仆人们，因为她希望通过这一途径能够和城堡修好并消除她家的厄运。像K那样——她感到受到此人的强烈吸引——她也把情欲当作实现自己目标的工具，但失败了。只要这一家人受到的摈斥不是由城堡发起的，城堡显然就不能废除它。一向居支配地位的村庄和城堡的统一在这种情况下似乎被解除了。村庄处罚它的居民，城堡没有参与其中。这是一种社会结构的原始情景，作为独立力量的团体在其中通过排除行动的途径形成，这一原始情景阐明了村庄和城堡之间的那种辩证的——反映黑格尔的主仆模式的——关系。

在权力的内部，就像在长篇小说《诉讼》的法院官僚机构中那样，盘踞着性欲。把性欲引进小说是和一种独特的叙述方法转换形式联系在一起的。卡夫卡在第三章中的爱情场面之前不久才改变叙述角度，用一种本人的描述取代自叙体形式。在"弗丽达已经把电灯关掉并到吧台下 K 的身边"这个句子中，他才使用了 K 这个代号。这是很典型的：性行为描写对于卡夫卡来说具有保持距离的必要性。看来好像性交描写迫使他保持距离，而这距离只有通过第三人称形式才可能保持住。爱情的语法是一门差异的语言，它取消并消灭个人叙述视角中的"自我"："在那里消逝了一些时光，呼吸在一起、心跳在一起的时光。在这些时光里 K 一直觉得自己迷了路或者到了一个陌生的地方，这个地方在他之前还没人来过，连这里的空气成分都和家乡的不一样。在这个地方人们一定会因人地生疏而窒息，可是人们却在其荒谬的诱惑下只能继续行走，继续迷路。"极其亲昵的行为，一如其通过一起呼吸这一景象淋漓尽致地表现出来的那样，和极端的孤独形态联系在一起，这一形态十分清晰地向主人公展现了他无家可归的处境。手稿中在"他到了一个陌生的地方"这句话之前起先还有"他犯了重大的背叛罪了"这句话。性行为是一个背叛的场面，它让 K 误入迷途进入一个再次让他觉得比村庄和城堡更遥远的世界。

像先前的两部长篇小说那样，《城堡》也讲述那些"可怕的交配"，它们是两性不相干的象征。K 和弗丽达的初次相会就已经标志着性行为和污秽的结合，他们在地上、柜台后面、"小啤酒洼和其他垃圾里"交媾。概括地说，这场景显示出一部爱情悲剧的纲要：浪漫而

感伤的引子（"'我的宝贝！我的小宝贝！'她悄悄说"）之后是销魂
的交合，这之后是增强至厌恶的幻灭。K在性交时有迷路的感觉，这
令人想起《失踪者》中的性交描写。和卡尔·罗斯曼的对性行为的陌
生化感觉——"他觉得仿佛她是自己的一部分并且也许由于这个原因
他已经被一种可怕的需要帮助的感觉攫住"——K也离得不远。K和
弗丽达之间虽然产生一种肉体统一的形式——"呼吸在一起、心跳在
一起的时光"——然而主人公体验到的只是极端孤寂的形式。在弗丽
达身上，他体验到了在这里佯谬地在肉体亲近时刻表现出来的那种陌
生感。爱情不是亲近的媒介，而是既促进了距离同样也推动了自我迷
失。爱情治不好在永远失去家园的怪影中显示出来的生活的疾病。稍
晚些，再次性亲近滑稽可笑地失败了："（……）他们的搂抱以及他们
翻滚在一起的身体没有使他们忘却，而是提醒他们去寻找，像狗绝望
地在地上抓刨那样，他们抓刨他们的身体，无可奈何、大失所望，为
了取得最后的幸福，有时他们的舌头狠狠舔着另一个人的脸。"同样
的孤独逻辑是由性行为的成功和失败引起的，因为心醉神迷和障碍只
构成一种每次相等的生疏体验的方方面面。这就是卡夫卡的性爱场景
要传达的令人心情沉重的信息。

　　如果有人说弗丽达是克拉姆的"情妇"，那么必须注意的是，老
板娘认为这个代号是"一种很夸张的名称"。小说只报告，说克拉姆
惯常召唤弗丽达，并没有详细说明吧台女侍与秘书的关系。跟城堡
与K沟通时使用的文字相反，按照德里达的一种说法，声音表明逻
各斯的"现在"。倘若文字拖延，声音便通过无条件到场制造出意识
的直接贴近。所以，召唤无非是通过克拉姆出现在声音中制造出他的
在场：平常只是通过关系场才可体验到的第三方的代表性。如果说后
来，在弗丽达和K搬进大桥酒店住之后，她告诉K，说克拉姆已经
"离开"她，这合乎逻辑地意味着，他不召唤她，对她来说他也就不
存在了。弗丽达只在克拉姆召唤她时才是情妇，他一不召唤并且拭去
自己的存在，她便顿时失去这一身份。认为这里显示出一种象征男性

生殖力占有欲特色关系的、在研究中并不陌生的错误论断虽然没有被文本排除在外，但也没有受到文本的明确支持。弗丽达应召后在克拉姆身边干些什么，小说没有详细描写。她在被召后否按照词的圣经上的意义认识了他，还是通过对召唤的反应已经在实施这一认识，这就不得而知了。

在卡夫卡的小说中，不仅是一种恋爱关系的心理学实体，而且这种恋爱关系的社会效果也有深远意义。这里就已经显示出，性爱必然离不开权力逻辑。当 K 和弗丽达一夜风流之后在清晨醒来时，一种权力的转移便显现出来："所以当从克拉姆房间传来召唤弗丽达的冷漠而命令式的低沉声音时，至少起先对他来说这不是灾祸，而是一种令人安慰的领悟。""弗丽达"，K 咬着弗丽达的耳朵说，并以这样的方式转达这声召唤。K 在这里转达的是克拉姆的最后一次召唤。同样曾经当过秘书情妇的老板娘了解情况，说他会突然缺席："克拉姆曾召过我三次，没召过第四次，再也没召过第四次！"召唤，它对于犹太复国主义者来说含有一种宗教仪式行为的意思——"呼唤"意味着"mikra"——圣经的口头传说——它制造出一种绝对自然存在的形式，而在文本中却没谈及性爱的或性欲的信号。召唤者在声音中的存在制造出一种身体的权力规模，K "转达"这声音，从而试图在一个瞬间参与这权力。卡夫卡在这一点上表明性爱游戏是社会的等级制度结构中超然于亲密的意义层面的作用者。

所以在被小说刻意强调其相貌没诱惑力的弗丽达身上，K 合乎逻辑地追求她作为克拉姆情妇的身份，这一身份使她成为一个"可尊敬的人"。"（……）如果我从公狮身边娶走母狮，我大概就，"在一个后来删掉的与老板娘谈话的段落中他这样发牢骚，"对他也会有这么重要的意义了，他就至少会听听我的意见了。"性行为对于 K 来说只是通往权力的通道。通过弗丽达找到克拉姆，这种期待映照一幅天真的身体统一图像，按此图像，情夫体现在情妇的身上。K 在这里好像将这种封建元素倒转过来：不是统治者，而是听命于他的人使自己丧失自由性生活的权利，而如同福柯所描写的，这种权利包含权力的拥有。然而如果 K 以为这样就可以达到自己的目的，那么他就受到双重假象的迷惑了。一方面，像上文所点出的，弗丽达只是在词的一种极其模糊的意义上是克拉姆的"情妇"，并没有详尽描写她和他的关系。K 是否能够利用她，这跟《诉讼》中妇女们的助手身份一样始终是没有把握的事。另一方面，通过与弗丽达的结合，K 破坏了她与克拉姆的关系。克拉姆的召唤——他在场的信号——传到 K 的耳朵里，K 把这召唤传达给弗丽达并从而取代了克拉姆。变化多端的克拉姆被 K 替换了，从此 K 就忽略了他努力追求的合乎逻辑的目标竟然会是通往"自我"的道路。关于弗丽达后来有这样的说法："接近克拉姆曾使她极具诱惑力，凭着这种诱惑力她把 K 夺到手，如今她在他的怀抱里枯萎。"

女教师吉莎这个人物也表明，性欲和权力是联系着的。这位女教师被描写为"金黄色头发、身材高大、容貌姣好，只是有点儿拘谨呆板的姑娘"，且有明显暴虐狂的特性。据说，副总管的儿子施瓦尔策十分深情地爱恋着女教师，所以他一直住在村子里并且因赞赏她而总是待在"讲台边吉莎脚跟前"，一堂她的课也不落下。但是吉莎却以不寻常的居高临下的态度对待他，因为她不习惯村子里其他的妇女对公职人员代表抱有的那种赞叹之情："被一个副总管儿子爱恋的这份荣耀她一定不懂得赏识，她始终不变地、平静安详地展示她那丰腴饱满的肉体，不管施瓦尔策盯着她还是没盯着她。"吉莎给他的唯一的恩惠就是，她允许他帮忙改作业本。女教师是卡夫卡笔下的那些妇女人物形象中的一个：这些妇女形象来自传统的名媛淑女宝库——把男人降级为傀儡。所以她是在学《失踪者》中的女歌唱家布鲁奈尔达的样，而后者则又与年轻的克拉拉·波伦德尔有异曲同工之妙。

巴纳巴斯的姐姐阿玛丽娅和奥尔嘉代表极端对立的生活原则：阿玛丽娅代表道义上的自由，这迅速导致社会排斥；奥尔嘉代表绝对的甘愿屈从。两种行为模式同样造成双方患不自主病，因为它们包括遭团体直接或间接排斥的压力。奥尔嘉是顺从社会权势的牺牲品的代表，而阿玛丽娅则不得不为摆脱官员索尔蒂尼召唤而获得的独立自主付出被社会孤立的高昂代价。佩皮却走弗丽达的道路并试图尽可能完美地仿效她。她接替弗丽达当吧台女侍，等着克拉姆的追求（"现在克拉姆来该有多好"）并怀着明显性爱的企图接近 K。佩皮没有自己的身份，而是仅仅由于与生活有某些关联而觉醒。作为竭力达到自己设定的目标的战士，如她强调的，她像土地丈量员："（……）我们俩是不是太卖力，太吵闹，太傻里傻气，太没经验，譬如弗丽达平静、求实、轻易可以弄到手的东西，我们俩费尽心机、哭哭啼啼、生拽硬拉也没得到（……）。"这里显现出了那种"焦急"，卡夫卡 1917 年曾称之为逐出天堂的双重原因和返回的不可能性的那种"焦急"。土地丈量员也因它而失败了，他不断苛求自己的力量寻求与当局进行战斗，他不明白，只有"平静"和"求实"才能使他接近这个自己定下的目标。K 一个劲儿地盯着女性厄洛斯，却没走上可以通往社会团体的天堂的适当道路。他势必会在小说的进程中获得一个见识：女人的学识不是藏在她们身体的秘密之中，而是隐秘在她们所讲述的生活经历之中。

欺骗和避难

卡夫卡曾在两封信中勾勒过长篇小说《城堡》的形式和模式，这两封信详细阐释了小说的经常做自我责备的编排。1917 年 9 月 30 日他写信给菲莉丝·鲍尔，说他要进行没有欺骗行为的欺骗（他强调这一判断的重要性，他在日记中重述了它）。在这里他同时强调指出，说他注定要进行战斗，因为法院的审判权和对宣告无罪的渴望使他在内心为争夺优先权而争斗。这就是小说将它的主人公的故事描述为卷入一种想象中的欺骗行为时也遵循的这种外形样式。1920 年 9 月 14 日卡夫卡告诉米莱娜·波拉克，说是一种"梦幻-恐怖"产生自这种意识："在本不适合你待的地方你却表现得好像在自己家里。"而这句评语却描述了小说《城堡》的基本情况，"梦幻-恐怖"成为这部小说的中心思想，而这"梦幻-恐怖"则起源于主人公漫不经心地会见了一个陌生的社会。

起先 K 只能够在他潜在强暴的争夺权势的形式上——在这一点上与《诉讼》的主人公颇为相似地同集体建立联系。他显然把城堡已经确认任命他当土地丈量员的消息看作人们"微笑着开始进行战斗"的表示。在小说的初稿中已经在村里投宿的主人公声言："我是到这里来战斗的，但是我不想在我到达之前受到攻击。"在同村长谈话之前他把当局表面上的谦让随和看作危险，因为这种谦让随和骗取了他的"轻易取胜"的可能性。1917 年 10 月中，卡夫卡在曲劳曾写下这样的话：所有的人最终必须应对这场同样的战斗，在这场战斗中有完全相等的武器可供使用。K 的态度确认了这种看法的意义，他进行战斗就是为了取得基本形式的承认，这是每一个人都渴望得到的承认。但是主人公在盯着这个主导目标的时候却忽略了除了战斗之外也还存在别的可以帮助他取得成功的手段。

K 作为外地人，不设法看清村里活动和城堡官僚机构的规律，反倒先入为主地对此妄加评论。他不是凭经验仔细考查自己不熟悉的东西，反倒试图，如他向大桥酒店老板所说的，不惜一切代价维护自己的自主权。他不是心甘情愿地去适应一个集体，而是想以战斗的姿态在生活中争得一席之地。他的座右铭是："我要永远自由。"在和村长谈话之前的说法是："每逢 K 有时候只是想着这些事情，他便差不多快要觉得自己的处境是令人满意的，尽管在这样爆发一阵阵愉快感觉之后，他总是迅速在心中暗想危险恰恰就隐伏在其中。"但是 K 起先怀着深深的猜疑堵住了自己了解村子社会世情的路。他为一种生活观付出了代价：卡夫卡已经在《一场战斗的描写》中表明这种生活观是社会隔离的基本模式。像格奥尔格·凯泽（《从早晨到午夜》，1917）、卡尔·施特恩海姆（《化石》，1923）、贝托尔德·布莱希特（《男子汉》，1926）和阿尔弗雷德·德布林（《柏林亚历山大广场》，1929）

这样的作家都以可比较的方式把战斗当作一种自动化社会人世生活的基本模式对待：这种人世生活显示出一种好不容易隐蔽住的远古权力思维的冷酷法则。

由于一味地盯着战斗，K 起先对重要的援助提议和说明置之不理，而它们原本是可以使他了解吸引着他的神秘的城堡世界秩序结构和这个世界与他自己的心理系统的相似之处。直到夜遇秘书比尔格尔才以一种使人感到悖论的方式使 K 有可能获得认识，因为在这里他感到十分困倦，致使他不能头脑清醒地注意倾听有关官僚制度和烦琐纷杂的公务办理的情况介绍。这一体会的预备阶段是喝克拉姆的甜白兰地酒，这酒诱骗 K 进入他的无意识世界。在他就要睡着的时候，他还以为能够更好地听懂比尔格尔的话，因为一向控制住他的"讨厌的意识"停止运行了。所以认为 K 漫不经心、迷迷糊糊耽误了听取情况介绍，从而白白葬送了一个接近城堡的机会的这一流行的看法是成问题的。在这"半睡半醒"的状态中（"他还没进入熟睡状态"）K 反倒遇见了有关自己的实情和一种向往城堡的反光。他不得不像托马斯·曼的《魔山》中处在"雪"梦境中的汉斯·卡斯托尔普那样立刻又忘记这无意识的信息：这属于不受控制的感觉模式的前后一致性。比尔格尔讲话的时候，K 在做梦，梦见他和很多人在一起喝香槟酒庆祝胜利。依然令人迷惑不解的是，在周年纪念后他才不得不将这场他已让人为其结局夸耀过自己的战斗进行到底。这里显示出了控制着小说中 K 的举止和作用的欺骗基本模式。他在梦中和一个赤身裸体的、像一个希腊神雕像的官员搏斗，并惊人地轻易将对手制伏，对手竟没进行反抗："不曾有什么严重的障碍，只是零零星星有书记的叽喳声。"可是在他大获成功之后，他却认识到自己是孤独的，与人没有交往："（……）K 孤身一人在一个大房间里，他做好了战斗准备，转过身来寻找对手，但是再也没人在这儿，参加聚会的人都已经散去，只有酒杯碎片散落在地上，K 将碎片踩得粉碎。"

主人公在梦中遇见了那些暗中怀着的、控制着他的行动的希望。

踩碎酒杯符合犹太人的婚礼仪式并结合整个情景的同性恋隐含意义直指K追求的目标。在一种奇特的重叠运动中，性欲和权力聚合在一起，它们构成了一个几乎解除不了的统一体。性欲向权力代号的转换不仅导致K对一次正式会见城堡的向往具有性爱色彩，而且反过来也赋予一种看城堡的性爱角度。如果说K在醒过来时的半迷糊半清醒状态中获悉比尔格尔本人就是格斗的希腊神，那么这种重合便得到了证实。梦中出现的愿望幻想制造出一种没有遇到抵抗就取胜的情景，这与K表面上不费什么力气便对弗丽达取得的那种胜利相称。然而K并不质疑他想象中的这些情景，这却对他的自我理解具有典型意义：这种自我理解以妨碍被告约瑟夫·卡看清自己的罪责的同样的结构为基础。在这样的问题上，卡夫卡的主人公像他的前任那样充当对立心理原则的代表。他集情欲、愿望、抵制力，集自我观察和自我否认、自我爱恋和自我憎恨于一身。在文学人物现实主义心理学的另一边，卡夫卡展示他的作为多重破碎的代号的人物，这个人物在一种原型的心灵范畴活动。

贯穿这部小说的第二个主题是欺骗这个惯用词。从卡夫卡富有艺术性地撒进字里行间的小小间接证据中我们一再可以看出，K没有说真话。和老板娘的谈话最终证实，他臆想的任务完全是鬼话。对老板娘的指责——"为什么你不说真话？"——他一报还一报揭露说："你也不说真话。""欺骗"和"出卖"是互补的，两个概念似乎以精心设计的方式互相补充。在K和弗丽达结合之后，他便担心自己会在与城堡当局的斗争中败北，"因为一切都被出卖了"。众所周知，手稿在其第一个——后来删去的——版本中让K作为"重大出卖"与弗丽达有了性行为。性行为在这里又是一种供认的形式，一如福柯为市民时代所描述的那样。性行为使隐蔽的真情经由身体暴露出来，可是只有当这种真情依然在暗处，K才能——他这样认为——向城堡推进。

在小说进展的过程中，K越来越清晰地现出说谎者的面目。他的欺骗行为源自这一愿望：不受限制地贯彻自己对别人的自由，但同时能向别人证明自己有一项任务。K 只能以战斗的形式与他周围的人交往。在他奇怪地紧紧盯着城堡的过程中，他忽略了人们早已接纳他的事实。作为土地丈量员，他是城堡的人，车夫格尔施泰克一开始就这样说了。当局做了 K 所希望的事：确认他为合法，虽然他的职位要求估计并无根据。官员们和管理部门的代表们友好地对待他，无拘无束，乐意满足他的愿望。昏头昏脑的 K 没认识到，他有可能是自愿进入这个陌生的社会的。"（……）有些事情的失败没有任何别的原因，就是它们自己"，比尔格尔这样言简意赅地告诉他。这提醒我们：对于 K 来说，城堡意味着的抗拒是一种"自我"抗拒。如同他的目光在夜晚来临时对准"表面上的空旷"那样，K 持续不断地盯着这样一个世界：他认为这个世界的象征是自主的标记，虽然这些象征返回来指向他自己的内心世界。他所寻求的承认——短篇小说《约瑟菲妮》也探讨这个观念——源自内心深处的对自我的陌生感。

《城堡》比另外两部未完成的长篇小说显示出更多技能上的不流畅、格调上的重复、调节失误和疏忽。1914 年 12 月说是在一次较长时间阅读长篇小说《诉讼》后，必须立刻为"每一种满意和幸福的感觉"付出畅达文体多阻塞的代价。基于这样的经验，卡夫卡在写作《城堡》时只得在写作过程中不修改已完成的章节。这是一件未完成产物的情况对于小说的效果并未不起什么作用。与它的回旋戏剧艺术相称的，是一种未完成的结构，这种结构必须像勾勒它的故事那样保持未结束的状态。卡夫卡作品的独一无二特性恰恰就来源于它们只是文字，不是彻底塑造出来的"作品"。作为一种完善的——生动的——形式的典范，最后这部长篇小说试图向一种专制主义接近，而这种专制主义却一直还没揭示出来。

1917 年卡夫卡在曲劳曾写道："用沾上尘世的眼光来看，我们处在坐火车旅行者的境地：这些旅行者在一条长隧道里出了事故，而且事故发生在一个人们再也见不到开端的光亮、终端的光亮却十分微弱的地段，这终端的光微弱到目光必须不断地搜寻又不断地失去它的地步，而且连那是不是开端和终端还都很难说。"这种情况符合 K 的处境，K 进入过去的路被堵住了，因为他似乎已经失去了他的家乡，于是他希冀那微弱的光，那光在隧道的终端显现。他无法自由选择他的生活，而只能不由自主地向前行进，他的行动受到这种法则的支配，而他却并不知情。

K 进入村庄人世生活的道路是一条凭经验讲述的生活之路，这条道路远离主人公在小说开头运用的自欺欺人的手法。看来 K 好像找到了一种与社会融合的形式，使他可能融入这个村庄的集体，条件是放弃了解这个集体的情况。但是如果认为这证实了海德格尔赞同的、经由消极而获得积极的存在的基本本体论，这种看法恐怕就是错误的了。卡夫卡的主人公不向一种有意识的、会意的社会包装形式挺进，确切地说，他越来越适应一种被他接受为现行秩序的社会关系，从而克服被关在门外者的状态。这一过程并没为重新解释由小说开场用夜晚、寒冷和陌生勾勒出来的消极面提供有利的契机。对于 K 来说，进入集体是可以指望的，而一种表现为先验性的拯救视角或者向上去体验较高形式的本体论意义上的现实强大性就根本谈不上了。

小说越向前推进，K 适应村庄便越明显。跟从前作品中的情况不一样，现在有了互相理解的苗头，它们冲破交往的停顿。最后，在与佩皮谈到城堡的行政管理和克拉姆的威严时，K 怀着那种颇像对村长怀有的敬意。然而进入集体的路上还是障碍重重，令人回想到欺骗主题。一个又从手稿最后版本中删掉的段落，它复述秘书莫穆的记录，这个段落用毫不掩饰的措辞谈到 K 的一个不容易证明的"过错"。这个过错的本质被认为是，K 只追求自私的目标，"打不光彩的小算盘"并利用了弗丽达的帮助。尽管做出了这样的结论，当局却跟《诉讼》中的情况不一样，并未试图排挤主人公。当局友好热情，乐意助人且愿意认真看待他的企图：一间他的心理愿望的共鸣室，不是入迷失神的、表示善意的主管机关。卡夫卡的小说因此描写了旧形而上学无条件意识结构形式崩溃后的一个场景，就像被德里达称作一种产生自语

在旧城环城路上，1922 年前后

言中心主义的思维起点那样："对如今'正在开始'的东西，'超然于'绝对的认识，索取了闻所未闻的可以透过旧有记号的记忆去寻找的想法"。卡夫卡表明这种"闻所未闻的东西"的形式是西方形而上学虚脱后的新开端，这一开端的文学本体不幸错失了，如果人们把这开端视为超验论哲学意义上的或宗教意义上的希望的话。

一如最后几个未完稿片段中显现的那样，K 渴望在将来融入集体。日益增长的对现行秩序起源的了解使他获得了一种形式上的成员资格，这结束了他的外地人地位。随着他放弃为绝对性事物和对城堡的类似天堂的启示性意义的信仰而做的斗争，他也就与社会达成了一种妥协，这就预示着一种有意义的生活前景。卡夫卡的曲劳警句的智力共决曾经反映过的坚定审查无法解释事物的绝对意志，如今在第三部长篇小说中被加入集体的愿望取代了。最后一幕让人预感到社会参与的正常状态：希望土地丈量员在找当局办事上助自己一臂之力的格尔施泰克找到了 K。他们一起踏雪去车夫的小屋，他们在那里烤炉火取暖——一幅和解的景象，这就是未完成小说结尾的情景。假身份——"我应该向他们讲清，还是我应该让他们向我讲清呢？"——并不妨碍他进入集体。人们已经习惯了 K，他已经到了，他可以留下，即使人们不怎么瞧得起他。按照卡夫卡的信念一个人不能要求更多。

第十八章

退休以后（1922—1923）

在普拉纳奥特拉家做客

1922 年 2 月底卡夫卡从巨人山返回布拉格。在随后的两个月里他全神贯注于小说《城堡》的写作。他不写信，将自己的社交活动限制在家庭圈内，连老朋友也几乎不见。根据 1922 年 1 月 24 日科迪姆递交的一份证明，公司批准他休假至 5 月 1 日。这种深居简出的状况使他未稳定的心理状态安定下来从而建立了一种内心的平衡，就像他在 1920 年文学多产之秋曾获得过的那种内心平衡。虽然写作进展顺畅，对《城堡》写作计划的深深怀疑却使他烦恼不堪。他向打算在卡尔斯大学继续学业的罗伯特·克洛普施托克就束缚住他的全神贯注的写作是否会有经久不变的效果提出怀疑："自一些时候以来，为了应付人们称之为神经的问题，我开始写点儿东西了，大约从晚上 7 点起便坐在桌子前面，但是这没什么，一种在世界大战中用指甲抓刮出来的掩体而已，下个月这也要停了，开始上班了。"

这几个星期里卡夫卡的身体状况比以往任何时候都不好。冬天里他的体重减轻了，睡眠少，咳得厉害并且常要歇一歇才能完成较长距离的散步，他的病休假期 4 月底到期，他申请再延长 5 周正式的年假。1922 年 2 月 14 日董事会还曾任命他为主任秘书，并答应若能返回正常上班，他的年薪将从 18800 克朗提高至 20000 克朗。一份科迪姆 1922 年 4 月 26 日做出的鉴定证明，病人长期丧失工作能力并预测在"近期内"健康状况不会有所好转。由于感觉到总体健康状况不好，卡夫卡在 1922 年初夏异常坚毅地试图实现最终退休。两年前，1920 年 5 月，奥特拉就曾告诉过他，说董事会并不怀疑他的病情性质严重："从经理的话中人们可以听出他很愿意让我退休。留用一个公职人员，可是人们又认为这个公职人员需要长期休假养病，所以人们就要一再给他假期，这样做是毫无意义的。难道这是另外的世界末日征兆？"1922 年 6 月 7 日卡夫卡提出退休申请，而科迪姆则新开具了一份证明支持退休申请。专科医生做出的诊断不怀疑病患会有致命的结果："即便不断进行疗养，近期内病情也不会有根本好转。经过多次反复合适的治疗后也许会有某种好转。"

1922 年 6 月 23 日，在没有听到有关处置他的退休申请详情的情况下，卡夫卡坐火车去普拉纳的波希米亚森林。为了准备——最终没成功——转学卡尔斯大学而在布拉格逗留的罗伯特·克洛普施托克在火车站为他送行。在普拉纳卡夫卡住在奥特拉家，她和丈夫在这里租了一幢乡村别墅里的一个两居室住所。妹妹一年前，在 1921 年 3 月 27 日，第一次做了妈妈。他和她及她的女儿韦拉一起在波希米亚森林度过了此后的几个夏季月份，中间三次短时间拜访过布拉格。"小婚姻"再一次呈现出生机，当然是在变化了的条件下，因为奥特拉的新的母亲角色以及约瑟夫·大卫的定期到来——他在周末过来和他的家人相聚——这就再也不允许兄妹间无限的亲近了。奥特拉热心地搬进一个小房间和韦拉及女佣一起住，让兄长可以在光线明亮的大房间里写作。他的寄宿处——他这样用赫尔德林的《半拉生活》中的一种表述告诉布罗德——在其"极简陋但并非似旅店的设施中有着某种人们称作'神圣的平淡'的东西"。像在曲劳一样，在普拉纳也充满远离温文有礼日常生活自动化节奏的孤独和宁静的气氛。"大地奏响思念，无尽的思念"，1922 年 1 月，赴锭子磨坊之前不久，卡夫卡就已经记下这样的话。

1922 年 6 月 30 日他收到保险公司寄来的一份退休通知书。人事部门拟订了计算退休金的 4 种方案，有区别地考虑到了当前的工资级别和直至正式退职前的工龄。不利于卡夫卡的方案和有利于卡夫卡的方案可分别提供 9888 和 10908 克朗退休金。最后公司决定采用一个折中方案，退休金为 10608 克朗——是公司在 1922 年 2 月答应他升迁上任后给他的工资的一半。由于通货膨胀，这笔钱勉强可以维持生活，但无法再做旅行了。凭他有限的收入，卡夫卡再也不能负担昂贵的疗养院和浴场费用。如果说在此后的 20 个月里病势急剧加重的话，那么这也可以从退休人员经济收入有限中得到解释。卡夫卡在冬季本应去温暖的欧洲南方，鉴于肺部浸润加重须避开布拉格的严寒，如今他进入了病情急剧恶化的阶段，因为他付不起适当治疗的昂贵费用。

1922 年 6 月底，他计划去戈塔以南的格奥尔格谷拜访奥斯卡·鲍姆。这趟不多几个小时旅行的准备工作给他制造了内心痛苦、失眠、头痛。致菲莉丝·鲍尔的信已经经受过的旧有的恶性循环又运转了起来，仿佛它是一种神话式的规律似的。在一封致鲍姆的长信中，他分析了将他束缚在一个地方的那种内心和表面的僵化呆板，认为这是尝试摆脱一种不可抗拒力量控制胁迫的结果。"在内心最深或倒数第二深的深处，这仅仅是怕死而已。部分也是害怕促使众神注意我。我在我的房间里继续活着，日子一天又一天有序不变地过着，我自然会受到照料，但是事情已经在进行之中，众神之手只是机械地牵引着缰绳。真好，未被人注意真好，从前我的摇篮旁总是站着一个仙女，这就是仙女'退休金'。"在一个令人难熬的夜晚之后，卡夫卡在 7 月 5 日决定取消拜访鲍姆的旅程，以免进入众神划定的监督光圈之中。普拉纳的乡间平静只偶或受到布拉格小学生、早晨出发的猎队或奥特拉的小女儿的破坏，这使他暂时有了逃脱多重约束的幽灵的感觉。1922 年 7 月中旬他在布拉格待了将近一个星期，探视了他的父亲，父亲在一次肠手术后住进医院里，受"疼痛、不适、不安、恐惧"的折磨

（"也许情况会好转"）。在这几天里，他也见到了马克斯·布罗德并把《城堡》手稿交给了他。1922 年 7 月 19 日回到奥特拉身边之后，他竭力争取继续写作这部长篇小说，但 8 月底决定彻底放弃这一计划。9月 18 日之前卡夫卡一直待在普拉纳，中间只有两次短期造访布拉格。他全神贯注于一个封闭的世界，这个世界摆脱了众神缠人的目光，却没怎么避开阴森森的自我观察程序。

普拉纳给卡夫卡安静，这安静使他可以原则上对他的文学创作活动进行思考。他并不希望完成这部长篇小说，并且不谋求新的写作计划：这就解释了他现在所做的忧郁的总结。他先前从未发现过像这里这样确切的、深深印在记忆中的有关创作的景象。在一封 1922 年7 月 5 日致布罗德的长信中，他把写作称作"为魔鬼效劳的报酬"和"解开天生被捆绑住的精神"。说是文学创作仍然是骗人的，因为它释放出那种"自命不凡和追求享受"：这种"自命不凡和追求享受"像一个太阳系那样围住"自我"，致使"自我"可以在文学创作中映现并赞赏自己。信中还说，不是"头脑清醒"，而是"忘记自己"才是"写作的首要前提"，因为"忘记自己"可以让人沉醉于增强了的想象状态中。但是这种情况同时也表明了对一个用写作勾画自己和它的世界的"自我"感兴趣的原因，富有紧张关系的自我失落形式成为那种总是伴随着审美创作的、更高境界自我享受的条件。作家取消自己经验主体的身份，从而获得了在高一级层面上自恋在自己的活动中映现的能力。保尔·策赖与此相应地在他的 1960 年"子午线演讲"中将艺术家称作"忘记自己的人"，说是只要此人分裂成一个经验的一面和一个幻影的一面，他就是工作在"自我-远方"的阶段。1918 年 1 月底在曲劳，卡夫卡谈到涉及观察自己状态时的"自命不凡"和"忘记自己"，当时他就做出过一种类似的判断。

写作的条件是使"自我"和现实加倍——折射出一种受经验支持的和审判的状态。卡夫卡对能够实现和满足写作的"自命不凡"的哀悼反映了这一过程。这种哀悼源自作家自身在写作的影响下所呈现的虚构品性而生出的不舒服感觉。"作家的存在，"他这样向马克斯·布罗德解释，"是一个反对心灵的论据，因为心灵显然已经离开真正的'自我'，但是仅仅变成了作家，如此而已。与'自我'的分离能够这么强烈地削弱心灵吗？"作家的毕生谎言就是通过自己的工作获得一种虚假的身份，他借助这一身份考验生命的非常情况，自己却不受这种考验。所以文学从来都无法建立开启采取行动的优先权的道德标准。文学没这样做，它使人能够模拟一些人世生活，而这种人世生活则使创作者获得一种增强了的，但是最终用丧失可靠经验换来的享受。

　　1914 年与长篇小说《诉讼》相呼应的散文作品《一场梦》已经描写过这里所刻画的形象的原始场景。当约瑟夫·K 坠入洞穴时，画家才得以继续挥动他的已陷于停滞的画笔。在正坠入洞穴之中、目击了自己被埋葬的目睹者的眼前，"他的有巨大饰边的名字疾书在墓碑上"。写作只有在夜间生活的条件下才有可能作为受到剥夺生活和自恋式自我享受吸引的双重"为魔鬼效劳"。按照德里达的说法，文字设法制造一场无法结束的争论，它揭开存在于信号和精神之间的矛盾。它是悲伤、忧郁和死亡的媒介物，它不创造现在，而是只建立一种结束不了的、向差别的内部空间的接近，而这一空间则将物质和精神隔开。针对柏拉图在《斐德罗》中的批判，德里达认为："通常意义上的文字是死的字母，它孕育着死亡。它使生命透不过气来。"柏拉图把文字理解为心灵、气息和在声音中表现出来的逻各斯的对立面的观点，符合卡夫卡的被夜的深沉控制、生活在字母中并使生命与自己分离的作家的自画像。如果说文字"孕育着死亡"，那么这也意味着它代表生命的内在终极目标。文字通过其不断进行的运动，描述在接近一个遥远目标的过程中时间的消耗并从而描述了生命的内在动力。文字像人在通往死亡的路上：这仍然是 1922 年 7 月 5 日信件的既阴沉又带启示性的信息。

　　在普拉纳的生活跟四年前在曲劳度过的日子一样单调。在一条狗

的陪伴下散步——1922 年 7 月写作《研究》的一种灵感——和妹妹以
及她的孩子一起吃饭，但也常常是无聊和寂寞的，是这些日子里的主
要活动内容。卡夫卡按照熟悉的模式转而采取观察者的姿态，像一个
旅行非洲的人那样观察乡间生活。他觉得有性吸引力的是农妇，她们
不同于布拉格的"半裸女人"，她们"根本不会构成危险，不过却都
是好样的"。显得像一块美丽的毒海绵的度假女人们使他反感，可是
他却会——他这样告诉布罗德——"从远处爱上"女村民们，她们的
身体打上了"风、霜、劳作、忧愁和生育"的烙印。然而卡夫卡用以
观察周围人的游弋目光再也没一丁点儿《观察》的作者用以探索布拉
格街头活动的那种观淫癖了。它们现在具有忧伤的宗教礼仪性质，使
这个垂危的病人可以一步步地退出感性世界。

　　在频频出现的抑郁时期里只有奥特拉的接近使他的生活变得轻松
一些。他的越来越严重的淡漠同时也迫使他产生强烈的依赖心态。由
于他几乎再也不离开屋子，连坐一趟短程火车都怕，并宁可待在床
上，他始终离不开奥特拉的帮助。当妹妹——不知情的人有时以为是
他的妻子——1922 年 8 月底告诉他，说她要回布拉格待 10 天，卡夫
卡不知所措了。一想到要在普拉纳独自待几个星期并由旅店供给自己
伙食，他便充满惊恐。稍加考虑后奥特拉便推迟起程并赶走了每一次
改变饮食起居都会在卡夫卡的内心召来的鬼怪。昔日对孤独的兴趣，
这种总是能引起矛盾感情色彩的兴趣，在生命的最后两年里显然破碎
了。对贯穿漫漫长夜里自我观察程序的那种精神错乱他感到恐惧，恐
惧压倒了兴趣。

一个阴暗的布拉格之冬

　　1922 年 9 月 18 日卡夫卡终于从普拉纳返回布拉格。在此后的几
个月里他一直为睡眠障碍和抑郁困扰。他处在一个只能拿 1913 年秋和
1914 年 7 月的崩溃与之相比的最低点。11 月和 12 月他几乎只在床上

度过，没法正常地度过一天平常日子。有时他强制自己起来穿衣服，他也只有走不多几步路的力气："坐在写字台前，一事无成，几乎不去街上。"1922 年 12 月 2 日路德维希·哈尔特返回布拉格，做了几场附加的朗诵会，卡夫卡没去听他的朗诵。对于第一场朗诵晚会——朗诵的篇目中现在也有《最近的村庄》——《布拉格日报》报道说，哈尔特"用声音、表情和一种精神"把听众吸引住了，"这种精神使他超越别的诗歌和散文朗诵者"。反响是极其强烈的："人们向这位魔术师欢呼。"

　　布拉格的政治氛围在 20 世纪 20 年代初似乎正常化了，虽然种族间的紧张关系以潜在的方式继续发生着作用。犹太复国主义者们已经与捷克共和国和解并且抛弃了他们在战争期间表现出来的——主要受策略上制约的——亲奥地利思想意识。而年轻的共和国则表现出努力建立基督徒和犹太人之间和谐关系的样子。托马斯·马萨吕克坚决主张犹太居民完全社会一体化，就他而言这也包含对犹太复国运动的好意。当德意志民族的教授圈 1922 年 11 月利用选举犹太历史学家萨穆埃尔·施泰因赫茨尔为大学校长的机会，在高等学校煽动反犹情绪时，捷克政府显得颇有气派：它以如若民族主义者们继续进行攻击性的抗议行动就限制大学自治权相威胁。这样明白无误的信号虽然不能禁止隐伏的反犹太主义，但却以合乎人们愿望的明确态度凸显了共和国旨在利益均衡的立场。建国后头几年在布拉格司空见惯的暴力行为自 1921 年起便明显减少了。作为对这一发展趋势的反应，《自卫》，像从前有敌视捷克人倾向的《布拉格日报》那样，奉行一种共和政体的路线，并旗帜鲜明地支持马萨吕克政府。虽然似乎无法克服的德意志人和捷克人之间的民族矛盾给国家的改组投下了阴影，但是犹太居民却依然没有受到它的危害，因为新的行政管理部门——不同于维也纳和柏林的政府——表示对反犹太主义的倾向不理解。

　　关于这些年里的政治境况，人们从卡夫卡的书信来往中知之甚少。如果他评论当下发生的事件，那么通常都可以听出一种显得玩世不恭的愤懑，它证明了已经丢失幻想，已经丧失希望。关于瓦尔特·拉特瑙 1922 年 6 月 24 日在柏林被两个极右组织"执政官"的成员在敞篷汽车里枪杀的事件有简短评语称："不可理解，人们让他活了这么久，两个月前布拉格就谣传他已被谋杀（……）。"如果说刺杀外交部长与犹太人以及德国人的命运息息相关，那么人们准是预料到了这行刺。"但是，"卡夫卡添上这么一句，"这已经说得太多了，事情远远超越我的视野，这儿我所见到的连窗户四周尚且超越不了。"虽然了解朋友不愿抛头露面，马克斯·布罗德还是在 1922 年夏建议他顶替身兼多职的马丁·布贝尔编辑《犹太人》杂志。卡夫卡坚决拒绝（"不，不"），因为他，如他所说，既没有必需的社会适应能力，也缺乏担任这一项任务的足够的宗教信念："我完全不了解情况，完全没有人际关系，缺乏可靠的犹太人基础，怎么可以去做这样的事呢？"卡夫卡在这里提出的和他在 1915 年 11 月底拒绝当这份新办杂志编辑时提出的是同样的理由。在生命的最后几年里，他以只是在自我反省的领域就自己的人生规划达成一种个人谅解的形式去研究犹太复国主义问题。1922 年夏他读西奥多·赫茨尔的日记，并特意把它们推荐给妹妹艾丽和妹夫，说因为它们使人看到一幅作者的富有人情味的"动人的"景象。典型的是，他没有在这一评价中顺便再对赫茨尔的纲领做文化政策或宗教上的评估。

随着坚定地退出社会生活，在卡夫卡身上显示出不容有异议的倾向，尤其是在文学讨论的领域。从前他以讽刺性的优雅风度谈论在他看来艺术上不成功的东西——致菲莉丝·鲍尔的信在这方面是例外——在后来的年月里，他以不妥协的态度，有时甚至以伤害人的态度下判断。在这方面具有代表性的是和弗兰茨·韦弗尔的一场辩论，后者 1922 年 11 月中来布拉格看望他并受到他对其新剧本《沉默者》的尖锐批评。该剧提供了由低级趣味成分交织成的、对一种被忘却的罪责的描写：沉默者，若干年前有一次神经错乱，向一群儿童开枪并打死了其中的一个，他被一个反犹太主义、反弗洛伊德分析家学派的精神病科医生治愈并且获得了第二个公民身份。然而这位玩世不恭的医生却毁了沉默者的新生活，他将这个可怕的秘密透露给了此人毫不知情的妻子。在积极赎罪的一幕中，沉默者最后从一场船只失火的熊熊烈火中救出许多孩子，但是最终却自杀身亡，因为他的妻子离开了他，没有宽恕他从前的罪过。卡夫卡的批评针对弗洛伊德学派的肤浅描写，韦弗尔曾试图为弗洛伊德学派辩护，反对批评这一学派的反犹太主义者。过分明显地涉及时事问题尤其令他恼火，按他的信念，时事问题只可以隐蔽的方式做文学上的加工："谁在这里除了心理分析再也没什么别的话好说，就不可以插手。"在一封 1922 年 12 月的详尽的信件草稿中，卡夫卡首先为自己的严厉口吻向韦弗尔道歉："那晚的谈话后来沉重地压在我的心头，压了整整一宿，若不是早晨一个意想不到的偶然事件转移了一点儿我的注意力，我肯定会立刻给您写信的。"然而与此同时，他却用惊人的直率口吻向马克斯·布罗德解释说，他曾试图宣泄"压在自己心头的一点儿厌恶"并因此而激烈攻击了这位作家朋友。在卡夫卡最后的致韦弗尔的信中，他合乎逻辑地没有收回对剧本的批评，而是通过点明受责者的文学声望而强调了这一批评，说这位受责者必须密切注视让年轻读者获得一个纲领性主要方向的这种要求："就说这个剧本吧。它可能有种种优点，从戏剧表现艺术的到至高无上的，但是一种在领导职能面前的退缩，连领导职能也不存在，确切地说是对一个时代的背叛，一种遮掩，一种逸事化，对时代苦难的一种贬谪。"

对《沉默者》的这一不顾情面的评价尤其有分量，因为卡夫卡曾很赞赏韦弗尔从前的剧本。在《镜中人》（1920），一出按神秘剧模式构思的病房剧中，对追求实现"自我"起先失败，但最后被接纳进一个神秘团体的人的描写令人着迷。1920 年 9 月他告诉米莱娜·波拉克，说这个剧本中甚至连生病也显得"旺盛"的"充沛的生命力"极大地吸引着他。而对在《布拉格报》连载中读到的剧本《山羊歌唱》（1921—1922），他则在一封致克洛普施托克的信中用明确干脆的言辞加以赞扬。这个剧本也讲了一个罪责的故事：一个富有的庄园主的大为破相的儿子从因怕被人发现而圈了好几年的棚内逃了出来，并作为疯狂的恶魔破坏了乡村里的秩序。"这是极其有趣的，"卡夫卡给克洛普施托克写道，"这场与波浪的搏斗，他一再露出水面，这个伟大的游泳者。"在两个剧本中卡夫卡听见一种充满激情而又庄严隆重的语调，比起令人想起施尼茨勒用词风格的《沉默者》剧本的叙事式歌唱，他显然更喜欢这种语气。既然他文学上的高要求没有得到满足，他就没有理由扣留自己的消极评价。对马克斯·布罗德如泉涌般的创作他也常常给予毫不含糊的批评，并不过分地姑息这位朋友。

1922 年 12 月卡夫卡再次认真阅读了克尔凯郭尔的主要作品：《非此即彼》（1843）、《概念恐惧》（1844）、《生命的历程》（1845）和《通向死亡的疾病》（1849）。在《生命的历程》中，就像在克尔凯郭尔的日记中那样，他能够发现自己害怕结婚的影子："我不声称婚姻是最崇高的生活，我知道一种更崇高的生活，然而谁没有这个权利却要越过婚姻谁就会遭殃。"1922 年至 1923 年冬季期间，卡夫卡的阅读跟早年不一样，因为受到身体条件的限制，他越来越感到难以集中注意力阅读篇幅较长的作品。病情在第一阶段只是通过发烧和咳嗽显现出来，如今在暗暗滋长。探察病势悄然的、破坏性进程的全部尝试都失败了。这恰恰就是结核病的隐患之所在，它使人感到，这仿佛就是他身体状况的象征。人们不能"猜出"自己的状况，因为它潜藏在表面信号的后面，这就构成了——一年后在倒数第二封致米莱娜·波拉克的信中他这样写道——一切"恐惧"的阴森的根源。

1922 年至 1923 年冬卡夫卡最终回到了家里。旧城环城路边上的大寓所依然是他保持社会联系形式的唯一场所。他在这里定期会见他的外甥女们，1912 年出生的格尔蒂·赫尔曼和比她小一岁的表妹玛丽安妮·波拉克，瓦丽的女儿。格尔蒂·赫尔曼后来回忆一次在大街上遇见舅舅的情景，他用一块手帕捂着嘴，因为他"认真考虑到别传染别人"。在最后一个布拉格冬天里，自己体虚多病的父母再次进入他的正在变得窄小的生活圈子的中心。卡夫卡怀着关怀和同情注视着只是缓慢地从肠手术的严重后果中康复过来的父亲的状况。但是他同时也猜想到，他多半会像他的文学作品中的人物那样，作为儿子死在父母的前面。1914 年 5 月，他就用没有问号的问句形式，颇有预见性地发牢骚："他们是否还会在因他们的细心周到而安然度过的一生之后将我安葬。"

上帝许与亚伯拉罕之地的语言

　　20 世纪 20 年代初卡夫卡怀着重新燃起的兴趣关注着犹太复国主义的文化政策，这种兴趣无疑包含众所周知的对一个犹太民族国家的怀疑。1917 年 11 月 2 日的巴尔富尔宣言允诺对建立一个犹太人"固定住处"给予正式支持。这一还没有具体实施的计划宣示在 1919 年通过巴黎和约以及 1920 年在圣雷莫会议上得到了有力的确认。然而跟原来规定以法国参与为主的国际行政管理条款相反，由国际联盟给予的行政授权却落入英国手中，而英国则不得不采取一种老练圆滑的方针，它不想危及它与阿拉伯世界的关系。犹太复国主义世界组织在自 1912 年起影响力日益增长的总书记库尔特·布鲁门费尔德的领导下，竭力支持采取一种积极的移民政策。1918 年以后试图完全专注于巴勒斯坦工作的少壮派在协会中占了上风。而在曾被赫茨尔强调为犹太复国主义纲领核心地区的、散居在外犹太教徒的乡镇里，犹太民族意识的促进却明显地退居次要地位。布拉格犹太复国主义者在组织内部扮演一种领导角色，其影响力也在大众传播上得到由他们负责编辑出版的《犹太周报》的支持。西格蒙德·卡茨纳尔松在柏林任出版社社长并担任新任务之后，他们的起主导作用的代表性人物是胡戈·贝格曼、费利克斯·韦尔奇和他的弟弟罗伯特。他们赞同以哈伊姆·阿洛索罗夫为主要人物的犹太复国主义移民运动，这一运动构成巴勒斯坦协会"青年工人"的欧洲分会。在这里，人们谋求在一种实用社会伦理学基础上的社会主义，这种伦理学的纲领，就像古斯塔夫·朗道尔示范性地所拥护的，以乡村生活的集体主义为其生动的榜样。在这方面，人们寄希望于一种进化的前景，人们不谋求彻底推翻被视为堕落的资产阶级世界，而是力图有机地建立一种将在巴勒斯坦接受考验的新秩序。

1920年马克斯·布罗德发表了他的研究报告《犹太复国主义中的社会主义》，报告中他针对约瑟夫·波珀尔的论文《普遍的赡养义务做解决社会问题的途径》提出了一种建立在部分集体的、部分经济自由主义因素基础上的国家观念模式。按照布罗德的以波珀尔为蓝本的、明确针对有塔于洛尔主义特色的、使劳动机械化的想法，男人和女人应该在国家的专门生产机构中分别工作13年和8年，以便团体能够生产出需要供应的物品。然而注意力却远离这种集体的经济形式而集中在个人主动的积极性上，这种积极性要与一种社会主义组织结构的平均主义倾向做斗争。布罗德不无天真的理想主义，在这里追求一种生产过程的社会控制，这种控制使人获得对工作的最大限度的认同。通过技术革新节省下来的时间对私人有好处，将不会被再次投入到工作中去。跟1918年在他的无财产的工人阶级样板中要求彻底没收财产的卡夫卡不一样（"不要钱，不要贵重物品"），布罗德想建立一种增加了自由主义要素的国家社会主义，其同时包含自由的和国家调控的成分。不过他担心在组织模式帮助下可能产生的业余时间过程有导致日常文化活动肤浅化的危险。他的这种疑虑是很有预见性的："（……）维也纳轻歌剧甜蜜味儿会直上云霄。"

卡夫卡同布罗德的宏伟计划的关系打上了距离的烙印：这种距离，一如他将在1922年1月所表述的，敦促他做禁止他亲自参与政界的"行为观察"。如果说他仍然关注着犹太复国主义的讨论的话，那么吸引他的不是其纲领草案社会方面的，而是文化方面的重要意义。他对人民之家运动怀有强烈的好感，因为这一运动的目标符合他在教育学方面的兴趣。弗兰茨·罗森茨威格，犹太复国主义的极有影响力的哲学著作——《拯救之星》（1921）——的作者，1920 年就已经在法兰克福一所犹太成年人教育中央机构担任领导工作。由他创办的《自由犹太人教育之家》不久也为别的大城市教区树立了榜样，其组织方面的基本结构具有样板的性质。由杰出的年轻知识分子如莱奥·贝克、埃里希·弗洛姆、莱奥·勒文塔尔和格斯霍姆·绍莱姆承担的报告和讨论会在《教育之家》传授希伯来语、犹太宗教哲学和犹太教神秘教义的知识。自从 1911 年秋与演员莱姆贝格会面以来，卡夫卡越来越关注这些为开拓犹太人身份来源而做出努力的机构。1920 年 11 月他虽然对米莱娜·波拉克自称是最具西犹太人特色的西犹太人，但是恰恰是这种自我勾画解放了他对这些可望而不可即的宗教传统的向往。1922 年 1 月底，在一种典型的悖论中，他把自己描述为永远的流亡者，一生下来便离开了圣地并在异乡以工作清偿了同化的"父亲遗产"。说是从迦南迁移出去 40 年之后，现在他必须作为"最平凡者和最胆怯者"在一个甚至为"最卑贱者"也准备好"闪电般的提升"、但也准备好在"海洋压力般的千年之久的破坏"的世界中忍受他的状况。

　　1918 年 2 月，卡夫卡把一种肥沃的土壤对信仰的好处称作在他的宏大的人生规划——婚姻、家庭、职业——失败后，他要盯住的"最原始的任务"。一封 1913 年 2 月 9 日至 10 日的致菲莉丝·鲍尔的信，把对个人和一种"令人放心的、遥远的、也许无穷尽的"欢乐或烦恼之间的"不间断的关系"的感受力描写为确证了的虔敬的指示器。谁不符合这个标准，谁就一定不会感到生活是"寒冷的冬夜"：人们渴望在这样的寒夜"钻进坟墓"。对一种感官和精神上明确的信仰经验的思念自 1914 年起便把卡夫卡引向希伯来语。这方面的一个重要的动机可以这样猜测：希伯来语，正如绍莱姆所说，保留了符号和事物的原始的统一，因此保持了一种优美的特性。言语使人从感性和肉体上理解宗教经历，如同接近意第绪语所预兆的那样。

　　在倒数第二个战争年，卡夫卡开始自学希伯来语，他以莫泽斯·拉特的以现代词汇为主的教材为依据。1917 年 9 月马克斯·布罗德的记录中说这位朋友事先没有知会他，已经学完了 150 课中的 45 课。在他生病之前的几个月里卡夫卡同费利克斯·韦尔奇和年轻的伊尔玛（米尔耶姆）·辛格尔，布罗德的一个一面之识的熟人，一道上了一个吉里·朗格的希伯来语学习班。伊尔玛·辛格尔回忆说，他曾用讽刺的口吻评论学习希伯来语的困难："布拉格的犹太复国主义者们 9 月开始学莫泽斯·拉特课程第一课，勤奋地学到 6 月。在假期里他们把学过的东西又全部忘掉，于是在 9 月又开始学莫泽斯·拉特课程第一课。"1917 年至 1918 年冬在曲劳以及稍晚些，1918 年 9 月在都瑙，卡夫卡继续自学，没有人指导。1918 年秋，他接受 30 岁的中学教师弗里德里希·蒂贝格尔的私人授课。蒂贝格尔，由奥古斯特·绍尔凭他的一篇日耳曼学专业文学史论文授予过博士学位，他作为一位犹太教经师的儿子拥有圣经希伯来语、但并非现代希伯来语的丰富知识。所以除了拉特的标准教材以外，一本伊西多尔·波拉克和古斯塔夫·魏纳尔编的圣经读本也是基础教材。卡夫卡，他学希伯来语并不是想为移居巴勒斯坦做准备，而是想先揭开这门原汁原味的信仰语言的秘密。据蒂贝格尔的回忆，他是一个热心的学生："接连许多个星期，我们在严格规定好的钟点在他那儿会面，通常在厨房后面

普阿·本-托维姆

的一个庭院房间里。他都认真记单词和做书面练习并且对教材体系中的不准确性表示很气愤。只有一次他因没完成作业而道歉，他用希伯来语说：'我病了，我病得很厉害。'"

1920 年 12 月卡夫卡开始在马特利亚里上课，这时蒂贝格尔的课程已经结束。1922 年深秋，19 岁的巴勒斯坦女人普阿·本-托维姆成为蒂贝格尔的继任人。她出身于一个 1888 年就已经移居国外的俄罗斯家庭，

在耶路撒冷学过德语并于 1921 年在那里通过高级中学毕业考试。1922
年 9 月她经胡戈·贝格曼的介绍来到布拉格，想进一步了解作为欧洲
文化犹太复国主义中心的布拉格。她在贝格曼母亲的寓所住一间转租
房间，开始在卡尔斯大学学数学。这符合布拉格犹太教会堂大经师的
期望：普阿义务教授希伯来语课。卡夫卡经贝格曼的介绍估计在 1922
年深秋结识她，并在年底接受她的授课。蒂贝格尔的授课已经向他表
明，外语习惯只有通过活生生的交流才能掌握，而这种交流又要求加
强学习现代希伯来语。正是口头表达给移民们造成严重问题，如同阿
哈龙·大卫·戈尔东 1917 年在一篇论述迦南地区语言障碍的短文中所
说的："我们在巴勒斯坦的希伯来语是我们在巴勒斯坦的生活的一面
明镜。在这面镜子里我们最清楚地看到，我们一举一动中的困难，这
些来自我们自身、来自我们内心的精神上的流亡的困难有多么大。"

　　普阿·本-托维姆精通希伯来语，在 1923 年春迁居到柏林之前，
她一直是卡夫卡的教师。起先重要的不是语言学习，而是巴勒斯坦情
况交流。几个星期后才转入正常学习语法、单词和惯用语。这些功课
构成卡夫卡在 1922 年至 1923 年冬季期间几乎完全在床上度过的每一
天都受抑制的生活节奏中仅有的几个固定的活动时刻。在普阿的课程
中，除了圣经希伯来语以外，他也加强学习现当代希伯来语，它通过
逻各斯向他揭示了一个世界，一个连接传统意识和活动力的世界。这
个年轻的巴勒斯坦女人在他眼里代表一种乐观积极的犹太教，这种犹
太教不必再把自己的本体藏在适应姿态的后面，因为它已经抛弃"对
大屠杀和屈辱的恐惧"。根据朗格的回忆，卡夫卡在 20 世纪 20 年代初
相当稳当地掌握了希伯来语，他可以就比较艰深的话题进行交谈，并
用简单的语句做书面表述。这样一种水准大大超越巴勒斯坦大多数司
机的知识。流传下来的他记单词的四本笔记本显示出一种认真、细致
的学习态度，说明卡夫卡有着强劲的学习动力。这表明了他自 1918 年
起所处的语言状况：他虽然通过德语学单词，但是使用一本 1892 年耶
罗斯拉夫·赛德拉采克编写的捷克文圣经希伯来语教科书。独特而充

满焦急与不安情结的布拉格状况转化为使捷克、德国和犹太身份发生相互交换关系的希伯来语课。

在这段时间里，卡夫卡也可能饶有兴趣地关注过围绕着一种新的希伯来语圣经译文展开的公开讨论。战争结束之后不久，马丁·布贝尔就和政论作者埃富雷姆·弗里施和 S·费舍尔出版社首席编辑莫里茨·海曼一起从事这项工程，但由于他的两位合作者负担过重而一度放弃了它。20 世纪 20 年代中在海德堡出版商拉姆贝特·施奈特尔的催促下他才和已然重病在身的弗兰茨·罗森茨威格一起接近这个当时在犹太公众中引起激烈争执的旧日计划。在这些时代的文化犹太复国主义大项目上，卡夫卡看重的是：它们传播对传统活力的信任。在似乎为他勾勒出"相反的荒漠漫游"的人生旅程中令他感到满意的是，他可以观察迈着稳健的步伐走近上帝许以亚伯拉罕之地的朝圣者们。但是在患病最后阶段的阴影里，他也考虑做一次迦南之行的可能性，此行原本可以使他摆脱在外散居的犹太人的孤寂。

闪现出的巴勒斯坦计划

1921 年 12 月初在一封致罗伯特·克洛普施托克的信中，卡夫卡还在冷嘲热讽："这主要只适用于法学家中的普通群体：他们先得被研成粉末，然后才可以去巴勒斯坦，因为巴勒斯坦需要泥土，不需要法学家。"1922 年 1 月底他在日记中写下，说不管在外散居还是在上帝许以亚伯拉罕之地，他"作为外国人"都是一个外乡人，命中注定要做一趟永远的漫游，使他离开信仰的发祥地和根基。尽管对处境做了这样阴暗的描写，卡夫卡在他生命的最后阶段还是再次酝酿要做一次巴勒斯坦之旅。不断增强的流亡运动的印象也激发了此行的热情。1923 年 4 月中，自 1920 年起一直在耶路撒冷大学图书馆当职员的胡戈·贝格曼应巴勒斯坦基金会的邀请来到布拉格。他在商品交易所大厦做报告，举行讨论会并把巴勒斯坦的现实状况告诉犹太复国主义教

友们。4 月 26 日，卡夫卡和布罗德夫妇及费利克斯·韦尔奇一起在
奥斯卡·鲍姆家遇见贝格曼。他在和这位中学同学的交谈中受到了激
励，于是制订了做一次耶路撒冷之旅的新计划，这些计划把冬天的幽
灵驱走了几个星期。在这一新计划的后面，是对进入一个有历史意义
的集体的电路之中的渴望。1917 年，大卫·戈尔东曾在布贝尔的《犹
太人》上著文论述过这一集体："巴勒斯坦对我们的好处就在于，我
们在其中自由自在，在我们生存和经历的一切方面自由自在——不管
我们感觉到了还是没感觉到。"卡夫卡于 1921 年 10 月看的介绍雅法和
耶路撒冷影片的记忆可能也曾对 1923 年夏的计划有影响。"这是可以
想象的事，"当初他在日记中写道，"生活的美好景象摆放在我们周围
并且总是满满当当，但是被遮蔽住了，在深处，看不见，很远。"胡
戈·贝格曼在到达耶路撒冷后给他尚留在布拉格待几个星期的妻子埃
尔泽的信显示，卡夫卡的旅行计划在 1923 年夏初就有眉目了。从这些
信件中可以看出，贝格曼不仅已经敲定卡夫卡的到访，而且也给他提
供了自己私人寓所中的一个房间。然而稍经考虑后，他却对自己的邀
请可能产生的后果忧心忡忡，因为他担心这位需要护理的朋友会给一
家五口——他们有两个儿子和一个女儿——造成负担。"你知道，"他
在 1923 年夏给他的妻子写道，"我很喜欢弗兰茨，很愿意接待他，但
是我请你别揽什么责任，别唤起什么希望。"在收到这一明确的信号
以后，埃尔泽·贝格曼便竭力强调当初仓促向卡夫卡提出的建议所面
临的困难，指出在一起过日子可能会造成的辛劳和艰难。他的机敏让
卡夫卡迅速认识到，他这样糟糕的身体状况去贝格曼家做客会让人家
受不了的。况且要生活在三个小孩子圈里，这对于怕吵闹的卡夫卡来
说简直是一种活受罪，实际上他也不会甘愿使自己遭这份罪的。

　　这些在 1923 年夏季期间一时冲动做出的旅行计划，也由于其他
原因表明是不切实可行的。就在贝格曼考虑如何解决在耶路撒冷的住
宿问题的时候，卡夫卡已经做出了反对此行的决定，因为他知道，他
的身体状况承受不了这趟行程。贝格曼将在 1923 年 8 月初结识一位

耶路撒冷大学图书馆的新同事，此人作为活跃的对话者补偿了卡夫卡的没有到访：年轻的格斯霍姆·绍莱姆，瓦尔特·本雅明的一位柏林朋友。反过来，巴勒斯坦之梦对于卡夫卡来说仍然是一项像贝格曼这样的代理者必须付诸实施的规划。"行为观察"的基本模式废除不了，因为它使人沉思默想并且因疾病加重而再一次得到加强。1923年夏卡夫卡隐约感到，他将永远无法做这趟巴勒斯坦之旅。一年前，1922年6月，他读过的还处在布吕厄尔的反犹太主义读物《犹太文集》深深激怒他的印象中——说是他没有力气公然提出抗议——"我的手立刻垂下"，就已经给罗伯特·克洛普施托克写道："(……) 希望在我的家族中也会有一位犹太教法典学家，但是他不给我足够的鼓励 (……)。"最终不是一位来自一种已沉没的家庭传统的虔诚学者，而是夜的"天生受约束的精神"对迦南之旅做出了裁决，它们提出否决：儿子不可以离开这块父亲散居的犹太人土地。

1922年12月产生的寓言式散文作品《一篇评论》，就对失败的巴勒斯坦计划做了铺垫。卡夫卡的来源是一则1914年2月13日的日记，它描写了一场梦，梦中他作为外来人在柏林行走并向一位上了年纪的警察请教城市的名胜古迹。问讯的人似乎听不懂警察的答话，因为他不能恰当地估计所谈到的距离，致使他迷失方向、迷惑不解地落在后面。将近9年后撰写的这篇寓言描写了同样的场景，第一人称叙述者告知，他在清晨急急忙忙奔赴火车站，大吃一惊地发现就要迟到了，便向一名警察问路，但是被此人用简单的一句话便打发走了："'算了吧，算了吧'，他说着便猛一使劲转过身去，就像想独自一人偷笑的人。"在笼罩着使人有不真实感觉的梦的氛围中，卡夫卡为向他披露了的1923年夏的不可实现的旅行计划做了铺垫。作品勾画出他在明白不能指望得到贝格曼的支持之后想象到的那种恐惧不安的情况。他将会——他这样隐约感到——太晚到达一个火车站，他不知道这个火车站的精确位置，他遭到了本可以帮助他的人的离弃，他得不到家庭和朋友的援助。可能帮助出主意的人全都笑一笑地避开了这个绝望地寻找自己目标的人，因为他们早已找到了自己的路。在阴沉的"算了吧"这句用语中，显示出留下来的人的恐惧之梦，对于此人来说，巴勒斯坦虽然是被许诺的，但也是不可企及的土地。

第二个孩子气的相好：多拉·迪阿曼特

随着较温暖季节的来临，卡夫卡的身体状况略有好转。烧减退了，体重——受到布罗德严格监督——略微增加（然而到了夏末又降到54公斤的低点）。卡夫卡每天要学好几个小时希伯来语单词，并重温他的意大利语知识，自1913年早秋第二次造访里瓦以来，他的意大利语便荒废了。1923年6月初，米莱娜·波拉克最后一次拜访他，但是这次会面只是传唤一种被负疚感闷死的记忆中的印象到庭，没有再现维也纳或格明德的那些简明扼要的时刻。7月5日早晨，他和艾丽以及她的两个孩子，12岁的费利克斯和11岁的格蒂一起去波罗的海边上的米里茨。中途他在柏林做短暂逗留，而妹妹则直接去了米里茨。下午他造访了奥克斯堡街上"西方百货大楼"附近的"锻造"出版社，他在那里就签约出书事宜和出版社领导进行了初步的准备性会谈。虽然卡夫卡对出一本近作小说集还没明确想法，但是由于手头拮据他似乎决心近期内出版此书。沃尔夫对他最近的几件作品并不热情，这令他感到失望，他不寻常地一时冲动决定在柏林建立新的联系。

1922年11月底建立的"锻造"出版社，其老板是前剧院经理尤利乌斯·贝特霍尔德·萨尔特和国民经济学家弗里茨·武尔姆，这家出版社认为自己是表现主义先锋的喉舌。出版社面向较年轻的中产阶层读者群，但也为社会主义的作家提供一个家园。这家1927年就从商业登记册上除名的出版社的短暂存在主要归因于审稿部的出版方针，它提倡有品位的图书，不注重销路。在其存在的5年里，"锻造"出版了近100部书——就当时的情况而言这是很高的出版效率。常在这家出版社出书的——部分让沃尔夫夺走的——作家有戈特弗里德·本、阿尔弗雷德·德布林、瓦尔特·哈森克勒弗尔、埃贡·埃尔温·基施、卡尔·施特恩海姆和恩斯特·魏斯（除布罗德外，他也促成跟出版社的接触）。图书插图大都是创办人的兄弟格奥尔格·萨尔特和阿图尔·霍里切尔的手笔，后者的美国游记众所周知，卡夫卡曾认真读过。外国语作品有弗兰西斯·卡尔科和拉伊蒙德·拉迪古艾特的长篇小说，还有鲁道夫·绍特兰德尔译的（书名为《通往斯万之路》）马塞尔·普鲁斯特的《追忆逝水年华》第一卷，以及瓦尔特·本雅明和弗兰茨·黑塞尔译的续篇（《在少女们的阴影中》）。

和出版社领导在柏林的谈话令人愉快，最后他们共同做出决定：在不久的将来推出一部卡夫卡的小说集。在这一成功的间奏曲之后他要去赴一个偏官方的约会，卡夫卡打从心眼里害怕这一约会：傍晚他会见年轻的艾米·萨尔韦特尔，两年多以来她一直是马克斯·布罗德的情妇。布罗德是1921年初在一家柏林的饭店里遇见她的，那时她在那里当女服务员。艾米·萨尔韦特尔一心想当艺术家，布罗德不久便帮助她去实现这一梦想，他资助她去上歌咏课。1921年1月底，沉浸在和她度过初夜的印象之中的布罗德，给在马特里亚吕的卡夫卡写道："在爱情中，我最早地、最频仍地经历了这种间歇性而绝妙的东西。"在此后的两年里，已婚的布罗德多次向卡夫卡讨教，如何才能在两个女人的夹缝之间求生存。不过他同时也告知，他正沾沾自喜地享受着自己的境况，虽然这种状况有时也使他烦恼。在一封1922年8月16日的信里，卡夫卡坦率得出奇地建议"三个人一起过日子"，说是朋友只有下定决心和他的妻子一起迁居柏林，并在那里和她及情妇"三个人一起过日子"，才能阻止"自我毁灭"。布罗德曾一再催促他去见这位女友一面，好对她有一个个人印象。如今，柏林会面在轻松的气氛中进行，卡夫卡的忧虑得以迅速化解。没有企图的使者角色，他扮演得得心应手，因为这一角色首先符合他的犹豫不决的观察者的自画像。不多几天以后，他在一封致布罗德的信中用轻松愉快的话语描写这次会见：“她是迷人的。而且对你完全专心一意。没有理由对你不上心嘛。”

1923 年 7 月 5 日，卡夫卡想和艾米·萨尔韦特尔一起去拜访普阿·本-托维姆，后者在柏林东北的艾勃斯瓦尔德犹太儿童营地当护理员，在那里接受当社会教育学家的训练。然而到达贝尔瑙时天色已晚，而前面还有一大段行程，这时卡夫卡临时决定不再前行。后来他写信给布罗德，说是“艾米的家神”迫使中止行程，这种说法转移了对半路折回的真实原因的注意：除了旧有的对突然变动的位置的恐惧之外，他越来越认识到，他的身体承受不了较大一点的负荷了。1923 年 7 月 6 日卡夫卡继续旅行去米里茨，他在那里跟艾丽和她的孩子住在同一家膳宿公寓并度过了四个星期（妹夫卡尔·赫尔曼晚些日子将来与他们相聚）。他把这次海滨度假看作了解自己承受能力有多大的试验。他在信中给在耶路撒冷的胡戈·贝格曼写道：“为了检验我在多年卧病在床和头痛之后是否还能出门远行，我奋起做了一趟小小的波罗的海之旅。”

他躺在海滩篷椅上度过自己的每一天，他阅读，看外甥踢足球，看孩子们在海岸嬉戏——一个像托马斯·曼的古斯塔夫·冯·阿申巴赫那样的观察癖者，当然不是在闷热的威尼斯海滩，而是阳光明媚的盛夏之中的波罗的海海滨。“大海，”7 月 13 日他给埃尔泽·贝格曼写道，“我 10 年没见了，在这期间它确实更美丽、更多彩、更生动、更年轻了。”在附近——离卡夫卡的膳宿公寓“50 步之遥”——有一个度假区，是来自柏林的“犹太人之家”成员们经常光顾的地方。卡夫卡坐在阳台上，就能密切注视年轻的客人们的活动——“健康的、兴高采烈的孩子们，看着他们我就暖和了”。在一场休假者们的戏剧演出之后，他结识了 16 岁的柏林女学徒蒂勒·勒斯莱尔。这个女孩在“尤鲁维克斯”书店工作，所以知道卡夫卡是小说集《司炉》的作者。后来，在接受了玛丽·维格曼的女弟子格勒特·帕洛卡的一期培训后，她在德累斯顿开始了舞蹈家的生涯。蒂勒·勒斯莱尔显然受到这个比自己年长24岁的人的强烈吸引，起先她以为此人是艾丽的父亲。她到沙滩篷椅前来看望他，和他一起散步，让他给自己推荐文学读物和电影。通过蒂勒·勒斯莱尔的介绍，卡夫卡在7月13日结识了在"犹太人之家"当厨师长的25岁的多拉·迪阿曼特——一次将影响他生命的最后一年的决定性会见。

多拉·迪阿曼特1898年在当时属于西波莫瑞的波兰布尔采钦出生（广为流传的、她自己从未否认过的1902年出生的说法是错误的）。据普阿·本-托维姆回忆，她出身于一个"极保守的信奉正教的家庭"，却在思维中兼备传统的宗教因素和现代的人生观，这种人生观赋予她自信、活力和勇气。回首往事，她用感伤的笔触将自己描写为"一个充满梦幻和预感的深色肤色的人，像陀思妥耶夫斯基一部长篇小说中的人物"。多拉·迪阿曼特因纷乱的战事而被逐出家乡，她流落到布雷斯劳，后又来到柏林，1918年后，她在柏林为"犹太人之家"服务。这个显而易见具有魅力的女人吸引着卡夫卡，反过来他立刻给她留下"强烈的印象"，一如她20年后还记得的那样："他个头高，身材细长，深色皮肤，走路迈大步，我起先竟以为他是印第安人混血儿，不是欧洲人。"多拉·迪阿曼特起先以为艾丽·赫尔曼是卡夫卡的妻子，外甥和外甥女是他的子女——从外部看得出他与妹妹的关系中的

多拉·迪阿曼特

兄妹恋倾向。当8月1日普阿·本-托维姆终于到达米里茨之时，卡夫卡经历的最后一段恋爱万事齐备，可以登场了。妹妹和蜂拥在他周围的年轻女孩们怀着嫉妒见证了多拉和卡夫卡的快速亲近。他们一起读希伯来语，一起在海滩上散步，只要多拉不必下厨干活便一起看着大海直到天黑。大失所望的蒂勒·勒斯莱尔在8月的第一周里就返回柏林，因为她受不了这种亲近关系更迭的情景。几天以后在一封给她的

信里，卡夫卡全然无拘束地把和他"共处最长久"的多拉刻画为"奇异的人儿"。

在里瓦的瑞士女人之后，多拉·迪阿曼特是卡夫卡第二个孩子气的相好，但是同时也是一个转世母亲：一个不知疲倦、精力充沛、在常常侵袭这位病人的阴暗的抑郁时刻里也依然充满活力的转世母亲。多拉一跃成为最后12个月里经常陪伴在卡夫卡身边的人，成为他的生活伴侣，这个生活伴侣同时也是他的知己、妹妹和情人，但是最终主要是成为他的日常生活中的主角——为他的病势所迫，日常生活中的重担越来越压在她的肩上了。菲莉丝·鲍尔得忍受卡夫卡对她来说一直是个谜，米莱娜·波拉克不得不接受他不敢向她迈出那最终的一步。两个人都失败了，因为她们试图使儿子转变成丈夫并在这过程中——不知就里地——摧毁他的本体。卡夫卡和多拉·迪阿曼特一起过日子，他不用害怕失去自由。临近死亡之时对在固定关系中失去自我的恐惧大概不再作数，因为在远离迦南的荒漠中的最后几步即将迈出。

1923年8月8日卡夫卡离开米里茨，多拉·迪阿曼特没有同行。旅行途中，他在柏林停留，和蒂勒·勒斯莱尔以及她的朋友们一起在"德意志剧院"看了一场席勒的《强盗》。自柏林返回后，他在布拉格待了不多几天。8月中他陪同奥特拉和她的孩子们去谢莱森，在那儿的一处私人住所住了5个星期。这些夏末的日子对他起到了镇静的作用，可是他感觉到疾病开始战胜他了。"我很喜欢这地方，"他给布罗德写道，"迄今为止天气是宜人的，可是我一定很有对抗力，这种对抗力像魔鬼那样战斗，抑或它们是魔鬼。"9月21日他返回布拉格，然而两天后又起程。目的地柏林，火车总站，多拉·迪阿曼特在那里等候他——带着一些计划，这些计划将禁得住他对死亡的恐惧。

第十九章

晚期的短篇小说（1922—1924）

马戏团里的演员

发病后的头几年，卡夫卡设法克服写作的诱惑。自 1917 年起他便禁止自己写作，因为他知道，每一次畅达多产的幸运神驰都面临坠入悲哀深渊的危险。然而即便在这一领域，他还是没能长久坚持这个禁欲计划。事实又表明，爱情和写作失败也好成功也罢，在卡夫卡身上都遵循相似的法则。1922 年再次提供了出乎他意料的文学创作的成功经历，就如同 1923 年产生最后一次性爱联系那样，他在与自己的疾病挣扎的阴影下不加抵抗地容忍了这一联系的产生。在他生命结束之前，卡夫卡再次违反自己的禁欲戒律，他听任自己受文字和爱情的摆布。他重复了那种不坚定：从前他就是这般不坚定地寻找极度兴奋的经历，虽然他知道，这些经历会引起几乎无法忍受的罪责感。

自 1922 年冬起产生的短篇小说，反映了艺术家生活的危险和他们的遁世性格中可能蕴涵着的致命后果。此时对马戏团演员矛盾生活的深刻反省取代了罪与罚的主题。如果说晚期作品——尤其是《最初的痛苦》和《饥饿艺术家》——把马戏团人物移到注意的中心，那么它们也就拾起了一个自 19 世纪末起就久盛不衰的文学题材。杂耍艺人和杂技演员在法国象征主义抒情诗中就已经体现了颇有几分特殊意义的典型形象——譬如在波德莱尔、马拉美和韦伦的抒情诗中。众所周知，弗兰克·韦德金德以一个马戏团氛围中的序幕展开他的《土地神》（1895）。在这个序幕中，经理赞美女主人公卢卢是"美丽的野生动物"。里尔克的《新诗集》（1907—1908）和《杜伊诺哀歌》第五首（1922）捕捉到了一个马戏团演员世界的怪诞描写痕迹掺和忧伤要素的瞬间。在霍夫曼斯塔尔的喜剧《难相处的人》（1921）中，汉斯·卡尔·比尔描述小丑福拉尼的登场是"非故意的轻盈的表演"，其后是"绷紧的意志和十足的精神"，但是它们没显现："（……）他纯粹由于无拘无束而简直美不胜收。"不传布明确的见解或信息的马戏表演艺术是一面超然于目的和意义的纯粹审美世界的镜子。在这个意义上，它可以被看作是一种表面上自主的、摆脱了模拟束缚的创造力的（理想化的）模式，就像霍夫曼斯塔尔的主人公通过"非故意"这个概念所刻画的那种创造力。

而卡夫卡的马戏团演员们没有把高超技艺的艰难藏匿在优美姿态后面的那种轻快。他们是忧伤的小丑，为渴望生活的观众演出，这些观众光为了放松心情而消费艺术，并且总是毫无同情地要求看新的引起轰动的表演。这是那些晚期作品的辛辣讽刺：艺术家和观众不能互相了解，因为他们始终受到根本对立的利益的支配。内心的约束驱使马戏团演员表演他的技艺，而观众却在寻求不多几个小时的消遣：一种不可弥合的不相称，它在成功离弃日益衰老的演员的那个瞬间便具有悲剧性的色彩。但是在赞誉时期以及在没有赞赏的时期，卡夫卡所刻画的马戏团演员同样极端孤独地居住在严寒的荒漠之中。在这一点上，艺术家自画像不仅包含生活距离的忧伤，而且包含欺骗指责。1922年11月卡夫卡承认，说他觉得自己为疾病和极少与人交往的诉苦是"虚伪"的。艺术家，他抱怨孤立，是被类似的错觉机制所战胜，因为无视独处是他的创作和他的认同感的条件。

1922年春产生的小小说《最初的痛苦》，构成艺术家小说序列的序幕。卡夫卡把手稿交给《守护神》杂志，这家杂志的出版者汉斯·马尔德施泰克与库尔特·沃尔夫是朋友。小说 1922 年秋在那里刊出，沃尔夫把这看作是作家和他的期刊发行者建立新联系的象征。然而卡夫卡对自己的这件作品并不满意，他认为把作品交给这家刊物发表是个错误。最好是——6 月 26 日他这样写道——他把"这篇令人厌恶的小小说从沃尔夫的抽屉里拿出来，并将其从他的记忆中抹去"。这一批判性的自我评价没有妨碍他 1924 年 3 月将这件作品收进他的最后一部小说集《饥饿艺术家》中，这是他逝世前不久编纂好提交付印的一部集子。作为描写马戏团演员生活中的极度兴奋和恐怖惊惧的小说，《最初的痛苦》是这部小说集的开篇之作：一种完全转变了的评价的标志，这一评价跟 1922 年的严厉评价并不一致。

只有待在马戏场上才能忍受空中飞人生活的表演者的故事反映卡夫卡个人体会到的、时好时坏的文学写作幅度。只有住在吊架上，空中飞人表演者才能安稳度过超乎常态的每一天的日常生活。在马戏团拆除其帐篷的阶段，他乘坐"赛车"或快速火车开赴新的演出地点。行李架就将成为吊架的代用品，但却不能适当地取代真正的活动中心——马戏场穹顶下那空气流通的地方。高处生活和旅行迫使做出的中断之间的摇摆，像卡夫卡的使他失去信心的作家自我体验，这种体验受到他的创造力的极大振荡的制约。他也不得不一再离开吊架，在精神极度振奋之中登上这吊架，随后便跑遍生活的低洼地，无法集中精力写作。所以，真正的活动范围在空中的空中飞人表演者的地面接触的缺失证实，这不是他的现实距离的标记，而是他技艺的内在法则。他不是像托马斯·曼的托尼奥·克勒格尔（一篇卡夫卡很欣赏的小说）那样不幸爱上凡俗的现实的人，其实是一种迫使人生活在高空的审美实践的纯粹造型。

1920 年 2 月 15 日卡夫卡在日记中回忆，他在读中学的年代曾试图把生活理解为"自然的沉重的下降和上升"，理解为"梦"和"飘荡"。这一景象为空中飞人表演者的故事做了铺垫，此人最初的痛苦源出于他懂得，他的存在不过是权宜之计而已。"飘荡"受到将旧的同新的演出地点联结起来的那几段文字的扰乱，不断失神入迷的"梦"犹如卡夫卡想彻夜写作、而不想受制于白日义务的愿望那样无法满足。关心备至、令人感动的马戏团经理——一个令人想起马克斯·布罗德的人物——设法给这位演员弄到的代替物只能略微减轻中断适合于他的生活方式所带来的痛苦。对自己身份束缚——对这种保存在不可转换的角色勾画中的束缚——的认识，释放出最后刻在空中飞人表演者先前天真的脸上的悲痛。

表演者的形象——很能说明晚期作品特征的——同时也具有生活在自己的宗教团体以外的、同化了的犹太人的特征。1917年卡夫卡曾在阿哈龙·大卫·戈尔东的《巴勒斯坦来信》中读到过一句话，这句话揭示了这一层关系："我们的精神世界是一种用以太、用异乡的空气织成的蜘蛛网。"空中飞人表演者也必须在异乡的空气中生存，并没有获得大地母亲的体验，一如犹太复国主义者戈尔东在巴勒斯坦经历的那种体验。这位马戏团演员代表同化了的西犹太人，他必须过他远离传统和团体的生活。他没有把他拴在大地上的根，因为他已经摆脱了自己的宗教身份。如果约瑟夫·罗特说，马戏团里的东犹太人的理想角色是小丑，那么这是有内在的前后一致性的：卡夫卡的空中飞人表演者只能生活在高处，而小丑则附着在土地上，他不能离开这土地。跟西犹太人的高处生活对立的，是——从同化角度看来有时显得怪诞的——东犹太人的土地附着。

这篇写栖身在生活之上演员的小小说受到一种清凉的记录语言的影响。在它的后面不是让恩斯特·荣格尔的短评《劳动者》在1932年看到那种新的、反市民的唯理智论闪现的"数学的事实风格"机器节奏，而是集中和划分的能力。如果说早期作品的文体伦理带有细节描写意愿特色，那么现在表现出一种有条理的力量，它通过排除克服过剩。在卡夫卡的想象力营造的群体形象中，这种排除推动创造清晰的结构——它们的贫乏使人感到带有纲领性。在四开本笔记本的无数断简残编中，这些写完的作品因其选择和压缩的艺术而显得颇为特殊。

不是笔记集的蜿蜒组合，而是材料的严格紧缩使审美可能获得成功。这种理清过程的前提当然是有机会却无条件专心致志于带有那种集中特色的写作，这正是卡夫卡绝望地试图抵御日常生活的单调而加以捍卫的集中。

挨饿作为强制

1922 年 5 月底在长篇小说《城堡》写作陷于停顿时，《饥饿艺术家》问世。一如常有的那样——不妨想一想《变形记》和《在流放地》——卡夫卡试图通过着手一个新的写作计划来克服写作危机。作品未经较大中断在两天内完成。1922 年 6 月底卡夫卡在普拉纳注明，说他觉得这篇小说"还过得去"。他随后迅速将其发表，这有力地证明了他非常积极的自我评价。估计他在夏天主动将稿子寄给了《新周报》，算是听从了布罗德的一个旧有的愿望吧。在编辑鲁道夫·卡伊泽通知他采用之后，作品在 10 月号上就刊印了出来。这是卡夫卡第一次、也是仅有的一次在这家自青年时代起便极受他推崇的刊物上发表作品。

1917 年 7 月的日记草拟了一篇《饥饿艺术家》短篇小说的准备性短文。那里说的是"宫廷丑角"，他已经失去了自己的光芒并且将"渐渐从人类的占有物中消失"。线索还可以上溯到一封 1904 年 1 月致奥斯卡·波拉克的信。饥饿艺术家的形象令人想起孤独的丑角这个人物，此人如同有点儿气喘吁吁地被告知的那样使自己成为众人的笑柄，他默默地在市里行走，手上托着一只装着两颗乳牙的小盒子。这个怪人起先把大批好奇的人的注意力吸引到自己身上，然而随着人们猜想到他确实与众不同，他也就渐渐失去了自己的魅力。"唔，好奇心，这样的好奇心不会变得陈旧，而紧张心情则松弛了。"20 岁的卡夫卡这样向波拉克概述道。这一具有讽刺意味的论断可以用在《饥饿艺术家》提供的对观众的描写上，因为这里在兴趣高峰之后也出现一种公众关注的急剧衰退，它证明了观众兴趣的易变。所以这篇小说也有力地支持了这一论断：当小说描写人的好奇心受制于振动幅度的时候，紧张情绪便能够松弛和消散。

小说的标题就让人感到诧异，因为"饥饿艺术家"这个复合词的两个组成部分处在一种引人注目的相互紧张的关系之中。挨饿是一种状态，而艺术则大体上含有一种创造性实践的意思。如果挨饿成为艺术，那么这种实践就有了一种不合乎情理的含义，因为它受到一种消极因素的制约。艺术在这里由创作活动的否定组成，并且符合一种亏空的方式，一种可以被忍受、但难以被塑造和完成审美的方式。作品加以讽刺的一个方面是：作品不加评论地展示积极性和消极性之间的这种紧张关系，却并不系统解除它。卡夫卡一如往常地局限于使用未解开的悖理的手段，仿佛这种悖理是不言而喻的事。这样就产生了一种谈话方式的闭锁方法，它使概念获得一种自己的适用权，它将这些概念顺利地嵌入虚构故事的想象条理之中。

饥饿表演19世纪末在美国和欧洲具有一种像马戏团那样的、受到新闻界竭力追捧的吸引力。1893年在伦敦自杀身亡的美国人唐纳尔1880年表演饥饿达40天之久，意大利人苏西30天。估计卡夫卡知道这样的饥饿表演形式，因为一种典型马戏团式的、对自己地位的认识的成分在经理的有公众效应的安排中得到反映。然而现实的前景对小说还是没有什么重要的作用，因为它并不有助于解释其艺术理解力的悖理。在这一点上又显示出，卡夫卡——像尼采使用别的手段——改造我们的概念的条理，以便获得自己的感觉和判断的类型。饥饿表演的马戏团性质只构成一个写审美创作内心约束故事的外部框架。进入故事中心的不是艺术家，而是艺术奥秘问题。这是这篇小说不同于像托马斯·曼的《托尼奥·克勒格尔》及《特里斯坦》（都是1903）、海因里希·曼的《皮波·施帕诺》（1905）及《勃兰齐拉》（1908）或者黑塞的《盖尔特卢德》所代表的同时代艺术家小说的地方。

这篇小说显得像《判决》那样在结构上自成一体，它有三个段落。开头是回眸受到一位业务能力很强的经理支持的饥饿艺术家的全盛时期，这位演员受到观众的尊敬和赞赏。经理的职能是，将挨饿的状况公之于世并如此展示其艺术特性。他的中介任务就是，他让挨饿在一种精心安排下可以被人观察得到，从而使挨饿能够上升为审美经验的对象。显示表演了多长时间饥饿的展示牌才将这种有意识忍受住的缺乏状态变为艺术——这种艺术的效果，如卢曼已经强调指出的，始终受到观察可能性的约束。使不可计量的东西变为可测量的展示牌这个工具也好，考虑到观众兴趣渐渐消退、在40天后（一种圣经上的时段）举行的饥饿表演取消仪式也罢，它们都是经理向公众做宣传的一种策略。两名女士——她们使人想起流放地新司令官的女眷们——照顾消瘦得不像样子的饥饿艺术表演者，并且，像歌舞剧舞女那样，将他向大家展示，就仿佛他是一场六日赛车比赛的获胜者那样（一种赛事，1914年后成为对群众有广泛影响力的公众事件，并且，如格奥尔格·凯泽的剧本《从早晨到午夜》所显示的，也开始引起文学界的兴趣）。然而卡夫卡不仅描写演员在公众中享受到的声誉，而且也描写人们使他受到的、引起矛盾感情的那种监督形式。好几个看守，"说来也奇怪，通常都是屠夫"，日夜守候在他的笼子里，以确保他不进食。看守和经理都无法理解的是，饥饿艺术家既对不被公众信任，同时也对表演忍受饥饿的时间受到限制感到无比痛苦。"办法是忍饥挨饿，"1922年初秋产生的《一条狗的研究》中这样说道，"最高的境界只有通过最高的成就才能达到，如果它是可以达到的话，这种最高的成就在我们这里就是自愿挨饿。"一种苦行主义信条构成饥饿艺术家角色的相反模式：饥饿艺术家之所以成为殉难者，仅仅是因为他不可以无限期地挨饿。

　　小说的第二部分以描写"转变"开始，这一转变导致对饥饿表演的兴趣迅速减弱。饥饿艺术家的表演只还是休息时，笼子里的一个演出节目，观众在演出休息时去兽场观看野兽时路经这里，绝不会在此多停留片刻多看他一眼。第三部分，犹如小说《在流放地》的结尾段落，显得相当不连贯，但传递出了小说的关键信息：这位艺术家之所以忍受饥饿，仅仅是因为，如他临终前承认的，"无法找到他喜欢吃的食物"。他的艺术来源于一种缺乏状态：这种艺术只是从自己这方面展示这种状态，这种艺术在经理的导演下假装出一种并没有的强制性质。这构成对饥饿艺术家角色理解的一个特殊标志：尽管他的工作有种不言明的欺骗倾向，他却仍然要求受到观众的赞赏。虽然他知道自己不是"殉难者"，他忍饥挨饿没费什么苦行主义克制力，但是他还是希望他没有艺术的艺术受到崇拜。在那封已经提及过的 1922 年 7月 5 日的信中——仅在小说产生后的六个星期——卡夫卡曾把这种有代表性的矛盾称作是他的作家角色理解的标志。信中说，写作是"为魔鬼服务的报酬"，从而也就是对一种道德上名声不好的换工的奖赏。

文学创作的"魔鬼性"就在于，"虚荣心和追求享受"像卫星那样不断地绕着作家转。自我观察和追求荣誉掺和进夜间写作之中并弄脏写作，因为它们赋予应该来自"忘掉周围环境"的写作一种深不可测的特性。其中蕴藏着自恋的魔力，这种自恋把纯粹的艺术搞得混浊，因为它使人看不到，纯粹的艺术并不源自苦行，而是源自内在的必然。"对自我观察抱有怀疑，"1886 年尼采在《权力意志》卷帙的一个分段提纲中写道，"我们确实没看见暗中进行的这场战斗——"

在饥饿艺术家归根结底以欺骗的方式展示他的艺术的时候，他也就有了撒谎的嫌疑。作品在这一点上用鲜明的色彩装饰了注重公众效果的艺术家的欺骗策略，这位艺术家追求的不是忘记周围环境，而是自我享受。这位艺术家故意掩盖他的艺术不是什么别样的技艺，所以不配受到赞赏，充其量只配受到同情。如果说垂死的饥饿艺术家指出，他没找到可以维持他的生命的食物，那么他就是公开承认自己的亏空的生存形式。跟托马斯·曼的艺术家小说不一样，没有什么"作品"源出于这种生存形式，其实是假艺术的骗局和主人公的受缺乏支配的生活状况一致。亏空被冒充为宣布否定为审美创作方式的成果。而那头漂亮的豹，它接替已故世的饥饿艺术家待在笼子里，豹浑身都是力气，栅栏也限制不了它的生命力，因为这生命力蕴藏在它的牙齿中呢，死去的马戏团演员被刚毅自我维护的象征取代并且以这样的方式遭到双重毁灭。他的肉体上的终结在漫不经心掠过他的生活所造成的湮灭中重复着。凭借这一结尾，卡夫卡成功地用讽刺手法导演了死亡：这死亡，如福柯所说，已经离开"它的旧的悲剧性的天空"，并且作为"看不见的人的真实情况"，只还能通过文学清楚地加以说明。

所以卡夫卡的小说也是一篇关于这样一位衰老艺术家的作品：这位艺术家在自己的生命终了之时不再有可以发挥其作用的必要光芒。像格雷戈尔·萨姆萨那样，饥饿艺术家在观众眼前"消失"，他越来越深地把自己埋进稻草堆里，稻草堆不久便完全盖住了他。波德莱尔在《巴黎的忧郁》的《老叫卖小贩》中把再也引不起观者兴趣的变衰老了的叫卖者说成是人生暮年的作家。就像叫卖小贩站在熙熙攘攘人群的阴影里，波德莱尔也把衰老的作家看作忍着痛苦回想自己荣耀时代的孤寂艺术家。卡夫卡的小说和这幅忧郁的景象一样，同样是在对失去成功和遭到观众否定的马戏团演员的孤寂的悲痛反省。这位38岁的作家在这里不仅提供了一篇讲审美实践强制特性的寓言，而且也出示了一幅线条清晰的肖像，显示出艺术家是老人。

对《最初的痛苦》和《饥饿艺术家》的回顾显示出，卡夫卡在生命的最后几年里为确定他的复杂的角色自画像而多么费心费力。他的艺术家人物形象尤其通过叔本华的哲学和意志作为人生遵循的重复强制根源的这样的哲学理论而获得推动。记得卡夫卡在1916年以后的那几年里才较深入地了解了叔本华的文章，当初他和奥特拉一起开始研读新购得的鲁道夫·施泰讷编的科塔版叔本华文集。1921年3月底他在一封写自马特里亚吕的信中，给明策·艾斯讷解释叔本华对一种幸福论的世界观的批判，这种世界观同时含有摒弃把表面现象当作判断尺度的意思。人受意志限定的观点以及由此而推导出的、对意志的发扬自由能力的限制可能符合了卡夫卡的悲观主义人类学。1917年深秋他就已经能够在布吕厄尔的专著《男性社会中的性爱》中读到，叔本华的意志范畴终究是一种掩护性冲动的概念。因此这几篇艺术家小说把审美创造性描述为情欲的对应世界，然而这个对应世界最终不得不被生活战胜，因为它产生自虚弱的根基。试图摆脱不断重复的神秘法则的东西，最后受到这法则的支配：艺术家的悲痛和死亡表示一种自我欺骗的信号，这种自我欺骗使人看不清真实的力量对比，因为它以为个体比限定这个个体的意志强大。

　　小说的结尾合乎逻辑的是动物的生命的凯旋，肉体的胜利，它在作品中，犹如在卡夫卡作品中常有的那样，具有一种带想象中的特性的幻觉的性质。在占据死去饥饿艺术家笼中位置的豹子身上，刻意显示出了它吃食时狼吞虎咽的劲头。1914年5月18日卡夫卡在一封致格蕾特·布洛赫的信中认为，只有食肉动物的牙齿能够"扯断一块肉的纤维"，而人吃肉却会毁损自己的全副牙齿。这里显露出种由厌恶和兴致组合成的混合情感：卡夫卡一谈到精力旺盛的吃的形式，便总是有这种感觉。动物的不受约束在吃肉的豹子身上得到了名副其实的最有力的体现。即便被关在笼子里这头食肉动物也依然是自由的——这一点颇像里尔克的《新诗集》（1907）第一部分里的豹子——因为人们禁闭不了它所体现的那种强烈的欲望（"绕着一个中心的力量之舞"，里尔克这样说）。而苦行主义的世界却被扫进稻草堆，饥饿艺术家在那里咽了气，被观众遗忘了。失败者的死，像在卡夫卡的中篇小说中儿子们的失败那样，为一股强有力的生活潮流所掩盖——一个具有讽刺意味的意想不到的高潮，它在文学上精心安排的性质却引起矛盾的情感：在这里取胜的本性听命于描绘它的文字。

　　败于意志力的马戏团演员形象通过审美记忆的媒介被领会并从而在一个更高的层面上抵御生命的力量。饥饿艺术家虽然没留下什么著作，但是文学讲述他的故事，并从而使他留在人们的记忆中。1922年2月产生的一篇未完成稿也谈到艺术事后战胜死亡。卡夫卡在其中目光敏锐而又冷嘲热讽地描写了迄今一直陪伴着他的作品的那种消失不了的效果。这里显露出的对马戏团氛围的忧伤暗示，含有对自己的艺术和这种艺术所采取的超然于生活的悬而未决状态进行反省的意思：
"我们称之为梦的骑行的骑行，是一种美好的、极为有效的展示。若
干年以来我们就在展示它，发明它的人早已作古，死于痨病，但是他
的这份遗产留下了，而我们则总还是没有理由从节目中取消这骑行，
而且它是不会受到竞争对手模仿的，它是不可模仿的，尽管这第一眼
看上去是不可理解的。"

动物的音乐

　　按照东犹太人的信仰，这是上帝为有罪恶的人准备的一种惩罚：
他让这些人继续存活在一头动物的体内。在这个意义上，动物在卡夫
卡的作品中体现的不是被迫面对人道世界的对抗力量，而是人类学的
天性、敌对和冲突的一种陌生化说法。不过在卡夫卡的动物中表现出
来的人的形象却受到那种也凸显出他其他作品中的单身汉、儿子、被
告和艺术家身上的消极态度的支配。猴子就已经通过有关它的同化的
报告表明，文明孕育的种种希望不能带来独立自主，而只能使它在不
自主的条件下幸存下来。自由是现代的一种虚构，这个阴森森的信息
反映在动物形象们的精神结构中。《一条狗的研究》中的狗，后来还
有《地洞》中的獾和唱歌的耗子约瑟菲妮代表一种社会的类型，这种
类型的人与卡夫卡的长篇小说主人公相似：作为类妄想狂的独来独往
的人，他们始终都是他们原本所属的社会体制边缘的孤独者。卡夫卡
的动物具有人的综合心理，但是也有人的有局限的认识能力——他们
的身体仅仅是他们在制约他们的精神的和才智的规章内部遭受到的强
制的象征。

　　卡夫卡的动物小说探讨个体的生活形式：这个个体通过自身的学
术的或艺术的活动已经脱离了团体。它们也就处理了卡夫卡 1917 年
初秋在致菲莉丝·鲍尔的最后几封信的一封中怀着他特有的掺和着悲
伤和讽刺的情感所表述的那种自我判断："每逢我审查我的最终目标，

那么结果总是，我并不真正谋求成为一个好人和接受一种最高法院的审判，而是，很对立地，通观整个人的和动物的团体，认识它们的基本爱好、愿望、道德上的理想，把它们引回到简单的准则上，并在这个方向上尽快可以使我发展到完全令所有人满意的程度（……）。"这个在社会上变得孤寂的人渴望得到承认，并梦想能使他的孤独显得高尚的被选中者的地位。卡夫卡对菲莉丝强调指出，他希望观察自己，观察扮演陌生人角色的人类世界，以便，在末日审判来临时，作为唯一的罪人被宣告无罪。在这个意义上，动物的孤独反映1922年7月5日对马克斯·布罗德勾画的陷入沉思的作家的自画像，这位作家，由于他远离生活，犯下了比他周围的人小的过错，但是同时也必须为自己的自恋角色的构思承受日常生活与社会隔离的代价。

　　1922年7月在普拉纳产生、由布罗德题名的《一条狗的研究》讲述一个讽刺性故事，讲述在一种受到限制的意识条件下探讨认识是如何失败的。狗的食物和音乐构成叙述者在它的自然环境中从事的、合乎科学而又不加批判但终究失误的研究对象。它的研究兴趣由与七只会唱歌的狗的相遇激发起来，这一次相遇使它及早地产生猜疑：在它的世界里存在着"一个小断裂处"，从此以后它就试图探究这个断裂处的秘密。这只讲述的狗报告它的七个同类的出现："它们不说话，不唱歌，一般说来几乎怀着某种愤懑沉默不语，但是它们施魔法从空落落的空间向上变出音乐来。"这七条狗在光天化日下直着身子行走，一条狗把前爪搭在另一条的背上，而叙述者则为了方便观看能够退回到一堆乱木头堆里，这让读者猜想到这是在描写什么：这七条狗显然是在一个杂耍剧院演出，观众厅里排满了座位，所以观察者可以藏在座位下面。如果说小说没有一处地方明确说明七条狗演出的前后因果关系，那么，这表明一种意识两难困境，它阻止更深一层的认识。毋庸置疑，叙述者没有能力理解人类世界对狗的日常生活的巨大影响。在整个作品中一次也没出现"人"这个词儿。研究工作在这一不能实现的要求下开始：这样去说明事实情况，就好像狗们的行动是自由的，不受一种具有决定性意义的社会制度的约束。雅各布·冯·于克斯屈尔1909年在一份对现代生物学具有根本性意义的研究报告中强调指出，动物的环境不是什么客观上通用的东西，而是必须每次专门从它们的感觉系统的可能性中加以推断。动物活动的"周围环境"不是可以自由动用的经验的空间，更确切地说，是一种感知的构思。马丁·海德格尔曾经以于克斯屈尔的研究工作为依据，于1929年至1930年在他讲述《形而上学基本概念》的弗赖堡讲座中把动物描写为"缺乏世情的"生物，并把它跟"形成世情的"人划清界限："由于动物因其神志不清醒以及因其整体才能在各色各样的欲望的范围内过着动荡不安的生活，所以它原则上不可能参与不是它的存在之物，不可能参与是它自身的存在之物。"马克斯·布罗德和费利克斯·韦尔奇也在他们的《观点和概念》一文中探讨了动物的亏损的感觉技术。就海因里希·戈姆佩尔茨的《世界观指南》（1905—1908）而言，根据人的气味、但不是作为对人的外貌的反应而向人狂吠的狗，其缺失的分辨能力被引用作为一种有缺陷的感知系统分辨能力的例子。卡夫卡的小说考虑到这样的判断，它证明狗的"环境"是一个阴暗区域：这个区域，如海德格尔所说，制约狭隘的意识，虽然这一意识没感觉到它。作品在这方面的讽刺角度是，这样描写经验剥离形式，致使这一形式也能跟人和人的亏损认识技术联系起来。

　　研究的第一个对象是狗的食物。"食物的主要部分从天上掉下来，然后到了地上"这一已经费力获得的认识表明人在喂养过程中的作用。然而叙述者却不能从自己的研究中推导出一种加深的认识，因为它习惯在"贪欲"的行为中吞食它的研究对象（"看着眼前的饲料并对它做科学实验，长此下去这是忍受不了的"。）此后狗就合乎逻辑地决定在它做研究的时期放弃食物——一种讽刺反映，反映了叔本华持有的作为"意志镇静剂"和认识的"不可缺少的条件"的苦行理想。当然它在这方面也失败了，因为它通过这种新的方法没有扩展意识就提高了自己的专注力："但是在个别情况下却发生了有些与众不同的事，有些确实奇特的事，菜肴不掉下，而是在空中跟随我，食物跟踪饥饿者。"旧有的研究在这一点上谈到，对一种形而上学个人主义的确证或菜肴的一种迷人的引诱，这是荒谬的。这情景其实是提供了一幅既悲又喜的失误认识图：狗感觉不到是人在喂它，而始终看不清它食物的实际来源。它的知识，犹如卡夫卡 1917 年在曲劳表述的，仅是"壳"而已，是一种空洞的"研究法"，它"鉴于绝对性事物"而具有一种不导致更崇高目标的权宜之计的性质。如果说后来叙述者思考着那些似乎"悬浮""在空中"的狗们的秘密，那么它忽略了它们是睡在人的怀抱里并在那里过着一种"放荡的生活"。认为在这里暗藏着一种形而上学的尘世生活形式的解释者们，他们跟这条研究的狗一样被迷惑住了，这条研究的狗不考虑制约"空中狗"角色的前后关系，并把它们称作"艺术家"，虽然它们只是躺在主人怀里打盹儿。

狗有类似人的明理能力，因为它有自我感觉、区分因果及按道德范畴辨别的能力（所以说有"羞耻感"）。认识错误的产生不是由于缺乏内在的合理性，而是由于一种亏损感觉的问题：这种感觉无法把握在狗世界另一边的东西。狗作为研究者失败了，因为它不能超越自己的思维水平界限。揭示它的观察结果的瞬间摄影，其效果就像经审查过的照片：重要的成分已经从这些照片上剔除了。狗在执拗地捍卫自己的选择性眼力过程中展现出滑稽可笑的特性，人的受迷惑的讽喻在这些特性的后面同时显现了出来："一切知识，所有问题和所有答案都包含在狗之中。"卡夫卡在这里显然暗指人本主义的疑难，十年后罗伯特·穆齐尔也在他的长篇小说《没有个性的人》中试图揭示这些疑难，他描写了人和现实的分离。狗无法得知任何有关食物和音乐的新知识，狗的这种认识亏空反映人的研究的傲慢和迷惑。这种研究之所以误入歧途，并不是因为它的有条理的方法有缺陷，而是因为它以一种选择性的环境感觉为依据。在卡夫卡的曲劳警句中就已经被描述为所有认识的不可达到、但不可放弃的目标的绝对真理就这样被错过了。

除了极具讽刺意味的、对认识的讽刺体裁改写之外，故事中还有一系列对西犹太教的角色和对宗教团体的法则的影射。第一人称叙述者开始考虑它的食物的基础，从而与生命的源泉有了距离。它对自己做出解释，说它"孤独地"生活着，它想劝请狗的团体，想促使它，像在后来删掉的一段话中所说的那样，将它的生命力的"精髓"让予它，以便它在集体的那一边也可以继续生存下去。对认识的追求意味着跌入一种只可以在群体以外完成的思想工作的隔离之中。这与同化了的犹太人的情况有关，同化了的犹太人，由于离开了他的宗教信仰的和人种的根，所以只能通过反映控制中心回归他的根源。这也说明了布贝尔所维护的浪漫色彩道路的艰巨性：宗教的原始自然力被掩埋了，欧洲的犹太教就再也不能信赖自己的自然情感，而必须踏上经由理性的旅途，然而倘若人们想到叙述者的认识失败，这一旅途却可能会是歧途。整个作品中都含有对"祖先们"的过错的提示：正是由于这一过错，狗族离开了自己的根源。鉴于这一不难被解释为同化反应的老一辈的过错，青年一代如今站在一个十字路口，因为年轻一代不想重犯老一辈的错误，却没有能力奋起走向新岸："我能理解我这一代的踌躇，这也根本就不再是踌躇，这是一个在一千个夜晚前做的并且一千次被忘却的梦的忘却，谁愿意恰好因为这第一千次的忘却来激怒我们呢？"一个对犹太宗教团体的暗示也提供了这一看法：在狗族中存在一些信条和法则，它们如作品中所称，受到"智者们"的评注。不过叙述者却未能通过自己的研究揭开这些——也许像犹太教法典的——规章的较深邃的秘密。他对传统知识的冷淡阐明了这个传统丧失的阶段，因为这种冷淡不理睬社会全部生活现象的束缚。

在小说的结尾，与一只陌生的猎狗的相遇再次将叙述者的兴趣引到已经成为它研究起因的音乐上。猎狗似乎拥有歌唱的能力，这是它的天然才能，它会"在不知不觉中"唱起歌来，还能"按特有的规则"让歌声飘向空中，并让这声音在空中自由飘荡。然而事实再次表明，研究者的感觉是个从它的受约束的意识中产生的错误。猎狗"歌唱"，因为这是它的一项任务，责成它在为人类服务过程中用它的号叫标明它所追捕的猎物的位置。与它相随的音乐则来自给它鼓劲的猎人用的号角。只是在蒙在鼓里的、显示自己是个与自己的社会身份源头疏远了的门外汉的叙述者看来，"歌唱"才是一个真实可信的表达形式的信号。在其模糊不清、理智但说不出理由的对土生土长的渴望中，它体现了同化了的西欧犹太人的人格，而这种渴望则是与失去对自己的生活团体的传统认识相伴相随的。这件未完成作品的最后一段可以借用在同化了的西欧犹太人类型的人身上，这最后一段说"今天可能获得的这种自由"是"一种发育不健全的植物"，是一种靠不住的"财产"。"没有人唱得，"1920 年 8 月 26 日卡夫卡给米莱娜·波拉克写道，"像地狱底层者这样纯正，我们以为是天使在歌唱，其实是他们在歌唱。"这句话言简意赅地描述了狗所做的研究的进退两难处境。动物的音乐是人的音乐：一种从错误判断、盲目和亵渎神灵中产生的象征。

在迷宫中

　　标题由布罗德加上去的短篇小说《地洞》写于 1923 年初冬。据多拉·迪阿曼特的当然是并不完全可靠的回忆，卡夫卡从傍晚到第二天上午一气呵成地完成了这件作品——一种写作情况，自 1912 年秋起，它便一直作为理想境界浮现在他眼前。虽然故事并不完善——手稿突然终止——但是人们可以猜想得到，要是有一份誊清稿的话，卡夫卡也只要再加上不多几个段落即可。布罗德的版本以"但是一切照旧不变"这句话作为作品的结尾，这句话看上去确实像暂告结束。这头令第一人称叙述者恐惧的、看来敌对的动物是否真的存在，还是只是想象中的产物，这个问题没有得到答案。在《观察》的最后一篇散文作品《不幸》中有这样一句提纲挈领的话："真正的恐惧是对出现这种现象的原因的恐惧。这种恐惧挥之不去。这种恐惧我现在心中简直是大有特有。"在《地洞》中，早期小说的这个观点再次得到确认，因为在这里，恐惧也来源于不了解恐惧起因的根源，这些根源一直模糊不清。

1915 年 11 月，卡夫卡在坐落在布拉格北部特洛亚附近的皇帝岛上参观了一道供大众观赏的战壕，并对战壕里的窄小空间获得一种印象，看到了前线日常生活中幽闭恐怖的情形。几乎毋庸置疑，对动物地洞既促成安全又引起危险的这种矛盾功能的描写是受到战壕参观回忆的启迪的。此外，如同沃尔夫·基特勒所揭示的，还有一个源头可能就是伯恩哈德·克勒曼的一篇战争短篇故事了。这篇小小说 1915 年发表在一册——卡夫卡购得的——费舍尔出版社的作家年鉴上。克勒曼，1910 年 11 月底卡夫卡在布拉格"俱乐部"的镜厅里的一个作品朗诵会上见过此人，他在这篇小小说中怀着英雄主义的倾向描写修筑西线一条战壕的情景，这条战壕对于工兵来说有成为致死陷阱的危险。陷阱机制在卡夫卡的作品中也扮演着一个重要角色。所以动物看来就像是永远的士兵，这个士兵梦想获得一种绝对的安全，而这种绝对的安全必定是始终都无法得到的。《地洞》作为自我分裂过程所描述的内心斗争按照跟 1915 年的阵地战一样的法则进行。声响的语言对于这头栖身在偏僻洞穴里的动物来说，获得了一种与技术装备战条件下的步枪齐射和炮弹轰击相称的危险性。恩斯特·荣格尔只是在卡夫卡小说用隐蔽手法描写的技术力量的痕迹中看到了现代精神的征兆："曼彻斯特纺车的嗒嗒声，朗格马尔克机关枪的嘎嘎声——这就是愿意被我们解释和描写的一篇散文的符号、话语和文句。"安全寻求，这促使这头动物修筑地洞，可是却误入了歧途，一如克勒曼所断言的：战壕会成为"坟墓"。鉴于一种无法确定的外来的危险性，这头动物的恐惧不断增长，这种恐惧的表现形式就是感官上的过分感觉（这种表现形式在如埃加尔·阿兰·波埃那样的幻想文学中构成一个确实可靠的、受迫害神经错乱状态的特征）。卡夫卡那已经建成地洞的动物不能抵御自己臆想中的敌人以确保自身的安全，因为它针对危险虽然会采取对外的措施，却不会采取心理上的措施。小说的第一句话就已经阐明了这头动物——估计是一只獾——的处境："我造好了一个地洞，这地洞似乎造得蛮不错。"这个地下的洞穴所带来的安全只是一种假象的产物。退进这条地下的壕沟抵御不了恐惧的痛苦，最后它甚至让恐惧折磨得无法入睡。在小说的开头就显得脆弱的、对造得成功的地洞的信任渐渐成为对一个不知道的洞口的恐惧，这个洞口可能会给一个敌人提供入侵的机会。一如不久将会显示的，这里像一种润滑得很好的机械装置那样运行的过错指派特殊机制是一种妄想狂逻辑。

一开始就是自鸣得意，这头动物便是怀着这种自鸣得意的心情注意到，它把地洞造得与外界隔绝且很方便自己的生活。小说的第一部分用扬扬自得的总结口吻描写地洞的结构和实用。不过这种口吻中却已经掺和进不谐和音：这头动物分明知道，它的地下住所不是坚固的堡垒，而是由于缺乏保护装置而有可能会被敌对的动物占领。在作品的中间部分有一个转折点，因为动物的潜伏的恐惧现在突然变为实实在在的害怕。睡醒后不一会儿，它便听见一阵咝咝的响声，这响声可能来自一个强健的敌人，这个敌人在观察洞口。1917年2月底写成的《邻居》中就已经有一种相似的情况，该作品讲述一个来自《观察》氛围的单身汉故事。一个商人报告，说位于他的工作间旁边的一所住房租给了一个名叫哈拉斯的年轻男子，此人显然和他在同一个部门工作，并贴在墙上偷听他打电话，刺探他的商务机密。讲述者像《地洞》中的动物那样猜测外面的敌人在不断窥探他，以便最终摸透他的习惯而将他置于死地（海因里希·曼的短篇小说《父亲》，1917年由库尔特·沃尔夫出版，讲述一种类似的情况）。在两种情况下，卡夫卡作品中的恐惧都来源于主观的对外感觉，它将"自我"置于一种无法满足的安全要求的强制之下，从而引起破坏性的自我苛求和傲慢的循环。

这头动物——用尼采的说法——念完了一所"怀疑学校"，然而这所学校标明的不是一种有认识能力的猜疑的主权，而是生存恐惧的温床。自我控制的丧失不太可能偶然构成引起恐惧加剧的出发点，由于"懒散"，这头动物在一个它最钟爱的地方沉入梦乡，这立刻受到了惩罚。允许对"自我"和环境进行监控的观察的精确性的丧失渐渐变为对发现的恐惧：这符合各长篇小说实现的那种判决幻想的逻辑。1917 年至 1918 年的曲劳警句就已经把"懒散"称作人类长期离开天堂的原因，并强调指出：不一贯地使用人类的认识能力阻止人类回归永生。惰性由对自己智力上的能力缺乏了解而引起，而个人则正是在这种惰性的约束下，用机械的逻辑性遵循着自己受到限制的、不完善的人生计划。如果说这头动物因它的"懒散"而陷入危险境地，那么这说明了在知识上易于满足的风险：这个世界在它看来像对自己的幻想做出的一个规划，这个世界呈现出威胁性的特性，进行报复。

这头动物从此就将它的储存食品分藏在不同地点、密封道路并仔细考虑了防卫策略，它试图比先前更精准地探究它的地洞。不断的倾听成为它恐惧的象征，它试图借助这倾听来确定敌人的位置。在一件写于 1920 年年底的未完成作品中就有关于这一态度的论述："我不敢敲厨房门，我只是远远地站着仔细倾听，这样我就不会在偷听时被人当场逮个正着。"这头动物并不了解臆想中的敌人的具体情况，便在自己的地下过道里筑工事防御。它的恐惧幻觉达到顶点：它想象自己可能无意中挖洞挖到一个别的动物的洞里了，自己的地洞成了这个陌生的洞的一部分。"我们像一只鼹鼠那样打地洞，浑身带着黑、头发似丝鹅绒般地从被掩埋的沙质拱形顶地下室里出来。"21 岁的卡夫卡在 1904 年 8 月就已经在信中给马克斯·布罗德这样写了。对敌人的恐惧再次增强了动物的社会孤独。它把自己禁闭在自己的地下洞穴里，梦想与对手达成一种"谅解"，却料到谅解是不可能的，因为生活受到一种永远的竞相排斥的支配。所以用黑格尔的哲学中的一句话来说，洞穴成为"所有人反对所有人"的斗争场所，在这场斗争中，和解的希望因缺乏沟通就已经成了泡影。这种情况的典型讽刺意味就在于，直至小说结尾，动物的对手是否确实存在这个问题始终没解决。对于卡夫卡作品中所显示的恐怖现象学来说，这个问题的答案是次要的。恐惧跟现实一样都产生幻觉，因为它们后面同样隐藏着那些看不见的原因，能够使生活受到折磨。

"迷宫是犹豫不决者的故乡。"瓦尔特·本雅明在他的最后一篇波德莱尔杂评中这样写道。这句名言也可以用在卡夫卡的这篇小说上，小说描写在一个扑朔迷离、自以为熟悉的地洞中的迷失。迷宫代表的不是客观存在的地方，而是一种优柔寡断的写照，而卡夫卡的人物似乎都囿于这种心态之中。随心所欲、漫无目的地在旧城大街小巷里漫步的布拉格散步者的特殊经验可能曾经刻画过这个迷宫模式的特征。卡夫卡认为迷宫的景象恰如其分地描绘了幽闭恐怖的空间幻想，一如它们贯穿他的白日梦和半睡半醒联想的那样。《失踪者》中的船上通道、《诉讼》中的阁楼间、《一道圣旨》中的宫殿以及 K 夜间非法逗留其中的绅士大院里的过道就已经带有迷宫色彩。1920 年 5 月 29 日卡夫卡在一封自梅兰致米莱娜·波拉克的信中写道："向一个陌生人的每一次靠拢都使人"根本就不继续向前，而是仅仅在他自己的迷宫里走来走去而已，只不过比平时更激动、更困惑罢了。"如果人们以这一看法为基础，那么卡夫卡的文学作品中的迷宫式结构便不光反映了迷惑和恐惧，而且也反映了解释"自我"和环境的困难。迷宫表示"注释学方面的空间"，它们迫使做出诠释，但没显示清晰的结构和界线。这头动物在它的地洞的迷宫中经历到一切判断和认识行为的软弱无能，那些行动不会有什么结果，因为它们在自身内部循环并总是重新开始。

如果说地洞的洞穴结构显出迷宫的模样，那么这也反映出了动物的内心世界。这头动物拥有一个高度精密的精神系统，却像《研究》中的狗的情况那样没能将它的观察和反应链进行到底。在小说的中间部分，动物承认它正在与地洞融合并将自己的本体保存在这地洞中（"因为没有任何事物能将我们长时间地分开"）。因此地洞反映心理结构迷宫式的机制，这头动物动用这种心理结构去调整"对不认识的认识"，却没获得对自己状况的客观认识。洞穴的错综复杂的路揭示动物的恐惧是一种无法控制的下意识的象征：非理性的力量就栖身在这种下意识中。迷宫，这"灵魂的古老底层"，没有表示原因的逻辑，因为它没有起始和结束，只要目光被调整到这种逻辑上，在卡夫卡那里不加掩饰的恐惧便总是作为一种生活的中心要素潜伏在夜的深处。所以故事没有结尾而是戛然而止也就合乎逻辑了。这头动物沉寂了，它的声音止息了，最后一句之后没有了下文。迷宫的结构从而传布到作品的机制上，这作品没有开头，没有结尾。不断流动的自我观察长河的中断似乎骗取了读者的一个结尾，它被证明是小说的真正转世论，因为它表明死亡进入时间的机制：死亡是真正的界限，这一界限仍然限定了这个词，这是合乎维特根斯坦在说人们应该对不可以谈论的事沉默不语时心目中那个意思的。

约瑟菲妮和犹太民族

　　叔本华把音乐理解为在最强烈的程度上是"整个意志的具体化和写照"的艺术。他在音乐中看到了一个世界的模式，这种模式不是通过表象的代表性逻辑，而是通过"类推法"来展示这个世界的观念。智力作为单纯的意志功能不提供这种观念的直观形象，而艺术却能够通过审美形象想象的形式使人直接看到它。根据叔本华的说法，特别是音乐体现了这样一种艺术类型：生活节奏作为安定的、经塑造的意志在其中变得易懂好记。卡夫卡是明白这个道理的，他曾多次声言，他不懂音乐。然而正是对音乐缺乏悟性使他有可能将音乐当作审美体验易变特性的标记和由音乐引起的幻觉加以描绘。如果说艺术把靠不住的意志的强制力当作世界的推动原则加以阐明，那么音乐就是这一原则作用的最感性、最直接的表露。卡夫卡的最后一篇短篇小说《女歌手约瑟菲妮或鼠群》用一个带有讽刺而病态的深沉的美的悲伤故事确认了这一论断。

耗子约瑟菲妮起先通过她以女明星的外表和举止所散布的自我形象成为女艺术家。她所表演的吹口哨是所有的耗子不费什么劲就能发出的响声。但是她却同时得以使这一"为了往往不是很清楚的目的"而忙碌的群体因她的登台亮相而入迷。由于她面向公众而且用特别柔和的声音吹口哨,所以她作为杂技演员能够取得很大的演出效果。艺术的本质仅仅由形式主义艺术家的自我表演的形式和它们所释放出来的公众效应引起。不应该排除卡夫卡的小说在这方面和1906年发表在《当代》上的马克斯·布罗德的早期论文《谈美学》有关联的可能性。布罗德的论点是,美是通过新的、意外的推论补充我们的自动化的观看的"那种表象"——一个稍后不久维克托尔·斯克洛夫斯基也在他的短评《艺术作为方法》(1917)中加以陈述的观点。被作为这样的艺术感知到了的东西才会成为艺术:这自20世纪20年代起便一直是欧洲先锋派众多代表人物的信念。如果说卡夫卡的小说把约瑟菲妮吹口哨的效果归因于对附着在他身上的不熟悉事物的感应作用,那么它从而也就揶揄了在同时期由法国超现实主义、俄罗斯未来主义和德国达达主义——以在细节上有差别的理由——所维护的美学理论。

虽然对约瑟菲妮吹口哨的艺术价值的评价时高时低,却丝毫改变不了她的口哨的神秘效果,这是连这位女歌手的批评者们也几乎无法否认的。这种效果尤其为她上场演出时的那种"忘记自己"的神情所唤起。这里再次出现这个主导观念,卡夫卡1922年7月5日的文学书信便使用了这一主导观念,勾画出作家生涯的本质。但在约瑟菲妮这件事上,艺术的"忘记自己"是和这样一种成绩联系在一起的:这种成绩只由公开的语言运用引起,并且只在主观作用的时刻才变得很具体。叙述者试图用一个很有启发性的比喻详尽阐述这种机制,"砸开一个核桃确实不是什么艺术,所以谁也不敢把观众召来并在观众面前砸核桃,以此来娱乐观众。如果他还是这样做了,而且他的计划奏效了,那么这就可能不只是单纯的砸核桃。抑或这是砸核桃,但是情况表明我们忽视了这门艺术，因为我们轻易就掌握了它（……）"。审美实践的效果在于这种实践使现世生活的种种关系变得模糊不清和引起矛盾感情。艺术展示一个平日的物件，它从而也就将这个物件变为一个主观而粗浅的、不再具有明确性的形象。艺术不促成导向，而是给予错误导向，而且是在这样一种现实之中：这一现实因其本身的深不可测而欺骗自己，因为它似乎是被规范处理过的。

尤其是女主人公在社会机制内部所占有的角色表明，约瑟菲妮把艺术家本性问题和犹太人身份紧密联系在一起。约瑟菲妮力求摆脱集体的、为维持耗子团体必不可少的工作，因为她认为这种工作是有约束力的、赞赏她的艺术的标志。叙述者半心半意地承认自己属于反对派阵营，他强调指出，人们拒绝了这个无理要求。富有大量工作的、只有一个短促的童年时间而没有青年时代的、且几乎不知快乐为何物的耗子生活不允许通过免除团体日常事务而让团体中的个别成员享受特权。从这种情状中再次令人想起卡夫卡早期作品的战斗局面。然而这篇小说却超越在双曼兄弟、韦德金德和黑塞作品中的那种传统的艺术家–市民–冲突的描写，而是将角色勾画的对立纳入一个不容许协调利益的社会模式之中。约瑟菲妮最后不得不为达到自己的目的而使用讹诈手段，因为她通过自己的要求质疑一个被公认为不可侵犯的社会准则。如果说叙述者说到她试图生活在"法律之外"，那么这阐明了一种让"自我"和群体互相不可调和地对峙的冲突的戏剧性性质。

约瑟菲妮反映作者卡夫卡对自己地位的认识，他为了能写作，试图定居在远离社会团体的地方。她的免除工作的愿望在外界看来似乎是一位女明星的傲慢角色规划的标志，但却是这一客观情况使然：只有摆脱了日常物质再生产的约束，才能从事艺术活动。这个动机通过以下事实而获得其特殊效果：在鼠群的描绘中清晰地显现出同化条件下犹太人自画像的痕迹。所以说"疲倦和绝望"决定耗子的"从整体来看十分坚韧和满怀希望的本性"，这不妨被理解为关于犹太人冷漠这种偏见的反光。这个群体散居在彼此远离的地方，以及众多敌人的存在也像犹太民族的处境。耗子们的艰难劳作似乎是维系团体的唯一要素。阿哈龙·大卫·戈尔东 1917 年对没有了宗教根基的西犹太人的状况评论道："这里没有生气勃勃和振奋人心的纽带，没有一个民族的单个人之间的生活一致，将人联结为一种追求、一种生活的唯一纽带是同样的、主要是经济上的利益。"

约瑟菲妮逃避集体，她这样做违背了一个群体的不成文的规定：只要她觉得自己是艺术家，她就势必觉得这个群体是陌生的。这符合卡夫卡的自闭孤僻人的状况：这个孤僻人只能观察集体，却不可以参加这个集体。1911 年 11 月底一则日记在吉茨夏克·勒维所做的讲述影响下对夏西教派的社交聚会评论道："谈话停顿或者一个人不参加，人们就用唱歌补偿自己。"在鼠群的情况下，日常工作的要求压制了这样的"补偿"形式并创造一种迫使集体不断工作而疏远的状态。犹太复国主义——恩斯特·布洛赫这样声言——已经否认了很能反映犹太民族特征的"出类拔萃人士"，并以这样的方式用一种成问题的民族国家思想挤掉了犹太人认同的宗教根源。这颇像约瑟菲妮的处境，她认为自己出类拔萃，但是归根结底却不再能够与通过一种集体身份决定自己形态的群体建立起团结相依的感情。卡夫卡在 1921 年 6 月写到犹太人的"做不正当交易"，说这是"对别人财产的非分要求"，因为它诱发一种通过同化早已输掉了的真实性。在这个意义上，小说反映了西犹太人团体的瓦解和艺术家的地位——这位艺术家的人生规划痛苦而同时又绝对必要地显示出一种尘世生活的孤立。

1918 年的大规模国家变革——雅各布·瓦塞尔曼这样写道——"构成犹太民族感受到的弥赛亚思想从宗教层面向社会层面的移植。"在这个意义上，卡夫卡最后的这篇小说也可以被读作对战后欧洲犹太民族地位确定的贡献。对犹太复国主义持怀疑态度的瓦塞尔曼无法为未来找到可以在社会适应和彻底自治、国家观念和信仰认同之间进行调节的解决办法。而卡夫卡则将犹太人的道路问题迁移到一个远离个人自我发现的领域，1918 年他就已经在没有财产的工人阶级的思维模式中反映了这个领域。约瑟菲妮将会在时间的长河中淹没在"升华解脱"之中，而人们却不会记得她，因为鼠群不从事历史。不管是艺术还是从事艺术的主体，都不能逃脱滚滚流经历史的忘川河。人是有用的，但不是作为个体，而是——可由此推导出的结论这样说——作为世代链上的一个环节。如果故意脱离这个链，从而摆脱它，那么他便是做错了人生的决断。这里显现出了一种将卡夫卡和犹太复国主义运动社会主义侧翼联系在一起的、反市民的地位确定。然而出现在这种地位确定中的社会集体主义的思想在他那里却包含一种不能被意识形态废除的道德标准。个人必须对民族采取这样的态度：他尊重群体的权利，但是同时既不否认也不抬高自己的自我价值。他没有达到这个目的，也就得不到人人追求的承认。死后留给他的，仅仅是"升华解脱"，他像女歌手约瑟菲妮那样在其中被"忘却"：一种可疑的、用一种结束不了的、不再有个人的救世史磨灭"自我"的允诺。

第二十章

倒数第二次旅行（1923—1924）

只有一个目的地，没有路

　　1912 年 11 月 5 日卡夫卡曾给菲莉丝·鲍尔写道："不过就是为了过一种自由而平静的生活我也会遵照医嘱待在柏林的，可是哪儿有这么一个有权力的医生呀？" 11 年后他对这个问题有了这个违背情理的答案：是引向死亡的疾病，它作为"有权力的医生"把他引进这帝国首都。所以这趟伟大旅行的开路先锋不是以治疗医生的身份，而是作为将他的小舟摆渡过冥河的船夫出现。1923 年 9 月 23 日晚卡夫卡抵达柏林，由多拉·迪阿曼特接站。1922 年 2 月短文《起程》以文学手法有先见之明地描写了这里所发生的事：一个骑马的人做一次长途旅行，旅行的唯一的目的就是"只想离开这里"。一个仆人要他带干粮，他拒绝了。"'我不需要干粮，'我说，'旅行如此之漫长，以致我若在路上得不到食物，我就肯定得饿死。干粮救不了我的命。'"幸好这是一趟真正非同寻常的旅行。

　　"只有一个目的地，没有路。" 1920 年秋卡夫卡就 1918 年冬的一则笔记写道。"真正非同寻常"的柏林之行似乎是在将这一计划付诸实施，因为它毫不费劲地走完这段路程，它有一个鲜明清晰的目的地。逃避布拉格，逃避这个"带爪子的老太太"，渐渐变为一种内心自由、表面上却仍然受疾病控制的生活。卡夫卡在最后几个战前年月里梦寐以求过的东西，现在获得了一种实现的现实可能性，这一现实可能性的强劲光辉把夜的幽灵驱走了片刻。到达后不久他就怀着一个意想不到成功克服一次重大风险的人的那种惊恐，向奥斯卡·鲍姆称他此行为"一个极大胆的举动，人们只有回眸历史，比如拿破仑进军俄罗斯，才能找到类似的壮举"。这样的说法中颇有自我贬低礼俗辩证法讽刺的意味，自青少年时代起卡夫卡便一直精通这种手法。这种讽刺来源于对自己的生活阻力的臆想虚妄的认识，这种生活阻力受一种英雄的观点的审视，使人感到完全没有意义。这就是一种幻觉因素的原因，如同致父亲的信示范性地阐述了这种因素：卡夫卡的比较表示，因他的柏林之行，他确实是一个可以同拿破仑相比的征服者。在似乎贬低自我的这种讽刺中潜伏着自恋，它使每一种角色玩耍变得认真了。然而隐蔽的自我美化倾向同时有其深不可测的一面，如果人们考虑到：拿破仑的进军俄国以军事上的惨败而告终。所以和颂扬为英勇行为联系在一起的是对失败的恐惧，这种恐惧即便在卡夫卡成功逃出布拉格的时刻也没离开他。

在此之前的数年里，卡夫卡已经多次有过在柏林做较长逗留的想法。1922 年 9 月初他就已经以特有的热情劝罗伯特·克洛普施托克下一个冬季学期转入洪堡大学学习（一个从未付诸实施的建议）。1923 年 7 月底在米里茨，不明确的计划渐渐形成较具体的决心，然而这一决心的实现却再次引起阻力。虽然他早已对此行做好了思想准备，可是 1923 年 9 月底从布拉格起程，一如卡夫卡向米莱娜·波拉克承认的那样，却进行得"毫无活力，完全像葬礼"。抵达柏林让他想起小说《城堡》中土地丈量员的到达，虽然他不是形影孤单地在冬日之夜，而是在一个温和的秋日中午在一位等候他的少妇眼前抵达柏林。一则可能 1923 年初冬写下的笔记和他自己的作品显然有异曲同工之妙："我已经进入陌生之地，已经在一群陌生人那里住下。我已经在那里把我的大衣挂在衣钩上，没有人理睬我。人们听我自便，人们知道我

不会危害任何人。"生活倒数第二次再现文学，这一模仿的最后一幕
将是这位说不出话来的病人的死亡，这一死亡遵循的是卡夫卡的小说
在其主人公无声消失中所描写的死亡事件之榜样。

仅仅在卡夫卡到达后两天，他就和退掉了自己从前的住所的多拉
一起迁往柏林施泰克利茨区米克韦尔街 8 号。他们住在一对中年夫妇
的一幢缺乏现代化设备、煤气供暖系统运转不灵的别墅转角上的一个
昏暗的有穿堂风的房间里。卡夫卡的柏林之旅正好遇上魏玛共和国自
其成立以来所经历的最艰难的经济危机。在 1922 年德国爆发了由战争
赔款、资本流失和进口需要增加引发的迅速恶化的通货膨胀。1922 年
1 月 1 美元值 200 德国马克，一年后值 1.8 万，不久便值 10 万德国马
克。1923 年秋买 100 斤土豆要花费一个产业工人一个星期的工资；燃
料和衣服，还有香烟和酒主要都在黑市上销售。施泰克利茨女房东了
解了这一对未婚男女的收入状况后，便要求与紧张的经济形势相适应
的高额房租。她要求的按票面价值达 400 万德国马克的房租相当于 28
捷克克朗。在随后的 6 个星期里租金先涨到 70 克朗，后来一直涨到
180 克朗，这差一点儿就是卡夫卡月退休金的 1/5 了。尽管通货膨胀
加重了生活负担，卡夫卡还是深信自己做出了正确的决定。他到达后
的第一天，忧心忡忡的马克斯·布罗德就来看望他，布罗德想亲眼看
一看朋友的新的生活境况。他们一起坐车去波茨坦广场并在约斯蒂咖
啡馆小憩，10 年前在第一次拜访菲莉丝·鲍尔之际，卡夫卡曾在此咖
啡馆的一个大型作家聚会上结识了埃尔泽·拉斯克尔-许勒、阿尔伯
特·埃伦施泰因和保尔·蔡希。类似这样远程的市中心出游今后几个
月里他几乎再也做不了了，因为他的肺活量降低了，他只胜任得了短
途散步。

1923 年 9 月 27 日，布罗德起程后一天，艾米·萨尔韦特尔到访
米克韦尔街。这是，一如卡夫卡用嘲弄的口吻给布罗德所写的那样，
他在新寓所举办的"第一个社交活动"。说是由于对陌生的户主任务
感到害怕，他犯了"几个严重的错误"，先是因睡觉而耽误了访问期

限，还有对客人不大友好并且在交谈中拙于言辞。然而要在布罗德的复杂的桃色事件中担任调解沟通的角色却似乎像 7 月第一次会面时那样，还是中他的心意。艾米·萨尔韦特尔甘愿充当在许多方面颇显尴尬的情妇角色，她看上去对他有吸引力。他注意到了她在电话里的神经质笑声，觉得她"可爱而温柔""勇敢而满怀渴念"。三天后他去她的供食宿的公寓拜访她。10 月 2 日他们一起逛植物园并"相当友好地"闲谈。卡夫卡可能预感到这里正在重现一种角色颠倒的旧日情景：他现在像 10 年前的格蕾特·布洛赫那样承担外交使节的任务，而这个使节却不知不觉地陷入了追求者的处境。艾米·萨尔韦特尔也察觉到性爱上的紧张关系正在酝酿之中。他们三个星期之久互不见面，仿佛害怕发生更复杂的情况。10 月底和 11 月初他们又见面了。有一次卡夫卡约艾米一起去剧院看戏，但由于通货膨胀票价猛涨戏没看成。11 月 5 日晚她来米克韦尔街和他会面了几个小时，此后接触便渐渐停止，因为卡夫卡意识到，他不久将把自己的基本模式性爱戏再次演完，这出戏的破坏性逻辑他已然半记在心头。

　　10 月初普阿·本-托维姆也来到施泰克利茨。此刻她住在施泰因梅茨街"维克托里亚 2 号院"，起先卡夫卡去那儿看望她。应他的请求，她给他上了几小时希伯来语课，不过不多几天后便中止授课。好几个星期之久她杳无音信，寄出的明信片也没收到回音。1923 年 12 月 19 日他给布拉格的罗伯特·克洛普施托克写信："您将去看望普阿，这很好，也许这样我就会得知她的一些情况。好几个月以来我一直和她联系不上。我究竟怎么她了呀？"这个问题的答案是不难猜想的：普阿也像蒂勒·勒斯莱尔，是一群几乎没法不同卡夫卡建立性爱紧张关系的少妇中的一个。由于忍受不了多拉·迪阿曼特的存在，她便毅然决然地退出。1923 年年底普阿在从事其社会实践工作的过程中结识了教师约瑟夫·门塞尔，从欧洲返回后她在巴勒斯坦和他结了婚。自她突然从自己的日常生活中消失后，卡夫卡再也不曾见过她。

格伦讷森林中的一种田园生活

卡夫卡和多拉自 9 月起便生活在一种像夫妻一样的关系中。他先前从未跟一个女人这样持续不断地亲近过。不管是菲莉丝·鲍尔还是尤丽叶·沃吕察克或米莱娜·波拉克，都不曾向前推进到在 1923 年秋季和冬季把他和多拉结合在一起的那种亲密无间的形式。住所的窄小、缺乏变化的每日进程、城南近郊乡村氛围中的内心宁静决定了共同生活的单调节奏。上午只要天气允许，卡夫卡就去施泰克利茨寂静的街道上散步。在柏林的寒冬早早地——在 11 月——就开始之后，他们的活动半径便明显缩小了。晚上他常常给多拉朗读浪漫派作品，如 E. T. A. 霍夫曼的忧伤短篇小说《法伦的矿山》（按戈特希尔夫·海因里希·舒伯特的原件），他的《雄猫穆尔的生活观》，一再朗读克莱斯特，安徒生的童话和约翰·彼得·黑贝尔的《莱茵区家庭之友小宝盒》中的小故事。10 月他开始研读篇幅较长的希伯来语作品，其中有长篇小说《无结果和失败》，作者是 1921 年在一次阿拉伯人入侵时被杀害的巴勒斯坦活动分子约瑟夫·夏吉姆·布兰纳。卡夫卡在柏林过着一个虔诚犹太人的生活：这个犹太人把共同的宗教事务礼节纳入恋爱关系之中。他和多拉一起过安息日，读希伯来文《圣经》及拉希经评注并严格遵循东犹太民族的饮食习惯，如使用像辣根这样的苦茎（以纪念流放埃及时所受的奴役）以及用干果、苹果、葡萄酒和桂皮做甜食（象征灰浆，这灰浆是犹太人必须为法老和的）。

操控同多拉·迪阿曼特关系的不是文学，而是一种超然于文字的特有的节奏。这种关系的形成过程就已经偏离通常给卡夫卡的恋爱经历打上烙印的那种样式。一如人们记得的，多拉首先是一种充满紧张关系的基本处境中的第二个女人，因此——效法格蕾特·布洛赫——是个次要人物，从后面走上舞台。最初在米里茨，卡夫卡和 16 岁的蒂勒·勒斯莱尔之间形成了一种性爱紧张关系，后来多拉一出现就打开并改变了局面。她符合卡夫卡的能激起热情的、精力充沛的、有牢固宗教关系的年轻女子的理想，但是同时让他保留儿子的角色，她像一个母亲那样呵护着这个儿子。这种关系没有波动的负担，因为它帮助卡夫卡体会到了没有昔日害怕失去自我的安全感。写作和爱情的条理在同多拉的关系中第一次系统地分开了。死神的阴影迫使卡夫卡取消了文学和厄洛斯之间的同盟，这一同盟一直主宰着他迄今为止的生活。在柏林他觉得多拉像成功躲避从前的恐惧和摒弃的化身。这种角色分配解释了他为什么几个月后竭力试图阻止他陪伴他去布拉格：他的出生地，一种被克制住的生活的纪念地，应该和多拉分离，就像文学应该和爱情分离那样。

多拉·迪阿曼特回顾往事，说曾见到一个小姑娘，她坐在施泰克利茨一座公园里的一把长椅上哭泣，因为她丢失了她的玩具娃娃，卡夫卡安慰这孩子并向她担保说，娃娃做一次长途旅行去了，但是很快就会把音讯传到家乡来的。在此后的几个星期里他写信和明信片，天天在公园里给小姑娘读这些信和明信片。多拉回想起，他怀着"他一坐在他的写字台前"就总是会侵袭他的"那种同样的紧张心情"撰写这玩具娃娃旅行的故事。为了将在这里已经逐步形成的"长篇小说"引向一个合适的结尾，卡夫卡决定让这玩具娃娃结婚并以这样的方式——一如多拉说得很中肯的那样，用"最有效的手段"去化解"一个孩子的冲突"，这就是他为了将秩序带进这个世界而拥有的那种手段——艺术。卡夫卡自己在这些个柏林冬日里的通信就不如用想象的技巧安抚这个不幸的小姑娘的这一虚构角色来得有成效。在一封一度把自己描述为不虔诚，但如今正在获取信仰的犹太人的长信中，他在岁序更新之后向在布雷斯劳的多拉的父亲提出向他的女儿求婚。这个信奉东正教的人将此信送至犹太教经师处审阅，这位经师在研读了卡夫卡的自我介绍之后，用一个不加评论的"不"字拒绝了这一求婚要求。所以这依然是一种"同居"，虽然没有宗教的恩赐，但不乏内心的率直。

随着较寒冷季节的到来，卡夫卡将自己的生活完全局限于与世隔绝的施泰克利茨，而漫游柏林市中心在他看来就像一种自己的"各各他"。他避免去这个沸沸扬扬的市中心，因为1923年秋的街头骚乱、示威游行和群众游行队伍让他感到害怕。一场政治灾难即将来临的危险信号，他仅仅通过报刊报道就注意到了。"你也必须考虑到，"1923年10月他给布罗德写道，"我这里过着半拉乡村式的生活，既没受到柏林真正残酷无情的压力也没受到它的教育的压力。"他又选择了一个乖僻的角色，这一角色让他成为远距离"行为观察者"："我的'波茨坦广场'是施泰克利茨市政厅广场，那里有两三条电车线路，那里人来人往，有点儿热门，那里有乌尔施泰因、莫塞和谢尔的分店，我从那里张贴着的头几页报纸上汲取毒汁，我勉强还忍受得了这毒汁，有时（穿堂里恰恰正在谈论巷战）刹那间也会忍受不了——但是随后我便离开公众并且消失在寂静的、已有了秋意的林荫路上，如果我还有这个力气的话。"知道这不安宁的大都会在远处，他就，一如他向费利克斯·韦尔奇所透露的那样，完全够了；"我几乎不越出住所附近地区一步，这个地区实在神妙，比如我的街是最后一条半城市式的，在它后面土地渐渐化为花园和别墅，旧式的茂密的花园。"

　　卡夫卡坐上电车，去将近20分钟车程远的动物园。他觉得这就像一次小小的环球旅行，到达旅行的终点时，如他所觉察到的，他通常都会丧失掉"一大部分生命力"。在较暖和的10月的日子里，他偶或还去逛逛市中心。在弗里德里希街，他发现一家价格还可以接受的素食餐馆，他要了"一碟青菜、苹果酱面条和糖水李子"。由于他的旅行护照需用一张新照片，10月中他在莱比锡街上维尔特海姆百货公司照了一张相。他最后这张相片显示出一张严肃的艰难痛苦面孔，一头黑色的、头顶已变成花白的头发。1923年至1924年冬他没进过电影院和剧院，因为货币贬值令人痛心地让他不得不紧缩开支。莱奥波尔德·耶斯纳尔导演的（席勒的《威廉·退尔》）、于尔根·费林导演的

1　各各他（Golgatha）：耶稣被钉死之处，现为殉难处、蒙难处之意。

柏林，1923—1924 年冬

（霍普特曼的《硕鼠》和克莱斯特的《海尔布隆的凯特卿》）或埃尔温·皮斯卡托尔导演的（高尔基的《小市民》）这些有现实意义的戏，卡夫卡都没有看。"比如看戏，"1923 年 11 月初他写道，"就几乎是不可能办到的事，我倒是想进一座剧院，当然是最好的剧院中的一座，最差的座位也要花费约 14 克朗，在这样的座位上你既听不见也看不见，只能安安静静地再数一遍你为此花去的那几十个亿。"在 1923 年 11 月的布拉格，人们可以用 14 个捷克克朗购得好几公斤优质黄油，而这么多黄油在德国首都简直是无价之宝。由于手头拮据，卡夫卡就将就着用代用物对付：他读餐馆的菜单、剧院的剧目表和电影院闪亮的灯光片名，没有跨过那一道道门槛，这些门槛将他同现场享受分开了。

电影院一直是一个遥远的地方，他之所以躲避这个地方，也是因为他怕在大都会电影厅里挤来挤去的各色人群。1924 年 1 月，在一封致他的妹妹艾丽的信的背面，他用捷克文为卡夫卡家里的女管家玛丽·维尔纳写了几行字："连电影院我都不甚了了，在这里人们也学不到什么，柏林很久以来一直很贫乏，现在它才能够买下《寻子遇仙记》。它在这里将连着上映好几个月。"卓别林的这部 1921 年就已经推出的著名电影卡夫卡一场也没看过。可是《寻子遇仙记》中的这个到处流浪的临时工他却早就知道。这个角色是"马路上的儿童家庭里的一员"，是那些既快乐又天真的主人公中的一个：那些人物牢牢扎根在生活的土地上，虽然他们有时会突然无比忧伤。卓别林的人物形象反映五彩缤纷地贯穿于卡夫卡早期短篇小说中的儿童到长篇小说《城堡》中的助手的那种傻里傻气。他多半没看《寻子遇仙记》，因为他早就已经塑造了他的主人公。文学允许他从远处把电影当作异国风味的现象加以观察，而没有像从前那样亲临影院去看电影。因为在文学的宝库中，这部电影早已放映过，这受到了想象的创造力和在卡夫卡那总是运作得比对现实的感知还快的神秘认识的推动。

在越来越阴暗的柏林冬日里，这一对人酝酿着巴勒斯坦计划。卡夫卡再次梦想一种固定在一个地方的没有知识强制的生活：他想在希望之乡和多拉一起开一家酒店，他自己当侍者——一种幻想，实现这一幻想简直就是给一部卓别林电影带来无上光耀。1922 年 9 月卡夫卡就已经从普拉纳写信给罗伯特·克洛普施托克，说柏林比布拉格更能使人"强烈地远眺巴勒斯坦"。这与马丁·布贝尔、弗兰茨·罗森茨威格和西格蒙德·卡茨纳尔松所做的工作，但是也与在帝国首都从事活动的许多犹太复国主义组织有关。1923 年深秋参观"犹太民族学大学"是卡夫卡的特殊的柏林经历。这所 1872 年建立的高等学校维护一种自由主义的改革路线，这条路线偏离正统观念的教规，试图改变教徒生活并谋求宗教实践对现代社会生活条件的适应，这包括做礼拜时替换希伯来语和放弃《弥赛亚启示录》中千年大平说解释模式。这所高等学府自战争以来不仅是经师专题研究班，而且同时向更广泛的学员提供《圣经》和犹太教法典课程。在"狂暴的柏林"的中间，卡夫卡于 11 月 15 日第一次造访的这所大学是一个吸引人做研究和做礼拜的"安宁之地"。他尤其称赞"漂亮的阶梯教室"、藏书很多的图书馆和这所只吸引少量参观者的学校的静心养性氛围。卡夫卡把这所大学当作在动荡的、被权力斗争和巷战撕扯得支离破碎的大都会中间的宁静绿洲，虽然他不喜欢课程所遵循的各种改革倾向。他用典型的自相矛盾手法把自由主义的典范课程称为"奇特到了荒诞，甚至简直柔弱到了不可思议的地步"。隐藏在这样的评价后面的，不是对正统的传统的依附，而是这一信念：信仰只能在与当代生活环境的纲领性对照中促成自己真正获得认同。

秋季和初冬期间，一批来访者先后来看望卡夫卡。10 月初他就已经会晤了恩斯特·魏斯，这个魏斯，如他诧异地察觉到的那样，显示出"强者的紧张不安",并表现出"高兴中透着苦恼"、紧张而雄心勃勃地关心着自己的作家声誉的样子。10月底,蒂勒·勒斯莱尔在一位年轻画家的陪同下到米克韦尔街做了一次短暂拜访。11月中,马克斯·布罗德利用星期天与艾米·萨尔韦特尔幽会的机会,来了解朋友的健康状况。11月25日,奥特拉来柏林("我认为她对她看到的一切感到满意"),紧接着来访的是西格蒙德·卡茨纳尔松和他的妻子莉泽——韦尔奇的妹妹——随后是维利·哈斯和《新周报》的出版者鲁道夫·卡伊泽。好像在柏林的这几个月里,这一群与卡夫卡关系紧密的人又一次聚集起来了。人们互相道别,并不明言,但意识到:生离死别的时刻临近了。

格伦德森林边上的平静生活受到米克韦尔街住所越来越难缠的女房东的损害,她表明自己是个轻率和贪得无厌的人。"我认为,在我们初次相聚的最初半小时之内她便查明,"卡夫卡描述,"我的退休金是1000克朗(当初是一大笔钱,现在少得多了),此后她就开始提高房租和其他与此相关的费用,没完没了。"1923年10月底他在这样的经历的影响下写了短篇小说《一个小妇人》,后来作为第二件作品收编进《饥饿艺术家》集子里。作品明显打上了与施泰克利茨女房东私人冲突的烙印,但是同时显示出卡夫卡的创造性转换的艺术,作品将真实的素材转换为一种寓言结构,并从而使其具有特殊的自相矛盾性。女房东悄然变成一个谜一般且鬼火般忽闪着的人物,就像《家长的忧虑》中的神秘人物"奥德拉德克"。她获得一个幻想人物的特性:这个人物稀奇古怪、变化无常,似乎处在人和物的世界之间。

作品的第一句话就已经强调了这种双重结构,这句话显然和奥德拉德克的描写颇为相似:"这是一个小妇人:天生很苗条,却紧紧地束着腰。我看到她总是穿着同一件连衣裙,它是用淡黄加灰色的、有点儿像木头颜色的布料做的,饰有少量的流苏或同样颜色的纽扣状垂悬物。她总是不戴帽子,无光泽的淡黄色头发平滑而且整齐,但非常松弛。"这个表述得模棱两可的引子显示主人公是个女性,但是同样也体现一种"它"。小说的第一人称叙述者从感情受到伤害的人的角度描写人物，这个感情受到伤害的人忍受着只是通过自己的存在惹人讨厌所带来的后果："这个小妇人如今对我很不满意，总是挑我的毛病，总是觉得我冤屈了她，我随时随地都会触怒她。如果我能把生命分成一个个极小的部分，并对每一个小部分分别进行评价的话，那么我的生命的每一个极小的部分肯定都会惹她生厌。"如果说女主人公代表一种做判断的力量，那么叙述者就表示一个脆弱的人物，这个人物在妇人的无声的指责下有崩溃的危险。这辩护词显然是影射柏林的生活境况的："我不是一个没有用的人，如她认为的那样：我不想炫耀自己，尤其不想在这方面自吹自擂。但是即使我没有特别显示出有什么特殊的能耐，我也肯定不会显现出什么相反的特性来的呀。只是对她来说，在她的几乎发白光的眼里我才是这样，她没法让任何别人相信这件事。"女主人公担任检察机关的角色，这个角色再次像有长篇小说中已发生的那样，用讽刺折射被描绘，但是最终通过一种不寻常的自白而产生了局限性。这一自白叙述者认为，他能够"不受世人扰乱"、从容不迫地将自己迄今的生活"继续进行下去，不顾妇人的一切吵闹"。16 年前在《一场战斗的描写》的第二个文本中，卡夫卡用类似的生气勃勃的乐观主义写道："什么也阻挡不了我们，我们在奔跑中居然能够在超越时也压制双臂摆动并平静地掉换位置。"监察艺术的幽灵——"小妇人"就是其中的一个——在这篇柏林小说中也被令人惊异的巨大干劲击败了。在卡夫卡写的最后几篇短篇小说的一篇中就这样再次显示出了早期散步中特有的那种走索演员的勇敢冒险技艺：喜欢深渊上空的空气振荡。驱除各级法庭在他心头引起的恐惧，由于他的实际状况，也仍然是一种自我欺骗的行为：1923 年秋他无疑是意识到了这一点的。

11 月中这一对在与房东持续不断地争吵之后更换住处，迁进格伦德森林街上仅仅几分钟路程远的赛弗尔特夫妇别墅。在多拉·迪阿曼特将家用器具打包期间，卡夫卡乘车去大学并随后一时兴起接受一位在米利茨度假认识的人的邀请吃了一顿饭。当他傍晚返回施泰克利茨时，新居已经完全安置好了。居所有两个大的——不过中间却隔着房东的卧室的——房间和一个现代化的集中供暖系统，它在寒冷的柏林冬季有望提供良好的服务。1923 年 12 月 20 日他在给奥德施特里尔经理的信中谈到他的住所的有利位置："我住在一幢有花园的小别墅里。穿过一座座花园至森林需半小时路程，植物园 10 分钟远，附近还有别的公园，并且从我的住所出发，每一条路都穿越别的花园。"然而田园般的生活情况不久便为严酷的日子取代，日益加重的冬寒严重地损害着卡夫卡的身体状况。1923 年 10 月底他就已经几近充满预感地用这句忧伤的用语结束一封致布罗德的信："珍重吧，但愿我们——不管有没有罪过——会再一次受到卢加诺太阳的照耀。"向南方逃避的急切愿望依然没实现，一直定格在记忆中了。它成为生命终结的先兆，卡夫卡的柏林信件中透出的强颜欢笑也掩盖不了死亡的临近。

通货膨胀的冬天

1923 年 11 月 1 磅黄油在柏林要将近 100 万德国马克。谁用稳定的外国货币——最受欢迎的美元——支付，谁就至少能够弥补德国存在着的极大的行情波动。卡夫卡既没有美元，也没有黑市上的关系可以缓解通货膨胀给日常生活带来的燃眉之急。靠他的每月退休金，他在柏林的冬天几乎没法活，这尤其是因为捷克克朗贬值特别厉害。在换成通货膨胀货币时他遭受无法弥补的巨大损失。房租跟物价一样也不断攀升，11 月中房租是 5 亿马克。卡夫卡越来越强烈地依靠从布拉格寄来的包裹，父母用包裹给他寄来黄油、鸡蛋、水果、面包和糕点。在冬季他甚至一度考虑每隔 6 个星期将自己的衣服寄往布拉格洗涤一次，因为迄今光顾的柏林洗衣店一个月的洗衣费高达 160 克朗。随着冬日的进展和通货膨胀的加剧，父母不得不越来越频繁地寄钱接济儿子。11 月中赫尔曼·卡夫卡在这个背景下忧心忡忡地询问，他是否有希望从事一项有像样的报酬的文学工作。"对于我来说，"回答是清楚的，"到现在为止没有一丁点儿挣钱机会的迹象。"用他特有的那种让外部强制显得像主观专断产物的辩证法，他尖锐地添上一句："我在这里的确把我当作一个疗养院里的病人看待。"

卡夫卡的信勾勒出的柏林形象显得充满紧张关系且前后矛盾。1910年12月，他第一次造访这座城市便被戏剧生活吸引住了，并好奇而热情地加以关注。而在稍后的几年里，他则把柏林视为他同菲莉丝·鲍尔的失败关系的镜子，没怎么真正在意它的风土人情。在1913年3月和1914年7月之间所做的7次访问期间，他由于时间紧迫、行色匆匆，几乎没怎么注意到这个大都会城市。甚至连1914年夏他考虑要辞职迁居帝国首都时拟订的计划也显得像是偶然巧合，因为这些计划看重的不是柏林本身，而是它作为逃匿之地的特性。1923年冬卡夫卡的活动局限在熟知情况人的有限范围内：这个知情人的亲密关系却似乎受到已达到危急关头的时间状况的威胁。在施泰克利茨，病人犹如躲在一道保护屏的后面，和政治上和经济上受到威胁的柏林的冷酷现实隔开了。他躲在自己的庇护所里抵御着的外部局势是令人沮丧的：街上在开枪，罢工使日常的供应系统瘫痪了，失业者人数不断攀升，内阁危机、政府更替和政变谣言是总的政治形态中的决定性因素。

1923年秋显示出柏林的危险的一面。10月街发生了针对犹太市民的集体迫害式的暴力行为。商店遭抢劫，玻璃窗户被砸碎，行人遭殴打。纳粹分子在希特勒的慕尼黑颠覆活动尝试准备阶段组织了游行示威、巷战和日常的骚乱，昭示着未来的祸患。10月底他致信奥特拉，说他惧怕在施泰克利茨市政厅广场读到的柏林报纸的"标题"。虽然他强调一般性的政治危机同他个人的生活处境没有关联，但是他无法对墙上的这些危险征兆视而不见。倘若1923年9月发生类似的反犹太主义升级的情况，那么他是——这个他知道——不会到柏林来的。这是他对现实情况可靠性的一种显而易见的怀疑，他用疑问的口气添上一句:"我究竟走出去了吗?"

病人的健康状况遇到冬日的严寒天气急剧恶化。多拉·迪阿曼特用蜡烛头做菜,因为没有钱买煤和煤气。卡夫卡给布拉格的亲戚和朋友寄写满密密麻麻小字的明信片,以节省信件的昂贵邮资。他简直像斯多噶派[1]那样捺着性子承受着日常生活的烦恼和恶劣的供应。"他能够接连排几个小时的队,"多拉·迪阿曼特回忆,"而且不只是为了买点什么东西,而是干脆就是出于这样的感觉:这里流淌着殉难者的血,所以他也必须流血。他就是这样和一个不幸的民族共度一个一个不幸的时期。"卡夫卡感到他没什么要紧的事,因为他的内心闲适平静。他没有公事要办,没有朋友催促他完稿。由于身体要求受到应有的尊重,所以他只能十分小心谨慎地使用自己的力气。文学写作也以这样的方式附带从事,没有躁狂的强制,按照一种使人感到自然的收缩和舒展的节奏。在不害怕失败的情况下,他在柏林写出了《一个小妇人》《地洞》和《女歌手约瑟菲妮》这几篇已经讨论过的短篇小说——进行音乐般塑造的散文作品,报道了个人在社会制度的那一边保住自己的绝望尝试。

1923年10月18日库尔特·沃尔夫在一封正式的信函中知会卡夫卡,说他的书不再有值得一提的销量,并且宣告将注销他的截止到当年7月之前的账户。无保留地支持这位原动力弱的作家的无私出版商的自画像破碎了。后来沃尔夫曾在自己的回忆录里试图重申自己的这一形象,但是由于有信件作见证,这一形象还是受到极大损害。鉴于经济形势严重,沃尔夫对继续与卡夫卡合作不感兴趣。出版社没寄稿酬,而是寄来一些新版赠书。这是一个明白无误的疏远信号,伴随着它的是空洞的客套话和表示忠诚的言辞:"我们趁此机会再次表明,有关您的书的销量的这种微不足道的事并不减少我们对它们是我们出版社出的书所感到的愉快。"沃尔夫本人没在这封信上签字,这也表

---

1 斯多噶派:一种哲学流派,主张恬淡寡欲。

示在公务上彼此已经彻底分手了。贝托尔德·布莱希特一语道破，说这位德语先锋派文学前促进者在 20 世纪 20 年代初被认为是心满意足且有名望的、已经受到较年轻一代怀疑的出版商："当才智还栖身在洞穴里时，它不受重视，但自由自在。沃尔夫出版社还没供养它，但是它也不卖弄风情地向黑市商人和婊子鞠躬致意。"

自 1912 年夏季以来，卡夫卡现在第一次不直接接触一家出版社。然而这一年年底一项新的工程露出端倪，它将改变这种状况。卡夫卡通过布罗德结识了"锻造"出版社的编辑鲁道尔夫·莱昂哈尔德，1923 年 7 月初他就已经在柏林和该出版社的业务领导商谈过。莱昂哈尔德，经由战争经历而成了一个和平主义者，他是以弗兰茨·普费姆费尔特为首的左派社会主义者圈子里的人，曾为库尔特·平图斯的诗选《人类的曙光》（1919）提供过几首抒情诗，并且已经在积极参与镇压反动的卡普政变过程中积累了一些经验。卡夫卡和莱昂哈尔德约定出版一册散文集，收入《最初的痛苦》《一个小妇人》和——作为书名的——《饥饿艺术家》。3 月底才完成的小说《女歌手约瑟菲妮》后来添加进这本小册子。1924 年 3 月 7 日签下的合同规定一版出 2000至 3000 册，支付稿酬 800 马克以上。这就使得那几件卡夫卡觉得至少还可接受的近作受到一家出版社的保护了。不过在生命的最后几个月里，他对自己的作品依旧保持自我批判的态度。按多拉·迪阿曼特回忆，他在柏林也保持自己从前的习惯，烧毁了自以为不成功的手稿。在这方面有一种明显的标度，他依据它给失败的作品进行内部分级。篇幅较小的、未经润笔过的短文他在抑郁期便二话没说加以销毁。篇幅较大的作品，他认为布局上有毛病但不是毫无价值的，便交给马克斯·布罗德，它们因此免于付之一炬的命运。

1924 年 1 月中，卡夫卡和多拉退掉了格伦德森林街上的房间，因为房东想将楼上的一层整体出租。1 月底，经较长久寻找后多拉找到了一个新的住所，在采伦多尔夫区海德街上，森林湖以南，在 1918年去世的抒情诗人卡尔·博塞的遗孀的房子里。两个房间的房租虽然超过了卡夫卡给自己设定的限度，但是由于极度的通货膨胀，在房地产市场上几乎没有任何别的选择余地。跟以前年月里的情况不一样，他不再对频繁更换住所感到心烦，因为他似乎在适应他的临时性的柏林生活。1924 年 2 月初他用轻快的口吻报告在大雨滂沱中完成搬迁，多亏了一笔不久前寄到的父母的汇款，这次搬家才得以顺利进行："（……）各种无用杂物还得用小车运走（我站立着拿不起来那些东西，多拉不费什么力气送到火车站，在那里扛上扛下台阶，送进车厢，如此等等），然后是在采伦多尔夫从车站到进屋的一刻钟，但是主要我还要在这种天气出行，而雨鞋则已经在采伦多尔夫——于是尽管一贫如洗，我还是当机立断，要来了一辆小汽车，于是过了几分钟我们一下子就带着全部行李在新的住所里了，花区区 6 马克看了一场魔术表演。"

在疗养院里和医院里长途跋涉

1917 年至 1918 年冬卡夫卡曾写过："视力好人们可以溶解世界。视力弱了世人就变得坚固，视力再弱一些世人就挨揍，视力再弱下去世人就感到羞愧并打垮敢于正眼看他的人。"世人的羞愧，它活过任何一种消亡——人们不妨想一想《诉讼》的结局——它只是世人自己胆怯的标志。它像一幅字谜画那样倒映在胆怯地向它迎去的人的软弱无能之中。羞愧这个概念表示一种范畴：这种范畴代表忘记自己存在的对立物。陷于罪恶之中的世人为他在感觉增强的瞬间认识到的自己的毛病而感到羞愧，但是把个人打倒在地的力量像因一种神话式的原因那样，因意识到弱点的原因而产生。即使自疾病暴发以来卡夫卡也像一头被关入笼子里的动物那样，觉得自己被拘禁在这种致命的循环运动之中。他在一时强势的前提下找到的每一条出路——曲劳和梅兰之旅，园艺和学希伯来语，与尤丽叶·米莱娜和多拉的恋爱关系——都在最后把他引进一种弱势地位，让他当了牺牲品，这种牺牲者的命运是早就注定了的。

1924 年 2 月，卡夫卡的状况急剧恶化，以致他简直再也无法迈出家门一步了。路德维希·哈尔特 2 月 3 日在克泰纳街豪华的克洛茨贝格大师大厅举行的作品朗诵会他不得不谢绝参加（多拉代表他坐在听众席上）。2 月 5 日，在自己起程前不久，哈尔特亲自来采伦多尔夫看望他。他竭力建议他去南方做较长久的休假并表示愿意陪同。分手时他们决定对一次意大利之行的计划进行认真考虑。1924 年 2 月底，西格·弗里德·勒维从布拉格来柏林，想看一看外甥在柏林日子过得怎样。返回后他向卡夫卡父母告急，要他们劝说卡夫卡迁居到一所疗养院里去养病。当罗伯特通知说要来柏林探望时，卡夫卡拒绝了："（……）别这样莽撞行动，不这样做我们也会碰到一起，以较安静的、与虚弱的病体相适应的方式。"3 月 1 日他给父母写道："舅舅劝我离开这儿，多拉也这样劝我，可是我很愿意留在这里。这安静、自由自在、阳光明媚、空气流通的住所，这令人愉快的女房东，这美好的地区，这接近柏林，这正在来临的春天——要我离开这一切，仅仅是因为这个不寻常的冬天我有点儿发烧，因为舅舅在这里时恰逢坏天气并且只看见我一次晒太阳，而其余几次都躺在床上，就像去年在布拉格那样。我很不愿意离开这儿，我实在难以下定退房这个决心。"过了两个星期，起程的决定做出，"拿破仑式的进军"结束了。1924年 3 月 17 日，在马克斯·布罗德和多拉的陪同下，卡夫卡离开柏林。在非常匮乏的冬季之后，他显得身体衰弱，但内心比往常更平静。他的最后一篇短篇小说《女歌手约瑟菲妮》的手稿已经在他的行李袋里，这是他在采伦多尔夫的海德街开始撰写的。这也许是一个几乎毫无财产的人的最重要的财产：作为永远的儿子，卡夫卡只带上最必需的物品便返回父母的家。

表面平静的时期现在结束，在卡夫卡的人生最后阶段，在不断恶化的诊断病情的制约下，卡夫卡急急忙忙连续不断更换地方。1924年 4 月 5 日之前他在布拉格逗留，日常生活由多拉照料，她不从他身边走开，虽然他起先曾请求她留在柏林，因为他不想把她和他从前的生活联系起来。眼下卡夫卡似乎打算和西格弗里德·勒维一起去探访达沃斯的一家疗养院，本着这个意思，他向保险公司经理表明了自己的想法，他向人家掩盖了自己危急的健康状况。3 月底在布拉格显现出总体状况危险恶化的最初征兆。卡夫卡越来越频繁地说不出话来，人们完全有理由担心他的喉头受到结核菌的侵袭。4 月 5 日他和多拉一起进入离奥地利首都一小时火车路程的奥尔特曼附近的（维也纳森林）疗养院，自 1921 年夏季以来再次接受正规的治疗。4 月 7 日在疗养院做了一次全面检查，确诊喉头结核蔓延至咽腔，已经进入晚期。医生的病情报告书称，因溃疡而发炎的喉头严重肿胀并且已经显出组织衰变的症状。奥尔特曼的无人情味的、有时阴森恐怖且索然无味的氛围使卡夫卡的心情极其沉重。4 月底他做回顾，向马克斯·布罗德谈到这家"恶劣的、令人沮丧的疗养院"。主治医生急切建议病人转往一家维也纳的专门医院接受治疗，说那家医院能进行酒精注射，据说可以延缓细胞衰变的进程。治疗只有缓解疼痛的功效，因为在病情晚期已然不可能手术去除咽喉溃疡了。马克斯·布罗德隐约意识到，这一诊断表明病情已经毫无指望，他在日记中写道："最可怕的事情莫过于 4 月 10 日获悉卡夫卡被（维也纳森林）疗养院遣返。维也纳医院。确诊喉头结核。最可怕的不幸的日子。"

　　在一封安抚父母的信中，处在令人极度沮丧的医生诊断印象中的卡夫卡避免详述他的健康状况中医学方面的细节："体重 50 公斤左右。热度将会退下去，因为我必须每天服用三次匹拉米洞，咳嗽将会好转，因为我有一种治咳的药，咽喉检查过，情况似乎并不严重，不过这方面的具体情况我还一无所知（……）。"而他在同一天给克洛普施托克则写得头脑清醒和不抱幻想："主要是喉头。可是我听不到一句确切的话语，因为谈到喉头结核时，每个人说起话来都小心谨慎、躲躲闪闪、目瞪口呆。"1921 年 1 月底，卡夫卡在马特利亚里针对一个诊断出同样症状的病人记下这样的话："整个这种悲惨的床上生活，发烧，呼吸困难，吃药，令人难熬的、危险的（稍有不慎病人很容易被烧伤）反射镜治疗没有别的目的，仅仅是为了通过延缓最终必然会使他窒息而死的溃疡的增长，刚好可以尽可能长久地继续这种悲惨的生活、发烧，等等。"

多拉起先在维也纳租了一个房间，4月8日在疗养院附近租了一个住所。第二天卡夫卡便决定迁移到维也纳的大学附属医院，以便在那里接受专科医生马尔库斯·哈耶克的医治。又是只给父母报告最必须告知的事，用客观平淡的语气，没有什么激动的言辞："可惜从今天起我的地址变了。因为他们在这里对付不了这咽喉，我必须将酒精注入神经，这只有专家干得了（……）。"1924年4月10日，一辆没有车顶的敞篷汽车把卡夫卡和多拉从奥尔特曼送至45公里远的维也纳。在将近一小时的行驶过程中，多拉一直笔挺地站在车上，以保护病人免受雨水的猛烈击打。又是看来好像"反作用力"使其极大的能量恢复了活力的样子。在柏林的寒冬之后，随之而来的是多风暴的凉飕飕的春天，这凉丝丝的空气使卡夫卡的身体更加虚弱。

1924年4月12日和13日，妹夫卡尔·赫尔曼未经事先通知便来维也纳看望卡夫卡："这是一个美好的惊喜。"不多几天以后，受到信中暗示惊动的克洛普施托克再次主动表示愿意提供帮助，可是卡夫卡拒绝了："罗伯特，亲爱的罗伯特，别突然做维也纳之行，您知道我怕强制行动，却还是一再要这样做。"弗兰茨·韦弗尔自1918年起便一直作为他的情妇阿尔玛·马勒尔的客人住在塞默尔河畔布兰滕施泰因的一座庄园里，他对这些令人沮丧的消息也表现出忧心忡忡的样子。1923年年底他就已经震惊地问马克斯·布罗德："卡夫卡怎样了？他身体怎样？我常常想到他，看到他在一间冷清得可怕的房间里躺在床上。"他郑重其事地寄来玫瑰花和他刚刚写完的歌剧小说《威尔第》（"衷心祝愿不久康复"），同时他还请来与他有私交的专家尤利乌斯·坦德勒尔给卡夫卡诊治。大学附属医院的药物治疗虽然还不错，可是病人却忍受着这里笼罩着的令人沮丧的氛围所带来的痛苦。

在他这个科的病室里，躺着数量众多的只还指望可活不多几天的临终病人。"在这些疗养院里，"里尔克在《马尔特·劳里茨·布里格》中写道，"人们心甘情愿并且满怀着对医生和护士的感激之情死去，这是一种在疗养院里雇来的死亡方式（……）"。

在这阴森可怖气氛的影响下，卡夫卡的心情不断变得阴暗。他试图用一句有高度艺术性的双重套语来刻画自己的处境，他强调说，对于病人来说"这里的情况好极了，对于来访者以及在这方面对于病人来说这里的情况令人厌恶"。所以多拉·迪阿曼特顶住了哈耶克起初的反对，在 4 月中决定把他从医院的恐怖中解救出来，并迁往吉尔林克洛斯特诺堡附近一家医疗设施较差但舒适安逸的疗养院。4 月 16 日她给赫尔曼和尤丽叶·卡夫卡写道："这项大工程已酝酿成熟。弗兰茨星期六进疗养院。离维也纳 25 分钟路程。医生将会去那儿进行治疗。今天我已去过那儿，得了一间很好的朝南有阳台的房间。这是一个森林地区，环境优美。"1924 年 4 月 19 日，在放晴的早春天气中，卡夫卡乘火车离开维也纳，驶往克洛斯特诺堡。这是他的倒数第二次旅行。

又进入黑暗的避难所：基林，1924 年 6 月 3 日

到达疗养院后，病人先被移交给当地医生。医生嘱咐继续注射止痛剂。5 月 2 日，经费利克斯·韦尔奇介绍来到克洛斯特诺堡的维也纳肺病专家威廉·诺伊曼和奥斯卡尔·贝克对他进行了检查。卡夫卡向父母坦言，说他对诺伊曼的来访"很害怕"，他暗示，人所怕的不是诊断，而是这位权威出诊的高额诊费。专科医生们在会诊后再也无法唤起病情好转的希望。1924 年 5 月 3 日，贝克用明白无误的话给韦尔奇写道："我能够查明喉头有一个衰变、结核过程，它也包括会厌的一部分。根据这一检查结果，任何手术治疗根本都是不可能的了，我安排了酒精注射。今天迪阿曼特小姐又给我打电话，告诉我成效只

是短暂的，疼痛以同样的强度又已出现。我已经劝告迪阿曼特小姐将卡夫卡博士送回布拉格，因为诺伊曼教授也估计他还能活大约三个月。迪阿曼特拒绝这样做，因为她认为这显然加重病人的病情。"

治疗仅仅是用潘托苯和吗啡镇痛而已，因为根据当时的医学水准不可能进行外科手术切除溃疡。在较温暖一些的春天的日子里，亲朋好友们纷纷前来辞行。4月底费利克斯·韦尔奇来读，5月11日奥特拉在卡尔·赫尔曼和西格弗里德·勒维的陪同下到访。5月6日罗伯特·克洛普施托克从布拉格来到克洛斯特诺堡，对重危病人做临终前的最后看护。此后不久马克斯·布罗德来访，他从5月13日至17日在维也纳和基林逗留。在"忧郁"的情调中进行了交谈之后，卡夫卡在1924年5月20日致这位朋友的最后一封信中写道："除了这些和另一些要抱怨的事外，当然也有几件高兴的小事，但是要告知这些事已然是不可能了，要不就保留给一次来访吧，这次来访让我可怜巴巴地给破坏了。你要珍重，感谢你所做的一切。"

这些日子病人裹着毯子，通常都是在阳台上睡着度过。在夜晚多拉和罗伯特·克洛普施托克轮流守候在他的病榻旁。多拉的1949年5月19日的报告用一种富有诗意的语言刻画了一幅情景画，然而它的魅力却无法掩盖田园风光中透着死亡气息的事实："从早晨七点到晚上七八点他躺着，在阳台上。中午两点以前有阳光，然后太阳就走了，到躺在另一面的别的病人那儿去了，太阳一走便有一股馥郁的香气渐渐从低处升腾上来。到了晚上这股香气强烈到了几乎让人无法忍受的程度。四周的景色和声响，在视觉和听觉外也添上了呼吸器官。所有的感官变成呼吸器官，这全部的呼吸器官吸康复，吸入四周大量弥漫着的福祉。"

贯穿多拉的信的呼吸主导动机唤起一种生活的理念，卡夫卡在他临终的日子里试图像记录一个记忆中的印象那样把它记录下来。他，由于喉头衰变只能忍着疼痛做呼吸，他觉得阳台上馥郁的香气是一种联觉增强的本性的标志。"您看这丁香，比清晨还清新，"一张字条上这样写着，"在这些躺在卧榻上望维也纳森林度过的越来越暖和的日子里，病人觉得颜色和气味犹如对一种增强了的感官享受的许诺，这是超然于呼吸引起的疼痛的许诺。"由于喉头炎症日益严重，卡夫卡忍受着不断感到的口渴之苦，却几乎没有一点儿办法解渴，因为饮水能力降低了。"糟糕的是，"他这样写道，"我一杯水也喝不了，也从渴望上得到一点儿满足吧。"由于他只吃得了流汁——汤，酸奶，鸡蛋羹，他便回想起"婴儿时期"来了："但是我也试图使自己吃饭吃得轻松一些，譬如，亲爱的父亲，你也许会感到满意的，通过喝啤酒和葡萄酒，现在我又改喝托卡伊甜酒了，不过喝的量以及喝的模样，你不会满意的，我也不满意，可是现在没有别的办法。"

沟通只能通过文字进行，因为说话会给他带来无法忍受的痛苦。许多记事字条保存了下来，他在其中勾勒自己的身体状况，评说客人来访或记下旅行回忆。时不时有意大利回忆出现，那种标志健康和强壮的南方温暖的情景。在一幅素描画中，他画了他自己从未见过的西西里岛的地图。在通宵达旦发烧的半睡半醒时期，他想到游泳场、夏日里的啤酒馆，想到了梅兰和德森察诺的蚊群："哪里是永远的春天？"用纯粹的言辞表现意识世界的口头言语现在枯竭了。最后，在语声逐渐消失之后，只还存在文字，这永远拖延和推迟的媒介。卡夫卡，他只有在这文字中才有能力完全敞开身体和心灵，他死去时正在书写，手中握着铅笔。他逝世前一天还在修改《饥饿艺术家》集子的头几页，小说集的长条校样已经从柏林寄到。

5月底赫尔曼和尤丽叶·卡夫卡打算去基林探望儿子。在他的写于6月2日的最后一封信中，卡夫卡权衡了到访的利弊。安抚的生花妙笔在此获得了悖论的特性并从而显示出飘浮的特性，这正是他文学作品的一种特色："（……）一切如说过的那样都处在最佳的起始阶段，但是最佳的起始阶段尚什么都不是。如果人们不能向来访者——更不用说你们这样的了——显示大的无可争辩的、外行的眼光也看得出来的进展，那么人们还是别这么干的好。我亲爱的父母亲，我们不该暂且搁置这件事吗？"信中断于这个插入词句，所以是一件未完成稿，犹如卡夫卡再典型不过的一篇小说那样。即将来临的生命终结被冒充为"开始"，并且让一种骗人的多义运动给战胜。既然没有希望了，悖理便减轻苦难，它设法让垂死者做好准备度过这令人难熬的等候时期。卡夫卡的艺术的秘密以极其简洁的方式，显示在给迷惑人的乐观主义涂上底色的绝望情绪之中。

　　但是和这悖理联系在一起的同时还有罪责意识，而这种意识，一如克尔凯郭尔所说，总是与时间体验以及在其中清楚显现出来的人的罪恶状态联系在一起的。卡夫卡的 1922 年 7 月 5 日的文学长信勾勒出他临终前的情景。这位作家临终之时认识到，他平时只是在想象中杜撰的东西眼看就要成为现实："通过写作我没有把自己赎回。我已经死了一辈子了，如今我将真的死去。我的生活比别人更甜蜜，我的死亡将更可怕。作为作家的我当然将这刻死去，因为这样一种角色没有根基、不能持久，连尘埃都不是。只有在最癫狂的尘世生活中才有一点点生存的可能，仅仅是一种想象出来的享受欲。"文学描写死亡，就好像这是一种尘世的图腾，文学这样做并不能够祛除死亡。倒不如说，实际的死亡成为特殊的惩罚，对恐惧的审美幻觉效果在过去给作家带来的那种纳西索斯式享受的惩罚。想象中的极限游戏骤变为对一种空虚的真实体验，而这种体验则在自我似乎只还是文学之时出现。移出生活，这过去是作者身份的条件，现在以几乎是讽刺的方式自食其果："我有什么权利吃惊，房子突然坍塌，我不在家。难道我知道坍塌前发生了什么事，我不是移居出去并听凭房子受种种凶恶势力摧残的吗？"

　　1924 年 6 月 3 日中午，事情结束了。关于描述此岸与彼岸之间的通道的过渡瞬间，卡夫卡在过去已经反复考虑过。1913 年 12 月 4 日他在日记中记下："不可思议的、完全充满矛盾的想象：一个人，譬如在夜里 3 点去世了，居然马上会在黎明时分进入一种更崇高的生活境界。"在最后几天——记事字条这样透露——几乎没有什么害怕的感觉了。在死神越来越逼近卡夫卡的时候，一直陪伴着他的恐惧显然消失了。在疾病暴发以来的这几年里，决定性地影响了他的思维的转世论如今有了一种新的现实。末世[1]可能会出现，因为随着尘世力量的不断废除，决断的可能性也就不再存在。1920年9月他致信米莱娜·波拉克，说他不怕死，只怕痛苦。"除此之外人们完全可以不畏惧死。人们不过就是作为《圣经》中的鸽子被派了出去，没有找到任何嫩草，于是又溜进黑暗的诺亚方舟。"

1　末世：宗教上对死、末日审判、天意、地狱等的总称。

感　谢

　　每一个卡夫卡研究者都要面对一大堆旧有的论著，这些著作激励他，但是有时也会因其浩如烟海而望而却步。对卡夫卡的作品的学术研究今天可以依据比 20 世纪 70 年代和 80 年代更好的先决条件。汉斯–格尔德·科赫（Hans-GerdKoch）领导的乌珀塔尔研究所正在拟订一个第一次符合现代标准的卡夫卡版本出版计划。人们可以怀着内心的激动期待尚且是未完成的书信版本编纂的完成。使用者不会把在罗兰德·罗伊斯（Roland Reuß）和彼德·施滕勒（Peter Staengle）领导下，在手抄本基础上产生的施特勒姆费尔德出版社的历史评注版看作与同类企业进行的竞争，而是看作令人高兴的补充。它——也通过其真迹复制——提供了这样的可能性：比以前任何时候都更精确地阐明卡夫卡作品的渊源及其文学结构方面的个人特色。

　　克劳斯·瓦根巴赫（Klaus Wagenbach）撰写了历时数十年之久一直是权威性的青年时代卡夫卡传，它直至今日一直为研究卡夫卡的受教育史以及这种教育的环境特定条件提供重要的基础。哈特穆特·宾德尔（Hartmut Binder）的百科全书式的论著——尤其是他的卡夫卡述评、卡夫卡手册以及布拉格文化生活论著——极大地丰富了我们对这位作家的知识。汉斯·齐施勒（Hanns Zischler）在将近 10 年前给卡夫卡的形象添上了一层新的色彩，他在精确的来源追述的基础上呈现出这样一位电影观众：此人的文学创作受到这一新传媒的幻觉效应的极大推动。最近 20 年，在无数的研究论著中，代特莱夫·克雷默尔（Detlef Kremer）、盖哈尔德·库尔茨（Gerhard Kurz）、盖哈尔德·诺伊曼（Gerhard Neumann）和里特希·罗伯特松（Ritchie Robertson）的著作使我本人受益匪浅，因为它们在卡夫卡的时代关联及其文化特色层面上研究他，却与此同时没有使他失去他的个人特色。

我要感谢我的波鸿的以及我后来的维尔茨堡教席的同事们，他们进行组织协调、调查研究、校对更改，支持了这一多年的研究项目。（以下略去众多人名）

柏林和维尔茨堡，2005 年 4 月

人名译名索引

书中提及的卡夫卡作品目录

参考文献

Bibliographie

Die Bibliographie enthält acht Kapitel: Kafka-Werkausgaben (I), Lebenszeugnisse (II), Dokumente zu Kafkas Leben, Werk und Wirkung (III), literarische Werke und Quellen (IV), Kafka-Forschung (V), weitere literaturwissenschaftliche Forschung (VI), Studien zur Ästhetik, Philosophie und Gesellschaftswissenschaft (VII), Arbeiten zur Kultur- und Zeitgeschichte (VIII). Siglen für Kafka-Texte finden sich in der folgenden Rubrik hinter den jeweiligen Editionen.

I Kafka-Werkausgaben (chronologisch)

Gesammelte Schriften in sechs Bänden, hg. v. Max Brod mit Heinz Politzer, Berlin, Prag 1936–37
(Bd. 1: Erzählungen und kleine Prosa; Bd. 2: Amerika; Bd. 3: Der Prozeß; Bd. 4: Das Schloß; Bd. 5: Beschreibung eines Kampfes. Novellen, Skizzen, Aphorismen. Aus dem Nachlaß; Bd. 6: Tagebücher und Briefe)

Gesammelte Schriften in fünf Bänden, hg. v. Max Brod, New York 1946
(Bd. 1: Erzählungen und kleine Prosa; Bd. 2: Amerika; Bd. 3: Der Prozeß; Bd. 4: Das Schloß; Bd. 5: Beschreibung eines Kampfes. Novellen, Skizzen, Aphorismen. Aus dem Nachlaß)

Gesammelte Werke [in Einzelbänden], hg. v. Max Brod, Frankfurt/M. 1950–58
(Der Prozeß [1950]; Das Schloß [1951]; Tagebücher 1910–1923 [1951]; Briefe an Milena, hg. v. Willy Haas [1952]; Erzählungen [1952]; Amerika [1953]; Hochzeitsvorbereitungen auf dem Lande und andere Prosa aus dem Nachlaß [1953]; Beschreibung eines Kampfes. Novellen, Skizzen, Aphorismen aus dem Nachlaß [1954]; Briefe 1902–1924 [1958] [Unter Mitarbeit von Klaus Wagenbach]

Gesammelte Werke in acht Bänden, Frankfurt/M. 1989 (Mit Ausnahme des Briefbandes textidentisch mit der Ausgabe von 1950–58)

Schriften. Tagebücher. Briefe. Kritische Ausgabe, hg. v. Jürgen Born, Gerhard Neumann, Malcolm Pasley u. Jost Schillemeit, Frankfurt/M. 1982ff.
(Das Schloß, hg. v. Malcolm Pasley [1982] = KKAS; Der Verschollene, hg. v. Jost Schillemeit [1983] = KKAV; Der Proceß, hg. v. Malcolm Pasley [1990] = KKAP; Tagebücher, hg. v. Hans-Gerd Koch, Michael Müller und Malcolm Pasley [1990] = KKAT; Nachgelassene Schriften und Fragmente I, hg. v. Malcolm Pasley [1993] = KKAN I; Nachgelassene Schriften und Fragmente II, hg. v. Jost Schillemeit [1992] = KKAN II; Drucke zu Lebzeiten, hg. v. Wolf Kittler, Hans-Gerd Koch und Gerhard Neumann [1994] = KKAD; Briefe 1900–1912, hg. v. Hans-Gerd Koch [1999] = KKABr I; Briefe 1913–1914, hg. v. Hans-Gerd Koch [2001] = KKABr II; Briefe 1914–1917, hg. v. Hans-Gerd Koch [2005] = KKABr III; Amtliche Schriften, hg. v. Klaus Hermsdorf und Benno Wagner [2004] = KKAA) (zu den Einzelbänden Apparat-Bände mit Textvarianten und Kommentar; im Fall der Briefedition textkritischer Apparat im Bandanhang)

Gesammelte Werke in zwölf Bänden. Nach der Kritischen Ausgabe hg. v. Hans-Gerd Koch, Frankfurt/M. 1994 (Bd. 1: Ein Landarzt und andere Drucke zu Lebzeiten [= D];

Bd. 2: Der Verschollene [= V]; Bd. 3: Der Proceß [= P]; Bd. 4: Das Schloß [= S]; Bd. 5: Beschreibung eines Kampfes und andere Schriften aus dem Nachlaß [= B]; Bd. 6: Beim Bau der chinesischen Mauer und andere Schriften aus dem Nachlaß [= M]; Bd. 7: Zur Frage der Gesetze und andere Schriften aus dem Nachlaß [= G]; Bd. 8: Das Ehepaar und andere Schriften aus dem Nachlaß [= E], Bd. 9: Tagebücher I: 1909–1912 [= T I]; Bd. 10: Tagebücher II: 1912–1914 [= T II]; Bd. 11: Tagebücher III: 1914–1923 [= T III]; Bd. 12: Reisetagebücher [= R]
Franz Kafka: Historisch-Kritische Ausgabe sämtlicher Handschriften, Drucke und Typo-skripte, hg. v. Roland Reuß in Zusammenarbeit mit Peter Staengle, Frankfurt/M. 1997ff. (Es liegen bisher vor: Der Process, 1997 = HKAP; Beschreibung eines Kamp-fes/Gegen zwölf Uhr …, 1999 = HKAB; Oxforder Quarthefte 1 & 2, 2001 = HKAQ; Die Verwandlung. Oxforder Quartheft 17, 2003 = HKAV)

II Lebenszeugnisse

Franz Kafka. Briefe 1900–1912, hg. v. Hans-Gerd Koch, Frankfurt/M. 1999 (= Br I)
Franz Kafka. Briefe 1913–1914, hg. v. Hans-Gerd Koch, Frankfurt/M. 1999 (= Br II)
Franz Kafka. Briefe 1914–1917, hg. v. Hans-Gerd Koch, Frankfurt/M. 2005 (erschien nach Manuskriptabschluß)
Franz Kafka. Briefe 1918–1920, hg. v. Hans-Gerd Koch (in Vorbereitung)
Franz Kafka. Briefe 1921–1924, hg. v. Hans-Gerd Koch (in Vorbereitung)
Briefe 1902–1924 [hg. v. Max Brod u. Klaus Wagenbach], Frankfurt/M. 1975 (zuerst 1958) (= Br)
Franz Kafka: Brief an den Vater. Mit einem unbekannten Bericht über Kafkas Vater als Lehrherr und anderen Materialien, hg. v. Hans-Gerd Koch. Mit einem Nachwort v. Alena Wagnerová, Berlin 2004 (= V)
Briefe an Felice [Bauer] und andere Korrespondenz aus der Verlobungszeit, hg. v. Erich Heller u. Jürgen Born, Frankfurt/M. 1967 (= F)
Briefe an Milena [Jesenská]. Erw. und neu geordnete Ausgabe, hg. v. Jürgen Born u. Michael Müller, Frankfurt/M. 1982 (= Mi)
Briefe an Ottla [Kafka] und die Familie, hg. v. Hartmut Binder und Klaus Wagenbach, Frankfurt/M. 1974 (= o)
Max Brod-Franz Kafka. Eine Freundschaft. Bd. I Reisetagebücher, hg. v. Malcolm Pasley, Frankfurt/M. 1987 (= BK I)
Max Brod-Franz Kafka. Eine Freundschaft. II. Briefwechsel, hg. v. Malcolm Pasley, Frank-furt/M. 1989 (= BK II)
Briefe an die Eltern aus den Jahren 1922–1924, hg. v. Josef Čermák und Martin Svatoß, Frankfurt/M. 1990 (= El)
Franz Kafka: Amtliche Schriften, hg. v. Klaus Hermsdorf unter Mitwirkung von Winfried Poßner und Jaromir Louzil, Berlin 1984 (= AS)

III Dokumente zu Kafkas Leben, Werk und Wirkung

Binder, Hartmut u. Parik, Jan: Kafka. Ein Leben in Prag, München 1982
Binder, Hartmut: Kafka in Paris, München 1999
Binder, Hartmut: Wo Kafka und seine Freunde zu Gast waren, Prag, Furth im Wald 2000
Born, Jürgen u. a. (Hg.): Franz Kafka. Kritik und Rezeption zu seinen Lebzeiten, 1912–1924, Frankfurt/M. 1979
Born, Jürgen u. a. (Hg.): Franz Kafka. Kritik und Rezeption 1924–1938, Frankfurt/M. 1983
Born, Jürgen: Kafkas Bibliothek. Ein beschreibendes Verzeichnis. Zusammengestellt unter Mitarbeit von Michael Antreter, Waltraud John und Jon Shepherd Frankfurt/M. 1990

Brod, Max: Franz Kafkas Nachlaß, in: Die Weltbühne 20 (1924), Nr. 29 (17. Juli), S. 106–109

Brod, Max: Franz Kafka. Eine Biographie, Frankfurt/M. 1963 (zuerst 1937)

Caputo-Mayr, Marie Luise u. Herz, Julius M.: Franz Kafkas Werke. Eine Bibliographie der Primärliteratur (1908–1980), Bern, München 1982

Dietz, Ludwig: Franz Kafka. Die Veröffentlichungen zu seinen Lebzeiten (1908–1924). Eine textkritische und kommentierte Bibliographie, Heidelberg 1982

Fisenne, Otto von: Franz Kafkas Reise nach Schleswig-Holstein, in: Freibeuter 61 (1994), S. 3–7 (zuerst 1985) (Quellenwert zweifelhaft)

Haas, Willy: Die literarische Welt. Lebenserinnerungen, Frankfurt/M. 1983

Janouch, Gustav: Franz Kafka und seine Welt, Wien, Stuttgart, Zürich 1965

Heller, Erich u. Beug, Joachim (Hg.): Dichter über ihre Dichtungen. Franz Kafka, München 1969

Janouch, Gustav: Gespräche mit Kafka. Aufzeichnungen und Erinnerungen, Frankfurt/M. 1968 (zuerst 1961) (Quellenwert zweifelhaft)

Koch, Hans-Gerd (Hg.): «Als Kafka mir entgegenkam ...». Erinnerungen an Franz Kafka, Berlin 1995

Urzidil, Johannes: Da geht Kafka, Zürich 1965

Wagenbach, Klaus (Hg.): Franz Kafka (1883–1924). Manuskripte, Erstdrucke, Dokumente, Photographien, Berlin 1966

Wagenbach, Klaus: Franz Kafka. Bilder aus seinem Leben, Berlin 1983 (2. erweiterte Aufl. 1994)

IV Literarische Werke und Quellen

Bachofen, Johann Jakob: Das Mutterrecht. Eine Untersuchung über die Gynaikokratie der Welt nach ihrer religiösen und rechtlichen Natur (1861). Eine Auswahl hg. v. Hans-Jürgen Heinrichs, Frankfurt/M. 1975

Baudelaire, Charles: Die Blumen des Bösen/Les Fleurs du mal. Vollständige zweisprachige Ausgabe. Deutsch von Friedhelm Kemp, München 1993 (5. Aufl., zuerst 1986)

Baudelaire, Charles: Werke. Bd. VIII, hg. v. Friedhelm Kemp u. Claude Pichois, München, Wien 1985

Baum, Oskar: Die Tür ins Unmögliche, Leipzig 1913

Benn, Gottfried: Gesammelte Werke. Bd. V (Prosa), hg. v. Dieter Wellershoff, Wiesbaden 1968

Bergman, Schmuel Hugo: Tagebücher und Briefe. Bd. I 1901–1948, hg. v. Miriam Sambursky, Frankfurt/M. 1985

Bergson, Henri: L'évolution créatrice (1907), Paris 1962

Blei, Franz: Der Dandy. Variationen über ein Thema, in: Neue Rundschau 16 (1905), S. 1076–1088

Blüher, Hans: Die Erotik in der männlichen Gesellschaft. Eine Theorie der menschlichen Staatsbildung nach Wesen und Art. Neuausgabe, hg. v. Hans Joachim Schoeps, Stuttgart 1962 (zuerst 1917)

Börne, Ludwig: Briefe aus Paris (1832–34). Auswahl, Anmerkungen u. Nachwort v. Manfred Schneider, Stuttgart 1977

Brecht, Bertolt: Gesammelte Werke. 20 Bde., hg. v. Suhrkamp-Verlag in Verbindung mit Elisabeth Hauptmann, Frankfurt/M. 1967

Brecht, Bertolt: Tagebücher 1920–1922. Autobiographische Aufzeichnungen 1920–1954, hg. v. Herta Ramthun, Frankfurt/M. 1975

Brentano, Clemens: Werke. Bd. II, hg. v. Friedhelm Kemp, München 1963

Brentano, Franz von: Deskriptive Psychologie. Aus dem Nachlaß hg. u. eingel. v. Roderick M. Chisholm u. Wilhelm Baumgartner, Hamburg 1982

Broch, Hermann: Die Schlafwandler. Eine Romantrilogie (1932). Kommentierte Werk-
    ausgabe, hg. v. Paul Michael Lützeler, Frankfurt/M. 1978
Broch, Hermann: Die Schuldlosen. Roman in elf Erzählungen (1950). Kommentierte
    Werkausgabe, hg. v. Paul Michael Lützeler, Frankfurt/M. 1974
Brod, Max: Der Weg des Verliebten, Berlin u. a. 1907
Brod, Max: Schloß Nornepygge, Berlin 1908
Brod, Max: Ein tschechisches Dienstmädchen, Berlin u. a. 1909
Brod, Max: Tagebuch in Versen, Berlin 1910
Brod, Max: Jüdinnen, Leipzig 1915 (zuerst 1911)
Brod, Max: Arnold Beer. Das Schicksal eines Juden, Berlin 1912
Brod, Max: Über die Schönheit häßlicher Bilder, Leipzig 1913
Brod, Max: Die Höhe des Gefühls, Leipzig 1913
Brod, Max u. Weltsch, Felix: Anschauung und Begriff. Grundzüge eines Systems der Be-
    griffsbildung, Leipzig 1913
Brod, Max: Tycho Brahes Weg zu Gott, Leipzig 1917 (zuerst 1915)
Brod, Max: Die erste Stunde nach dem Tode. Eine Gespenstergeschichte, Leipzig 1916
Brod, Max: Weiberwirtschaft, Leipzig 1917
Brod, Max: Das gelobte Land. Ein Buch der Schmerzen und Hoffnungen, Leipzig
    1917
Brod, Max: Das große Wagnis, Leipzig, Wien 1918
Brod, Max: Sozialismus im Zionismus, Berlin, Wien 1920
Brod, Max: Zauberreich der Liebe, Zürich 1928
Brod, Max: Stefan Rott oder Das Jahr der Entscheidung, Berlin u. a. 1931
Brod, Max: Beinahe ein Vorzugsschüler oder pièce touchée. Roman eines unauffälligen
    Menschen, Zürich 1952
Brod, Max: Streitbares Leben. Autobiographie, München 1960
Brod, Max: Der Prager Kreis, Stuttgart u. a. 1966
Brod, Max: Notwehr. Frühe Erzählungen, Berlin 1990
Buber, Martin: Vom Geist des Judentums – Reden und Geleitworte, Leipzig 1916
Buber, Martin: Schuld und Schuldgefühle, in: Merkur 11 (1957), S. 705–730
Buber, Martin: Der Jude und sein Judentum. Gesammelte Aufsätze und Reden. Mit einer
    Einleitung von Robert Weltsch, Köln 1963
Buber, Martin: Briefwechsel aus sieben Jahrzehnten. In 3 Bänden, hg. u. eingel. v. Grete
    Schaeder. Bd. I: 1897–1918, Heidelberg 1972
Cassirer, Ernst: Philosophie der symbolischen Formen. Drei Teile, Darmstadt 1964
    (Nachdruck der zweiten Auflage von 1953–54, zuerst 1923–1929)
Celan, Paul: Gesammelte Werke, hg. v. Beda Allemann u. Stefan Reichert unter Mitwir-
    kung v. Rolf Bücher, Frankfurt/M. 2000
Döblin, Alfred: Erzählungen aus fünf Jahrzehnten, hg. v. Adolf Muschg u. Heinz Graber,
    Olten, Freiburg i. Br. 1977
Döblin, Alfred: Schriften zur Ästhetik, Poetik und Literatur, hg. v. Erich Kleinschmidt,
    Olten, Freiburg i. Br. 1989
Dostojevskij, Fjodor M.: Der Doppelgänger. Eine Petersburger Dichtung. Aus dem Rus-
    sischen v. E. K. Rahsin, München 1986
Eckermann, Johann Peter: Gespräche mit Goethe in den letzten Jahren seines Lebens, hg.
    v. Fritz Bergemann, Frankfurt/M. 1981
Edschmid, Kasimir: Expressionismus in der Dichtung, in: Die neue Rundschau 29 (1918),
    S. 359–374
Einstein, Carl: Bebuquin (1912), hg. v. Erich Kleinschmidt, Stuttgart 1995

Eliasberg, Alexander: Sagen polnischer Juden. Ausgewählt und übertragen von Alexander Eliasberg, München 1916

Ewers, Hanns Heinz: Alraune. Die Geschichte eines lebenden Wesens, München 1919 (zuerst 1911)

[S. Fischer-Verlag] Das große Jahr 1914–1915, Berlin 1915

Flaubert, Gustave: Lehrjahre des Gefühls (1869). Übertragen von Paul Wiegler, Frankfurt/M. 1979

Flaubert, Gustave: Bouvard und Pécuchet (1881). Mit einem Vorwort von Victor Brombert u. einem Nachwort von Uwe Japp. Aus dem Französischen übers. von Georg Goyert, Frankfurt/M. 1979

Freud, Sigmund: Gesammelte Werke, hg. v. Anna Freud u. a., Frankfurt/M. 1999 (zuerst 1940–1952)

[Freud-Jung] Sigmund Freud – C[arl] G[ustav] Jung. Briefwechsel, hg. v. William McGuire u. Wolfgang Sauerländer, Frankfurt/M. 1974

Fromer, Jakob: Der babylonische Talmud. Mit einer Einleitung: Der Organismus des Judentums, Berlin 1909

George, Stefan: Werke. Ausgabe in zwei Bänden, Stuttgart 1984 (4. Aufl., zuerst 1958)

Goethe, Johann Wolfgang von: Sämtliche Werke. Artemis-Gedenkausgabe, hg. v. Ernst Beutler, Zürich 1977 (zuerst 1948–54)

Gordon, Aharon David: Arbeit, in: Der Jude, 1. Jg. (1916/17), Hft. 1 (1916), S. 37–43

Gordon, Aharon David: Briefe aus Palästina, in: Der Jude, 1. Jg. (1916/17), Hft. 10 (1917), S. 643–649, Hft. 11, S. 728–736, Hft. 12, S. 794–801.

Groß, Hans: Handbuch für Untersuchungsrichter, Polizeibeamte, Gendarmen u.s.w., Graz 1893

Haeckel, Ernst: Die Welträthsel, Bonn 1899

Hašek, Jaroslav: Die Abenteuer des braven Soldaten Schwejk (1921–23). Aus dem Tschechischen von Grete Reiner, Berlin 2003

Hegel, Georg Wilhelm Friedrich: Werke. 20 Bände, hg. v. Eva Moldenhauer u. Karl Markus Michel, Frankfurt/M. 1986

[Hegel, Georg Wilhelm Friedrich] Briefe von und an Hegel, hg. v. Johannes Hoffmeister, Hamburg 1952–1961

Heidegger, Martin: Sein und Zeit (1927), Tübingen 1993

Heidegger, Martin: Die Grundbegriffe der Metaphysik. Welt – Endlichkeit – Einsamkeit. Gesamtausgabe. II. Abteilung: Vorlesungen 1923–1944. Bd. 29/30, hg. v. Friedrich-Wilhelm von Herrmann, Frankfurt/M. 1983

Herzl, Theodor: Der Judenstaat. Neudruck der Erstausgabe 1896, Osnabrück 1968

Herzl, Theodor: Briefe und Tagebücher. Bd. 1–7, hg. v. Alex Bein u. a., Frankfurt/M. 1983–1996

Heym, Georg: Dichtungen und Schriften, hg. v. Karl Ludwig Schneider, Hamburg, München 1964–1968

Hofmannsthal, Hugo v.: Gesammelte Werke in zehn Einzelbänden, hg. v. Bernd Schoeller, Frankfurt/M. 1979

Holitscher, Arthur: Amerika heute und morgen. Reiseerlebnisse, Berlin 1912

Iggers, Wilma (Hg.): Die Juden in Böhmen und Mähren. Ein historisches Lesebuch, München 1986

Jacques, Norbert: Südsee, in: Die neue Rundschau 25 (1914), S. 959–990; S. 1112–1144

Jeiteles, Isidor: Fremdes Recht im Talmud. Jahrbuch der Jüdisch-Literarischen Gesellschaft 21 (1930), S. 109–128

Jesenská, Milena: Alles ist Leben. Feuilletons und Reportagen 1919–1939, hg. v. Dorothea Rein, Fankfurt/M. 1984

Jung, Carl Gustav: Symbole der Wandlung. Analyse des Vorspiels zu einer Schizophrenie (1912). Gesammelte Werke. Bd. V, Olten, Freiburg i. Br. 1991 (6. Aufl., zuerst 1973)

Jünger, Ernst: Sämtliche Werke, Stuttgart 1978ff.

Kaes, Anton (Hg.): Kino-Debatte. Literatur und Film 1909–1929, Tübingen 1978

Kaes, Anton (Hg.): Weimarer Republik. Manifeste und Dokumente zur deutschen Literatur 1918–1933, Stuttgart 1983

Kierkegaard, Sören: Über den Begriff der Ironie mit ständiger Rücksicht auf Sokrates (1841). In: Gesammelte Werke, hg. v. Emanuel Hirsch u. Hayo Gerdes. 31. Abteilung, Gütersloh 1998

Kierkegaard, Sören: Entweder-Oder. Erster Teil (1843). Bd. 1 u. 2. In: Gesammelte Werke, hg. v. Emanuel Hirsch u. Hayo Gerdes. 1. Abteilung, Gütersloh 1986

Kierkegaard, Sören: Furcht und Zittern (1843). In: Gesammelte Werke, hg. v. Emanuel Hirsch u. Hayo Gerdes. 4. Abteilung, Gütersloh 1993

Kierkegaard, Sören: Die Wiederholung/Drei erbauliche Reden (1843). In: Gesammelte Werke, hg. v. Emanuel Hirsch u. Hayo Gerdes. 5. u. 6. Abteilung, Gütersloh 1998

Kierkegaard, Sören: Der Begriff Angst (1844). In: Gesammelte Werke, hg. v. Emanuel Hirsch u. Hayo Gerdes. 11. u. 12. Abteilung, Gütersloh 1991

Kierkegaard, Sören: Stadien auf des Lebens Weg (1845). In: Gesammelte Werke, hg. v. Emanuel Hirsch u. Hayo Gerdes. 15. Abteilung, Gütersloh 1994

Kisch, Egon Erwin: Aus Prager Gassen und Nächten – Prager Kinder – Die Abenteuer in Prag, in: Gesammelte Werke in Einzelausgaben, hg. v. Bodo Uhse u. Gisela Kisch, Bd. II/1, Berlin, Weimar 1975

Klabund (d. i. Alfred Henschke): Werke in acht Bänden. In Zusammenarbeit mit Georg Bogner, Joachim Grafe u. Julian Paulus hg. v. Christian v. Zimmermann, Heidelberg 1998–2003

Kleist, Heinrich von: Sämtliche Werke und Briefe. 2 Bde., hg. v. Helmut Sembdner, München 1965

Kölwel, Gottfried: Gesänge gegen den Tod, Leipzig 1914

Kölwel, Gottfried: Erhebung. Neue Gedichte, München 1918

Krafft-Ebing, Richard von: Psychopathia sexualis (1886). Nachdruck der 14. Aufl. von 1912, München 1993

Kraus, Karl: Frühe Schriften, hg. v. Johannes J. Braakenburg. 2 Bde., München 1979

Kraus, Karl: Schriften. Erste Abteilung. 12 Bde., hg. v. Christian Wagenknecht, Frankfurt/M. 1986–89

Kraus, Oskar: Franz Brentano. Mit Beiträgen von Carl Stumpf und Edmund Husserl, München 1919

Kubin, Alfred: Die andere Seite. Ein phantastischer Roman (1909). Reprint nach der Erstausgabe, München 1990

Laforgue, Jules: Pierrot, der Spaßvogel, hg. v. Franz Blei u. Max Brod, Berlin 1909

Leppin, Paul: Glocken, die im Dunkeln rufen, Köln 1903

Leppin, Paul: Severins Gang in die Finsternis. Ein Prager Gespensterroman (1914), hg. v. Dirk O. Hoffmann, Ravensburg 1988

Lessing, Gotthold Ephraim: Werke, hg. v. Herbert G. Göpfert u. a., München 1970ff.

Lindner, Gustav Adolf u. Lukas, Franz: Lehrbuch der empirischen Psychologie. Für den Gebrauch an höheren Lehranstalten, Wien 1912 (zuerst 1900; vierte, mit der dritten von Anton von Leclair besorgten gleichlautende Auflage)

Marty, Anton: Gesammelte Schriften, hg. v. Josef Eisenmeier, Alfred Kastil u. Oskar Kraus. 1. Band, 1. Abteilung, Halle a. S. 1916

Mann, Thomas: Der Zauberberg (1924), Frankfurt/M. 1978

Mann, Thomas: Die Erzählungen. 2 Bde., Frankfurt/M. 1979

Mann, Thomas: Ausgewählte Essays in drei Bänden, Frankfurt/M. 1977–78

Mann, Thomas: Aufsätze, Reden, Essays. Bd. II (1914–1918), hg. u. mit Anmerkungen vers. v. Harry Matter, Berlin 1983

Marx, Karl: Das Kapital. Kritik der politischen Ökonomie. Karl Marx u. Friedrich Engels: Werke. Bd. 23–25, Berlin 1975ff.

Mercier, Louis-Sébastian: Tableau de Paris (1782–88). Nouvelle édition corrigée et augmentée. 12 Bde., Paris 1982

Meyrink, Gustav: Der Golem (1915), München, Wien 1982

Musil, Robert: Gesammelte Werke. 9 Bde., hg. v. Adolf Frisé, Reinbek b. Hamburg 1978

Musil, Robert: Tagebücher. 2 Bde., hg. v. Adolf Frisé, Reinbek b. Hamburg 1976

Nietzsche, Friedrich: Kritische Gesamtausgabe, hg. v. Giorgio Colli u. Mazzino Montinari, Berlin, New York 1967ff.

Nietzsche, Friedrich: Sämtliche Werke. Kritische Studienausgabe in fünfzehn Bänden, hg. v. Giorgio Colli u. Mazzino Montinari, München 1999

Novalis (d. i.: Friedrich v. Hardenberg): Werke, Tagebücher und Briefe. 3 Bde., hg. v. Hans-Joachim Mähl u. Richard Samuel, München 1978

Pascal, Blaise: Pensées sur la religion et sur quelques autres sujets (1669/70), ed. Louis Lafuma, Paris 1952

Paul, Jean (d. i. Jean Paul Friedrich Richter): Sämtliche Werke, hg. v. Norbert Miller, München 1959ff.

Perez, Jizchok Leib: Aus dieser und jener Welt. Jüdische Geschichten. Deutsch v. Siegfried Schmitz, Wien, Berlin 1919

Pinès, Meyer Isses: Histoire de la littérature judéo-allemande, Paris 1911

Platon: Sämtliche Werke, nach der Übers. v. Friedrich Schleiermacher mit der Stephanus-Numerierung hg. v. Walter F. Otto, Ernesto Grassi u. Gert Plambböck, Reinbek b. Hamburg 1958

Rathenau, Walther: Schriften, hg. v. Arnold Harttung u. a., Berlin 1965

Rilke, Rainer Maria: Werke. Kommentierte Ausgabe in vier Bänden, hg. v. Manfred Engel u. a., Frankfurt/M., Leipzig 1996

Rilke, Rainer Maria: Die Aufzeichnungen des Malte Laurids Brigge (1910), Frankfurt/M. 1982

Roskoff, Gustav: Geschichte des Teufels, Leipzig 1869

Roth, Joseph: Hotel Savoy (1924), in: Werke in vier Bänden, hg. u. eingeleitet v. Hermann Kesten, Amsterdam 1975–76, Bd. I, S. 129–224

Roth, Joseph: Juden auf Wanderschaft (1927), in: Werke, hg. u. eingeleitet v. Hermann Kesten, Amsterdam 1975–76, Bd. III, S. 291–369

Sacher-Masoch, Leopold von: Venus im Pelz (1869), Frankfurt/M. 1980

Sauer, August: Literaturgeschichte und Volkskunde. Rektoratsrede, gehalten am 18. November 1907, Prag 1907

Schelling, Friedrich Wilhelm Joseph: Ausgewählte Schriften in 6 Bänden, Frankfurt/M. 1985

Schiller, Friedrich: Werke. Nationalausgabe, begr. v. Julius Petersen, fortgef. v. Lieselotte Blumenthal u. Benno v. Wiese, seit 1992 im Auftrag der Stiftung Weimarer Klassik und des Schiller-Nationalmuseums Marbach a. N. hg. v. Norbert Oellers. Weimar 1943ff.

Schnitzler, Arthur: Jugend in Wien. Eine Autobiographie, hg. v. Therese Nickl u. Heinrich Schnitzler. Mit einem Nachwort v. Friedrich Torberg, Frankfurt/M. 1992

Scholem, Gershom: Jugenderinnerungen. Erweiterte Fassung. Aus dem Hebräischen v. Michael Brocke u. Andrea Schatz, Frankfurt/M. 1994

Scholem, Gershom: Tagebücher nebst Aufsätzen und Entwürfen bis 1923. 1. Halbband 1913–1917, unter Mitarbeit v. Herbert Kopp-Oberstebrink hg. v. Karlfried Gründer u. Friedrich Niewöhner, Frankfurt/M. 1995

Schopenhauer, Arthur: Werke in zehn Bänden (Zürcher Ausgabe), hg. von Arthur Hübscher unter Mitarbeit von Angelika Hübscher, Zürich 1977

Seume, Johann Gottfried: Prosaschriften. Mit einer Einleitung v. Werner Kraft, Köln 1962

Simmel, Georg: Gesamtausgabe, hg. v. Otthein Rammstedt, Frankfurt/M. 1988ff.

Sklovskij, Viktor: Die Kunst als Verfahren (1917), in: Texte der russischen Formalisten. Bd. I, hg. u. eingel. v. Jurij Striedter, München 1969, S. 11–35

Sorge, Reinhard Johannes: Werke in drei Bänden, hg. v. Hans Gerd Rötzer. Bd. II, Nürnberg 1964

Spengler, Oswald: Der Untergang des Abendlandes. Umrisse einer Morphologie der Weltgeschichte (1918/1922). Sonderausgabe in einem Band, München 1923

Stekel, Wilhelm: Dichtung und Neurose. Bausteine zur Psychologie des Künstlers und des Kunstwerks, Wiesbaden 1909

Steiner, Rudolf: Anthroposophie, Psychosophie, Pneumatosophie. Zwölf Vorträge, gehalten in Berlin vom 23. bis 27. Oktober 1909, 1. bis 4. November 1910 und 12. bis 16. Dezember 1911, Dornach 1980

Steiner, Rudolf: Gesammelte Aufsätze. Luzifer – Gnosis 1903–1908. Gesamtausgabe, Bd. 34, Dornach 1987

Sternheim, Carl: Das Gesamtwerk, hg. v. Wilhelm Emrich u. Manfred Linke, Neuwied, Berlin 1963–1976

Sudhoff, Dieter u. Schardt, Michael M. (Hg.): Prager deutsche Erzählungen, Stuttgart 1992

Swift, Jonathan: Gullivers Reisen (1726), neu übers., kommentiert und mit einem Nachwort versehen von Hermann J. Real u. Heinz J. Vienken, Stuttgart 1987

Tagger, Theodor: Das neue Geschlecht. Programmschrift gegen die Metapher, Berlin 1917

Trakl, Georg: Das dichterische Werk. Auf Grund der historisch-kritischen Ausgabe von Walther Killy u. Hans Szklenar, München 1979 (5. Aufl., zuerst 1972)

Uexküll, Jakob von: Umwelt und Innenwelt der Tiere, Berlin 1909

Valéry, Paul: Œuvres. Edition etablie et annoté par Jean Hytier, Paris 1960

Vietta, Silvio (Hg.): Lyrik des Expressionismus, Tübingen 1990

Walser, Robert: Das Gesamtwerk, hg. v. Jochen Greven, Genf, Hamburg 1966ff.

Walser, Robert: Jakob von Gunten (1909), Frankfurt/M. 1985

Wassermann, Jakob: Mein Weg als Deutscher und Jude, Berlin 1921

Wassermann, Jakob: Deutscher und Jude. Reden und Schriften 1904–1933, Heidelberg 1984

Weber, Alfred: Der Beamte, in: Die neue Rundschau 21(1910), S. 1321–1339

Wedekind, Frank: Werke in zwei Bänden, hg. mit Nachwort und Anmerkungen v. Erhard Weidl, München 1990

Weininger, Otto: Geschlecht und Charakter (1903), München 1980

Weiß, Ernst, Die Galeere (1913), Frankfurt/M. 1982

Weiß, Ernst: Tiere in Ketten (1918), Frankfurt/M. 1982

Weiss, Peter: Fluchtpunkt, Frankfurt/M. 1962

Werfel, Franz: Der Weltfreund, Leipzig o. J. (2. Aufl., zuerst 1911)

Werfel, Franz: Einander. Oden, Lieder, Gestalten, Leipzig 1917 (2. Aufl., zuerst 1915)

Werfel, Franz: Erzählungen aus zwei Welten. Erster Band, hg. v. Adolf D. Klarmann, Stockholm 1948

Werfel, Franz: Die Dramen. Erster Band, hg. v. Adolf D. Klarmann, Frankfurt/M. 1959

Wilde, Oscar: Complete Works. With an Introduction by Vyvyan Holland, London, Glasgow 1977

Wittgenstein, Ludwig: Werkausgabe. Bd. 1: Tractatus logico-philosophicus, Tagebücher 1914–1916, Philosophische Untersuchungen. Neu durchges. v. Joachim Schulte, Frankfurt/M. 1984

Wolff, Kurt: Autoren, Bücher, Abenteuer. Betrachtungen und Erinnerungen eines Verlegers, Berlin 1965

Wolff, Kurt: Briefwechsel eines Verlegers. 1911–1963, hg. v. Bernhard Zeller u. Ellen Otten, Frankfurt/M. 1966

Wundt, Wilhelm: Grundzüge der physiologischen Psychologie, Leipzig 1874

Zweig, Stefan: Die Welt von Gestern. Erinnerungen eines Europäers (1944), Frankfurt/M. 1986

V Kafka-Forschung

Abraham, Ulf: Mose ‹Vor dem Gesetz›. Eine unbekannte Vorlage zu Kafkas ‹Türhüterlegende›, in: Deutsche Vierteljahrsschrift für Literaturwissenschaft und Geistesgeschichte 57 (1983), S. 636–651

Abraham, Ulf: Der verhörte Held. Verhöre, Urteile und die Rede von Recht und Schuld im Werk Franz Kafkas, München 1985

Albert, Claudia u. Disselnkötter, Andreas: «Grotesk und erhaben in einem Atemzug» – Kafkas Affe, in: Euphorion 96 (2002), S. 127–144

Allemann, Beda: Zeit und Geschichte im Werk Kafkas, Göttingen 1998

Alt, Peter-André: Doppelte Schrift, Unterbrechung und Grenze. Franz Kafkas Poetik des Unsagbaren im Kontext der Sprachskepsis um 1900, in: Jahrbuch der deutschen Schillergesellschaft 29 (1985), S. 455–490

Alt, Peter-André: Flaneure, Voyeure, Lauscher an der Wand. Zur literarischen Phänomenologie des Gehens, Schauens und Horchens bei Kafka, in: Neue Rundschau 98 (1987), S. 121–140

Alt, Peter-André: Kleist und Kafka. Eine Nachprüfung, in: Kleist-Jahrbuch 1995, S. 97–121

Anz, Thomas: «Jemand mußte Otto G. verleumdet haben ...» Kafka, Werfel, Otto Gross und eine ‹psychiatrische Geschichte›, in: Akzente 31 (1984), Hft. 2, S. 184–191

Anz, Thomas: Franz Kafka, München 1989

Anz, Thomas: Kafka, der Krieg und das größte Theater der Welt, in: «Krieg der Geister». Erster Weltkrieg und literarische Moderne, hg. v. Uwe Schneider u. Andreas Schumann, Würzburg 2000, S. 247–262

Baioni, Giuliano: Kafka. Literatur und Judentum, Stuttgart, Weimar 1994

Beck, Evelyn Torton: Kafka and the Yiddish Theater. Its impact on his work, Madison, Milwaukee, London 1971

Beicken, Peter U.: Franz Kafka. Eine kritische Einführung in die Forschung, Frankfurt/M. 1974

Beißner, Friedrich: Der Erzähler Franz Kafka und andere Vorträge. Mit einer Einführung v. Werner Keller, Frankfurt/M. 1983

[Benjamin, Walter]: Benjamin über Kafka. Texte, Briefzeugnisse, Aufzeichnungen, hg. v. Hermann Schweppenhäuser, Frankfurt/M. 1981

Bezzel, Chris: Kafka-Chronik. Daten zu Leben und Werk, München, Wien 1975

Binder, Hartmut: Motiv und Gestaltung bei Franz Kafka, Bonn 1966

Binder, Hartmut: Franz Kafka und die Wochenschrift ‹Selbstwehr›, in: Deutsche Vierteljahrsschrift für Literaturwissenschaft und Geistesgeschichte 41 (1967), S. 283–304

Binder, Hartmut: Kafkas Hebräischstudien. Ein biographisch-interpretatorischer Versuch, in: Jahrbuch der deutschen Schillergesellschaft 11 (1967), S. 527–556

Binder, Hartmut: Kafkas literarische Urteile. Ein Beitrag zu seiner Typologie und Ästhetik, in: Zeitschrift für deutsche Philologie 86 (1967), S. 211–249

Binder, Hartmut: Kafka und seine Schwester Ottla. Zur Biographie der Familiensituation des Dichters unter besonderer Berücksichtigung der Erzählungen Die Verwandlung und Der Bau, in: Jahrbuch der deutschen Schillergesellschaft 12 (1968), S. 403–456

Binder, Hartmut: Kafkas Briefscherze. Sein Verhältnis zu Josef David, in: Jahrbuch der deutschen Schillergesellschaft 13 (1969), S. 536–559

Binder, Hartmut: Der Jäger Gracchus. Zu Kafkas Schaffensweise und poetischer Topographie, in: Jahrbuch der deutschen Schillergesellschaft 15 (1971), S. 375–440

Binder, Hartmut: Kafka und Napoleon, in: Festschrift für Friedrich Beißner, hg. v. Ulrich Gaier u. Werner Volke, Bebenhausen 1974, S. 38–66

Binder, Hartmut: Kafka-Kommentar zu sämtlichen Erzählungen, München 1975

Binder, Hartmut: Kafka-Kommentar zu den Romanen, Rezensionen, Aphorismen und zum Brief an den Vater, München 1976

Binder, Hartmut: Kafka in neuer Sicht. Mimik, Gestik und Personengefüge als Darstellungsformen des Autobiographischen, Stuttgart 1976

Binder, Hartmut (Hg.): Kafka-Handbuch. Unter Mitarbeit zahlreicher Fachwissenschaftler hg. v. Hartmut Binder. Bd. 1: Leben und Persönlichkeit. Bd. 2: Das Werk und seine Wirkung, Stuttgart 1979

Binder, Hartmut: Kafka. Der Schaffensprozeß, Frankfurt/M. 1983

Binder, Hartmut (Hg.): Franz Kafka und die Prager deutsche Literatur. Deutungen und Wirkungen, Bonn 1988

Binder, Hartmut: Ein vergessenes Kapitel Prager Literaturgeschichte. Karl Brand und seine Beziehung zu Kafka und Werfel, in: Euphorion 84 (1990), S. 269–316

Binder, Hartmut (Hg.): Prager Profile. Vergessene Autoren im Schatten Kafkas, Berlin 1991

Binder, Hartmut: Vor dem Gesetz. Einführung in Kafkas Welt, Stuttgart, Weimar 1993

Binder, Hartmut: Kafkas Verwandlung. Entstehung, Deutung, Wirkung, Frankfurt/M., Basel 2004

Blanchot, Maurice: Von Kafka zu Kafka. Aus dem Französischen übers. v. Elsbeth Dangel, Frankfurt/M. 1993 (= De Kafka à Kafka, 1981)

Bloom, Harold: Kafka, Freud, Scholem. Aus dem amerikanischen Englisch v. Angelika Schweikhart, Basel, Frankfurt/M. 1990

Born, Jürgen u. a. (Hg.): Kafka-Symposium, Berlin 1965

Bridgwater, Patrick: Kafka and Nietzsche, Bonn 1974

Bridgwater, Patrick: Rotpeters Ahnen, oder: Der gelehrte Affe in der deutschen Dichtung, in: Deutsche Vierteljahrsschrift für Literaturwissenschaft und Geistesgeschichte 54 (1982), S. 447–462

Brod, Max: Über Franz Kafka, Frankfurt/M. 1966 (enthält: Franz Kafka. Eine Biographie [1939, 1963]; Franz Kafkas Glauben und Lehre [1948]; Verzweiflung und Erlösung im Werk Franz Kafkas [1959])

Canetti, Elias: Der andere Prozeß. Kafkas Briefe an Felice, München 1969

Caputo-Mayr, Marie Luise u. Herz, Julius M.: Eine kommentierte Bibliographie der Sekundärliteratur (1955–1980, mit einem Nachtrag 1985), Bern, München 1987

Čermák, Josef: Die Kafka-Rezeption in Böhmen (1913–1949), in: Germanoslavica I (1994), Nr. 1–2, S. 127–144

Cersowsky, Peter: ‹Die Geschichte vom schamhaften Langen und vom Unredlichen in seinem Herzen›. Zu Fremdeinflüssen, Originalität und Erzählhaltung beim jungen Kafka, in: Sprachkunst 7 (1976), S. 17–35

Cersowsky, Peter: Phantastische Literatur im ersten Viertel des 20. Jahrhunderts. Kubin – Meyrink – Kafka, München 1989 (2. Aufl., zuerst 1983)

Cersowsky, Peter: Kafkas philosophisches Drama: Der Gruftwächter, in: Germanisch-Romanische Monatsschrift 40 (N. F.) (1990), Hft. 1, S. 54–65

David, Claude (Hg.): Franz Kafka. Themen und Probleme, Göttingen 1980

Deleuze, Gilles u. Guattari, Félix: Kafka. Für eine kleine Literatur. Aus dem Französischen übers. v. Burkhart Kroeber, Frankfurt/M. 1976 (= Kafka. Pour une littérature mineure, 1975)

Demetz, Peter: Die Flugschau von Brescia. Kafka, d'Annunzio und die Männer, die vom Himmel fielen, Wien 2002

Derrida, Jacques: Préjuges / Vor dem Gesetz, hg. v. Peter Engelmann, Wien 1999

Dietz, Ludwig: Die Datierung von Kafkas Beschreibung eines Kampfes und ihrer vollständigen Handschrift A, in: Jahrbuch der deutschen Schillergesellschaft 17 (1973), S. 490–503

Emrich, Wilhelm: Franz Kafka. Das Baugesetz seiner Dichtung. Der mündige Mensch jenseits von Nihilismus und Tradition, Frankfurt/M., Bonn 1961 (3. Aufl., zuerst 1958)

Engel, Manfred: Literarische Träume und traumhaftes Schreiben bei Franz Kafka. Ein Beitrag zur Oneiropoetik der Moderne, in: Träumungen. Traumerzählungen in Film und Literatur, hg. v. Bernhard Dieterle, St. Augustin 1999, S. 233–262

Fingerhut, Karl-Heinz: Die Funktion der Tierfiguren im Werke Franz Kafkas, Bonn 1969

Fingerhut, Karl-Heinz: Erlebtes und Erlesenes – Arthur Holitschers und Franz Kafkas Amerika-Darstellungen. Zum Funktionsübergang von Reisebericht und Roman, in: Diskussion Deutsch 20 (1989), S. 337–355

Frick, Werner: Kafkas New York, in: Orte der Literatur, hg. v. Werner Frick in Zusammenarbeit mit Gesa von Essen u. Fabian Lampart, Göttingen 2002, S. 266–294

Fromm, Waldemar: Artistisches Schreiben. Franz Kafkas Poetik zwischen Proceß und Schloß, München 1998

Gilman, Sander: Franz Kafka, the Jewish Patient, New York, London 1995

Glatzer, Nahum N.: Frauen in Kafkas Leben. Aus dem Amerikanischen von Otto Bayer, Zürich 1987

Goldstücker, Eduard, Kautmann, František, Reimann, Paul u. Houska, Leoš: Franz Kafka aus Prager Sicht, Prag 1966

Grözinger, Karl Erich u. a. (Hg.): Kafka und das Judentum, Frankfurt/M. 1987

Grözinger, Karl Erich: Kafka und die Kabbala. Das Jüdische im Werk und Denken von Franz Kafka, Frankfurt/M. 1992

Guntermann, Georg: Vom Fremdwerden der Dinge beim Schreiben. Kafkas Tagebücher als literarische Physiognomie des Autors, Tübingen 1991

Heintel, Brigitte u. Helmut: Franz Kafka: 1901 allein auf Norderney und Helgoland, in: Freibeuter 17 (1983), S. 20–25

Henel, Ingeborg: Die Türhüterlegende und ihre Bedeutung für Kafkas Prozeß, in: Deutsche Vierteljahrsschrift für Literaturwissenschaft und Geistesgeschichte 37 (1963), S. 50–71

Hermes, Roger u. a.: Franz Kafka. Eine Chronik, Berlin 1999

Hiebel, Hans Helmut: Die Zeichen des Gesetzes. Recht und Macht bei Franz Kafka, München 1983

Hiebel, Hans Helmut: Franz Kafka, *Ein Landarzt*, München 1984

Hillmann, Heinz: Franz Kafka. Dichtungstheorie und Dichtungsgestalt, Bonn 1964

Hillmann, Heinz: Kafkas *Amerika*. Literatur als Problemlösungsspiel, in: Der deutsche Roman. Bd. I: Analysen und Materialien zur Theorie und Soziologie des Romans, hg. v. Manfred Brauneck, Bamberg 1976, S. 135–158

Jahraus, Oliver u. Neuhaus, Stefan (Hg.): Kafkas *Urteil* und die Literaturtheorie. Zehn Modellanalysen, Stuttgart 2002

Jahn, Wolfgang: Kafka und die Anfänge des Kinos, in: Jahrbuch der deutschen Schillergesellschaft 6 (1962), S. 353–368

Jahn, Wolfgang: Kafkas Roman *Der Verschollene (Amerika)*, Stuttgart 1965

Jütte, Robert: Ist das zum Essen oder zum Einreiben? Franz Kafka war ein Anhänger der Naturheilkunde seiner Zeit, in: Frankfurter Allgemeine Zeitung vom 13. April 2002 (Nr. 86), S. 49

Kienlechner, Sabina: Negativität der Erkenntnis im Werk Franz Kafkas. Eine Untersuchung zu seinem Denken anhand einiger später Texte, Tübingen 1981

Kittler, Wolf: Der Turmbau zu Babel und das Schweigen der Sirenen. Über das Reden, die Stimme und die Schrift in vier Texten von Franz Kafka, Erlangen 1985

Kittler, Wolf u. Neumann, Gerhard (Hg.): Franz Kafka: Schriftverkehr, Freiburg/Br. 1990

Kittler, Wolf: Grabenkrieg – Nervenkrieg – Medienkrieg. Franz Kafka und der 1. Weltkrieg, in: Armaturen der Sinne. Literarische und technische Medien 1870 bis 1920, hg. v. Jochen Hörisch u. Michael Wetzel, München 1990, S. 289–309

Kobs, Jörgen: Kafka: Untersuchungen zu Bewußtsein und Sprache seiner Gestalten, hg. v. Ursula Brech, Bad Homburg v. d. H. 1970

Koch, Hans-Gerd u. Wagenbach, Klaus (Hg.): Kafkas Fabriken, Marbach/N. 2002

Kraft, Herbert: Mondheimat Kafka, Pfullingen 1982

Kremer, Detlef: Kafka. Die Erotik des Schreibens, Bodenheim b. Mainz 1998 (2. Aufl., zuerst 1989)

Kudszus, Winfried: Erzählhaltung und Zeitverschiebung in Kafkas *Prozess* und *Schloss*, in: Franz Kafka, hg. v. Heinz Politzer, Darmstadt 1973, S. 331–350

Kurz, Gerhard: Traum-Schrecken. Kafkas literarische Existenzanalyse, Stuttgart 1980

Kurz, Gerhard (Hg.): Der junge Kafka, Frankfurt/M. 1984

Lange, Wolfgang: Über Kafkas Kierkegaard-Lektüre und einige damit zusammenhängende Gegenstände, in: Deutsche Vierteljahrsschrift für Literaturwissenschaft und Geistesgeschichte 60 (1986), S. 286–308

Lange-Kirchheim, Astrid: Franz Kafka: *In der Strafkolonie* und Alfred Weber: *Der Beamte*, in: Germanisch-Romanische Monatsschrift. N. F. Bd. 28 (1977), S. 202–221

Liebrand, Claudia: Die verschollene (Geschlechter-)Differenz. Zu Franz Kafkas Amerika-Roman, in: Literatur für Leser 3 (1997), S. 143–157

Liebrand, Claudia: Die Herren im Schloß. Zur Defiguration des Männlichen in Kafkas Roman, in: Jahrbuch der deutschen Schillergesellschaft 42 (1998), S. 309–327

Martini, Fritz: Das Wagnis der Sprache. Interpretationen deutscher Prosa von Nietzsche bis Benn, Stuttgart 1954

Mecke, Günter: Franz Kafkas offenbares Geheimnis. Eine Psychopathographie, München 1982

Müller, Michael (Hg.): Franz Kafka. Romane und Erzählungen. Interpretationen, Stuttgart 1994

Müller-Seidel, Walter: Die Deportation des Menschen. Kafkas Erzählung *In der Strafkolonie* im europäischen Kontext, Frankfurt/M. 1989 (2. Aufl., zuerst 1986)

Murray, Nicholas: Kafka, London 2004

Möbus, Frank: Sündenfälle. Die Geschlechtlichkeit in Erzählungen Franz Kafkas, Göttingen 1994

Nagel, Bert: Kafka und die Weltliteratur, München 1983

Nekula, Marek: Franz Kafkas Sprachen. «in einem Stockwerk des innern babylonischen Turmes …», Tübingen 2003

Neumann, Gerhard: Umkehrung und Ablenkung: Franz Kafkas ‹Gleitendes Paradox›, in: Deutsche Vierteljahrsschrift für Literaturwissenschaft und Geistesgeschichte 42 (1968), S. 702–744

Neumann, Gerhard: Ein Bericht für eine Akademie. Erwägungen zum «Mimesis»-Charakter Kafkascher Texte, in: Deutsche Vierteljahrsschrift für Literaturwissenschaft und Geistesgeschichte 49 (1975), S. 166–183

Neumann, Gerhard: Franz Kafka. Das Urteil. Text, Materialien, Kommentar, München, Wien 1981

Neumann, Gerhard: Hungerkünstler und Menschenfresser. Zum Verhältnis von Kunst und kulturellem Ritual im Werk Franz Kafkas, in: Archiv für Kulturgeschichte 66 (1984), S. 347–388

Neumann, Gerhard: Traum und Gesetz. Franz Kafkas Arbeit am Mythos, in: Das Phänomen Franz Kafka, hg. v. Wolfgang Kraus u. Norbert Winkler, Prag 1997, S. 15–32

Neumann, Gerhard: ‹Blinde Parabel› oder Bildungsroman? Zur Struktur von Franz Kafkas Proceß-Fragment, in: Jahrbuch der deutschen Schillergesellschaft 41 (1997), S. 399–427

Neumann, Gerhard: «Eine höhere Art der Betrachtung». Wahrnehmung und Medialität in Kafkas Tagebüchern, in: Franz Kafka. Eine ethische und ästhetische Rechtfertigung, hg. v. Beatrice Sandberg u. Jakob Lothe, Freiburg/Br. 2003, S. 33–58

Neumeister, Sebastian: Der Dichter als Dandy. Kafka. Baudelaire. Thomas Bernhard, München 1973

Nicolai, Ralf: Kafkas Amerika-Roman Der Verschollene. Motive und Gestalten, Würzburg 1986

Nicolai, Ralf: Kafkas Beim Bau der chinesischen Mauer im Lichte themenverwandter Texte, Würzburg 1991

Northey, Anthony: Kafka in Riva, 1913, in: Neue Zürcher Zeitung, 25./26.4.1987 (Nr. 95), S. 65f.

Northey, Anthony: Kafkas Mischpoche, Berlin 1988

Northey, Anthony: Julie Wohryzek, Franz Kafkas zweite Verlobte, in: Freibeuter 59 (1994), S. 3–16

Pasley, Malcolm (Hg.): Der Prozeß. Die Handschrift redet, Marbach/N. 1990

Pasley, Malcolm: «Die Schrift ist unveränderlich». Essays zu Kafka, Frankfurt/M. 1995

Pawel, Ernst: Das Leben Franz Kafkas, München, Wien 1985

Philippi, Klaus-Peter: Reflexion und Wirklichkeit. Untersuchungen zu Kafkas Roman Das Schloß, Tübingen 1966

Politzer, Heinz: Franz Kafka, der Künstler, Frankfurt/M. 1965 (= Franz Kafka. Parable and Paradox, 1962)

Ries, Wiebrecht: Transzendenz als Terror. Eine religionsphilosophische Studie über Franz Kafka, Heidelberg 1971

Robertson, Ritchie: Kafka. Judentum, Gesellschaft, Literatur. Aus dem Englischen von Josef Billen, Stuttgart 1988 (= Kafka. Judaism, Politics, and Literature, 1985)

Ryan, Judith: Die zwei Fassungen der Beschreibung eines Kampfes. Zur Entwicklung von Kafkas Erzähltechnik, in: Jahrbuch der deutschen Schillergesellschaft 14 (1970), S. 546–572

Schärf, Christian: Franz Kafka. Poetischer Text und heilige Schrift, Göttingen 2000

Schillemeit, Jost: Der unbekannte Bote. Zu einem neuentdeckten Widmungstext Kafkas, in: Juden in der deutschen Literatur, hg. v. Stéphane Mosès u. Albrecht Schöne, Frankfurt/M. 1986, S. 269–280

Schillemeit, Jost: Kafka-Studien, hg. v. Rosemarie Schillemeit, Göttingen 2004

Schirrmacher, Frank (Hg.): Verteidigung der Schrift. Kafkas Prozeß, Frankfurt/M. 1987

Schmidt, Ulrich: Von der ‹Peinlichkeit der Zeit›. Kafkas Erzählung In der Strafkolonie, in: Jahrbuch der deutschen Schillergesellschaft 28 (1984), S. 407–445

Schneider, Manfred: Kafkas Tiere und das Unmögliche, in: Menschengestalten. Zur Kodierung des Kreatürlichen im modernen Roman, hg. v. Rudolf Behrens u. Roland Galle, Würzburg 1995, S. 83–101

Schocken, Wolfgang Alexander: Wer war Grete Bloch? In: Exilforschung. Ein internationales Jahrbuch. Bd. 4 (1986), S. 83–97

Schütterle, Annette: Franz Kafkas ‹Tropische Münchausiade›. Eine Lesung in München, in: Freibeuter 75 (Januar 1998), S. 153–156.

Schütterle, Annette: Franz Kafkas Octavhefte. Ein Schreibprozeß als «System des Teilbaues», Freiburg/Br. 2002

Schwarz, Sandra: ‹Verbannung› als Lebensform. Koordinaten eines literarischen Exils in Franz Kafkas ‹Trilogie der Einsamkeit›, Tübingen 1996

Sokel, Walter H.: Franz Kafka. Tragik und Ironie, München, Wien 1976 (2. Aufl., zuerst 1964)

Sokel, Walter H.: Zwischen Drohung und Errettung. Zur Funktion Amerikas in Kafkas Roman Der Verschollene, in: Amerika in der deutschen Literatur. Neue Welt-Nordamerika-USA, hg. v. Siegfried Bauschinger u. Wilfried Malsch, Stuttgart 1975, S. 247–271

Sprengel, Peter: Metaphysische Moderne. Wilhem Emrichs Kafka-Bild und seine Voraussetzungen, in: Produktivität des Gegensätzlichen. Studien zur Literatur des 19. und 20. Jahrhunderts. Festschrift für Horst Denkler zum 65. Geburtstag, hg. v. Julia Bertschik, Elisabeth Emter u. Johannes Graf, Tübingen 2000, S. 275–288.

Stach, Reiner: Kafkas erotischer Mythos. Eine ästhetische Konstruktion des Weiblichen, Frankfurt/M. 1987

Stach, Reiner: Kafka. Die Jahre der Entscheidungen, Frankfurt/M. 2002

Stromšik, Jiří: Kafkas Forschungen, in: Das Phänomen Franz Kafka, hg. v. Wolfgang Kraus u. Norbert Winkler, Prag 1997, S. 139–153

Stölzl, Christoph: Kafkas böses Böhmen. Zur Sozialgeschichte eines Prager Juden, München 1975

Tismar, Jens: Kafkas Schakale und Araber im zionistischen Kontext, in: Jahrbuch der deutschen Schillergesellschaft 19 (1975), S. 306–323

Turk, Horst: «Betrügen ohne Betrug.» Das Problem der literarischen Legitimation am Beispiel Kafkas, in: Urszenen. Literaturwissenschaft als Diskursanalyse, hg. v. Friedrich A. Kittler u. Horst Turk, Frankfurt/M. 1977, S. 381–407

Unseld, Joachim: Franz Kafka. Ein Schriftstellerleben, München, Wien 1982

Valk, Thorsten: «Und heilt er nicht, so tötet ihn!» Subjektzerfall und Dichtertheologie in Kafkas Erzählung Ein Landarzt, in: Hofmannsthal-Jahrbuch 11 (2003), S. 351–373

Valk, Thorsten: Der Jäger Gracchus, in: Franz Kafka. Romane und Erzählungen. Interpretationen. Erweiterte Neuausgabe, hg. v. Michael Müller, Stuttgart 2003, S. 333–345

Vogl, Joseph: Ort der Gewalt. Kafkas literarische Ethik, München 1990

Voigts, Manfred: Franz Kafka, Vor dem Gesetz. Aufsätze und Materialien, Würzburg 1993

Wagenbach, Klaus: Franz Kafka. Eine Biographie seiner Jugend 1883–1912, Bern 1958

Wagenbach, Klaus: Franz Kafka in Selbstzeugnissen und Bilddokumenten, Reinbek b. Hamburg 1964

Wagenbach, Klaus: Drei Sanatorien Kafkas. Ihre Bauten und Gebräuche, in: Freibeuter 16 (1983), S. 77–90

Wagner, Benno: Der Bewerber und der Prätendent. Zur Selektivität der Idee bei Platon und Kafka, in: Hofmannsthal-Jahrbuch 8 (2000), S. 273–309

Wagnerová, Alena: Die Familie Kafka aus Prag, Frankfurt/M. 2001 (zuerst 1997)

Walser, Martin: Beschreibung einer Form, München 1961 (zuerst 1952 unter dem Titel: Beschreibung einer Form: Versuch über die epische Dichtung Franz Kafkas)

Weinberg, Kurt: Kafkas Dichtungen. Die Travestien des Mythos, Bern, München 1963

Zimmermann, Hans Dieter: Der babylonische Dolmetscher. Zu Franz Kafka und Robert Walser, Frankfurt/M. 1985

Zimmermann, Hans Dieter (Hg.): Nach erneuter Lektüre: Franz Kafkas *Der Proceß*, Würzburg 1992

Zischler, Hanns: Kafka geht ins Kino, Reinbek b. Hamburg 1996

VI Weitere literaturwissenschaftliche Forschung

Adorno, Theodor W.: Noten zur Literatur (1958–1968), hg. v. Rolf Tiedemann, Frankfurt/M. 1981 (zuerst 1974)

Alt, Peter-André: Der Schlaf der Vernunft. Literatur und Traum in der Kulturgeschichte der Neuzeit, München 2002

Alt, Peter-André: Mode ohne Methode. Überlegungen zu einer Theorie literaturwissenschaftlicher Biographik, in: Grundlagen der Biographik. Theorie und Praxis des biographischen Schreibens, hg. v. Christian Klein, Stuttgart, Weimar 2002, S. 22–39

Anz, Thomas: Literatur der Existenz. Literarische Psychopathographie und ihre Bedeutung im Frühexpressionismus, Stuttgart 1977

Bachelard, Gaston: L'espace littéraire, Paris 1955

Bataille, Georges: Die Literatur und das Böse, München 1987

Baumgarth, Christa: Geschichte des Futurismus, Reinbek b. Hamburg 1966

Best, Otto F.: Mameloschen Jiddisch – Eine Sprache und ihre Literatur, Frankfurt/M. 1988

Bloom, Harold: Einfluss-Angst. Eine Theorie der Dichtung. Aus dem amerikanischen Englisch v. Angelika Schweikhart, Basel 1995 (= The Anxiety of Influence, 1973)

Bloom, Harold: The Western Canon. The Book and the School of the Ages, New York, San Diego, London 1994

Bohrer, Karl Heinz: Der romantische Brief. Die Entstehung ästhetischer Subjektivität. München, Wien 1987

Bohrer, Karl Heinz: Die permanente Theodizee. Über das verfehlte Böse im deutschen Bewußtsein, in: K. H. B.: Nach der Natur. Über Politik und Ästhetik, München 1988, S. 133–161

Bohrer, Karl Heinz: Ästhetische Negativität, München 2002

Bohrer, Karl Heinz: Imaginationen des Bösen. Zur Begründung einer ästhetischen Kategorie, München 2004

Bohrer, Karl Heinz (Hg.): Mythos und Moderne. Begriff und Bild einer Rekonstruktion, Frankfurt/M. 1983

Born, Jürgen (Hg.): Deutschsprachige Literatur aus Prag und den böhmischen Ländern 1900–1925. Chronologische Übersicht und Bibliographie, München 1991

Ehlers, Klaas-Hinrich u. a. (Hg.): Brücken nach Prag. Deutschsprachige Literatur im kulturellen Kontext der Donaumonarchie und der Tschechoslowakei. Festschrift für Kurt Krolop zum 70. Geburtstag, Frankfurt/M. u. a. 2000

Frank, Manfred: Gott im Exil. Vorlesungen über die Neue Mythologie. II. Teil, Frankfurt/M. 1988

Genette, Gérard: Palimpseste. Die Literatur auf zweiter Stufe. Aus dem Französischen v. Wolfram Bayer u. Dieter Hornig, Frankfurt/M. 1993 (= Palimpsestes. La littérature au second degré, 1982)

Goldstücker, Eduard (Hg.): Weltfreunde. Konferenz über die Prager deutsche Literatur, Prag, Berlin 1967

Hermann, Frank u. Schmitz, Heinke: Avantgarde und Kommerz. Der Verlag *Die Schmiede* Berlin 1921–1929, in: Buchhandelsgeschichte. Aufsätze, Rezensionen und Berichte zur Geschichte des Buchwesens 1991/4, S. B129–B150

Hörisch, Jochen: Ende der Vorstellung. Die Poesie der Medien, Frankfurt/M. 1999

Iser, Wolfgang: Das Fiktive und das Imaginäre. Perspektiven literarischer Anthropologie, Frankfurt/M. 1991

Kiesel, Helmuth: Geschichte der literarischen Moderne. Sprache, Ästhetik, Dichtung im zwanzigsten Jahrhundert, München 2004

Kittler, Friedrich A.: Aufschreibesysteme 1800–1900, München 1995 (3. Aufl., zuerst 1985)

Kurzke, Hermann: Thomas Mann. Das Leben als Kunstwerk, München 1999

Lethen, Helmut: Verhaltenslehren der Kälte. Lebensversuche zwischen den Kriegen, Frankfurt/M. 1994

Lukács, Georg: Die Theorie des Romans (1916), Frankfurt/M. 1981

Man, Paul de: Allegorien des Lesens. Aus dem Amerikanischen v. Werner Hamacher u. Peter Krumme, Frankfurt/M. 1988

Matt, Peter von: … fertig ist das Angesicht. Zur Literaturgeschichte des menschlichen Gesichts, München, Wien 1983

Matt, Peter von: Verkommene Söhne, mißratene Töchter. Familiendesaster in der Literatur, München 1995

Mix, York-Gothart (Hg.): Naturalismus – Fin de siècle – Expressionismus 1890–1918. Hansers Sozialgeschichte der deutschen Literatur, Bd. 7, München, Wien 2000

Mühlberger, Josef: Geschichte der deutschen Literatur in Böhmen 1900–1939, München, Wien 1981

Rasch, Wolfdietrich: Die literarische Décadence um 1900, München 1986

Robertson, Ritchie: Die Erneuerung des Judentums aus dem Geist der Assimilation. 1900 bis 1922, in: Ästhetische umd religiöse Erfahrungen der Jahrhundertwenden, hg. v. W. Braungart u. a. Bd. II, Paderborn u. a. 1998, S. 170–193

Schmeling, Manfred: Der labyrinthische Diskurs. Vom Mythos zum Erzählmodell, Frankfurt/M. 1987

Schneider, Manfred: Liebe und Betrug. Die Sprachen des Verlangens, München 1992

Siegert, Bernhard: Relais. Geschichte der Literatur als Epoche der Post 1751–1913, Berlin 1993

Sprengel, Peter: Scheunenviertel-Theater. Jüdische Schauspieltruppen und jiddische Dramatik in Berlin (1900–1918), Berlin 1995

Sprengel, Peter: Geschichte der deutschsprachigen Literatur 1900–1918. Von der Jahrhundertwende bis zum Ende des Ersten Weltkriegs, München 2004

Stierle, Karlheinz: Mythos als ‹Bricolage› und zwei Endstufen des Prometheus-Mythos, in: Terror und Spiel. Probleme der Mythenrezeption, hg. v. Manfred Fuhrmann (= Poetik und Hermeneutik IV), München 1971, S. 455–472

Stierle, Karlheinz: Der Mythos von Paris. Zeichen und Bewußtsein der Stadt, München 1998 (zuerst 1993)

Stüssel, Kerstin: In Vertretung. Literarische Mitschriften von Bürokratie zwischen Früher Neuzeit und Gegenwart, Tübingen 2004

Vaget, H. Rudolf: Der Dilettant. Eine Skizze der Wort- und Bedeutungsgeschichte, in: Jahrbuch der deutschen Schillergesellschaft 14 (1970), S. 131–158

VII Studien zur Ästhetik, Philosophie und Gesellschaftswissenschaft

Adorno, Theodor W.: Kierkegaard. Konstruktion des Ästhetischen (1933), Frankfurt/M. 1974

Adorno, Theodor W.: Minima Moralia. Reflexionen aus dem beschädigten Leben, Frankfurt/M. 1981 (zuerst 1951)

Adorno, Theodor W.: Prismen. Kulturkritik und Gesellschaft, Frankfurt/M. 1987 (3. Aufl., zuerst 1955)

Adorno, Theodor W.: Negative Dialektik, Frankfurt/M. 1975 (zuerst 1966)

Adorno, Theodor W.: Ästhetische Theorie, hg. v. Gretel Adorno u. Rolf Tiedemann, Frankfurt/M. 1974 (2. Aufl., zuerst 1970)

[Adorno-Benjamin]: Theodor W. Adorno-Walter Benjamin. Briefwechsel 1928–1940, hg. v. Henri Lonitz, Frankfurt/M. 1994

Agamben, Giorgio: Homo sacer. Die souveräne Macht und das nackte Leben. Aus dem Italienischen v. Herbert Thüring, Frankfurt/M. 2002

Agamben, Giorgio: Ausnahmezustand [Homo sacer II.1]. Aus dem Italienischen v. Ulrich Müller-Schöll, Frankfurt/M. 2003

Agamben, Giorgio: Das Offene. Der Mensch und das Tier. Aus dem Italienischen v. Davide Giuriato, Frankfurt/M. 2003

Barthes, Roland: Mythen des Alltags. Deutsch von Helmut Scheffel, Frankfurt/M. 1964 (= Mythologies, 1957)

Benjamin, Walter: Gesammelte Schriften, hg. v. Rolf Tiedemann u. Hermann Schweppenhäuser, Frankfurt/M. 1972ff.

Benjamin, Walter: Briefe, hg. und mit Anmerkungen versehen v. Gershom Scholem u. Theodor W. Adorno. 2 Bde., Frankfurt/M. 1978 (zuerst 1966)

Bloch, Ernst: Geist der Utopie, München, Leipzig 1918

Bloch, Ernst: Spuren, Frankfurt/M. 1969 (zuerst 1930)

Bloch, Ernst: Das Prinzip Hoffnung. 3 Bde., Frankfurt/M. 1976 (3. Aufl., zuerst 1959)

Bolz, Norbert: Das Böse jenseits von Gut und Böse, in: Das Böse. Eine historische Phänomenologie des Unerklärlichen, hg. v. Carsten Colpe u. Wilhelm Schmidt-Biggemann, Frankfurt/M. 1993, S. 256–273

Derrida, Jacques: Grammatologie. Aus dem Französischen v. Hans-Jörg Rheinberger u. Hanns Zischler, Frankfurt/M. 1974 (= De la grammatologie, 1967)

Derrida, Jacques: Die Schrift und die Differenz, übers. v. Rodolphe Gasché, Frankfurt/M. 1976 (= L'écriture et la différence, 1967)

Derrida, Jacques: Die Stimme und das Phänomen. Einführung in das Problem des Zeichens in der Philosophie Husserls. Aus dem Französischen v. Hans-Dieter Gondek, Frankfurt/M. 2003 (= Le voix et le phénomène, 1967)

Foucault, Michel: Die Geburt der Klinik. Eine Archäologie des ärztlichen Blicks. Aus dem Französischen übers. v. Walter Seitter, Frankfurt/M. u. a. 1976 (= La naissance de clinique, 1963)

Foucault, Michel: Die Ordnung der Dinge. Aus dem Französischen übers. v. Ulrich Köppen, Frankfurt/M. 1980 (= Les mots et les choses, 1966)

Foucault, Michel: Überwachen und Strafen. Die Geburt des Gefängnisses. Aus dem Französischen übers. v. Walter Seitter, Frankfurt/M. 1994 (= Surveiller et punir. La naissance de la prison, 1975)

Foucault, Michel: Archäologie des Wissens. Aus dem Französischen v. Ulrich Köppen, Frankfurt/M. 1981 (= L'archéologie du savoir, 1969)
Foucault, Michel: Sexualität und Wahrheit. Erster Band: Der Wille zum Wissen. Übers. v. Ulrich Raulff u. Walter Seitter, Frankfurt/M. 1977 (= Histoire de la sexualité, I: La volonté de savoir, 1976)
Foucault, Michel: In Verteidigung der Gesellschaft. Vorlesungen am Collège de France (1975–76). Aus dem Französischen v. Michaela Ott, Frankfurt/M. 1999 (= Il faut défendre la société, 1996)
Horkheimer, Max u. Adorno, Theodor W.: Dialektik der Aufklärung (1944), Amsterdam 1968
Lacan, Jacques: Schriften I. Ausgewählt und hg. v. Norbert Haas, Frankfurt/M. 1975
Lévi-Strauss, Claude: Strukturale Anthropologie. Aus dem Französischen v. Hans Naumann, Frankfurt/M. 1969 (= Anthropologie structurale, 1958)
Luhmann, Niklas: Gesellschaftsstruktur und Semantik. Studien zur Wissenssoziologie der modernen Gesellschaft. 4 Bde., Frankfurt/M. 1980–1995
Luhmann, Niklas: Liebe als Passion. Zur Codierung von Intimität, Frankfurt/M. 1994 (zuerst 1982)
Luhmann, Niklas: Soziale Systeme. Grundriß einer allgemeinen Theorie, Frankfurt/M. 1987 (zuerst 1984)
Luhmann, Niklas: Die Kunst der Gesellschaft, Frankfurt/M. 1995
Menninghaus, Winfried: Ekel. Theorie und Geschichte einer starken Empfindung, Frankfurt/M. 1999
Ricœur, Paul: Symbolik des Bösen. Phänomenologie der Schuld II. Übers. v. Maria Otto, Freiburg, München 1971 (= Finitude et Culpabilité. II; La Symbolique du mal, 1960)
Ricœur, Paul: Die Interpretation. Ein Versuch über Freud. Übers. v. Eva Moldenhauer, Frankfurt/M. 1974 (= De l'interprétation. Essai sur Freud, 1965)
Scholem, Gershom: Zur Kabbala und ihrer Symbolik, Frankfurt/M. 1973
Sloterdijk, Peter: Kritik der zynischen Vernunft, Frankfurt/M. 2003 (zuerst 1983)
Weber, Max: Gesammelte Aufsätze zur Religionssoziologie. Bd. I, Tübingen 1963

VIII Arbeiten zur Kultur- und Zeitgeschichte

Ariès, Philippe: Geschichte des Todes. Aus dem Französischen v. Hans-Horst Henschen und Una Pfau, München 1980
Assmann, Jan: Das kulturelle Gedächtnis. Schrift, Erinnerung und politische Identität in frühen Hochkulturen, München 1999 (2. Aufl., zuerst 1992)
Brenner, Michael: Jüdische Kultur in der Weimarer Republik. Aus dem Englischen übersetzt v. Holger Fliessbach, München 2000
Buber-Neumann, Margarete: Als Gefangene bei Stalin und Hitler, München 1949
Faltus, Jozef u. Teichova, Alice: Die Nachkriegsinflation. Ein Vergleich 1918–1923, in: Österreich und die Tschechoslowakei 1918–1938. Die wirtschaftliche Neuordnung in Zentraleuropa in der Zwischenkriegszeit, hg. v. Alice Teichova u. Herbert Matis, Wien, Köln, Weimar 1996, S. 131–166
Faltus, Jozef: Die Währungsentwicklung in der Tschechoslowakei in den Jahren 1919–1924, in: Banken, Währung und Politik in Mitteleuropa zwischen den Weltkriegen, hg. v. Alice Teichova , Wien 1997, S. 113–138
Gennep, Arnold van: Übergangsrituale. Aus dem Französischen von Klaus Schomburg u. Sylvia M. Schomburg-Scherff, Frankfurt/M., New York 1986 (= Les rites de passage, 1909)
Hiebel, Hans Helmut u. a.: Große Medienchronik, München 1999

Hoensch, Jörg K.: Geschichte Böhmens. Von der slavischen Landnahme bis zur Gegenwart, München 1997 (3. Aufl., zuerst 1987)

Jason, Alexander: Der Film in Ziffern und Zahlen. Die Statistik der Lichtspielhäuser in Deutschland 1895–1925, Berlin 1925

Jüttemann, Herbert: Phonographen und Grammophone, Braunschweig 1979

Kantorowicz, Ernst H.: Die zwei Körper des Königs. Eine Studie zur politischen Theologie des Mittelalters. Übers. v. Walter Theimer, München 1990 (= The King's two Bodies. A Study in Mediaeval Political Theology, 1957; Übers. nach der zweiten, korr. Aufl. von 1966)

Kracauer, Siegfried: Theorie des Films, Frankfurt/M. 1964 (3. Aufl., zuerst 1960)

Kracauer, Siegfried: Schriften I, Frankfurt/M. 1971

Kleinwächter, Friedrich: Die rechts- und staatswissenschaftlichen Facultäten in Oesterreich, Wien 1876

Largier, Niklaus: Lob der Peitsche. Eine Kulturgeschichte der Erregung, München 2001

Magris, Claudio: Weit von wo: Verlorene Welt des Ostjudentums, Wien 1974

Meyer, Michael A. (Hg.): Deutsch-Jüdische Geschichte in der Neuzeit. Dritter Band. 1871–1918, München 1997

Meyer, Michael A. (Hg.): Deutsch-Jüdische Geschichte in der Neuzeit. Vierter Band. 1918–1945, München 1997

Nienhaus, Ursula: Büro- und Verwaltungstechnik, in: Die Technik. Von den Anfängen bis zur Gegenwart, hg. v. Ulrich Troitzsch u. Wolfhard Weber, Stuttgart 1987, S. 544–563

Nipperdey, Thomas: Deutsche Geschichte 1866–1918. Bd. I (Arbeitswelt und Bürgergeist), München 1990

Nipperdey, Thomas: Deutsche Geschichte 1866–1918. Bd. II (Machtstaat vor der Demokratie), München 1992

Plaschka, Richard Georg u. Mack, Karlheinz (Hg.): Die Auflösung des Habsburgerreiches. Zusammenbruch und Neuorientierung im Donauraum, Wien 1970

Prinz, Friedrich (Hg.): Deutsche Geschichte im Osten Europas. Böhmen und Mähren, Berlin 1993

Saltarino, Signor: Fahrend Volk. Abnormitäten, Kuriositäten und interessante Vertreter der wandernden Künstlerwelt, Leipzig 1895

Sandrow, Nahma: Vagabond Stars. A world history of Yiddish theater, New York 1986 (zuerst 1977)

Stemberger, Günter: Der Talmud. Einführung – Texte – Erläuterungen, München 1982

Strack, Hermann L. u. Stemberger, Günter: Einleitung in Talmud und Midrasch. 7., völlig neu bearbeitete Auflage, München 1982

Wehler, Hans-Ulrich: Deutsche Gesellschaftsgeschichte. Dritter Band. Von der «Deutschen Doppelrevolution» bis zum Beginn des Ersten Weltkrieges 1849–1918, München 1995

Zeman, Zbynek A.: Der Zusammenbruch des Habsburgerreiches 1914–1918, Wien 1963

Bildquellen

S. 116, 293, 305: Deutsches Literaturarchiv, Marbach;
alle anderen Abbildungen: Archiv Klaus Wagenbach, Berlin